Le Livr

Excel 2016

Jean-François Sehan

Le Livre d'Excel 2016

12, avenue d'Italie
75013 Paris
Tél : 01 44 16 09 00
Fax : 01 44 16 09 01
E-mail : firstinfo@efirst.com
Web : www.editionsfirst.fr

ISBN : 978-2-7540-7616-6
Dépôt légal : septembre 2015
Imprimé en Espagne par Cayfosa

Mise en page : MADmac

Vue d'ensemble

Table des matières

Présentation

Vous venez d'acquérir la « bible » indispensable à l'usage optimal d'Excel 2016, la toute dernière version du célèbre tableur de Microsoft.

Le ruban, déjà présent dans la version précédente, continue à servir de fil conducteur en remplaçant les menus et les barres d'outils.

Les tableaux croisés dynamiques sont encore plus simples et rapides, et la modification des graphiques est grandement facilitée par de nouveaux volets qui donnent accès à toutes les propriétés. De nouveaux graphiques font leur apparition pour afficher vos données hiérarchiques ou effectuer des contrôles de qualité.

Excel 2016 permet d'enregistrer vos données sur le « nuage » *via* le serveur OneDrive de Microsoft. Tous vos documents sont ainsi disponibles à tout moment sur vos matériels fixes ou mobiles : PC de bureau, ordinateur portable, tablette, *etc.* Insight, lui, permet de consulter Internet sans sortir de votre tableur.

L'esthétique de l'interface simplifie le travail et invite à la lecture, rien que pour le plaisir de profiter pleinement des performances graphiques de Windows 10 !

À qui est destiné ce livre ?

Ce livre, destiné aussi bien aux utilisateurs initiés qu'aux débutants, a pour but de vous faire découvrir les centaines de fonctions de votre logiciel. Détaillé et précis, grâce à des explications claires et des exemples concrets, il vous permettra d'exploiter au mieux les capacités d'un tableur qui est sans conteste le plus performant dans son domaine. Doté de possibilités innombrables, Excel est un produit riche et complexe. Cet ouvrage se propose donc de vous servir de guide à travers les étapes de votre découverte.

Dans un souci pédagogique, toutes les actions à réaliser sont décrites étape par étape, et, quand cela est nécessaire, complétées par des copies d'écran. De plus, des paragraphes spécifiques vous fournissent des informations sur les termes employés, des conseils d'utilisation ou des astuces pour aller plus loin.

Contenu de ce livre

Ce livre est divisé en 6 parties contenant chacune entre 2 et 6 chapitres.

Partie I - Découvrir les bases d'Excel 2016

Cette première partie présente l'essentiel de ce qu'il est nécessaire de connaître pour utiliser dès maintenant Excel.

Le *chapitre 1* présente l'interface, les classeurs et les feuilles, le ruban, la barre d'accès rapide, ainsi que l'aide en ligne. Il est complété par l'enregistrement sur le nuage (OneDrive), l'enregistrement automatique et la récupération des classeurs, ainsi que la recherche sur Internet avec Insight.

Le *chapitre 2* vous propose de saisir des données dans vos feuilles de calcul.

Le *chapitre 3* rentre dans le vif du sujet : la réalisation de calculs, premier but d'Excel.

Le *chapitre 4* est consacré aux incontournables : la gestion des classeurs (enregistrement, ouverture, *etc.*), des feuilles (ajout, copie, *etc.*) et des cellules (sélection, insertion, *etc.*).

Le *chapitre 5* traite de la mise en forme pour présenter vos tableaux de façon plus conviviale.

Cette partie s'achève avec le *chapitre 6*, dédié à l'impression, moment tant attendu pour coucher sur le papier vos feuilles de calcul.

Partie II – Manipuler les données

Après la découverte des notions de base de la première partie, il est temps d'aller plus loin dans la découverte de votre tableur.

Le *chapitre 7* propose de gérer vos données sous forme de tableaux pris en charge par Excel, ainsi que le tri et le filtrage.

Le *chapitre 8* vous explique comment lier vos données entre vos feuilles ou vos classeurs, regrouper vos données, ou masquer les détails de vos calculs pour afficher uniquement les résultats importants.

Si vous n'avez pas trouvé de fonction adaptée, le *chapitre 9* vous apprendra à résoudre des problèmes avec le solveur.

Le *chapitre 10* est réservé aux tableaux croisés dynamiques, un outil très puissant pour synthétiser vos données.

Le *chapitre 11*, dernier de cette partie, vous apprend à protéger et à vérifier vos précieuses données.

Partie III – Créer des graphiques

Cette partie est intégralement consacrée aux graphiques et aux illustrations.

Le *chapitre 12* vous donne toutes les indications pour créer des graphiques et les modifier.

Le *chapitre 13* se consacre aux graphiques croisés, prolongement logique de vos tableaux croisés réalisés au chapitre 10.

Le *chapitre 14* vous apporte les solutions pour aller plus loin dans vos graphiques.

Avec le *chapitre 15*, vous saurez tout sur les graphiques boursiers, mais aussi sur les petits nouveaux proposés par Excel 2016.

Pour clore cette partie, le *chapitre 16* vous dévoile l'illustration de vos feuilles avec des dessins, des images ou des graphiques SmartArt.

Partie IV – Aller plus loin avec les fonctions

Le *chapitre 17* vous permet de mieux connaître les fonctions et les formules.

Le *chapitre 18* vous fait découvrir les formules matricielles, un outil puissant qui permet d'appliquer des calculs rapidement à un grand nombre de données en éliminant les calculs intermédiaires.

Les *chapitres 19 à 22* vous présentent, avec des exemples, les principales fonctions utilisées dans Excel.

Partie V – Macros et Visual Basic

Cette partie est consacrée à l'enregistrement et à l'utilisation de macros, ainsi qu'à la création de fonctions personnalisées.

Après une présentation sur l'objectif des macros, le *chapitre 23* vous dévoile toutes les possibilités pour les utiliser à partir de vos classeurs.

Le *chapitre 24* vous permet de découvrir les objets d'Excel, ainsi que le fonctionnement des méthodes et des propriétés.

Dans le *chapitre 25*, vous trouvez l'essentiel pour programmer dans Visual Basic : procédures, variables, instructions de décision et de boucle, mais aussi la gestion des erreurs d'exécution.

Le dernier chapitre de cette partie traite de la création des fonctions personnalisées et de leur utilisation dans les feuilles de calcul.

Partie VI - Astuces et exemples

Les *chapitres 27* et *28* vous proposent des solutions et des astuces pour déjouer les pièges et améliorer vos feuilles de calcul.

Annexes

En fin d'ouvrage, l'*annexe A* répertorie par thèmes les principales fonctions d'Excel assorties d'une description succincte. L'*annexe B* récapitule les principaux raccourcis clavier d'Excel et de Visual Basic.

Glossaire

L'informatique utilise un « jargon » qu'il est nécessaire de connaître pour se former à Excel. Sans entrer dans les détails techniques, ce glossaire vous donnera les définitions des principaux termes employés dans Excel.

Conventions

Ce livre est agrémenté de paragraphes spécifiques fournissant des informations complémentaires :

Note Informations complémentaires en relation avec le sujet traité.

Conseil Recommandations sur l'utilisation d'une étape.

Astuce Solution pour aller plus loin sur le sujet traité.

Définition Explicitation et clarification relatives à un terme technique.

Attention Mises en garde à lire attentivement pour éviter les fausses manœuvres.

Bonne lecture !

PARTIE I
DÉCOUVRIR LES BASES D'EXCEL 2016

Chapitre 1

Découvrir Excel

Dans ce chapitre :

- Découvrir les éléments de base d'Excel
- Classeurs, feuilles et cellules
- Se déplacer dans une feuille
- Barre de formule
- Utiliser et modifier le ruban
- Modifier la barre d'outils Accès rapide
- Consulter l'aide
- Utiliser le nuage (OneDrive)
- Enregistrer et ouvrir des classeurs
- Enregistrer automatiquement et récupérer des classeurs
- Utiliser la zone « Dites-nous ce que vous voulez faire »
- Effectuer une recherche Web avec Insight

Excel est un tableur, c'est-à-dire un logiciel de gestion de tableaux. Il permet de réaliser des calculs avec des valeurs numériques, mais aussi avec des dates et des textes.

Ainsi résumé en trois lignes, cela peut sembler simplissime. Il n'en est rien. Inutile de faire appel à Excel pour réaliser quelques opérations dans un tableau : un logiciel de traitement de texte comme Word en est parfaitement capable.

Excel, lui, est un logiciel très puissant qui permet de réaliser des calculs complexes, et ce, quel qu'en soit le domaine : comptabilité, stock, facturation, budget, planning, prêt, portefeuille, statistique, ingénierie, *etc.* Cette liste n'est nullement exhaustive ! Quel que soit votre problème de calcul, Excel peut vous apporter rapidement la solution.

La plus grande force d'Excel, c'est son actualisation automatique des données. Prenons un exemple simple. Vous désirez contracter un prêt pour un bien immobilier et faites vous-même le calcul de vos remboursements avant de vous engager auprès du vendeur. En fonction de vos possibilités financières, vous devrez choisir la durée de ce prêt : 10 ans, 15 ans, 20 ans ? Mais dans le calcul d'un échéancier, la durée remet systématiquement en cause l'intégralité des calculs du crédit. Si vous avez réalisé votre tableau avec Excel, il suffit de changer une seule donnée pour recalculer l'ensemble. Il en sera de même le jour où votre banquier vous donnera le taux exact de votre crédit.

Mais avant de commencer à réaliser des calculs, nous allons découvrir tous les éléments qui composent l'environnement d'Excel.

Pour ouvrir Excel, cliquez le bouton **Démarrer** ➜ **Toutes les applications** ➜ **Excel 2016**.

Figure 1-1 Menu Démarrer de Windows 10.

Par défaut, l'icône d'Excel et des autres applications d'Office sont aussi épinglées à la barre des tâches.

Figure 1-2 Icônes des applications Office dans la barre des tâches.

Note Pour ouvrir Excel dans Windows 8.1, affichez l'écran **Applications**, puis cliquez la vignette **Excel 2016**.

À l'ouverture, Excel affiche une page d'accueil. Elle permet de créer un classeur vierge ou basé sur un modèle (liste de droite), ou d'ouvrir un classeur existant (liste de gauche). Cliquez **Nouveau classeur** dans la partie de droite.

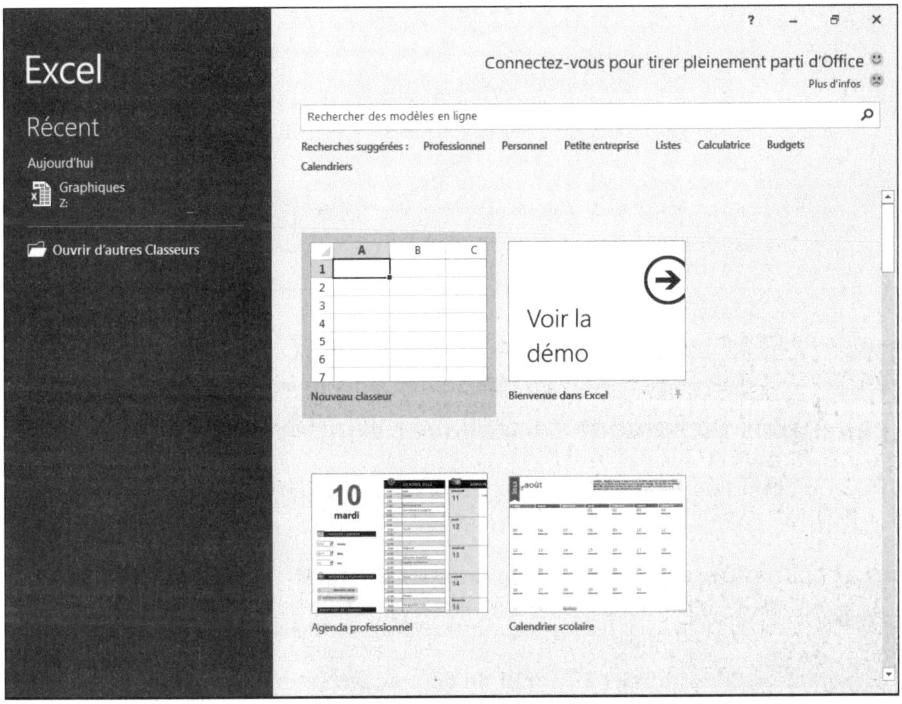

Figure 1-3 Page d'accueil à l'ouverture d'Excel.

Dès que vous avez cliqué **Nouveau classeur**, Excel affiche un classeur vierge.

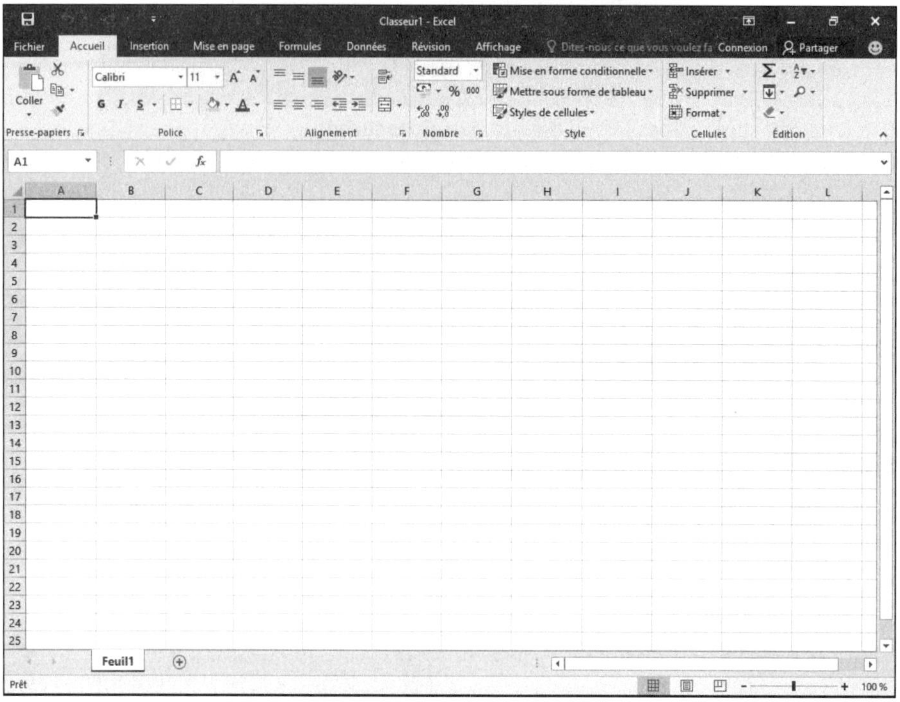

Figure 1-4 L'interface d'Excel avec un nouveau classeur.

Pour accéder plus facilement à Excel avec Windows 10

Si vous utilisez fréquemment Excel, vous pouvez ajouter une vignette dans l'écran de démarrage.

1 Cliquez le bouton **Démarrer** → **Toutes les applications**.

2 Recherchez puis cliquez avec le bouton droit le raccourci Excel 2016.

3 Cliquez la commande **Épingler à l'écran de démarrage** dans le menu contextuel.

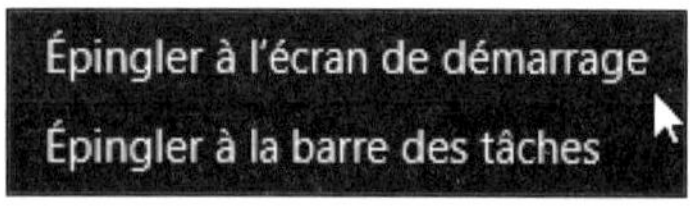

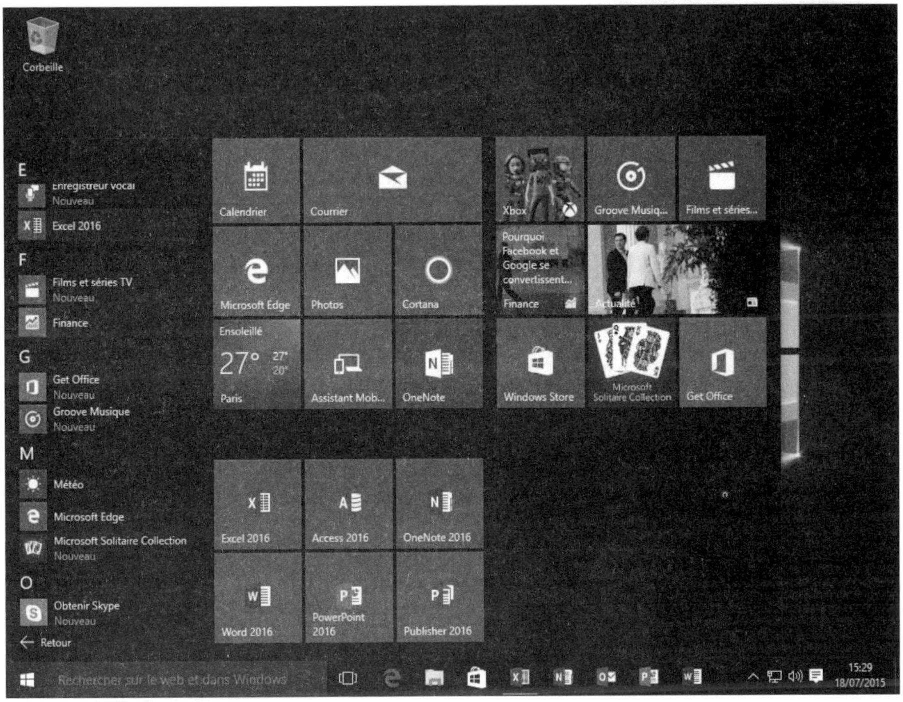

Figure 1-5 Vignettes d'Excel et des autres applications Office 2016 dans l'écran de démarrage.

Si le bouton d'Excel n'est plus présent dans la barre des tâches, vous pouvez facilement l'ajouter.

1 Cliquez le bouton **Démarrer** → **Toutes les applications**.

2 Recherchez puis cliquez avec le bouton droit le raccourci Excel 2016.

3 Cliquez la commande **Épingler à la barre des tâches** dans le menu contextuel.

Astuce Avec la touche associée à un chiffre, vous pouvez ouvrir l'application épinglée à la barre des tâches correspondant à sa position en partant de la gauche (non compris la zone **Rechercher** et le bouton **Affichage des tâches**). Dans l'exemple de la figure 1-2, le raccourci **+ 4** ouvre Excel, **+ 5** ouvre OneNote, *etc.*, **+ 0** correspond au raccourci en dixième position.

Si vous préférez, il est possible d'ajouter des icônes sur le bureau plutôt que de saturer la barre des tâches.

1 Cliquez le bouton **Démarrer** → **Toutes les applications**.

2 Recherchez puis cliquez avec le bouton droit le raccourci Excel 2016.

3 Cliquez la commande **Ouvrir l'emplacement du fichier** dans le menu contextuel.

Windows ouvre l'Explorateur.

4 Cliquez avec le bouton droit le nom du raccourci actuellement sélectionné dans l'Explorateur.

5 Dans le menu contextuel, cliquez **Envoyer vers → Bureau (créer un raccourci)**.

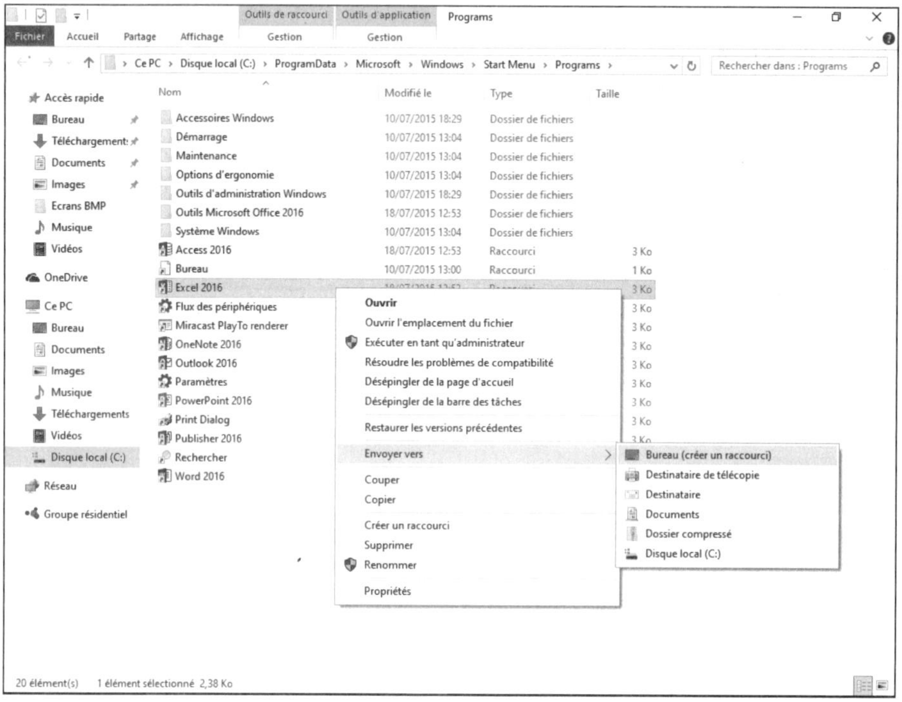

Figure 1-6 Dossier des raccourcis d'Office.

Le dossier des raccourcis d'Office étant affiché, vous pouvez ajouter des icônes vers les autres applications.

6 Répétez les étapes **4** et **5** pour les applications de votre choix.

Figure 1-7 Icônes des applications Office ajoutées sur le bureau.

Éléments de base d'Excel

Excel propose plusieurs éléments importants qu'il est nécessaire de bien connaître pour suivre la terminologie employée dans ce livre ou celle de l'aide en ligne. Tous ces éléments sont communs aux applications Office : Excel, Word, Access, PowerPoint, *etc.*

Barre de titre

Située en haut de la fenêtre, la barre de titre indique le nom du classeur en cours et celui du logiciel (Microsoft Excel en l'occurrence). C'est donc le moyen d'identifier le document en cours, mais aussi celui de l'application si vous en changez fréquemment (d'Excel à Word par exemple).

Dans sa partie droite, la barre de titre propose des boutons pour gérer la fenêtre d'Excel :

- réduit la fenêtre d'Excel à un bouton dans la barre des tâches. Pour réafficher Excel, cliquez ce dernier.
- rétablit la fenêtre d'Excel à sa taille normale (ni agrandie, ni réduite).
- agrandit la fenêtre d'Excel à la taille de l'écran.
- ferme Excel. Si un classeur n'est pas enregistré, une boîte de dialogue vous invitera à le faire.

Onglet Fichier

L'onglet **Fichier** affiche un menu qui permet d'accéder aux commandes principales d'Excel, comme l'ouverture, l'enregistrement ou l'impression des classeurs. C'est aussi dans ce menu que l'on trouve un lien pour modifier les options ou fermer le classeur en cours. Dans Office, la couleur de l'onglet **Fichier**, comme celle des autres onglets et des boutons, correspond à celle de l'application (vert pour Excel, bleu pour Word, orange pour PowerPoint, *etc.*).

Barre d'outils Accès rapide

Excel 2016 conserve au moins une barre d'outils : la barre d'outils Accès rapide. Par défaut, elle ne propose que quelques boutons, comme par exemple enregistrer le classeur en cours, annuler et rétablir une action, *etc.* Vous la modifiez facilement pour l'adapter à votre façon de travailler.

Ruban

Le ruban regroupe presque toutes les commandes disponibles pour gérer Excel. Il remplace les menus et les barres d'outils devenus trop nombreux dans les anciennes versions.

Le ruban est en fait une barre d'outils dont chaque catégorie est accessible par des onglets. Dans chaque onglet se trouvent des groupes contenant des boutons ou des listes d'actions à réaliser.

Par exemple, dans les versions antérieures à Excel 2007, pour exécuter la commande **Grouper**, il était nécessaire de cliquer le menu **Données**, la commande **Grouper et créer un plan** puis la sous-commande **Grouper**.

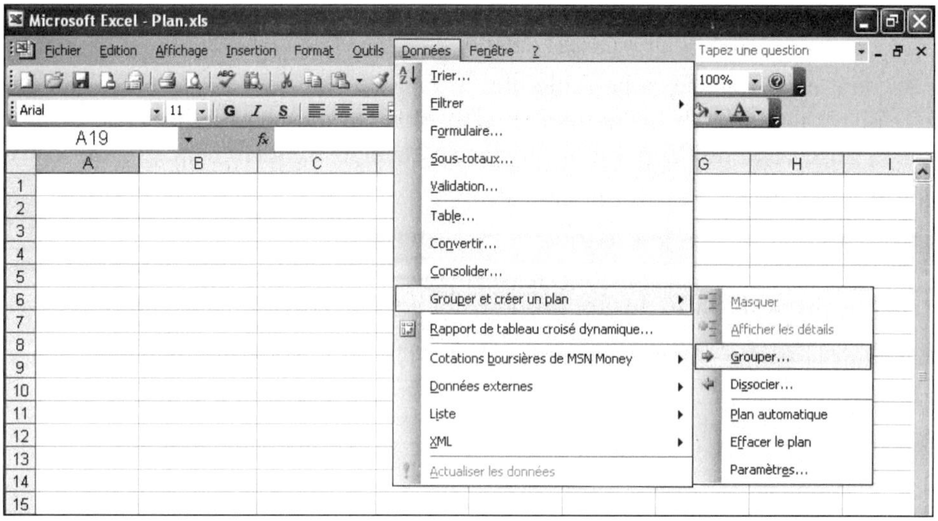

Figure 1-8 Menus d'Excel 2003.

Avec le ruban, on trouve toutes les commandes pour gérer les plans dans l'onglet **Données** sans avoir à rechercher dans les menus.

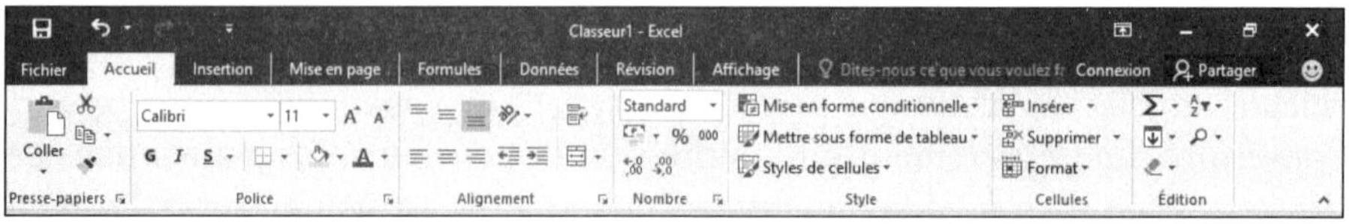

Figure 1-9 Ruban d'Excel 2016.

Note Pour simplifier les commandes que vous devez exécuter à partir du ruban, nous utiliserons dans ce livre la notation suivante : cliquez l'onglet **Données → Plan → Grouper**.

Barre d'état

Située en bas de la fenêtre, elle donne des indications sur les opérations effectuées par Excel et des renseignements sur les cellules sélectionnées. Elle permet aussi de changer de vue et de modifier le zoom.

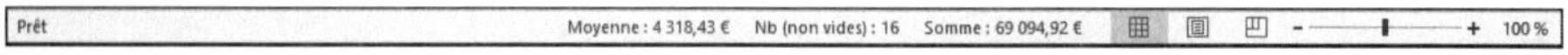

Classeurs, feuilles et cellules

Les classeurs sont les documents d'Excel. Ils sont constitués de feuilles de calcul. Chaque feuille est accessible par des onglets en bas du classeur (nommés « Feuil1 », « Feuil2 », *etc.*).

Les feuilles, elles, sont constituées de cases appelées « cellules », réparties sur 1 048 576 lignes et 16 384 colonnes. Les colonnes sont numérotées avec des lettres, de A jusqu'aux lettres XFD.

Chaque cellule porte le nom de l'intersection de la ligne et de la colonne où elle se trouve. La cellule C4, par exemple, se situe donc à l'intersection de la troisième colonne et de la quatrième ligne. C'est le même principe que pour un échiquier ou une grille de bataille navale.

Pour sélectionner une cellule, il suffit de la cliquer avec la souris. La cellule ainsi sélectionnée est entourée d'un cadre vert. Le numéro de la ligne et la lettre de la colonne de la cellule sélectionnée sont affichés avec un fond gris.

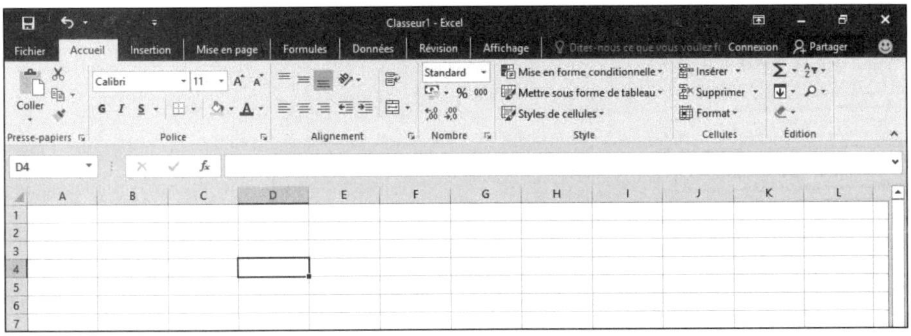

Figure 1-10 Feuille d'un classeur : la cellule C4 est sélectionnée.

Toutes les cellules ne sont pas visibles en même temps. Les barres de défilement permettent de se déplacer à l'intérieur de la feuille. La barre de défilement vertical, située à droite de la feuille, déplace les lignes. La barre de défilement horizontal, située à droite des onglets des feuilles, déplace les colonnes.

Les barres de défilement s'utilisent ainsi :

- Pour déplacer la feuille colonne par colonne ou ligne par ligne, cliquez les flèches aux extrémités.
- Pour vous déplacer à l'endroit de votre choix dans la feuille de calcul, cliquez et faites glisser le curseur.
- Pour vous déplacer très rapidement à l'endroit de votre choix dans la feuille de calcul, maintenez la touche **Maj** puis cliquez et faites glisser le curseur.
- Pour vous déplacer rapidement, page par page, cliquez les parties grisées (en dehors des flèches et du curseur).

Note Dans l'ergonomie des barres de défilement, Excel tient compte des cellules qui contiennent effectivement des données. En conséquence, il est possible que le curseur prenne presque la taille de la barre de défilement et que les parties grisées n'apparaissent pas à droite ou à gauche du curseur. C'est le cas pour les nouveaux classeurs.

Figure 1-11 Barre de défilement horizontal.

Barre de formule

La barre de formule, située au-dessus de la feuille de calcul, permet de voir et de modifier le contenu de la cellule active (la cellule sélectionnée). En effet, si une cellule contient des calculs, la feuille n'affiche que le résultat de ces calculs. Seule la barre de formule permet de voir ce qu'elle contient réellement.

Dans l'exemple de la figure 1-12, la cellule A1 affiche le résultat d'une addition. La barre de formule, elle, affiche le calcul effectué.

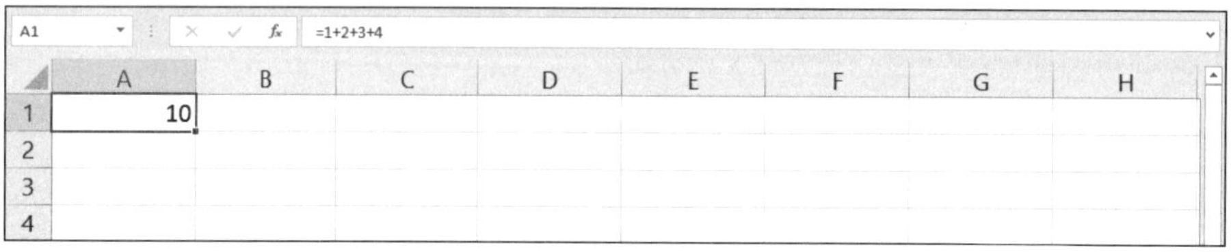

Figure 1-12 Barre de formule.

Si la formule présente dans une cellule est très longue, il est possible d'agrandir la barre de formule avec le bouton qui se trouve en regard.

La zone située à gauche de la barre de formule, appelée « Zone Nom », affiche le nom de la cellule sélectionnée (A1 dans l'exemple de la figure 1-12).

Utiliser le ruban

Comme nous l'avons vu précédemment, le ruban remplace les menus et les barres d'outils des versions précédentes.

C'est une « super barre » d'outils dont chaque sujet est accessible en cliquant des onglets. À l'intérieur de chaque onglet, se trouvent des groupes proposant des boutons ou des listes. Par exemple, l'onglet **Accueil** propose le groupe **Presse-papiers**. Ce groupe propose quatre boutons : , , et . Notez que le bouton propose une flèche en dessous pour accéder à d'autres commandes plus précises.

Certains groupes proposent, en plus, le bouton . Ce dernier permet d'accéder à la boîte de dialogue principale du groupe pour y modifier des options.

Des onglets dits « contextuels » apparaissent automatiquement lors de la sélection de certains éléments comme les graphiques ou les images. Ils proposent des commandes propres à l'élément sélectionné.

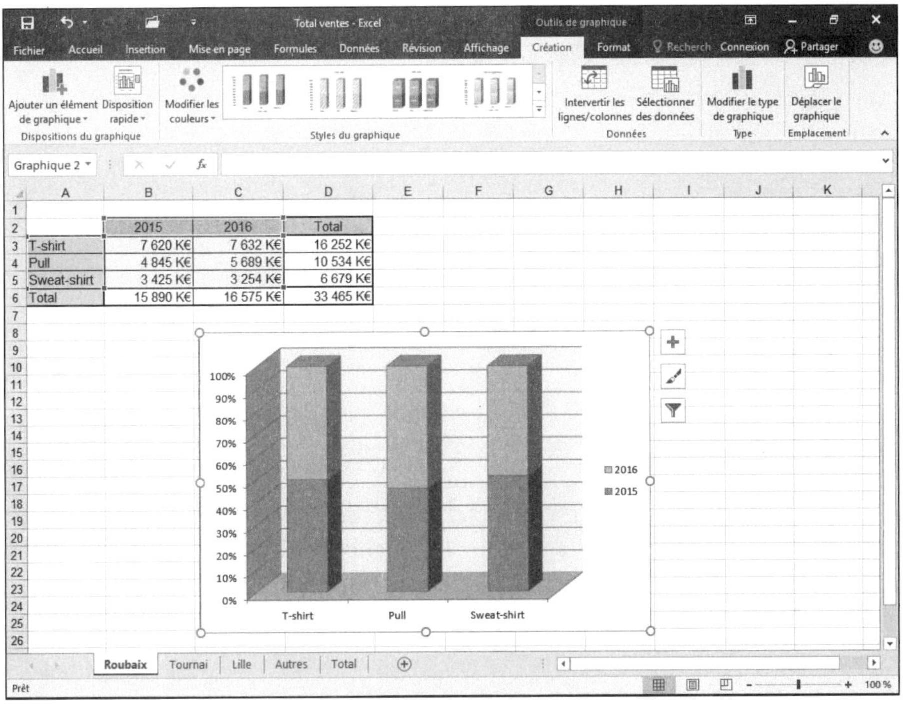

Figure 1-13 Onglet contextuel des graphiques dans Excel.

Astuce Si le ruban prend trop de place, il suffit de double-cliquer un de ses onglets pour le réduire. Il apparaît de nouveau si vous cliquez un onglet, mais se masque automatiquement dès que vous choisissez une commande. Vous pouvez le masquer avec le bouton à droite des onglets. Vous pouvez aussi utiliser le bouton **Options d'affichage du ruban** en haut à droite pour choisir le comportement du ruban.

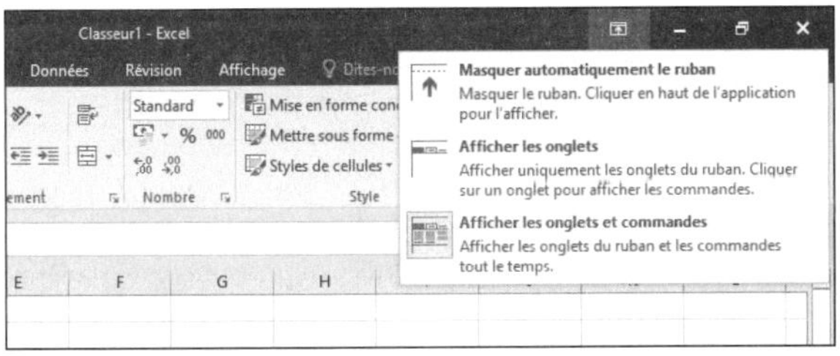

Le ruban s'adapte à la taille de votre écran ou à la taille de la fenêtre d'Excel si ce dernier n'est pas agrandi (bouton pour l'affichage en mode normal). Les commandes de chaque groupe sont alors restreintes, parfois même limitées à un seul bouton. Dans ce cas, cliquez ce dernier pour afficher tous les boutons du groupe.

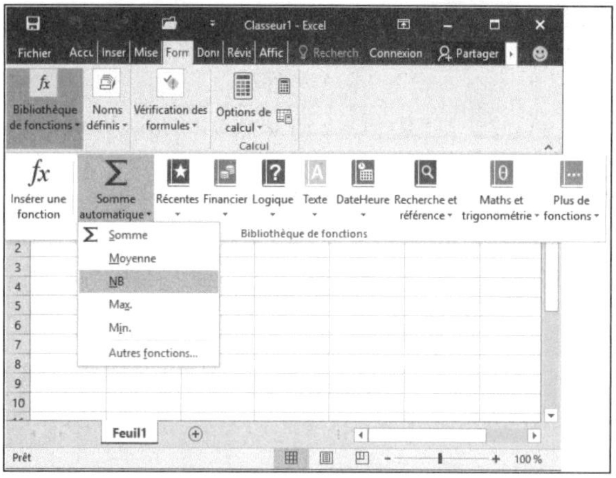

Figure 1-14 Écran et ruban réduits.

Si vous êtes un adepte du clavier, il est très facile d'accéder à une commande dans le ruban sans utiliser la souris. Appuyez simplement sur la touche **Alt**. Des lettres ou des chiffres vont automatiquement apparaître sur chaque onglet, mais aussi sur la barre d'outils Accès rapide ou l'onglet **Fichier**. Appuyez ensuite sur la lettre correspondant à l'onglet à ouvrir ou à la commande à exécuter.

Note Pour ne plus utiliser les commandes par le clavier, appuyez simplement sur la touche **Echap**. Vous pouvez aussi effectuer directement une sélection avec la souris.

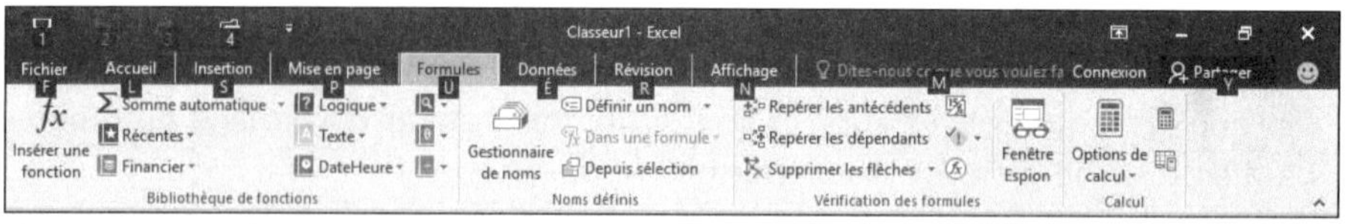

Figure 1-15 Utilisation du clavier pour sélectionner un onglet dans le ruban.

Une fois l'onglet sélectionné, d'autres lettres ou chiffres s'affichent. Appuyez sur la lettre ou le chiffre correspondant à la commande à exécuter.

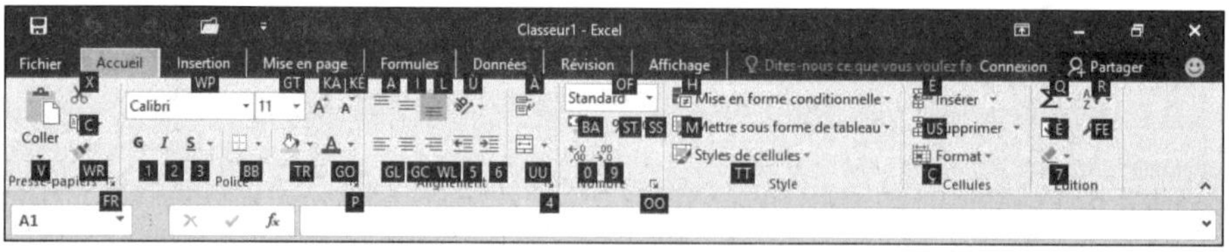

Figure 1-16 Utilisation du clavier pour sélectionner une commande dans un onglet du ruban.

Si vous avez choisi une liste, d'autres lettres ou chiffres vont s'afficher, et ainsi de suite.

Modifier la barre d'outils Accès rapide

La barre d'outils Accès rapide peut être adaptée à votre façon de travailler. Vous pouvez y ajouter les commandes que vous utilisez le plus fréquemment.

1 Cliquez le bouton à droite de la barre d'outils Accès rapide.

2 Cochez la commande à ajouter. Décochez la commande à supprimer.

Si votre commande préférée ne se trouve pas dans la liste, vous devez la rechercher :

1 Cliquez le bouton à droite de la barre d'outils Accès rapide, puis cliquez **Autres commandes** dans la liste.

2 Sélectionnez l'onglet où se trouve la commande dans la liste **Choisir les commandes...**

3 Cliquez la commande à ajouter dans la liste de gauche.

4 Cliquez le bouton **Ajouter**.

La commande est ajoutée à la liste de droite.

Note Si vous désirez supprimer une commande, cliquez-la dans la liste de droite, puis cliquez le bouton **Supprimer**.

5 Répétez les étapes **2** à **4** pour compléter votre barre d'outils Accès rapide.

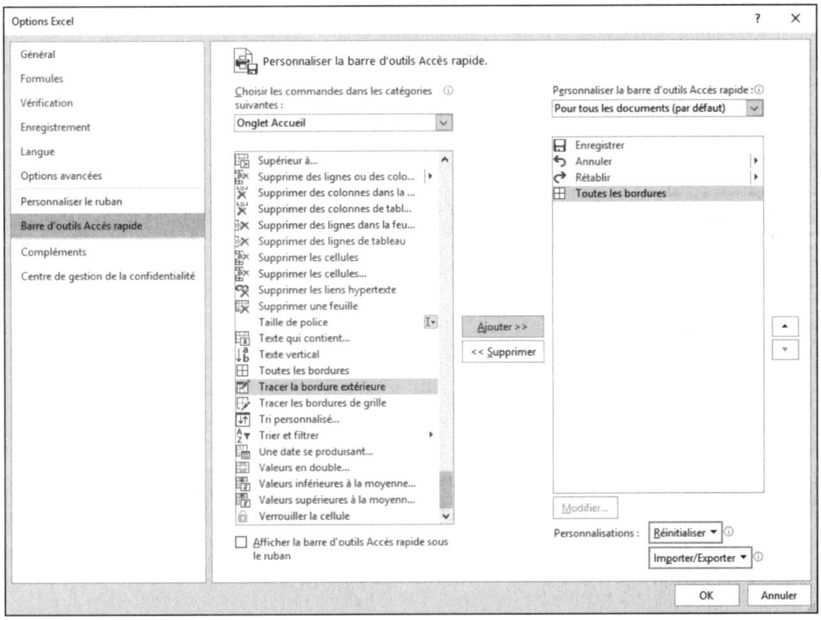

Figure 1-17 Ajout d'une commande dans la barre d'outils Accès rapide.

6 Cliquez le bouton **OK**.

Astuce Nous vous conseillons d'ajouter les commandes suivantes dans la barre d'Accès rapide : **Ouvrir** , **Nouveau** et **Aperçu avant impression** .

Il est aussi possible d'ajouter rapidement une commande dans la barre d'outils Accès rapide à partir du ruban :

1 Recherchez, dans le ruban, la commande à ajouter à la barre d'outils Accès rapide.

2 Cliquez la commande avec le bouton droit de la souris.

3 Cliquez la commande **Ajouter à la barre d'outils Accès rapide** dans le menu contextuel.

Si vous le désirez, vous pouvez placer la barre d'outils Accès rapide au-dessous du ruban :

1 Cliquez le bouton à droite de la barre d'outils Accès rapide.

2 Cliquez la commande **Afficher en dessous du ruban**. Pour réafficher la barre d'outils Accès rapide à sa place d'origine, cliquez la commande **Afficher au-dessus du ruban**.

Modifier le ruban

Comme pour la barre Accès rapide, il est possible de modifier les commandes présentes dans le ruban.

1 Cliquez l'onglet **Fichier ➜ Options**.

2 Cliquez **Personnaliser le ruban** dans la liste de gauche.

3 Cliquez le bouton **Nouvel onglet**.

4 Dans la liste de droite, cliquez avec le bouton droit **Nouvel onglet (Personnalisé)** puis choisissez la commande **Renommer**.

5 Tapez le nom du nouvel onglet dans la boîte **Renommer** puis cliquez le bouton **OK**.

6 Répétez les étapes **4** et **5** pour le groupe **Nouveau groupe (Personnalisé)**, et sélectionnez son icône.

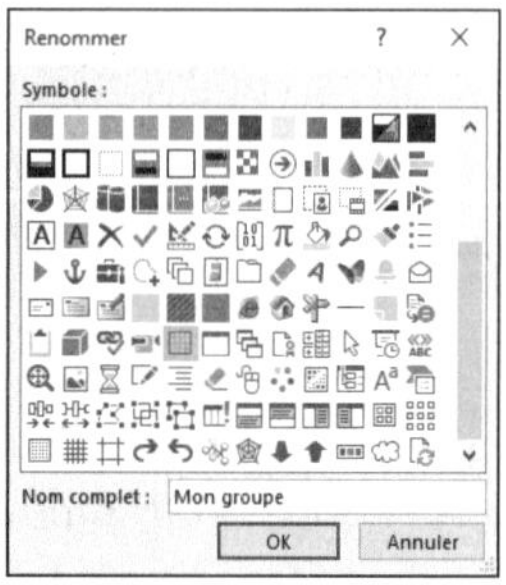

Figure 1-18 Création d'un nouveau groupe.

7 Cliquez le nom du groupe pour le sélectionner.

8 Dans la liste du milieu, sélectionnez la commande à ajouter dans le nouveau groupe.

9 Cliquez le bouton **Ajouter**.

10 Répétez les étapes **8** et **9** pour ajouter d'autres commandes.

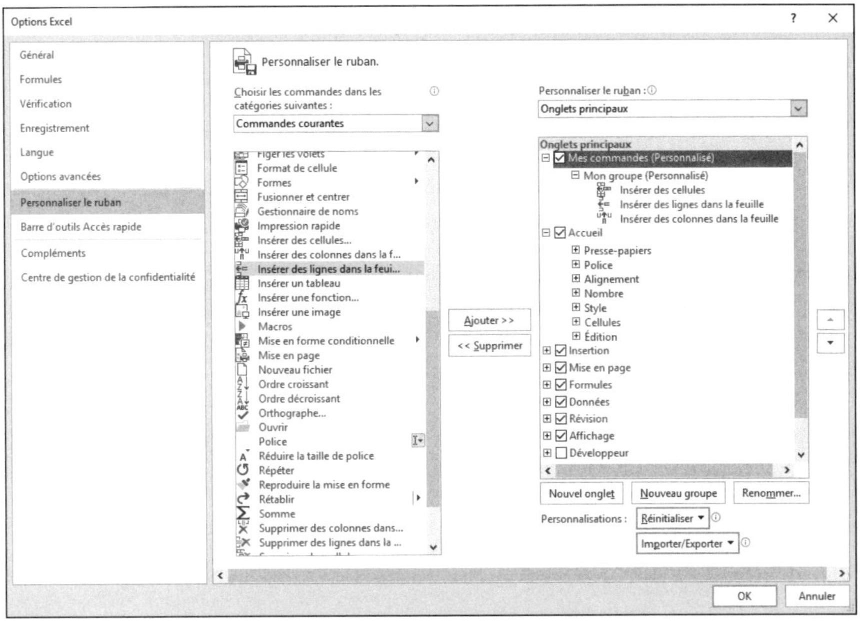

Figure 1-19 Ajout de commandes à un nouveau groupe.

11 Répétez les étapes **3** à **10** pour ajouter d'autres d'onglets, d'autres groupes et d'autres commandes.

12 Pour choisir l'ordre des onglets, cliquez l'onglet à déplacer puis utilisez les boutons **Monter** ▲ et **Descendre** ▼.

13 Cliquez le bouton **OK**.

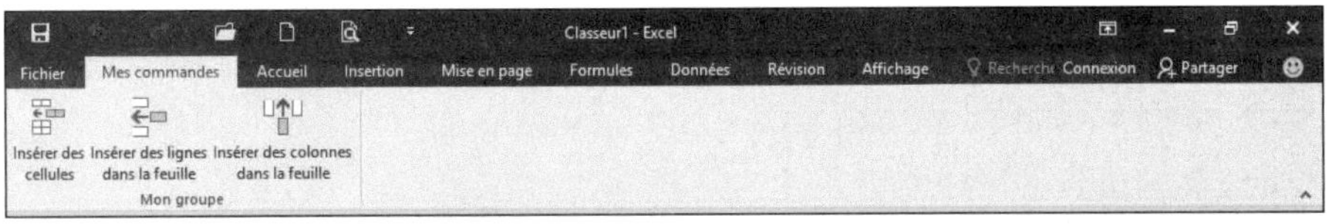

Figure 1-20 Ruban après modifications.

Note Pour rétablir le ruban avec ses onglets d'origine, cliquez **Réinitialiser → Réinitialiser toutes les personnalisations** dans la boîte Options Excel (figure 1-19), puis cliquez **Oui** pour confirmer.

Consulter l'aide

Excel propose plusieurs solutions pour vous assister ou venir à votre secours en cas de problème.

Aide contextuelle

Dès que vous pointez plus d'une seconde un outil dans le ruban, Excel affiche une petite fenêtre appelée « info-bulle ». Cette dernière donne le nom de la commande, son raccourci clavier s'il existe, ainsi qu'un texte d'explication. Certaines info-bulles vous indiquent, par la présence de l'icône ❓, qu'il existe une aide plus complète accessible directement. Appuyez dans ce cas sur la touche **F1** ou cliquez le lien **En savoir plus** pour accéder à l'aide en ligne.

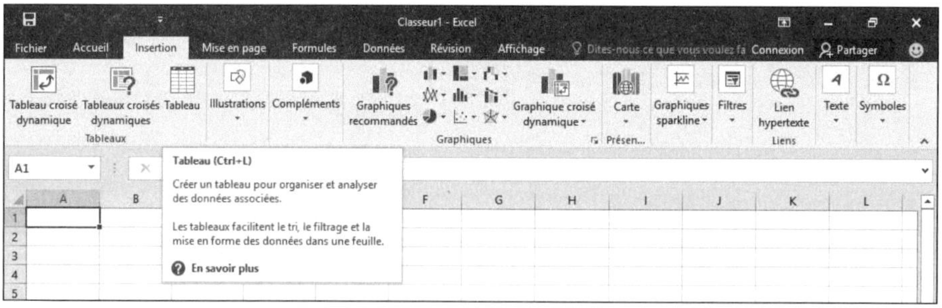

Figure 1-21 Aide contextuelle.

Aide en ligne

L'aide en ligne regroupe la documentation sur Excel. Pour y accéder, appuyez sur la touche **F1**. Le fonctionnement de l'aide est identique à celui d'une page Web sur Internet.

1 Affichez l'aide (appuyez sur la touche **F1**).

2 Tapez le mot ou les mots à rechercher dans la zone **Rechercher** et validez avec la touche **Entrée**.

L'aide affiche les rubriques correspondant aux mots-clés saisis.

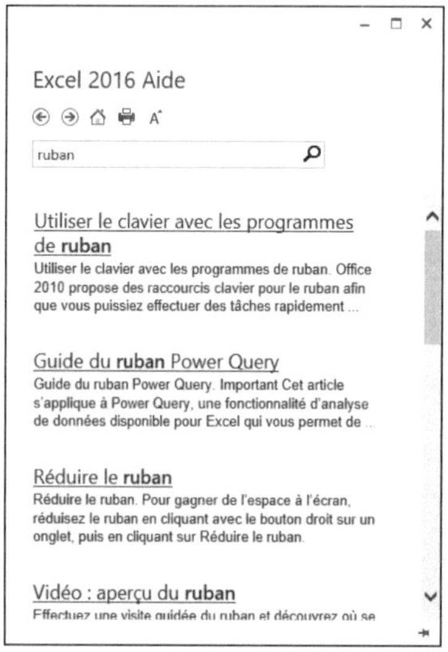

Figure 1-22 Recherche dans l'aide.

3 Cliquez la rubrique qui vous intéresse.

L'aide affiche le document correspondant.

4 Cliquez le bouton × pour fermer l'aide.

Figure 1-23 Rubrique d'aide.

Utiliser le nuage (OneDrive)

On utilise de plus en plus différents moyens de communication qui passent par Internet : ordinateur de bureau, ordinateur portable, tablette, téléphone portable, *etc.* Le nuage permet de partager des données entre tous ces appareils. Si vous enregistrez vos classeurs Excel sur le nuage, *via* le site OneDrive de Microsoft, vos données seront toujours disponibles et à jour sur l'ordinateur de votre bureau et de votre domicile, mais aussi lors de vos déplacements sur votre tablette ou votre ordinateur portable.

L'enregistrement sur OneDrive est gratuit et permet de profiter d'un espace de plusieurs Go sur ce serveur.

Si vous avez déjà un compte OneDrive :

1 Cliquez le lien **Connexion** en haut à droite au-dessus du ruban.

2 Saisissez votre adresse de messagerie puis votre mot de passe.

Une fois connecté, vous pouvez accéder à vos données sur OneDrive.

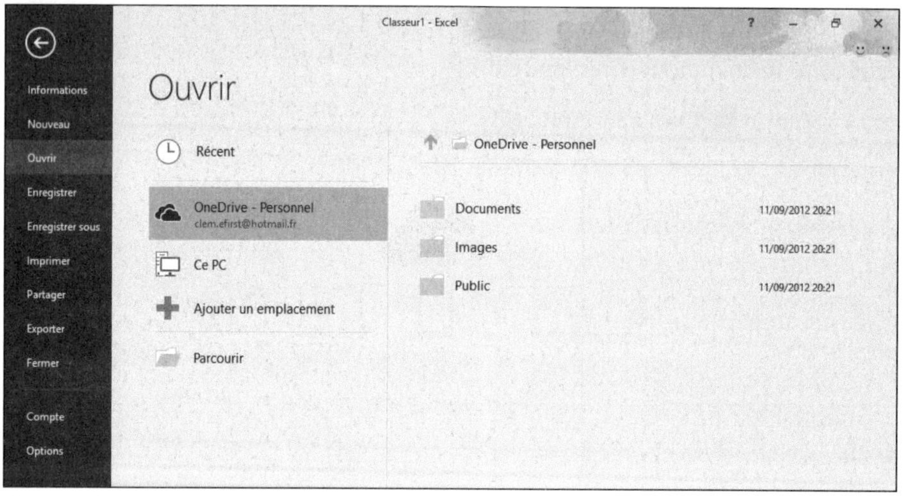

Figure 1-24 Connexion à OneDrive dans Excel.

Votre nom s'affiche en haut à droite. Cliquez-le pour accéder à votre compte.

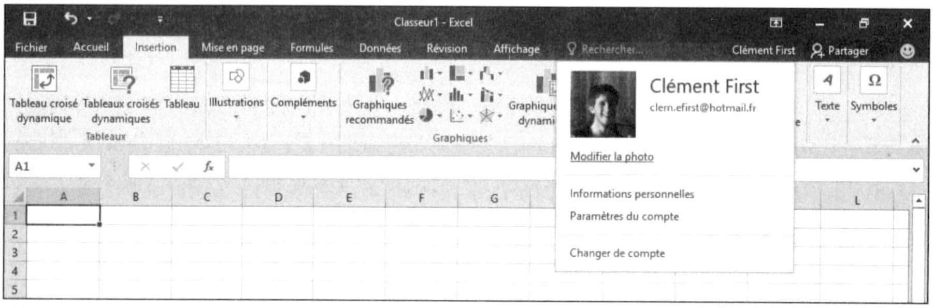

Figure 1-25 Accès à un compte.

Si vous n'avez pas encore de compte OneDrive :

1 Cliquez l'onglet **Fichier** puis **Ouvrir** dans la liste de gauche.

2 Cliquez **OneDrive** dans la liste du milieu.

3 Cliquez le lien **S'inscrire**.

4 Suivez les instructions de l'assistant.

Une fois connecté, vous pouvez enregistrer vos classeurs sur OneDrive pour qu'ils soient disponibles à tout moment et depuis tous vos appareils.

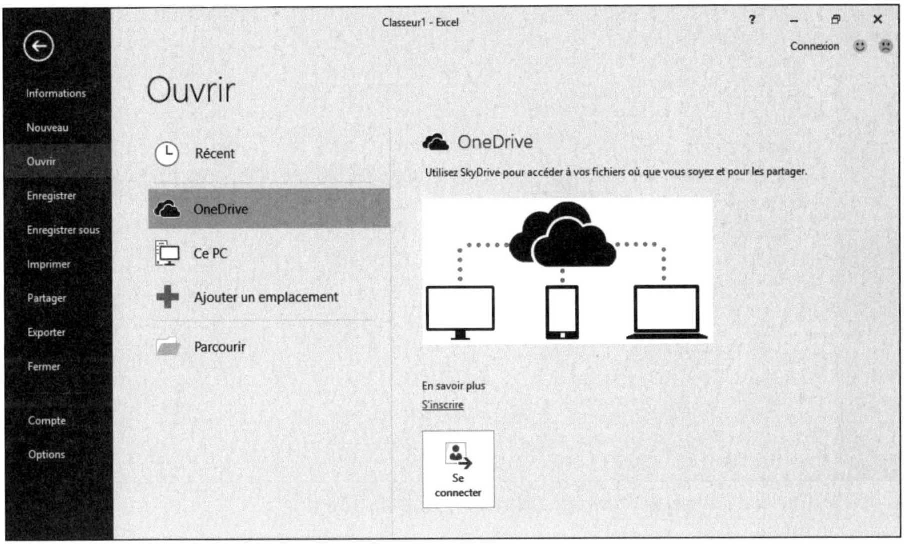

Figure 1-26 Inscription à OneDrive.

Enregistrer un classeur

Dès que vous aurez réalisé votre classeur, vous devrez l'enregistrer pour qu'il soit conservé. Si vous fermez Excel sans l'enregistrer, une boîte de dialogue vous invitera à le faire. Notez que, dans la barre de titre, le classeur non enregistré porte un nom générique comme Classeur1, Classeur2, *etc.*

Enregistrer un classeur sur votre disque dur

1 Cliquez  dans la barre d'outils Accès rapide. Si ce bouton est masqué, cliquez l'onglet **Fichier** puis la commande **Enregistrer** dans la liste de gauche.

2 Cliquez **Ce PC** dans la liste du milieu.

Pour des raisons pratiques, il est plus simple d'utiliser le dossier **Documents** qui vous a été attribué par Windows. Cela permet de ne pas mélanger vos documents avec ceux d'un autre utilisateur de l'ordinateur.

3 Cliquez le dossier d'enregistrement dans la liste de droite. Si le dossier de destination n'apparaît pas dans la liste, cliquez **Parcourir**.

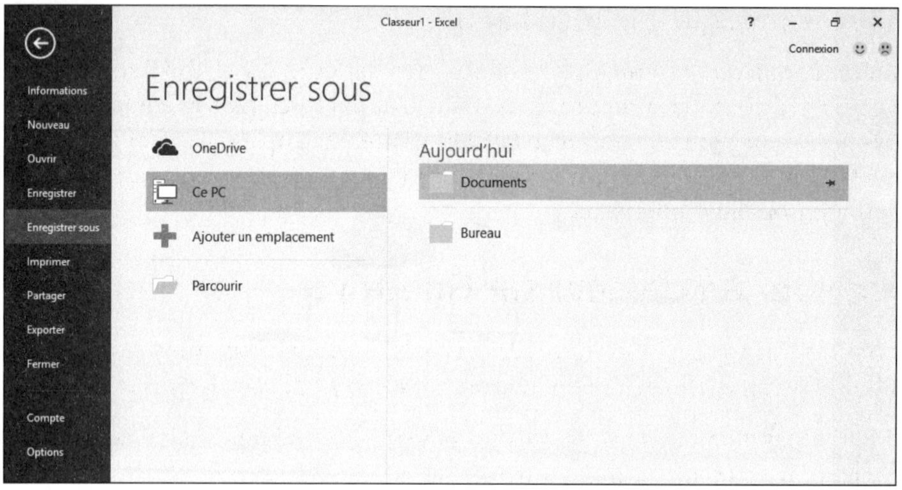

Figure 1-27 Choix du dossier d'enregistrement sur le disque dur.

4 Si vous avez choisi **Parcourir** à l'étape **3**, sélectionnez le dossier d'enregistrement dans l'arborescence de la liste de gauche (volet de navigation). Si le volet n'apparaît pas, cliquez le bouton **Parcourir les dossiers**.

5 Tapez le nom du classeur dans la zone **Nom de fichier**.

6 Pour faciliter les recherches, vous pouvez ajouter des mots-clés. Cliquez la zone **Mots-clés**, puis tapez des mots séparés par des points-virgules.

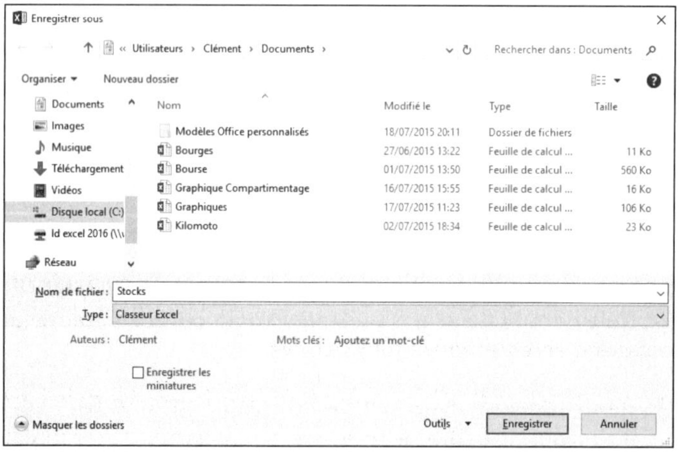

Figure 1-28 Enregistrement d'un classeur sur le disque dur.

7 Cliquez le bouton **Enregistrer**.

Note Les classeurs portent l'extension **.XLSX**. Les classeurs des versions antérieures à Excel 2007 portaient l'extension **.XLS**.

La barre de titre indique le nom du classeur.

Vous devez régulièrement enregistrer vos classeurs, car nul n'est à l'abri d'un dysfonctionnement de l'ordinateur ou d'une coupure de courant. Pour cela, cliquez le bouton dans la barre d'outils Accès rapide ou l'onglet **Fichier → Enregistrer**. En apparence, cette action n'a pas d'effet. En réalité, comme votre classeur possède déjà un nom, Excel s'est contenté de l'enregistrer sans que vous ayez besoin d'intervenir.

Enregistrer un classeur sur OneDrive

Vous pouvez aussi enregistrer votre classeur sur le nuage. Pour vous connecter à OneDrive, consultez le paragraphe « Utiliser le nuage (OneDrive) » plus haut dans ce chapitre.

1 Cliquez dans la barre d'outils Accès rapide. Si ce bouton est masqué, cliquez l'onglet **Fichier** puis la commande **Enregistrer** dans la liste de gauche.

2 Cliquez **OneDrive** dans la liste du milieu.

3 Cliquez le dossier d'enregistrement dans la liste de droite. Si le dossier de destination n'apparaît pas dans la liste, cliquez **Parcourir**.

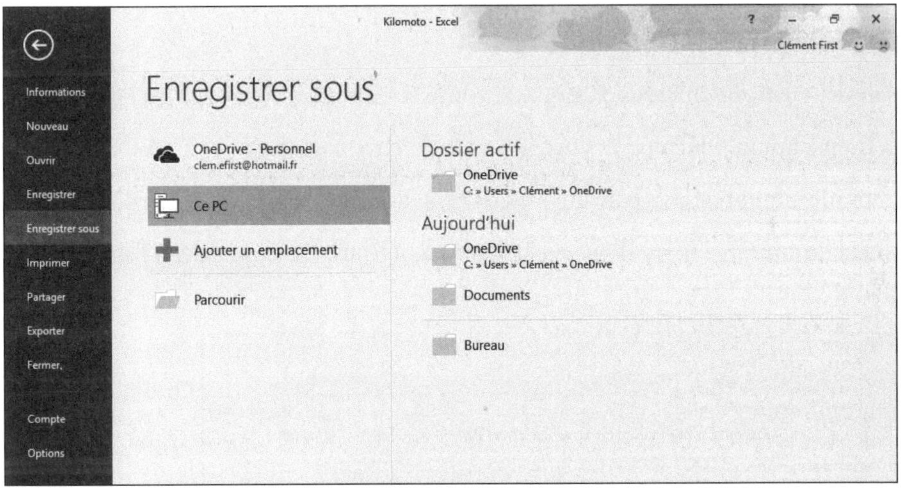

Figure 1-29 Choix du dossier d'enregistrement sur OneDrive.

4 Si vous avez choisi **Parcourir** à l'étape **3**, sélectionnez le dossier OneDrive dans l'arborescence de la liste de gauche (volet de navigation). Si le volet n'apparaît pas, cliquez le bouton **Parcourir les dossiers**.

5 Tapez le nom du classeur dans la zone **Nom de fichier**.

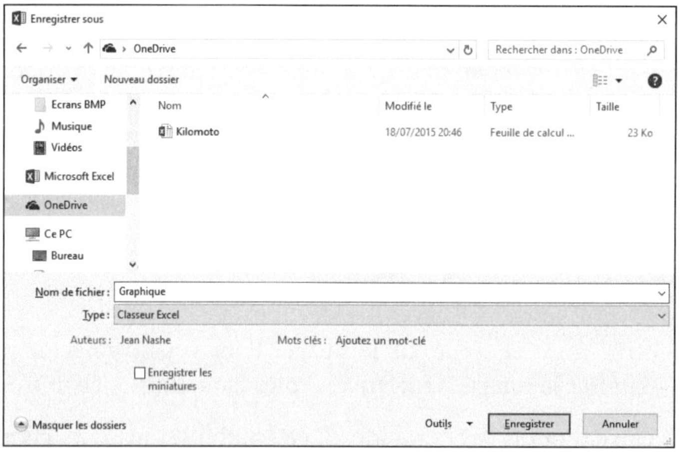

Figure 1-30 Enregistrement d'un classeur sur OneDrive.

6 Cliquez le bouton **Enregistrer**.

Windows se charge d'effectuer le transfert de votre classeur entre votre ordinateur et OneDrive. La progression de l'enregistrement s'affiche dans la barre d'état.

Ouvrir un classeur

Vous devez ouvrir les anciens classeurs si vous souhaitez les consulter ou les modifier.

1 Cliquez l'onglet **Fichier → Ouvrir** ou tapez le raccourci clavier **Ctrl** + **O**.

2 Double-cliquez dans la liste du milieu l'emplacement du classeur (**Ordinateur** ou **OneDrive**).

3 Sélectionnez le dossier d'enregistrement dans l'arborescence de la liste de gauche (volet de navigation).

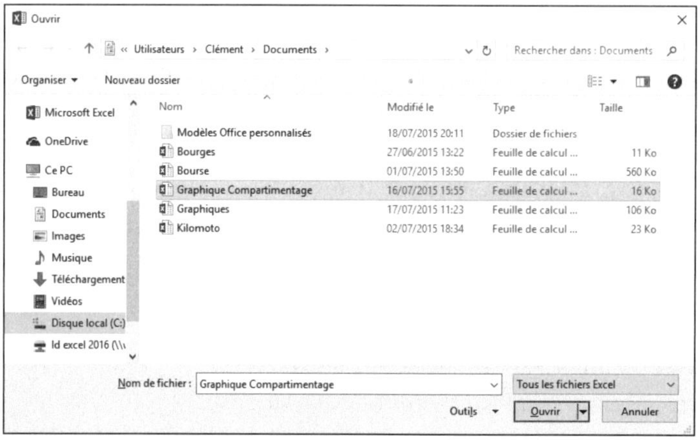

Figure 1-31 Ouverture d'un classeur.

4 Cliquez le classeur à ouvrir dans la liste de droite.

5 Cliquez le bouton **Ouvrir**.

Ouvrir les derniers classeurs utilisés

Word conserve la liste des derniers classeurs utilisés. Cette liste, limitée, est remise à jour en permanence. Les nouveaux classeurs ouverts remplacent dans la liste les classeurs les plus anciens.

1 Cliquez l'onglet **Fichier → Ouvrir**.

2 Cliquez **Récent** dans la liste du milieu.

La liste de droite affiche les noms des derniers classeurs ouverts.

3 Cliquez le nom du classeur à ouvrir.

Maintenir certains classeurs dans la liste

Si vous avez des classeurs que vous utilisez fréquemment, vous pouvez les bloquer pour éviter qu'ils ne disparaissent de la liste des classeurs récents.

1 Cliquez l'onglet **Fichier → Ouvrir**.

2 Pointez le nom du classeur à conserver dans la liste, puis cliquez le bouton en regard.

Les classeurs épinglés sont placés en début de liste.

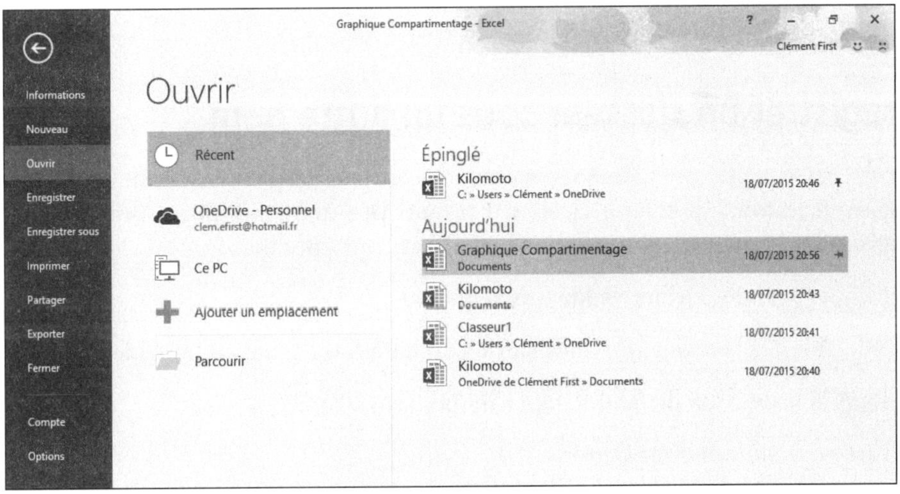

Figure 1-32 Liste des classeurs récemment ouverts.

3 Pour débloquer un document de la liste des classeurs récents, cliquez l'onglet **Fichier → Ouvrir**, puis cliquez le bouton en regard du nom du classeur.

Définir la taille de la liste des derniers classeurs ouverts

Par défaut, Excel conserve les noms des 25 derniers classeurs ouverts. Vous pouvez modifier ce nombre (entre 0 et 50).

1 Cliquez l'onglet **Fichier ➜ Options**.

2 Cliquez **Options avancées** dans la liste de gauche.

3 Dans la zone **Afficher** de la liste de droite, tapez le nombre de classeurs à conserver dans la zone **Afficher ce nombre de classeurs récents**.

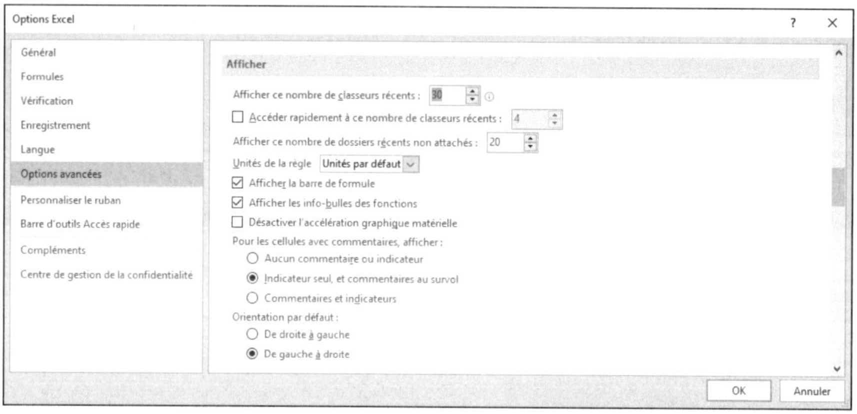

Figure 1-33 Nombre de classeurs disponibles dans la liste des récents.

4 Cliquez le bouton **OK** pour valider.

Enregistrer un classeur sous un autre nom

Pour ne pas ressaisir des éléments existants, il est parfois plus simple de débuter un nouveau classeur en le fondant sur un classeur existant. Dès que vous aurez ouvert l'ancien classeur, enregistrez-le immédiatement sous un autre nom, puis modifiez-le.

1 Cliquez l'onglet **Fichier ➜ Enregistrer sous**.

2 Sélectionnez le dossier de sauvegarde comme nous l'avons vu précédemment.

3 Dans la zone **Nom de fichier**, tapez un nouveau nom.

4 Cliquez le bouton **Enregistrer**.

Enregistrer automatiquement et récupérer des classeurs

Si vous avez peur de perdre vos classeurs, suite à une coupure de courant par exemple, vous pouvez demander à Excel de les enregistrer automatiquement et préciser la fréquence de ces enregistrements. Excel peut aussi conserver les classeurs modifiés, mais non enregistrés.

1 Cliquez l'onglet **Fichier**.

2 Cliquez **Options** dans le volet de gauche.

3 Sélectionnez **Enregistrement** dans la liste de gauche.

4 Cochez la case **Enregistrer les informations de récupération automatique**.

5 Tapez, dans la zone en regard, la fréquence d'enregistrement.

6 Cochez la case **Conserver la dernière version...** pour récupérer, si nécessaire, les classeurs non enregistrés.

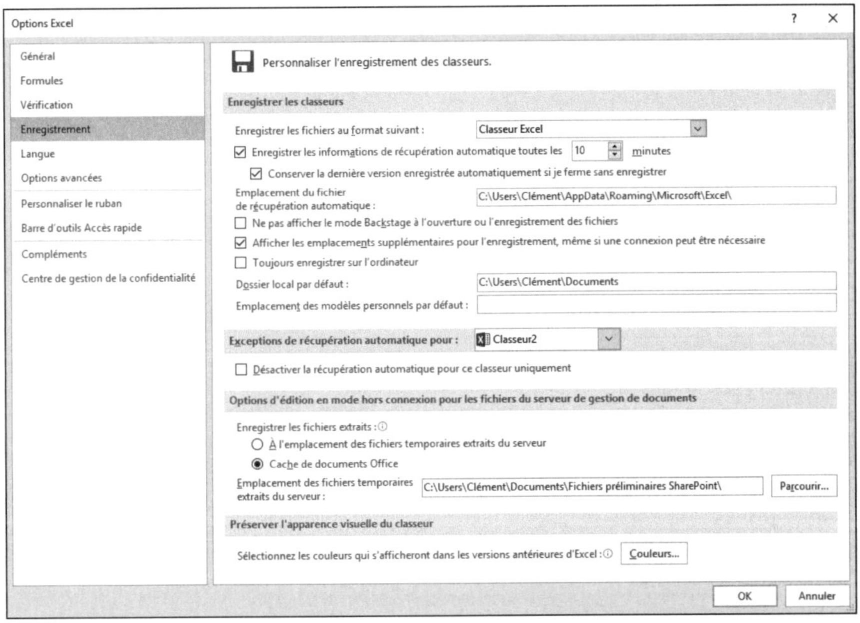

Figure 1-34 Choix de la fréquence d'enregistrement automatique des classeurs.

7 Cliquez le bouton **OK**.

Après un arrêt brutal, Excel affiche, dès que vous l'ouvrez de nouveau, la liste des classeurs que vous pouvez récupérer (si vous êtes dans la page d'accueil, cliquez le lien **Afficher les fichiers récupérés**). Cliquez la flèche en regard du nom du classeur, puis choisissez ce que vous désirez faire (ouvrir le classeur, l'enregistrer sous un autre nom, *etc.*).

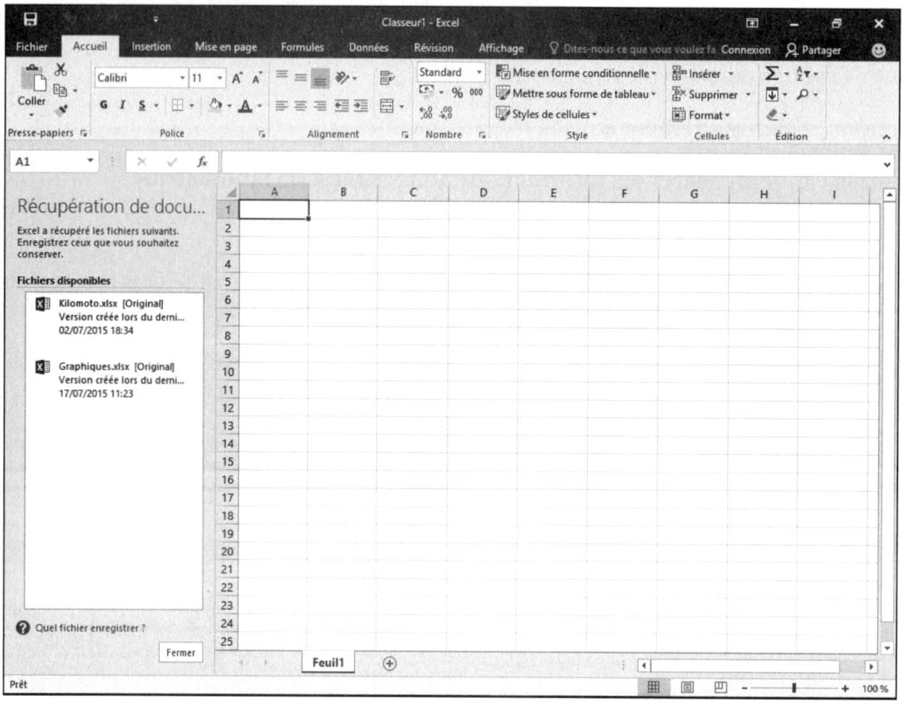

Figure 1-35 Liste des classeurs récupérés.

Si vous n'enregistrez pas un classeur modifié, Excel vous demande s'il doit conserver cette version.

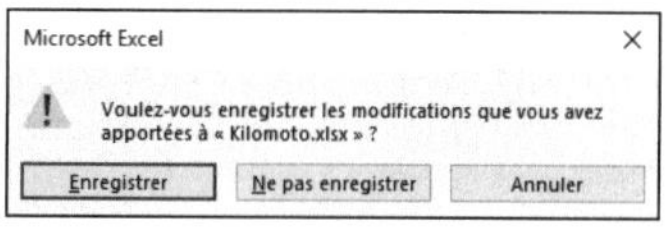

Figure 1-36 Proposition d'Excel pour conserver une copie d'un classeur non enregistré.

Pour récupérer un classeur non enregistré :

1 Cliquez l'onglet **Fichier ➜ Ouvrir**.

2 Cliquez **Récupérer des classeurs non enregistrés** en bas à droite.

Rechercher des fonctions ou une aide

La zone **Dites-nous ce que vous voulez faire** permet de retrouver rapidement une commande ou une aide.

1 Cliquez la zone **Dites-nous ce que vous voulez faire** à droite des onglets.

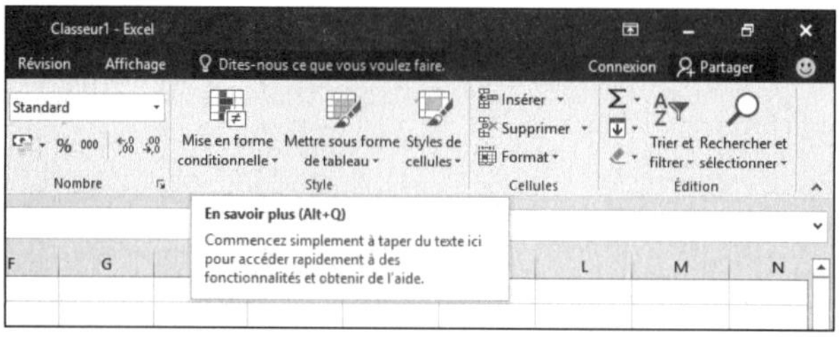

Figure 1-37 Zone « Dites-nous ce que vous voulez faire ».

2 Tapez ce que vous désirez faire, par exemple « somme » pour additionner des valeurs.

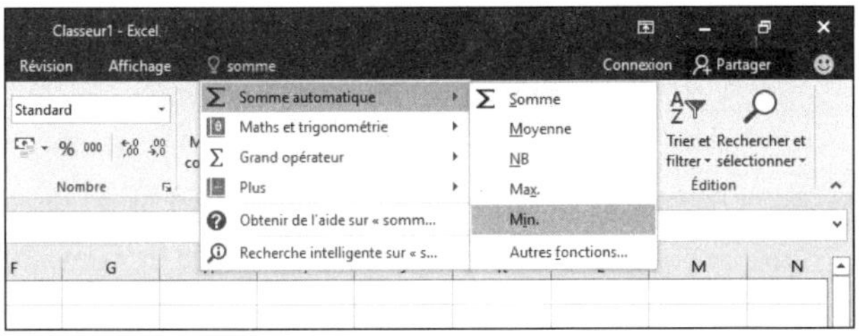

Figure 1-38 Choix d'une fonction avec la zone « Dites-nous ce que vous voulez faire ».

3 Cliquez dans la liste une des propositions (fonction, aide, *etc.*).

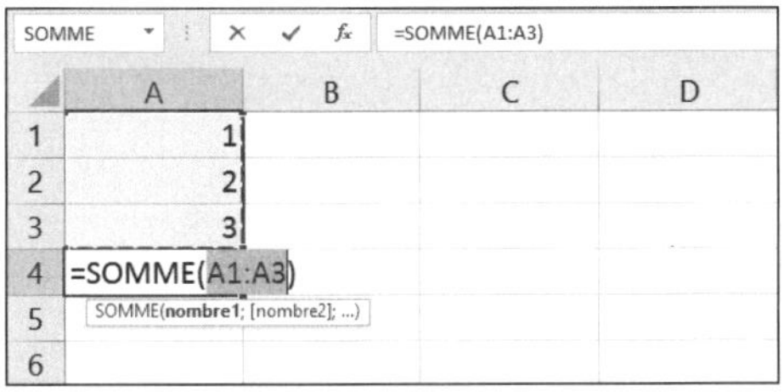

Figure 1-39 Application d'une fonction Somme à partir de la zone « Dites-nous ce que vous voulez faire ».

Utiliser Insight

Si vous désirez obtenir des informations sur Internet à partir du contenu d'une cellule, Excel vous propose Insight.

1 Sélectionnez la cellule qui contient les données à rechercher.

2 Cliquez l'onglet **Révision → Insight → Recherche intelligente**.

Le volet Insight, à droite, vous propose des liens Internet.

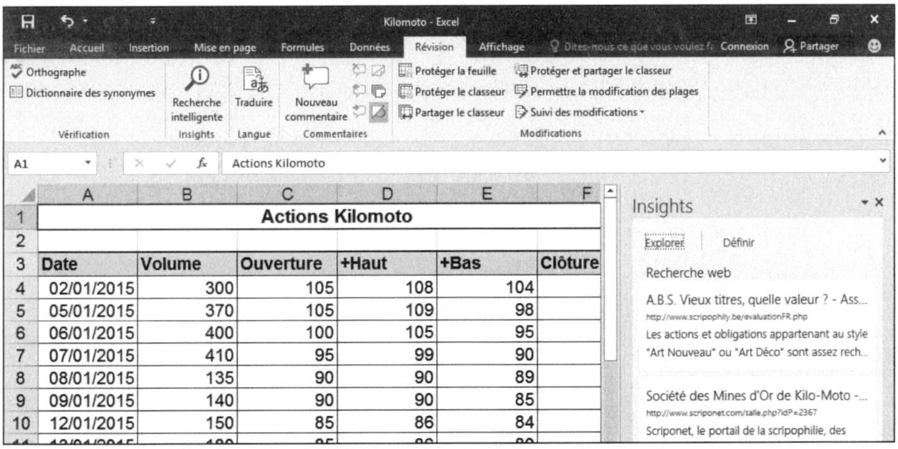

Figure 1-40 Recherche avec Insight.

3 Cliquez le lien qui correspond à votre recherche.

Le lien s'ouvre dans votre navigateur Internet.

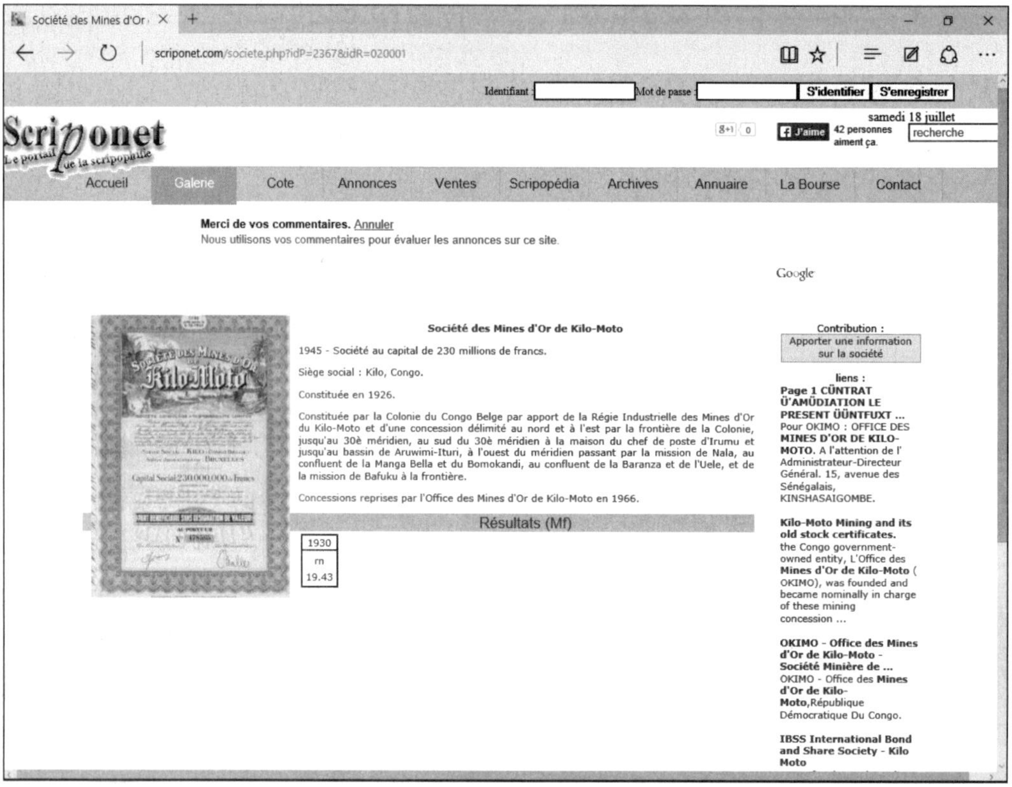

Figure 1-41 Page Web à partir d'Insight.

Chapitre 2

Saisir des données

Dans ce chapitre :

- Sélectionner des cellules
- Saisir des textes et des nombres
- Modifier le contenu des cellules
- Annuler des modifications
- Rechercher ou remplacer des données
- Ajouter des commentaires
- Vérifier l’orthographe

Ayant passé le stade de la découverte et bien intégré les notions présentées dans le chapitre 1, vous êtes prêt à mettre en pratique les premières manipulations que nous allons détailler au cours des pages suivantes. Saisir, modifier ou effacer des informations seront choses faciles lorsque vous aurez suivi pas à pas ce chapitre. Les informations supplémentaires que vous y trouverez vous permettront aussi de corriger l'orthographe ou d'ajouter des commentaires aisément.

Sélectionner des cellules

Les cellules contiennent les valeurs des tableaux. Pour saisir une donnée, il faut sélectionner la cellule au préalable.

Sélectionner une cellule

Pour sélectionner une cellule, cliquez-la. Elle devient alors la cellule active, entourée d'un cadre vert. Le numéro de la ligne et la lettre de la colonne sont affichés avec un fond gris. La zone Nom, à gauche de la barre de formule, affiche les références de la cellule, par exemple C4.

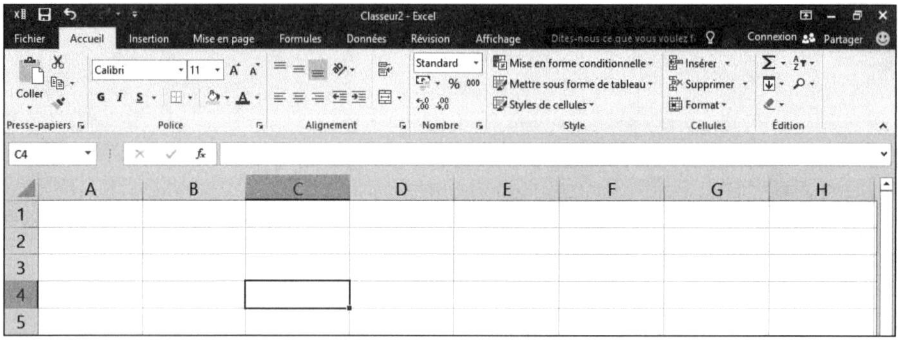

Figure 2-1 Sélection de la cellule C4.

Toutes les données que vous allez maintenant saisir au clavier le seront dans la cellule active.

Vous pouvez aussi changer de cellule active avec les touches du clavier (tableau 2-1).

Flèche gauche	Sélectionne la cellule de la colonne précédente.
Flèche droite	Sélectionne la cellule de la colonne suivante.
Flèche haut	Sélectionne la cellule de la ligne précédente.
Flèche bas	Sélectionne la cellule de la ligne suivante.
Début	Sélectionne la première cellule de la ligne.
Ctrl + Début	Sélectionne la cellule A1.
Ctrl + Fin	Sélectionne la dernière cellule contenant des données.
Page haut	Sélectionne la cellule de la même colonne, un écran plus haut.
Page bas	Sélectionne la cellule de la même colonne, un écran plus bas.

Fin puis **flèche haut**	Sélectionne la ligne 1.
Fin puis **flèche gauche**	Sélectionne la colonne A.
Fin puis **flèche bas**	Sélectionne la ligne 1 048 576.
Fin puis **flèche droite**	Sélectionne la colonne XFD.

Tableau 2-1 Touches de déplacement dans une feuille de calcul.

Sélectionner plusieurs cellules

La sélection de plusieurs cellules permet d'appliquer des modifications en une seule fois (suppression, mise en forme, *etc.*). On appelle cette sélection une « plage de cellules ».

1 Cliquez la cellule en haut à gauche des cellules à sélectionner.

2 Faites glisser jusqu'à la cellule en bas à droite.

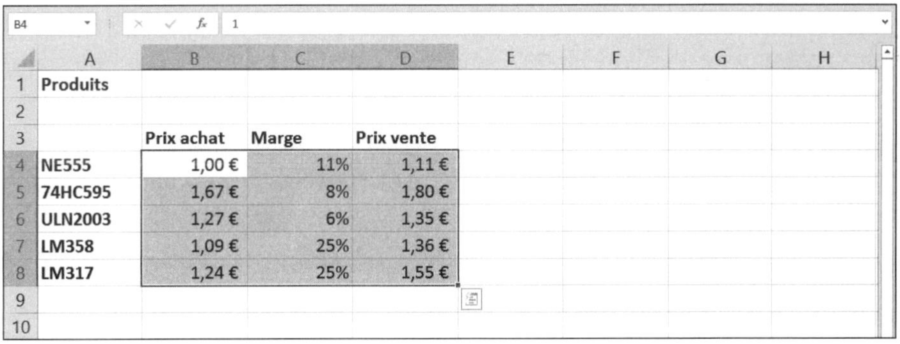

Figure 2-2 Sélection d'une plage de cellules.

Toutes les cellules dans le rectangle délimité par la cellule en haut à gauche et en bas à droite sont sélectionnées.

La cellule active reste avec un fond blanc. C'est cette cellule qui recevra les prochaines données tapées au clavier.

Sélectionner des plages non contiguës

1 Répétez les étapes **1** et **2** du paragraphe précédent pour sélectionner la première plage.

2 Maintenez enfoncée la touche **Ctrl**.

3 Sélectionnez une autre plage.

4 Relâchez la touche **Ctrl**.

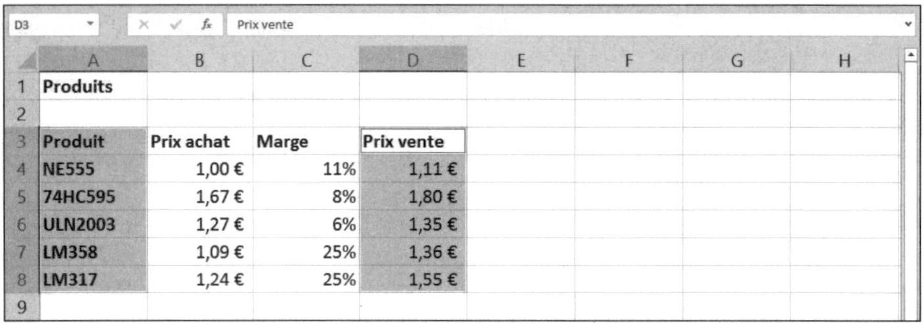

D3 | Prix vente

	A	B	C	D
1	Produits			
2				
3	Produit	Prix achat	Marge	Prix vente
4	NE555	1,00 €	11%	1,11 €
5	74HC595	1,67 €	8%	1,80 €
6	ULN2003	1,27 €	6%	1,35 €
7	LM358	1,09 €	25%	1,36 €
8	LM317	1,24 €	25%	1,55 €
9				

Figure 2-3 Sélection de plages non contiguës (A3:A8 et D3:D8).

Les deux plages sont sélectionnées en même temps. La cellule active conserve un fond blanc.

Sélectionner des lignes et des colonnes

Les lettres et les chiffres des colonnes et des lignes permettent de les sélectionner.

Pour sélectionner une colonne ou une ligne, cliquez sa lettre ou son chiffre. Pour sélectionner plusieurs colonnes ou plusieurs lignes, cliquez la lettre de la première colonne ou le chiffre de la première ligne, puis faites glisser jusqu'à la dernière colonne ou la dernière ligne.

Comme pour les cellules, vous pouvez sélectionner des colonnes ou des lignes non contiguës. Cliquez la première colonne ou la première ligne, puis maintenez enfoncée la touche **Ctrl** et cliquez les autres colonnes ou les autres lignes.

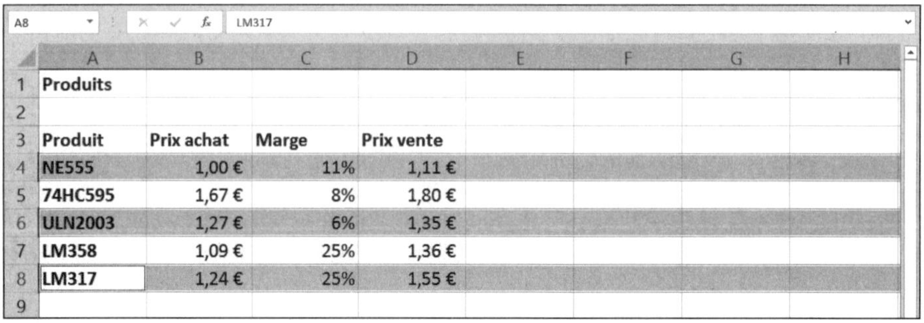

A8 | LM317

	A	B	C	D
1	Produits			
2				
3	Produit	Prix achat	Marge	Prix vente
4	NE555	1,00 €	11%	1,11 €
5	74HC595	1,67 €	8%	1,80 €
6	ULN2003	1,27 €	6%	1,35 €
7	LM358	1,09 €	25%	1,36 €
8	LM317	1,24 €	25%	1,55 €
9				

Figure 2-4 Sélection de lignes non contiguës.

Saisir des textes et des nombres

Chaque cellule accepte un nombre ou un texte. Excel analyse ce que vous tapez pour déterminer le type de saisie.

Saisir un texte

1. Cliquez la cellule qui doit contenir le texte.
2. Tapez le texte au clavier.

3 Appuyez sur la touche **Entrée** pour valider.

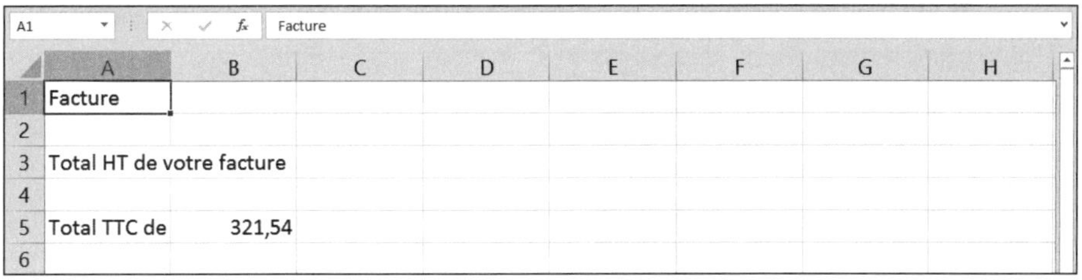

Figure 2-5 Saisie de textes.

Le texte est placé à gauche dans la cellule. Si le texte est trop long, il déborde sur la cellule de droite. Si la cellule de droite est déjà occupée, le texte est tronqué.

Saisir un nombre

1 Cliquez la cellule qui doit contenir le nombre.

2 Tapez le nombre au clavier.

3 Appuyez sur la touche **Entrée** pour valider.

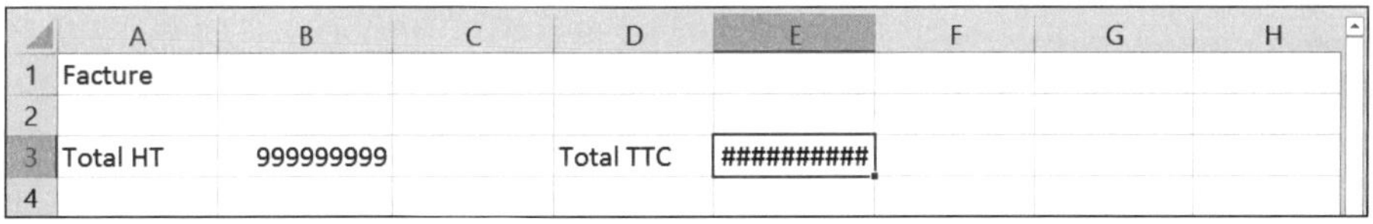

Figure 2-6 Saisie de nombres.

Le nombre est placé à droite dans la cellule.

Si la cellule est trop petite, des dièses (###) remplacent le nombre. Consultez le chapitre 5 pour modifier la largeur des colonnes.

Attention Si le nombre est placé à gauche, c'est qu'il contient des caractères qu'Excel ne reconnaît pas (un point à la place d'une virgule par exemple). La saisie est alors considérée comme un texte et non un nombre.

Définir la nouvelle cellule active

Quand vous validez une saisie avec la touche **Entrée**, une nouvelle cellule est sélectionnée. Par défaut, c'est la cellule en dessous de celle que vous venez de saisir. Cette sélection est dépendante d'une option que vous pouvez modifier.

1 Cliquez l'onglet **Fichier** puis **Options** dans la liste de gauche.

2 Cliquez **Options avancées** dans la liste de gauche.

3 Sélectionnez dans la liste **Sens** la cellule qui doit être sélectionnée après la saisie.

4 Si vous désirez que la cellule saisie reste la cellule active, décochez la case **Déplacer la sélection après validation**.

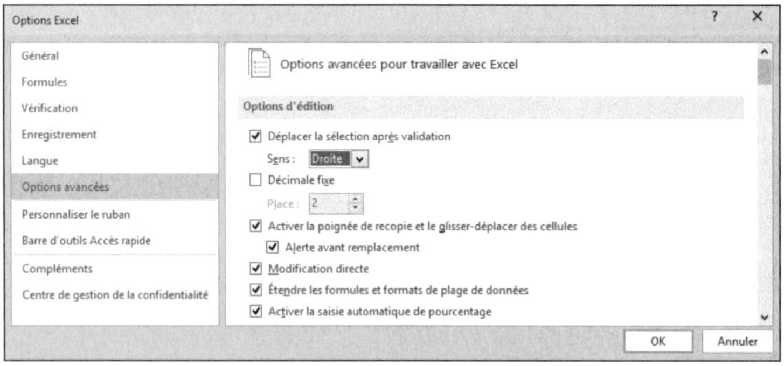

Figure 2-7 Choix de la cellule active après une saisie.

5 Cliquez le bouton **OK**.

Astuce Pour valider une saisie sans changer de cellule active, utilisez les touches **Ctrl + Entrée** à la place de la touche **Entrée**. Pour sélectionner la cellule au-dessus, utilisez les touches **Maj + Entrée**.

Saisir un grand tableau

Les grands tableaux sont difficiles à saisir car il faut remonter à la première ligne après la saisie de chaque colonne. Voici une méthode simple pour vous éviter cette peine :

1 Sélectionnez l'intégralité des cellules à saisir.

2 Tapez la première donnée et appuyez sur **Entrée**.

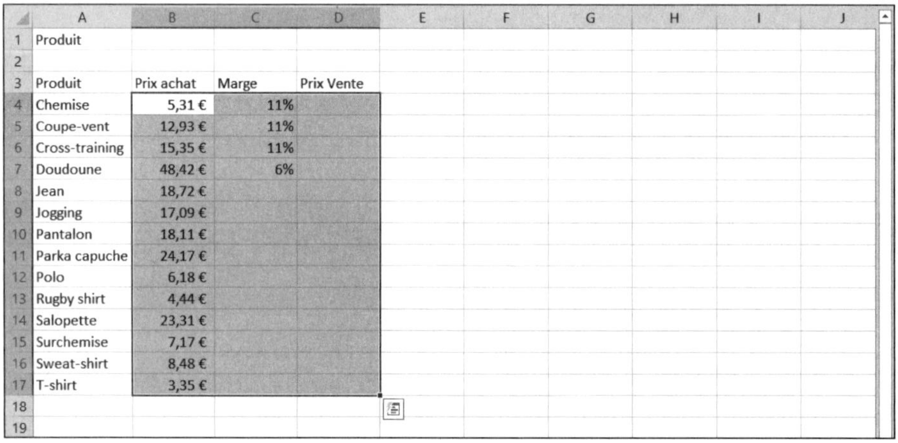

	A	B	C	D
1	Produit			
2				
3	Produit	Prix achat	Marge	Prix Vente
4	Chemise	5,31 €	11%	
5	Coupe-vent	12,93 €	11%	
6	Cross-training	15,35 €	11%	
7	Doudoune	48,42 €	6%	
8	Jean	18,72 €		
9	Jogging	17,09 €		
10	Pantalon	18,11 €		
11	Parka capuche	24,17 €		
12	Polo	6,18 €		
13	Rugby shirt	4,44 €		
14	Salopette	23,31 €		
15	Surchemise	7,17 €		
16	Sweat-shirt	8,48 €		
17	T-shirt	3,35 €		
18				
19				

Figure 2-8 Saisie d'un grand tableau.

La cellule en dessous est automatiquement sélectionnée.

3 Tapez les autres données en validant toujours avec **Entrée**.

Note En cas d'erreur, utilisez les touches **Maj + Entrée** pour la ligne précédente, **Tab** pour la colonne suivante et **Maj + Tab** pour la colonne précédente. N'utilisez pas les flèches, ce qui aurait pour conséquence de désélectionner le tableau.

Arrivé à la dernière ligne, Excel sélectionne la première cellule de la colonne suivante.

Note Pour saisir des données dans un tableau Excel, consultez le chapitre 7. Les tableaux Excel permettent une plus grande souplesse si vous devez ajouter fréquemment de nouvelles données.

Modifier une cellule

Changer le contenu d'une cellule

Cette méthode remplace le contenu actuel de la cellule.

1 Cliquez la cellule à modifier.

2 Tapez le nouveau contenu pour remplacer l'ancien.

3 Appuyez sur **Entrée** pour valider.

Éditer le contenu d'une cellule

Le contenu des cellules change souvent. Il est plus simple de modifier le contenu d'une cellule plutôt que de tout avoir à retaper.

1 Double-cliquez la cellule à modifier pour passer en mode édition.

Note Vous pouvez aussi appuyer sur la touche **F2** pour éditer la cellule sélectionnée.

La cellule est en mode édition. Un curseur clignotant vous indique la position de modification.

2 Cliquez éventuellement dans la cellule à l'endroit de la modification.

3 Tapez les modifications en utilisant les touches du tableau 2-2.

Les touches...	ont pour effet de...
Flèches gauche et **droite**	déplacer le curseur vers la gauche ou vers la droite.
Retour arrière	supprimer le caractère à gauche.
Suppr	supprimer le caractère à droite.

Les touches...	ont pour effet de...
Début	placer le curseur au début du texte.
Fin	placer le curseur à la fin du texte.
Entrée	valider la saisie.

Tableau 2-2 Touches de déplacement dans la modification du contenu d'une cellule.

Vous pouvez aussi cliquer directement dans la barre de formule pour modifier la cellule sélectionnée. Si le texte dans la cellule est très long, c'est la meilleure méthode. Pour agrandir la barre de formule, cliquez le bouton ˅ en regard (côté droit). Utilisez les touches du tableau 2-2 pour éditer le contenu de la cellule.

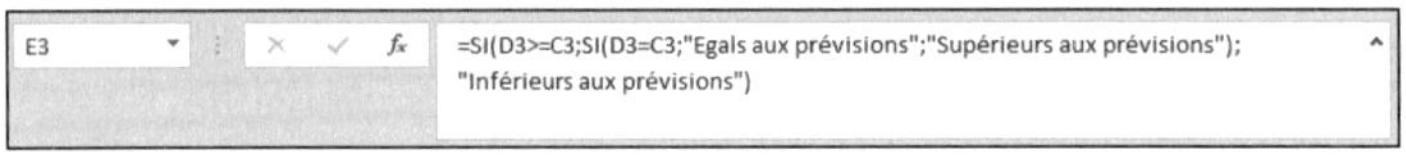

Figure 2-9 Barre de formule agrandie.

Pour réduire la barre de formule, cliquez le bouton ˄.

Note Si vous n'utilisez pas la barre de formule, vous pouvez la masquer. Cliquez l'onglet **Affichage ➜ Afficher** puis décochez la case **Barre de formule**.

Effacer des valeurs

Si elles ne doivent pas être remplacées par d'autres valeurs, il faut parfois effacer le contenu des cellules devenues inutiles.

1 Sélectionnez la ou les cellules à effacer.

2 Appuyez sur **Suppr**.

Le contenu des cellules sélectionnées est effacé.

Note Vous pouvez à tout moment annuler cette action (consultez le paragraphe suivant).

Annuler les dernières actions

Comme l'erreur est humaine, Excel a prévu un bouton pour annuler vos actions.

Annuler la dernière action

1 Cliquez le bouton dans la barre d'outils Accès rapide pour annuler uniquement la dernière action.

La dernière action est annulée.

Note Si vous voulez connaître la dernière action avant de l'annuler, cliquez la flèche qui borde le bouton .

Annuler plusieurs actions

1 Cliquez la flèche en regard du bouton dans la barre d'outils Accès rapide pour ouvrir la liste.

La liste répertorie les dernières actions.

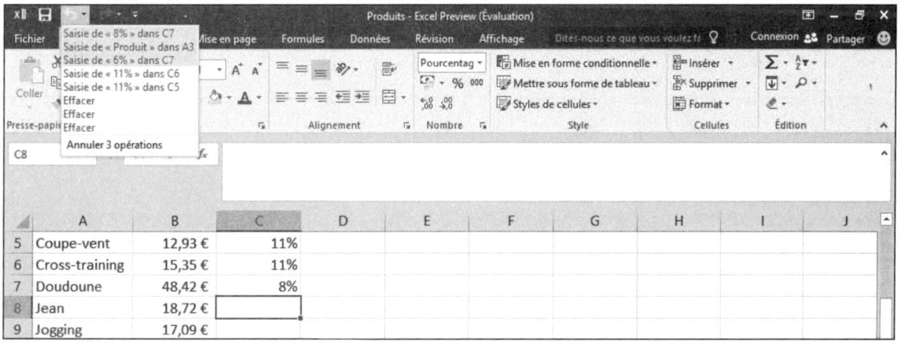

Figure 2-10 Annulation de plusieurs actions.

2 Cliquez l'action à annuler dans la liste.

L'action sélectionnée est annulée ainsi que toutes celles qui la précèdent dans la liste (ici la frappe de trois cellules).

Rétablir des actions annulées

Pour rétablir la dernière action annulée, cliquez le bouton dans la barre d'outils Accès rapide. Pour rétablir plusieurs actions annulées, cliquez la flèche en regard du bouton , puis cliquez l'action à rétablir ainsi que celles qui la précèdent dans la liste.

Note Le bouton est indisponible s'il n'y a pas eu d'annulation.

Rechercher ou remplacer des données

Si vous recherchez une valeur dans un grand tableau, Excel peut la retrouver pour vous. Il peut même la remplacer par une autre valeur. Cela vous évitera de parcourir l'ensemble de vos tableaux.

1 Cliquez l'onglet **Accueil → Édition → Rechercher et sélectionner** **→ Rechercher**.

Note Le bouton **Rechercher et sélectionner** propose plusieurs types de recherches. Si vous désirez effectuer une simple recherche, tapez le raccourci **Ctrl + F** pour accéder rapidement à cette commande.

2 Tapez la donnée à rechercher dans la zone **Rechercher**.

3 Cliquez le bouton **Suivant**.

La première cellule contenant la donnée recherchée est sélectionnée.

Note Si la donnée recherchée n'existe pas, Excel affiche une boîte de dialogue pour vous en avertir.

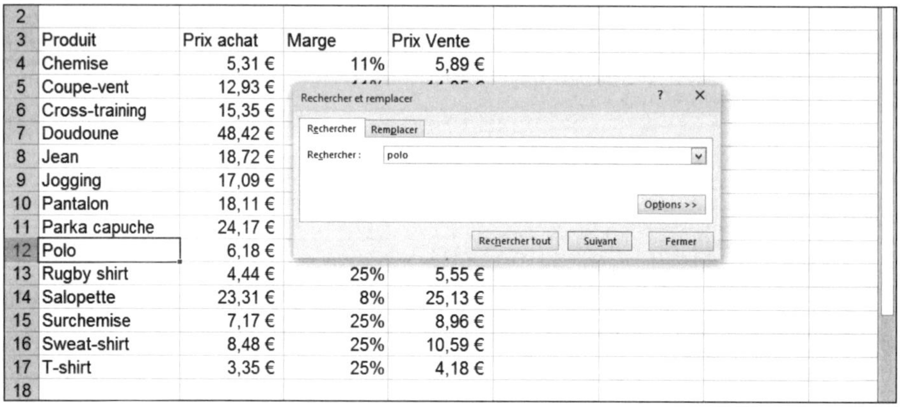

Figure 2-11 Recherche d'une donnée.

4 Cliquez le bouton **Suivant** autant de fois que nécessaire pour trouver les autres occurrences.

5 Cliquez le bouton **Fermer**.

Si vous désirez connaître l'emplacement de toutes les occurrences de la donnée recherchée, cliquez le bouton **Rechercher tout** à la place du bouton **Suivant**. La boîte de dialogue s'agrandit et liste l'emplacement des données trouvées.

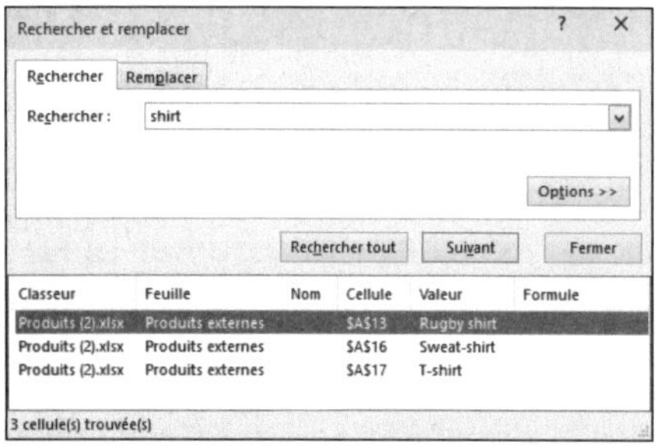

Figure 2-12 Recherche de toutes les occurrences.

Pour accéder directement à une cellule contenant la donnée recherchée, cliquez-la dans la liste de la boîte **Rechercher et remplacer**.

Remplacer des données

Excel peut aussi rechercher des données et les remplacer par d'autres valeurs.

1 Cliquez l'onglet **Accueil ➜ Édition ➜ Rechercher et sélectionner** ➜ **Remplacer**.

Note Tapez le raccourci **Ctrl + H** pour accéder rapidement à cette commande. Si la boîte **Rechercher et remplacer** est déjà ouverte, cliquez l'onglet **Remplacer**.

2 Tapez la donnée à rechercher dans la zone **Rechercher**.

3 Tapez la donnée de remplacement dans la zone **Remplacer par**.

4 Cliquez le bouton **Suivant**.

La première cellule contenant la donnée recherchée est sélectionnée.

5 Si la donnée sélectionnée doit être remplacée, cliquez le bouton **Remplacer**, sinon cliquez le bouton **Suivant**.

Note En cliquant **Remplacer tout**, toutes les données sont changées et une boîte vous indique le nombre de remplacements. Excel ne demande pas de confirmer. Vous pouvez cependant annuler les modifications avec le bouton .

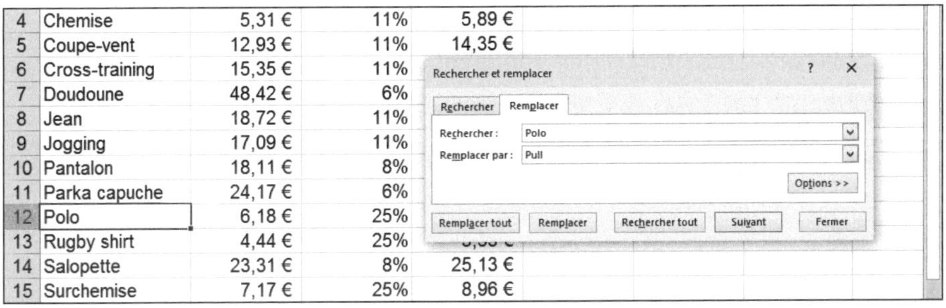

Figure 2-13 Remplacement de données.

La donnée est remplacée et la cellule suivante est sélectionnée.

6 Cliquez le bouton **Suivant** ou le bouton **Remplacer** autant de fois que nécessaire.

7 Cliquez le bouton **Fermer**.

Affiner les recherches

Pour mieux cibler vos recherches et vos remplacements, cliquez le bouton **Options** dans la boîte **Rechercher et remplacer** afin d'agrandir cette dernière. Vous pouvez choisir ici l'étendue de la recherche (feuille active ou classeur), le sens de la recherche (par ligne ou par colonne), ainsi que l'emplacement de la donnée recherchée (dans la formule, dans la valeur affichée ou dans le commentaire).

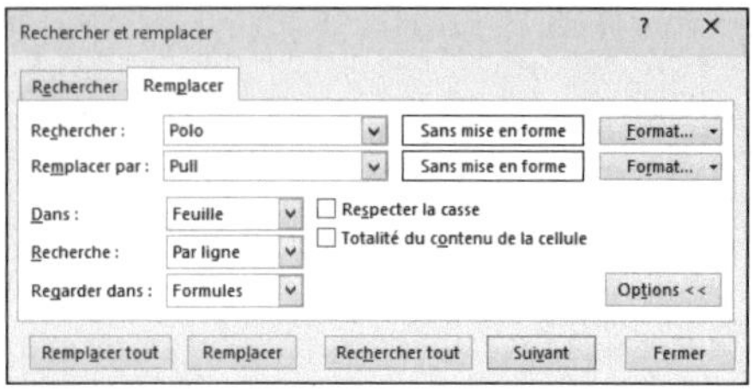

Figure 2-14 Options de recherche.

Excel tient compte des majuscules et des minuscules si vous cochez l'option **Respecter la casse**. Si les cellules à trouver doivent contenir uniquement la donnée recherchée, cochez l'option **Totalité du contenu**. Le ou les boutons **Format** permettent de rechercher des cellules avec une mise en forme particulière (consultez le chapitre 5 pour les mises en forme).

Ajouter un commentaire

On oublie parfois la signification du contenu d'une cellule. Un commentaire permet de se rafraîchir la mémoire. Il s'affiche sous forme d'info-bulle. Il est même possible d'afficher ces dernières en permanence.

Insérer un commentaire

1 Cliquez avec le bouton droit la cellule à commenter.

2 Cliquez la commande **Insérer un commentaire** dans le menu contextuel.

3 Tapez le texte du commentaire dans le cadre.

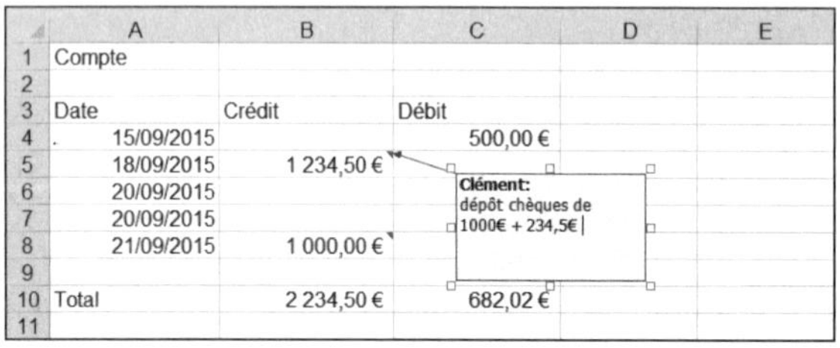

Figure 2-15 Ajout d'un commentaire à une cellule.

4 Cliquez n'importe quelle cellule pour fermer le commentaire.

Un signe rouge en haut à droite de la cellule indique la présence d'un commentaire.

5 Pointez la cellule pour afficher le commentaire.

Le commentaire s'affiche dans une info-bulle.

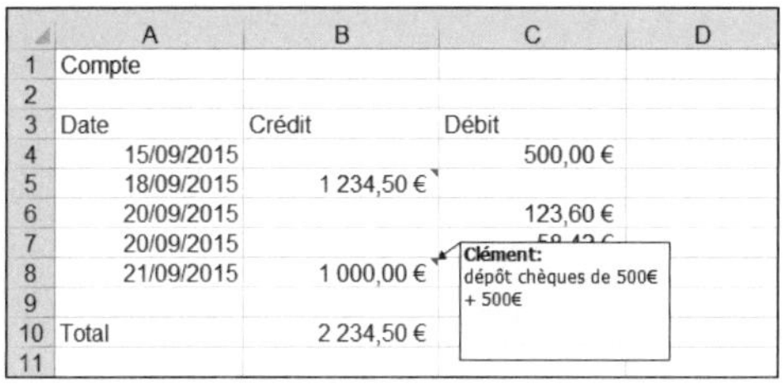

Figure 2-16 Affichage du commentaire d'une cellule.

Modifier un commentaire

Vous pouvez à tout moment modifier le contenu d'un commentaire.

1 Cliquez avec le bouton droit la cellule dont vous voulez modifier le commentaire.

2 Cliquez la commande **Modifier le commentaire** dans le menu contextuel.

3 Modifiez le texte du commentaire dans le cadre.

4 Cliquez n'importe quelle cellule pour fermer le commentaire.

Note Faites glisser les carrés autour du cadre pour modifier la taille du commentaire.

Supprimer un commentaire.

Si un commentaire n'est plus nécessaire, supprimez-le.

1 Cliquez avec le bouton droit la cellule dont vous souhaitez supprimer le commentaire.

2 Cliquez la commande **Effacer le commentaire** dans le menu contextuel.

Afficher en permanence des commentaires

Si cela est nécessaire, vous pouvez afficher en permanence un commentaire. Pour cela, cliquez avec le bouton droit la cellule avec le commentaire, puis cliquez la commande **Afficher/Masquer les commentaires** dans le menu contextuel.

Quand un commentaire est affiché en permanence, il suffit de le cliquer pour le modifier. S'il gêne la visibilité des cellules en dessous, faites glisser sa bordure quand le curseur de souris prend la forme .

Si vous désirez modifier le contenu d'un grand nombre de commentaires, il est possible de tous les afficher en même temps. Cliquez l'onglet **Révision → Commentaires → Afficher tous les commentaires**.

Tous les commentaires sont maintenant affichés en permanence. Vous pouvez les modifier simplement en les cliquant l'un après l'autre. Vous pouvez aussi les déplacer facilement en faisant glisser leur bordure.

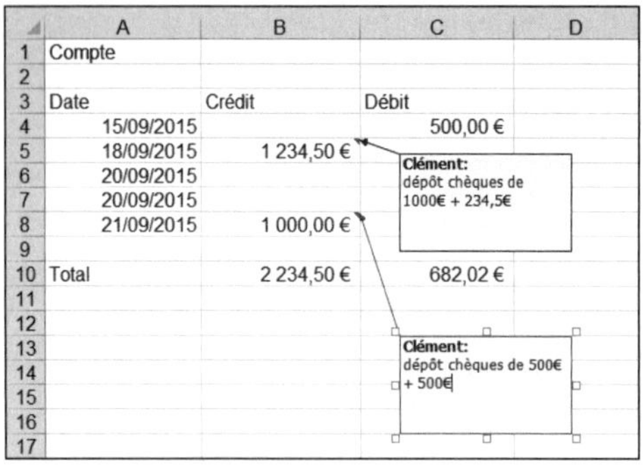

Figure 2-17 Affichage permanent des commentaires.

Vous pouvez aussi masquer les commentaires et les indicateurs :

1 Cliquez l'onglet **Fichier → Options**.

2 Cliquez **Options avancées** dans la liste de gauche.

3 Dans le groupe **Afficher** de la liste de droite, cochez l'option **Aucun commentaire ou indicateur**.

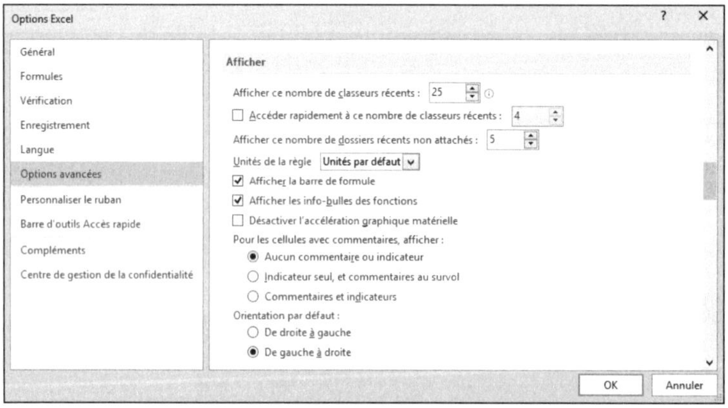

Figure 2-18 Options d'affichage des commentaires.

4 Cliquez le bouton **OK**.

Vérifier l'orthographe

Ne laissez pas de fautes d'orthographe dans vos tableaux. Comme dans un logiciel de traitement de texte, Excel peut les rechercher pour vous et vous proposer d'autres orthographes.

1 Cliquez la cellule **A1**.

Note Si la cellule **A1** n'est pas sélectionnée, Excel commence la correction à partir de la cellule active et vous demande ensuite si vous désirez corriger aussi le début de la feuille.

2 Cliquez l'onglet **Révision ➜ Vérification ➜ Orthographe**.

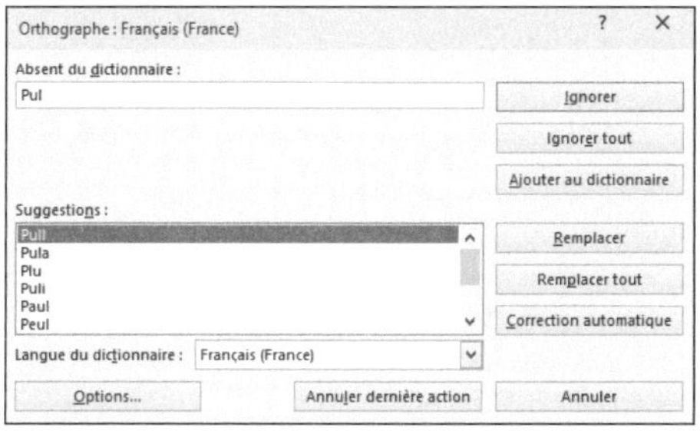

Figure 2-19 Correction de l'orthographe.

À la première faute d'orthographe trouvée, la boîte de la figure 2-19 s'affiche. Elle propose les options suivantes :

- **Ignorer** : ignore le mot non trouvé dans le dictionnaire et passe à la faute suivante.
- **Ignorer tout** : ignore toujours le mot non trouvé dans le dictionnaire.
- **Remplacer** : remplace le mot non trouvé dans le dictionnaire par celui sélectionné dans la liste **Suggestions**.
- **Remplacer tout** : remplace le mot non trouvé dans toute la feuille.
- **Ajouter au dictionnaire** : ajoute le mot non trouvé au dictionnaire personnel.

3 Éventuellement, cliquez un mot de remplacement dans la liste **Suggestions**.

4 Cliquez le bouton **Remplacer** ou cliquez le bouton **Ignorer** pour passer à la faute suivante.

5 Répétez autant de fois que nécessaire les étapes **3** et **4**.

6 Cliquez le bouton **OK**.

Modifier les corrections automatiques

Excel corrige automatiquement certains mots en cours de frappe. Ajoutez à la liste d'Excel vos abréviations ou vos erreurs de frappe fréquentes (des inversions de lettres par exemple).

1 Cliquez l'onglet **Fichier ➜ Options**.

Note Vous pouvez aussi accéder aux options d'Excel en cliquant le bouton **Options** dans la boîte **Orthographe** (figure 2-19).

2 Cliquez **Vérification** dans la liste de gauche, puis le bouton **Options de correction automatique** dans la partie de droite.

3 Dans l'onglet **Correction automatique**, tapez le mot à remplacer dans la zone **Remplacer**.

4 Tapez le mot de remplacement dans la zone **Par**.

Figure 2-20 Options de correction automatique.

Dans l'exemple de la figure 2-20, le mot « tps » sera automatiquement remplacé par le mot « temps ».

5 Cliquez le bouton **Ajouter**.

Le mot apparaît dans la liste des corrections automatiques.

6 Cochez ou décochez les options proposées pour la correction automatique.

7 Cliquez le bouton **OK**.

Dans l'onglet **Révision**, les groupes **Vérification** et **Langue** proposent des boutons pour rechercher des définitions de mots dans le dictionnaire, trouver des synonymes ou effectuer des traductions dans d'autres langues. Ces recherches s'effectuent dans un volet qui s'affiche dans la partie droite de la feuille de calcul (figure 2-21).

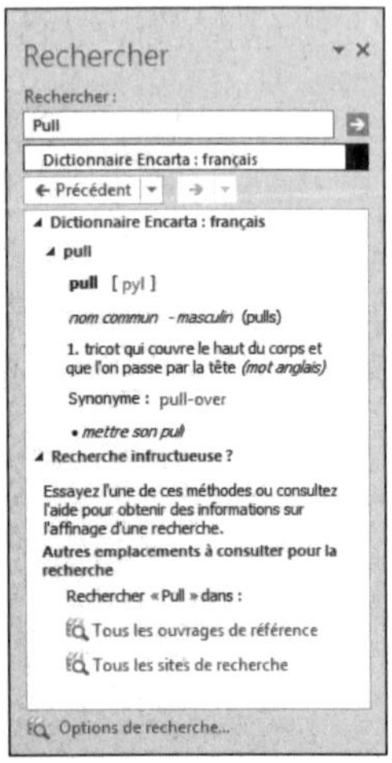

Figure 2-21 Définition, synonyme et traduction d'un mot.

Note Les dictionnaires et les corrections automatiques sont communs aux produits Office (Excel, Word, *etc.*). Vos modifications et vos apports (mots dans le dictionnaire personnel, corrections automatiques, *etc.*) sont répercutés dans les autres logiciels.

Chapitre 3

Réaliser des calculs

Dans ce chapitre :

- Comprendre les formules et les fonctions
- Saisir des formules
- Utiliser des fonctions
- Utiliser l'analyse rapide
- Choisir des fonctions
- Définir des références relatives et absolues
- Insérer la date et l'heure

Les formules et les fonctions démontrent toute la puissance de votre tableur. C'est pourquoi ce chapitre présente en détail les fonctions les plus usitées, sans oublier l'assistant qui vous permettra de découvrir celles adaptées à la complexité des cas particuliers. Vous y trouverez également la conversion en euros pour utiliser vos anciennes données en francs.

Qu'est-ce qu'une formule ?

Une formule est un ensemble d'opérations que l'on peut effectuer dans les cellules d'une feuille de calcul. Dès que vous tapez le signe égal (=) dans une cellule, Excel considère que vous saisissez une formule.

Éléments d'une formule

Après le signe égal, une formule est composée de cinq types d'éléments :

- **Opérateurs** : ils permettent d'appliquer des opérations entre des valeurs (addition, soustraction, multiplication, *etc.*).
- **Valeurs numériques et chaînes de caractères** : ce sont des valeurs littérales sous forme de nombres ou de caractères.
- **Références de cellules** : elles désignent d'autres cellules contenant des valeurs numériques ou des chaînes de caractères.
- **Parenthèses** : elles contrôlent l'ordre d'évaluation des calculs. Par exemple, la formule `=(2*3)+4` retourne 10 alors que la formule `=2*(3+4)` retourne 14.
- **Fonctions** : elles permettent d'effectuer des opérations plus sophistiquées que les opérateurs habituels.

C'est l'ensemble de ces éléments qui constitue les formules.

Opérateurs des formules

Les opérateurs sont des symboles qui représentent des opérations. Ils sont les éléments de base des formules. Le tableau 3-1 donne la liste de ceux utilisés par Excel.

Opérateur	Opération
+	Addition
–	Soustraction
*	Multiplication
/	Division
^	Élévation à une puissance
%	Pourcentage
&	Addition de chaînes de caractères (concaténation)

Tableau 3-1 Opérateurs de calcul.

Valeurs littérales

Les valeurs littérales sont des nombres et des textes incorporés dans les formules. Notez qu'il n'est pas nécessaire de les faire précéder du signe égal si elles sont seules. Pour ce dernier cas, il ne s'agit pas d'une formule, mais d'une simple valeur.

Par défaut, Excel aligne les nombres sur la droite et les chaînes de caractères sur la gauche. Un nombre s'aligne à gauche s'il est mal saisi. Excel le considère alors comme un texte. C'est le cas s'il contient une espace qui ne correspond pas à un séparateur de milliers, ou, plus fréquemment, un point à la place d'une virgule comme séparateur des décimales.

Références des cellules

Dans les formules, on utilise des références à d'autres cellules. Les références se présentent sous deux formes.

Références à une cellule

C'est la référence la plus simple. Elle est composée de la lettre de la colonne et du numéro de ligne.

```
=A1
```

Références à une plage de cellules

Une plage de cellules est un ensemble de cellules délimité par la référence de la cellule en haut à gauche et de la cellule en bas à droite. Ces deux références sont séparées par un deux-points.

```
=SOMME(A1:B2)
```

Dans cet exemple, la plage A1:B2 est composée de quatre cellules : A1, A2, B1 et B2.

Priorité des opérateurs et parenthèses

Pour éviter des résultats non souhaités dans vos formules, il est préférable d'utiliser des parenthèses pour séparer les divers calculs.

Si vous omettez les parenthèses, Excel utilise les priorités du tableau 3-2 pour déterminer quel calcul est effectué en premier.

Prenons l'exemple suivant :

```
=2+4*3^2
```

Le résultat est ici 38, car Excel effectue en priorité l'élévation à la puissance puis la multiplication. Si on ajoute les parenthèses, le calcul effectué est en réalité celui-ci :

```
=2+(4*(3^2))
```

Le simple fait de changer les parenthèses modifie considérablement le résultat, comme l'exemple ci-après dont le résultat est 146 :

```
=2+((4*3)^2)
```

Quand des parenthèses sont imbriquées, comme dans l'exemple précédent, Excel effectue d'abord le calcul des parenthèses intérieures.

Priorité	Symbole	Opération
1	–	Négation
2	%	Pourcentage
3	^	Élévation à la puissance
4	* et /	Multiplication et division
5	+ et –	Addition et soustraction
6	&	Addition de chaînes de caractères
7	=, >, <	Comparaison

Tableau 3-2 Priorités des opérateurs.

Qu'est-ce qu'une fonction ?

Une fonction est un mot-clé qui permet d'effectuer des calculs plus complexes qu'avec les quatre opérations habituelles (addition, soustraction, *etc.*). Prenons un exemple simple. Si vous désirez additionner trois valeurs, vous pouvez saisir dans une cellule de la feuille de calcul les données suivantes :

```
=1+5+9
```

Si ces valeurs se trouvent déjà dans des cellules de la feuille de calcul, vous pouvez alors saisir les références à ces cellules :

```
=A1+A2+A3
```

Mais si vous deviez additionner les 100 premières valeurs de la première colonne, il serait alors nécessaire de saisir la référence de ces 100 cellules. Pour simplifier les choses, on utilise alors une fonction, dans notre exemple la fonction SOMME.

```
=SOMME(A1:A100)
```

Saisir des formules

Pour réaliser des calculs, vous devez saisir des formules. Ces dernières doivent débuter par le signe égal (=) pour les distinguer des nombres et des textes. Elles contiennent des nombres et des références à d'autres cellules.

Astuce Vous pouvez remplacer le signe égal par le signe plus (+) ou le signe moins (–). Cette solution est très pratique si vous désirez saisir un calcul à partir du pavé numérique, ce dernier ne proposant pas la touche égal. La formule suivante est donc acceptée par Excel : `+13*27`. Le signe plus est alors automatiquement transformé en signe égal. Dans certains cas, le signe plus est conservé et le signe égal est ajouté. C'est le cas par exemple pour la saisie suivante : `+RACINE(9)`. La formule est alors remplacée par `=+RACINE(9)`. Dans tous les cas, le signe moins est conservé.

1 Cliquez la cellule qui doit recevoir la formule.

2 Tapez le signe =.

3 Tapez les nombres et/ou les références des cellules.

4 Appuyez sur **Entrée** (appuyez sur **Ctrl** + **Entrée** pour rester dans la même cellule).

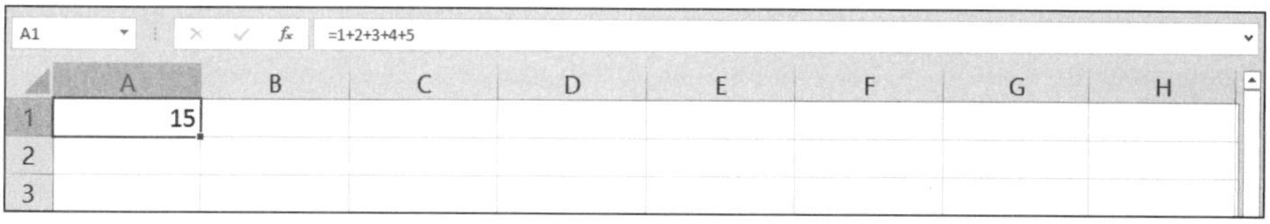

Figure 3-1 Saisie d'une formule.

Le résultat s'affiche dans la cellule. La formule s'affiche dans la barre de formule.

Références de cellules dans les formules

En utilisant des références, le résultat de la formule change en fonction du contenu des cellules. Vous n'aurez plus à modifier la formule.

Voici un exemple de formule avec des références. La cellule B3 contient la formule suivante :

```
=B1+B2
```

La cellule B3 contient donc l'addition du contenu des cellules B1 et B2.

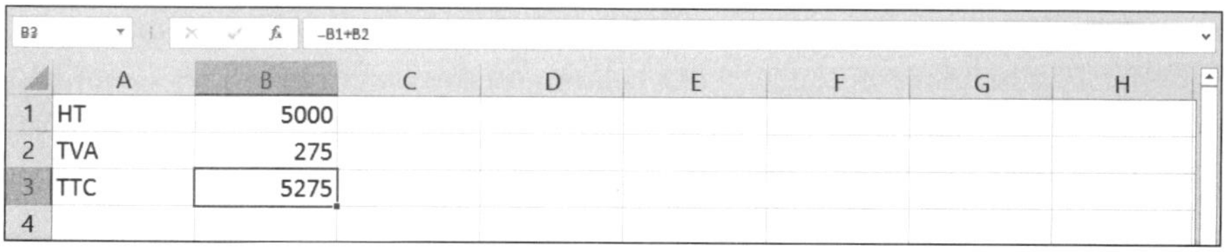

Figure 3-2 Formule avec des références.

Maintenant, si vous changez le contenu des cellules B1 et B2, Excel recalcule automatiquement le contenu de la cellule B3.

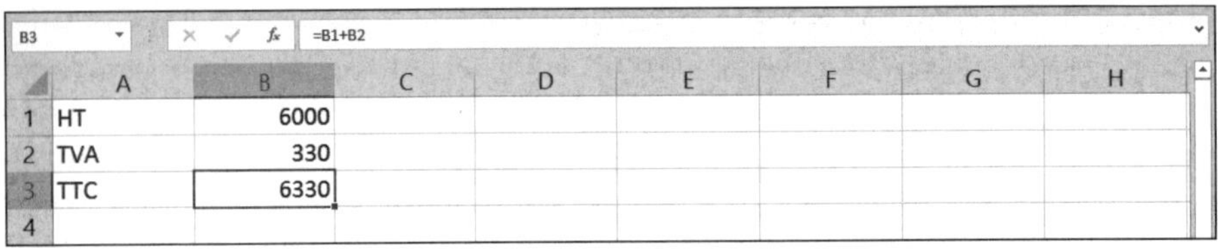

Figure 3-3 Exemple avec la même formule, mais dont le contenu des cellules en référence a changé.

Formules avec des nombres et des références

Vous pouvez mélanger des nombres et des références à des cellules dans la même formule.

Dans l'exemple de la figure 3-4, la cellule B2 contient la formule suivante :

```
=B1*5,5%
```

La cellule B2 contient donc la multiplication de la cellule B1 par la valeur littérale 5,5 %.

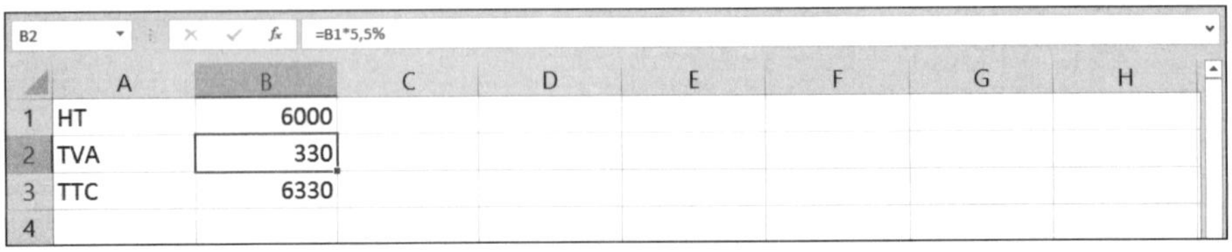

Figure 3-4 Exemple de formule avec des nombres et des références.

Notez que la cellule B3 fait référence à B1 et B2. Pour calculer le montant T.T.C. (B3), il suffit de modifier le montant H.T. (B1). La T.VA. (B2) est calculée automatiquement et son montant est répercuté dans le T.T.C. (B3). Les calculs s'effectuent donc en cascade.

Saisir des références

Saisir manuellement

Si vous connaissez les références de cellules à ajouter à votre formule, vous pouvez les saisir directement au clavier sans utiliser la souris. C'est la méthode la plus rapide, mais aussi la plus risquée. En effet, la saisie des références à des cellules ou des plages de cellules peut engendrer des erreurs. Cela est d'autant plus vrai si ces cellules ne sont pas présentes dans la partie de la feuille de calcul visible à l'écran.

Pour éviter ces erreurs, il est donc préférable d'utiliser la souris ou les flèches du clavier pour saisir les références dans les formules.

Saisir avec la souris

L'utilisation de la souris ou des flèches du clavier simplifie la saisie des formules. Dans l'exemple qui suit, nous allons saisir la formule `=B1+B2` avec la souris.

1 Dans une cellule, tapez le signe =.

2 Cliquez une cellule pour ajouter sa référence.

La référence apparaît dans la formule. Elle a la même couleur que le cadre qui entoure la cellule choisie.

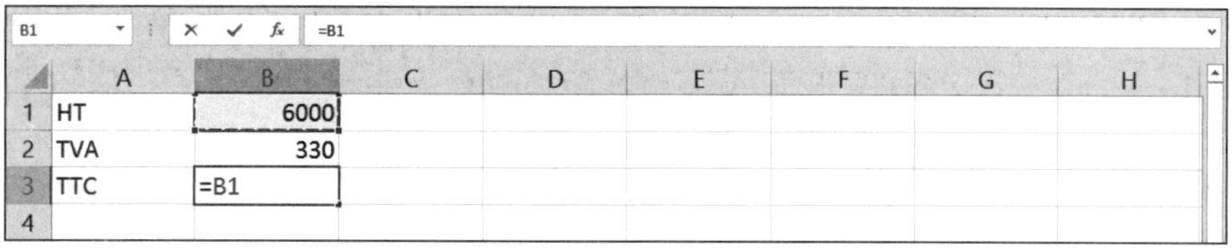

Figure 3-5 Saisie d'une référence avec la souris.

3 Tapez un opérateur, par exemple +.

Astuce Vous pouvez cliquer et faire glisser la cellule encadrée, quand le curseur a la forme , pour choisir une autre cellule. La formule est alors mise à jour automatiquement avec la nouvelle référence. Si la cellule est entourée de pointillés, il suffit de cliquer une autre cellule pour changer de référence.

4 Cliquez une cellule pour ajouter sa référence.

La formule est complétée. Chaque référence a une couleur distincte.

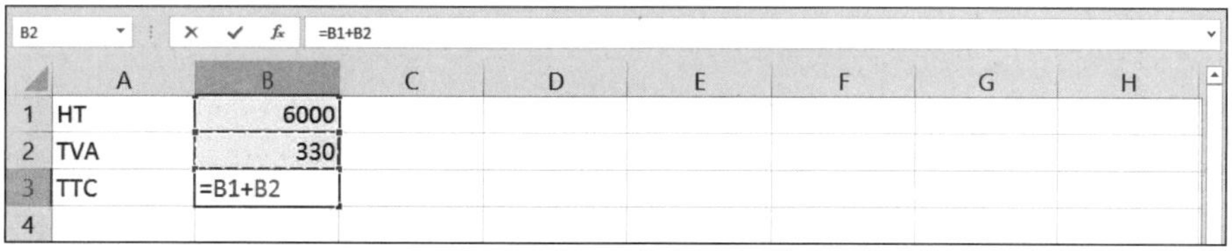

Figure 3-6 Saisie d'une seconde référence avec la souris.

5 Appuyez sur **Entrée** pour valider.

Excel calcule la formule et affiche le résultat.

Note Appuyez sur **Ctrl + Entrée** pour rester sur la même cellule après validation.

Pour saisir les références à une plage de cellules, cliquez et faites glisser pour sélectionner les cellules comme vous le faites habituellement (voir chapitre 2).

Saisir avec le clavier

Pour ajouter des références avec le clavier, tapez le signe égal (=), puis utilisez les flèches de direction. Pour sélectionner une plage de cellules, déplacez-vous sur la première cellule, maintenez la touche **Maj** enfoncée, puis, toujours avec les flèches de direction, sélectionnez la dernière cellule de la plage.

Afficher les formules

En affichant les formules à la place des valeurs, vous vérifierez plus facilement les éventuelles erreurs et vous comprendrez la structure des formules d'une feuille de calcul existante.

1 Tapez le raccourci **Ctrl** + « (guillemets) pour afficher les formules.

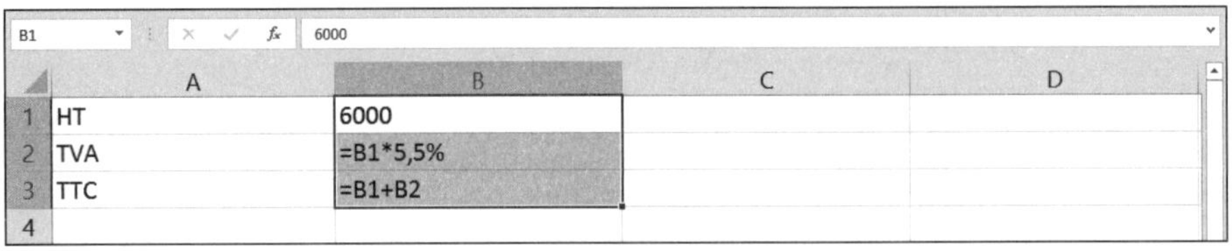

Figure 3-7 Affichage des formules à la place de valeurs.

2 Appuyez de nouveau sur **Ctrl** + « pour afficher les valeurs (résultats des formules).

Vous pouvez aussi utiliser la boîte des options. Cette dernière permet d'afficher ou de masquer d'autres parties des feuilles de calcul comme le quadrillage, les en-têtes des lignes et des colonnes, *etc.*

1 Cliquez l'onglet **Fichier** puis **Options** dans la liste de gauche.

2 Cliquez **Options avancées** dans la liste de gauche.

3 Dans le groupe **Options d'affichage de la feuille de calcul**, cochez l'option **Formules dans les cellules**. Décochez cette option pour afficher les valeurs.

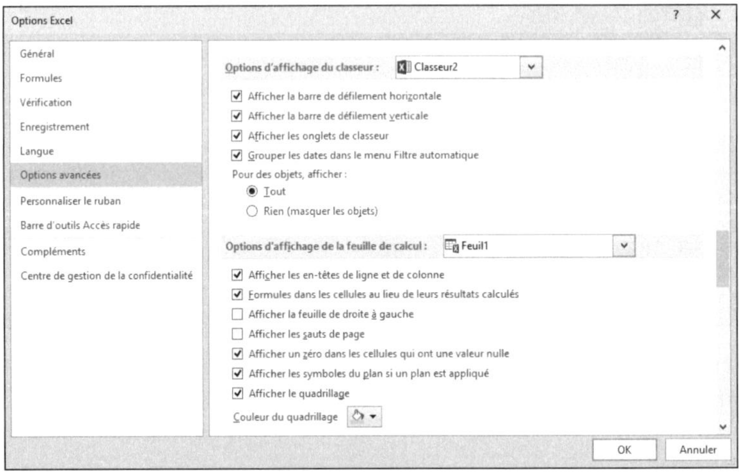

Figure 3-8 Options d'affichage d'Excel.

Note Dans les groupes **Options d'affichage du classeur** et **Options d'affichage de la feuille de calcul** vous trouverez d'autres options pour afficher ou masquer des éléments d'Excel (barres de défilement, onglets, en-têtes, *etc.*). Certaines de ces options sont disponibles dans l'onglet **Affichage → Afficher**.

4 Cliquez le bouton **OK** pour valider les changements.

Appliquer un calcul sans taper de formule

Voici une solution rapide pour appliquer un calcul sur la plage sélectionnée (somme, moyenne, *etc.*) sans taper de formule.

1 Cliquez la barre d'état avec le bouton droit de la souris.

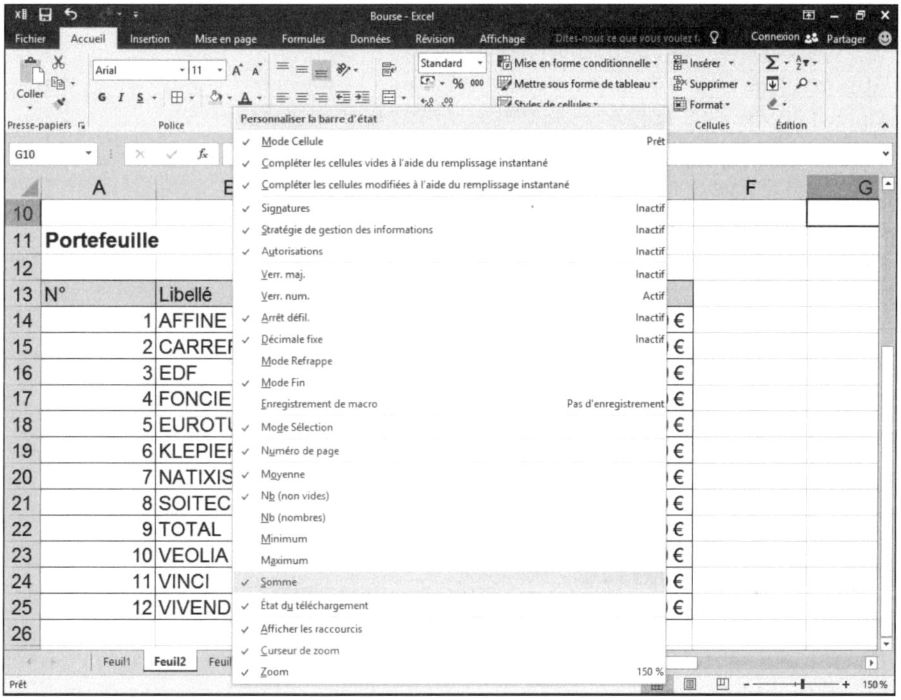

Figure 3-9 Options de la barre d'état.

2 Cochez les types de calcul à effectuer.

Note **Nb (non vides)** calcule le nombre de cellules contenant des chiffres ou du texte. **Nb (nombres)** calcule uniquement le nombre de cellules contenant des chiffres.

3 Sélectionnez les cellules qui contiennent les valeurs.

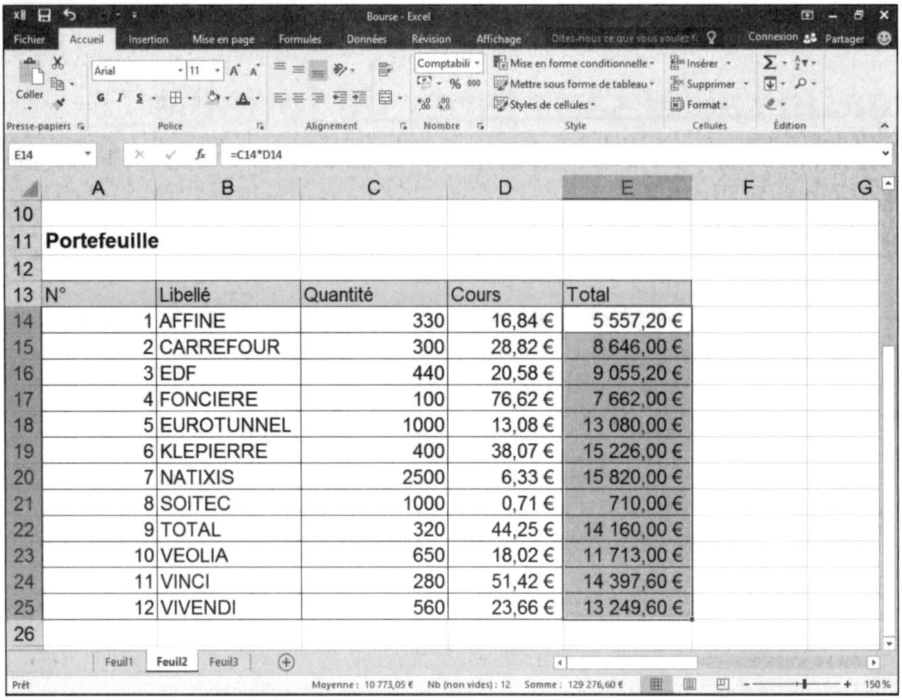

	A	B	C	D	E
11	Portefeuille				
13	N°	Libellé	Quantité	Cours	Total
14	1	AFFINE	330	16,84 €	5 557,20 €
15	2	CARREFOUR	300	28,82 €	8 646,00 €
16	3	EDF	440	20,58 €	9 055,20 €
17	4	FONCIERE	100	76,62 €	7 662,00 €
18	5	EUROTUNNEL	1000	13,08 €	13 080,00 €
19	6	KLEPIERRE	400	38,07 €	15 226,00 €
20	7	NATIXIS	2500	6,33 €	15 820,00 €
21	8	SOITEC	1000	0,71 €	710,00 €
22	9	TOTAL	320	44,25 €	14 160,00 €
23	10	VEOLIA	650	18,02 €	11 713,00 €
24	11	VINCI	280	51,42 €	14 397,60 €
25	12	VIVENDI	560	23,66 €	13 249,60 €

Figure 3-10 Calculs dans la barre d'état.

La barre d'état affiche les calculs souhaités.

Calculer une somme

La somme étant la fonction la plus courante, elle possède son propre bouton dans l'onglet Accueil et propose plusieurs méthodes d'utilisation (ce bouton est aussi présent dans l'onglet Formules).

Suivez ces étapes si la somme doit se situer en dessous de la plage à additionner :

1 Sélectionnez la plage de cellules à additionner.

2 Cliquez l'onglet **Accueil ➜ Édition ➜** [Σ ▾]. Vous pouvez aussi cliquer l'onglet **Formules ➜ Bibliothèque de fonctions ➜ Somme automatique**.

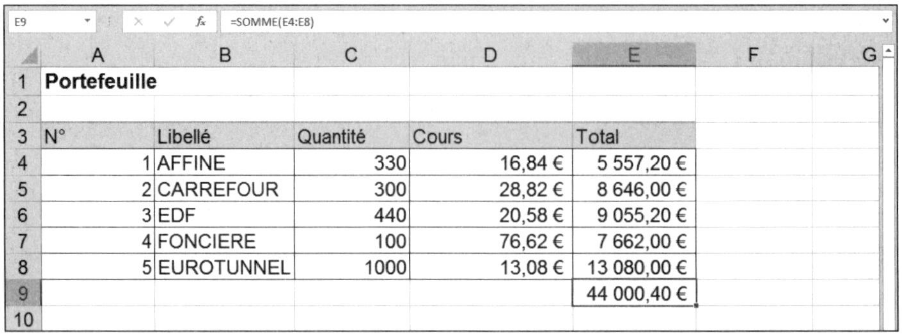

	A	B	C	D	E
1	Portefeuille				
3	N°	Libellé	Quantité	Cours	Total
4	1	AFFINE	330	16,84 €	5 557,20 €
5	2	CARREFOUR	300	28,82 €	8 646,00 €
6	3	EDF	440	20,58 €	9 055,20 €
7	4	FONCIERE	100	76,62 €	7 662,00 €
8	5	EUROTUNNEL	1000	13,08 €	13 080,00 €
9					44 000,40 €

Figure 3-11 Somme directement en dessous d'une plage de cellules.

Excel ajoute la formule dans la première cellule vide en dessous de la plage. Si vous avez sélectionné une plage à l'horizontale, la formule est placée dans la première cellule vide de droite.

Suivez ces étapes si la cellule qui doit contenir la somme ne se trouve pas directement en dessous de la plage à additionner :

1 Sélectionnez la cellule qui doit contenir la somme.

2 Cliquez l'onglet **Accueil** ➜ **Édition** ➜ Σ.

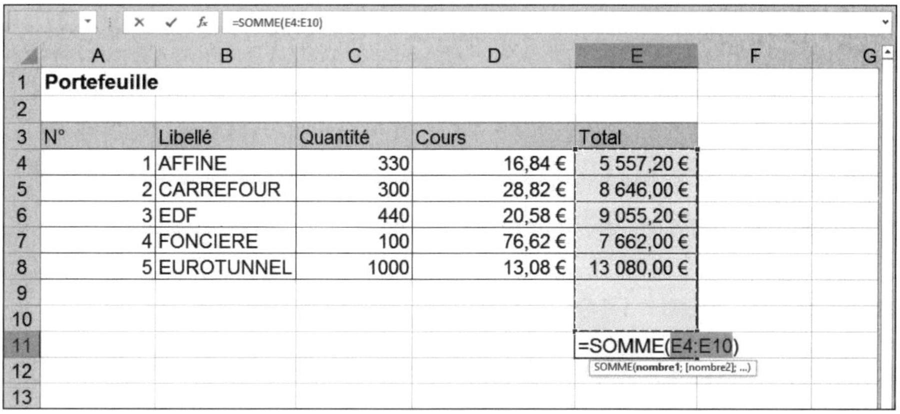

Figure 3-12 Plage à additionner proposée par Excel.

Excel entoure de pointillés la plage de valeurs la plus proche (au-dessus ou à gauche). La formule contient les références de cette plage (la cellule du haut et la cellule du bas sont séparées par un deux-points).

Note Si Excel ne propose pas de plage, vous devez obligatoirement effectuer l'étape **3**.

3 Éventuellement, sélectionnez une autre plage de cellules avec la souris si celle qui est sélectionnée ne vous convient pas.

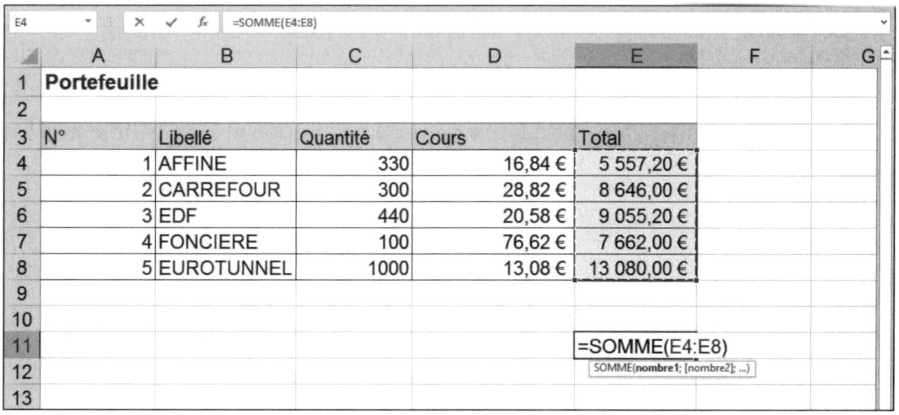

Figure 3-13 Sélection manuelle de la plage à additionner.

La formule contient maintenant les nouvelles références.

4 Appuyez sur **Entrée** pour valider la formule.

Note Si vous changez d'avis, appuyez sur **Echap** à la place de **Entrée** pour annuler la formule.

La cellule sélectionnée au départ affiche la somme de la plage.

Astuce Après la sélection de la plage, vous pouvez la déplacer ou modifier sa taille avec la souris. Pour la déplacer, pointez le bord de la plage pour que le curseur prenne la forme ✥, puis faites-la glisser à un autre emplacement. Pour modifier sa taille, cliquez et faites glisser un des quatre coins.

Insérer d'autres fonctions avec l'outil Somme

L'outil Somme permet d'insérer rapidement les fonctions les plus usitées.

Calculer la valeur moyenne d'une plage

1 Cliquez la cellule en dessous ou à droite des données à calculer.

2 Cliquez l'onglet **Accueil → Édition**, puis cliquez la flèche en regard du bouton Σ ▾. Vous pouvez aussi cliquer l'onglet **Formules**, puis cliquer la flèche en regard du bouton **Somme automatique**.

3 Cliquez **Moyenne** dans la liste.

Note Vous pouvez ajouter d'autres fonctions avec l'outil Somme. Cliquez dans ce cas **Autres fonctions** dans la liste pour ouvrir la boîte de dialogue **Insérer une fonction** (voir plus loin dans ce chapitre).

4 Éventuellement, sélectionnez une autre plage de cellules ou déplacez ou modifiez celle qui vous est proposée (consultez le paragraphe précédent).

5 Appuyez sur **Entrée** pour valider la fonction.

La cellule affiche la moyenne des valeurs de la plage. La barre de formule affiche la formule complète.

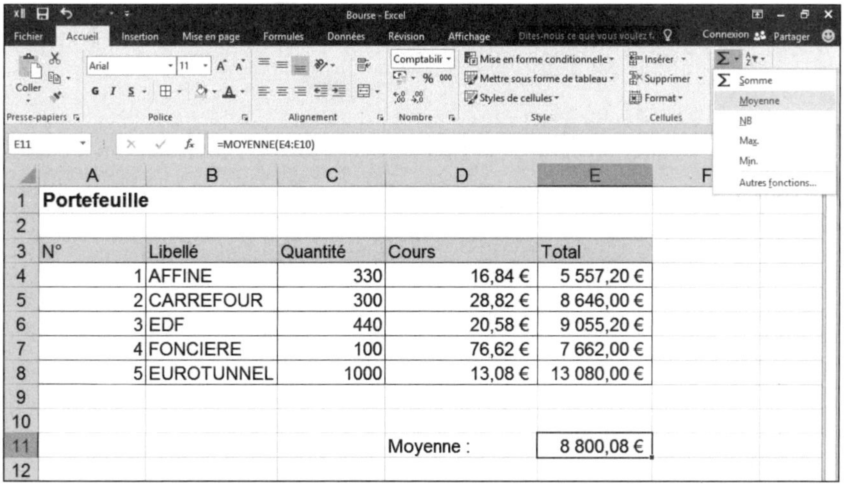

Figure 3-14 Calcul de la valeur moyenne d'une plage de cellules.

Connaître la valeur minimale ou maximale d'une plage

Dans un grand tableau, il est difficile de repérer d'un seul coup d'œil la plus petite ou la plus grande valeur. C'est le rôle des fonctions Min et Max.

1. Cliquez la cellule qui doit contenir la formule.
2. Cliquez l'onglet **Accueil**, puis cliquez la flèche en regard du bouton Σ. Vous pouvez aussi cliquer l'onglet **Formules**, puis cliquer la flèche en regard du bouton **Somme automatique**.
3. Cliquez **Min** pour extraire la plus petite valeur ou **Max** pour la plus grande.
4. Sélectionnez la plage dont vous voulez extraire la valeur.
5. Appuyez sur **Entrée** pour valider.

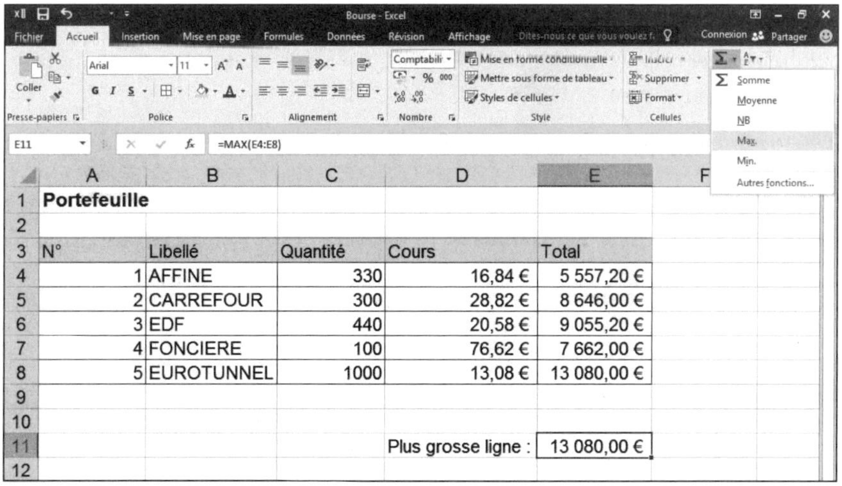

Figure 3-15 Utilisation des fonctions Min et Max.

La cellule affiche la plus petite ou la plus grande valeur de la plage. La barre de formule affiche la formule complète.

Calculer le nombre de valeurs

La fonction NB compte le nombre de valeurs d'une plage. Les cellules vides ou contenant du texte ne sont pas incluses dans le calcul.

1 Cliquez la cellule qui doit contenir la formule.

2 Cliquez l'onglet **Accueil**, puis cliquez la flèche en regard du bouton Σ ▾. Vous pouvez aussi cliquer l'onglet **Formules**, puis cliquer la flèche en regard du bouton **Somme automatique**.

3 Cliquez **NB** pour calculer le nombre de valeurs.

Note Utilisez la fonction **NBVAL** pour calculer le nombre de cellules non vides (valeurs et textes).

4 Sélectionnez la plage dont vous voulez connaître le nombre de valeurs.

5 Validez avec **Entrée**.

La cellule affiche le nombre de valeurs de la plage. La barre de formule affiche la formule complète.

Utiliser l'aide contextuelle de saisie

Une fonction est constituée d'un mot-clé suivi de parenthèses renfermant des paramètres (une plage de cellules par exemple). Le type et le nombre de ces paramètres dépendent de la fonction utilisée.

Comme chaque fonction possède ses propres arguments, Excel propose une aide contextuelle lors de la saisie.

Voici un exemple avec la fonction MOYENNE, même si cette dernière peut être ajoutée directement avec l'outil Somme.

1 Dans une cellule, tapez **=moy**.

Dès le début de la frappe, Excel recherche immédiatement la fonction que vous désirez utiliser, et affiche une liste des fonctions débutant par les lettres saisies.

2 Pour connaître le rôle d'une fonction, cliquez son nom dans la liste proposée.

Une info-bulle vous résume son rôle.

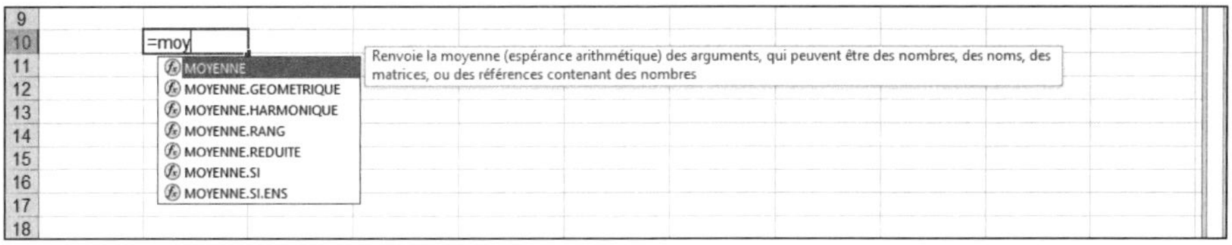

Figure 3-16 Aide sur le choix de la fonction.

3 Pour finir de saisir le nom de la fonction, tapez les dernières lettres puis une parenthèse ouvrante. Vous pouvez aussi double-cliquer dans la liste proposée pour ajouter la fonction. Dans ce cas, la parenthèse ouvrante est automatiquement ajoutée.

Note Il n'est pas nécessaire de taper le nom de la fonction en majuscules. Excel se charge de le faire dès la validation de la formule.

Comme le montre la figure 3-17, Excel affiche une info-bulle avec le nom de la fonction et ses paramètres.

Astuce Si cette info-bulle vous gêne, faites glisser sa bordure à un autre emplacement.

Figure 3-17 Aide sur les paramètres de la fonction.

Si vous pointez le nom de la fonction dans l'info-bulle, il se transforme en lien. Cliquez ce dernier pour ouvrir l'aide en ligne correspondante.

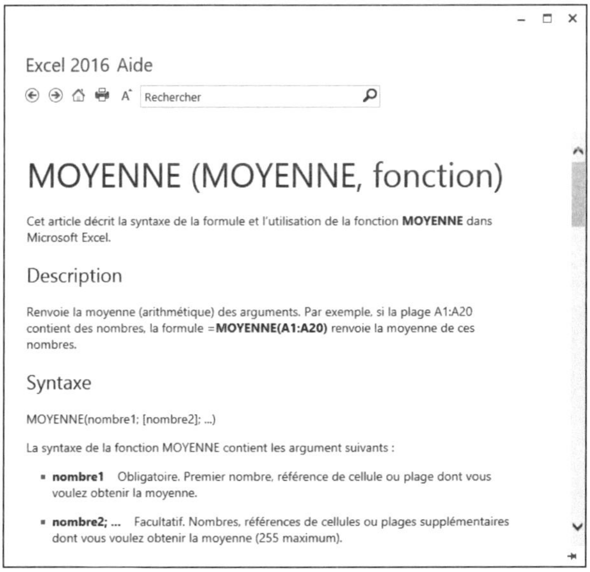

Figure 3-18 Aide en ligne sur une fonction.

Les arguments apparaissent entre les parenthèses. Les arguments en gras sont obligatoires. Les arguments en maigre sont optionnels. Une suite de trois points indique que la fonction accepte d'autres arguments optionnels. C'est le cas de la fonction MOYENNE de notre exemple.

Pour obtenir une aide rapide sur les arguments, il existe une autre solution :

1 Dans une cellule, tapez le signe = puis le nom de la fonction.

2 Tapez **Ctrl** + **Maj** + A.

Excel ajoute les parenthèses et la liste des arguments. Il vous suffit alors de remplacer chaque nom d'argument par la valeur correspondante.

N°	Libellé	Quantité	Cours	Total
1	AFFINE	330	16,84 €	5 557,20 €
2	CARREFOUR	300	28,82 €	8 646,00 €
3	EDF	440	20,58 €	9 055,20 €
4	FONCIERE	100	76,62 €	7 662,00 €
5	EUROTUNNEL	1000	13,08 €	13 080,00 €

Figure 3-19 Descriptif des arguments d'une fonction.

Ajouter des totaux avec l'analyse rapide

Excel propose un bouton contextuel pour ajouter des totaux dans vos tableaux.

1 Sélectionnez les données dont vous désirez effectuer des totaux.

2 Approchez la souris de la sélection. Le bouton apparaît en bas à droite de la sélection.

3 Cliquez le bouton .

4 Cliquez **Totaux** dans la fenêtre qui s'affiche.

5 Cliquez le type de calcul à effectuer.

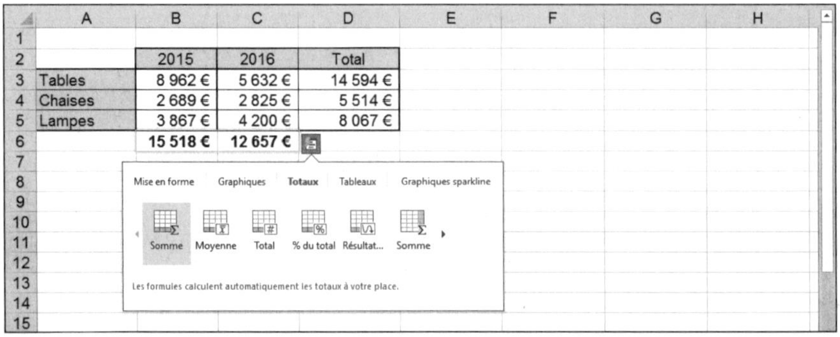

	2015	2016	Total
Tables	8 962 €	5 632 €	14 594 €
Chaises	2 689 €	2 825 €	5 514 €
Lampes	3 867 €	4 200 €	8 067 €
	15 518 €	12 657 €	

Figure 3-20 Ajout de totaux avec l'analyse rapide.

Choisir une fonction avec l'assistant

Comme il existe plusieurs centaines de fonctions dans Excel, il est difficile de toutes les connaître par cœur.

On connaît généralement l'objectif à atteindre, mais pas la fonction appropriée. Laissez dans ce cas l'assistant la trouver pour vous.

1 Cliquez la cellule qui doit recevoir la formule.

2 Cliquez le bouton fx à gauche de la barre de formule. Ce bouton existe aussi dans l'onglet **Formules ➜ Bibliothèque de fonctions ➜ Insérer une fonction**. Vous pouvez aussi utiliser le raccourci **Maj** + **F3**.

Excel ouvre une boîte de dialogue pour choisir une fonction (figure 3-21). Si vous n'avez aucune idée de la fonction ou même de sa catégorie, vous pouvez saisir un ou des mots-clés pour obtenir des suggestions.

1 Tapez un ou plusieurs mots-clés dans la zone **Recherchez une fonction**, puis validez avec la touche **Entrée** ou en cliquant le bouton **Rechercher**, en regard.

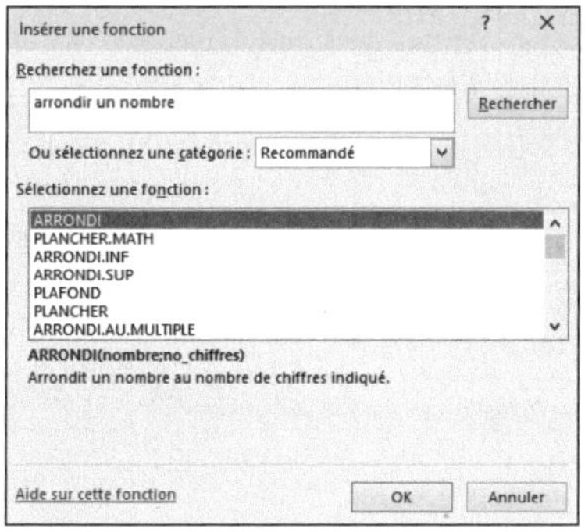

Figure 3-21 Boîte de sélection d'une fonction.

La liste **Sélectionnez une fonction** contient maintenant les fonctions qui correspondent à votre recherche.

2 Cliquez dans la liste **Sélectionnez une fonction** celle dont vous avez besoin.

La zone en dessous de la liste affiche une description sur la fonction que vous avez choisie. Si ces explications vous semblent insuffisantes, cliquez le lien **Aide sur cette fonction**. Ce dernier ouvre directement l'aide en ligne sur la fonction en question.

Si vous connaissez le type de fonction, vous pouvez aussi effectuer une présélection en le choisissant dans la liste **Ou sélectionnez une catégorie**.

3 Cliquez le bouton **OK** en bas de la boîte pour choisir les arguments (figure 3-21).

L'assistant des fonctions ouvre une nouvelle boîte de dialogue pour saisir les arguments de la fonction.

4 Cliquez le premier argument.

La boîte affiche une explication sur l'argument sélectionné.

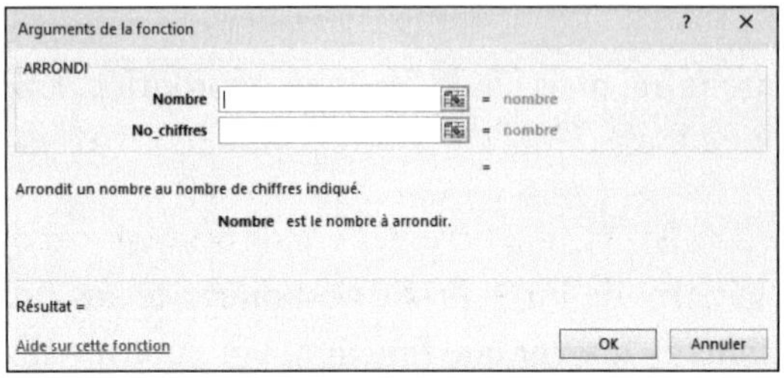

Figure 3-22 Boîte d'insertion d'une fonction.

5 Cliquez le bouton pour réduire la boîte.

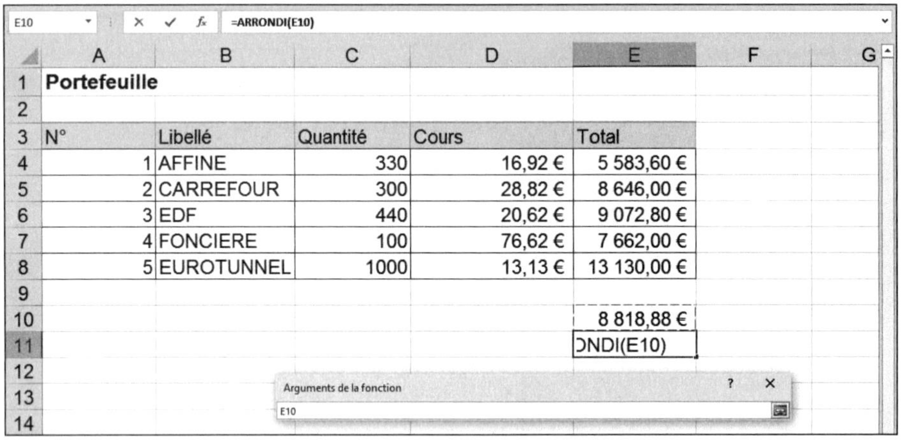

	A	B	C	D	E	F	G
1	**Portefeuille**						
2							
3	N°	Libellé	Quantité	Cours	Total		
4	1	AFFINE	330	16,92 €	5 583,60 €		
5	2	CARREFOUR	300	28,82 €	8 646,00 €		
6	3	EDF	440	20,62 €	9 072,80 €		
7	4	FONCIERE	100	76,62 €	7 662,00 €		
8	5	EUROTUNNEL	1000	13,13 €	13 130,00 €		
9							
10					8 818,88 €		
11					ƆNDI(E10)		
12							
13							
14							

Figure 3-23 Sélection directe dans la feuille de calcul.

6 Sélectionnez la cellule ou la plage qui contient l'argument.

7 Cliquez le bouton pour agrandir la boîte.

Note Vous pouvez aussi taper directement l'argument, soit une référence, soit une valeur littérale. Vous n'êtes pas obligé d'utiliser les boutons et .

8 Répétez les étapes **4** à **7** pour les autres arguments.

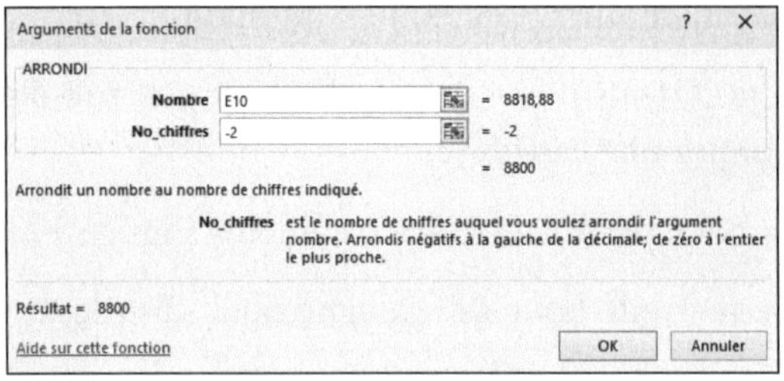

Figure 3-24 Arguments d'une fonction.

Après la saisie des arguments, un résultat immédiat s'affiche en dessous de ces derniers. Un résultat avec mise en forme s'affiche aussi en bas de la boîte. Ces éléments permettent de vérifier la validité des arguments.

9 Cliquez le bouton **OK** pour valider.

Le résultat de la fonction s'affiche dans la cellule sélectionnée à l'étape **1**.

Astuce La zone **Dites-nous ce que vous voulez faire…** permet aussi de retrouver et d'insérer une fonction. Consultez le chapitre 1 pour l'utilisation de cette zone.

Recopier une formule

Dès qu'une formule est saisie, par exemple le calcul d'une somme dans la dernière colonne d'un tableau, ne la retapez pas si vous souhaitez la réutiliser dans les cellules en dessous ou à droite. Il suffit de la recopier.

Dans l'exemple ci-après, la cellule F4 contient une formule qui calcule un total à partir d'une quantité et d'un prix (`D4*E4`). Les cellules en dessous doivent contenir la même formule.

1 Cliquez la cellule contenant la formule à recopier.

2 Pointez le carré en bas à droite de la cellule sélectionnée.

Le curseur prend la forme **+**.

3 Cliquez et faites glisser pour recopier la formule de la cellule sélectionnée.

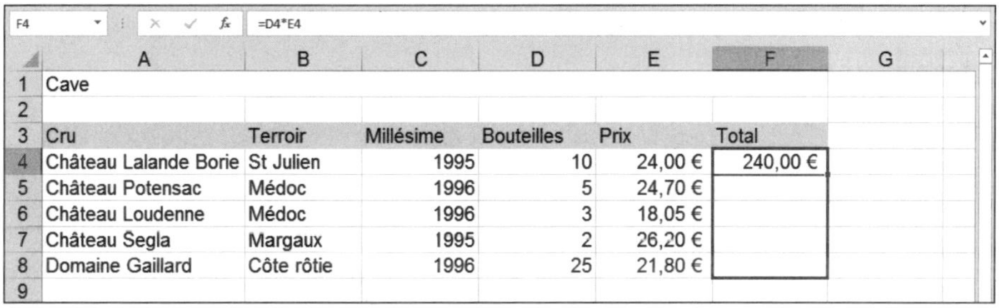

F4 =D4*E4

	A	B	C	D	E	F	G
1	Cave						
2							
3	Cru	Terroir	Millésime	Bouteilles	Prix	Total	
4	Château Lalande Borie	St Julien	1995	10	24,00 €	240,00 €	
5	Château Potensac	Médoc	1996	5	24,70 €		
6	Château Loudenne	Médoc	1996	3	18,05 €		
7	Château Segla	Margaux	1995	2	26,20 €		
8	Domaine Gaillard	Côte rôtie	1996	25	21,80 €		
9							

Figure 3-25 Recopie d'une formule.

4 Tapez le raccourci **Ctrl** + « pour afficher les formules.

Les références des formules recopiées ont été modifiées. Les lettres des colonnes (recopie vers la droite) ou les numéros des lignes (recopie vers le bas) ont été incrémentés pour s'adapter à leur nouvelle position. Ainsi, la formule `D4*E4` de la cellule F4 est devenue `D5*E5` dans la cellule F5.

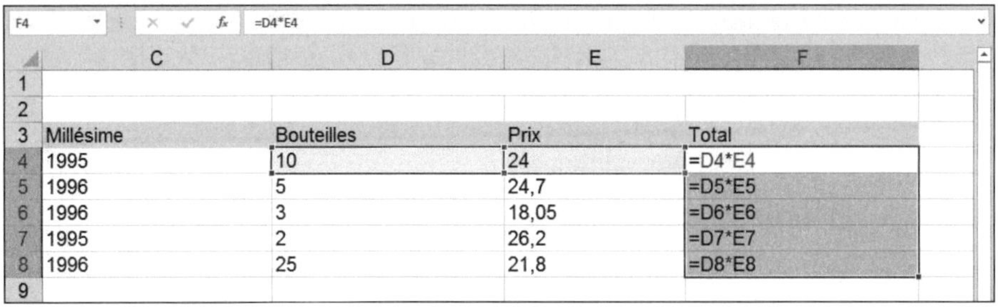

Figure 3-26 Formules d'une cellule recopiée.

5 Appuyez sur **Ctrl** + « pour afficher les valeurs.

Note La balise permet de modifier la mise en forme après une recopie. Consultez le chapitre 4 à ce sujet.

Définir des valeurs relatives et absolues

Par défaut, les références dans les formules sont relatives. Lors d'une recopie (consultez le paragraphe précédent), les lettres des colonnes ou les numéros des lignes sont modifiés. Si la formule fait référence à une cellule fixe, les calculs sont faux.

Prenons comme exemple une cellule qui contient la formule `=A1`. Si elle est recopiée vers le bas, la formule recopiée devient `=A2` puisque l'on a changé de ligne. Si elle est recopiée vers la droite, la formule recopiée devient `=B1` puisque l'on a changé de colonne.

Si la formule désigne une cellule fixe, par exemple un taux de T.V.A. dans une facture, vous devez utiliser une référence absolue. Ainsi, lors des recopies, la référence n'est pas modifiée et désigne toujours la même cellule.

Dans l'exemple de la figure 3-26, on calcule dans la cellule C4 un montant T.T.C. à partir du montant H.T. (cellule B4) et de la T.V.A. (cellule B1). Si on recopie la formule en C4, la référence B4 devient automatiquement B5 pour correspondre au montant H.T. de la ligne suivante.

Malheureusement, la référence du taux de T.V.A. varie aussi, ce qui provoque des erreurs de calcul. En recopiant la formule vers le bas, la référence B1 devient B2, ce qui ne correspond plus au taux de T.V.A., mais à une cellule vide. Pire ! En C6, la formule fait référence à la cellule B3 qui contient un texte. Excel affiche pour ce cas un message d'erreur à la place du résultat.

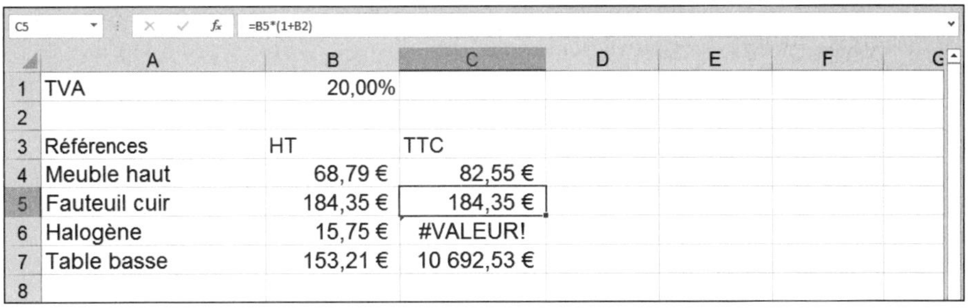

C5 =B5*(1+B2)

	A	B	C
1	TVA	20,00%	
2			
3	Références	HT	TTC
4	Meuble haut	68,79 €	82,55 €
5	Fauteuil cuir	184,35 €	184,35 €
6	Halogène	15,75 €	#VALEUR!
7	Table basse	153,21 €	10 692,53 €
8			

Figure 3-27 Recopie d'une formule sans références absolues.

Il faut donc définir la cellule B1 comme référence absolue dans les formules pour qu'elle ne varie pas lors de la recopie.

Pour convertir une référence relative en référence absolue, il suffit d'ajouter le symbole du dollar ($) devant la lettre de la colonne et devant le nombre de la ligne : `=$B$1`.

Définir une référence absolue

1. Cliquez la cellule qui contient la formule.
2. Double-cliquez la référence à modifier dans la barre de formule.
3. Appuyez sur la touche **F4**.

   Excel ajoute des $ devant la lettre de la colonne et le numéro de la ligne. C'est maintenant une référence absolue.
4. Tapez **Ctrl** + **Entrée** pour valider.

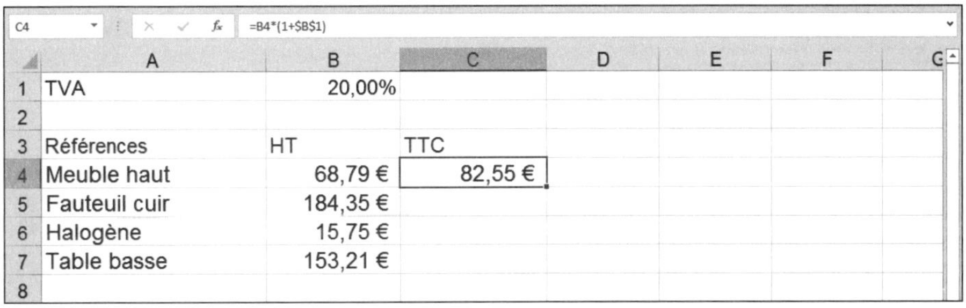

C4 =B4*(1+$B$1)

	A	B	C
1	TVA	20,00%	
2			
3	Références	HT	TTC
4	Meuble haut	68,79 €	82,55 €
5	Fauteuil cuir	184,35 €	
6	Halogène	15,75 €	
7	Table basse	153,21 €	
8			

Figure 3-28 Références absolues dans une formule.

5. Cliquez et faites glisser la poignée + en bas à droite pour recopier le contenu de la cellule sélectionnée.
6. Appuyez sur **Ctrl** + « pour afficher les formules.

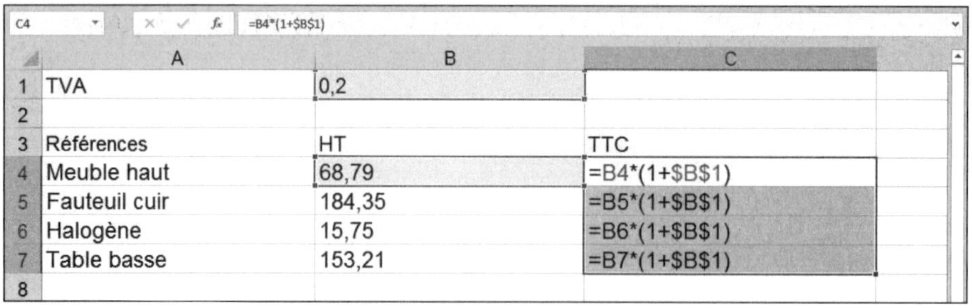

Figure 3-29 Recopie de références absolues.

Les références des montants hors taxes ont varié, mais pas celles de la T.V.A.

7 Appuyez sur **Ctrl** + « pour afficher les valeurs.

Utiliser la balise d'erreur

Si une cellule contient un message d'erreur, vous pouvez demander conseil à Excel.

1 Cliquez la cellule qui contient l'erreur (elle affiche un triangle vert en haut à gauche).

2 Cliquez la balise [!].

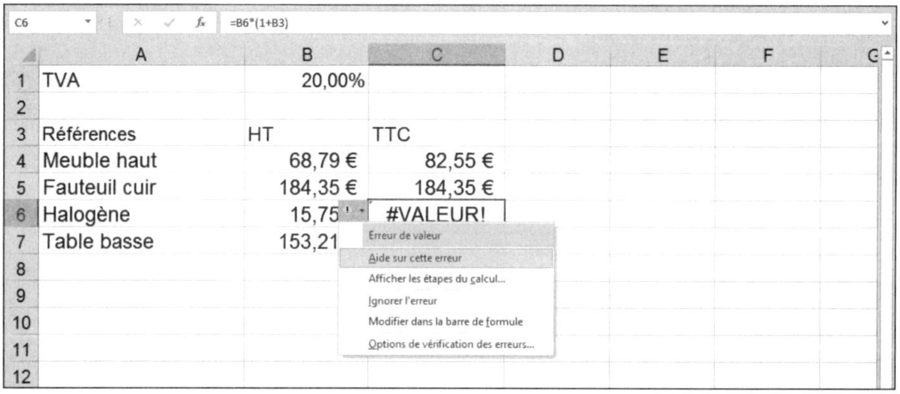

Figure 3-30 Utilisation de la balise d'erreur.

3 Cliquez l'action à exécuter dans la liste.

Note Pour obtenir des compléments d'information sur les erreurs, consultez le chapitre 17.

Insérer la date et l'heure actuelles

Date et heure actuelles peuvent être insérées dans vos feuilles de calcul avec ou sans mise à jour.

Insérer la date et l'heure actuelles sans mise à jour

1 Cliquez la cellule qui doit contenir la date actuelle.

2 Tapez le raccourci clavier **Ctrl** + **;** (point-virgule).

3 Cliquez la cellule qui doit contenir l'heure actuelle.

4 Tapez le raccourci clavier **Ctrl** + **:** (deux-points).

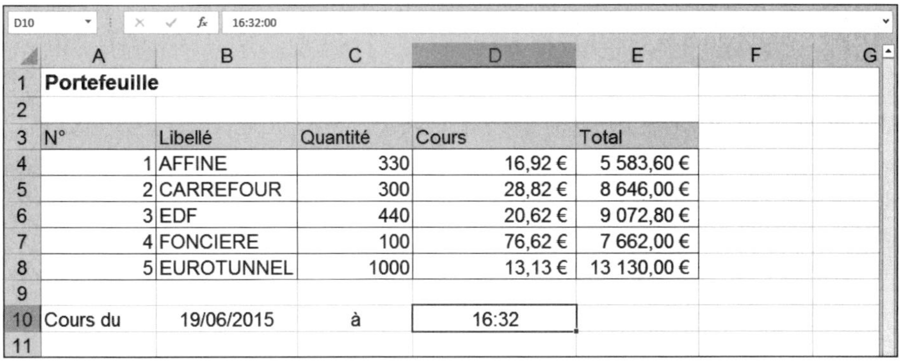

	A	B	C	D	E	F	G
1	**Portefeuille**						
2							
3	N°	Libellé	Quantité	Cours	Total		
4	1	AFFINE	330	16,92 €	5 583,60 €		
5	2	CARREFOUR	300	28,82 €	8 646,00 €		
6	3	EDF	440	20,62 €	9 072,80 €		
7	4	FONCIERE	100	76,62 €	7 662,00 €		
8	5	EUROTUNNEL	1000	13,13 €	13 130,00 €		
9							
10	Cours du	19/06/2015	à	16:32			
11							

Figure 3-31 Ajout d'une date et d'une heure sans mise à jour.

Date et heure actuelles sont insérées dans la feuille. Elles ne varieront pas avec le temps.

Note Ce sont juste des raccourcis clavier. Vous pouvez aussi taper directement la date ou l'heure de votre choix.

Insérer la date et l'heure actuelles avec mise à jour

1 Cliquez la cellule qui doit contenir la date actuelle.

2 Tapez **=Aujourdhui**().

Note Comme **Aujourdhui** et **Maintenant** sont des fonctions, elles sont suivies de parenthèses. Comme ces fonctions n'ont pas d'argument, ces parenthèses sont vides.

3 Cliquez la cellule qui doit contenir la date et l'heure actuelles.

4 Tapez **=Maintenant**().

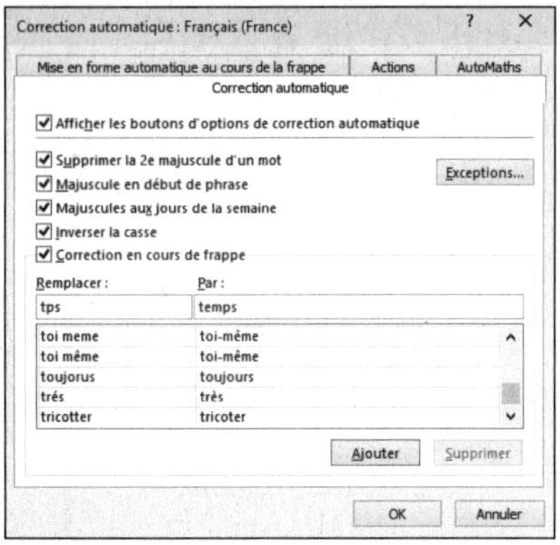

Figure 3-32 Ajout d'une date et d'une heure avec mise à jour.

Date et/ou heure actuelles sont insérées dans la feuille. Elles seront mises à jour au prochain calcul. Pour forcer la mise à jour, appuyez sur **F9**.

Note Vous trouverez dans le chapitre 17 des informations supplémentaires pour mieux utiliser les formules.

Chapitre 4

Gérer les classeurs, les feuilles et les cellules

Dans ce chapitre :

- Gérer les classeurs
- Gérer les feuilles de calcul
- Manipuler les cellules

Dans les chapitres précédents, nous avons réalisé des calculs. Il est temps maintenant de passer à d'autres fonctionnalités essentielles comme la gestion des classeurs ou l'agencement des feuilles de calcul.

Ce chapitre regroupe les fonctionnalités de base pour gérer les classeurs (changement de classeur, nouveau classeur, *etc.*), gérer les feuilles (ajout, déplacement, *etc.*), ou manipuler les cellules (copie, incrément de séries, *etc.*).

Gérer les classeurs

Un classeur étant un document essentiel, son exploitation doit être gérée avec efficacité.

Enregistrer ou ouvrir un document

Vous trouverez toutes les informations nécessaires à la fin du chapitre 1, y compris pour les sauvegardes sur le nuage (OneDrive).

Changer de classeur

Si vous avez ouvert plusieurs classeurs, vous pouvez facilement passer de l'un à l'autre.

Avec la barre des tâches :

1. Cliquez, dans la barre des tâches, le bouton du classeur à afficher. Si les boutons sont regroupés, cliquez l'unique bouton, puis cliquez la miniature du classeur.

Avec le ruban :

1. Cliquez l'onglet **Affichage ➔ Fenêtre ➔ Changement de fenêtre**.
2. Cliquez le nom du classeur à afficher.

Note Le classeur actif est précédé d'une coche.

Afficher plusieurs fenêtres pour le même classeur

Un classeur affiche une seule feuille à la fois. En multipliant les fenêtres pour un même classeur, vous pouvez voir en même temps plusieurs feuilles.

1. Cliquez l'onglet **Affichage ➔ Fenêtre ➔ Nouvelle fenêtre**.

La barre de titre indique le nom du classeur et le numéro de la fenêtre, par exemple « Mon classeur:2 ».

Pour fermer une fenêtre, sélectionnez-la dans l'onglet **Affichage ➔ Fenêtre ➔ Changement de fenêtre**, puis cliquez le bouton ×.

Réorganiser les fenêtres des classeurs

Une réorganisation des fenêtres vous permettra de voir et d'accéder rapidement aux données des classeurs ouverts.

1 Cliquez l'onglet **Affichage ➜ Fenêtre ➜ Réorganiser tout**.

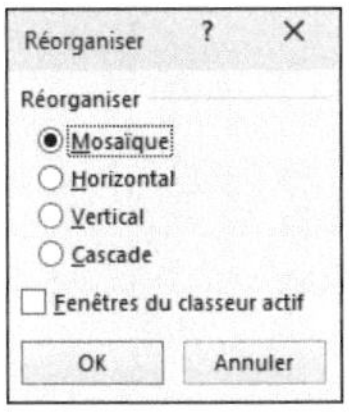

Figure 4-1 Choix du type de réorganisation.

2 Cochez le type de réorganisation.

3 Éventuellement, cochez **Fenêtres du classeur actif** pour appliquer la réorganisation uniquement à ce classeur.

4 Cliquez le bouton **OK**.

Si vous avez coché **Horizontale**, les classeurs s'affichent les uns en dessous des autres.

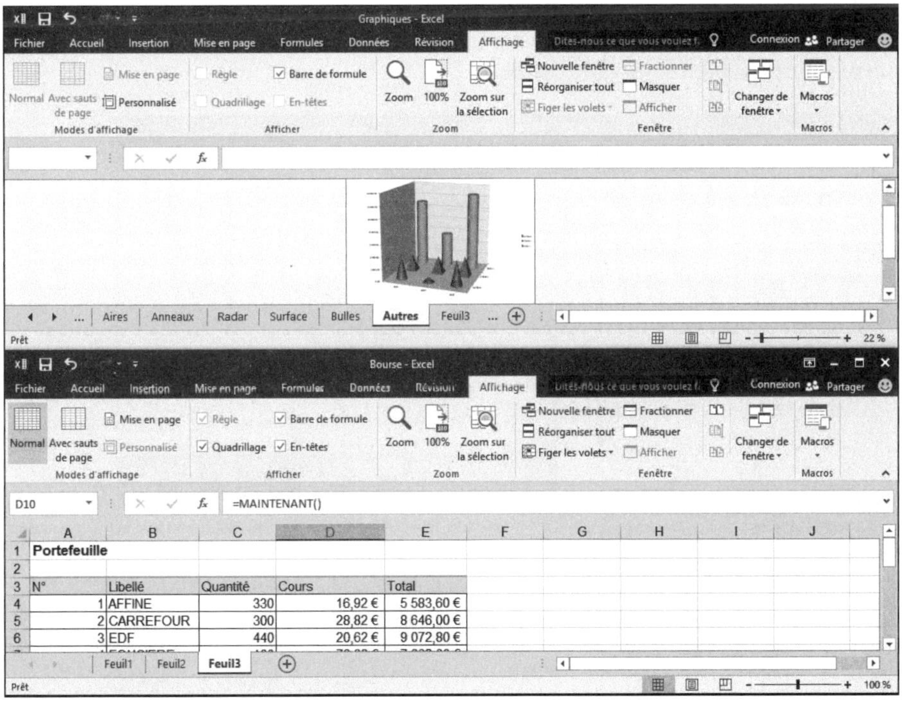

Figure 4-2 Réorganisation Horizontale.

Si vous avez coché **Verticale**, les classeurs s'affichent côte à côte. Tous sont visibles.

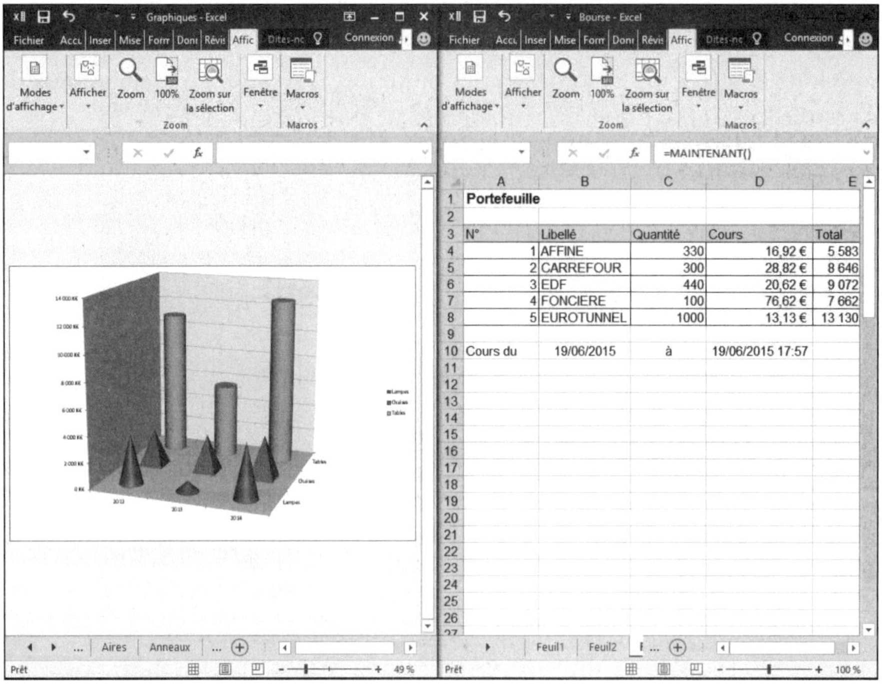

Figure 4-3 Réorganisation Verticale.

Si vous avez coché **Mosaïque**, les classeurs sont placés côte à côte et les uns en dessous des autres dans la mesure du possible. Tous sont visibles.

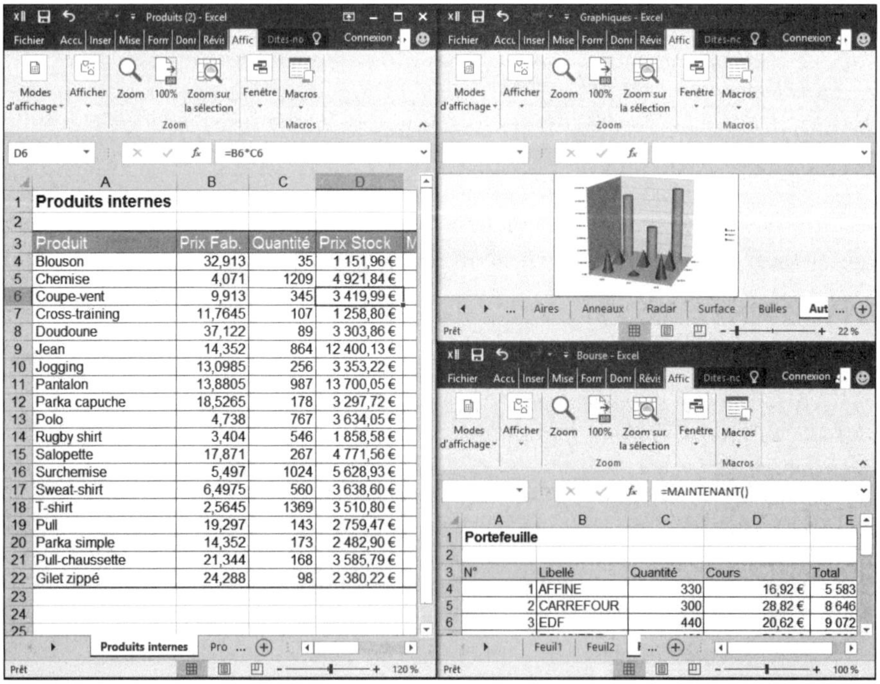

Figure 4-4 Réorganisation Mosaïque.

Si vous avez coché **Cascade**, les classeurs se superposent. Toutes les barres de titre sont visibles. Cliquez la barre de titre du classeur à placer au premier plan.

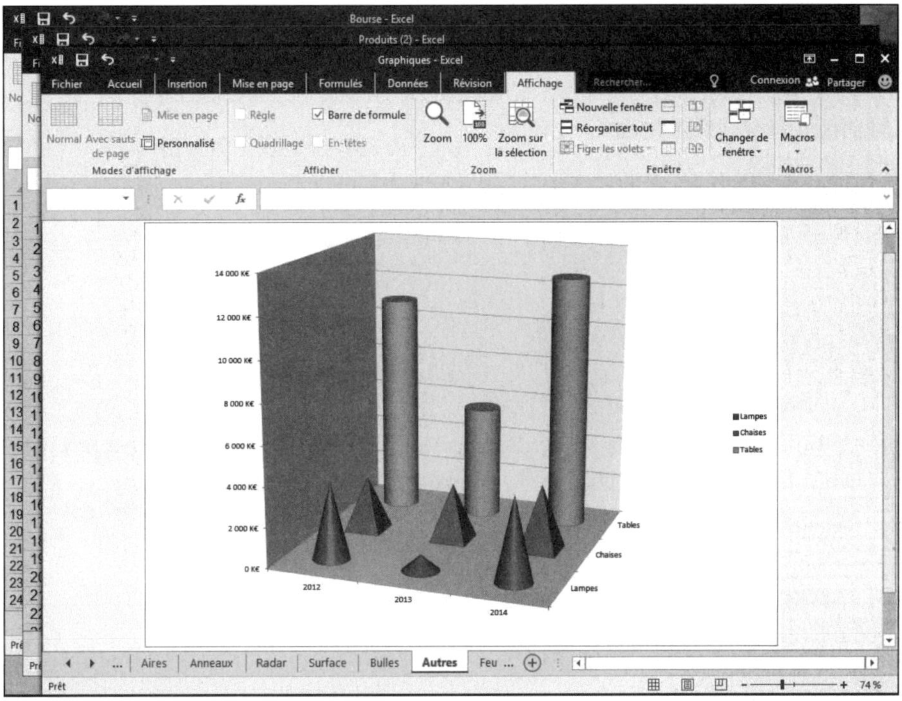

Figure 4-5 Réorganisation Cascade.

Comparer deux classeurs

Vous pouvez comparer le contenu de deux classeurs, et même les faire défiler ensemble.

1 Cliquez l'onglet **Affichage ➜ Fenêtre ➜ Afficher côte à côte**.

2 Si la position des fenêtres ne vous convient pas, cliquez l'onglet **Affichage ➜ Fenêtre ➜ Réorganiser tout**, puis choisissez **Vertical** ou **Horizontal**.

3 Pour synchroniser le défilement des deux classeurs, cliquez l'onglet **Affichage ➜ Fenêtre ➜ Défilement synchrone**.

4 Pour répartir à égalité la surface de la fenêtre entre les deux classeurs, cliquez l'onglet **Affichage ➜ Fenêtre ➜ Rétablir la position de la fenêtre**.

5 Si vous ne désirez plus comparer les deux classeurs, cliquez l'onglet **Affichage ➜ Fenêtre ➜ Afficher côte à côte**.

Créer un nouveau classeur

Dès que vous devez changer de sujet, créez un nouveau document. Généralement, on crée un classeur vierge, mais Excel propose aussi des modèles prédéfinis pour simplifier la réalisation de vos projets. Il est aussi possible d'utiliser vos propres classeurs comme modèles.

Créer un nouveau classeur

1 Cliquez l'onglet **Fichier → Nouveau**.

2 Cliquez **Nouveau classeur** dans la liste de droite.

ou

Tapez le raccourci clavier **Ctrl** + **N**.

ou

Cliquez le bouton  dans la barre d'outils Accès rapide (ce bouton n'est pas présent par défaut, vous devrez peut-être l'ajouter : consultez pour cela le chapitre 1).

Le nouveau classeur s'affiche.

Créer un classeur à partir d'un modèle

1 Cliquez l'onglet **Fichier → Nouveau**.

Figure 4-6 Liste de modèles de documents.

2 Cliquez un des modèles présentés.

Excel affiche un exemple dans une nouvelle fenêtre.

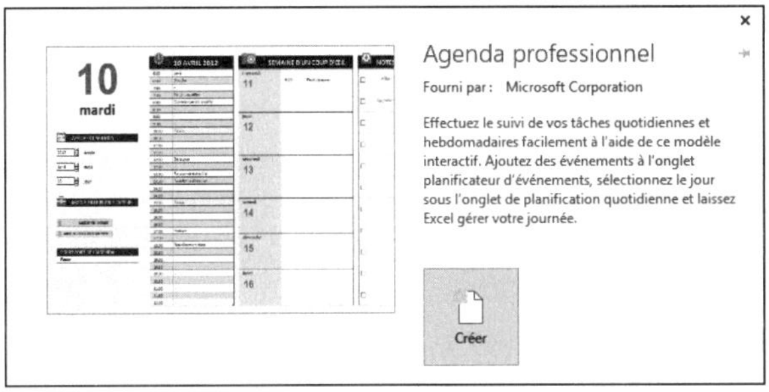

Figure 4-7 Modèle de document.

3 Cliquez le bouton **Créer** pour débuter un nouveau document basé sur le modèle.

Vous pouvez aussi affiner vos recherches :

1 Cliquez l'onglet **Fichier ➜ Nouveau**.

2 Dans la liste **Recherches suggérées**, cliquez un des liens proposés (**Professionnel**, **Personnel**, *etc.*). Vous pouvez aussi taper un sujet dans la zone de saisie au-dessus (par exemple inventaire, bourse, *etc.*).

Excel affiche des modèles correspondant à votre recherche. La liste **Catégorie**, à droite, propose des sujets en relation avec votre recherche.

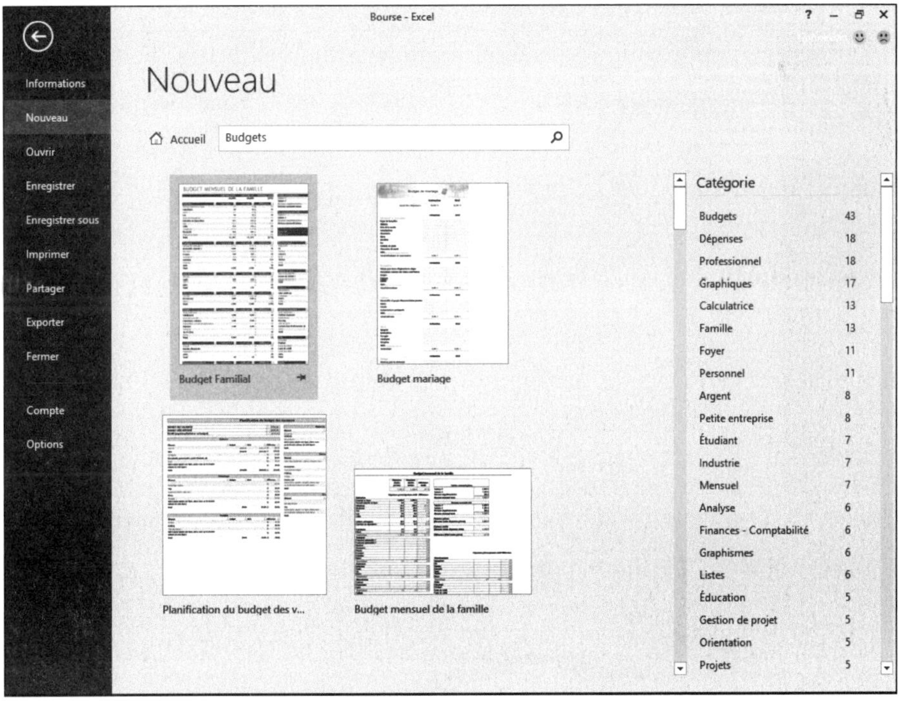

Figure 4-8 Liste ciblée de modèles.

3 Cliquez un des modèles proposés, ou cliquez une catégorie dans la liste de droite pour élargir votre recherche.

Pour créer un modèle à partir d'un classeur existant

1 Ouvrez le classeur à prendre comme modèle.

2 Éventuellement, supprimez les données et conservez uniquement les formules, les valeurs fixes et la mise en forme.

3 Cliquez l'onglet **Fichier ➜ Enregistrer sous**.

4 Cliquez **Parcourir**.

5 Sélectionnez **Modèle Excel** dans la liste **Type**.

Ne modifiez pas le dossier d'enregistrement proposé par Excel.

6 Tapez le nom du modèle dans la zone **Nom du fichier**.

7 Cliquez le bouton **Enregistrer**.

Pour créer un classeur à partir d'un de vos modèles

Maintenant vous pouvez créer un nouveau classeur basé sur votre propre modèle.

1 Cliquer l'onglet **Fichier ➜ Nouveau**.

2 Cliquez **Personnel** dans la partie de droite.

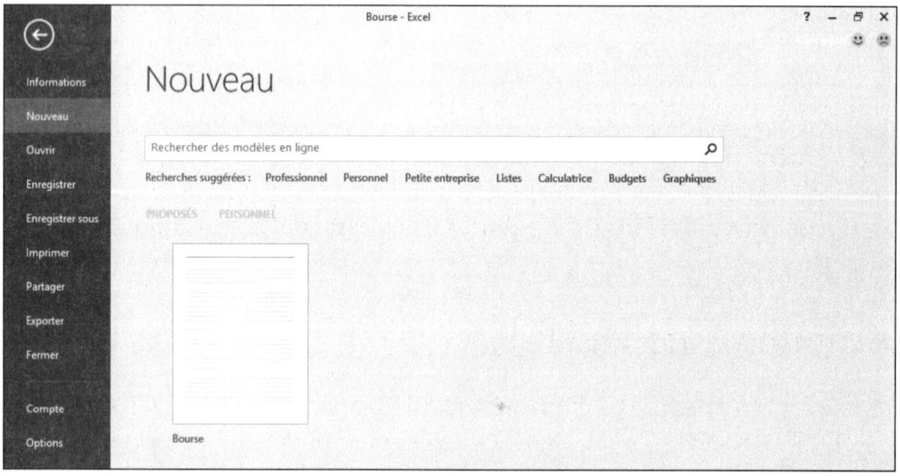

Figure 4-9 Création d'un nouveau classeur à partir d'un modèle personnalisé.

3 Cliquez votre modèle dans la partie de droite.

Définir le nombre de feuilles des nouveaux classeurs

Par défaut, Excel crée des classeurs vierges avec une seule feuille. Si ce nombre ne vous convient pas, modifiez les options d'Excel.

1 Cliquez l'onglet **Fichier → Options**.

2 Dans la liste de gauche, cliquez **Général**.

3 Tapez le nombre de feuilles des nouveaux classeurs dans la zone **Inclure ces feuilles** (de 1 à 255).

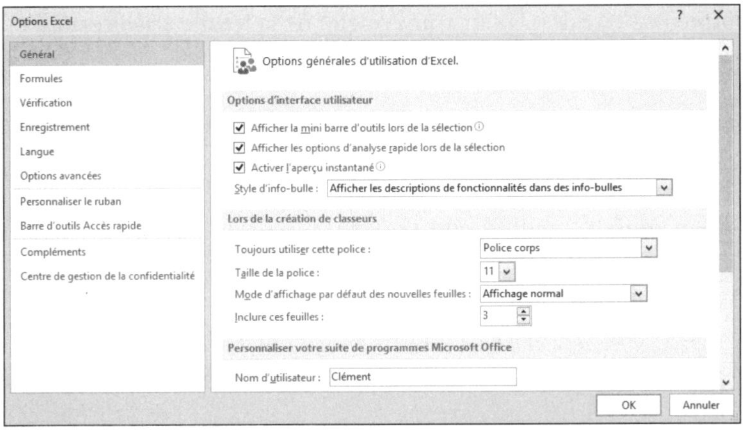

Figure 4-10 Choix du nombre de feuilles dans les nouveaux classeurs.

4 Cliquez le bouton **OK**.

Gérer les feuilles de calcul

Les feuilles méritent toute votre attention. Les renommer, les classer, les copier ou les supprimer sont le principal sujet des prochains paragraphes. Vous y découvrirez également comment les agrémenter avec des images de fond ou les agrandir au maximum pour travailler plus confortablement.

Sélectionner une feuille

La sélection d'une feuille ne pose pas de problèmes si le classeur n'en contient que quelques-unes. Il suffit de cliquer son onglet en bas à gauche du classeur. Le nom de l'onglet est alors en gras.

Il n'en est pas de même quand le classeur contient plusieurs dizaines, voire plusieurs centaines de feuilles de calcul.

Pour voir tous les onglets des feuilles, vous devez utiliser la barre des onglets (en bas à gauche) :

- ... (à gauche) sélectionne le premier onglet visible, ou l'onglet précédent.

- **Ctrl** + ◂ affiche le premier onglet.
- ◂ fait défiler les onglets vers la gauche.
- ▸ fait défiler les onglets vers la droite.
- **Ctrl** + ▸ affiche le dernier onglet.
- … (à droite) sélectionne le dernier onglet visible, ou l'onglet suivant.

Figure 4-11 Onglets et barre de défilement des onglets.

1 Utilisez les boutons …, ◂ ou ▸ pour voir l'onglet de la feuille à sélectionner.

2 Cliquez l'onglet de la feuille à sélectionner.

Si le classeur contient beaucoup de feuilles, il est nécessaire d'utiliser une autre méthode.

1 Cliquez avec le bouton droit de la souris le bouton ◂ ou ▸.

2 Double-cliquez le nom de la feuille à sélectionner.

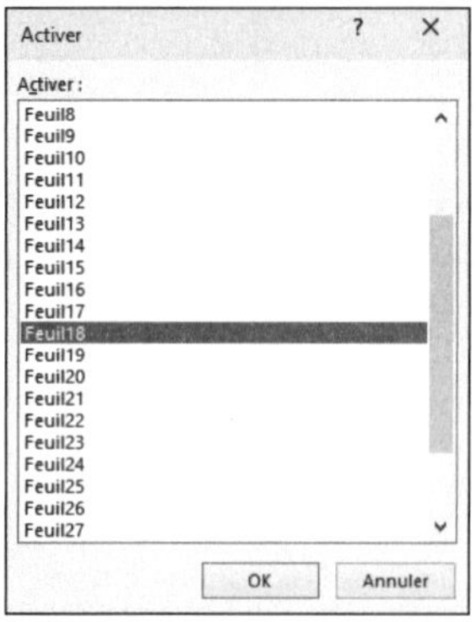

Figure 4-12 Sélection d'un onglet dans le menu contextuel.

Ajouter une nouvelle feuille au classeur

Par défaut, les nouveaux classeurs contiennent une feuille. Ajoutez celles dont vous avez besoin. Il n'y a pas de limite au nombre de feuilles dans Excel. Seule la capacité de votre ordinateur définit cette limite.

1 Cliquez l'onglet **Accueil ➜ Cellules ➜ Insérer ➜ Insérer une feuille**.

ou

Cliquez le bouton ⊕ à droite des onglets.

ou

Tapez le raccourci clavier **Maj** + **F11**.

La nouvelle feuille est insérée avant la feuille active. Elle devient elle-même la feuille active. Elle porte un nom par défaut (Feuil4, Feuil5, *etc.*).

Renommer une feuille

Excel attribue un nom par défaut aux feuilles des nouveaux classeurs ou aux feuilles que vous ajoutez. Pour mieux les repérer, changez leur nom.

1 Double-cliquez l'onglet de la feuille à renommer.

2 Tapez le nouveau nom de la feuille.

3 Appuyez sur **Entrée** pour valider.

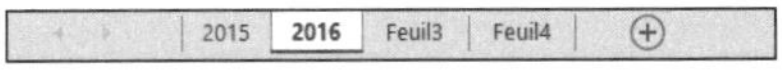

Figure 4-13 Onglets renommés.

Changer la couleur des onglets des feuilles

Pour mieux distinguer les feuilles, vous pouvez attribuer des couleurs différentes aux onglets.

1 Cliquez avec le bouton droit l'onglet à modifier.

2 Cliquez **Couleur d'onglet**.

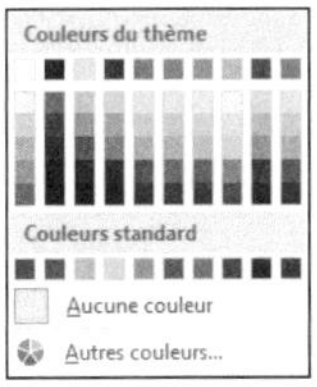

Figure 4-14 Palette de couleurs des onglets.

3 Cliquez une couleur dans la palette.

4 Répétez les étapes **1** à **3** pour les autres onglets.

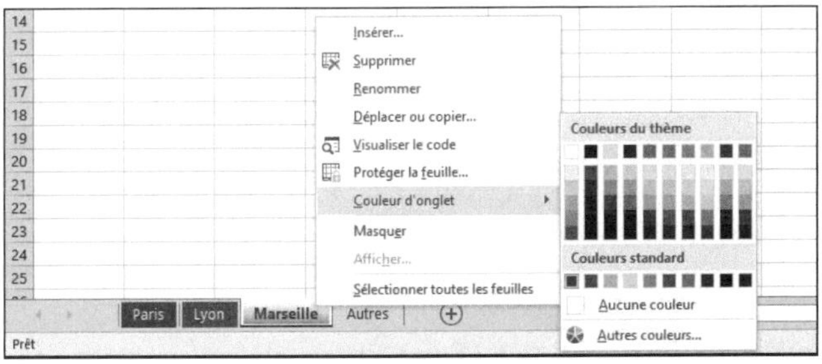

Figure 4-15 Onglets avec des couleurs différentes.

Les onglets ont une couleur différente. Le nom de l'onglet sélectionné est en gras.

Déplacer une feuille

Pour réorganiser le classeur, vous pouvez déplacer les onglets des feuilles.

1 Cliquez et faites glisser l'onglet vers sa nouvelle position.

Le curseur prend la forme pendant le déplacement. Une flèche indique la position d'insertion.

Copier une feuille

Vous pouvez copier l'intégralité d'une feuille plutôt que de copier les données qu'elle contient, quitte à modifier ensuite les données de la copie.

1 Cliquez l'onglet de la feuille à copier.

2 Maintenez enfoncée la touche **Ctrl** et faites glisser l'onglet vers sa nouvelle position.

Le curseur prend la forme . Une flèche indique la position de la copie. L'onglet porte le même nom que l'onglet d'origine suivi d'un numéro entre parenthèses.

Supprimer une feuille

Si vous n'utilisez pas toutes les feuilles proposées, vous pouvez les supprimer. Attention ! Vous supprimerez aussi les données qu'elles contiennent.

1 Cliquez avec le bouton droit l'onglet de la feuille à supprimer.

2 Cliquez la commande **Supprimer** dans le menu contextuel.

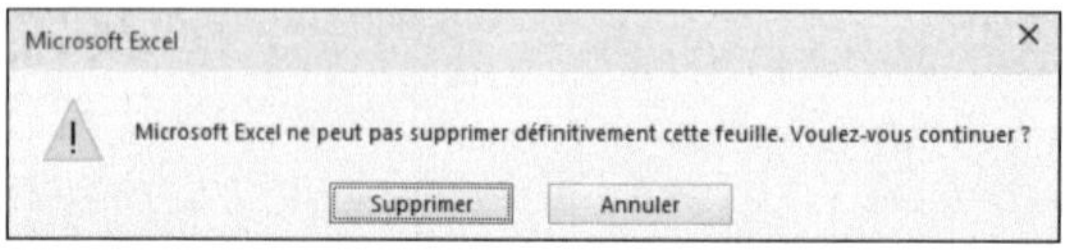

Figure 4-16 Suppression d'une feuille de calcul.

3 Cliquez le bouton **Supprimer** pour confirmer la suppression.

Note Excel ne demande pas de confirmer la suppression si la feuille n'a jamais été modifiée.

Ajouter une image d'arrière-plan

Les images d'arrière-plan permettent d'embellir ou de renforcer l'objet, le sujet ou le thème d'une feuille.

1 Cliquez l'onglet **Mise en page → Mise en page → Arrière-plan.**

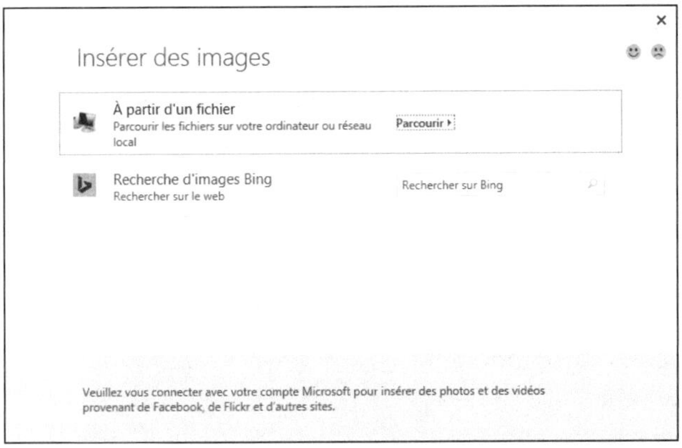

Figure 4-17 Choix de l'emplacement de l'image.

Note Vous pouvez aussi obtenir une image ou un clipart sur le site d'Office, effectuer une recherche avec Bing, ou rechercher un fichier sur votre compte OneDrive ou Facebook. Les options proposées dépendent de vos abonnements.

2 Cliquez **Parcourir**.

3 Éventuellement, sélectionnez le dossier qui contient l'image.

4 Cliquez le fichier image.

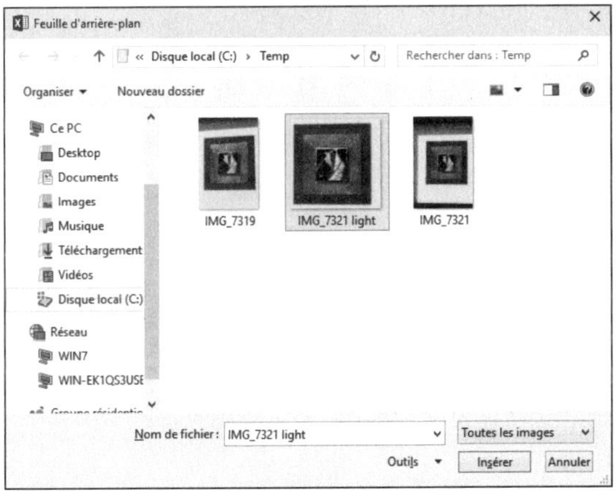

Figure 4-18 Choix de l'image d'arrière-plan.

Note Excel accepte les formats d'image les plus courants (BMP, JPG, GIF, *etc.*).

5 Cliquez le bouton **Insérer**.

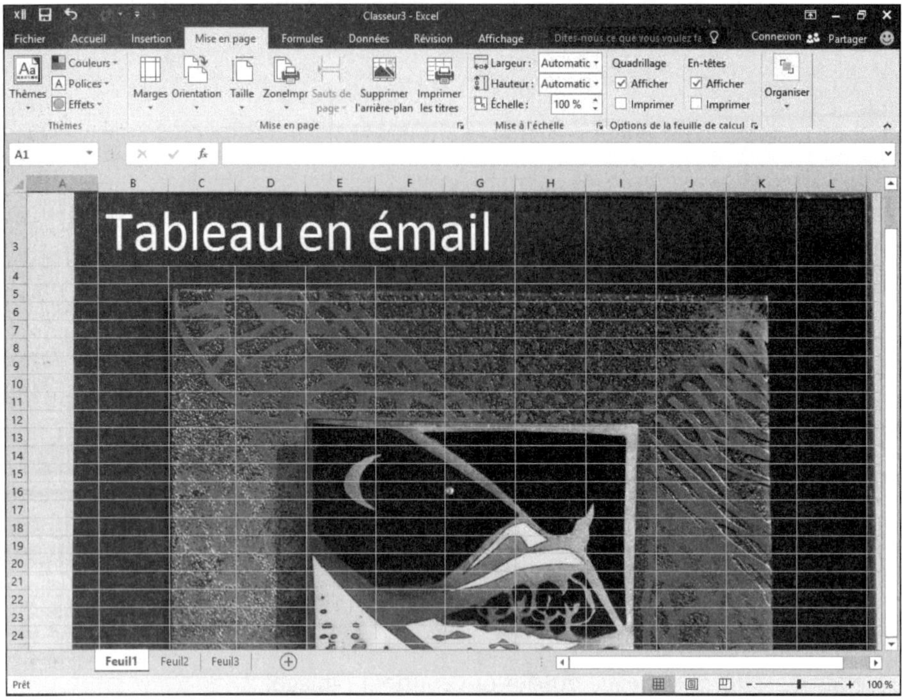

Figure 4-19 Image d'arrière-plan dans une feuille de calcul.

L'image couvre toute la surface de la feuille. Éventuellement, elle est répétée comme dans une page Web.

Pour supprimer l'image d'arrière-plan, cliquez l'onglet **Mise en page → Mise en page → Supprimer l'arrière-plan**.

Appliquer un zoom

Le zoom permet de voir en détail certaines données ou d'avoir une vue d'ensemble des grands tableaux.

1 Faites glisser le curseur de la zone **Zoom** qui se trouve à droite dans la barre d'état, ou cliquez les boutons + et – qui se situent en regard.

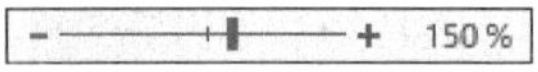

Figure 4-20 Zone Zoom.

Les cellules sont réduites ou agrandies.

Vous pouvez aussi appliquer un zoom précis ou revenir rapidement à un zoom de 100 %.

1 Cliquez l'onglet **Affichage**.

Le groupe **Zoom** propose trois commandes :

- **Zoom** : permet de choisir des zooms précis.

- **100 %** : rétablit un zoom de 100 %.
- **Zoom sur la sélection** : agrandit les cellules de la sélection pour qu'elles couvrent toute la fenêtre.

Pour choisir un zoom précis :

1 Cliquez l'onglet **Affichage ➜ Zoom ➜ Zoom**.

2 Cochez un zoom prédéfini, ou cochez **Personnalisé** puis tapez le facteur de zoom dans la zone en regard.

3 Cliquez le bouton **OK**.

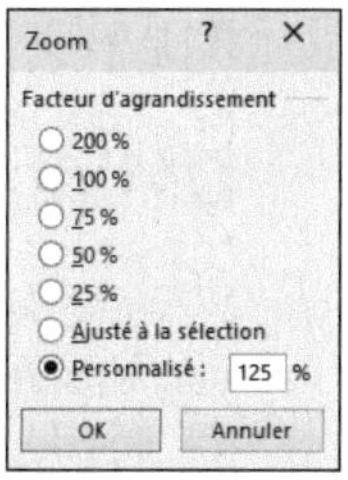

Figure 4-21 Choix d'un zoom précis.

Agrandir au maximum la surface de travail

Pour travailler plus confortablement, agrandissez la surface de la feuille en masquant le ruban, la barre d'outils Accès rapide, la barre de formule et la barre d'état.

1 Cliquez le bouton dans la barre de titre.

2 Cliquez **Masquer automatiquement le ruban** dans la liste.

Seuls les onglets et la barre de formule restent affichés.

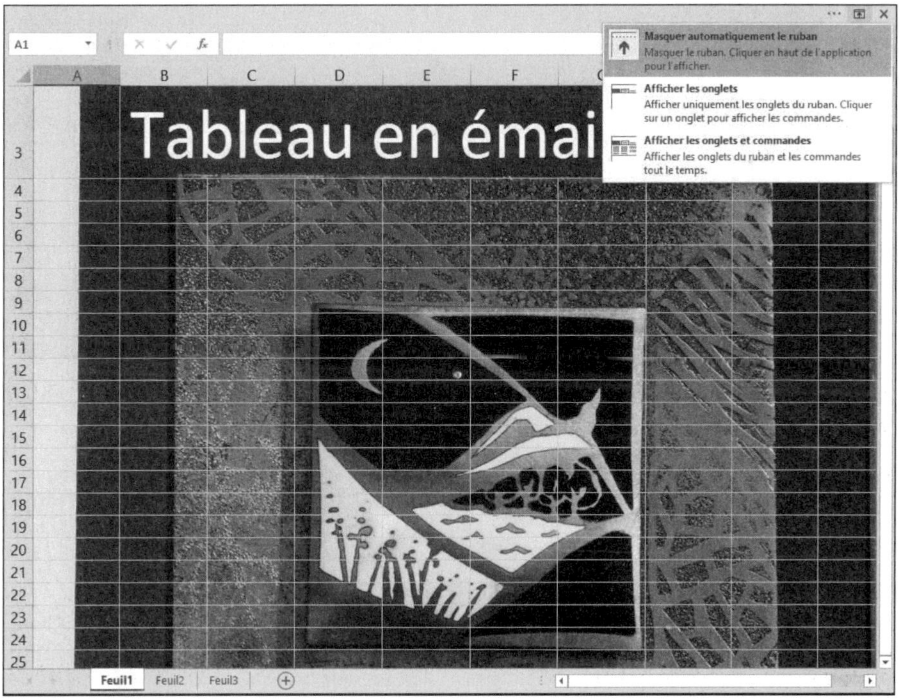

Figure 4-22 Fenêtre de classeur sans ruban.

3 Si vous avez besoin momentanément du ruban, cliquez le bouton dans la barre de titre.

4 Cliquez le bouton **→ Afficher les onglets et commandes** pour revenir en mode normale.

Définir les éléments à afficher ou à masquer

Si vous ne désirez pas utiliser le mode plein écran, vous pouvez vous contenter de masquer certains éléments.

1 Cliquez l'onglet **Affichage → Afficher**.

2 Cochez les éléments à afficher et décochez les éléments à masquer.

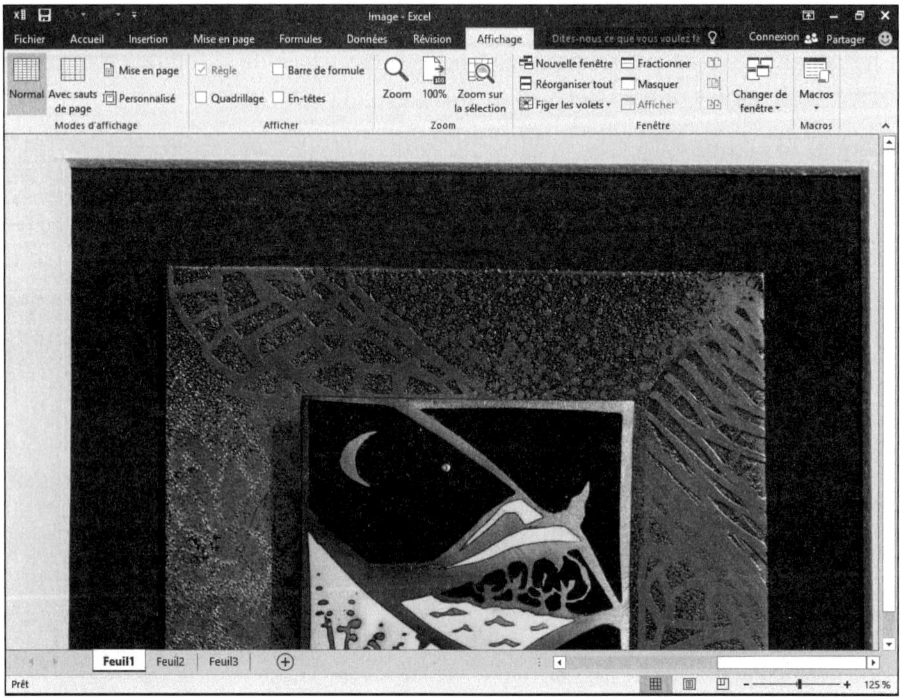

Figure 4-23 Options d'affichage des éléments d'une feuille de calcul.

Note L'option **Règle** n'est disponible que dans l'affichage en mode Mise en page.

Créer et utiliser un affichage personnalisé

Vous pouvez conserver vos modifications d'affichage pour les réappliquer rapidement.

Pour créer un affichage personnalisé :

1 Modifiez l'affichage comme cela est expliqué dans les paragraphes précédents.

2 Cliquez l'onglet **Affichage → Modes d'affichage → Personnalisés** .

3 Cliquez le bouton **Ajouter** dans la boîte **Affichages personnalisés**.

4 Tapez le nom de votre affichage dans la zone **Nom**.

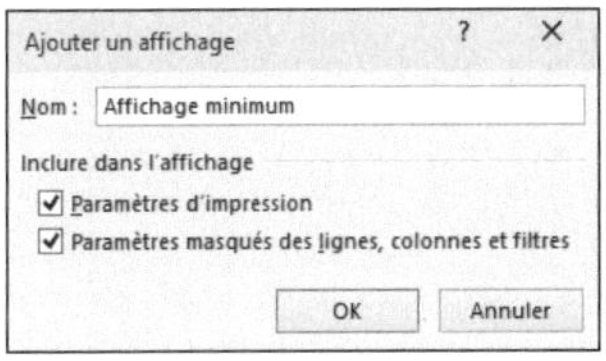

Figure 4-24 Ajout d'un affichage personnalisé.

5 Cliquez le bouton **OK**.

Pour appliquer un affichage personnalisé :

1 Cliquez l'onglet **Affichage → Modes d'affichage → Personnalisés** .

2 Sélectionnez un de vos modèles d'affichage dans la liste **Affichages**.

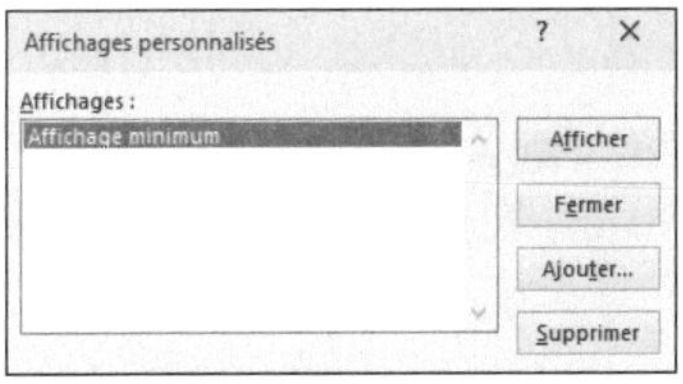

Figure 4-25 Choix d'un affichage personnalisé.

3 Cliquez le bouton **Afficher** pour appliquer l'affichage sélectionné.

Figer des lignes et des colonnes

Dans un grand tableau, on ne peut pas voir en même temps toutes les données. En figeant des lignes ou des colonnes, on affiche en même temps les en-têtes et les dernières valeurs du tableau.

Figer des lignes

1 Dans la colonne **A**, sélectionnez la cellule de la première ligne qui ne sera pas figée (par exemple A4 pour figer les trois premières lignes).

2 Cliquez l'onglet **Affichage → Fenêtre → Figer les volets → Figer les volets**. Pour figer uniquement la première ligne, cliquez la commande **Figer la ligne supérieure**.

Une ligne en gras délimite alors les lignes figées.

3 Cliquez les flèches de la barre de défilement vertical.

	A	B	C	D	E	F	G	H	I	J
1	**Produits internes**									
2										
3	Produit	Prix Fab.	Quantité	Prix Stock	Marge	Prix Vente	Total			
7	Cross-training	11,7645	107	1 258,80 €	55%	18,23 €	1 951,14 €			
8	Doudoune	37,122	89	3 303,86 €	28%	47,52 €	4 228,94 €			
9	Jean	14,352	864	12 400,13 €	55%	22,25 €	19 220,20 €			
10	Jogging	13,0985	256	3 353,22 €	55%	20,30 €	5 197,48 €			
11	Pantalon	13,8805	987	13 700,05 €	39%	19,29 €	19 043,07 €			
12	Parka capuche	18,5265	178	3 297,72 €	28%	23,71 €	4 221,08 €			
13	Polo	4,738	767	3 634,05 €	80%	8,53 €	6 541,28 €			
14	Rugby shirt	3,404	546	1 858,58 €	80%	6,13 €	3 345,45 €			
15	Salopette	17,871	267	4 771,56 €	39%	24,84 €	6 632,46 €			
16	Surchemise	5,497	1024	5 628,93 €	80%	9,89 €	10 132,07 €			
17	Sweat-shirt	6,4975	560	3 638,60 €	80%	11,70 €	6 549,48 €			
18	T-shirt	2,5645	1369	3 510,80 €	80%	4,62 €	6 319,44 €			
19	Pull	19,297	143	2 759,47 €	55%	29,91 €	4 277,18 €			
20	Parka simple	14,352	173	2 482,90 €	28%	18,37 €	3 178,11 €			
21	Pull-chaussette	21,344	168	3 585,79 €	55%	33,08 €	5 557,98 €			
22	Gilet zippé	24,288	98	2 380,22 €	55%	37,65 €	3 689,35 €			
23										

Figure 4-26 Lignes figées dans un tableau (trois premières lignes).

La barre de défilement vertical n'agit plus sur les lignes figées.

Figer des colonnes

1 Dans la ligne **1**, sélectionnez la cellule de la première colonne qui ne sera pas figée (par exemple C1 pour figer les deux premières colonnes).

2 Cliquez l'onglet **Affichage ➜ Fenêtre ➜ Figer les volets ➜ Figer les volets**. Pour figer uniquement la première colonne, cliquez la commande **Figer la première colonne**.

Une ligne en gras délimite alors les colonnes figées.

3 Cliquez les flèches de la barre de défilement horizontal.

La barre de défilement horizontal n'agit plus sur les colonnes figées.

Figer des lignes et des colonnes

1 Sélectionnez la cellule au croisement des lignes et des colonnes qui ne seront pas figées (par exemple B4 pour figer les trois premières lignes et la première colonne).

2 Cliquez l'onglet **Affichage ➜ Fenêtre ➜ Figer les volets ➜ Figer les volets.**

	A	D	E	F	G	H	I	J	K
1	**Produits internes**								
2									
3	Produit	Prix Stock	Marge	Prix Vente	Total				
8	Doudoune	3 303,86 €	28%	47,52 €	4 228,94 €				
9	Jean	12 400,13 €	55%	22,25 €	19 220,20 €				
10	Jogging	3 353,22 €	55%	20,30 €	5 197,48 €				
11	Pantalon	13 700,05 €	39%	19,29 €	19 043,07 €				
12	Parka capuche	3 297,72 €	28%	23,71 €	4 221,08 €				
13	Polo	3 634,05 €	80%	8,53 €	6 541,28 €				
14	Rugby shirt	1 858,58 €	80%	6,13 €	3 345,45 €				
15	Salopette	4 771,56 €	39%	24,84 €	6 632,46 €				
16	Surchemise	5 628,93 €	80%	9,89 €	10 132,07 €				
17	Sweat-shirt	3 638,60 €	80%	11,70 €	6 549,48 €				
18	T-shirt	3 510,80 €	80%	4,62 €	6 319,44 €				
19	Pull	2 759,47 €	55%	29,91 €	4 277,18 €				
20	Parka simple	2 482,90 €	28%	18,37 €	3 178,11 €				
21	Pull-chaussette	3 585,79 €	55%	33,08 €	5 557,98 €				
22	Gilet zippé	2 380,22 €	55%	37,65 €	3 689,35 €				
23									

Figure 4-27 Lignes et colonne figées dans un tableau (colonne A et trois premières lignes).

Deux lignes en gras délimitent les lignes et colonnes figées. Les barres de défilement (vertical et horizontal) n'agissent plus sur les lignes et colonnes figées.

Pour libérer les lignes et/ou les colonnes figées, cliquez l'onglet **Affichage ➜ Fenêtre ➜ Figer les volets ➜ Libérer les volets**. Les lignes en gras disparaissent. Les barres de défilement vertical et horizontal fonctionnent comme à l'accoutumée.

Fractionner une feuille

Le fractionnement scinde en deux ou quatre parties une feuille de calcul. Contrairement aux volets (voir paragraphe précédent), chaque partie possède ses barres de défilement.

1. Cliquez la cellule à l'intersection des quatre parties. Pour fractionner uniquement à l'horizontale, sélectionnez une cellule dans la colonne A. Pour fractionner la feuille uniquement à la verticale, sélectionnez une cellule dans la ligne 1. Pour ajouter un fractionnement au milieu de la fenêtre, sélectionnez la cellule A1.

2. Cliquez l'onglet **Affichage ➜ Fenêtre ➜ Fractionner**.

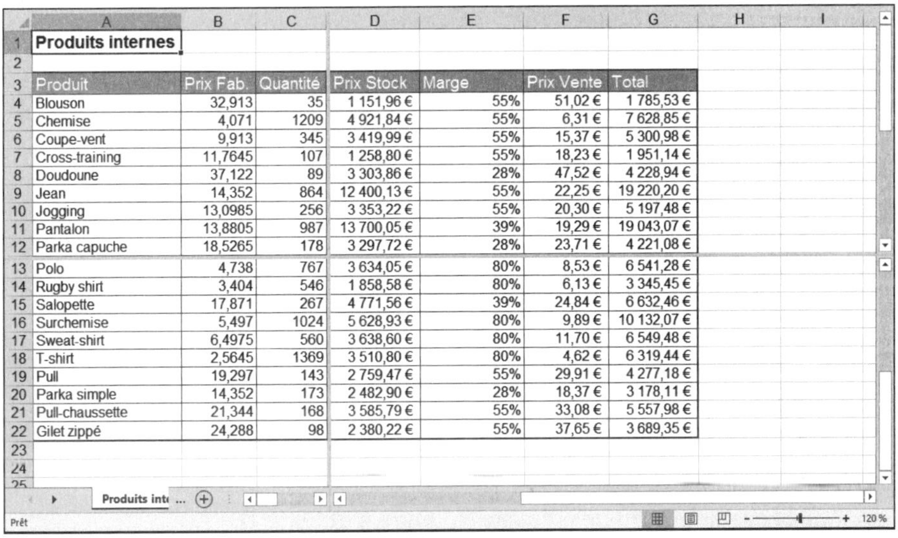

	A	B	C	D	E	F	G	H	I
1	Produits internes								
2									
3	Produit	Prix Fab.	Quantité	Prix Stock	Marge	Prix Vente	Total		
4	Blouson	32,913	35	1 151,96 €	55%	51,02 €	1 785,53 €		
5	Chemise	4,071	1209	4 921,84 €	55%	6,31 €	7 628,85 €		
6	Coupe-vent	9,913	345	3 419,99 €	55%	15,37 €	5 300,98 €		
7	Cross-training	11,7645	107	1 258,80 €	55%	18,23 €	1 951,14 €		
8	Doudoune	37,122	89	3 303,86 €	28%	47,52 €	4 228,94 €		
9	Jean	14,352	864	12 400,13 €	55%	22,25 €	19 220,20 €		
10	Jogging	13,0985	256	3 353,22 €	55%	20,30 €	5 197,48 €		
11	Pantalon	13,8805	987	13 700,05 €	39%	19,29 €	19 043,07 €		
12	Parka capuche	18,5265	178	3 297,72 €	28%	23,71 €	4 221,08 €		
13	Polo	4,738	767	3 634,05 €	80%	8,53 €	6 541,28 €		
14	Rugby shirt	3,404	546	1 858,58 €	80%	6,13 €	3 345,45 €		
15	Salopette	17,871	267	4 771,56 €	39%	24,84 €	6 632,46 €		
16	Surchemise	5,497	1024	5 628,93 €	80%	9,89 €	10 132,07 €		
17	Sweat-shirt	6,4975	560	3 638,60 €	80%	11,70 €	6 549,48 €		
18	T-shirt	2,5645	1369	3 510,80 €	80%	4,62 €	6 319,44 €		
19	Pull	19,297	143	2 759,47 €	55%	29,91 €	4 277,18 €		
20	Parka simple	14,352	173	2 482,90 €	28%	18,37 €	3 178,11 €		
21	Pull-chaussette	21,344	168	3 585,79 €	55%	33,08 €	5 557,98 €		
22	Gilet zippé	24,288	98	2 380,22 €	55%	37,65 €	3 689,35 €		
23									
24									
25									

Figure 4-28 Fractionnement d'une fenêtre.

La feuille est séparée en quatre parties. Il y a maintenant quatre barres de défilement.

Pour supprimer le fractionnement, cliquez l'onglet **Affichage ➜ Fenêtre ➜ Fractionner**.

Astuce Cliquez et faites glisser les barres de fractionnement pour modifier la taille de chaque partie. Pour supprimer uniquement la barre verticale de fractionnement, cliquez-la et faites-la glisser vers la gauche jusqu'à la colonne A. Pour supprimer uniquement la barre horizontale de fractionnement, cliquez-la et faites-la glisser vers le haut jusqu'à la ligne 1.

Manipuler les cellules

C'est toujours lorsque l'on pense avoir achevé un tableau que l'on s'aperçoit qu'il manque une ligne, une colonne, voire des cellules au beau milieu de celui-ci. Agacement aussi, s'il faut retaper des données alors qu'elles existent déjà dans la feuille. La suite de ce chapitre répond aux questions que vous vous posez concernant la gestion des cellules.

Sélectionner un grand nombre de cellules

Sélectionner un tableau

Si un tableau est très grand, il est difficile de le sélectionner avec la souris.

1 Cliquez n'importe quelle cellule du tableau.

2 Tapez le raccourci clavier **Ctrl** + *.

	A	B	C	D	E	F	G	H
1	Produits internes							
2								
3	Produit	Prix Fab.	Marge	Prix Vente				
4	T-shirt	2,56 €	80%	462%				
5	Sweat-shirt	6,50 €	80%	1170%				
6	Surchemise	5,50 €	80%	989%				
7	Salopette	17,87 €	39%	2484%				
8	Rugby shirt	3,40 €	80%	613%				
9	Polo	4,74 €	80%	853%				
10	Parka capuche	18,53 €	28%	2371%				
11	Pantalon	13,88 €	39%	1929%				
12	Jogging	13,10 €	55%	2030%				
13	Jean	14,35 €	55%	2225%				
14	Doudoune	37,12 €	28%	4752%				
15	Cross-training	11,76 €	55%	1823%				
16	Coupe-vent	9,91 €	55%	1537%				
17	Chemise	4,07 €	55%	631%				
18	Blouson	32,91 €	55%	5102%				
19								

Figure 4-29 Sélection d'un grand tableau.

Toutes les cellules du tableau sont sélectionnées.

Attention Le tableau ne peut être sélectionné que s'il est entouré par des lignes et des colonnes vides ou par le bord de la feuille (colonne A et ligne 1).

Sélectionner toute la feuille

Pour appliquer des modifications à l'intégralité de la feuille, vous devez sélectionner toutes les cellules.

1 Cliquez le symbole entre la lettre A et le chiffre 1.

Toutes les cellules sont sélectionnées, y compris celles qui ne contiennent pas de données.

Note Cliquez n'importe quelle cellule pour annuler la sélection.

Sélectionner des cellules en fonction de leur contenu

Excel propose une commande pour sélectionner les cellules en fonction de leur contenu (texte, nombre, cellules vides, *etc.*).

1 Cliquez l'onglet **Accueil → Édition → Rechercher et sélectionner** → **Atteindre**.

Note Tapez le raccourci clavier **Ctrl** + **T** pour accéder rapidement à cette commande.

2 Cliquez le bouton **Cellules** dans la boîte **Atteindre**.

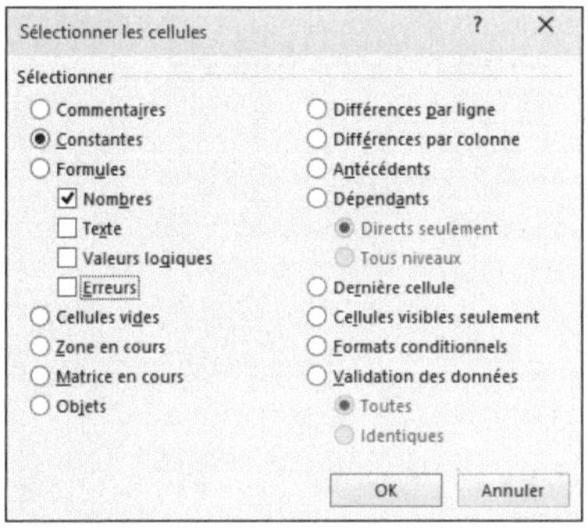

Figure 4-30 Sélection du type de cellule à atteindre.

3 Cochez les cases correspondant aux cellules à sélectionner.

4 Cliquez le bouton **OK**.

Dans l'exemple de la figure 4-31, seules les cellules contenant des nombres sont sélectionnées.

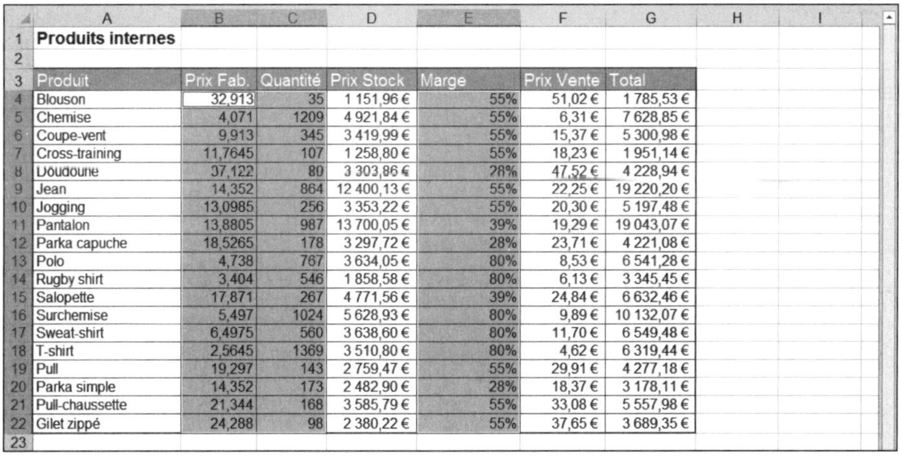

	A	B	C	D	E	F	G	H	I
1	Produits internes								
2									
3	Produit	Prix Fab.	Quantité	Prix Stock	Marge	Prix Vente	Total		
4	Blouson	32,913	35	1 151,96 €	55%	51,02 €	1 785,53 €		
5	Chemise	4,071	1209	4 921,84 €	55%	6,31 €	7 628,85 €		
6	Coupe-vent	9,913	345	3 419,99 €	55%	15,37 €	5 300,98 €		
7	Cross-training	11,7645	107	1 258,80 €	55%	18,23 €	1 951,14 €		
8	Doudoune	37,122	89	3 303,86 €	28%	47,52 €	4 228,94 €		
9	Jean	14,352	864	12 400,13 €	55%	22,25 €	19 220,20 €		
10	Jogging	13,0985	256	3 353,22 €	55%	20,30 €	5 197,48 €		
11	Pantalon	13,8805	987	13 700,05 €	39%	19,29 €	19 043,07 €		
12	Parka capuche	18,5265	178	3 297,72 €	28%	23,71 €	4 221,08 €		
13	Polo	4,738	767	3 634,05 €	80%	8,53 €	6 541,28 €		
14	Rugby shirt	3,404	546	1 858,58 €	80%	6,13 €	3 345,45 €		
15	Salopette	17,871	267	4 771,56 €	39%	24,84 €	6 632,46 €		
16	Surchemise	5,497	1024	5 628,93 €	80%	9,89 €	10 132,07 €		
17	Sweat-shirt	6,4975	560	3 638,60 €	80%	11,70 €	6 549,48 €		
18	T-shirt	2,5645	1369	3 510,80 €	80%	4,62 €	6 319,44 €		
19	Pull	19,297	143	2 759,47 €	55%	29,91 €	4 277,18 €		
20	Parka simple	14,352	173	2 482,90 €	28%	18,37 €	3 178,11 €		
21	Pull-chaussette	21,344	168	3 585,79 €	55%	33,08 €	5 557,98 €		
22	Gilet zippé	24,288	98	2 380,22 €	55%	37,65 €	3 689,35 €		
23									

Figure 4-31 Sélection de cellules en fonction du contenu.

Insérer des lignes et des colonnes

Vous pouvez à tout moment insérer les lignes et les colonnes qui manquent à votre tableau.

1 Sélectionnez la ou les lignes ou colonnes correspondant à la position d'insertion de la ou des nouvelles lignes ou colonnes.

2 Cliquez l'onglet **Accueil → Cellules → Insérer**.

Note Si vous avez sélectionné des cellules et non des lignes ou des colonnes, cliquez l'onglet **Accueil → Cellules**, cliquez la flèche en regard de **Insérer**, puis cliquez **Insérer des lignes dans la feuille** ou **Insérer des colonnes dans la feuille** selon le cas.

	A	B	C	D	E	F	G	H	I
1	**Produits internes**								
2									
3	Produit	Prix Fab.	Quantité	Prix Stock		Marge	Prix Vente	Total	
4	Blouson	32,913	35	1 151,96 €		55%	51,02 €	1 785,53 €	
5	Chemise	4,071	1209	4 921,84 €		55%	6,31 €	7 628,85 €	
6	Coupe-vent	9,913	345	3 419,99 €		55%	15,37 €	5 300,98 €	
7	Cross-training	11,7645	107	1 258,80 €		55%	18,23 €	1 951,14 €	
8	Doudoune	37,122	89	3 303,86 €		28%	47,52 €	4 228,94 €	
9	Jean	14,352	864	12 400,13 €		55%	22,25 €	19 220,20 €	
10	Jogging	13,0985	256	3 353,22 €		55%	20,30 €	5 197,48 €	
11	Pantalon	13,8805	987	13 700,05 €		39%	19,29 €	19 043,07 €	
12	Parka capuche	18,5265	178	3 297,72 €		28%	23,71 €	4 221,08 €	
13	Polo	4,738	767	3 634,05 €		80%	8,53 €	6 541,28 €	
14	Rugby shirt	3,404	546	1 858,58 €		80%	6,13 €	3 345,45 €	

Figure 4-32 Insertion d'une nouvelle colonne E.

La ou les nouvelles lignes ou colonnes sont ajoutées dans la feuille. Les lignes en dessous ou les colonnes à droite sont décalées.

Après l'insertion, la balise apparaît pour modifier la mise en forme.

Utiliser la balise d'insertion

Après chaque insertion, la balise s'affiche.

1 Cliquez la balise.

2 Cliquez le type de mise en forme à appliquer aux nouvelles colonnes ou aux nouvelles lignes.

Note Pour des informations complémentaires sur la mise en forme des tableaux, consultez le chapitre 5.

Astuce Il existe plusieurs moyens d'insérer des lignes et des colonnes. Sélectionnez les lignes ou les colonnes correspondant à la position d'insertion, puis appuyez sur **Ctrl** + + pour insérer des lignes ou des colonnes.

Autre solution : sélectionnez la ligne ou la colonne correspondant à la position d'insertion. Pointez le carré en bas à gauche (ligne) ou en haut à droite (colonne) de la sélection. Maintenez enfoncée la touche **Maj**. Le curseur prend la forme ou. Cliquez et faites glisser pour insérer des lignes ou des colonnes.

Supprimer des lignes et des colonnes

Vous pouvez à tout moment supprimer les lignes et les colonnes devenues inutiles.

1 Sélectionnez la ou les lignes ou colonnes qui doivent être supprimées.

2 Cliquez l'onglet **Accueil → Cellules → Supprimer**.

Astuce Vous pouvez aussi appuyer sur **Ctrl** + - pour supprimer les lignes ou les colonnes sélectionnées.

La ou les nouvelles lignes ou colonnes sont supprimées. Les lignes en dessous ou les colonnes à droite sont décalées. Les données des lignes ou des colonnes supprimées sont perdues.

Insérer des cellules

L'insertion de cellules au milieu de la feuille implique de décaler les cellules adjacentes vers le bas ou vers la droite.

1 Sélectionnez les cellules à insérer.

2 Avec le bouton droit de la souris, cliquez la plage sélectionnée, puis cliquez la commande **Insérer** dans le menu contextuel.

3 Cliquez l'option correspondant au décalage souhaité.

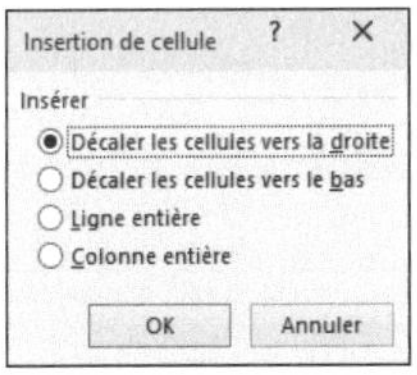

Figure 4-33 Insertion de cellules.

4 Cliquez le bouton **OK**.

5 Éventuellement, cliquez la balise pour modifier la mise en forme.

Note Si vous utilisez l'onglet **Accueil → Insérer**, l'insertion s'effectue avec les options par défaut sans afficher la boîte de la figure 4-33.

Supprimer des cellules

La suppression de cellules au milieu d'un tableau laisse un trou qui doit être comblé en décalant les cellules adjacentes vers le haut ou vers la gauche.

1 Sélectionnez les cellules à supprimer.

2 Avec le bouton droit de la souris, cliquez la plage sélectionnée et cliquez la commande **Supprimer** dans le menu contextuel.

3 Cliquez l'option correspondant au décalage souhaité.

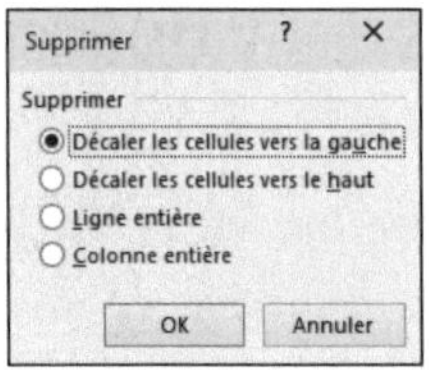

Figure 4-34 Suppression de cellules.

4 Cliquez le bouton **OK**.

Note Excel ne demande pas de confirmation pour les suppressions. En cas d'erreur, cliquez le bouton dans la barre d'outils Accès rapide pour annuler la suppression ou tapez le raccourci clavier **Ctrl + Z**.

Déplacer des cellules

Pour réorganiser la feuille, vous pouvez déplacer des cellules et éviter ainsi de retaper leur contenu.

1 Sélectionnez les cellules à déplacer.

2 Pointez le bord de la plage sélectionnée.

Le curseur prend la forme .

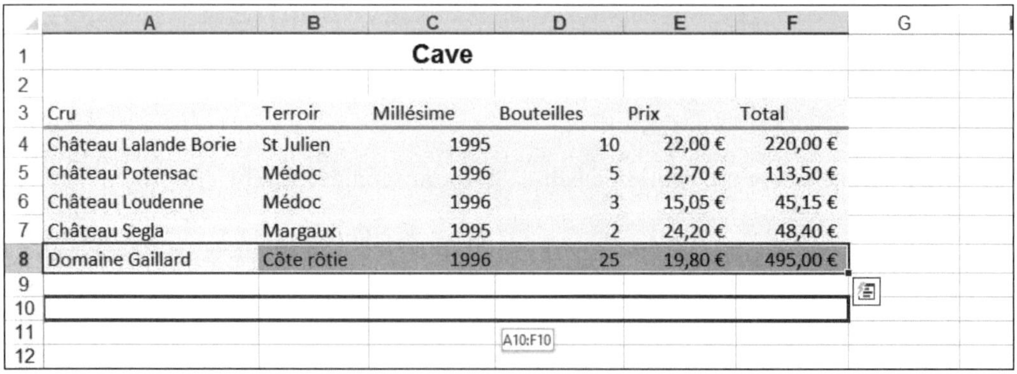

Figure 4-35 Déplacement de cellules.

3 Faites glisser la plage vers sa nouvelle destination.

Une info-bulle indique la plage de destination.

Copier des cellules

Vous pouvez copier des cellules pour éviter de retaper leur contenu.

1 Sélectionnez les cellules à copier.

2 Pointez le bord de la plage sélectionnée.

3 Maintenez enfoncée la touche **Ctrl**.

Le curseur prend la forme .

4 Faites glisser la plage vers sa nouvelle destination.

Une info-bulle indique la plage de destination.

5 Relâchez la touche **Ctrl** après le bouton de souris.

Copier des cellules avec le presse-papiers

Windows propose une zone de mémoire appelée « Presse-papiers ». C'est une zone temporaire dans laquelle est stockée une partie ou l'intégralité d'un document, quel que soit son type (tableau, texte, image, *etc.*). Vous pouvez à tout moment récupérer le contenu de ce presse-papiers pour l'insérer dans un document.

Un « Copier/Coller » consiste à copier une partie d'un document dans le presse-papiers, puis à coller, c'est-à-dire recopier, le contenu du presse-papiers à un autre endroit. Le presse-papiers étant commun à toutes les applications, vous pouvez échanger des portions de document dans des logiciels différents. Par exemple, il est possible de copier un tableau Excel dans le presse-papiers, puis recopier ce tableau du presse-papiers vers un document Word.

Si une partie d'un document doit être déplacée, on utilise alors un Couper/Coller. La partie de document est copiée vers le presse-papiers, puis effacée du document d'origine. Dans Excel, les données ne sont pas effacées tant qu'elles ne sont pas recopiées. Les données ne sont jamais effacées si la copie s'effectue dans un autre logiciel.

Quand vous effectuez un Copier ou Couper vers le presse-papiers Windows, le précédent contenu de ce dernier est effacé. Le presse-papiers ne peut contenir qu'un seul document à la fois. Mais Office possède son propre presse-papiers. Il permet de stocker temporairement vingt-quatre données différentes.

Copier des données via le presse-papiers

1 Sélectionnez la ou les cellules à copier.

2 Cliquez l'onglet **Accueil ➜ Presse-papiers ➜ Copier** ou tapez **Ctrl** + **C**.

La zone copiée est entourée de pointillés.

3 Sélectionnez la première cellule de la plage devant recevoir les données.

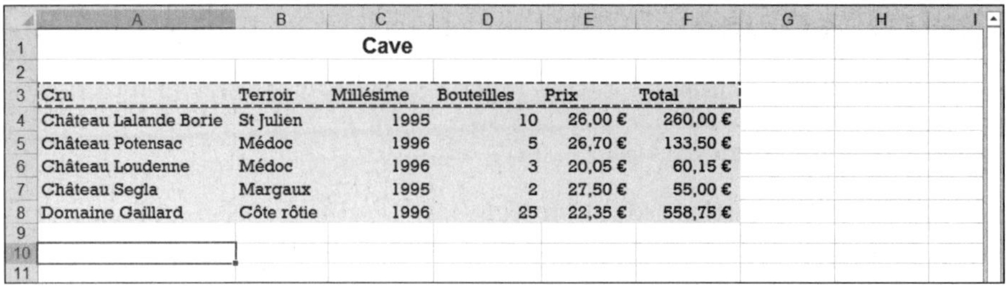

	A	B	C	D	E	F
1	Cave					
2						
3	Cru	Terroir	Millésime	Bouteilles	Prix	Total
4	Château Lalande Borie	St Julien	1995	10	26,00 €	260,00 €
5	Château Potensac	Médoc	1996	5	26,70 €	133,50 €
6	Château Loudenne	Médoc	1996	3	20,05 €	60,15 €
7	Château Segla	Margaux	1995	2	27,50 €	55,00 €
8	Domaine Gaillard	Côte rôtie	1996	25	22,35 €	558,75 €
9						
10						
11						

Figure 4-36 Copie de cellules vers le presse-papiers.

4 Cliquez l'onglet **Accueil ➜ Presse-papiers ➜ Coller** ou appuyez sur **Entrée**.

Les données du presse-papiers sont placées dans la feuille.

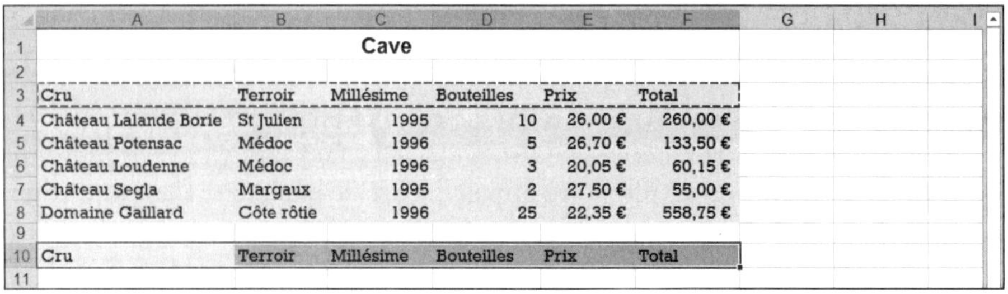

	A	B	C	D	E	F
1	Cave					
2						
3	Cru	Terroir	Millésime	Bouteilles	Prix	Total
4	Château Lalande Borie	St Julien	1995	10	26,00 €	260,00 €
5	Château Potensac	Médoc	1996	5	26,70 €	133,50 €
6	Château Loudenne	Médoc	1996	3	20,05 €	60,15 €
7	Château Segla	Margaux	1995	2	27,50 €	55,00 €
8	Domaine Gaillard	Côte rôtie	1996	25	22,35 €	558,75 €
9						
10	Cru	Terroir	Millésime	Bouteilles	Prix	Total
11						

Figure 4-37 Copie du presse-papiers vers des cellules.

5 Éventuellement, cliquez la balise puis le type de mise en forme.

6 Appuyez sur **Echap** pour annuler la sélection en pointillé.

Note Tant que la zone copiée est toujours entourée de pointillés, vous pouvez encore la copier à d'autres emplacements, autant de fois que vous le souhaitez.

Déplacer des données via le presse-papiers

1 Sélectionnez la ou les cellules à déplacer.

2 Cliquez l'onglet **Accueil ➜ Presse-papiers ➜ Couper** ou appuyez sur **Ctrl + X**.

La zone copiée est entourée de pointillés.

3 Sélectionnez la première cellule de la plage devant recevoir les données.

4 Cliquez l'onglet **Accueil ➜ Presse-papiers ➜ Coller** ou appuyez sur **Entrée**.

Les données sont déplacées vers le nouvel emplacement.

Utiliser le presse-papiers Office

Si vous devez copier plusieurs données, utilisez le presse-papiers commun aux applications Office.

1 Cliquez l'onglet **Accueil**, puis cliquez le bouton en regard du groupe **Presse-papiers**.

Le volet Presse-papiers s'affiche dans la partie gauche de la feuille.

2 Sélectionnez une plage puis cliquez ou .

3 Sélectionnez une seconde plage puis cliquez ou .

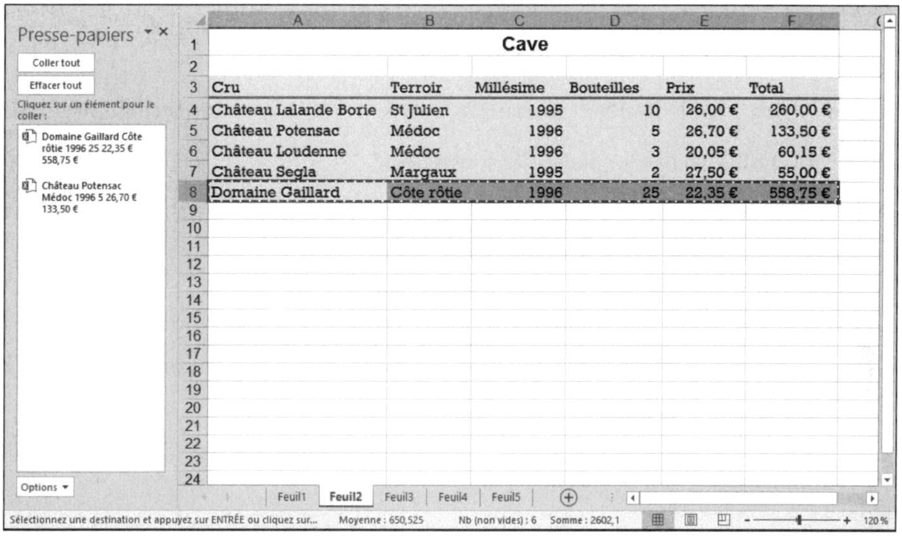

Figure 4-38 Presse-papiers Office.

Le volet Presse-papiers affiche toutes les données copiées ou coupées.

Pour copier des données du presse-papiers Office :

1 Cliquez la cellule qui doit recevoir les données.

2 Cliquez l'élément à coller dans le volet Presse-papiers.

Note Chaque élément affiche les premiers caractères de son contenu.

Les données du presse-papiers sont copiées dans la feuille.

Pour copier toutes les données du presse-papiers vers la feuille, cliquez la cellule qui doit recevoir les données puis cliquez **Coller tout** dans le volet Presse-papiers.

Le presse-papiers multiple est commun aux produits d'Office. Vous pouvez donc copier des données entre ses différentes applications (un graphique Excel dans un document Word, des enregistrements Access dans une feuille Excel, *etc.*).

Tant que vous ne cliquez pas le bouton **Effacer tout** dans le volet Presse-papiers, les données y restent (dans la limite de 24).

Cliquez le bouton pour fermer le volet Presse-papiers quand vous n'avez plus besoin de lui.

Inverser des plages de cellules

Il existe un moyen rapide pour inverser des plages de cellules sans utiliser plusieurs déplacements successifs.

1 Sélectionnez la plage de cellules à déplacer.

2 Pointez le bord de la plage sélectionnée.

Le curseur prend la forme .

3 Faites glisser, avec le bouton droit de la souris, la plage vers sa nouvelle destination.

Une info-bulle indique la plage de destination.

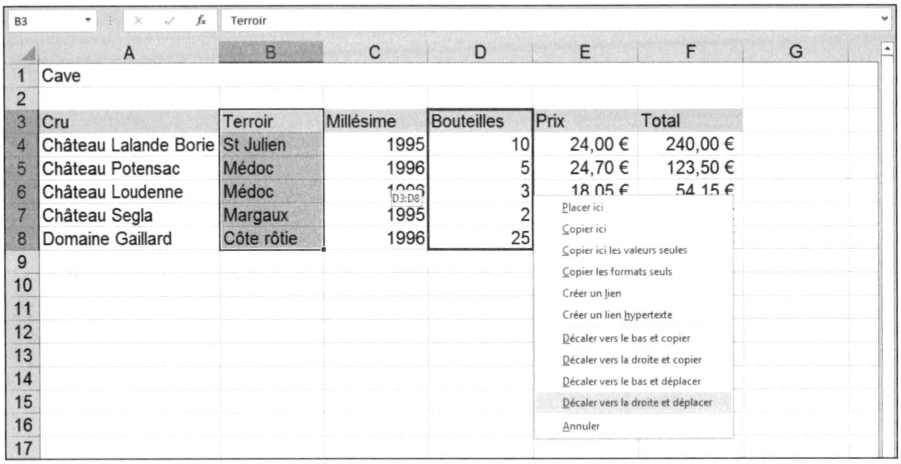

Figure 4-39 Inversion de deux plages de cellules.

4 Cliquez la commande **Décaler vers la droite et déplacer** dans le menu contextuel (choisissez une autre commande dans le menu en fonction du contexte).

La plage sélectionnée remplace la plage de destination. La plage de destination est décalée d'une colonne vers la droite.

Recopier une cellule

La recopie permet de dupliquer le contenu d'une cellule. On utilise pour cela le carré en bas à droite de la cellule sélectionnée. On appelle ce carré la « Poignée de recopie ».

1 Cliquez la cellule à recopier.

2 Pointez le carré en bas à droite de la cellule sélectionnée. Le curseur prend la forme +.

3 Cliquez et faites glisser pour recopier le contenu de la cellule sélectionnée.

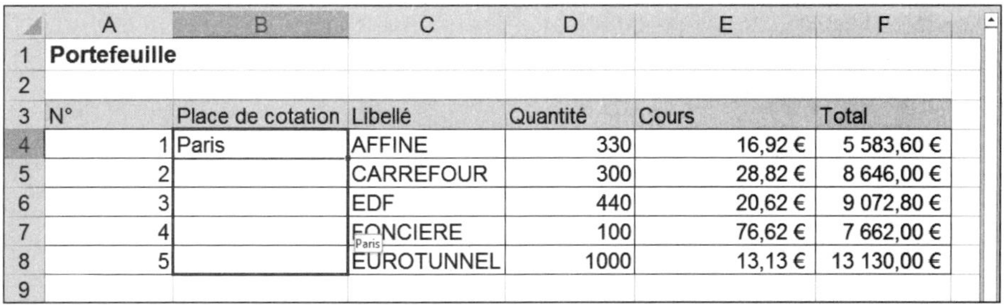

N°	Place de cotation	Libellé	Quantité	Cours	Total
1	Paris	AFFINE	330	16,92 €	5 583,60 €
2		CARREFOUR	300	28,82 €	8 646,00 €
3		EDF	440	20,62 €	9 072,80 €
4		FONCIERE	100	76,62 €	7 662,00 €
5		EUROTUNNEL	1000	13,13 €	13 130,00 €

Figure 4-40 Recopie du contenu d'une cellule.

4 Éventuellement, cliquez la balise puis cliquez le type de recopie.

Note Vous pouvez recopier la cellule vers le haut, le bas, la droite et la gauche.

Incrémenter une série de nombres

L'incrémentation vous évite de taper des nombres qui se suivent. Il existe plusieurs manières d'incrémenter une série.

Il n'y a qu'une seule valeur à incrémenter

1 Sélectionnez la cellule contenant la première valeur de la série.

2 Pointez le carré en bas à droite de la cellule sélectionnée. Le curseur prend la forme +.

3 Cliquez et faites glisser la poignée de recopie.

4 Cliquez la balise puis cliquez **Incrémenter une série**.

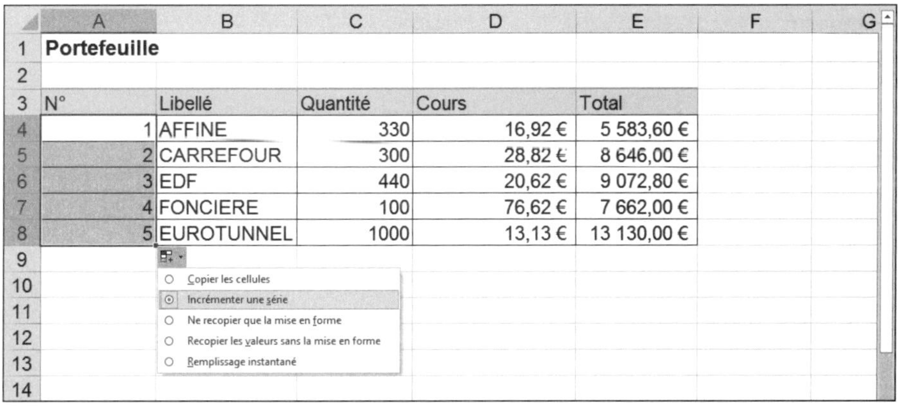

N°	Libellé	Quantité	Cours	Total
1	AFFINE	330	16,92 €	5 583,60 €
2	CARREFOUR	300	28,82 €	8 646,00 €
3	EDF	440	20,62 €	9 072,80 €
4	FONCIERE	100	76,62 €	7 662,00 €
5	EUROTUNNEL	1000	13,13 €	13 130,00 €

Figure 4-41 Incrémentation d'un nombre.

La première valeur est incrémentée de 1 en 1.

Il y a déjà une série de plusieurs valeurs

1 Sélectionnez les cellules contenant les premières valeurs de la série.

2 Pointez le carré en bas à droite de la cellule sélectionnée. Le curseur prend la forme +.

3 Cliquez et faites glisser la poignée de recopie.

Figure 4-42 Incrémentation d'une série.

Les valeurs sont incrémentées en fonction de l'écart séparant les premières valeurs de la série.

4 Si vous ne désirez pas que la série soit incrémentée, cliquez la balise puis cliquez **Copier les cellules**.

Incrémenter une série de dates

Excel reconnaît tous les types de dates (01/01/2016, lundi, janvier, *etc.*) et peut les incrémenter.

1 Sélectionnez la ou les cellules contenant les premières dates de la série.

2 Cliquez et faites glisser la poignée de recopie.

3 Cliquez la balise puis cliquez le type d'incrément des dates.

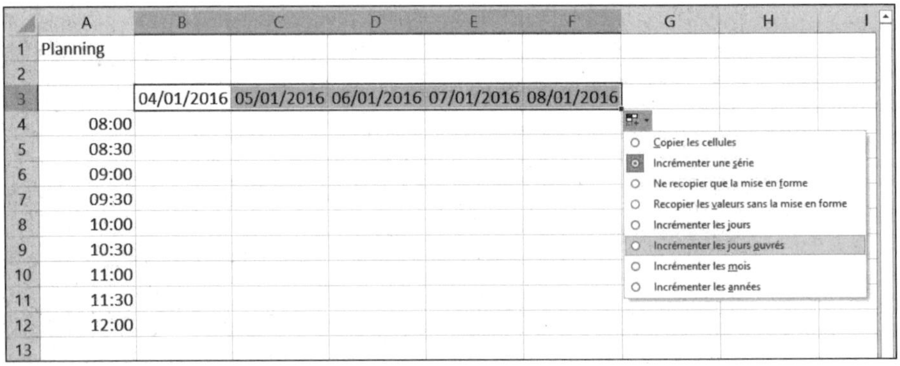

Figure 4-43 Incrémentation d'une série de dates.

Dans l'exemple de la figure 4-43, nous avons choisi d'incrémenter les jours ouvrés.

Chapitre 5

Mettre en forme les tableaux

Dans ce chapitre :

- Modifier le format d'affichage
- Mettre en forme les cellules
- Ajouter des quadrillages
- Reproduire une mise en forme
- Appliquer un style prédéfini

Le moment est venu de personnaliser vos feuilles de calcul. Le format d'affichage, les couleurs ou le quadrillage figurent parmi les astuces et les artifices qui donneront à vos tableaux davantage d'impact. Découvrez comment écrire des titres inclinés ou appliquer des mises en forme prédéfinies afin de gagner du temps.

Appliquer un format d'affichage

Les nombres sont affichés avec un format par défaut. Vous pouvez les afficher sous forme de valeurs monétaires, de pourcentage, *etc.*

1 Sélectionnez la ou les cellules à mettre en forme.

2 Dans l'onglet **Accueil → Nombre**, cliquez l'un des boutons suivants : valeur monétaire par défaut (€), % pourcentage, 000 séparateur des milliers (espace entre chaque bloc de trois chiffres).

	A	B	C	D	E	F	G
1	Cave						
2							
3	Cru	Terroir	Millésime	Bouteilles	Prix	Total	
4	Château Lalande Borie	St Julien	1995	10	26,00 €	260,00 €	
5	Château Potensac	Médoc	1996	5	26,70 €	133,50 €	
6	Château Loudenne	Médoc	1996	3	20,05 €	60,15 €	
7	Château Segla	Margaux	1995	2	27,50 €	55,00 €	
8	Domaine Gaillard	Côte rôtie	1996	25	22,35 €	558,75 €	
9							

Figure 5-1 Format d'affichage des cellules.

Les cellules sont affichées avec le nouveau format. Les formats ne modifient en rien les valeurs contenues dans les cellules.

Pour appliquer rapidement d'autres formats, cliquez l'onglet **Accueil → Nombre**, puis la flèche de la liste **Format de nombre**. Cliquez un des formats proposés dans cette dernière.

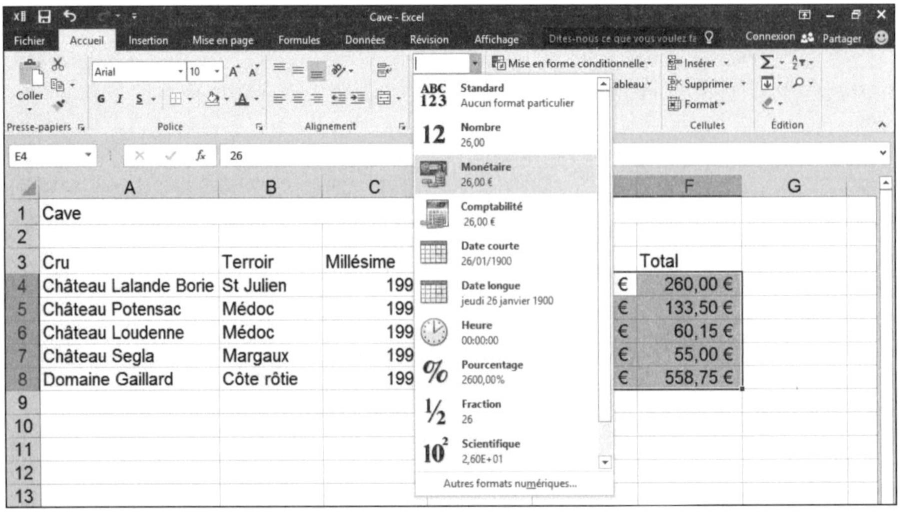

Figure 5-2 Liste des principaux formats disponibles.

Ajouter ou supprimer des décimales

Les formats d'affichage appliquent un nombre de décimales précis. Le format Monétaire, par exemple, affiche les nombres avec deux décimales. Vous pouvez modifier ce nombre :

1 Sélectionnez la ou les cellules à modifier.

2 Dans l'onglet **Accueil** ➜ **Nombre**, cliquez le bouton pour ajouter une décimale ou le bouton pour en retirer une.

	A	B	C	D	E	F	G
1	Cave						
2							
3	Cru	Terroir	Millésime	Bouteilles	Prix	Total	
4	Château Lalande Borie	St Julien	1995	10	26 €	260 €	
5	Château Potensac	Médoc	1996	5	27 €	134 €	
6	Château Loudenne	Médoc	1996	3	20 €	60 €	
7	Château Segla	Margaux	1995	2	28 €	55 €	
8	Domaine Gaillard	Côte rôtie	1996	25	22 €	559 €	
9							

Figure 5-3 Ajout ou suppression de décimales.

Une décimale est ajoutée ou retirée du format d'affichage.

Appliquer un format d'affichage prédéfini

Si les formats proposés dans le ruban vous semblent insuffisants, Excel propose d'autres formats dans une boîte de dialogue.

1 Sélectionnez la ou les cellules à modifier.

2 Cliquez l'onglet **Accueil**, puis cliquez le bouton en regard du groupe **Nombre**. Vous pouvez aussi cliquer la sélection avec le bouton droit de la souris, puis cliquer la commande **Format de cellule** dans le menu contextuel.

3 Dans l'onglet **Nombre**, cliquez une catégorie de format dans la liste de gauche.

4 Sélectionnez les caractéristiques du format dans la partie de droite.

Note Les caractéristiques varient en fonction de la catégorie choisie. Pour afficher l'aide, cliquez le bouton ? en haut à droite de la boîte de dialogue ou tapez le raccourci **Maj + F1**.

5 Cliquez le bouton **OK**.

Le format est appliqué aux cellules sélectionnées.

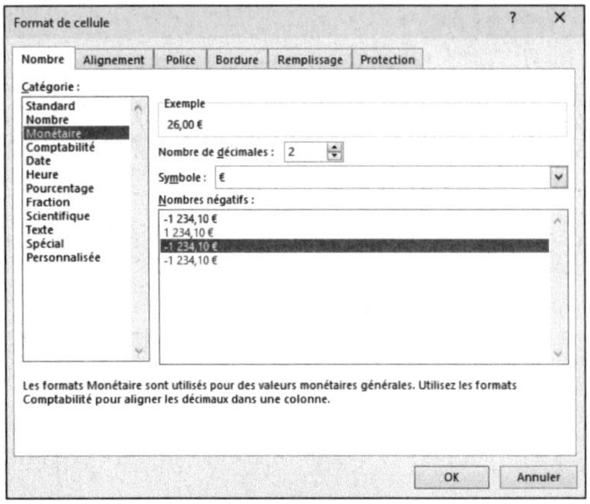

Figure 5-4 Format des nombres.

Définir votre propre format d'affichage

Si aucun des formats proposés ne vous convient, créez le vôtre ! Cela n'est pas toujours aisé, mais les deux tableaux suivants vont vous y aider.

1 Sélectionnez la ou les cellules à modifier.

2 Cliquez l'onglet **Accueil**, puis cliquez le bouton en regard du groupe **Nombre**. Vous pouvez aussi cliquer la sélection avec le bouton droit de la souris, puis cliquer la commande **Format de cellule** dans le menu contextuel.

3 Dans l'onglet **Nombre**, cliquez **Personnalisée** dans la liste.

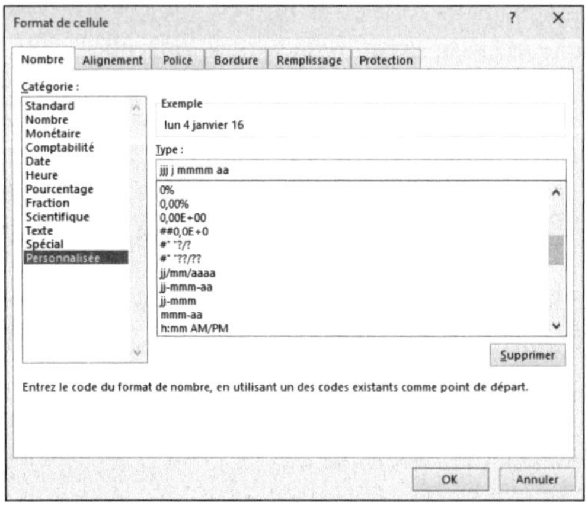

Figure 5-5 Format personnalisé.

4 Cliquez la zone **Type** et tapez votre format d'affichage (voir les tableaux 5-1 et 5-2).

La zone **Exemple** vous donne un aperçu du format d'affichage.

5 Cliquez le bouton **OK** pour appliquer le nouveau format d'affichage.

Les formats d'affichage sont composés des principaux symboles du tableau 5-1. Pour obtenir l'intégralité des symboles disponibles, consultez l'aide en ligne.

Symbole	Utilisation
#	Emplacement d'un nombre significatif (n'affiche rien s'il n'y a pas de chiffre).
0	Emplacement d'un chiffre significatif ou non (affiche 0 s'il n'y a pas de chiffre).
%	Format pourcentage (multiplie par 100 et ajoute le signe %).
Espace	Divise par 1 000 le nombre qui précède l'espace.
\	Affiche tel quel le caractère qui suit le symbole \.
« «	Affiche tels quels les caractères entre guillemets.
;	Séparateur pour le format des nombres négatifs.
[Couleur]	Change la couleur d'affichage ([Bleu] pour afficher en bleu).
?/?	Format des fractions (1/2, 1/4, 2/5, *etc.*).
j	Jour sur un ou deux chiffres (1, 5, 10, 15, *etc.*).
jj	Jour sur deux chiffres (01, 05, 10, 15, *etc.*).
jjj	Trois premières lettres du jour de la semaine (lun, mar, *etc.*).
jjjj	Jour de la semaine en toutes lettres (lundi, mardi, *etc.*).
m	Mois sur un ou deux chiffres (1, 5, 10, 15, *etc.*).
mm	Mois sur deux chiffres (01, 05, 10, 15, *etc.*).
mmm	Trois ou quatre premières lettres du mois (janv, févr, mars, *etc.*).
mmmm	Mois en toutes lettres (janvier, février, mars, *etc.*).
aa	Années sur deux chiffres (99, 00, 15, 16, *etc.*).
aaaa	Années sur quatre chiffres (1999, 2000, 2015, 2016, *etc.*).
hh	Format des heures.
mm	Format des minutes.
ss	Format des secondes.

Tableau 5-1 Symboles des formats d'affichage.

Format	Exemple	Résultat
#,0	0,25	,3
0,0	0,25	0,3
0,00	0,25	0,25
0,00	0,2	0,20

Tableau 5-2 Exemples d'utilisation des symboles des formats d'affichage.

Format	Exemple	Résultat
0,0#	0,2	0,2
# ###,00	1234,5	1 234,50
0,0#%	0,12333	12,33 %
# ### (espace)	123456	123
0,00" ABC"	256	256,00 ABC
#\A	123	123A
#;[Rouge]#	-123	123 (en rouge)
#;[Rouge]-#	-123	-123 (en rouge)
?/?	0,25	1/4
?/?	0,37	3/8
?/?	1,25	5/4
#" "?/?	1,25	1 1/4
jjj	1/1/16	lundi
jjjj jj mmmm aaaa	1/1/16	lundi 01 janvier 2016
jjj j mmm aa	1/1/16	lun 1 janv 14
hh-mm-ss	10:20:15	10-20-15

Tableau 5-2 Exemples d'utilisation des symboles des formats d'affichage *(suite)*.

Modifier la mise en forme des cellules

Chaque cellule accepte une mise en forme différente de ses caractères (police, taille, couleur, *etc.*).

Modifier la police et sa taille

1 Sélectionnez la ou les cellules à mettre en forme.

2 Cliquez l'onglet **Accueil**.

3 Cliquez la liste **Police** puis sélectionnez la police souhaitée.

4 Cliquez la liste **Taille de police** puis sélectionnez la taille souhaitée.

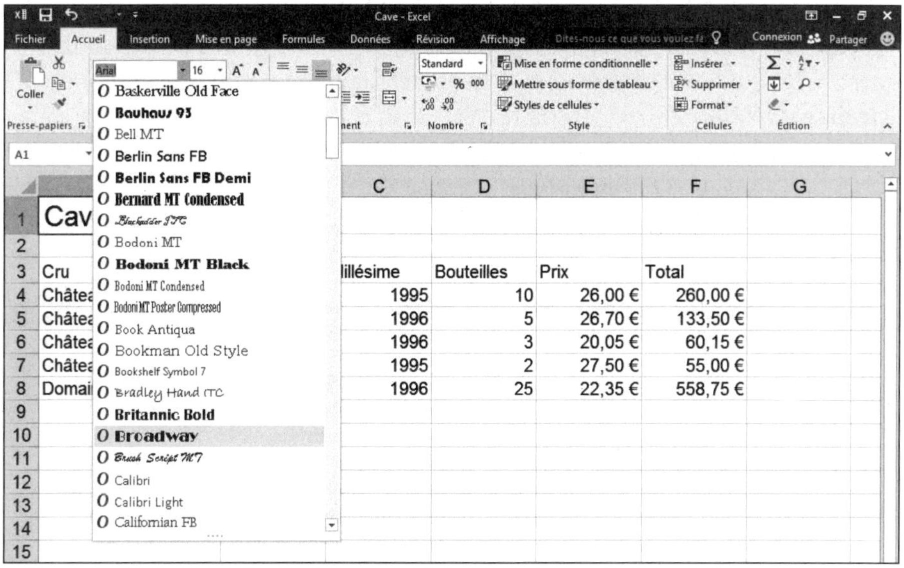

Figure 5-6 Modification de la police de caractères.

La nouvelle police est appliquée aux caractères des cellules.

Modifier les attributs

Excel propose toute une palette d'attributs que vous pouvez modifier aussi facilement que pour la police de caractères.

1 Sélectionnez la ou les cellules à mettre en forme.

2 Cliquez l'onglet **Accueil → Police**, puis cliquez l'un des boutons d'attribut du tableau 5-3.

Bouton	Attribut
	Gras
	Italique
	Souligné
	Augmenter la taille de la police.
	Diminuer la taille de la police.
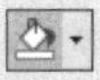	Modifier la couleur de fond de la cellule. Cliquez la flèche pour afficher la palette de couleur.
	Modifier la couleur de la police. Cliquez la flèche pour afficher la palette de couleur.

Tableau 5-3 Boutons des attributs de police.

Astuce Pour mettre en forme les cellules, vous pouvez utiliser la barre d'outils contextuelle à la place du ruban. Sélectionnez les cellules à mettre en forme, puis cliquez la sélection avec le bouton droit de la souris. Cliquez dans la barre d'outils contextuelle un bouton de mise en forme.

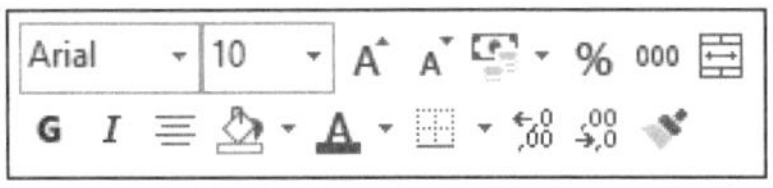

Attribuer différentes mises en forme dans la même cellule

Tous les attributs de mise en forme peuvent être appliqués à différents caractères de la même cellule.

1 Cliquez la cellule à modifier.

2 Sélectionnez avec la souris les caractères à modifier dans la barre de formule.

3 Modifiez la mise en forme comme cela vous est expliqué dans le paragraphe précédent.

La mise en forme ne s'applique qu'aux caractères sélectionnés.

Aligner le contenu des cellules

Par défaut, les nombres sont alignés à droite et les textes à gauche. Modifiez cet alignement pour rendre vos tableaux plus esthétiques.

1 Sélectionnez la ou les cellules à aligner.

2 Dans l'onglet **Accueil → Alignement**, cliquez l'un des boutons suivants : alignement à gauche, centré ou alignement à droite.

	A	B	C	D	E	F	G
1	Cave						
2							
3	Cru	Terroir	Millésime	Bouteilles	Prix	Total	
4	Château Lalande Borie	St Julien	1995	10	26,00 €	260,00 €	
5	Château Potensac	Médoc	1996	5	26,70 €	133,50 €	
6	Château Loudenne	Médoc	1996	3	20,05 €	60,15 €	
7	Château Segla	Margaux	1995	2	27,50 €	55,00 €	
8	Domaine Gaillard	Côte rôtie	1996	25	22,35 €	558,75 €	
9							

Figure 5-7 Modification de l'alignement dans les cellules.

Le nouvel alignement est appliqué au contenu des cellules (les en-têtes du tableau sont centrés dans la figure 55-7).

Note Pour retrouver l'alignement standard, cliquez le bouton actuellement sélectionné (, ou).

Excel propose aussi d'aligner le contenu des cellules, mais cette fois à la verticale.

1 Sélectionnez la ou les cellules à aligner.

2 Dans l'onglet **Accueil → Alignement**, cliquez l'un des boutons suivants : alignement en haut, centré ou alignement en bas.

Ajouter un retrait au contenu des cellules

Pour définir le niveau d'importance d'une cellule, ajoutez des retraits. Un retrait correspond à peu près à la largeur d'un caractère de la police standard.

1 Sélectionnez la ou les cellules à modifier.

2 Dans l'onglet **Accueil → Alignement**, cliquez pour ajouter un retrait et pour le retirer.

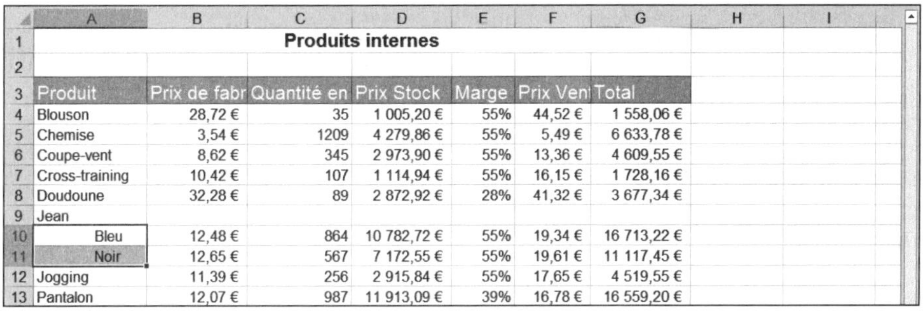

	A	B	C	D	E	F	G	H	I
1			Produits internes						
2									
3	Produit	Prix de fabr	Quantité en	Prix Stock	Marge	Prix Vent	Total		
4	Blouson	28,72 €	35	1 005,20 €	55%	44,52 €	1 558,06 €		
5	Chemise	3,54 €	1209	4 279,86 €	55%	5,49 €	6 633,78 €		
6	Coupe-vent	8,62 €	345	2 973,90 €	55%	13,36 €	4 609,55 €		
7	Cross-training	10,42 €	107	1 114,94 €	55%	16,15 €	1 728,16 €		
8	Doudoune	32,28 €	89	2 872,92 €	28%	41,32 €	3 677,34 €		
9	Jean								
10	Bleu	12,48 €	864	10 782,72 €	55%	19,34 €	16 713,22 €		
11	Noir	12,65 €	567	7 172,55 €	55%	19,61 €	11 117,45 €		
12	Jogging	11,39 €	256	2 915,84 €	55%	17,65 €	4 519,55 €		
13	Pantalon	12,07 €	987	11 913,09 €	39%	16,78 €	16 559,20 €		

Figure 5-8 Retrait du texte dans des cellules.

Un retrait est appliqué aux cellules sélectionnées (A10 et A11 dans l'exemple de la figure 5-8).

Écrire sur plusieurs lignes dans la même cellule

Si le texte d'une cellule est trop long, Excel peut le placer sur plusieurs lignes. Cela vous évitera de le taper dans plusieurs cellules.

1 Sélectionnez la ou les cellules à afficher sur plusieurs lignes.

2 Dans l'onglet **Accueil → Alignement**, cliquez le bouton **Renvoyer à la ligne automatiquement** .

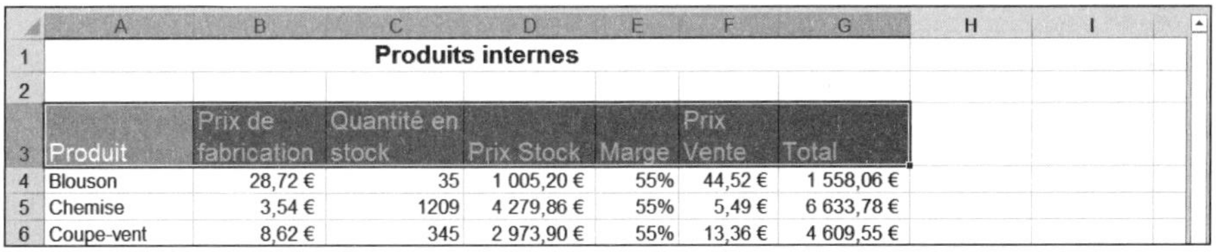

	A	B	C	D	E	F	G	H	I
1			Produits internes						
2									
3	Produit	Prix de fabrication	Quantité en stock	Prix Stock	Marge	Prix Vente	Total		
4	Blouson	28,72 €	35	1 005,20 €	55%	44,52 €	1 558,06 €		
5	Chemise	3,54 €	1209	4 279,86 €	55%	5,49 €	6 633,78 €		
6	Coupe-vent	8,62 €	345	2 973,90 €	55%	13,36 €	4 609,55 €		

Figure 5-9 Textes sur plusieurs lignes.

La hauteur des cellules est modifiée pour afficher plusieurs lignes dans la même cellule.

Orienter un texte

Pour gagner de la place quand les en-têtes des tableaux sont trop longs, modifiez leur orientation. Pour cela :

1 Sélectionnez la ou les cellules à orienter.

2 Dans l'onglet **Accueil ➜ Alignement**, cliquez le bouton **Orientation**.

3 Cliquez le type d'orientation dans la liste du bouton.

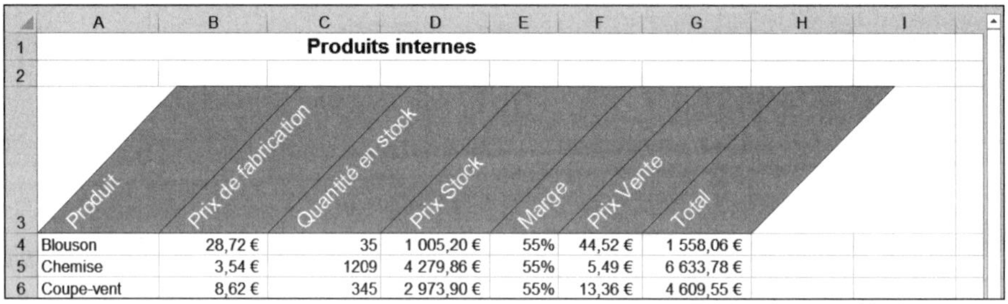

	A	B	C	D	E	F	G
1			Produits internes				
2							
3	Produit	Prix de fabrication	Quantité en stock	Prix Stock	Marge	Prix Vente	Total
4	Blouson	28,72 €	35	1 005,20 €	55%	44,52 €	1 558,06 €
5	Chemise	3,54 €	1209	4 279,86 €	55%	5,49 €	6 633,78 €
6	Coupe-vent	8,62 €	345	2 973,90 €	55%	13,36 €	4 609,55 €

Figure 5-10 Orientation du texte des cellules.

Le contenu du texte des cellules est orienté avec l'angle choisi. Pour ajuster la hauteur des lignes, consultez le paragraphe « Modifier la largeur des colonnes et la hauteur des lignes » un peu plus loin dans ce chapitre.

Vous pouvez choisir une orientation plus précise que celle proposée par le bouton :

1 Sélectionnez la ou les cellules à orienter.

2 Dans l'onglet **Accueil ➜ Alignement**, cliquez le bouton **Orientation ➜ Format de cellule – Alignement**.

3 Dans la zone **Degrés**, tapez l'angle d'inclinaison du texte.

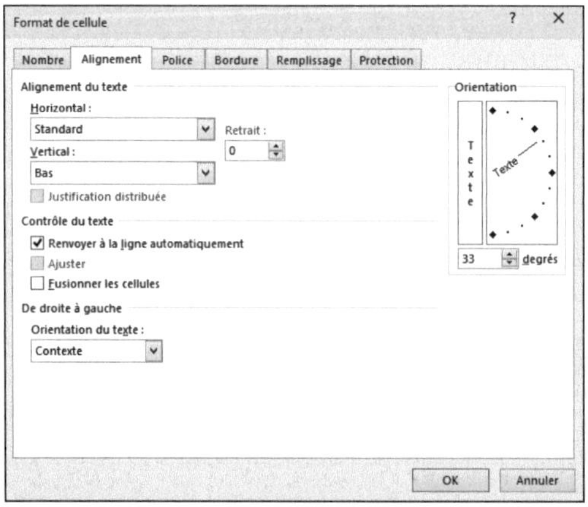

Figure 5-11 Choix précis de l'orientation du texte des cellules.

La zone **Orientation** affiche un aperçu du résultat.

Astuce Vous pouvez aussi cliquer directement dans la zone d'aperçu pour choisir l'orientation.

4 Cliquez le bouton **OK**.

Note La boîte de la figure 5-11 regroupe toutes les mises en forme des cellules. Vous pouvez l'ouvrir en cliquant le bouton en regard du groupe **Alignement** de l'onglet **Accueil**.

Ajouter un quadrillage

Sauf si vous le précisez à l'impression, le quadrillage des feuilles n'est pas imprimé. Vous devez définir manuellement tous les quadrillages de vos tableaux.

1 Sélectionnez les cellules à quadriller.

2 Dans l'onglet **Accueil → Police**, cliquez la flèche en regard du bouton puis cliquez le type de traits à ajouter.

Note L'apparence du bouton est fonction du dernier choix à l'étape **2**. Cliquez directement le bouton, et non sa flèche, pour appliquer le dernier type de quadrillage sélectionné.

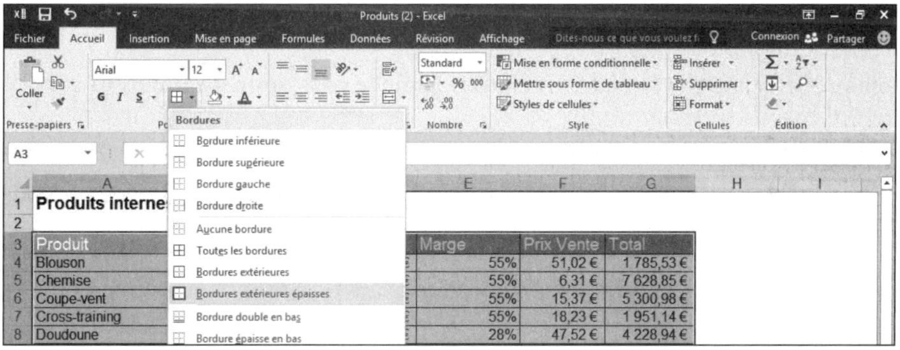

Figure 5-12 Ajout d'un quadrillage à un tableau.

3 Répétez les étapes **1** et **2** autant de fois que nécessaire.

Le quadrillage est appliqué aux cellules sélectionnées.

Astuce Pour masquer le quadrillage par défaut, et donc mieux apprécier le vôtre, cliquez l'onglet **Affichage → Afficher/Masquer**, puis décochez l'option **Quadrillage**. C'est le cas dans la figure 5-12.

Tracer à main levée les bordures d'un tableau

Si vous ne désirez pas utiliser les quadrillages prédéfinis proposés par le bouton , vous pouvez dessiner à main levée le quadrillage de vos tableaux, même les plus complexes.

Pour tracer un à un les bords des cellules :

1 Dans l'onglet **Accueil → Police**, cliquez la flèche en regard du bouton puis cliquez **Tracer les bordures**.

2 Cliquez et faites glisser chaque bordure de cellule à laquelle vous désirez ajouter une ligne. Il est possible de barrer une cellule, comme le montre la figure 5-13.

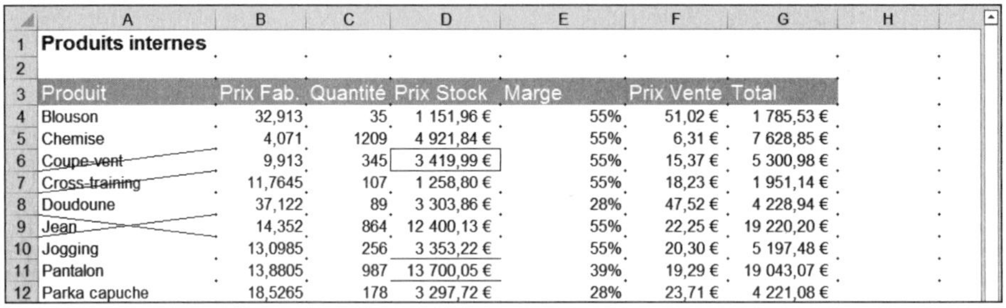

	A	B	C	D	E	F	G	H
1	**Produits internes**							
2								
3	Produit	Prix Fab.	Quantité	Prix Stock	Marge	Prix Vente	Total	
4	Blouson	32,913	35	1 151,96 €	55%	51,02 €	1 785,53 €	
5	Chemise	4,071	1209	4 921,84 €	55%	6,31 €	7 628,85 €	
6	Coupe-vent	9,913	345	3 419,99 €	55%	15,37 €	5 300,98 €	
7	Cross-training	11,7645	107	1 258,80 €	55%	18,23 €	1 951,14 €	
8	Doudoune	37,122	89	3 303,86 €	28%	47,52 €	4 228,94 €	
9	Jean	14,352	864	12 400,13 €	55%	22,25 €	19 220,20 €	
10	Jogging	13,0985	256	3 353,22 €	55%	20,30 €	5 197,48 €	
11	Pantalon	13,8805	987	13 700,05 €	39%	19,29 €	19 043,07 €	
12	Parka capuche	18,5265	178	3 297,72 €	28%	23,71 €	4 221,08 €	

Figure 5-13 Ajout de bordures à main levée.

3 Appuyez sur la touche **Echap** pour annuler l'outil de bordure.

Pour ajouter des quadrillages aux cellules :

1 Dans l'onglet **Accueil → Police**, cliquez la flèche en regard du bouton puis cliquez **Tracer les bordures de grille**.

2 Cliquez et faites glisser chaque cellule à laquelle vous désirez ajouter un quadrillage.

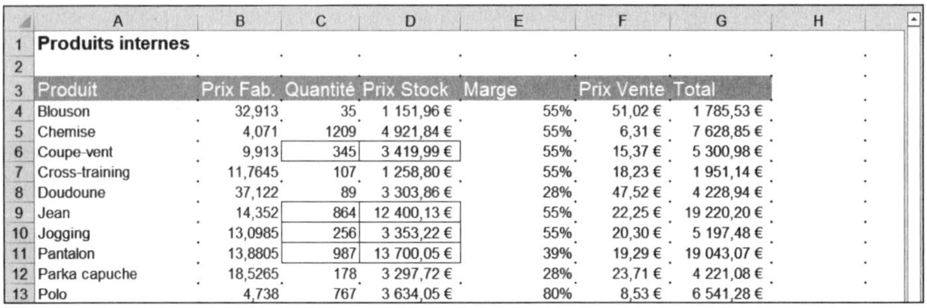

	A	B	C	D	E	F	G	H
1	**Produits internes**							
2								
3	Produit	Prix Fab.	Quantité	Prix Stock	Marge	Prix Vente	Total	
4	Blouson	32,913	35	1 151,96 €	55%	51,02 €	1 785,53 €	
5	Chemise	4,071	1209	4 921,84 €	55%	6,31 €	7 628,85 €	
6	Coupe-vent	9,913	345	3 419,99 €	55%	15,37 €	5 300,98 €	
7	Cross-training	11,7645	107	1 258,80 €	55%	18,23 €	1 951,14 €	
8	Doudoune	37,122	89	3 303,86 €	28%	47,52 €	4 228,94 €	
9	Jean	14,352	864	12 400,13 €	55%	22,25 €	19 220,20 €	
10	Jogging	13,0985	256	3 353,22 €	55%	20,30 €	5 197,48 €	
11	Pantalon	13,8805	987	13 700,05 €	39%	19,29 €	19 043,07 €	
12	Parka capuche	18,5265	178	3 297,72 €	28%	23,71 €	4 221,08 €	
13	Polo	4,738	767	3 634,05 €	80%	8,53 €	6 541,28 €	

Figure 5-14 Ajout de quadrillages à main levée.

Note Pour modifier une seule bordure avec cet outil, cliquez la bordure sans faire glisser.

3 Appuyez sur la touche **Echap** pour annuler l'outil de quadrillage.

Vous pouvez aussi modifier la couleur des traits :

1 Dans l'onglet **Accueil → Police**, cliquez la flèche en regard du bouton , cliquez **Couleur de ligne**, puis cliquez une couleur dans la palette.

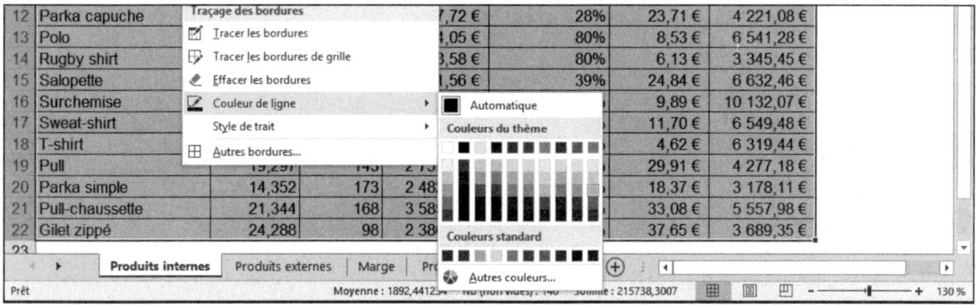

Figure 5-15 Choix de la couleur des quadrillages.

De même, vous pouvez choisir le type de trait pour vos quadrillages :

1 Dans l'onglet **Accueil ➜ Police**, cliquez la flèche en regard du bouton, cliquez **Style de trait**, puis cliquez le type de trait dans la liste qui s'affiche (simple, double, pointillé, *etc.*).

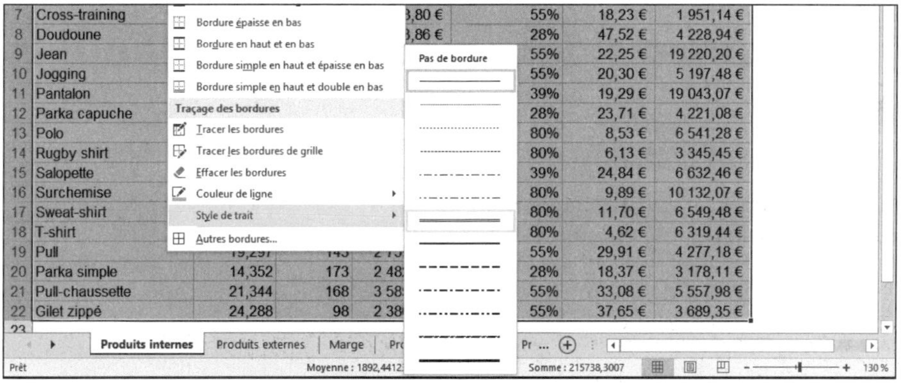

Figure 5-16 Choix du type de ligne des quadrillages.

En cas d'erreur, vous pouvez facilement effacer les quadrillages :

1 Dans l'onglet **Accueil ➜ Police**, cliquez la flèche en regard du bouton, puis cliquez **Effacer les bordures**.

2 Cliquez et faites glisser chaque cellule dont vous souhaitez effacer les bordures et les quadrillages.

Note Pour effacer une seule bordure, cliquez le trait sans faire glisser.

Pour modifier plus précisément le quadrillage des cellules, vous pouvez utiliser la boîte **Format de cellule**. Cliquez pour cela l'onglet **Accueil ➜ Police**, cliquez la flèche en regard du bouton, puis cliquez **Autres bordures**. L'onglet Bordure propose toutes les combinaisons pour modifier vos quadrillages.

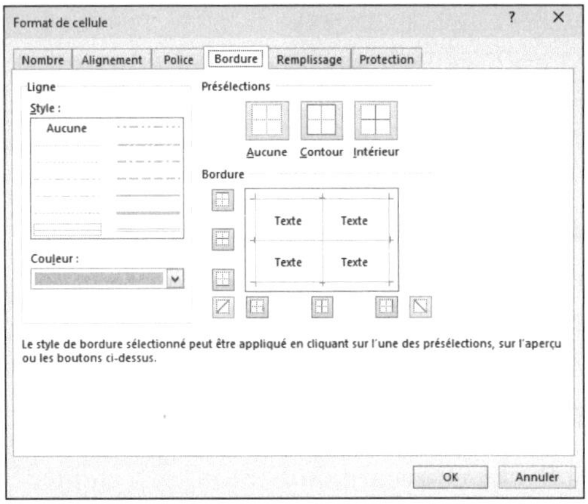

Figure 5-17 Boîte de modifications des quadrillages.

Modifier la largeur des colonnes et la hauteur des lignes

La taille des cellules n'est pas fixe. Vous pouvez la modifier. Une cellule plus haute permet d'utiliser des grandes tailles de police ou d'y placer plusieurs lignes de texte. Une cellule plus large permet d'afficher plus d'informations.

Pour modifier la largeur d'une colonne :

1 Pointez le trait entre les lettres de deux colonnes.

   Le pointeur prend la forme ↔.

2 Cliquez et faites glisser pour augmenter ou réduire la taille de la colonne de gauche. Une info-bulle affiche la taille choisie.

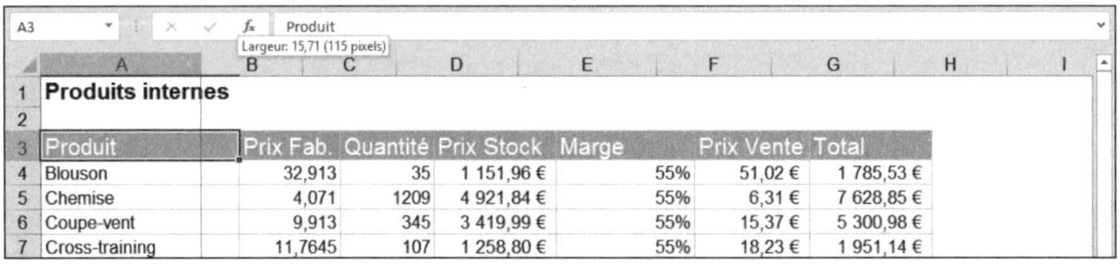

Figure 5-18 Modification de la largeur de la colonne A.

Note Toutes ces solutions s'appliquent de la même manière à la hauteur des lignes. Le curseur prend alors la forme ↕ quand il est placé entre deux numéros de ligne. La hauteur des lignes est exprimée en points, comme les polices de caractères.

Pour modifier précisément la largeur des colonnes :

1 Sélectionnez la ou les colonnes à ajuster.

2 Cliquez la sélection avec le bouton droit.

3 Cliquez la commande **Largeur de colonne** dans le menu contextuel (**Hauteur de ligne** si vous avez sélectionné des lignes).

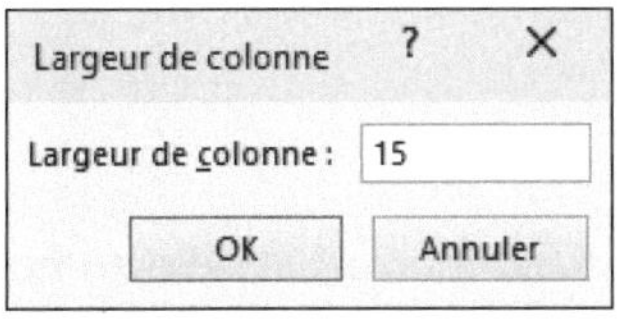

Figure 5-19 Choix précis de la largeur des colonnes.

4 Tapez la largeur de la colonne.

5 Cliquez le bouton **OK**.

Note La largeur que vous tapez correspond au nombre de caractères affichables dans la police standard.

Pour modifier automatiquement la largeur des colonnes :

1 Pointez le trait entre les lettres de deux colonnes.

Le pointeur prend la forme ✛.

2 Double-cliquez pour ajuster la colonne de gauche.

La largeur de la colonne est ajustée au contenu de la cellule qui renferme le plus d'informations.

Fusionner des cellules

Comment faire apparaître votre titre dans une seule cellule ayant la largeur du tableau qui figure en dessous ? Pour cela, vous allez devoir fusionner des cellules.

1 Sélectionnez les cellules à fusionner.

2 Cliquez l'onglet **Accueil** ➜ **Alignement** ➜ **Fusionner et centrer** .

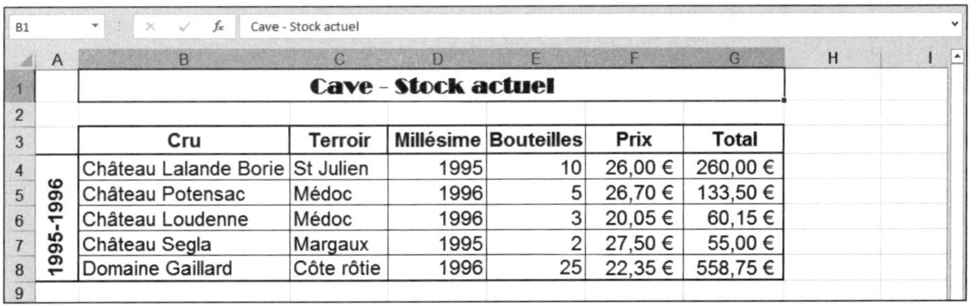

Figure 5-20 Fusion de plusieurs cellules.

Note Vous pouvez aussi fusionner des cellules à la verticale (cellules A4:A8 dans la figure 5-20) ou des plages de cellules de plusieurs lignes et de plusieurs colonnes.

Les cellules sélectionnées n'en font plus qu'une. Le texte est centré dans cette nouvelle cellule.

3 Pour supprimer la fusion, répétez les étapes **1** et **2**.

Attention S'il y a des informations dans plusieurs cellules à fusionner, seule celle en haut à gauche est conservée. Les autres informations sont perdues. Une boîte de dialogue vous avertit de la perte des données.

Reproduire une mise en forme

Dès qu'une cellule est mise en forme, vous pouvez appliquer cette mise en forme à d'autres cellules.

1 Cliquez la cellule déjà mise en forme.

Note La mise en forme concerne la police, les couleurs, les quadrillages, mais aussi le format d'affichage.

2 Cliquez l'onglet **Accueil ➔ Presse-papiers ➔ Reproduire la mise en forme** .

Le curseur prend la forme .

3 Sélectionnez les cellules qui doivent recevoir la même mise en forme.

Astuce Si vous avez plusieurs plages de cellules à mettre en forme à partir d'une seule cellule : cliquez la cellule qui contient la mise en forme. Double-cliquez le bouton . Sélectionnez une à une les plages de cellules à mettre en forme. Cliquez ou appuyez sur la touche **Echap** quand vous avez terminé.

Appliquer une mise en forme prédéfinie

Excel propose des formats prêts à appliquer à vos tableaux à choisir parmi des thèmes.

Pour choisir un thème :

1 Cliquez l'onglet **Mise en page ➔ Thèmes ➔ Thèmes**.

2 Sélectionnez un thème dans la liste proposée.

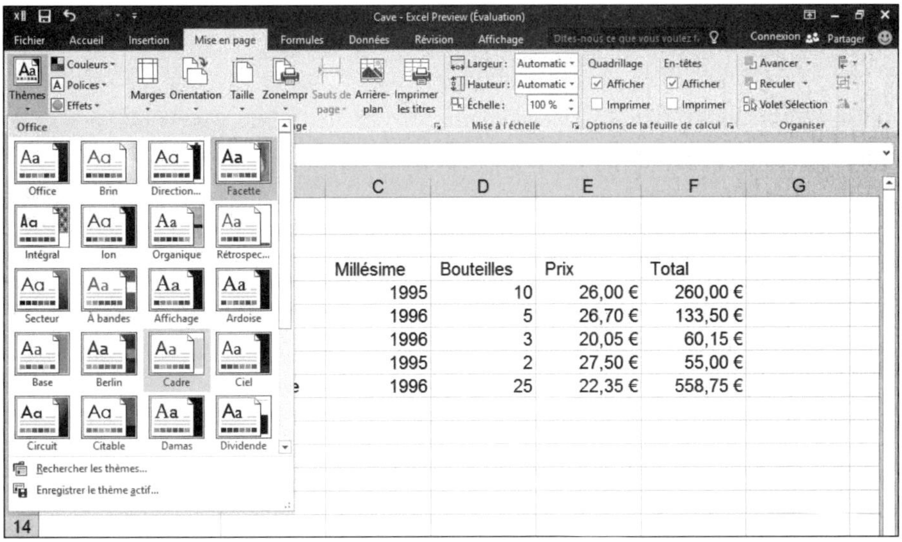

Figure 5-21 Choix d'un thème.

Pour appliquer une mise en forme :

1 Sélectionnez les cellules du tableau à mettre en forme.

2 Cliquez l'onglet **Accueil ➜ Style ➜ Styles de cellules**.

3 Pointez un style dans la liste pour afficher immédiatement un aperçu dans les cellules sélectionnées.

4 Cliquez le style désiré dans la liste.

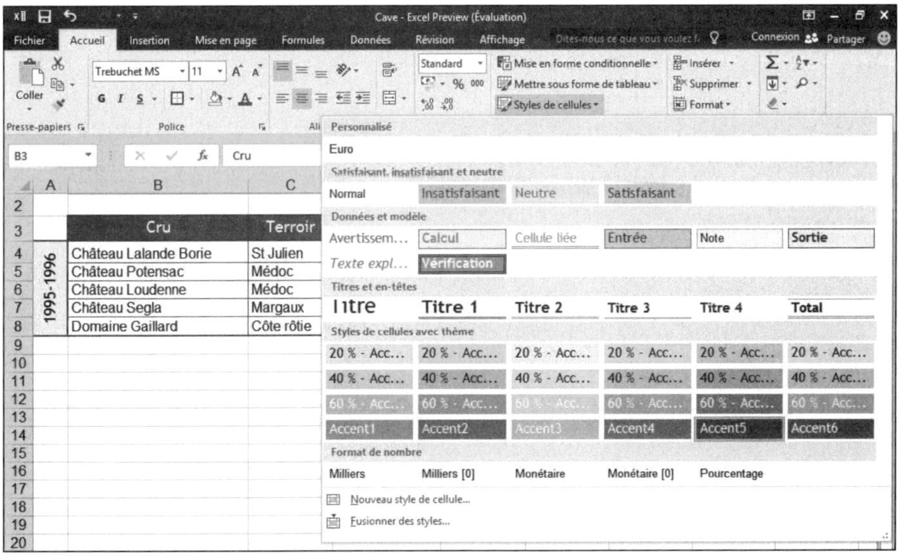

Figure 5-22 Choix d'un style.

La mise en forme choisie est appliquée à votre tableau.

5 Répétez les étapes **1** à **4** pour d'autres cellules.

Chapitre 6

Mettre en page et imprimer des tableaux

Dans ce chapitre :

- Utiliser le mode Mise en page
- Utiliser l'aperçu avant impression
- Modifier les ruptures de page
- Choisir le format d'impression
- Définir les marges
- Choisir les données à imprimer
- Répéter des lignes et des colonnes
- Imprimer une feuille ou un classeur

L'impression est le moment tant attendu, celui de coucher votre œuvre sur le papier. Mais pas de précipitation, il vous reste encore quelques détails à régler pour que le résultat soit encore plus convaincant. Mode Mise en page, orientation, marges, en-têtes et pieds de page sont les points importants de ce chapitre, car ils optimiseront votre tableau.

Utiliser le mode Mise en page

Le mode Mise en page permet de voir la feuille de calcul telle qu'elle sera imprimée, tout en offrant la possibilité de modifier certaines options. L'accès aux cellules et à leur modification reste disponible dans ce mode.

1 Cliquez l'onglet **Affichage ➜ Mode d'affichages ➜ Mise en page**.

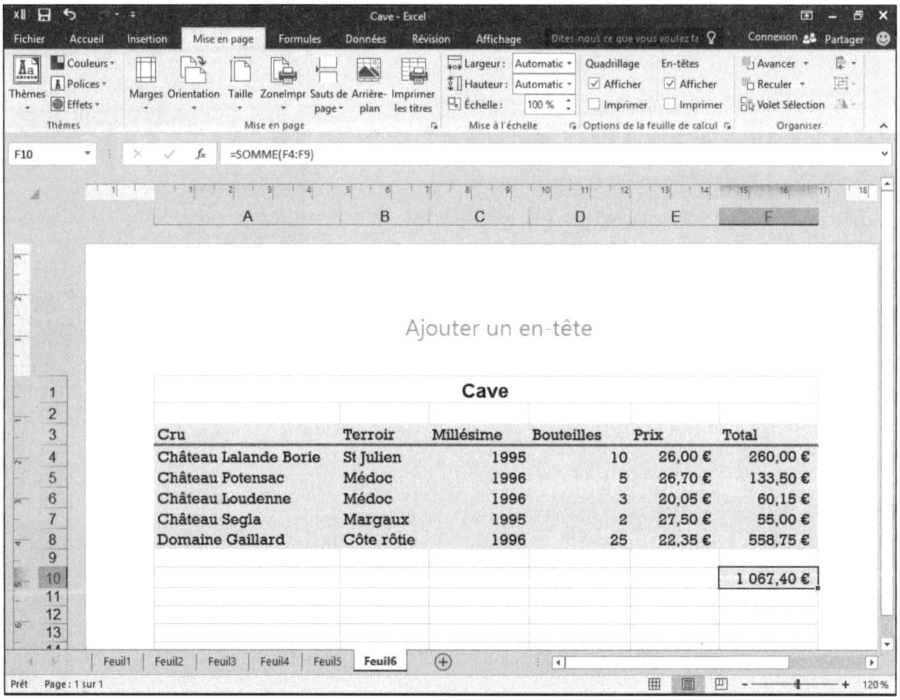

Figure 6-1 Mode Mise en page.

Astuce Vous trouverez trois boutons dans la barre d'état pour passer rapidement d'un mode à l'autre (mode **Normal**, mode **Mise en page** et mode **Aperçu des sauts de page**).

Vous pouvez ici modifier vos cellules, effectuer des calculs ou mettre en forme vos tableaux.

Note Pour revenir à l'affiche classique, cliquez l'onglet **Affichage ➜ Mode d'affichages ➜ Normal**.

Le mode Mise en page permet de modifier certains éléments sans passer par le ruban ou par la boîte de dialogue traditionnelle. C'est une formule rapide pour agencer les éléments importants.

Modifier les en-têtes et les pieds de page

Les en-têtes et les pieds de page sont des textes qui apparaissent en haut et en bas des feuilles imprimées.

1 Cliquez le texte « Ajouter un en-tête » ou « Ajouter un pied de page ».

Un nouvel onglet **Création** apparaît dans le ruban.

Les en-têtes et les pieds de page sont en fait séparés en trois parties.

2 Cliquez l'une des trois parties (gauche, centre ou droite).

3 Tapez le texte qui doit apparaître dans l'en-tête ou le pied de page.

En utilisant l'onglet **Accueil ➜ Police** vous pouvez modifier la mise en forme des caractères des en-têtes et pieds de page.

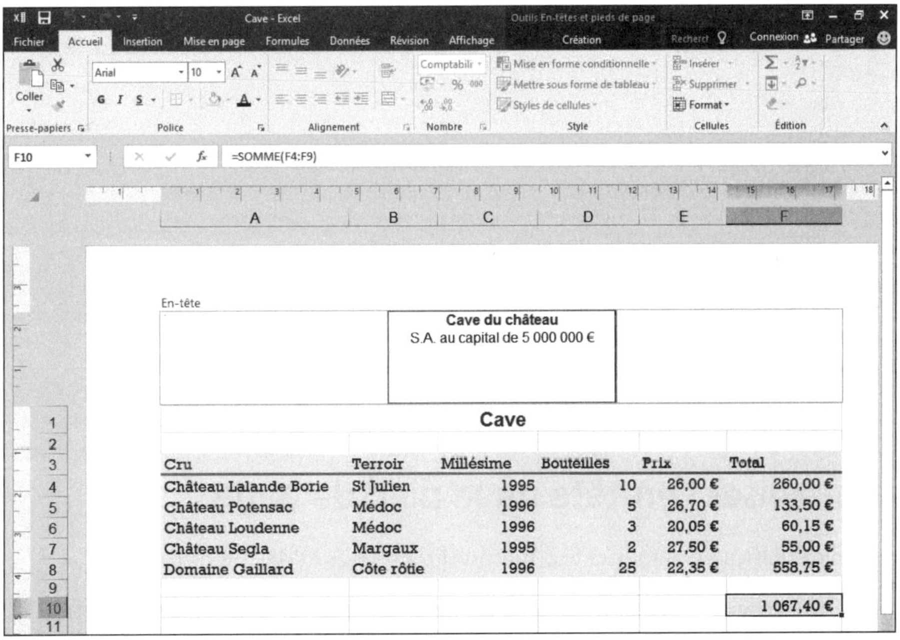

Figure 6-2 En-tête de page dans le mode Mise en page.

4 Pour passer rapidement de l'en-tête au pied de page et inversement, cliquez l'onglet **Création ➜ Navigation ➜ Atteindre l'en-tête** ou **Atteindre le pied de page**.

Ajouter des informations aux en-têtes et pieds de page

Pour mieux classer vos documents imprimés, il est préférable d'ajouter des numéros de page ou le nom du document.

1 Éventuellement, passez en mode **Mise en page** (onglet **Affichage ➜ Mode d'affichages ➜ Mise en page**).

2 Cliquez le texte « Ajouter un en-tête » ou « Ajouter un pied de page ».

3 Cliquez l'onglet **Création ➜ En-tête et pied de page ➜ En-tête** ou **Pied de page**.

Les listes **En-tête** et **Pied de page** proposent des solutions fondées sur les numéros de page, le nom du classeur ou de la feuille, sur la date actuelle et/ou sur le nom de l'utilisateur.

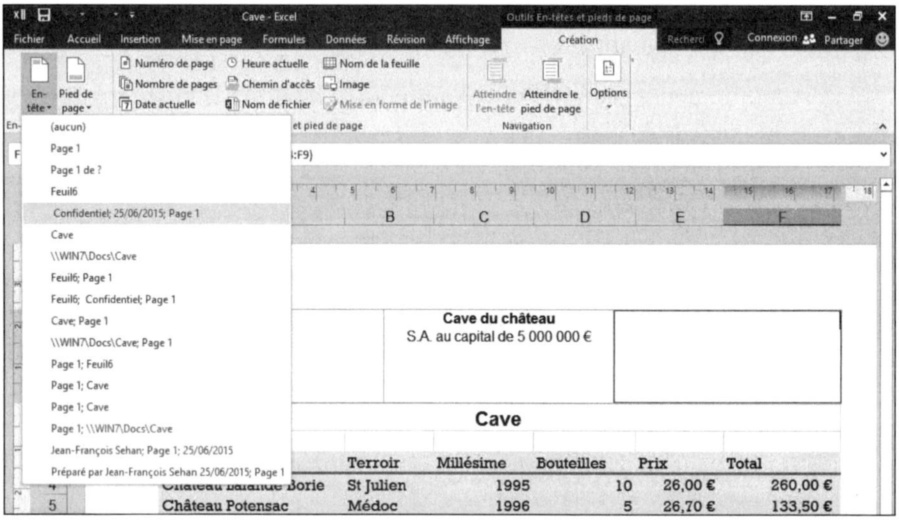

Figure 6-3 Choix des informations à ajouter à l'en-tête ou au pied de page.

4 Sélectionnez un type d'en-tête ou de pied de page dans la liste.

Personnaliser l'en-tête ou le pied de page

Vous pouvez définir vous-même le contenu des en-têtes et des pieds de page.

1 Éventuellement, passez en mode **Mise en page** (bouton dans la barre d'état).

2 Cliquez l'une des trois zones de l'en-tête ou du pied de page.

3 Tapez votre texte ou cliquez les boutons de l'onglet **Création ➜ Éléments en-tête et pied de page** (consultez le tableau 6-1).

4 Répétez les étapes **2** et **3** pour les autres zones.

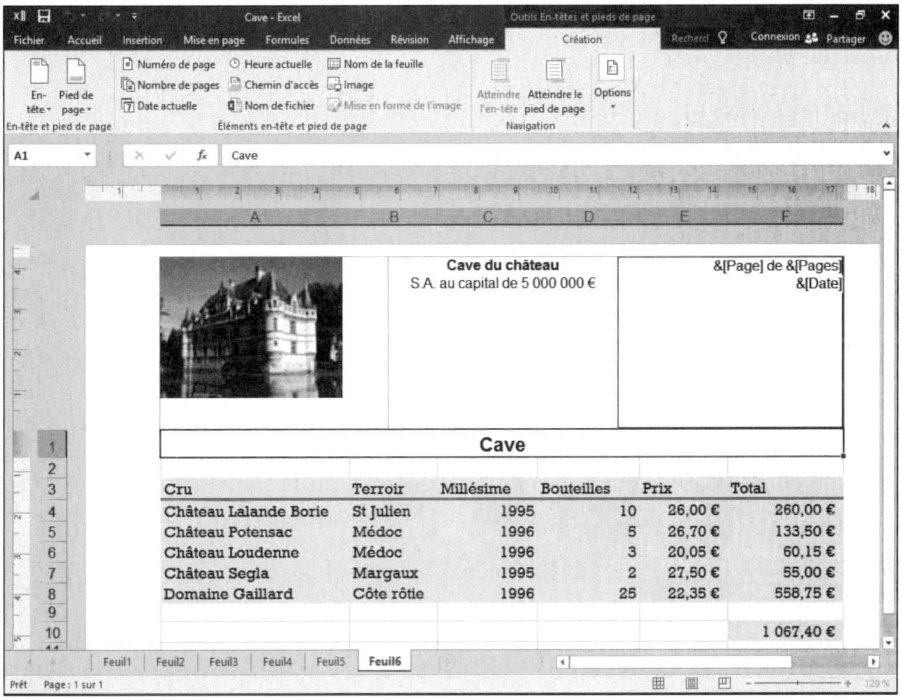

Figure 6-4 En-têtes personnalisés.

Bouton	Pour…
	ajouter le numéro de la page en cours.
	ajouter le nombre de pages lors de l'impression.
	ajouter la date d'impression.
	ajouter l'heure d'impression.
	ajouter le chemin du classeur (chemin et nom du fichier).
	ajouter le nom du classeur (nom du fichier).
	ajouter le nom de la feuille (nom de l'onglet).
	ajouter une image.
	modifier l'image (dimension, échelle, luminosité, contraste, *etc.*).

Tableau 6-1 Boutons de l'onglet Création ➜ Éléments en-tête et pied de page.

Ajouter une image dans un en-tête ou un pied de page

Pour personnaliser vos feuilles, vous pouvez ajouter des images dans les en-têtes et les pieds de page (un logo de société par exemple).

1 Éventuellement, passez en mode **Mise en page** (onglet **Affichage ➜ Modes d'affichage ➜ Mise en page**).

2 Cliquez une des trois zones de l'en-tête ou du pied de page.

3 Cliquez l'onglet **Création ➜ Éléments en-tête et pied de page ➜ Image**.

4 Cliquez **À partir d'un fichier**.

5 Sélectionnez le dossier qui contient l'image.

6 Sélectionnez l'image à ajouter à l'en-tête ou au pied de page.

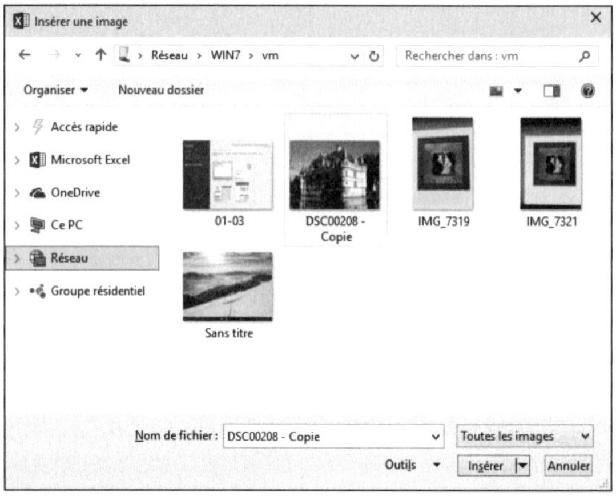

Figure 6-5 Choix d'une image pour un en-tête de page.

7 Cliquez le bouton **Insérer**.

8 Cliquez l'onglet **Création ➜ Éléments en-tête et pied de page ➜ Mise en forme de l'image** pour modifier les caractéristiques de l'image (dimension, échelle, luminosité, contraste, *etc.*).

9 Modifiez les caractéristiques de l'image dans les onglets **Dimension** et **Image** de la boîte **Format de l'image**.

10 Cliquez le bouton **OK**.

11 Cliquez dans la feuille de calcul pour voir le résultat.

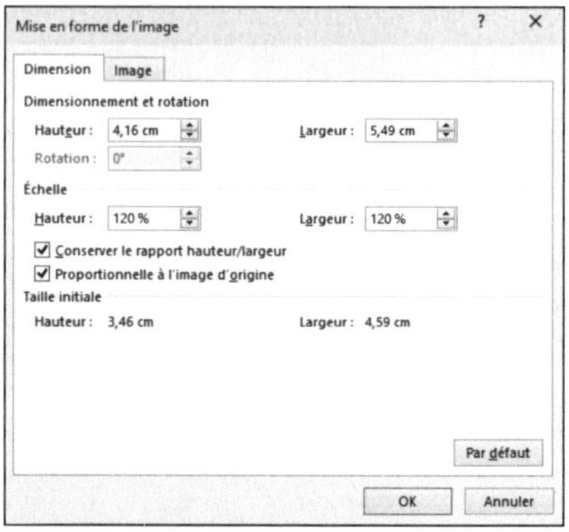

Figure 6-6 Modification des caractéristiques de l'image.

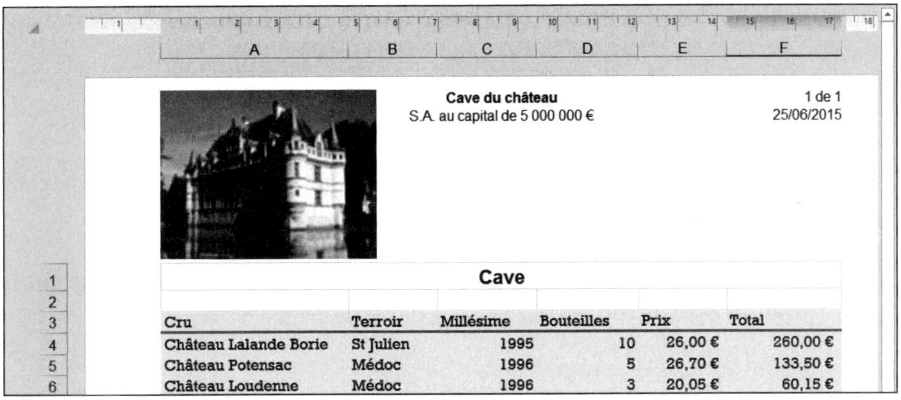

Figure 6-7 En-tête personnalisé avec image.

Si l'image couvre la feuille de calcul, vous devez modifier les marges (consultez le paragraphe suivant).

Afficher un aperçu avant impression

Avant d'imprimer votre feuille de calcul, vérifiez que tout est conforme à vos désirs.

1 Cliquez l'onglet **Fichier ➜ Imprimer**.

Dans la partie droite, Excel affiche un aperçu de la feuille telle qu'elle sera imprimée.

2 Cliquez plusieurs fois le bouton [icône] pour effectuer des zooms avant et arrière.

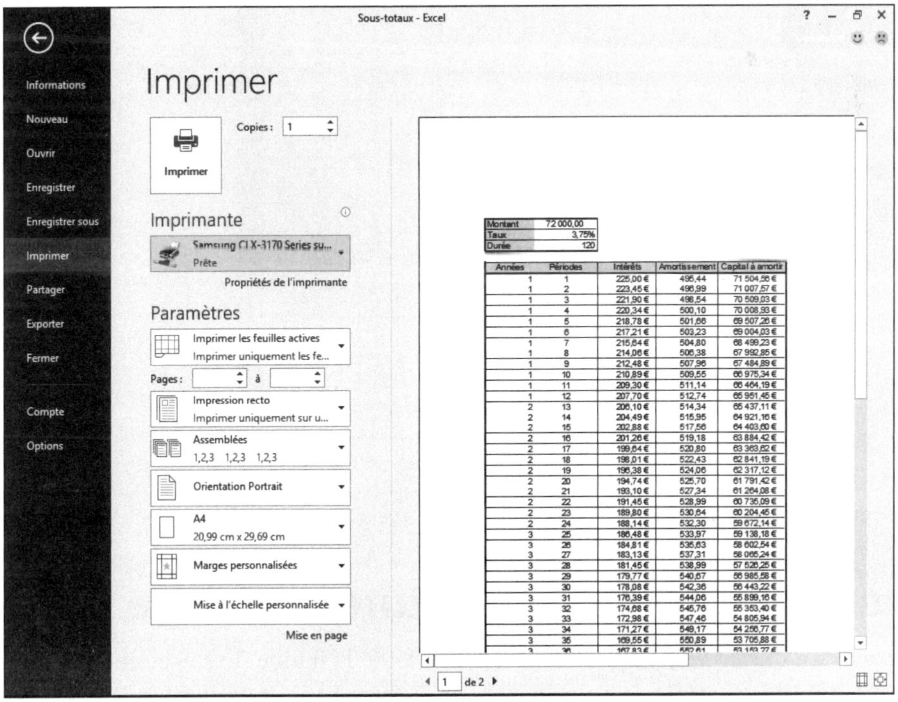

Figure 6-8 Aperçu avant impression.

Le numéro de la page en cours et le nombre de pages s'affichent en dessous de l'aperçu.

3 Cliquez les boutons et en dessous de l'aperçu ou utilisez la barre de défilement vertical pour changer de page.

Note La barre de défilement vertical permet de changer de page uniquement si le zoom n'est pas actif.

Dans l'aperçu avant impression, vous pouvez modifier les marges manuellement, ainsi que la largeur des colonnes ou la taille des en-têtes et des pieds de page.

1 Cliquez le bouton dans l'aperçu.

Les lignes grises indiquent les marges non imprimables autour de la feuille. Les zones en haut et en bas délimitent l'en-tête et le pied de page. Les carrés en haut indiquent la position des colonnes.

2 Faites glisser une ligne ou un carré quand le curseur prend la forme ou pour modifier marges, en-tête, pied de page ou colonnes.

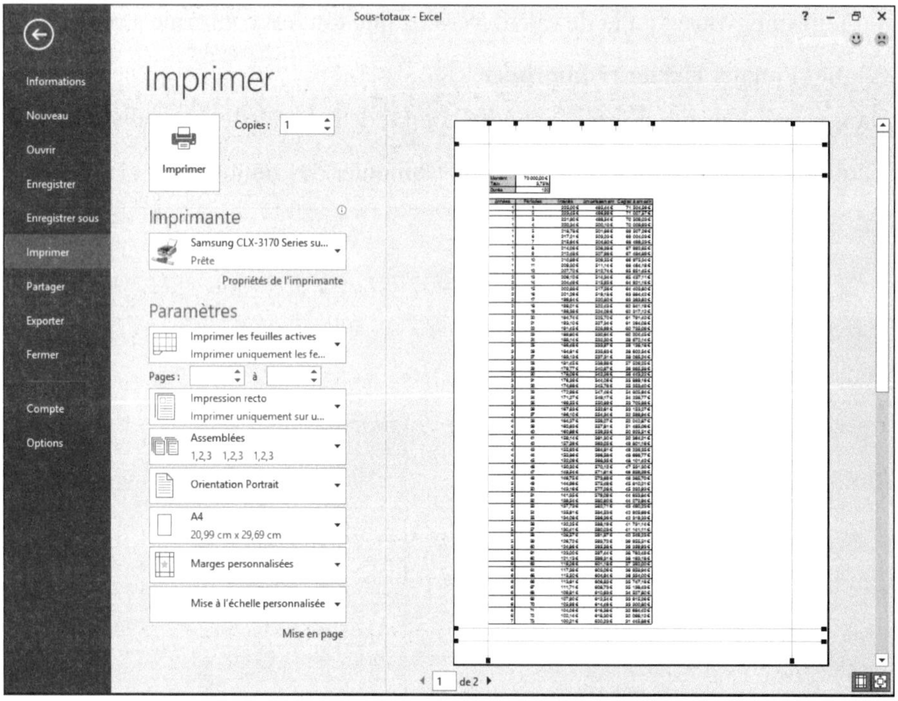

Figure 6-9 Modification des marges dans l'aperçu avant impression.

Afficher et modifier les ruptures de page

Les pages sont imprimées en fonction de la taille de la feuille de calcul et de la taille du papier de votre imprimante. Si le découpage ne vous convient pas, modifiez les ruptures de pages.

1 Cliquez l'onglet **Affichage → Modes d'affichage → Avec sauts de page**.

Note Vous pouvez aussi utiliser le bouton dans la barre d'état.

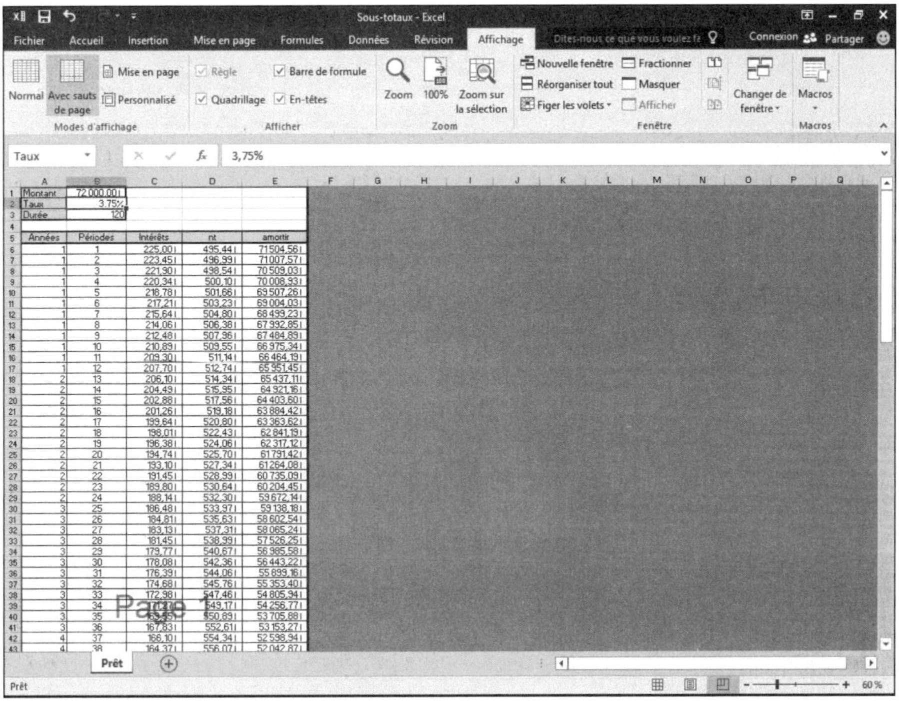

Figure 6-10 Aperçu des sauts de page.

Les pages à imprimer sont bordées de lignes bleues. Des filigranes gris indiquent les numéros de ces pages.

Pour modifier les sauts de page en mode Aperçu des sauts de page :

1 Pointez une ligne bleue verticale ou horizontale.

Le curseur prend la forme ↔ ou ↕.

2 Faites glisser pour changer la position des sauts de page.

Le saut de page est placé à sa nouvelle position.

Les sauts de page peuvent être ajoutés ou supprimés dans le mode Normal ou dans le mode Aperçu des sauts de page.

Pour ajouter un saut de page :

1 Sélectionnez la ligne ou la colonne du saut de page.

2 Cliquez l'onglet **Mise en page → Mise en page → Sauts de page → Insérer un saut de page**.

Note Si vous sélectionnez une cellule, Excel ajoute un saut de page vertical et horizontal à l'intersection de cette cellule.

Un saut de page est ajouté à la verticale, à l'horizontale ou les deux à la fois en fonction de votre choix.

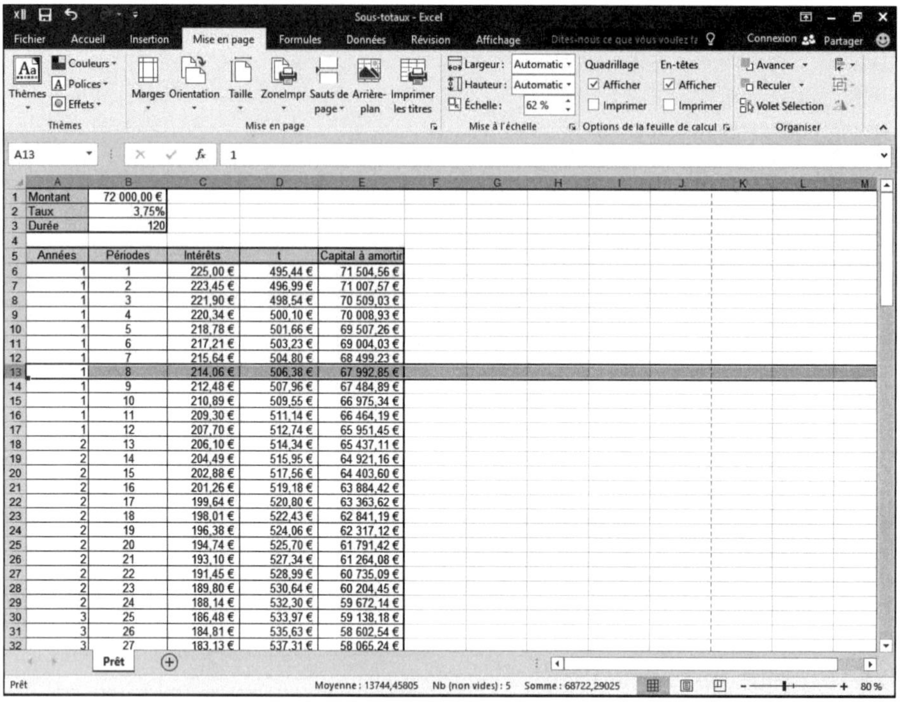

Figure 6-11 Ajout d'un saut de page.

Pour supprimer un saut de page :

1 Sélectionnez la ligne ou la colonne du saut de page.

2 Cliquez **Mise en page** ➜ **Mise en page** ➜ **Sauts de page** ➜ **Supprimer le saut de page**.

Astuce En mode Aperçu des sauts de page, vous pouvez supprimer un saut de page en faisant glisser sa ligne bleue en dehors de la feuille (vers les lettres des colonnes pour une ligne horizontale ou vers les numéros de lignes pour une ligne verticale).

Définir le format d'impression

Votre tableau est-il plus adapté à une impression à l'horizontale ? Faut-il le réduire pour qu'il tienne sur une seule page ? Modifiez les options d'impression en conséquence. Ces options sont accessibles soit par le ruban avec des valeurs prédéfinies, soit dans une boîte de dialogue qui permet de choisir des paramètres précis.

1 Cliquez l'onglet **Mise en page**, puis cliquez le bouton du groupe **Mise en page**.

Note Certains paramètres de mise en page sont aussi disponibles dans l'onglet **Fichier → Imprimer** (figure 6-8).

2 Cliquez l'onglet **Page**.

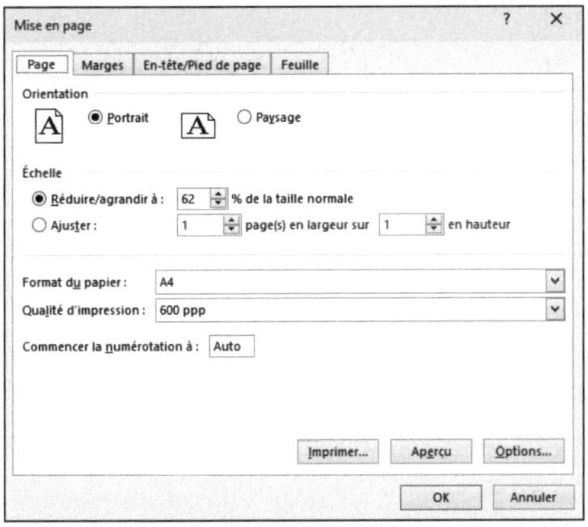

Figure 6-12 Onglet Page de la boîte Mise en page.

3 Cliquez ou sélectionnez les options d'impression.

- **Orientation** : sens d'impression (page verticale : format Portrait – ou horizontale : format Paysage).
- **Réduire/Agrandir** : agrandit ou réduit la feuille de calcul au pourcentage spécifié.
- **Ajuster** : ajuste l'impression à un certain nombre de pages en hauteur et en largeur.
- **Format du papier** : format des feuilles utilisées dans votre imprimante.
- **Qualité d'impression** : type d'impression (haute qualité, brouillon, *etc.*). Cette option est dépendante des possibilités de votre imprimante.
- **Commencer la numérotation à** : sélectionne le numéro de la première page (1 par défaut en mode « Auto »).

4 Cliquez le bouton **Aperçu** afin de voir le résultat.

Note L'option **Ajuster** est efficiente si la feuille de calcul est normalement imprimée sur plusieurs pages. L'option **Qualité d'impression** dépend de votre imprimante. Cette option n'est peut-être pas disponible. Le bouton **Options** ouvre une boîte de dialogue spécifique à votre imprimante. Consultez la documentation de celle-ci pour des informations complémentaires.

Définir les marges d'impression

En fonction de la taille de votre tableau, vous pouvez modifier les marges. En augmentant la marge de gauche, par exemple, vous pourrez relier plus facilement vos feuilles.

1 Cliquez l'onglet **Mise en page**, puis cliquez le bouton du groupe **Mise en page**.

2 Cliquez l'onglet **Marges**.

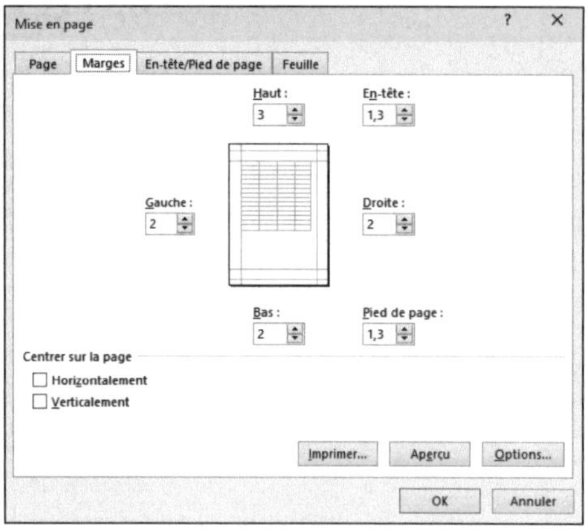

Figure 6-13 Onglet Marges de la boîte Mise en page.

3 Cliquez ou sélectionnez les options d'impression.

- **Gauche**, **droite**, **haut**, **bas** : zones non imprimables sur les bords de la feuille.
- **En-tête et pied de page** : zones réservées à l'en-tête et au pied de page.
- **Horizontalement** et **Verticalement** : centre le tableau dans la page.

4 Cliquez le bouton **Aperçu** pour voir le résultat.

Astuce Si vous n'avez pas d'en-tête ou de pied de page, tapez **0** dans les zones **En-tête** et **Pied de page** pour gagner de la place sur la page.

Choisir les données à imprimer

Il est parfois judicieux de n'imprimer que la partie la plus intéressante d'une feuille de calcul.

1 Cliquez l'onglet **Mise en page**, puis cliquez le bouton du groupe **Mise en page**.

2 Cliquez l'onglet **Feuille**.

3 Cliquez le bouton dans **Zone d'impression.**

4 Sélectionnez la plage de cellules à imprimer.

5 Cliquez le bouton pour revenir à la boîte Mise en page.

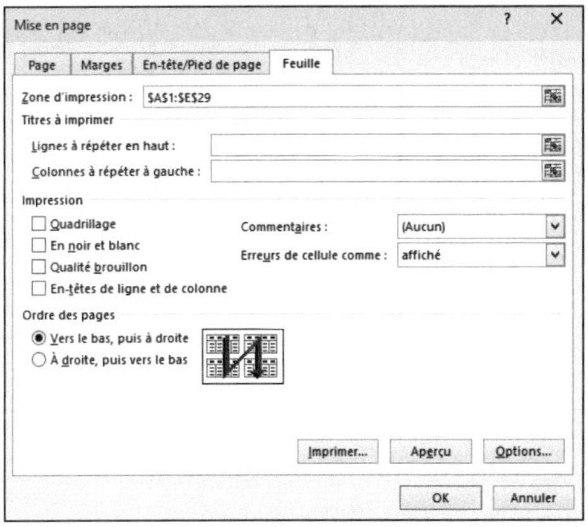

Figure 6-14 Onglet Feuille de la boîte Mise en page.

6 Cliquez le bouton **OK**.

La zone imprimable est entourée d'une ligne grise (une ligne bleue en mode **Aperçu des sauts de page**). Seule cette zone sera imprimée en cliquant l'onglet **Fichier ➜ Imprimer** puis le bouton **Imprimer**.

Note Vous pouvez aussi définir la zone d'impression en la sélectionnant puis en cliquant l'onglet **Mise en page ➜ Mise en page ➜ ZoneImpr ➜ Définir**. Pour supprimer la zone d'impression, cliquez l'onglet **Mise en page ➜ Mise en page ➜ ZoneImpr ➜ Annuler**.

Répéter des lignes et des colonnes d'un grand tableau

Si votre tableau tient sur plusieurs pages, les en-têtes de colonnes et de lignes ne seront pas visibles à partir de la seconde page. Demandez à Excel de les répéter systématiquement.

1 Cliquez l'onglet **Mise en page**, puis cliquez le bouton du groupe **Mise en page**.

2 Cliquez l'onglet **Feuille**.

3 Cliquez le bouton de la zone **Lignes à répéter en haut**.

4 Sélectionnez la ou les lignes à répéter.

Note Si ce sont les colonnes que vous devez répéter : à l'étape **3**, cliquez dans la zone **Colonnes à répéter à gauche**. Sélectionnez la ou les colonnes à répéter. Cliquez pour revenir à la boîte Mise en page.

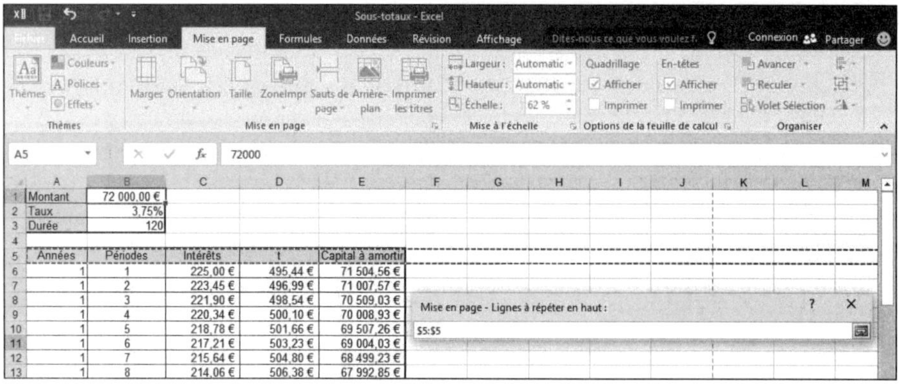

Figure 6-15 Sélection des lignes à répéter lors de l'impression.

5 Cliquez le bouton  pour revenir à la boîte Mise en page.

6 Cliquez le bouton **OK**.

Les lignes sélectionnées seront répétées à chaque page lors de la prochaine impression.

Sauf cas très particulier, on ne répète pas et des lignes et des colonnes dans la même impression. L'option **Quadrillage** permet d'imprimer le quadrillage par défaut de chaque cellule. L'option **En-têtes de ligne et de colonne** ajoute le numéro des lignes et la lettre des colonnes. La liste **Commentaires** permet d'imprimer les commentaires des cellules (voir chapitre 2).

Imprimer une feuille ou un classeur

Rien de plus simple que d'imprimer une feuille de calcul ou un classeur. Vous devez cependant tenir compte des options expliquées dans les paragraphes précédents.

1 Cliquez l'onglet **Fichier ➜ Imprimer**.

2 Si vous désirez changer d'imprimante, sélectionnez-la dans la liste **Imprimante**.

3 Si vous souhaitez modifier les options de l'imprimante (résolution, taille du papier, *etc.*), cliquez le lien **Propriétés de l'imprimante**.

Note La boîte des propriétés dépend de votre imprimante. Au besoin, consultez sa notice.

4 Dans les zones **Pages** et **à**, tapez le numéro de la première et de la dernière page pour limiter l'impression.

5 Dans la première liste des **Paramètres**, sélectionnez **Imprimer le classeur entier** pour imprimer toutes les feuilles de calcul. Sélectionnez **Imprimer la sélection** pour imprimer uniquement les cellules sélectionnées avant d'ouvrir cet onglet.

6 Dans la zone **Copies**, spécifiez le nombre d'exemplaires à imprimer.

Note Si vous avez choisi d'imprimer plusieurs copies en modifiant la zone **Copies**, sélectionnez **Assemblées** pour imprimer des pages triées (pages 1, 2, 3, *etc.*, puis 1, 2, 3, *etc.*) ou sélectionnez **Non assemblées** pour une impression plus rapide (pages 1, 1, *etc.*, puis pages 2, 2, *etc.*).

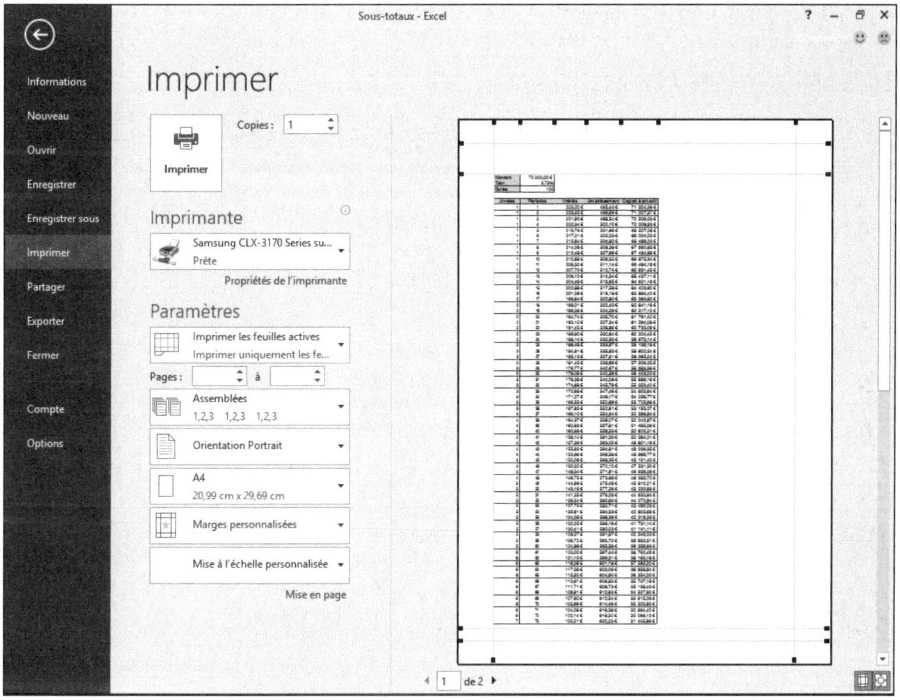

Figure 6-16 Options d'impression.

7 Cliquez le bouton **Imprimer** pour débuter l'impression.

Le bouton  de la barre d'outils Accès rapide lance directement l'impression sans ouvrir la boîte **Imprimer**. Utilisez-le pour imprimer toutes les pages de la feuille de calcul en cours avec l'imprimante par défaut. Pour ajouter ce bouton à la barre d'Accès rapide, consultez le chapitre 1.

PARTIE II MANIPULER LES DONNÉES

Chapitre 7

Tableaux, tris et filtres

Dans ce chapitre :

- Trier les données
- Filtrer des données
- Appliquer un filtre personnalisé
- Utiliser les tableaux Excel
- Saisir avec les formulaires
- Utiliser les segments
- Remplissage instantané

Votre feuille contient un grand tableau ? Laissez le soin à Excel de le trier ou de le filtrer. Quant à la saisie proprement dite, les tableaux Excel vous feront gagner un temps précieux en présentant vos données sous forme de tableaux ajustés automatiquement.

Trier les données

Les valeurs de votre tableau ne sont pas dans le bon ordre ? Qu'à cela ne tienne ! Demandez à Excel de les trier.

Trier une colonne

1 Cliquez une cellule de la colonne dont vous désirez trier les données.

	A	B	C	D	E	F	G
3	Produit	Prix Fab	Quantité	Prix Stock	Marge	Prix Vente	Total
4	Blouson	32,913	45	1 481,09 €	55%	51,02 €	2 295,68 €
5	Chemise	4,071	1209	4 921,84 €	55%	6,31 €	7 628,85 €
6	Coupe-vent	9,913	341	3 380,33 €	55%	15,37 €	5 239,52 €
7	Cross-training	11,7645	106	1 247,04 €	55%	18,23 €	1 932,91 €
8	Doudoune	37,122	89	3 303,86 €	28%	47,52 €	4 228,94 €
9	Jean	14,352	865	12 414,48 €	55%	22,25 €	19 242,44 €
10	Jogging	13,0985	256	3 353,22 €	55%	20,30 €	5 197,48 €
11	Pantalon	13,8805	987	13 700,05 €	39%	19,29 €	19 043,07 €
12	Parka capuche	18,5265	178	3 297,72 €	28%	23,71 €	4 221,08 €
13	Polo	4,738	767	3 634,05 €	80%	8,53 €	6 541,28 €
14	Rugby shirt	3,404	546	1 858,58 €	80%	6,13 €	3 345,45 €
15	Salopette	17,871	267	4 771,56 €	39%	24,84 €	6 632,46 €
16	Surchemise	5,497	1024	5 628,93 €	80%	9,89 €	10 132,07 €
17	Sweat-shirt	6,4975	560	3 638,60 €	80%	11,70 €	6 549,48 €
18	T-shirt	2,5645	1369	3 510,80 €	80%	4,62 €	6 319,44 €

Figure 7-1 Tableau à trier.

2 Cliquez l'onglet **Données → Trier et filtrer** puis le bouton **Trier de A à Z** pour un tri croissant ou le bouton **Trier de Z à A** pour un tri décroissant. Vous pouvez aussi utiliser l'onglet **Accueil → Édition → Trier et filtrer**.

	A	B	C	D	E	F	G
3	Produit	Prix Fab.	Quantité	Prix Stock	Marge	Prix Vente	Total
4	T-shirt	2,5645	1369	3 510,80 €	80%	4,62 €	6 319,44 €
5	Sweat-shirt	6,4975	560	3 638,60 €	80%	11,70 €	6 549,48 €
6	Surchemise	5,497	1024	5 628,93 €	80%	9,89 €	10 132,07 €
7	Salopette	17,871	267	4 771,56 €	39%	24,84 €	6 632,46 €
8	Rugby shirt	3,404	546	1 858,58 €	80%	6,13 €	3 345,45 €
9	Polo	4,738	767	3 634,05 €	80%	8,53 €	6 541,28 €
10	Parka capuche	18,5265	178	3 297,72 €	28%	23,71 €	4 221,08 €
11	Pantalon	13,8805	987	13 700,05 €	39%	19,29 €	19 043,07 €
12	Jogging	13,0985	256	3 353,22 €	55%	20,30 €	5 197,48 €
13	Jean	14,352	865	12 414,48 €	55%	22,25 €	19 242,44 €
14	Doudoune	37,122	89	3 303,86 €	28%	47,52 €	4 228,94 €
15	Cross-training	11,7645	106	1 247,04 €	55%	18,23 €	1 932,91 €
16	Coupe-vent	9,913	341	3 380,33 €	55%	15,37 €	5 239,52 €
17	Chemise	4,071	1209	4 921,84 €	55%	6,31 €	7 628,85 €
18	Blouson	32,913	45	1 481,09 €	55%	51,02 €	2 295,68 €

Figure 7-2 Tableau trié de Z à A.

Note Si vous avez choisi une colonne contenant des valeurs numériques, les boutons AZ↓ et ZA↓ s'appellent **Trier du plus petit au plus grand** et **Trier du plus grand au plus petit**. Si vous avez choisi une colonne contenant des dates, les boutons s'appellent **Trier du plus ancien au plus récent** et **Trier du plus récent au plus ancien**.

La colonne est triée en ordre croissant ou décroissant. Les données des autres colonnes sont permutées en même temps.

Note Si le tableau n'est pas bordé de cellules vides, vous devez utiliser l'onglet **Données → Trier et filtrer → Trier** (consultez le paragraphe suivant).

Trier sur plusieurs colonnes

Votre tableau n'est toujours pas dans le bon ordre ? Voici une seconde solution pour trier les données sur plusieurs colonnes.

1 Cliquez une cellule quelconque du tableau.

4			
5	Ville	Code Postal	Nom
6	Paris	75010	Baunier
7	Bourges	18000	Périn
8	Paris	75002	Rolin
9	St Amand	18200	Bresson
10	Paris	75010	Leloir
11			

Figure 7-3 Tableau à trier sur plusieurs colonnes.

Si le tableau n'est pas bordé de cellules vides, vous devez le sélectionner intégralement avant d'utiliser l'onglet **Données → Trier et filtrer → Trier**.

2 Cliquez l'onglet **Données → Trier et filtrer → Trier**.

Excel détecte la présence de titres dans un tableau quand la première ligne ne contient que du texte alors que les autres lignes contiennent des nombres ou des formules. Si votre tableau ne contient pas de titres de colonnes et qu'Excel ne les a pas détectés, décochez la case **Mes données ont des en-têtes** dans la boîte **Tri**. Si vous ne décochez pas cette case, la première ligne du tableau n'est pas triée avec le reste des données.

3 Sélectionnez le titre de la colonne à trier dans la liste **Colonne**.

4 Sélectionnez **Valeurs** dans la liste **Trier sur**.

5 Sélectionnez le type de tri dans la liste **Ordre**.

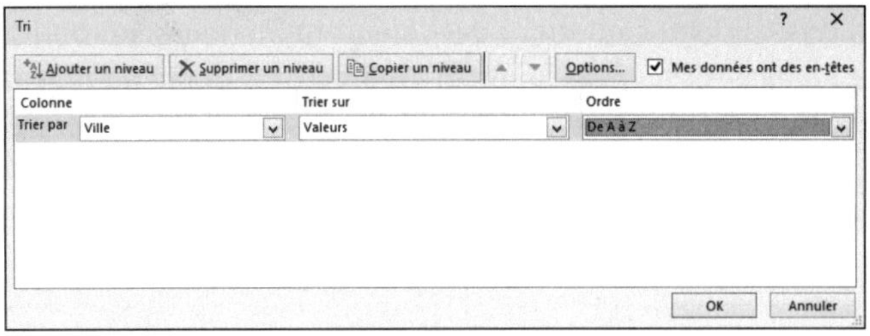

Figure 7-4 Définition d'un tri.

6 Si vous souhaitez que le tri se fasse sur d'autres colonnes, cliquez le bouton **Ajouter un niveau**, puis répétez les étapes **3** à **5** pour le tri suivant.

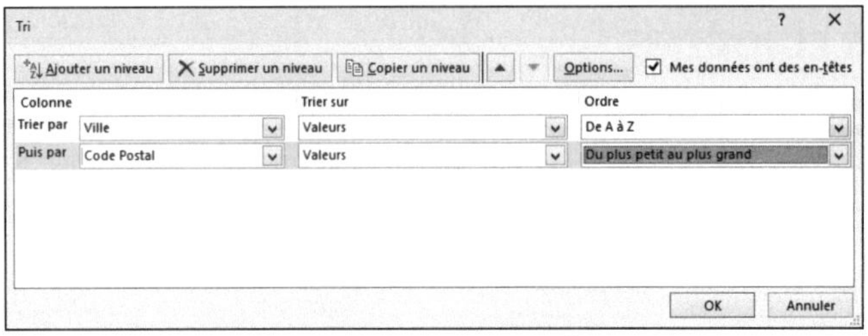

Figure 7-5 Tri sur plusieurs colonnes.

7 Cliquez le bouton **OK**.

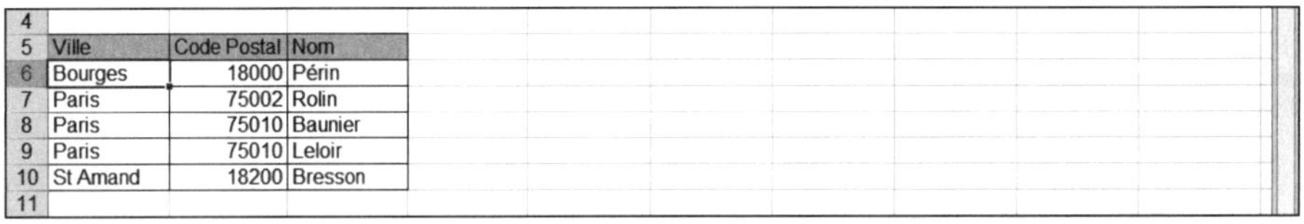

4			
5	Ville	Code Postal	Nom
6	Bourges	18000	Périn
7	Paris	75002	Rolin
8	Paris	75010	Baunier
9	Paris	75010	Leloir
10	St Amand	18200	Bresson
11			

Figure 7-6 Tableau trié sur plusieurs colonnes.

Le tableau est trié sur les colonnes choisies (ici par ville, puis par code postal). Quand vous choisissez plusieurs colonnes de tri, Excel commence par trier les colonnes les moins significatives pour finir par la première sélectionnée. Dans l'exemple de la figure 7-5, Excel trie d'abord sur la colonne « Code Postal » puis sur la colonne « Ville ». Si on se contentait de trier la colonne « Ville » avec le bouton , les codes postaux ne seraient pas triés pour la ville de Paris.

Appliquer un filtre

Dans un grand tableau, il est difficile de repérer rapidement certaines valeurs. Le filtre automatique le fait pour vous.

1 Cliquez une cellule quelconque du tableau.

2 Cliquez l'onglet **Données ➜ Trier et filtrer ➜ Filtrer**.

Attention Votre tableau doit posséder une ligne d'en-têtes (titres de colonnes).

	Produit	Prix Fab	Quantit	Prix Stock	Marg	Prix Vent	Total
4	Blouson	32,913	45	1 481,09 €	55%	51,02 €	2 295,68 €
5	Chemise	4,071	1209	4 921,84 €	55%	6,31 €	7 628,85 €
6	Coupe-vent	9,913	341	3 380,33 €	55%	15,37 €	5 239,52 €
7	Cross-training	11,7645	106	1 247,04 €	55%	18,23 €	1 932,91 €
8	Doudoune	37,122	89	3 303,86 €	28%	47,52 €	4 228,94 €
9	Jean	14,352	865	12 414,48 €	55%	22,25 €	19 242,44 €
10	Jogging	13,0985	256	3 353,22 €	55%	20,30 €	5 197,48 €
11	Pantalon	13,8805	987	13 700,05 €	39%	19,29 €	19 043,07 €
12	Parka capuche	18,5265	178	3 297,72 €	28%	23,71 €	4 221,08 €
13	Polo	4,738	767	3 634,05 €	80%	8,53 €	6 541,28 €
14	Rugby shirt	3,404	546	1 858,58 €	80%	6,13 €	3 345,45 €
15	Salopette	17,871	267	4 771,56 €	39%	24,84 €	6 632,46 €
16	Surchemise	5,497	1024	5 628,93 €	80%	9,89 €	10 132,07 €
17	Sweat-shirt	6,4975	560	3 638,60 €	80%	11,70 €	6 549,48 €
18	T-shirt	2,5645	1369	3 510,80 €	80%	4,62 €	6 319,44 €

Figure 7-7 Tableau avec un filtre.

Chaque en-tête du tableau devient une liste proposant les valeurs de la colonne et des options de tri.

3 Cliquez la flèche [▾] d'un en-tête du tableau.

4 Pour afficher toutes les données, cochez la case **(Sélectionner tout)**.

5 Pour sélectionner certaines données, décochez la case **(Sélectionner tout)**, puis cochez ces données dans la liste.

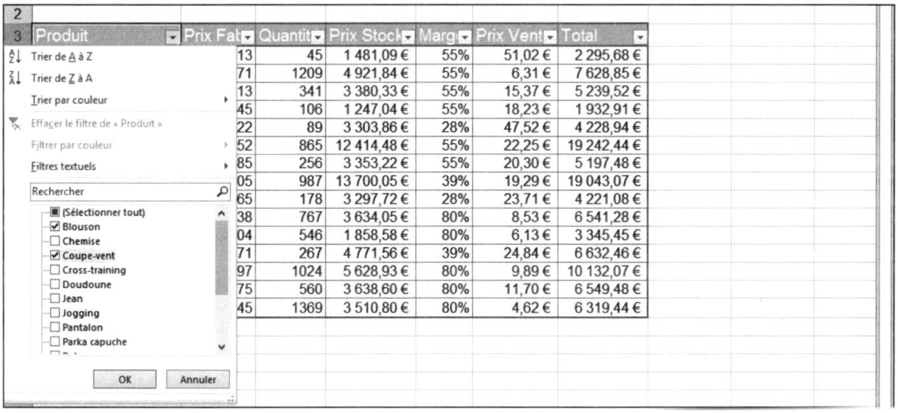

Figure 7-8 Application d'un filtre à une colonne du tableau.

Note Si une valeur apparaît plusieurs fois dans une colonne, elle n'apparaît qu'une seule fois dans la liste.

6 Cliquez le bouton **OK** pour valider vos choix.

	Produit	Prix Fab	Quantit	Prix Stock	Marg	Prix Vent	Total
4	Blouson	32,913	45	1 481,09 €	55%	51,02 €	2 295,68 €
6	Coupe-vent	9,913	341	3 380,33 €	55%	15,37 €	5 239,52 €

Figure 7-9 Tableau filtré.

Le tableau est limité aux valeurs sélectionnées. Les autres lignes sont masquées. La flèche de l'en-tête passe de l'icône à l'icône pour indiquer qu'un filtre est appliqué à cette colonne. Les numéros des lignes sont en bleu pour indiquer que certaines sont masquées.

Pour filtrer le tableau sur plusieurs colonnes, répétez les étapes précédentes sur d'autres colonnes.

Pour supprimer le filtrage :

1 Cliquez la flèche de l'en-tête.

2 Cliquez la commande **Effacer le filtre** dans la liste.

3 Si d'autres colonnes ont servi à filtrer le tableau, répétez les étapes **1** et **2**.

Attention Quand un filtre limite le tableau, les autres colonnes en tiennent compte et ne proposent pas les valeurs qui sont déjà masquées.

Pour supprimer le filtrage d'un tableau, cliquez l'onglet **Données ➜ Trier et filtrer ➜ Filtrer**.

Appliquer un filtre personnalisé

Si une simple sélection dans les listes ne vous suffit pas, créez des filtres personnalisés.

1 Cliquez une cellule quelconque du tableau.

2 Cliquez l'onglet **Données ➜ Trier et filtrer ➜ Filtrer**.

3 Cliquez la flèche d'un en-tête de colonne.

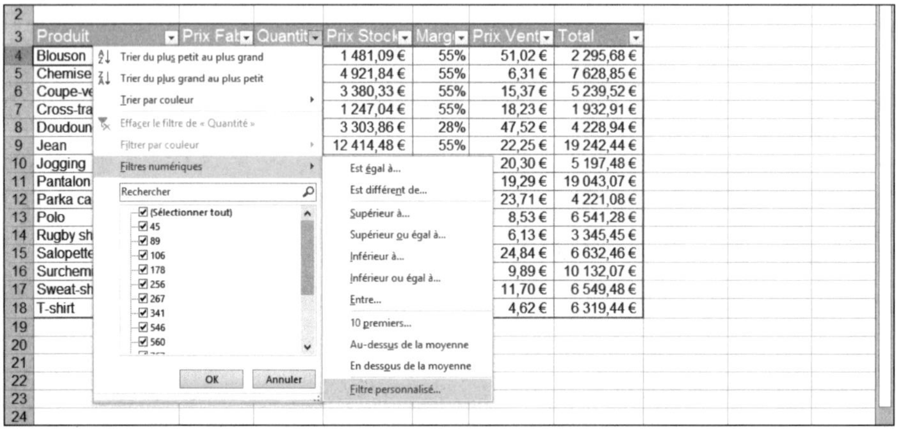

Figure 7-10 Accès aux filtres personnalisés.

4 Cliquez **Filtres textuels** ou **Filtres numériques ➜ Filtre personnalisé** dans la liste.

Note Les autres commandes disponibles dans la liste **Filtres textuels** ou **Filtres numériques** ouvrent la même boîte de dialogue, mais renseignent la première liste.

5 Sélectionnez le type de comparaison dans la première liste.

6 Sélectionnez ou tapez la valeur à comparer à la liste.

Note Consultez le tableau 7-1 pour des exemples de critères.

7 Vous pouvez aussi ajouter plusieurs critères. Cochez l'option **Et** ou **Ou**. Avec l'option **Et**, les deux critères doivent être vrais. Avec l'option **Ou**, un des deux critères doit être vrai. Sélectionnez le type de comparaison et la valeur à comparer dans les deux listes en dessous.

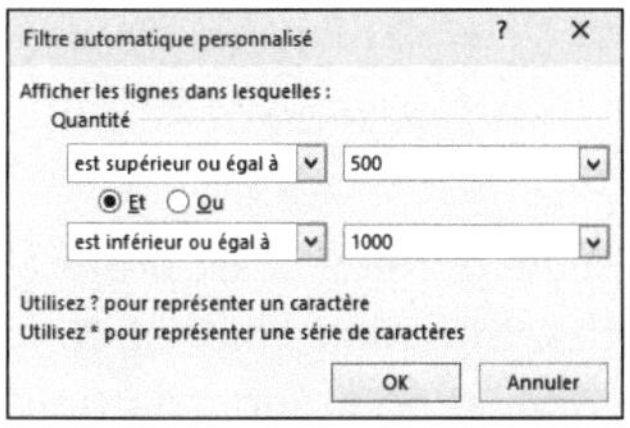

Figure 7-11 Choix de filtres personnalisés.

8 Cliquez le bouton **OK**.

Type de comparaison	Valeur	Résultat
est supérieur à	5000	valeurs supérieures à 5000.
différent de	5000	valeurs différentes de 5000.
commence par	S	textes commençant par S.
est supérieur ou égal à	S	textes commençant par les lettres de l'alphabet supérieures à R.
contient	Shirt	textes contenant les lettres Shirt.
ne se termine pas par	Chemise	textes ne se terminant pas par le mot Chemise.

Tableau 7-1 Exemples de critères.

Utiliser les tableaux Excel

Un tableau est un ensemble de données composé de lignes et de colonnes. Chaque ligne correspond à une entité telle que les références d'une personne (nom, prénom, *etc.*). Chaque colonne contient des données sur un sujet précis comme un nom. Dans une base de données, chaque ligne correspond à un « enregistrement » et chaque colonne à un « champ ».

Les tableaux Excel permettent de gérer facilement ce type de données. L'ajout de ligne (enregistrement) ou de colonne (champ) y est grandement facilité par rapport à un tableau ordinaire d'une feuille de calcul.

Créer un tableau Excel

La base d'un tableau Excel correspond à celle d'un tableau ordinaire. Il suffit d'ajouter les en-têtes de colonnes correspondant à chaque champ. Vous pouvez, bien sûr, partir d'un tableau existant contenant déjà des données.

1 Tapez dans la feuille de calcul les en-têtes de colonnes.

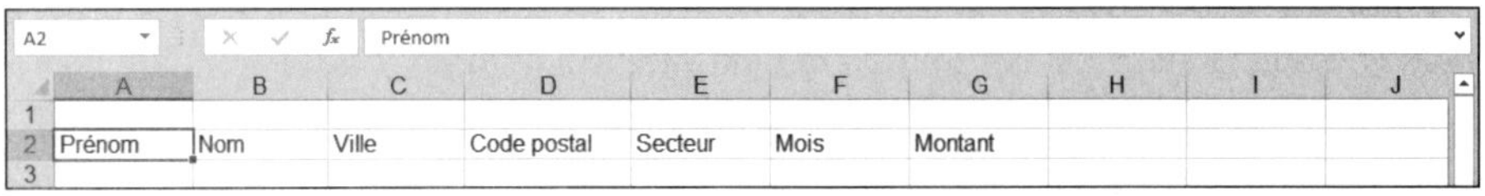

Figure 7-12 Bases d'un tableau Excel.

Note Chaque colonne ne doit correspondre qu'à une seule donnée. Il est préférable de créer une colonne **Nom** et une colonne **Prénom** plutôt qu'une seule colonne **Nom & Prénom**. Cela facilite grandement les tris. Pour séparer un nom et un prénom dans deux colonnes distinctes, consultez le paragraphe « Remplissage instantané » plus loin dans ce chapitre.

2 Cliquez l'une des cellules contenant un en-tête, ou cliquez une cellule du tableau si vous avez déjà des données saisies.

Astuce Il est tout à fait possible de créer un tableau dans une feuille vide. Sélectionnez simplement les cellules à attribuer aux en-têtes. Les en-têtes créés par Excel portent alors les noms génériques « Colonne1 », « Colonne2 », *etc.* Vous devrez ensuite les renommer.

3 Cliquez l'onglet **Insertion → Tableaux → Tableau**.

4 Vérifiez que la plage sélectionnée correspond à celle de votre tableau.

5 Si vous n'avez que les en-têtes du tableau, cochez la case **Mon tableau comporte des en-têtes**.

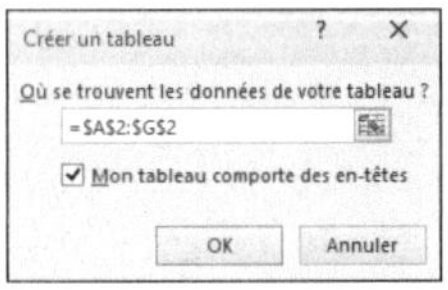

Figure 7-13 Création d'un tableau Excel.

6 Cliquez le bouton **OK**.

Excel crée le tableau. Il propose dans le ruban un nouvel onglet **Création,** dédié au tableau.

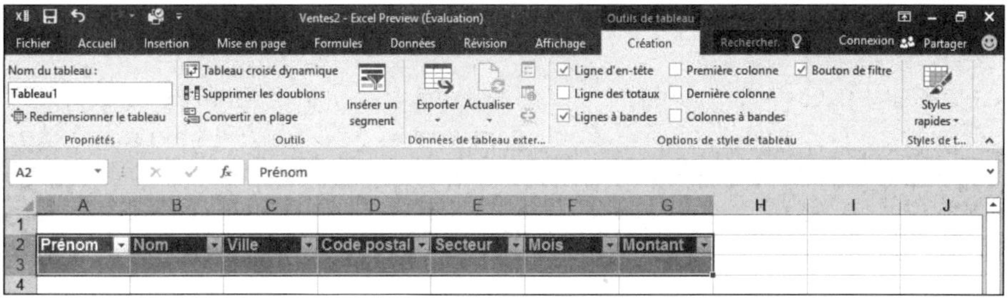

Figure 7-14 Tableau Excel.

Ajouter des données

Pour ajouter des données, cliquez la première colonne de la première ligne vide. Tapez la donnée correspondante, puis validez avec la touche **Tab**. Tapez les autres données de l'enregistrement tout en validant avec **Tab**. Après la dernière colonne, Excel crée un nouvel enregistrement vide.

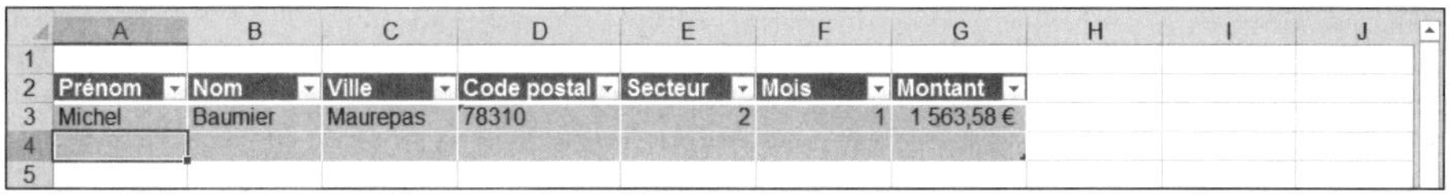

Figure 7-15 Saisie de données dans un tableau Excel.

Ajouter ou supprimer des lignes

Pour ajouter une ligne en fin de tableau, il suffit de sélectionner la première cellule vide de la première colonne en dessous du tableau, puis de saisir la première donnée et de valider avec la touche **Tab**. Excel comprend que vous désirez ajouter un enregistrement. Si tel n'était pas votre souhait, cliquez la balise puis la commande **Annuler le développement automatique du tableau**.

Vous pouvez aussi cliquer la dernière cellule du tableau (dernière ligne et dernière colonne) puis appuyer sur la touche **Tab**.

Si vous désirez insérer un enregistrement au milieu du tableau :

1 Avec le bouton droit de la souris, cliquez une cellule en dessous de la ligne à insérer.

2 Cliquez la commande **Insérer ➜ Lignes de tableau en haut** dans le menu contextuel.

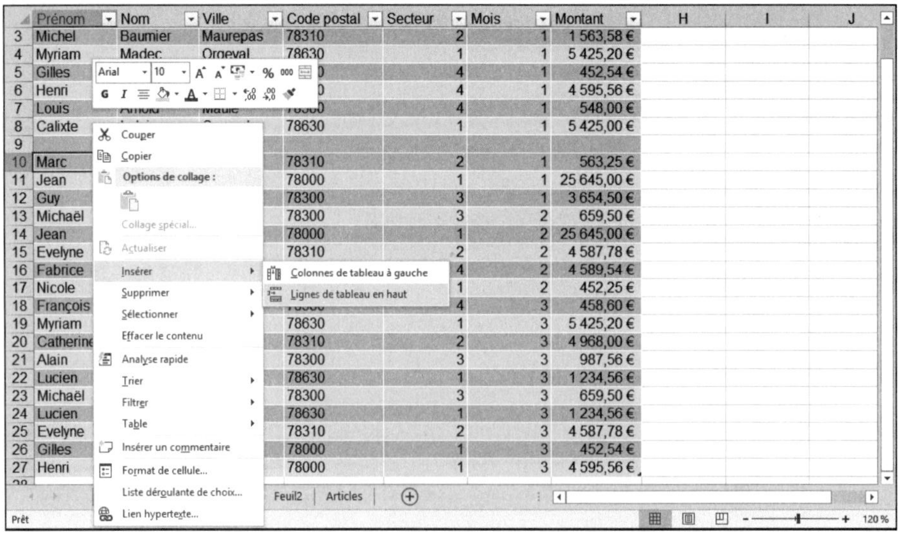

Figure 7-16 Insertion d'un nouvel enregistrement au milieu d'un tableau.

Excel insère une ligne vide : vous pouvez y saisir des données.

Pour supprimer une ligne, cliquez une de ses cellules avec le bouton droit de la souris, puis cliquez la commande **Supprimer ➜ Lignes de tableau** dans le menu contextuel.

Ajouter ou supprimer des colonnes

Pour ajouter une nouvelle colonne à droite du tableau, cliquez et faites glisser le coin en bas à droite quand le curseur de souris prend la forme ⤡. La nouvelle colonne porte un nom générique. Double-cliquez ce dernier puis tapez le juste nom de la colonne.

Pour ajouter une nouvelle colonne au milieu du tableau, cliquez, avec le bouton droit de la souris, une cellule dans la colonne à droite de celle à insérer. Cliquez la commande **Insérer ➜ Colonnes de tableau à gauche** dans le menu contextuel.

Pour supprimer une colonne, cliquez une de ses cellules avec le bouton droit de la souris, puis cliquez la commande **Supprimer ➜ Colonnes de tableau** dans le menu contextuel.

Ajouter des totaux

Vous pouvez ajouter des calculs en dessous du tableau.

1 Cliquez une cellule du tableau.

2 Cliquez l'onglet **Création ➜ Options de style de tableau**, puis cochez la case **Ligne des totaux**.

   Une ligne **Total** s'affiche en bas du tableau.

3 Sur la ligne **Total**, cliquez la colonne sur laquelle vous désirez effectuer un calcul.

4 Cliquez la flèche de la cellule puis sélectionnez le type de calcul.

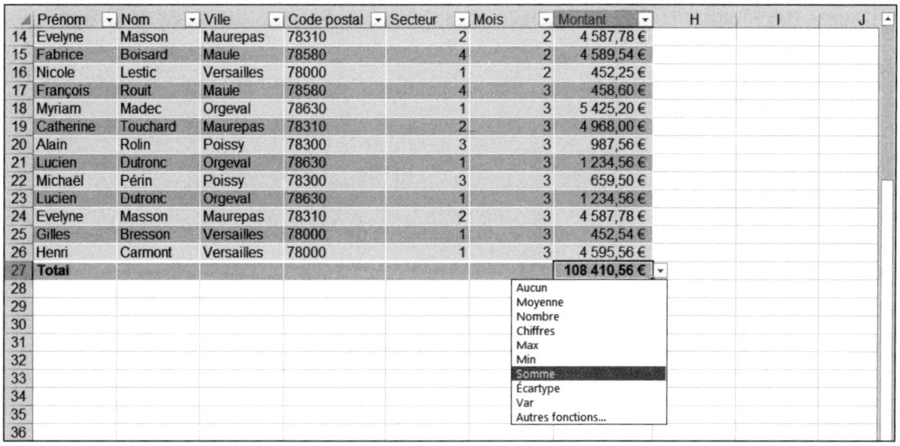

	Prénom	Nom	Ville	Code postal	Secteur	Mois	Montant	H	I	J
14	Evelyne	Masson	Maurepas	78310	2	2	4 587,78 €			
15	Fabrice	Boisard	Maule	78580	4	2	4 589,54 €			
16	Nicole	Lestic	Versailles	78000	1	2	452,25 €			
17	François	Rouit	Maule	78580	4	3	458,60 €			
18	Myriam	Madec	Orgeval	78630	1	3	5 425,20 €			
19	Catherine	Touchard	Maurepas	78310	2	3	4 968,00 €			
20	Alain	Rolin	Poissy	78300	3	3	987,56 €			
21	Lucien	Dutronc	Orgeval	78630	1	3	1 234,56 €			
22	Michaël	Périn	Poissy	78300	3	3	659,50 €			
23	Lucien	Dutronc	Orgeval	78630	1	3	1 234,56 €			
24	Evelyne	Masson	Maurepas	78310	2	3	4 587,78 €			
25	Gilles	Bresson	Versailles	78000	1	3	452,54 €			
26	Henri	Carmont	Versailles	78000	1	3	4 595,56 €			
27	Total						108 410,56 €			
28										
29										
30										
31										
32										
33										
34										
35										
36										

Figure 7-17 Totaux dans un tableau Excel.

Note Dans le tableau de la figure 7-17, les en-têtes se trouvent sur une ligne de la feuille qui n'est plus visible. Excel remplace alors les en-têtes de colonnes de la feuille par les en-têtes de colonnes du tableau. Vous n'avez pas besoin de figer les volets (voir chapitre 4).

Pour supprimer la ligne **Total**, cliquez l'onglet **Création → Options de style de tableau**, puis décochez la case **Ligne des totaux**.

Trier et filtrer le tableau

Pour trier ou filtrer un tableau, cliquez la flèche de l'en-tête de colonne. Toutes les commandes proposées fonctionnent de la même manière que pour un tableau ordinaire. Consultez le début de ce chapitre.

Ajouter des champs calculés

Vous pouvez ajouter des formules dans les colonnes d'un tableau. Sélectionnez n'importe quelle cellule de la colonne, puis saisissez votre formule en utilisant la souris si vous devez ajouter des références à d'autres colonnes. L'utilisation de la souris permet d'obtenir les références structurées utilisées par les tableaux. Dans l'exemple de la figure 7-15, on obtient la formule suivante :

```
=[@[Montant HT]]*1,20
```

Vous n'avez pas à recopier les formules, Excel s'en charge.

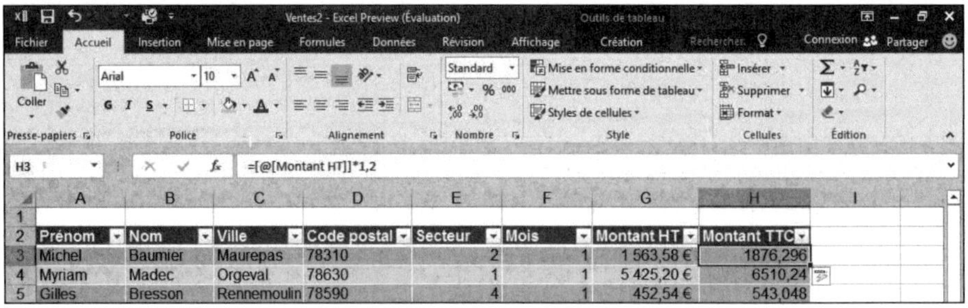

Figure 7-18 Champ calculé dans un tableau Excel.

Accéder aux données d'un tableau

Pour accéder aux données d'un tableau, vous devez utiliser les références structurées, même si la syntaxe classique fonctionne toujours.

Chaque tableau porte un nom générique (« Tableau1 », « Tableau2 », *etc.*). Pour modifier ce dernier, cliquez une cellule du tableau, cliquez l'onglet **Création ➜ Propriétés**, puis tapez le nouveau nom dans la zone **Nom du tableau**.

On accède à une colonne en donnant le nom du tableau, puis en ajoutant entre crochets le nom de la colonne :

```
Tableau1[Montant HT]
```

Ces références peuvent être utilisées dans une formule. La formule suivante retourne la somme de tous les montants H.T. :

```
=SOMME(Tableau1[Montant HT])
```

Quand vous saisissez une formule qui fait référence à un tableau, Excel propose une assistance, comme pour toutes les autres fonctions.

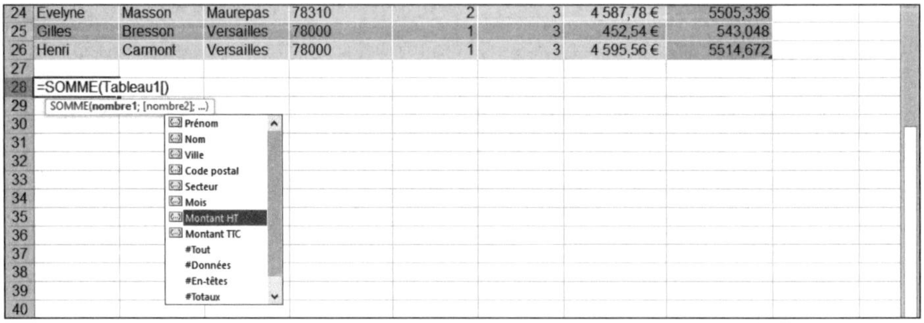

Figure 7-19 Saisie d'une formule avec des références à un tableau.

Supprimer les doublons

Il arrive que des données soient saisies en double dans un grand tableau. Excel peut éliminer les doublons très facilement.

1 Cliquez une cellule du tableau.

2 Cliquez l'onglet **Création ➜ Outils ➜ Supprimer les doublons**.

3 Dans la liste **Colonne**, cochez les champs qui peuvent contenir des doublons. Pour supprimer les doublons des enregistrements strictement identiques, cliquez le bouton **Sélectionner tout**.

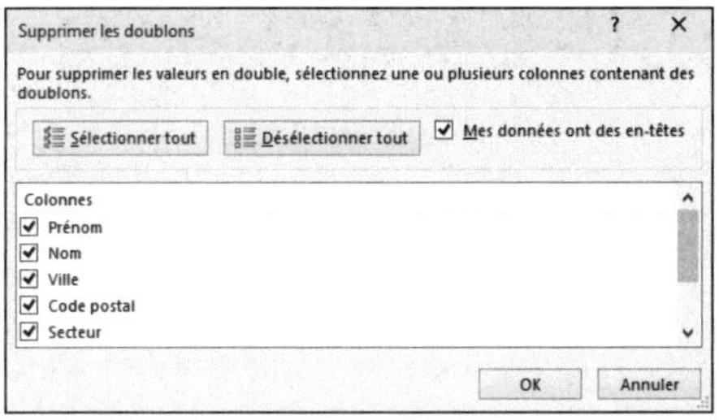

Figure 7-20 Choix des doublons à supprimer.

4 Cliquez le bouton **OK**.

Excel affiche le nombre de doublons qu'il a supprimés.

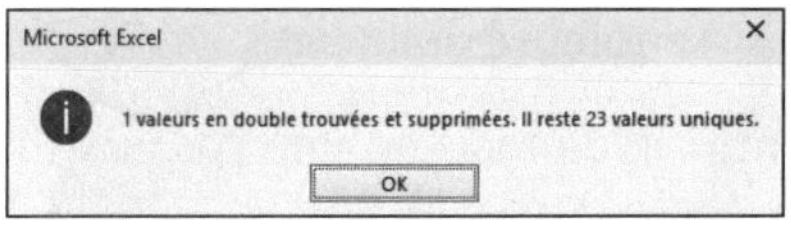

Figure 7-21 Nombre de doublons à supprimer.

5 Cliquez le bouton **OK**.

Note Vous pouvez toujours cliquer le bouton de la barre d'outils Accès rapide pour annuler les suppressions.

Utiliser un formulaire pour saisir les données

Si vous désirez saisir ou modifier vos données comme dans une fiche, affichez votre tableau sous forme de formulaire.

Le bouton des formulaires n'est pas présent dans le ruban. Vous devez l'ajouter dans la barre d'outils Accès rapide.

1 Cliquez le bouton à droite de la barre d'outils Accès rapide, puis cliquez **Autres commandes**.

2 Sélectionnez **Commandes non présentes sur le ruban** dans la liste **Choisir les commandes**.

3 Double-cliquez **Formulaire** dans la liste en dessous (les commandes sont par ordre alphabétique).

4 Cliquez le bouton **OK**.

Vous pouvez maintenant utiliser des formulaires.

1 Cliquez une cellule du tableau.

2 Cliquez le bouton dans la barre d'outils Accès rapide.

Le formulaire affiche le premier enregistrement.

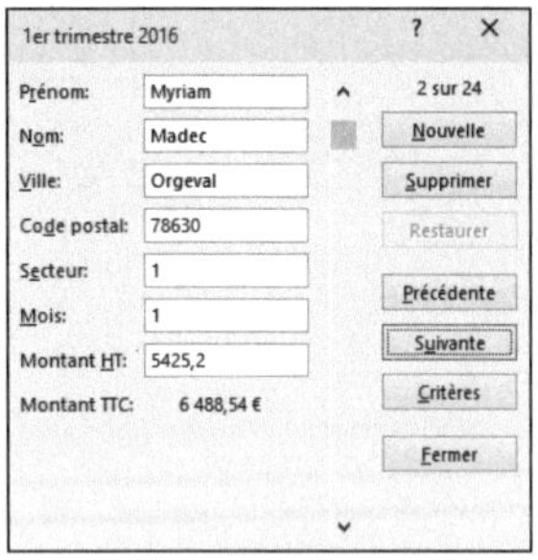

Figure 7-22 Formulaire de saisie des enregistrements.

- Chaque zone représente une colonne de données (champ).
- Il n'y a qu'une ligne du tableau visible par fiche (enregistrement).
- Des numéros indiquent la fiche en cours et le nombre de fiches.
- Les colonnes qui résultent d'un calcul sont visibles, mais ne sont pas modifiables.
- Utilisez la barre de défilement vertical ou les boutons **Précédente** et **Suivante** pour naviguer entre les fiches.
- Utilisez le bouton **Nouvelle** pour ajouter une nouvelle fiche et donc un nouvel enregistrement dans le tableau Excel.
- Utilisez le bouton **Supprimer** pour effacer l'enregistrement en cours.

3 Cliquez le bouton **Fermer** pour revenir au tableau Excel.

Utiliser les segments

Un segment permet de filtrer rapidement et visuellement un tableau Excel.

1 Cliquez une cellule du tableau.

2 Cliquez l'onglet **Création → Outils → Insérer un segment**.

3 Cochez les colonnes que vous désirez filtrer rapidement.

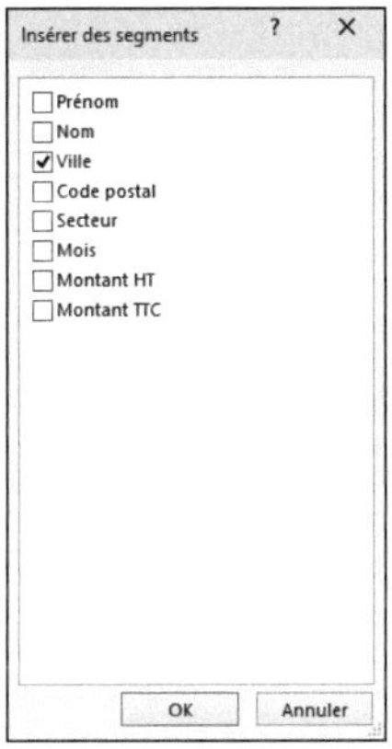

Figure 7-23 Choix des données à filtrer rapidement.

4 Cliquez le bouton **OK**.

Excel affiche un nouvel onglet **Options** dans le Ruban.

5 Cliquez, dans la fenêtre du segment, l'élément de filtrage du tableau Excel.

Figure 7-24 Tableau Excel filtré par un segment.

6 Pour sélectionner plusieurs éléments, cliquez le bouton , puis cliquez les éléments à ajouter ou à supprimer. Vous pouvez aussi utiliser la touche **Ctrl** comme dans l'explorateur Windows.

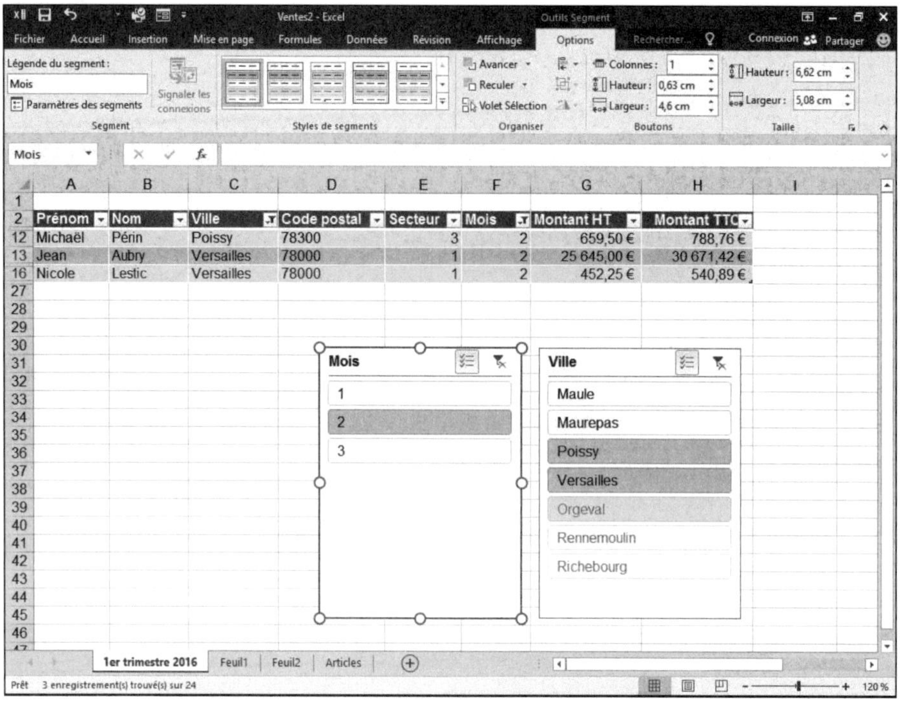

Figure 7-25 Tableau Excel filtré par plusieurs segments et plusieurs éléments.

7 Pour modifier l'affichage et le nom du segment, utilisez les commandes présentes dans l'onglet **Options**.

8 Pour supprimer le filtrage actuel, cliquez le bouton dans la fenêtre du segment.

9 Pour fermer la fenêtre d'un segment, cliquez-la puis appuyez sur **Suppr**. Cette fermeture ne modifie pas le filtrage actuel.

Remplissage instantané

Le remplissage instantané permet de répartir les données d'une colonne vers plusieurs colonnes. Par exemple, si une colonne contient un nom et un prénom, vous pouvez répartir ces données dans deux autres colonnes.

Note Le remplissage instantané fonctionne aussi bien pour les tableaux simples que pour les tableaux Excel.

1 Tapez la première valeur au début de la colonne (Michel dans l'exemple de la figure 7-26).

2 Tapez le début de la seconde valeur (Myr dans l'exemple de la figure 7-26).

Excel décèle la présence des données dans une autre colonne, et propose de compléter la colonne en cours.

Note Vous pouvez aussi taper uniquement la première donnée, puis cliquer l'onglet **Données ➜ Outils de données ➜ Remplissage instantané**.

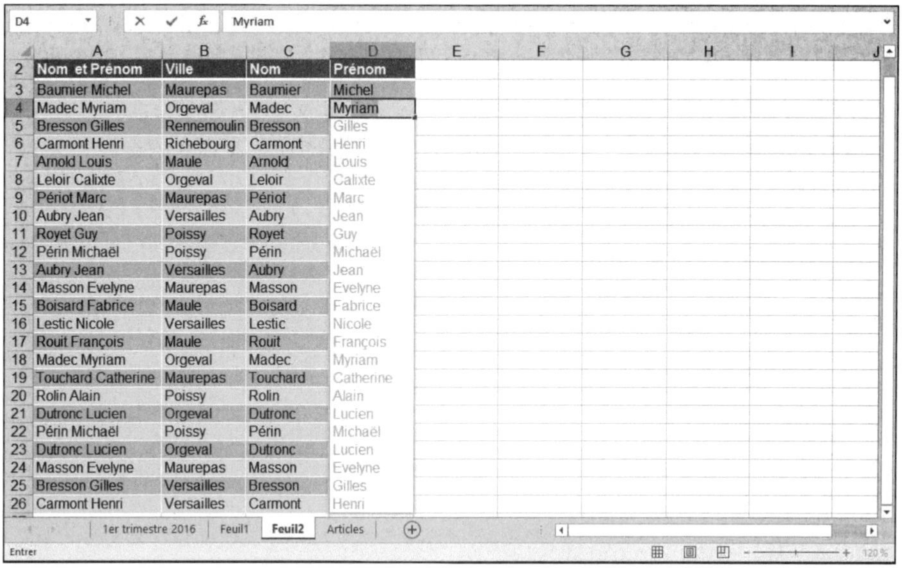

Nom et Prénom	Ville	Nom	Prénom
Baumier Michel	Maurepas	Baumier	Michel
Madec Myriam	Orgeval	Madec	Myriam
Bresson Gilles	Rennemoulin	Bresson	Gilles
Carmont Henri	Richebourg	Carmont	Henri
Arnold Louis	Maule	Arnold	Louis
Leloir Calixte	Orgeval	Leloir	Calixte
Périot Marc	Maurepas	Périot	Marc
Aubry Jean	Versailles	Aubry	Jean
Royet Guy	Poissy	Royet	Guy
Périn Michaël	Poissy	Périn	Michaël
Aubry Jean	Versailles	Aubry	Jean
Masson Evelyne	Maurepas	Masson	Evelyne
Boisard Fabrice	Maule	Boisard	Fabrice
Lestic Nicole	Versailles	Lestic	Nicole
Rouit François	Maule	Rouit	François
Madec Myriam	Orgeval	Madec	Myriam
Touchard Catherine	Maurepas	Touchard	Catherine
Rolin Alain	Poissy	Rolin	Alain
Dutronc Lucien	Orgeval	Dutronc	Lucien
Périn Michaël	Poissy	Périn	Michaël
Dutronc Lucien	Orgeval	Dutronc	Lucien
Masson Evelyne	Maurepas	Masson	Evelyne
Bresson Gilles	Versailles	Bresson	Gilles
Carmont Henri	Versailles	Carmont	Henri

Figure 7-26 Remplissage instantané.

3 Appuyez sur **Entrée** pour valider les données.

Les données ne sont pas obligatoirement séparées comme dans l'exemple de la figure 7-26 avec des noms et des prénoms. Dans l'exemple de la figure 7-27, le code article est composé d'une catégorie et d'une référence.

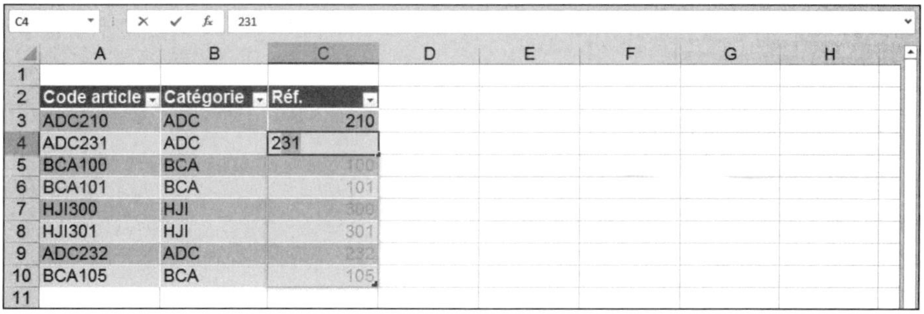

Code article	Catégorie	Réf.
ADC210	ADC	210
ADC231	ADC	231
BCA100	BCA	100
BCA101	BCA	101
HJI300	HJI	300
HJI301	HJI	301
ADC232	ADC	232
BCA105	BCA	105

Figure 7-27 Remplissage instantané à partir de données en un seul bloc.

Convertir un tableau en plage

Pour revenir à un tableau normal, vous devez convertir le tableau Excel.

1 Cliquez une cellule du tableau.

2 Cliquez l'onglet **Création ➜ Outils ➜ Convertir en plage**.

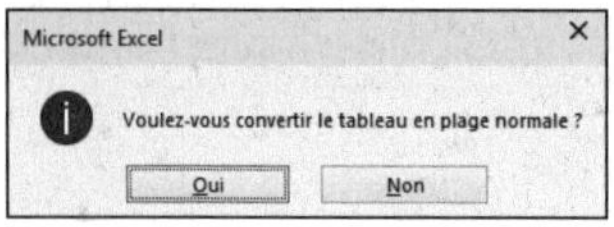

Figure 7-28 Conversion d'un tableau Excel.

3 Cliquez le bouton **Oui** pour confirmer la conversion.

Chapitre 8

Liaisons, consolidation et mode plan

Dans ce chapitre :

- Utiliser un groupe de travail
- Lier les données de plusieurs feuilles
- Lier les données de plusieurs classeurs
- Créer des plages 3D
- Consolider des données
- Créer un plan
- Ajouter des sous-totaux

Pour un maximum d'efficacité, ce chapitre vous propose des solutions pour regrouper les données de plusieurs feuilles, voire de plusieurs classeurs. Le mode plan, lui, vous permet de mieux visualiser votre travail en affichant uniquement les informations essentielles ou d'insérer des sous-totaux par groupe de données.

Utiliser un groupe de travail

Un groupe de travail permet de saisir des données sur plusieurs feuilles en même temps. Ce que vous taperez dans une cellule le sera aussi dans la même cellule des autres feuilles du groupe.

1 Cliquez l'onglet de la première feuille.

2 Maintenez enfoncée la touche **Maj**.

3 Cliquez l'onglet de la dernière feuille.

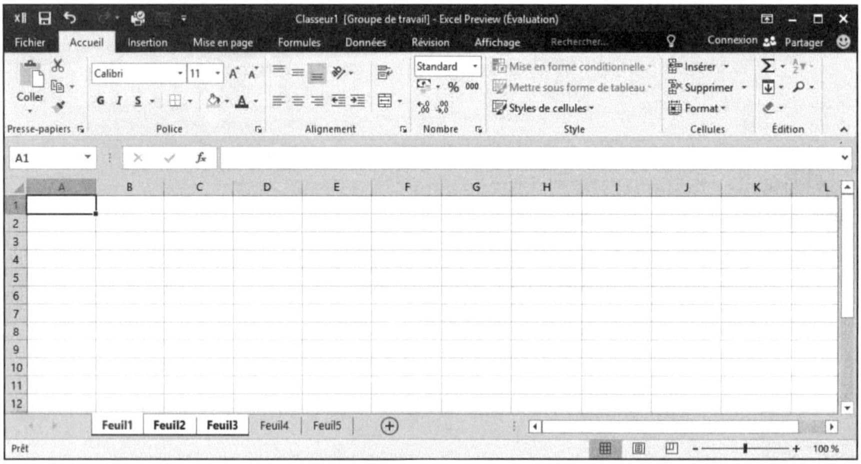

Figure 8-1 Groupe de travail (Feuil1 à Feuil3).

Toutes les feuilles entre la première et la dernière sont sélectionnées. La barre de titre indique la présence d'un **Groupe de travail**. Chaque valeur saisie le sera aussi dans les autres feuilles du groupe.

Note Pour créer un groupe dont les onglets ne sont pas contigus, cliquez l'onglet de la première feuille, maintenez enfoncée la touche **Ctrl**, puis cliquez un à un les onglets des autres feuilles. Relâchez ensuite la touche **Ctrl**.

Pour dissocier un groupe, cliquez l'onglet d'une feuille en dehors du groupe, ou cliquez avec le bouton droit un onglet du groupe puis cliquez la commande **Dissocier les feuilles** dans le menu contextuel.

Lier les données de plusieurs feuilles

En liant les données de plusieurs feuilles vers une feuille unique, vous pourrez regrouper vos informations les plus importantes.

Dans l'exemple qui suit, on regroupe les données de deux feuilles, représentant les résultats de deux magasins, vers une troisième feuille.

1 Sélectionnez les cellules qui contiennent les données de la première feuille.

2 Cliquez l'onglet **Accueil ➜ Presse-papiers ➜ Copier** ou tapez **Ctrl** + **C**.

Les données sont copiées dans le presse-papiers.

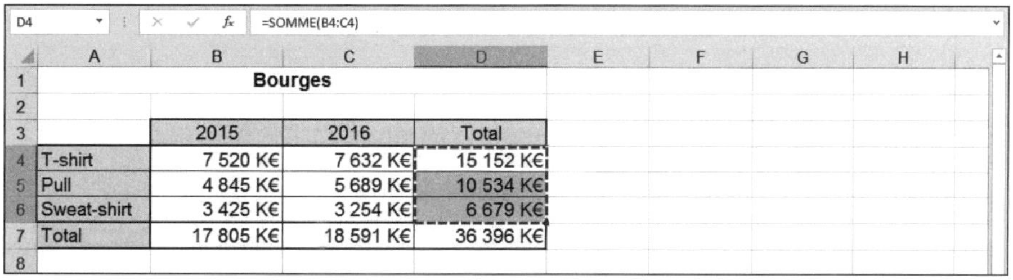

Figure 8-2 Données à lier.

3 Cliquez l'onglet de la feuille qui doit recevoir les données.

4 Cliquez la première cellule qui doit recevoir les données.

5 Cliquez l'onglet **Accueil ➜ Presse-papiers ➜ Coller ➜ Coller avec liaison**.

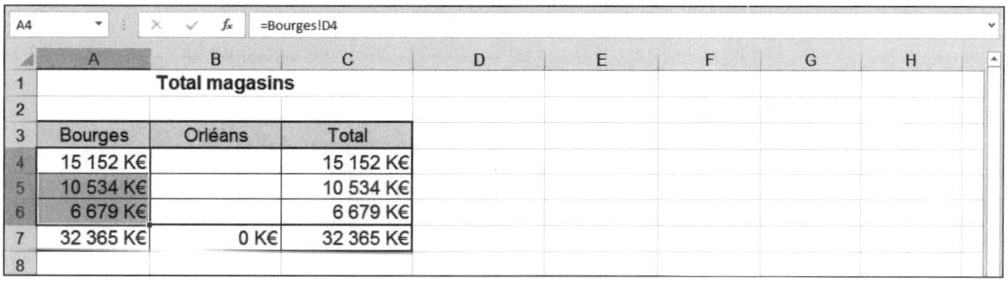

Figure 8-3 Données liées dans une autre feuille.

Les cellules contiennent les références de la feuille et des cellules liées (ici la cellule D4 de la feuille Bourges).

6 Répétez les étapes **1** à **5** pour les autres cellules à lier.

Vous ajoutez directement une liaison en tapant le nom de la feuille, un point d'exclamation et les références des cellules, par exemple `=Feuil1!A1`. Ajoutez des apostrophes si le nom de la feuille contient des espaces : `='Ma feuille'!A1`.

Lier les données de plusieurs classeurs

En liant les données de plusieurs classeurs vers un nouveau classeur, vous pouvez regrouper vos informations les plus importantes.

Dans l'exemple qui suit, on regroupe les données de deux classeurs, représentant les résultats de deux magasins, vers un troisième classeur.

1 Ouvrez les classeurs qui contiennent les données.

2 Ouvrez le classeur qui doit recevoir les données.

3 Cliquez l'onglet **Affichage ➜ Fenêtre ➜ Réorganiser tout**.

4 Cliquez l'option **Vertical**.

5 Cliquez le bouton **OK**.

6 Sélectionnez les cellules qui contiennent les données.

7 Cliquez l'onglet **Accueil ➜ Presse-papiers ➜ Copier** ou tapez **Ctrl** + **C**.

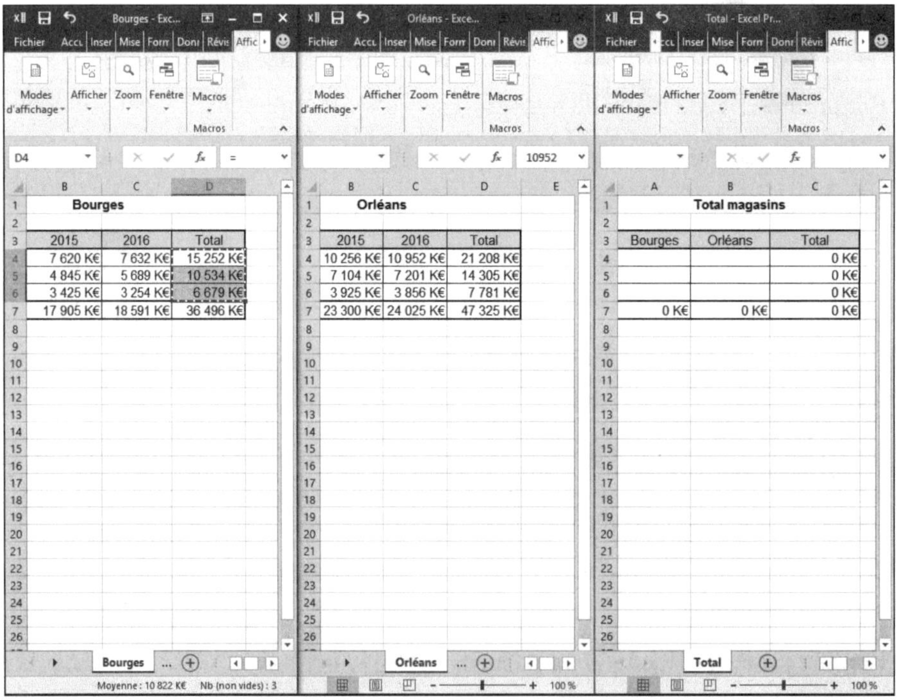

Figure 8-4 Classeurs contenant les données à lier et classeur devant les recevoir.

8 Cliquez la première cellule qui doit recevoir les données.

9 Cliquez l'onglet **Accueil ➜ Presse-papiers ➜ Coller ➜ Coller avec liaison**.

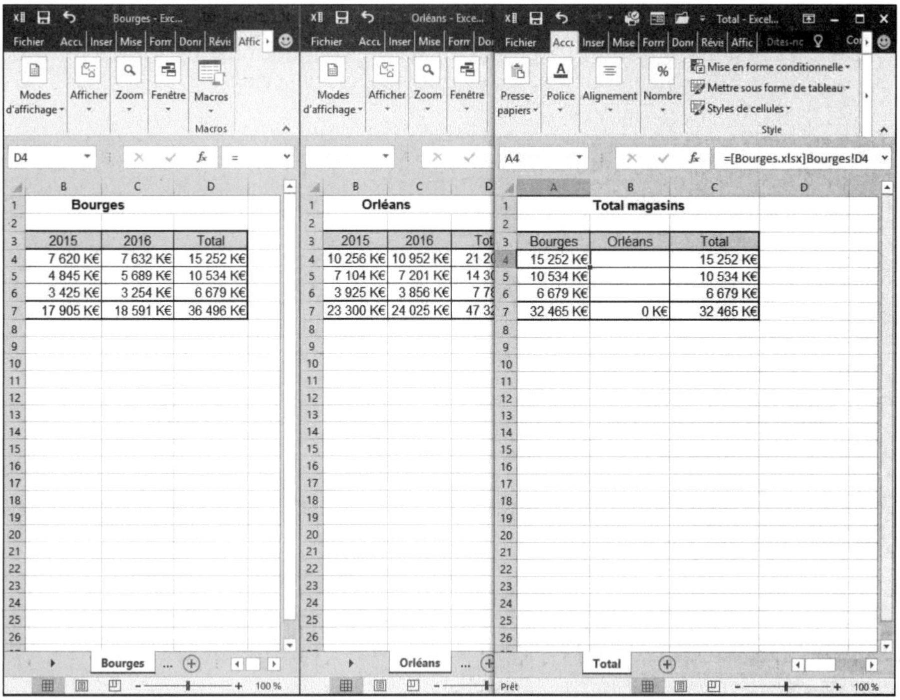

Figure 8-5 Données liées à un autre classeur.

Les cellules contiennent les références du classeur, de la feuille et des cellules liées (ici la cellule D4 de la feuille Bourges du classeur Bourges.xlsx).

10 Répétez les étapes **6** à **9** pour les autres cellules à lier.

Note Si vous ne désirez pas utiliser l'onglet **Affichage ➜ Fenêtre ➜ Réorganiser tout** comme à l'étape **3**, cliquez l'onglet **Affichage ➜ Fenêtre ➜ Changement de Fenêtre** puis le nom du classeur, ou utilisez la barre des tâches de Windows.

Vous pouvez ajouter directement une liaison avec un autre classeur en tapant son nom entre crochets devant la référence de la feuille et des cellules, par exemple `=[Classeur1.xls]Feuil1!A1`. Ajoutez des apostrophes si le nom du classeur ou de la feuille contient des espaces : `='[Mon classeur.xls]Ma feuille'!A1`. Il n'est pas nécessaire de préciser le nom de la feuille si le classeur n'en contient qu'une.

Actualiser les données liées

Les données des liaisons sont mises à jour à l'ouverture du classeur. Si les données ont changé entre-temps, vous devez mettre à jour ces données manuellement.

1 Cliquez l'onglet **Données ➜ Connexions ➜ Modifier les liens.**

2 Dans la liste **Source**, sélectionnez le classeur qui contient les données liées. Pour sélectionner plusieurs classeurs, maintenez la touche **Ctrl** puis cliquez chaque source l'une après l'autre. Pour sélectionner tous les classeurs, tapez **Ctrl** + **A**.

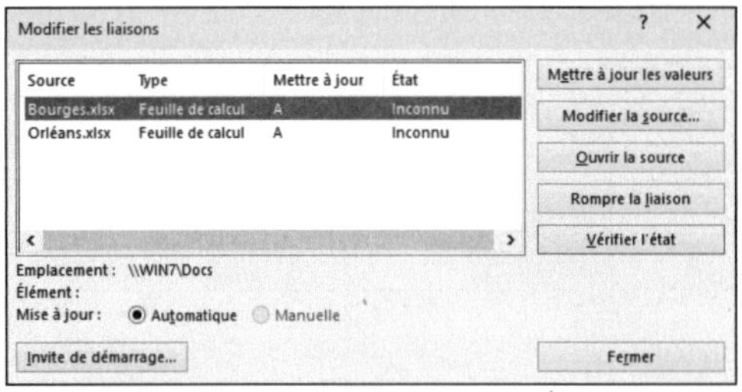

Figure 8-6 Liste des classeurs liés.

3 Cliquez le bouton **Mettre à jour les valeurs**.

Vous pouvez aussi définir la manière dont Excel met à jour les données à l'ouverture du classeur.

4 Cliquez le bouton **Invite de démarrage**.

5 Cochez le type de mise à jour.

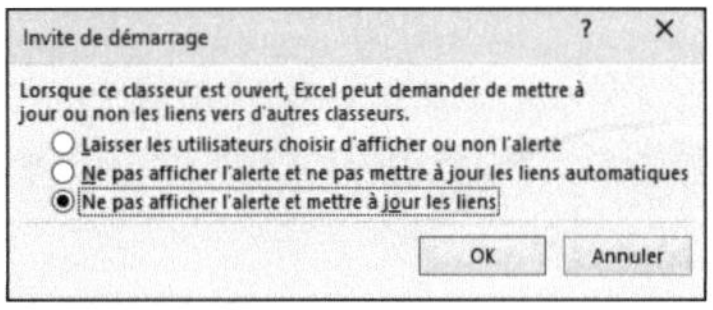

Figure 8-7 Options de mise à jour des liaisons.

6 Cliquez le bouton **OK** pour valider.

7 Cliquez le bouton **Fermer** dans la boîte **Modifier les liaisons**.

Créer des plages 3D

Les plages 3D permettent d'appliquer une opération entre des cellules ayant les mêmes références et situées dans des feuilles contiguës. La formule est placée dans une autre feuille.

1 Cliquez l'onglet de la feuille qui doit contenir la formule.

2 Cliquez la cellule qui recevra la formule.

3 Tapez = puis la fonction à utiliser et la première parenthèse.

Note Tapez `=Somme(` pour une addition, `=Moyenne(` pour une moyenne, *etc*. Consultez le chapitre 3 pour l'utilisation des fonctions.

4 Cliquez l'onglet de la première feuille qui contient les données.

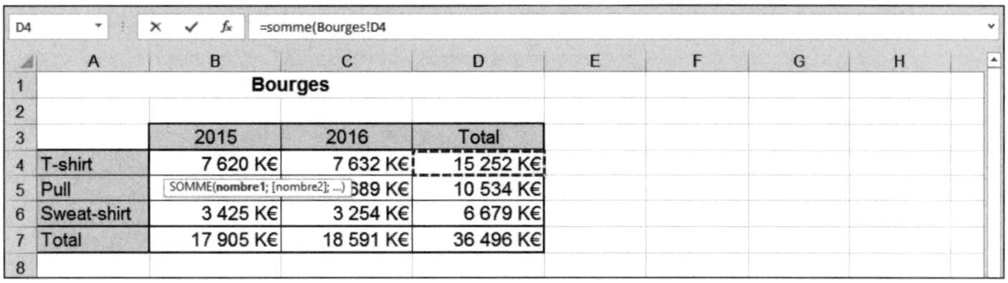

Figure 8-8 Sélection des premières données d'une plage 3D.

5 Sélectionnez la ou les cellules qui contiennent les données.

6 Maintenez enfoncée la touche **Maj**.

7 Cliquez l'onglet de la dernière feuille qui contient les données.

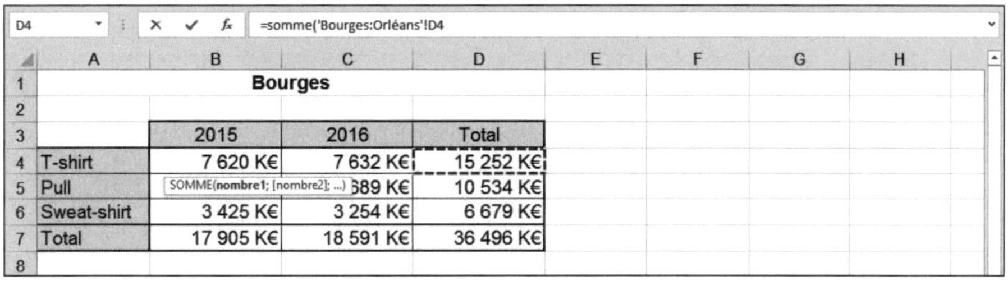

Figure 8-9 Sélection de la dernière feuille d'une plage 3D.

8 Tapez) puis appuyez sur **Entrée** pour fermer et valider la fonction.

La fonction utilise toutes les valeurs des cellules des feuilles sélectionnées précédemment. Dans l'exemple : la somme du total des ventes de t-shirt à Bourges, Vierzon et Orléans en 2015 et 2016.

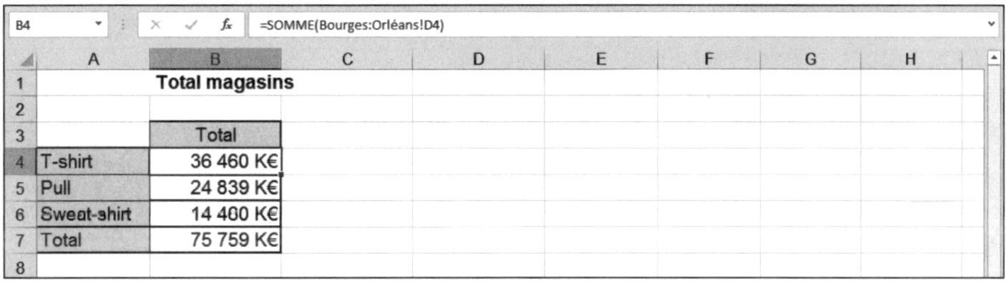

Figure 8-10 Formule avec en référence une plage 3D.

Vous pouvez ajouter directement des plages 3D dans vos formules. Séparez le nom de la première feuille de celui de la dernière par le signe deux-points, par exemple `=SOMME(Bourges:Orléans!D4)`.

Consolider des données

La consolidation s'apparente aux plages 3D (voir paragraphe précédent), mais elle permet en plus d'appliquer une opération entre des plages de données de natures et de tailles différentes.

1 Cliquez l'onglet de la feuille qui recevra le tableau consolidé (une nouvelle feuille, par exemple).

2 Cliquez la première cellule qui recevra le tableau consolidé.

3 Cliquez l'onglet **Données → Outils de données → Consolider** .

4 Sélectionnez dans la liste **Fonction** le type de calcul de la consolidation.

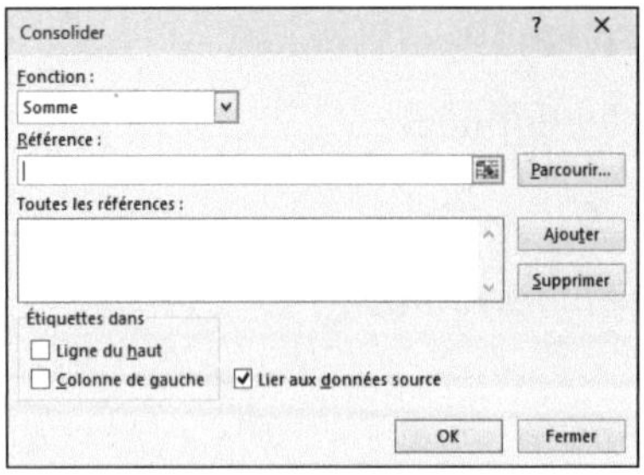

Figure 8-11 Boîte pour consolider des données.

5 Cliquez le bouton .

6 Cliquez l'onglet de la première feuille qui contient les données.

7 Sélectionnez la plage de cellules qui contient les données.

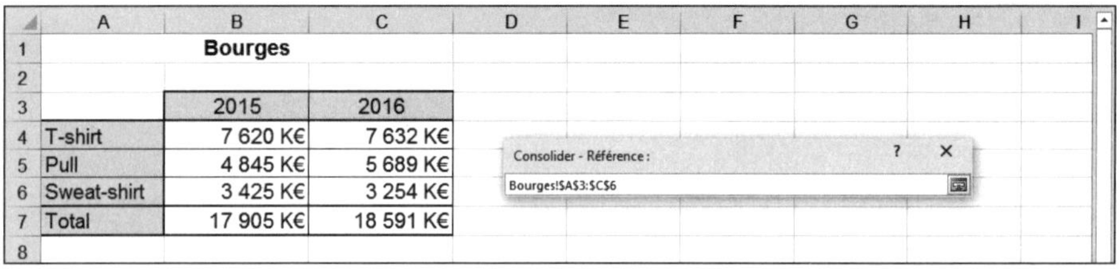

	A	B	C
1		Bourges	
2			
3		2015	2016
4	T-shirt	7 620 K€	7 632 K€
5	Pull	4 845 K€	5 689 K€
6	Sweat-shirt	3 425 K€	3 254 K€
7	Total	17 905 K€	18 591 K€
8			

Figure 8-12 Ajout d'une plage à consolider.

8 Cliquez le bouton pour afficher la boîte **Consolider**.

La zone **Référence** contient les références de la plage sélectionnée.

9 Cliquez le bouton **Ajouter**.

La liste **Toutes les références** contient les références de la plage sélectionnée.

10 Répétez les étapes **5** à **9** pour les autres plages.

Note En cas d'erreur, cliquez les références dans la liste **Toutes les références** puis cliquez le bouton **Supprimer**.

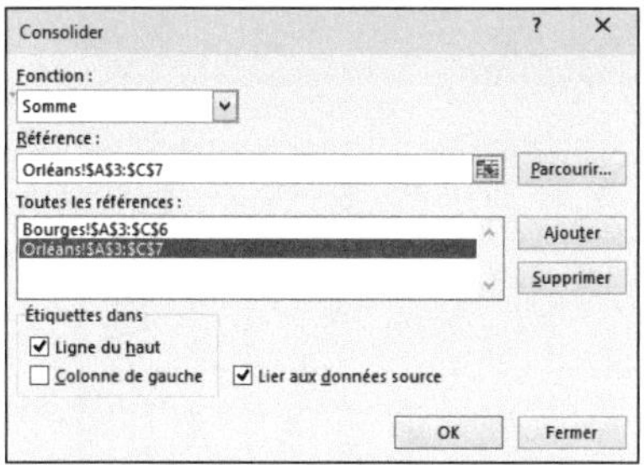

Figure 8-13 Liste des plages à consolider.

La liste **Toutes les références** contient les références de toutes les plages à consolider.

11 Si les plages contiennent des en-têtes de lignes ou de colonnes, cochez **Ligne du haut** et/ou **Colonne de gauche**.

Attention Si les plages contiennent des données de natures différentes, vous devez cocher au moins une des deux cases pour que les valeurs ne soient pas mélangées.

12 Si vous désirez que le tableau consolidé évolue avec les données source, cochez **Lier aux données source**.

13 Cliquez le bouton **OK** pour réaliser la consolidation.

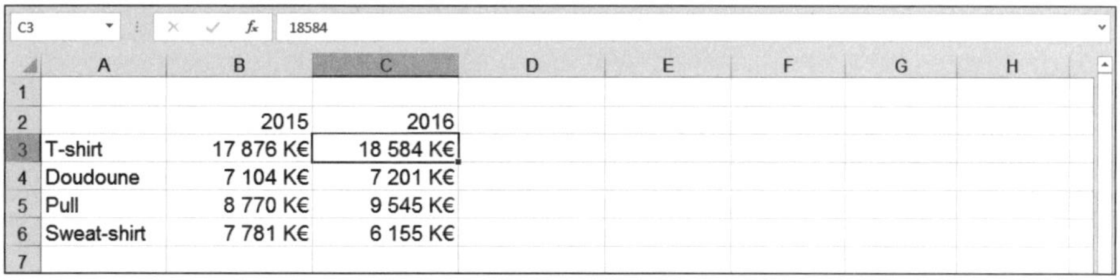

C3 | 18584

	A	B	C	D	E	F	G	H
1								
2		2015	2016					
3	T-shirt	17 876 K€	18 584 K€					
4	Doudoune	7 104 K€	7 201 K€					
5	Pull	8 770 K€	9 545 K€					
6	Sweat-shirt	7 781 K€	6 155 K€					
7								

Figure 8-14 Tableau consolidé sans liaison.

Un tableau consolidé s'affiche à l'emplacement sélectionné à l'étape **2**. Dans l'exemple, il présente la somme des ventes de Bourges et Orléans de T-shirt, Pull, Doudoune et Sweat-shirt pour 2015 et 2016. Notez que dans notre exemple la feuille Bourges propose la donnée « Pull », mais pas la feuille Orléans. De même, la feuille Orléans propose la donnée « Doudoune », mais pas la feuille Bourges.

Note En cliquant de nouveau **Données → Outils de données → Consolider**, la boîte Consolider contient les plages de la consolidation précédente. Vous n'aurez pas à les retaper. Excel conserve ces informations pour chaque feuille de calcul.

Si vous avez coché **Lier aux données source**, la consolidation génère automatiquement un mode plan pour le tableau consolidé (consultez le prochain paragraphe). Cliquez les signes [+] et [-] pour développer ou réduire le plan.

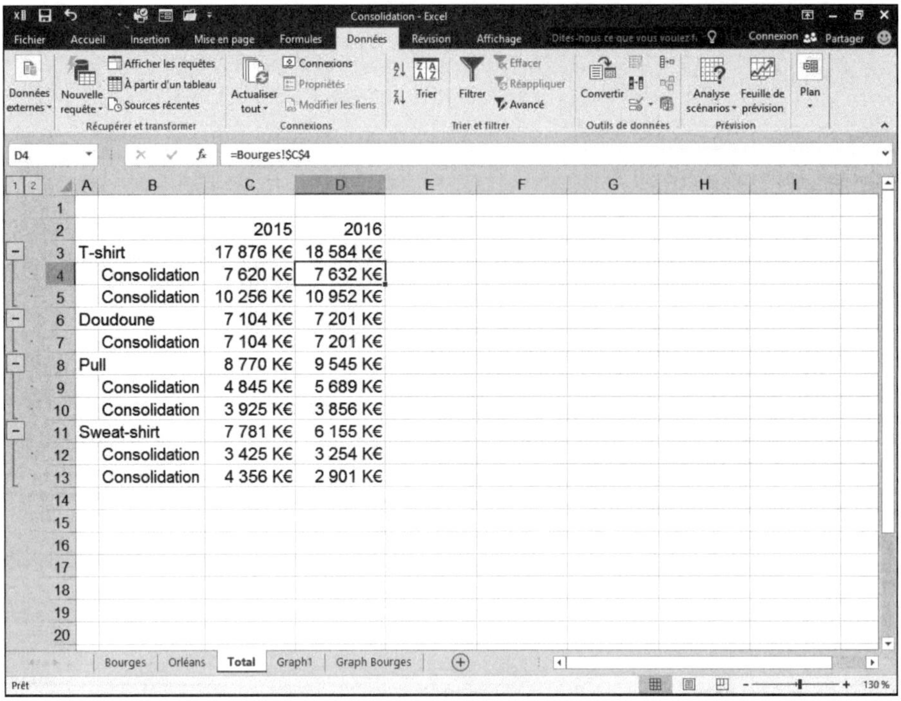

Figure 8-15 Tableau consolidé avec liaisons.

Créer un plan

Si vous voulez cacher certaines colonnes ou certaines lignes de détails pour n'afficher que les colonnes ou les lignes de calcul, ajoutez un plan à votre tableau.

1 Cliquez l'onglet **Données ➜ Plan ➜ Grouper ➜ Plan automatique**.

Attention Les dernières lignes (ou colonnes) de votre tableau doivent contenir des formules utilisant les lignes (ou colonnes) précédentes.

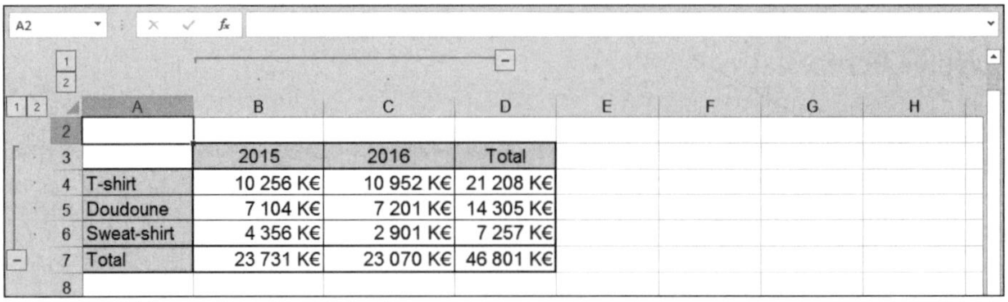

Figure 8-16 Tableau en mode plan.

Excel ajoute un signe [-] pour réduire le plan à chaque ligne et à chaque colonne de calcul.

2 Cliquez les signes [-] pour réduire le plan.

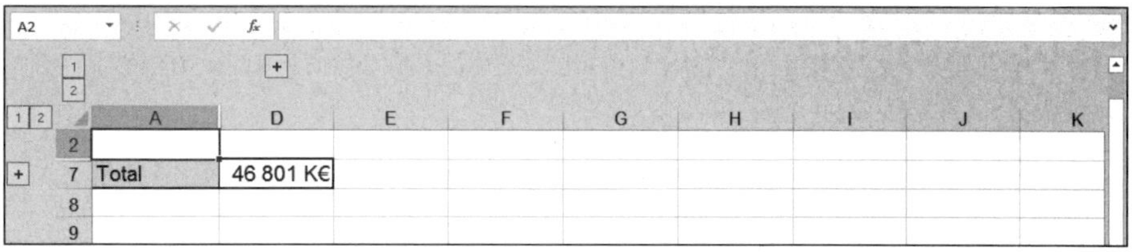

Figure 8-17 Tableau en mode plan après réduction.

Les lignes de détails sont masquées. Les signes [–] sont remplacés par les signes [+] pour développer le plan.

3 Cliquez le ou les signes [+] pour développer le plan.

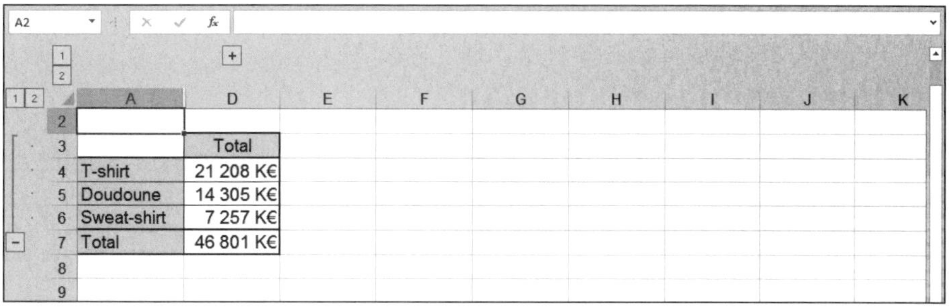

Figure 8-18 Tableau en mode plan partiellement développé.

Le plan est partiellement ou totalement développé.

Note Les signes [1], [2], *etc.*, permettent d'afficher le plan à un niveau précis ([1] pour réduire complètement le plan et le dernier chiffre pour le développer totalement).

Pour supprimer un plan, cliquez l'onglet **Données → Plan → Dissocier → Effacer le plan**.

Créer un plan manuellement

Plutôt que d'utiliser le plan automatique, Excel vous laisse la possibilité de choisir vous-même les niveaux du plan.

Ajouter un niveau au plan

Vous pouvez ajouter un niveau à un plan dès que votre tableau propose une ligne ou une colonne contenant des formules qui utilisent les lignes ou les colonnes précédentes.

1 Sélectionnez les colonnes ou les lignes de détails que vous voulez masquer.

2 Cliquez l'onglet **Données → Plan → Grouper**.

Note Il n'est pas nécessaire qu'il y ait déjà un plan dans la feuille.

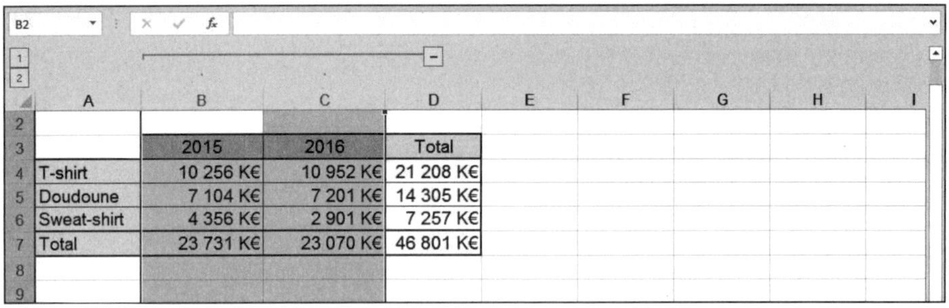

Figure 8-19 Ajout d'un niveau à un plan.

Un niveau est ajouté au plan.

3 Cliquez le bouton [-] pour masquer les colonnes de détails.

Supprimer un niveau du plan

Si un niveau de plan ne vous convient plus, vous pouvez le supprimer. Il est possible de supprimer un niveau même si le plan a été créé automatiquement.

1 Sélectionnez les colonnes ou les lignes de détails qui possèdent un niveau de plan.

2 Cliquez l'onglet **Données ➜ Plan ➜ Dissocier**.

Le niveau du plan est supprimé.

Calculer des sous-totaux

Si votre tableau contient des éléments qui se répètent, vous pouvez ajouter des sous-totaux pour chaque groupe identique.

1 Cliquez une cellule de la colonne qui contient les éléments qui se répètent.

2 Cliquez l'onglet **Données ➜ Trier et filtrer ➜** [AZ↓] pour trier cette colonne.

3 Cliquez l'onglet **Données ➜ Plan ➜ Sous-total**.

4 Éventuellement, sélectionnez la colonne des éléments qui se répètent dans la liste **À chaque changement de**.

5 Sélectionnez le type de calcul des sous-totaux dans la liste **Utiliser la fonction**.

6 Cochez les colonnes pour lesquelles vous désirez des sous-totaux dans la liste **Ajouter un sous-total à**.

7 Cochez la case **Remplacer les sous-totaux existants** si le tableau contient déjà des sous-totaux dont vous ne voulez plus.

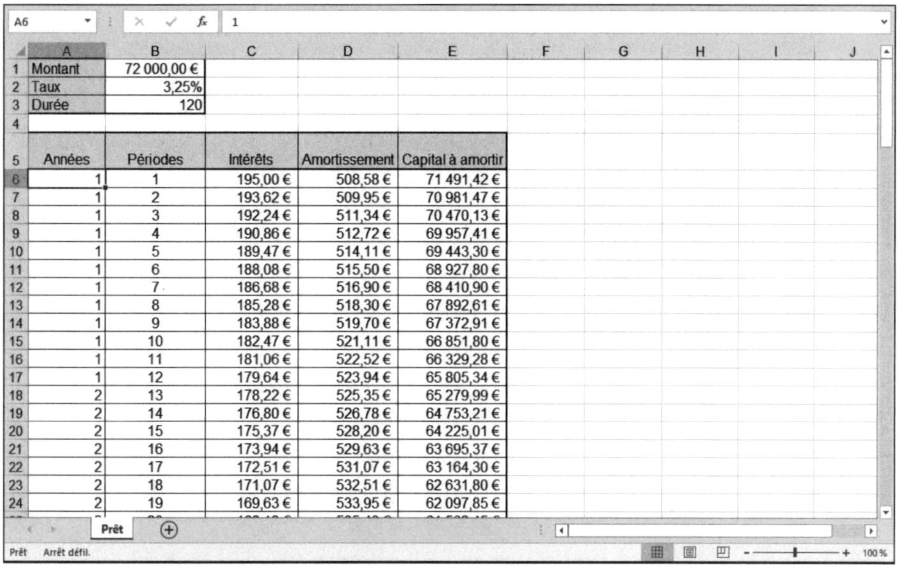

	A	B	C	D	E
1	Montant	72 000,00 €			
2	Taux	3,25%			
3	Durée	120			
4					
5	Années	Périodes	Intérêts	Amortissement	Capital à amortir
6	1	1	195,00 €	508,58 €	71 491,42 €
7	1	2	193,62 €	509,95 €	70 981,47 €
8	1	3	192,24 €	511,34 €	70 470,13 €
9	1	4	190,86 €	512,72 €	69 957,41 €
10	1	5	189,47 €	514,11 €	69 443,30 €
11	1	6	188,08 €	515,50 €	68 927,80 €
12	1	7	186,68 €	516,90 €	68 410,90 €
13	1	8	185,28 €	518,30 €	67 892,61 €
14	1	9	183,88 €	519,70 €	67 372,91 €
15	1	10	182,47 €	521,11 €	66 851,80 €
16	1	11	181,06 €	522,52 €	66 329,28 €
17	1	12	179,64 €	523,94 €	65 805,34 €
18	2	13	178,22 €	525,35 €	65 279,99 €
19	2	14	176,80 €	526,78 €	64 753,21 €
20	2	15	175,37 €	528,20 €	64 225,01 €
21	2	16	173,94 €	529,63 €	63 695,37 €
22	2	17	172,51 €	531,07 €	63 164,30 €
23	2	18	171,07 €	532,51 €	62 631,80 €
24	2	19	169,63 €	533,95 €	62 097,85 €

Figure 8-20 Tableau contenant des données qui se répètent (ici les années).

8 Cochez la case **Saut de page entre les groupes** pour imprimer uniquement un groupe d'éléments identiques par page.

9 Cochez la case **Synthèse sous les données** pour que les sous-totaux apparaissent sous les lignes de détails et non au-dessus.

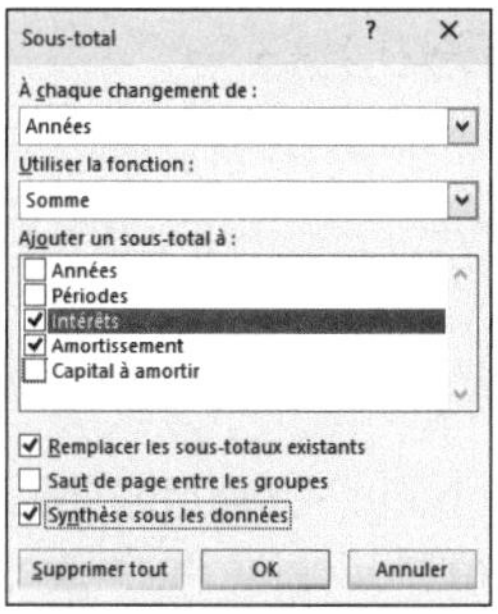

Figure 8-21 Ajout de sous-totaux à un tableau.

10 Cliquez le bouton **OK**.

Le tableau s'affiche en mode plan développé avec les lignes de détails (consultez le paragraphe « Créer un plan », plus haut dans ce chapitre, pour des informations sur le mode plan).

11 Cliquez le bouton 2.

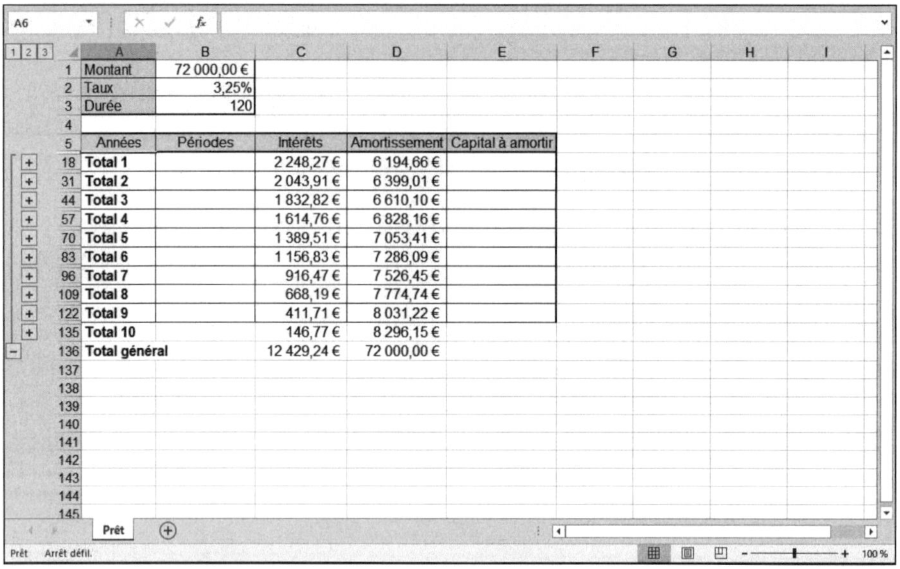

	A	B	C	D	E
1	Montant	72 000,00 €			
2	Taux	3,25%			
3	Durée	120			
4					
5	Années	Périodes	Intérêts	Amortissement	Capital à amortir
18	Total 1		2 248,27 €	6 194,66 €	
31	Total 2		2 043,91 €	6 399,01 €	
44	Total 3		1 832,82 €	6 610,10 €	
57	Total 4		1 614,76 €	6 828,16 €	
70	Total 5		1 389,51 €	7 053,41 €	
83	Total 6		1 156,83 €	7 286,09 €	
96	Total 7		916,47 €	7 526,45 €	
109	Total 8		668,19 €	7 774,74 €	
122	Total 9		411,71 €	8 031,22 €	
135	Total 10		146,77 €	8 296,15 €	
136	Total général		12 429,24 €	72 000,00 €	

Figure 8-22 Tableau avec des sous-totaux.

Le tableau n'affiche que les sous-totaux de chaque groupe et le total général.

12 Cliquez le bouton 1.

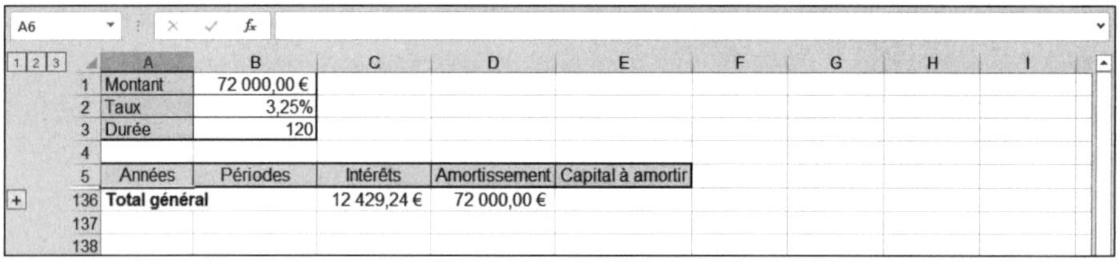

	A	B	C	D	E
1	Montant	72 000,00 €			
2	Taux	3,25%			
3	Durée	120			
4					
5	Années	Périodes	Intérêts	Amortissement	Capital à amortir
136	Total général		12 429,24 €	72 000,00 €	

Figure 8-23 Total général du tableau avec sous-totaux.

Le tableau n'affiche plus que le total général.

Si vous avez décoché l'option **Synthèse sous les données** dans la boîte **Sous-total** (figure 8-21), le total général est placé au début du tableau et les sous-totaux sont au-dessus des lignes de détails.

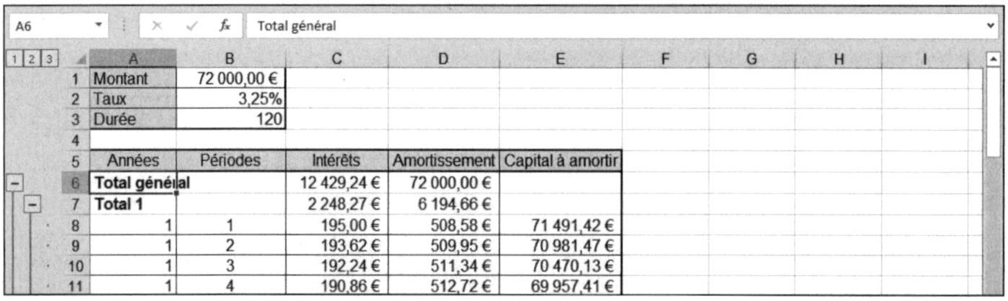

	A	B	C	D	E
1	Montant	72 000,00 €			
2	Taux	3,25%			
3	Durée	120			
4					
5	Années	Périodes	Intérêts	Amortissement	Capital à amortir
6	Total général		12 429,24 €	72 000,00 €	
7	Total 1		2 248,27 €	6 194,66 €	
8	1	1	195,00 €	508,58 €	71 491,42 €
9	1	2	193,62 €	509,95 €	70 981,47 €
10	1	3	192,24 €	511,34 €	70 470,13 €
11	1	4	190,86 €	512,72 €	69 957,41 €

Figure 8-24 Total général au début du tableau.

Pour supprimer les sous-totaux, cliquez l'onglet **Données ➜ Plan ➜ Sous-total**, puis cliquez le bouton **Supprimer tout** dans la boîte Sous-total.

Chapitre 9

Utiliser le solveur

Dans ce chapitre :

- Rechercher une valeur cible
- Utiliser le solveur
- Gérer les scénarios

Un problème qui vous semble insoluble ? Des valeurs à trouver impossibles à calculer de tête ? Vous n'avez pas trouvé dans ce livre la fonction adaptée à vos calculs ? Le solveur est là pour résoudre la plupart des cas difficiles. De plus, en enregistrant des scénarios, vous pouvez conserver les différents résultats obtenus en faisant varier les valeurs de vos tableaux.

Trouver une valeur cible

Avec l'outil Valeur cible, Excel peut trouver une valeur précise dans une cellule en modifiant le contenu d'une cellule dont elle dépend.

Dans l'exemple de la figure 9-1, nous désirons définir la durée d'un prêt pour que les mensualités soient égales à 1 000 euros.

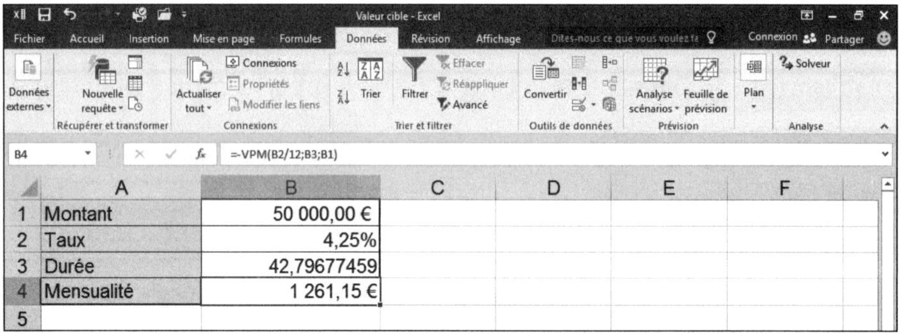

Figure 9-1 Exemple de formule à résoudre.

Note La formule en B4 utilise la fonction VPM. Consultez le chapitre 19 pour l'utilisation de cette fonction financière.

1 Cliquez l'onglet **Données ➜ Prévision ➜ Analyse scénarios** ➜ **Valeur cible**.

2 Cliquez la zone **Cellule à définir** puis cliquez la cellule correspondante dans la feuille (B4 dans notre exemple pour modifier les mensualités).

3 Cliquez la zone **Valeur à atteindre** puis tapez cette valeur (1000 dans notre exemple pour des mensualités de 1 000 euros).

4 Cliquez la zone **Cellule à modifier** puis cliquez la cellule correspondante dans la feuille (B3 dans notre exemple pour modifier la durée du prêt).

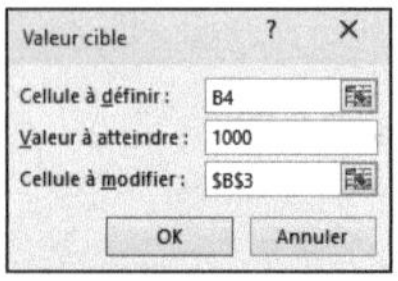

Figure 9-2 Paramètres de la recherche de la valeur cible.

5 Cliquez le bouton **OK**.

La boîte de la figure 9-3 affiche la valeur cible que vous avez tapée à l'étape **3** et la valeur qu'Excel a pu atteindre (Valeur actuelle).

6 Cliquez le bouton **OK** pour garder la solution proposée par Excel. Cliquez le bouton **Annuler** pour conserver l'ancienne valeur.

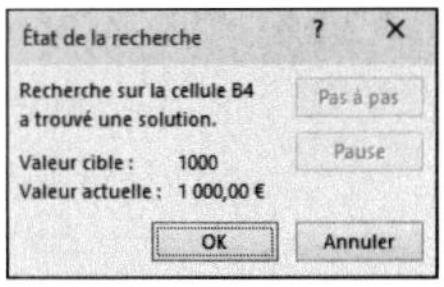

Figure 9-3 Solution trouvée par Excel.

La cellule choisie à l'étape **4** a été modifiée et la cellule choisie à l'étape **2** contient maintenant la valeur cible.

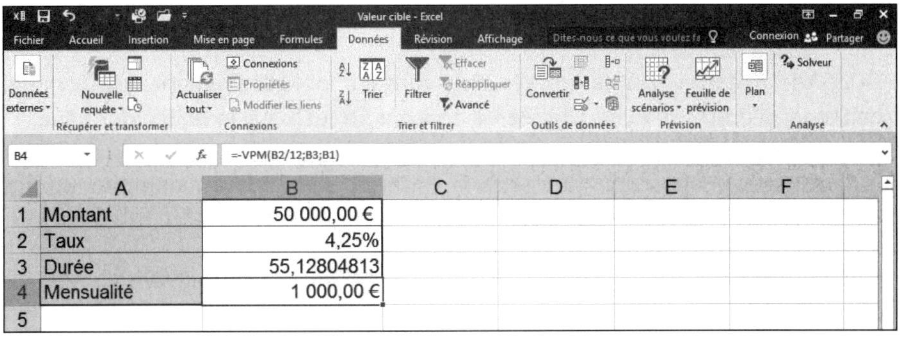

	A	B
1	Montant	50 000,00 €
2	Taux	4,25%
3	Durée	55,12804813
4	Mensualité	1 000,00 €

Figure 9-4 Exemple modifié après l'utilisation de la valeur cible.

Utiliser le solveur

Le solveur fonctionne sur le même principe que la valeur cible, mais permet en plus de faire varier jusqu'à deux cents cellules et d'ajouter jusqu'à cent contraintes.

Dans l'exemple de la figure 9-5, on veut créer un ballotin de chocolats d'un kilogramme. Le solveur devra faire varier la quantité de chaque chocolat (C4:C8) pour obtenir un prix total de six euros (D10).

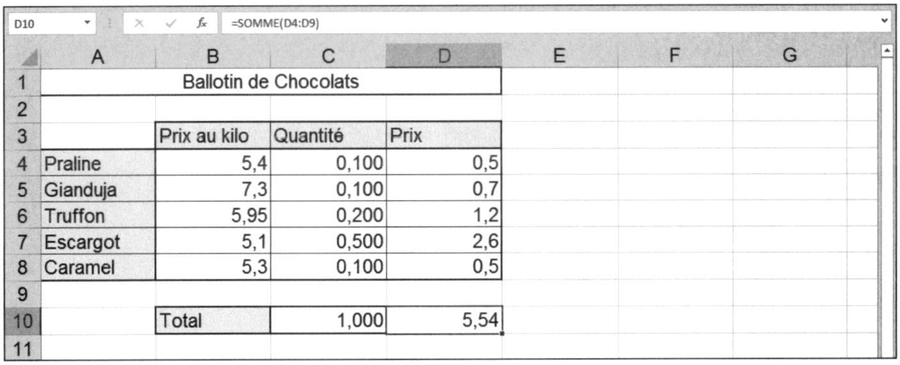

	A	B	C	D
3		Prix au kilo	Quantité	Prix
4	Praline	5,4	0,100	0,5
5	Gianduja	7,3	0,100	0,7
6	Truffon	5,95	0,200	1,2
7	Escargot	5,1	0,500	2,6
8	Caramel	5,3	0,100	0,5
10		Total	1,000	5,54

Figure 9-5 Exemple de tableau à résoudre.

1 Cliquez l'onglet **Données → Analyse → Solveur**.

Note Si ce bouton n'est pas disponible, cliquez l'onglet **Fichier → Options** puis **Compléments** dans la liste de gauche. Sélectionnez **Compléments Excel** dans la liste **Gérer**, puis cliquez le bouton **Atteindre**. Cochez l'option **Complément Solver** dans la boîte **Macro complémentaire** puis cliquez le bouton **OK**.

Excel ouvre la boîte des paramètres du solveur.

2 Cliquez la zone **Objectif à définir** puis cliquez la cellule correspondante dans la feuille (D10 dans l'exemple pour définir le prix total).

Attention La cellule à définir par le solveur doit contenir obligatoirement une formule, donc dépendre d'autres cellules. Utilisez les boutons et si la boîte vous gêne.

3 Cochez l'option correspondant au type de valeur à trouver (valeur maximum, minimum ou fixe).

4 Tapez la valeur dans la zone en regard de l'option **Valeur** (6 dans l'exemple pour limiter le ballotin à 6 €).

Figure 9-6 Paramètres de la cellule à définir.

Définir les cellules variables

Comme pour la valeur cible, vous devez définir les cellules que le solveur doit modifier pour trouver une solution.

1 Cliquez la zone **Cellules variables** puis sélectionnez la cellule ou la plage de cellules qui doit varier (la plage C4:C8 dans l'exemple pour modifier les quantités de chaque chocolat).

2 Pour définir d'autres cellules variables, tapez **;** (point-virgule) puis répétez l'étape **1**.

Figure 9-7 Listes des cellules à modifier.

Définir les contraintes

Les contraintes permettent de limiter les variations excessives de certains paramètres. Dans notre exemple, si les pralines sont à 6 € le kilogramme, le solveur risque de proposer 1 kg de praline et aucun chocolat. Il faut donc lui préciser des quantités minimales et/ou maximales pour chaque produit.

1 Cliquez le bouton **Ajouter**.

2 Cliquez la zone **Référence de cellule** puis cliquez dans la feuille la cellule qui doit subir une contrainte (la cellule C4 dans l'exemple pour limiter la quantité de pralines).

3 Sélectionnez dans la liste du milieu l'opérateur de limitation.

4 Cliquez la zone **Contrainte** puis tapez la limite de la contrainte (0,3 dans l'exemple pour limiter les pralines à 300 g).

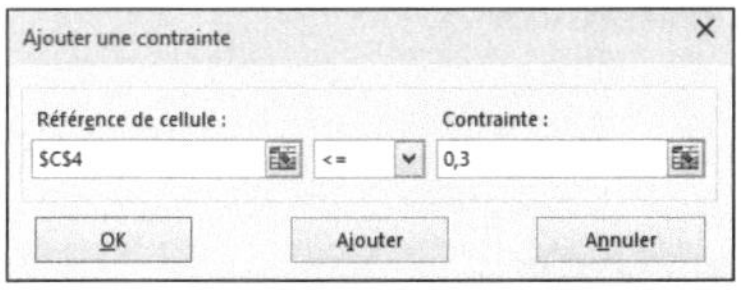

Figure 9-8 Ajout d'une contrainte.

5 Cliquez le bouton **Ajouter**.

6 Répétez les étapes **2** à **4** pour ajouter d'autres contraintes.

Dans l'exemple, nous ajoutons une contrainte sur la cellule C10 pour obtenir exactement 1 kg.

Note Vous pouvez ajouter plusieurs contraintes pour la même cellule.

7 Cliquez le bouton **Annuler**.

La liste **Contraintes** affiche les contraintes choisies (figure 9-9).

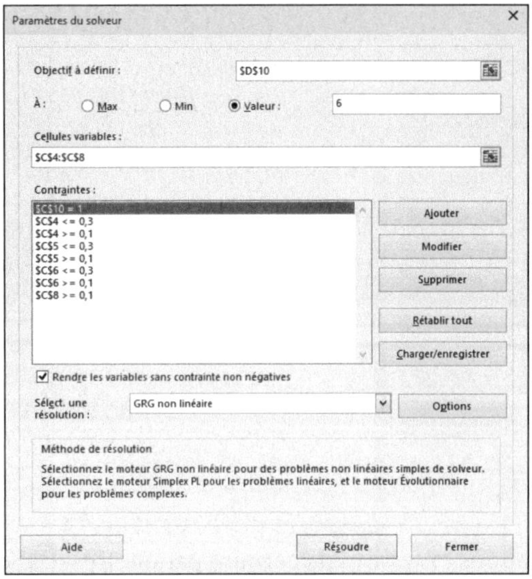

Figure 9-9 Liste des contraintes.

Modifier une contrainte

1 Cliquez dans la liste **Contraintes** celle à modifier.

2 Cliquez le bouton **Modifier**.

3 Modifiez les trois paramètres de la contrainte.

4 Cliquez le bouton **OK**.

Supprimer une contrainte

1 Cliquez la contrainte à supprimer dans la liste **Contraintes**.

2 Cliquez le bouton **Supprimer**.

Trouver une solution au problème posé

Une fois tous les paramètres saisis, vous pouvez résoudre le problème.

1 Pour définir la méthode de résolution du problème, choisissez l'option appropriée dans la liste **Sélect. une résolution**. Consultez l'aide en ligne pour des explications détaillées.

2 Cliquez le bouton **Résoudre**.

La feuille de calcul affiche la solution trouvée par le solveur (figure 9-10).

La boîte **Résultat du solveur** propose de conserver ou de rejeter cette solution.

3 Cochez la case de votre choix (**Conserver** ou **Rétablir**).

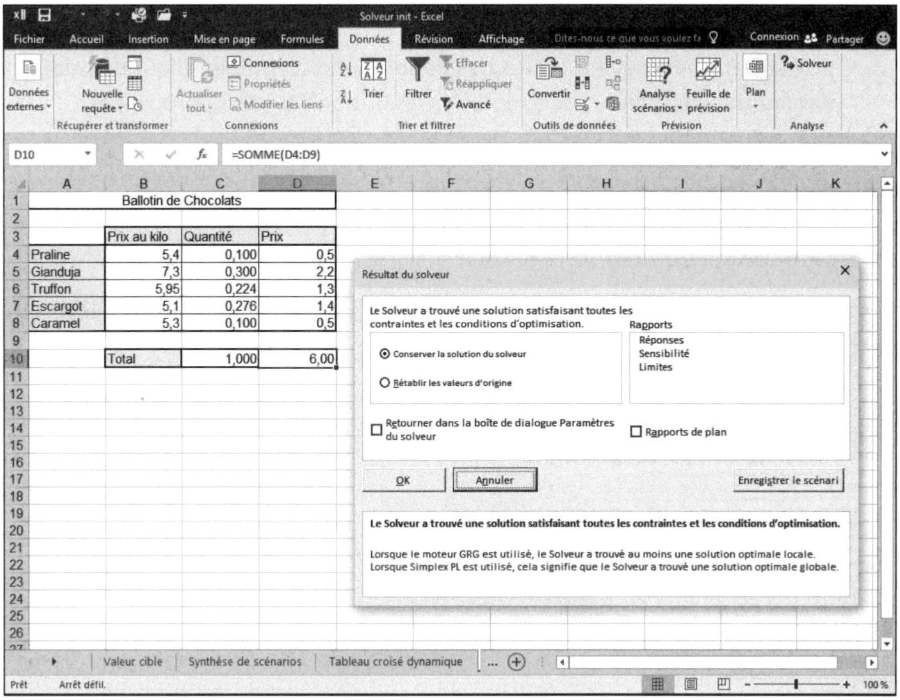

Figure 9-10 Résolution du problème.

4 Cliquez le bouton **OK**.

Si vous avez coché **Conserver la solution du solveur**, la cellule cible est mise à jour en fonction des cellules variables et des contraintes.

Le solveur ne trouve pas de solution

Si le solveur ne trouve pas de solution, vous devez modifier les contraintes.

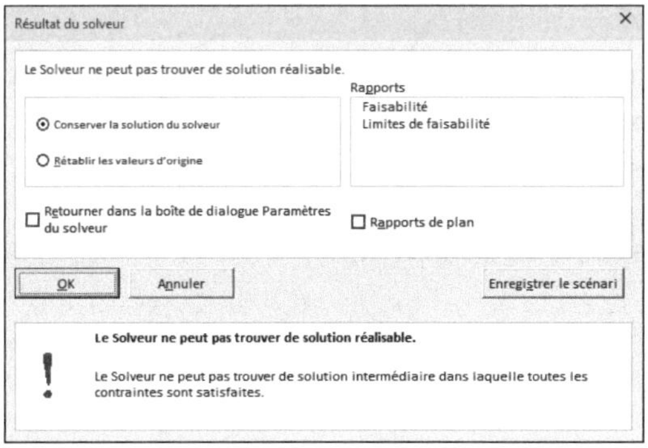

Figure 9-11 Problème non résolu.

1 Cliquez le bouton **Annuler**.

2 Cliquez l'onglet **Données → Analyse → Solveur** pour modifier ou supprimer des contraintes. Le solveur conserve les dernières valeurs.

Astuce Si le solveur ne trouve toujours pas de solution acceptable, cliquez **Options** dans la boîte **Paramètres du solveur**, puis modifiez les options de calcul proposées.

Afficher le rapport du solveur

Vous pouvez demander un rapport complet sur la solution trouvée par le solveur.

1 Cliquez le ou les types de rapports dans la liste **Rapports**. Les valeurs sélectionnées sont en surbrillance (figure 9-12).

Conseil Au moins la première fois, sélectionnez-les tous pour les consulter et vérifier s'ils peuvent vous apporter quelque chose.

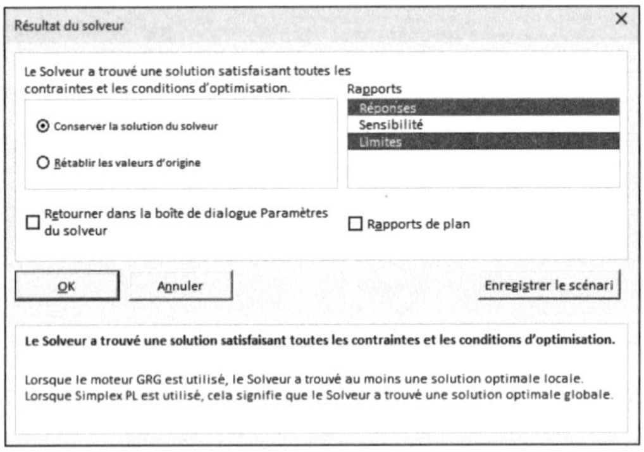

Figure 9-12 Choix des rapports du solveur.

2 Cliquez le bouton **OK**.

Le solveur ajoute une nouvelle feuille pour chaque rapport choisi.

3 Cliquez **Rapport de solution 1**.

Vous retrouvez dans cette feuille les valeurs initiales et finales ainsi que toutes les contraintes choisies. Le terme **Lié** indique que le solveur a utilisé la contrainte.

4 Cliquez **Rapport de la sensibilité 1**.

Cette feuille affiche les paramètres de recherche du solveur.

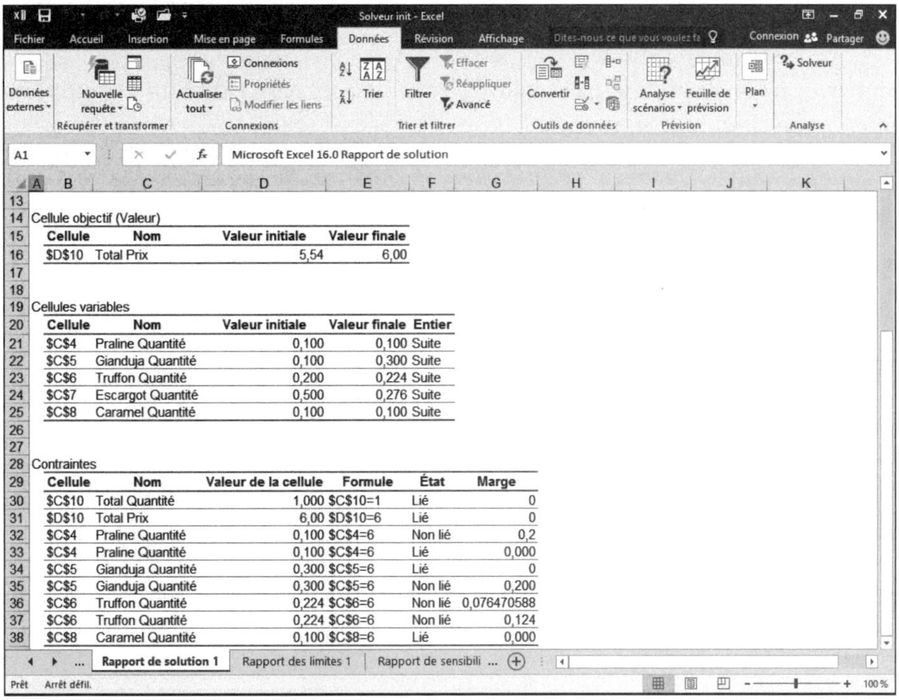

Figure 9-13 Rapport des réponses générées par le solveur.

5 Cliquez **Rapport des limites 1**.

Cette feuille affiche la liste des valeurs cibles en fonction des limites supérieures et inférieures définies pour les cellules variables.

Définir un scénario

Si vous faites plusieurs essais avec des valeurs différentes en utilisant le solveur, vous pouvez conserver chaque résultat comme un scénario possible.

1 Dans la boîte **Résultat du solveur** (figure 9-12), cliquez le bouton **Enregistrer le scénario**.

2 Tapez le nom du scénario dans la boîte **Enregistrer le scénario**.

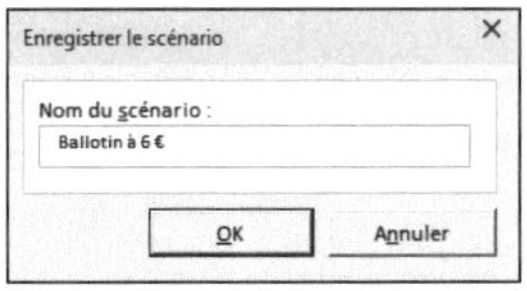

Figure 9-14 Enregistrement d'un scénario.

3 Cliquez le bouton **OK**.

4 Créer d'autres solutions avec le solveur, puis effectuez les étapes **1** à **3**.

Gérer les scénarios

Dès que vous avez créé plusieurs scénarios, vous pouvez passer de l'un à l'autre, mais aussi les modifier ou en ajouter de nouveaux.

1 Cliquez l'onglet **Données** ➜ **Prévision** ➜ **Analyse de scénarios** ➜ **Gestionnaire de scénarios**.

La liste **Scénarios** affiche ceux déjà enregistrés.

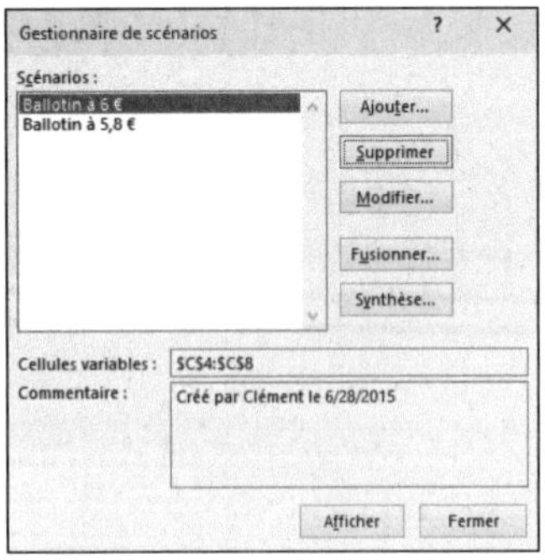

Figure 9-15 Liste des scénarios.

Ajouter un scénario

Les scénarios ne sont pas liés au solveur, mais aux cellules variables. Vous pouvez donc en ajouter de nouveaux indépendamment du solveur.

1 Cliquez le bouton **Ajouter** (figure 9-15).

2 Dans la zone **Nom du scénario**, tapez celui du nouveau scénario (figure 9-16).

3 Éventuellement, modifiez la plage dans la zone **Cellules variables**.

4 Éventuellement, tapez un texte sur le scénario dans la zone **Commentaire**.

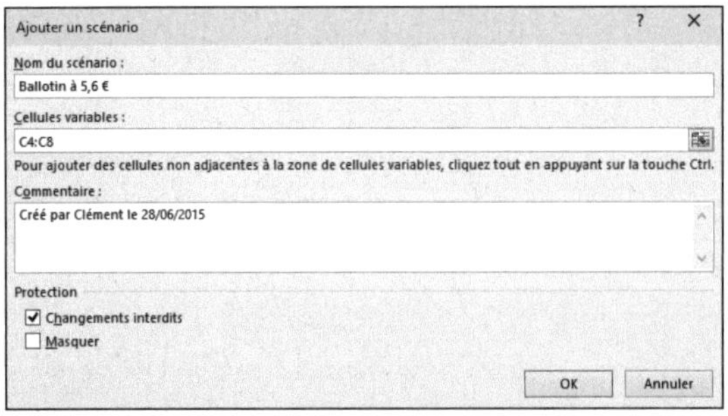

Figure 9-16 Ajout d'un scénario.

5 Cliquez le bouton **OK**.

Le scénario propose les valeurs actuellement dans la feuille de calcul.

6 Tapez les nouvelles valeurs des cellules variables dans les zones proposées.

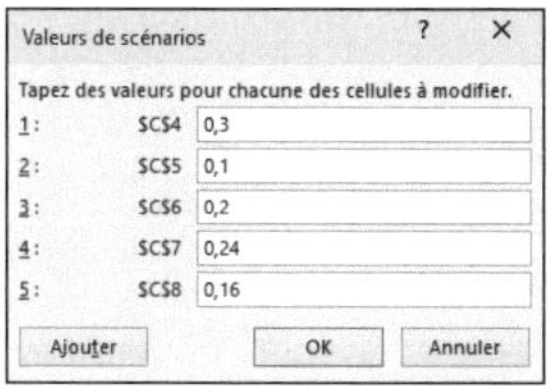

Figure 9-17 Paramètres du nouveau scénario.

7 Cliquez le bouton **OK**.

8 Dans la boîte **Gestionnaire de scénarios** (figure 9-15), cliquez le bouton **Afficher** pour voir le nouveau scénario dans la feuille de calcul.

La feuille tient compte des valeurs du scénario définies à l'étape **6**.

Note Vous pouvez à tout moment cliquer le bouton **Modifier** pour changer les valeurs du scénario sélectionné.

Changer de scénario

Vous pouvez passer facilement d'un scénario à un autre pour choisir celui qui résout le mieux le problème posé.

1 Cliquez le scénario dans la liste **Scénarios** (figure 9-15).

2 Cliquez le bouton **Afficher**.

La feuille de calcul contient les valeurs du scénario choisi.

3 Cliquez un autre scénario dans la liste **Scénarios** (figure 9-15).

4 Cliquez le bouton **Afficher**.

La feuille de calcul contient les valeurs de l'autre scénario.

Note Vous pouvez à tout moment cliquer le bouton **Supprimer** pour effacer le scénario sélectionné.

Générer un rapport mono-utilisateur

Si vous êtes le seul utilisateur à modifier la feuille contenant les scénarios, vous pouvez générer un rapport en mode plan.

1 Dans la boîte **Gestionnaire de scénarios** (figure 9-15), cliquez le bouton **Synthèse**.

Note Cliquez l'onglet **Données → Prévision → Analyse scénarios → Gestionnaire de scénarios** pour afficher cette boîte.

2 Cochez l'option **Synthèse de scénarios**.

3 Cliquez la zone.

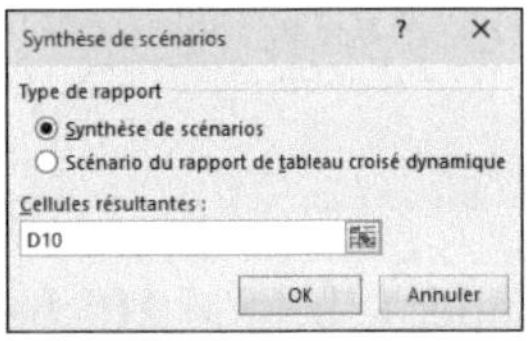

Figure 9-18 Création d'une synthèse de scénarios.

4 Cliquez le bouton **OK**.

Une nouvelle feuille regroupe tous les scénarios définis.

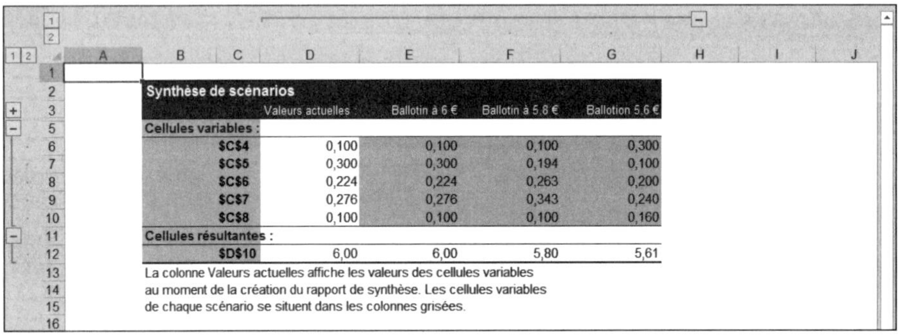

Synthèse de scénarios					
	Valeurs actuelles :	Ballotin à 6 €	Ballotin à 5.8 €	Ballotin 5.6 €
Cellules variables :				
$C$4	0,100	0,100	0,100	0,300
$C$5	0,300	0,300	0,194	0,100
$C$6	0,224	0,224	0,263	0,200
$C$7	0,276	0,276	0,343	0,240
$C$8	0,100	0,100	0,100	0,160
Cellules résultantes :				
$D$10	6,00	6,00	5,80	5,61

La colonne Valeurs actuelles affiche les valeurs des cellules variables au moment de la création du rapport de synthèse. Les cellules variables de chaque scénario se situent dans les colonnes grisées.

Figure 9-19 Synthèse de scénarios.

Générer un rapport multi-utilisateurs

Si vous êtes plusieurs utilisateurs à modifier la feuille contenant les scénarios, vous pouvez générer un rapport sous forme de tableau croisé dynamique pour connaître l'auteur de chaque scénario.

1 Dans la boîte **Gestionnaire de scénarios** (figure 9-15), cliquez le bouton **Synthèse**.

Note Cliquez l'onglet **Données → Prévision → Analyse scénarios → Gestionnaire de scénarios** pour afficher cette boîte.

2 Cochez l'option **Scénario du rapport de tableau croisé dynamique** (figure 9-18).

3 Cliquez le bouton **OK**.

Une nouvelle feuille regroupe tous les scénarios définis dans un tableau croisé dynamique. Consultez le chapitre 10 pour l'utilisation des tableaux croisés dynamiques.

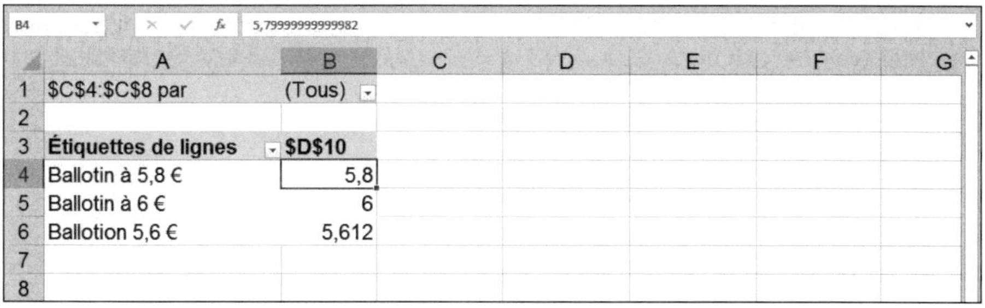

Figure 9-20 Synthèse de scénarios dans un tableau croisé dynamique.

Chapitre 10

Tableaux croisés dynamiques

Dans ce chapitre :

- Créer un tableau croisé dynamique
- Laisser Excel suggérer le tableau croisé
- Modifier la position des champs
- Ajouter des sous-totaux
- Ajouter des champs calculés
- Trier les données
- Afficher les pages
- Utiliser les segments
- Mettre en forme un tableau croisé dynamique

Un tableau croisé dynamique analyse et synthétise les données. Il prend comme en-tête de ligne et de colonne les données extraites du tableau d'origine et effectue un calcul de synthèse au croisement des lignes et colonnes correspondantes. Une fois réalisé, vous pouvez modifier dynamiquement la présentation de ces données en déplaçant de simples boutons. Les tableaux croisés dynamiques permettent de cibler les données importantes des tableaux contenant une grande quantité de données.

Créer un tableau croisé dynamique

Pour créer un tableau croisé dynamique, il est nécessaire que le tableau d'origine contienne des valeurs qui se répètent. C'est le cas dans l'exemple de la figure 10-1. Les colonnes Ville, Secteur ou Mois comportent des valeurs identiques. Il est alors possible de regrouper les données pour chacune des valeurs de ces colonnes.

De plus, le tableau doit contenir des valeurs numériques. C'est le cas de la colonne Montant de notre exemple. Si le tableau ne contient que du texte, le tableau croisé se contentera de compter le nombre de valeurs.

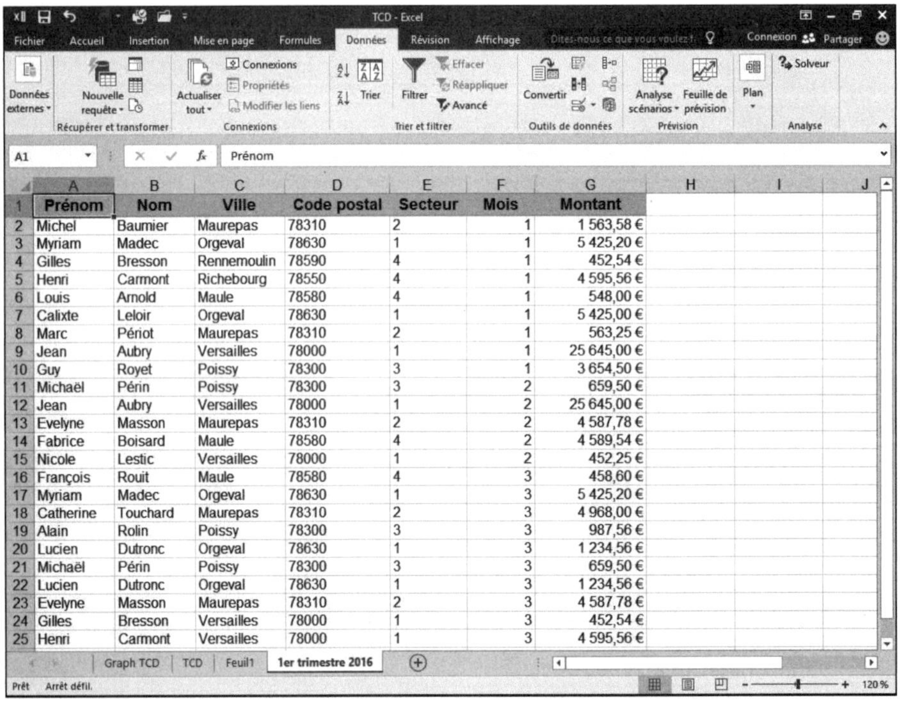

Prénom	Nom	Ville	Code postal	Secteur	Mois	Montant
Michel	Baumier	Maurepas	78310	2	1	1 563,58 €
Myriam	Madec	Orgeval	78630	1	1	5 425,20 €
Gilles	Bresson	Rennemoulin	78590	4	1	452,54 €
Henri	Carmont	Richebourg	78550	4	1	4 595,56 €
Louis	Arnold	Maule	78580	4	1	548,00 €
Calixte	Leloir	Orgeval	78630	1	1	5 425,00 €
Marc	Périot	Maurepas	78310	2	1	563,25 €
Jean	Aubry	Versailles	78000	1	1	25 645,00 €
Guy	Royet	Poissy	78300	3	1	3 654,50 €
Michaël	Périn	Poissy	78300	3	2	659,50 €
Jean	Aubry	Versailles	78000	1	2	25 645,00 €
Evelyne	Masson	Maurepas	78310	2	2	4 587,78 €
Fabrice	Boisard	Maule	78580	4	2	4 589,54 €
Nicole	Lestic	Versailles	78000	1	2	452,25 €
François	Rouit	Maule	78580	4	3	458,60 €
Myriam	Madec	Orgeval	78630	1	3	5 425,20 €
Catherine	Touchard	Maurepas	78310	2	3	4 968,00 €
Alain	Rolin	Poissy	78300	3	3	987,56 €
Lucien	Dutronc	Orgeval	78630	1	3	1 234,56 €
Michaël	Périn	Poissy	78300	3	3	659,50 €
Lucien	Dutronc	Orgeval	78630	1	3	1 234,56 €
Evelyne	Masson	Maurepas	78310	2	3	4 587,78 €
Gilles	Bresson	Versailles	78000	1	3	452,54 €
Henri	Carmont	Versailles	78000	1	3	4 595,56 €

Figure 10-1 Exemple de tableau avec des données qui se répètent.

La création d'un tableau croisé dynamique est simplifiée grâce à une boîte de dialogue élémentaire.

1 Cliquez une cellule du tableau contenant les données.

2 Cliquez l'onglet **Insertion → Tableaux → Tableau croisé dynamique**.

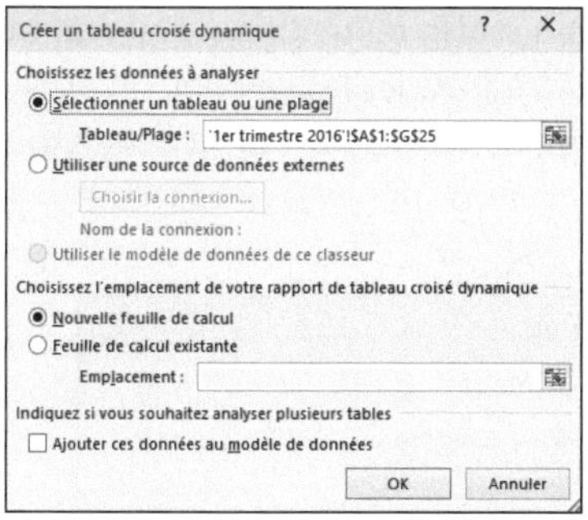

Figure 10-2 Boîte de création d'un tableau croisé dynamique.

La boîte de la figure 10-2 propose les options suivantes :

- **Sélectionner un tableau ou une plage** : les données sont dans une feuille de calcul du classeur actif ou dans un autre classeur ouvert. Si vous avez sélectionné une cellule d'un tableau à l'étape **1**, Excel propose la plage correspondante. Vérifiez que cette dernière est conforme. Vous pouvez aussi modifier cette plage directement dans une feuille du classeur actif ou dans un classeur ouvert. Utilisez les boutons et pour effectuer la sélection.
- **Utiliser une source de données externe** : les données ne se trouvent pas dans un classeur (des données sur Internet par exemple). Cliquez le bouton **Choisir la connexion** pour rechercher l'emplacement des données.

3 Cochez le type de données et leur emplacement.

Les tableaux croisés peuvent être placés dans une nouvelle feuille ou dans une feuille existante.

4 Cochez l'option **Nouvelle feuille de calcul** ou **Feuille de calcul existante** en fonction de l'emplacement du tableau croisé.

5 Si vous avez choisi **Feuille de calcul existante** à l'étape **4**, tapez la référence de la première cellule dans cette zone ou cliquez le bouton .

6 Cliquez le bouton **OK**.

Le tableau croisé dynamique est inséré à l'emplacement choisi. Si vous l'avez demandé, Excel a ajouté une feuille au classeur.

Deux nouveaux onglets, **Analyse** et **Création**, apparaissent dans le ruban. Le volet **Champs de tableau croisé**, ancré à droite de la feuille par défaut, permet de choisir les champs dynamiques qui doivent apparaître dans le tableau croisé. Vous pouvez faire glisser sa barre de titre pour le placer à un autre endroit (le curseur de souris prend la forme). Si le volet est fermé, cliquez l'onglet **Analyse → Afficher → Liste des champs**.

Définition **Champ dynamique :** données placées dans l'en-tête de ligne ou de colonne du tableau croisé dynamique. Les données correspondent à une colonne du tableau d'origine. Par défaut, il porte le nom de l'en-tête de cette colonne.

Définition **Champ de valeurs :** valeurs placées dans le tableau croisé dynamique. Les données proviennent d'une colonne du tableau d'origine. Pour regrouper les valeurs, on applique un calcul de synthèse (une somme par défaut). Un tableau croisé contient obligatoirement un champ de valeurs.

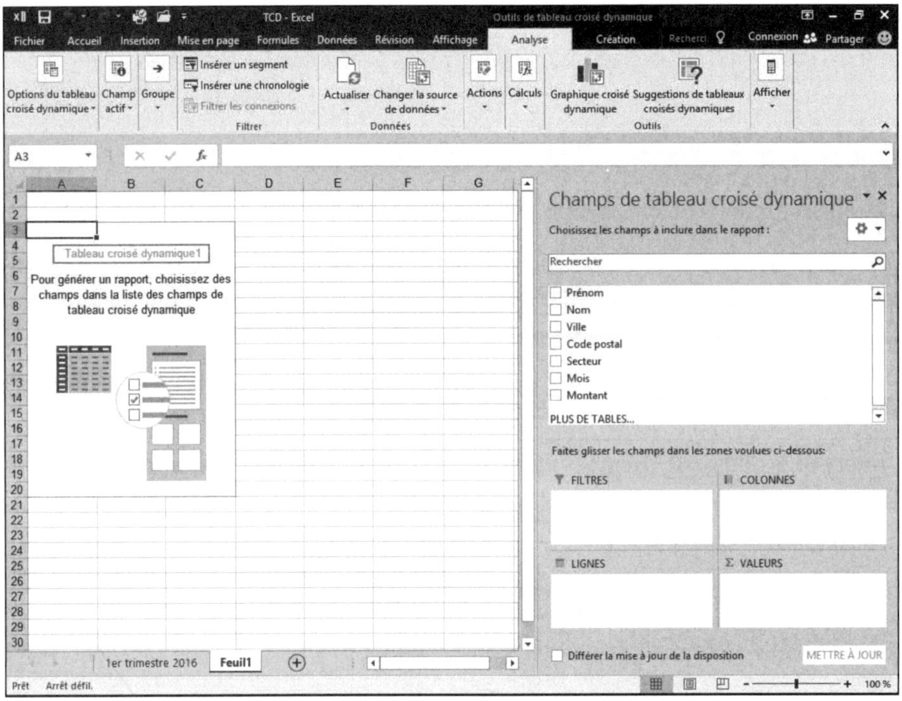

Figure 10-3 Création d'un tableau croisé dynamique.

7 Cliquez et faites glisser un des noms de champs proposés en haut du volet **Champs de tableau croisé** vers la zone **Colonnes** en bas du volet.

Le champ de colonne est ajouté au tableau croisé.

8 Cliquez et faites glisser un des noms de champs proposés en haut du volet **Champs de tableau croisé** vers la zone **Lignes** en bas du volet.

9 Cliquez et faites glisser un des noms de champs contenant des valeurs numériques vers la zone **Valeurs** en bas du volet.

10 Cliquez et faites glisser un des noms de champs proposés en haut du volet **Champs de tableau croisé** vers la zone **Filtres** en bas du volet.

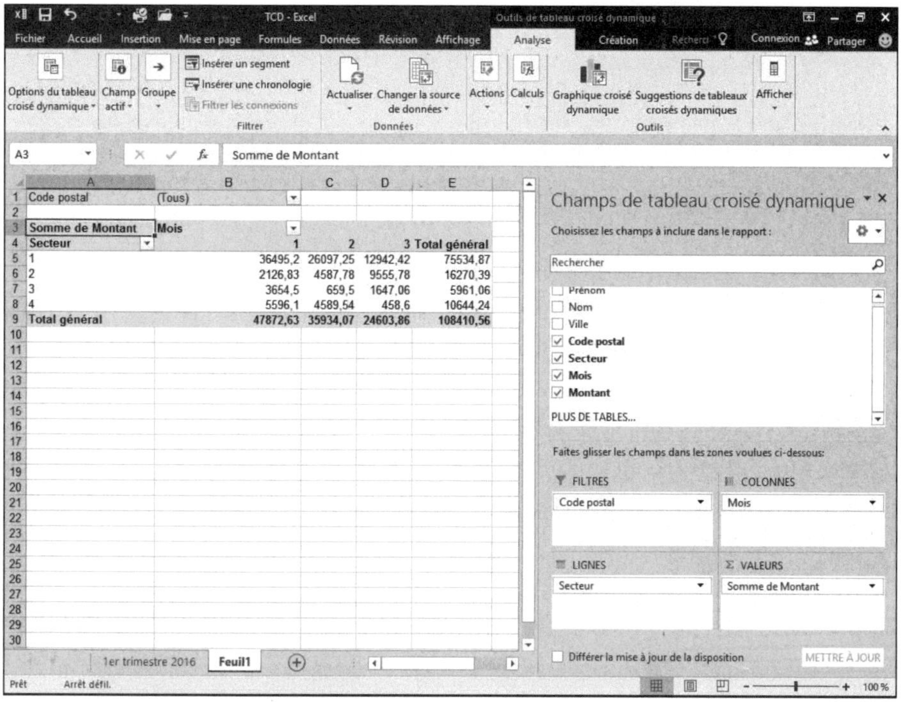

Figure 10-4 Ajout de champs dynamiques à un tableau croisé.

Le tableau croisé est maintenant complet.

Note Dans l'exemple, les **Mois** apparaissent dans les en-têtes de colonnes, les **Secteurs** dans les en-têtes de lignes, la somme des **Montants** dans les données et il sera possible de sélectionner un **Code postal** en particulier (champ de filtre). Si les noms apparaissent sous la forme « Étiquette de », il suffit de cliquer la cellule puis de taper un autre nom.

Laisser Excel suggérer le tableau croisé

Si vous ne connaissez pas encore le meilleur agencement de votre tableau croisé, Excel peut vous suggérer des exemples en fonction des données du tableau d'origine.

1 Cliquez l'onglet **Insertion ➜ Tableaux ➜ Tableaux croisés dynamiques**.

2 Si les données sélectionnées dans la feuille ne correspondant pas à votre tableau, cliquez le lien **Modifier les données source,** puis sélectionnez la bonne plage.

3 Cliquez dans la colonne de gauche une des suggestions proposées.

La partie de droite affiche un exemple.

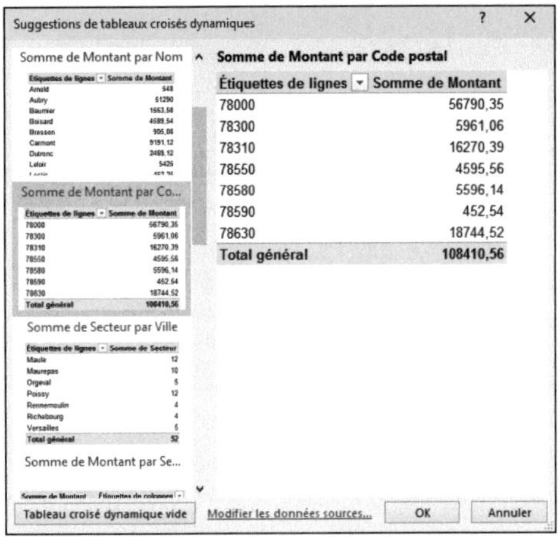

Figure 10-5 Choix d'un tableau croisé prédéfini.

4 Cliquez la suggestion qui vous convient.

5 Cliquez le bouton **OK**.

Excel crée, dans une nouvelle feuille, le tableau croisé dynamique choisi.

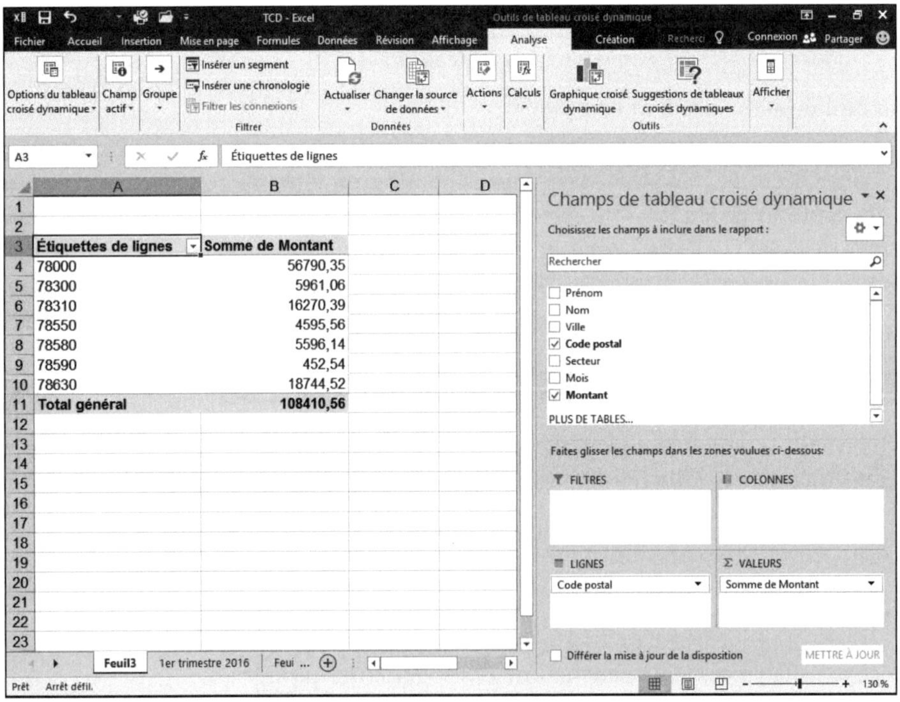

Figure 10-6 Tableau croisé créé par Excel.

Modifier les champs dynamiques

Modifier l'apparence du volet Liste de champs

Pour faciliter les modifications des champs, vous pouvez modifier l'organisation du volet Liste de champs.

1 Cliquez le bouton  dans le volet **Champs de tableau croisé**.

2 Cliquez une des organisations proposées.

Si vous désirez ajouter des champs, préférez l'affichage **Sections Champs et Zones côte à côte**.

Si vous désirez modifier l'organisation du tableau croisé, préférez l'affichage **Section Zones uniquement (2x2)**.

Figure 10-7 Sections Champs et Zones côte à côte.

Figure 10-8 Section Zones uniquement (2x2).

Note Pour afficher ou masquer le volet Champs de tableau croisé, cliquez l'onglet **Analyse ➜ Afficher ➜ Liste des champs**.

Ajouter un champ

Vous pouvez ajouter à tout moment un champ à votre tableau croisé.

1 Cliquez une cellule du tableau croisé.

2 Cliquez et faites glisser le nom du champ vers la zone **Filtres**, **Lignes**, **Colonnes** ou **Valeurs**.

Vous pouvez placer plusieurs champs dans chaque zone. La position d'insertion du champ est fonction de la position précise où vous le déposez. Une ligne verte vous aide à définir cette position.

Supprimer un champ

Si un champ ne vous semble plus nécessaire, vous pouvez facilement le supprimer d'un tableau croisé.

1 Cliquez et faites glisser le bouton du champ en dehors d'une des zones **Filtres**, **Colonnes**, **Lignes** ou **Valeurs**. Si la liste des champs est affichée, décochez simplement sa case.

Le champ est supprimé.

Note Vous pouvez aussi cliquer le bouton du champ dans la section Zones, puis cliquer la commande **Supprimer le champ** dans le menu contextuel.

Déplacer un champ

Puisque le tableau est dynamique, vous pouvez organiser les champs comme bon vous semble. Il suffit pour cela de modifier l'ordre des champs dans la section **Zones** en bas du volet **Champs de tableau croisé**.

1 Pour modifier l'ordre à l'intérieur d'une des zones **Filtres**, **Colonnes**, **Lignes** ou **Valeurs**, cliquez et faites glisser le bouton à déplacer vers le haut ou vers le bas.

Dans les exemples des figures 10-9 et 10-10, les champs **Secteur** et **Ville** sont intervertis dans la zone **Lignes**.

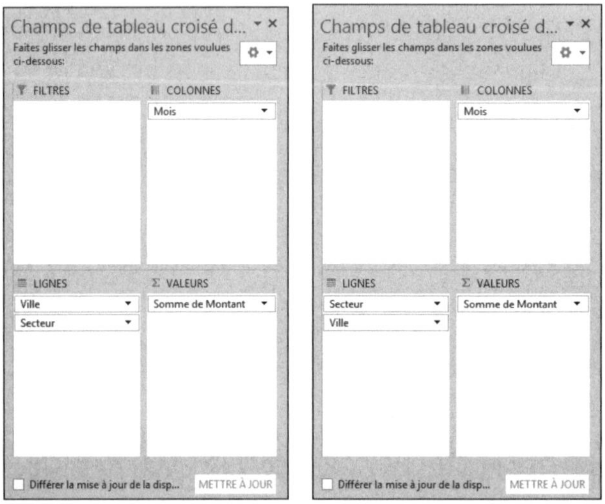

Figure 10-9 Déplacement d'un champ dans la même zone (avant et après dans le volet Champs de tableau croisé).

Somme de Montant	Étiquettes de colonnes			
Étiquettes de lignes	1	2	3	Total général
Maule	**548**	**4589,54**	**458,6**	**5596,14**
4	548	4589,54	458,6	5596,14
Maurepas	**2126,83**	**4587,78**	**9555,78**	**16270,39**
2	2126,83	4587,78	9555,78	16270,39
Orgeval	**10850,2**		**7894,32**	**18744,52**
1	10850,2		7894,32	18744,52
Poissy	**3654,5**	**659,5**	**1647,06**	**5961,06**
3	3654,5	659,5	1647,06	5961,06
Rennemoulin	**452,54**			**452,54**
4	452,54			452,54
Richebourg	**4595,56**			**4595,56**
4	4595,56			4595,56
Versailles	**25645**	**26097,25**	**5048,1**	**56790,35**
1	25645	26097,25	5048,1	56790,35
Total général	**47872,63**	**35934,07**	**24603,86**	**108410,56**

Somme de Montant	Étiquettes de colonnes			
Étiquettes de lignes	1	2	3	Total général
1	**36495,2**	**26097,25**	**12942,42**	**75534,87**
Orgeval	10850,2		7894,32	18744,52
Versailles	25645	26097,25	5048,1	56790,35
2	**2126,83**	**4587,78**	**9555,78**	**16270,39**
Maurepas	2126,83	4587,78	9555,78	16270,39
3	**3654,5**	**659,5**	**1647,06**	**5961,06**
Poissy	3654,5	659,5	1647,06	5961,06
4	**5596,1**	**4589,54**	**458,6**	**10644,24**
Maule	548	4589,54	458,6	5596,14
Rennemoulin	452,54			452,54
Richebourg	4595,56			4595,56
Total général	**47872,63**	**35934,07**	**24603,86**	**108410,56**

Figure 10-10 Déplacement d'un champ dans la même zone (avant et après dans le tableau croisé).

2 Pour changer la position du champ dans le tableau croisé, cliquez et faites glisser le bouton vers une des autres listes (**Filtres**, **Colonnes**, **Lignes** ou **Valeurs**).

Dans les exemples des figures 10-11 et 10-12, les champs **Code postal** et **Mois** sont intervertis entre les zones **Lignes** et **Colonnes**.

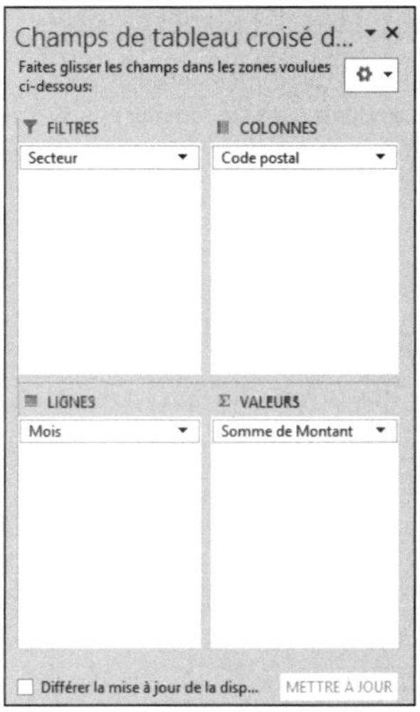

Figure 10-11 Déplacement d'un champ entre deux zones (avant et après dans le volet Champs de tableau croisé).

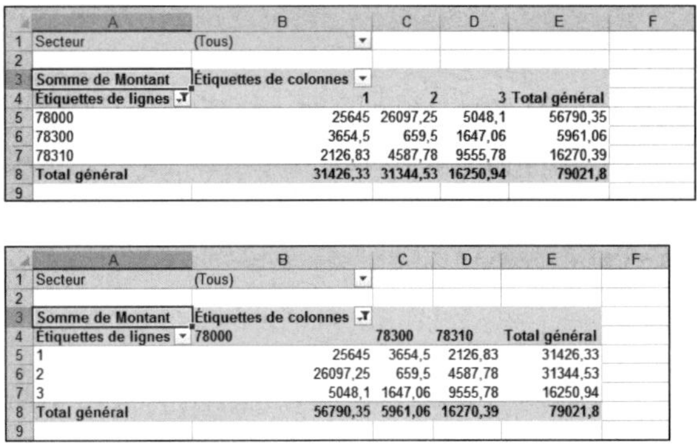

	A	B	C	D	E
1	Secteur	(Tous)			
2					
3	Somme de Montant	Étiquettes de colonnes			
4	Étiquettes de lignes	1	2	3	Total général
5	78000	25645	26097,25	5048,1	56790,35
6	78300	3654,5	659,5	1647,06	5961,06
7	78310	2126,83	4587,78	9555,78	16270,39
8	Total général	31426,33	31344,53	16250,94	79021,8

	A	B	C	D	E
1	Secteur	(Tous)			
2					
3	Somme de Montant	Étiquettes de colonnes			
4	Étiquettes de lignes	78000	78300	78310	Total général
5	1	25645	3654,5	2126,83	31426,33
6	2	26097,25	659,5	4587,78	31344,53
7	3	5048,1	1647,06	9555,78	16250,94
8	Total général	56790,35	5961,06	16270,39	79021,8

Figure 10-12 Déplacement d'un champ entre deux zones (avant et après dans le tableau croisé).

Astuce Vous pouvez aussi cliquer un bouton de champ puis cliquer le bouton **Monter** ou **descendre** dans le menu contextuel. Excel propose aussi les commandes **Déplacer au début** et **Déplacer à la fin**. Ces commandes sont très pratiques si les champs sont nombreux dans la même zone.

Filtrer un tableau croisé dynamique

Pour limiter les données d'un tableau croisé, vous pouvez choisir les éléments à afficher dans les champs de filtres, de colonnes et de lignes.

Choisir un élément d'un champ de filtre

1 Cliquez la flèche [▾] dans la cellule du champ de filtre.

2 Cliquez une valeur dans la liste.

Note Pour ne pas se limiter à une seule valeur, cochez la case **Sélectionner plusieurs éléments,** puis cochez les valeurs à ajouter au filtre.

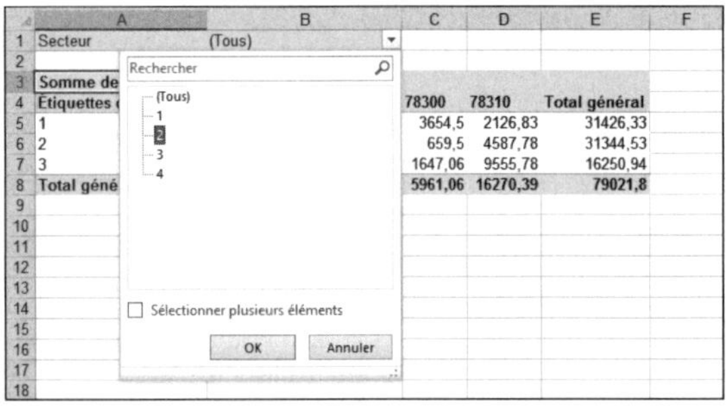

Figure 10-13 Choix des valeurs d'un champ de filtre.

3 Cliquez le bouton **OK**.

Le tableau est recalculé et se limite à la valeur sélectionnée du champ de filtre. La flèche devient .

4 Cliquez la flèche dans la cellule du champ de filtre.

5 Cliquez **(Tous)** dans la liste pour tenir compte de toutes les valeurs.

6 Cliquez le bouton **OK**.

Tous les éléments sont de nouveau présents dans le tableau croisé dynamique.

Note Le symbole apparaît en regard des noms des champs filtrés dans le volet Liste de champs.

Choisir les éléments d'un champ de colonne ou de ligne

1 Cliquez la flèche du champ de colonne ou de ligne.

2 Cochez les éléments à afficher et décochez les éléments à masquer.

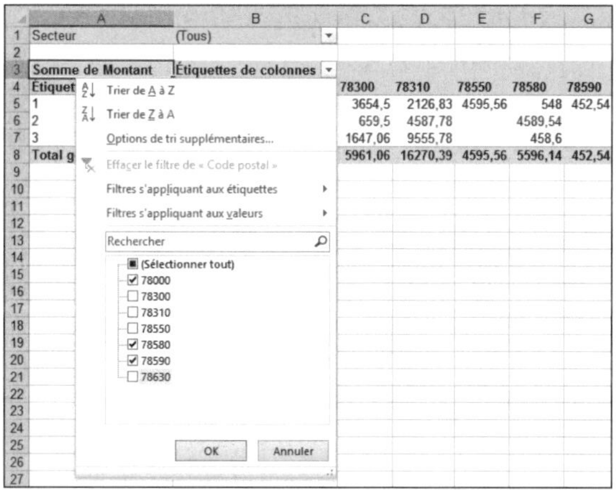

Figure 10-14 Choix des valeurs d'un champ de ligne ou de colonne.

Note Cette boîte offre d'autres solutions pour filtrer les valeurs. Faites des tests.

3 Cliquez le bouton **OK**.

Le tableau est recalculé et se limite aux éléments sélectionnés. La flèche devient .

4 Cliquez la flèche du champ de colonne ou de ligne.

5 Cochez **(Sélectionner tout)** pour tenir compte de tous les éléments.

6 Cliquez le bouton **OK**.

Tous les éléments sont de nouveau présents dans le tableau croisé dynamique.

Modifier le calcul du champ de valeurs

Par défaut, le tableau croisé dynamique effectue une somme sur le champ des valeurs. Modifiez l'opération de synthèse pour effectuer d'autres calculs. Vous pouvez aussi modifier son nom et son format.

Pour accéder à la boîte des paramètres des champs de valeurs, vous avez plusieurs solutions :

- Cliquez une cellule du tableau contenant une valeur, puis cliquez l'onglet **Analyse ➜ Champ actif ➜ Paramètres de champs**.
- Cliquez avec le bouton droit une cellule du tableau contenant une valeur, puis cliquez la commande **Paramètres des champs de valeurs** dans le menu contextuel.
- Cliquez le bouton du champ dans la zone **Valeur** du volet **Champs de tableau croisé**, puis cliquez la commande **Paramètres des champs de valeurs** dans le menu contextuel.

1 Ouvrez la boîte **Paramètres des champs de valeurs**.

2 Sélectionnez l'opération de synthèse dans la liste **Choisissez le type de calcul**.

Note Pour choisir le type de calcul, consultez le tableau 10-1.

3 Tapez le nouveau nom dans la zone **Nom personnalisé**.

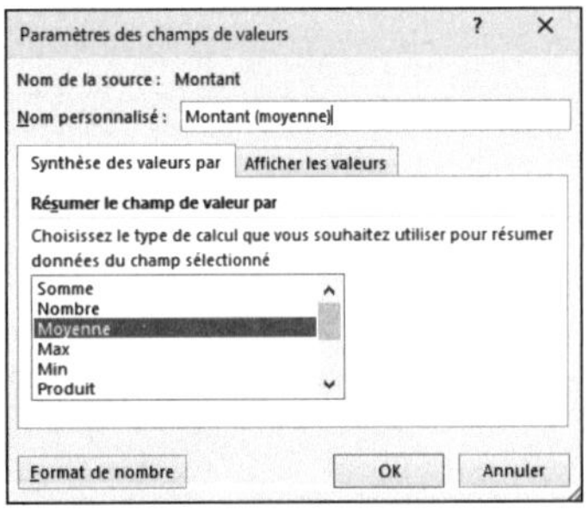

Figure 10-15 Paramètres du champ de valeurs.

Attention Respectez l'ordre des étapes **2** et **3**, car l'étape **2** change automatiquement le nom en fonction du type de calcul choisi.

4 Cliquez le bouton **Format de nombre**.

5 Cliquez un type de format dans la liste **Catégorie**.

Note Cette boîte fonctionne de la même manière que pour les cellules dans les feuilles de calcul. Par défaut, les données sont au format **Standard** dans les nouveaux tableaux croisés dynamiques.

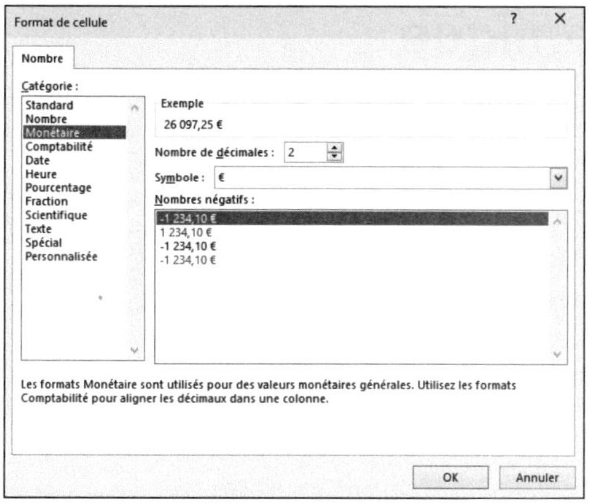

Figure 10-16 Format du champ de valeurs.

6 Sélectionnez les caractéristiques du format.

7 Cliquez **OK** dans la boîte **Format de cellule**.

8 Cliquez **OK** dans la boîte **Paramètres des champs de valeurs**.

Les modifications sont appliquées aux données du tableau croisé dynamique.

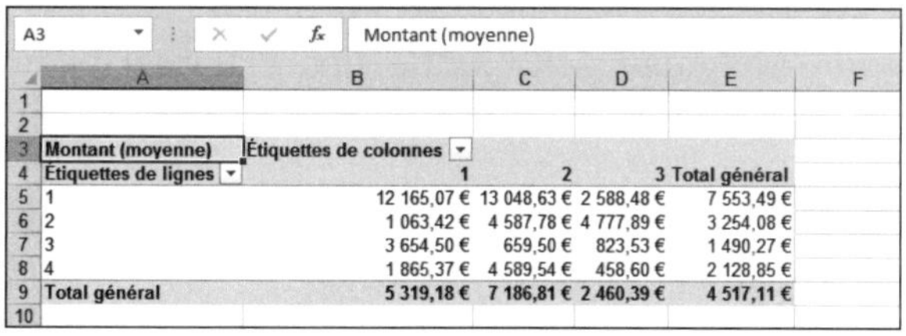

Figure 10-17 Modification du calcul du champ de valeurs.

Synthèse ou Sous-totaux	Pour…
Somme	calculer la somme totale des valeurs.
Nombre	obtenir le nombre de valeurs (numériques ou non).
Moyenne	calculer la moyenne des valeurs.
Max	obtenir la plus grande valeur.
Min	obtenir la plus petite valeur.
Produit	multiplier les valeurs entre elles.
Chiffres	obtenir le nombre de valeurs numériques.
Ecartype	calculer l'écart standard entre les valeurs.
Var	calculer la variance des valeurs.

Tableau 10-1 Fonctions de calcul ou de sous-totaux dans un tableau croisé.

Modifier un champ dynamique

Comme pour le champ de valeurs, vous pouvez changer le nom et le format des champs dynamiques.

1 Ouvrez la boîte **Paramètres de champ** comme pour l'ouverture de la boîte Paramètres des champs de valeurs (consultez les trois solutions dans le paragraphe précédent).

2 Tapez le nouveau nom dans la zone **Nom personnalisé**.

3 Cliquez le bouton **Format de Nombre**.

4 Cliquez un type de format dans la liste **Catégorie**.

5 Sélectionnez les caractéristiques du format.

6 Cliquez le bouton **OK**.

7 Cliquez le bouton **OK** dans la boîte Paramètres de champ.

Astuce Si vous désirez juste modifier le nom des champs, vous pouvez le faire directement dans la cellule correspondante du tableau croisé sans passer par une boîte de dialogue. Double-cliquez la cellule ou utilisez la barre de formule pour changer le nom.

Les modifications sont appliquées au champ dynamique sélectionné (nom et format d'affichage).

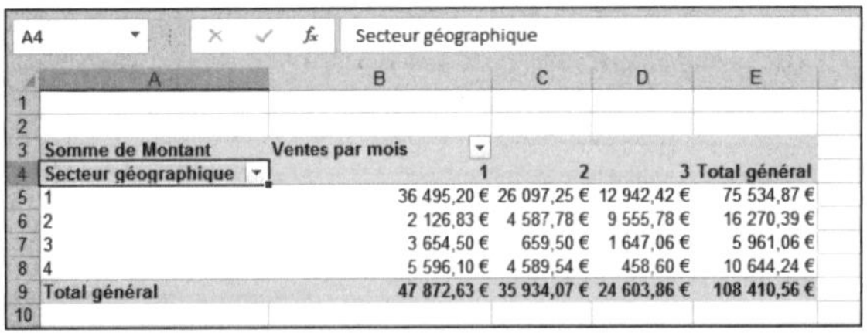
A4 | Secteur géographique

	A	B	C	D	E
1					
2					
3	Somme de Montant	Ventes par mois			
4	Secteur géographique	1	2	3	Total général
5	1	36 495,20 €	26 097,25 €	12 942,42 €	75 534,87 €
6	2	2 126,83 €	4 587,78 €	9 555,78 €	16 270,39 €
7	3	3 654,50 €	659,50 €	1 647,06 €	5 961,06 €
8	4	5 596,10 €	4 589,54 €	458,60 €	10 644,24 €
9	Total général	47 872,63 €	35 934,07 €	24 603,86 €	108 410,56 €
10					

Figure 10-18 Modification des champs dynamiques.

Attention Les noms des champs dynamiques n'apparaissent pas dans la disposition sous forme compactée. Pour les afficher, cliquez l'onglet **Création → Disposition → Disposition du rapport**, puis cliquez **Afficher en mode plan** ou **Afficher sous forme tabulaire**. Pour afficher ou masquer les noms des champs, cliquez l'onglet **Analyse → Afficher → En-têtes de champ**.

Ajouter des sous-totaux

Si vous avez placé plusieurs champs dans les emplacements **Étiquettes de ligne** ou **Étiquettes de colonne**, vous pouvez ajouter un ou plusieurs sous-totaux.

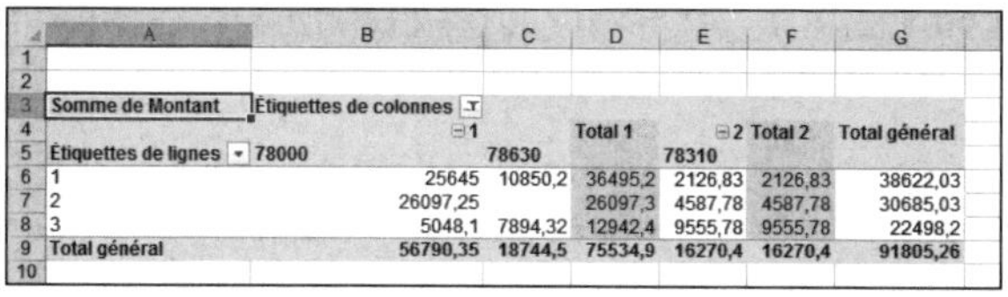

	A	B	C	D	E	F	G
1							
2							
3	Somme de Montant	Étiquettes de colonnes					
4		⊟1		Total 1	⊟2	Total 2	Total général
5	Étiquettes de lignes	78000	78630		78310		
6	1	25645	10850,2	36495,2	2126,83	2126,83	38622,03
7	2	26097,25		26097,3	4587,78	4587,78	30685,03
8	3	5048,1	7894,32	12942,4	9555,78	9555,78	22498,2
9	Total général	56790,35	18744,5	75534,9	16270,4	16270,4	91805,26
10							

Figure 10-19 Colonnes du tableau croisé avec plusieurs champs dynamiques.

Par défaut, Excel effectue automatiquement une somme pour les sous-totaux (colonnes Total 1, Total 2, *etc.*, dans l'exemple de la figure 10-19).

1 Affichez la boîte **Paramètres de champ** (voir plus haut dans ce chapitre).

2 Cochez l'option **Personnalisé**.

3 Cliquez, dans la liste **Sélectionner une ou plusieurs fonctions**, les sous-totaux à ajouter au tableau croisé (ils s'affichent en surbrillance).

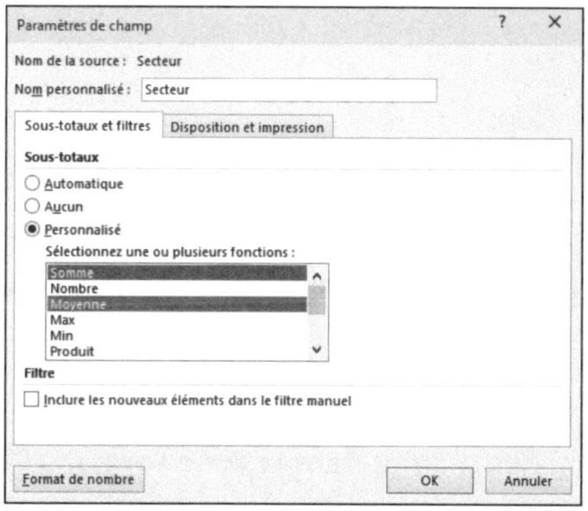

Figure 10-20 Sélection des sous-totaux à ajouter au tableau croisé.

4 Cliquez le bouton **OK**.

Note Pour le type des sous-totaux, consultez le tableau 10-1.

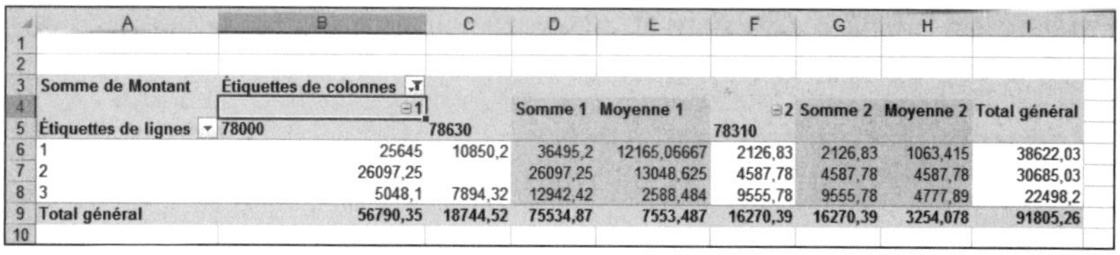

	A	B	C	D	E	F	G	H	I
1									
2									
3	Somme de Montant	Étiquettes de colonnes							
4		⊟1		Somme 1	Moyenne 1	⊟2	Somme 2	Moyenne 2	Total général
5	Étiquettes de lignes	78000	78630			78310			
6	1	25645	10850,2	36495,2	12165,06667	2126,83	2126,83	1063,415	38622,03
7	2	26097,25		26097,25	13048,625	4587,78	4587,78	4587,78	30685,03
8	3	5048,1	7894,32	12942,42	2588,484	9555,78	9555,78	4777,89	22498,2
9	Total général	56790,35	18744,52	75534,87	7553,487	16270,39	16270,39	3254,078	91805,26
10									

Figure 10-21 Nouveaux sous-totaux dans le tableau croisé.

Les sous-totaux apparaissent dans le tableau croisé dynamique.

Ajouter un champ calculé

À partir des champs existants, vous pouvez créer de nouveaux champs en appliquant un calcul (par exemple un prix T.T.C. à partir d'un prix H.T.).

1 Cliquez l'onglet **Analyse → Calculs → Champs, éléments et jeux → Champ calculé**.

2 Tapez le nom du champ calculé dans la zone **Nom**.

3 Cliquez le champ à utiliser dans la formule dans la liste **Champs**.

4 Cliquez le bouton **Insérer un champ**.

Le nom du champ apparaît dans la zone **Formule**.

5 Complétez la formule en fonction des besoins (voir figure 10-22).

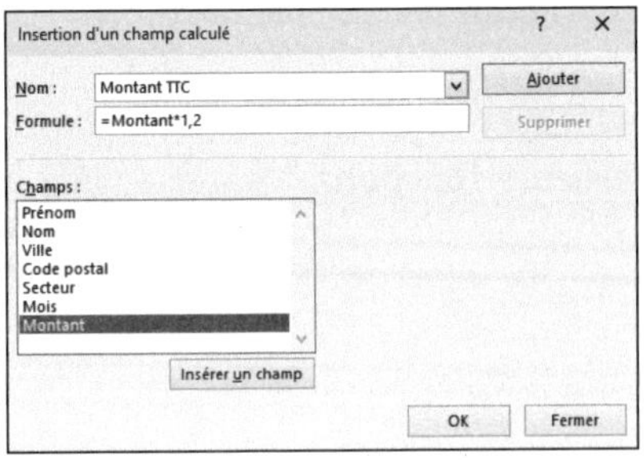

Figure 10-22 Ajout d'un champ calculé.

6 Cliquez le bouton **Ajouter**.

Le nouveau champ calculé apparaît lui aussi dans la liste **Champs**.

7 Cliquez le bouton **OK**.

Note Vous pouvez taper directement le nom des champs dans la zone **Formule**. Si un nom de champ contient des espaces, mettez-le entre apostrophes.

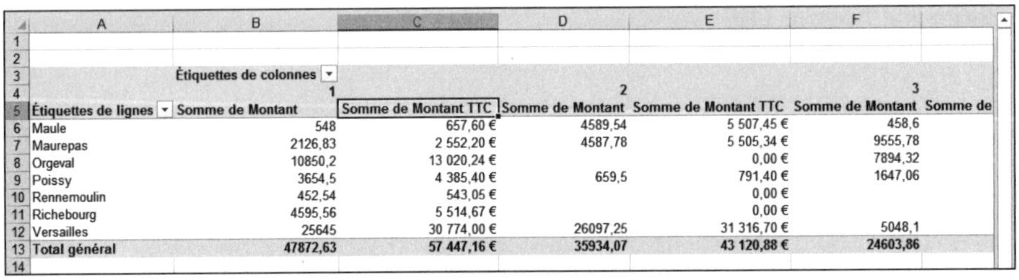

	A	B	C	D	E	F	
1							
2							
3		Étiquettes de colonnes					
4		1		2		3	
5	Étiquettes de lignes	Somme de Montant	Somme de Montant TTC	Somme de Montant	Somme de Montant TTC	Somme de Montant	Somme de
6	Maule	548	657,60 €	4589,54	5 507,45 €	458,6	
7	Maurepas	2126,83	2 552,20 €	4587,78	5 505,34 €	9555,78	
8	Orgeval	10850,2	13 020,24 €		0,00 €	7894,32	
9	Poissy	3654,5	4 385,40 €	659,5	791,40 €	1647,06	
10	Rennemoulin	452,54	543,05 €		0,00 €		
11	Richebourg	4595,56	5 514,67 €		0,00 €		
12	Versailles	25645	30 774,00 €	26097,25	31 316,70 €	5048,1	
13	**Total général**	**47872,63**	**57 447,16 €**	**35934,07**	**43 120,88 €**	**24603,86**	
14							

Figure 10-23 Champ calculé dans un tableau croisé dynamique.

Le champ calculé apparaît dans le tableau croisé dynamique.

Supprimer un champ calculé

Dès qu'un champ calculé n'est plus nécessaire ou que son résultat ne vous convient pas, vous devez le supprimer.

1 Cliquez l'onglet **Analyse → Calculs → Champs, éléments et jeux → Champ calculé**.

2 Sélectionnez le champ calculé à supprimer dans la liste **Nom**.

3 Cliquez le bouton **Supprimer**.

4 Répétez les étapes **2** et **3** pour les autres champs à supprimer.

5 Cliquez le bouton **OK**.

Comparer des valeurs entre elles

Il est très intéressant de comparer une valeur d'un champ dynamique avec toutes les autres valeurs. Le calcul peut s'effectuer quantitativement ou en pourcentage.

1 Cliquez avec le bouton droit une donnée du tableau croisé dynamique.

2 Cliquez la commande **Paramètres des champs de valeurs** dans le menu contextuel.

3 Cliquez l'onglet **Afficher les valeurs**.

4 Dans la liste **Afficher les valeurs**, sélectionnez **Différence par rapport**.

Note Sélectionnez **Différence en % par rapport** pour obtenir des pourcentages.

5 Cliquez le champ qui contient les éléments à comparer dans la liste **Champ de base**.

6 Cliquez l'élément de base de comparaison dans la liste **Élément de base**.

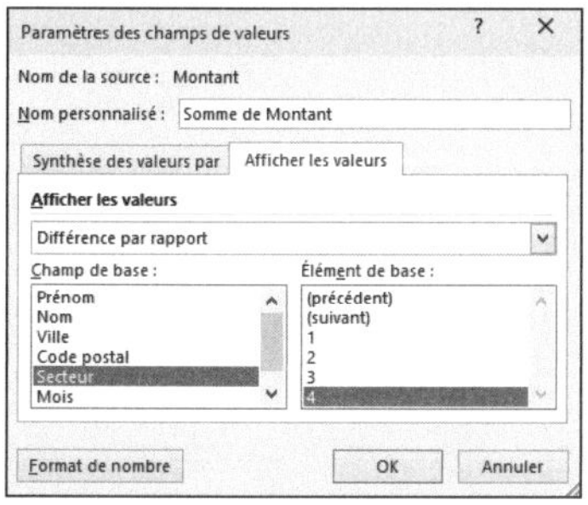

Figure 10-24 Sélection du type de comparaison et de l'élément à comparer.

7 Cliquez le bouton **OK**.

Attention Le champ de base sélectionné doit apparaître dans le tableau croisé. Dans l'exemple, nous allons comparer les ventes réalisées dans les secteurs 1, 2 et 3 à celles du secteur 4.

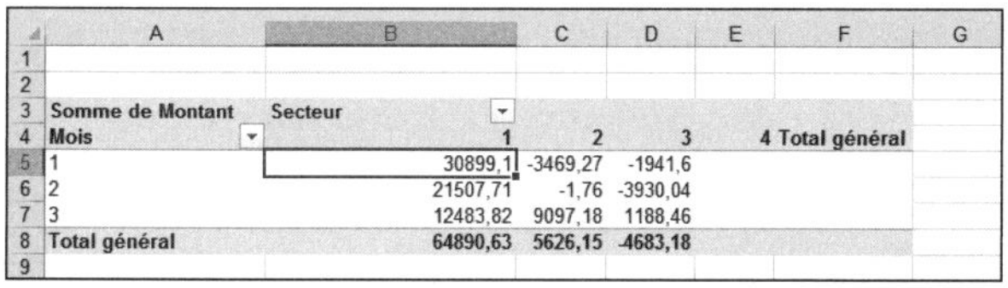

	A	B	C	D	E	F	G
1							
2							
3	Somme de Montant	Secteur					
4	Mois	1	2	3	4	Total général	
5	1	30899,1	-3469,27	-1941,6			
6	2	21507,71	-1,76	-3930,04			
7	3	12483,82	9097,18	1188,46			
8	Total général	64890,63	5626,15	-4683,18			
9							

Figure 10-25 Comparaison entre des valeurs d'un champ.

Les données correspondent à la différence avec l'élément de base de comparaison.

L'élément de base de comparaison, ici le secteur 4, n'a pas de données (il ne se compare pas à lui-même).

Note Sélectionnez **Aucun calcul** dans la liste **Afficher les valeurs** de la boîte **Paramètres des champs de valeurs** pour revenir à l'affichage initial du tableau.

Comparer des valeurs avec le total

Les tableaux croisés dynamiques vous permettent aussi de comparer toutes les valeurs du tableau avec le total général.

1 Cliquez avec le bouton droit une donnée du tableau croisé dynamique.

2 Cliquez la commande **Afficher les valeurs ➜ % du total général** dans le menu contextuel.

Note Ces étapes sont une alternative à l'ouverture de la boîte **Paramètres des champs de valeurs** et l'onglet **Afficher les valeurs**.

	A	B	C	D	E	F	G
1							
2							
3	Somme de Montant	Secteur					
4	Mois	1	2	3	4	Total général	
5	1	33,66%	1,96%	3,37%	5,16%	44,16%	
6	2	24,07%	4,23%	0,61%	4,23%	33,15%	
7	3	11,94%	8,81%	1,52%	0,42%	22,70%	
8	Total général	69,67%	15,01%	5,50%	9,82%	100,00%	
9							

Figure 10-26 Comparaison entre les valeurs et le total.

Chaque donnée du tableau est comparée avec le total général du tableau.

Le tableau 10-2 regroupe les autres fonctions disponibles pour effectuer des comparaisons (onglet **Afficher les valeurs** de la boîte **Paramètres des champs de valeurs**).

Type de calcul	Description
% du total général	Compare en % toutes les données du tableau avec le total général.
% de	Compare en % une donnée du tableau avec toutes les autres données.
Résultat cumulé par	Affiche les données sous forme de cumul pour chaque ligne ou pour chaque colonne en fonction de l'emplacement du champ sélectionné.
% résultat cumulé dans	Affiche en % le cumul pour chaque ligne ou pour chaque colonne en fonction de l'emplacement du champ sélectionné.
% du total de la ligne	Compare en % les données de chaque ligne. Chaque ligne correspond à 100 %.

Type de calcul	Description
% du total de la colonne	Compare en % les données de chaque colonne. Chaque colonne correspond à 100 %.
% du total de la ligne parente	Compare en % les données de chaque ligne. Chaque colonne correspond à 100 %.
% du total de la colonne parente	Compare en % les données de chaque colonne. Chaque ligne correspond à 100 %.
Index	Affiche les données en appliquant le calcul suivant : ((valeur dans la cellule) x (Total général)) / ((Total général de la ligne) x (Total général de la colonne)).
Rang – Du plus petit au plus grand	Affiche les données sous forme de classement, la plus petite ayant la valeur 1. La fonction gère les *ex æquo*.
Rang – Du plus grand au plus petit	Affiche les données sous forme de classement, la plus grande ayant la valeur 1. La fonction gère les *ex æquo*.

Tableau 10-2 Autres fonctions de la boîte Paramètres des champs de valeurs (onglet Afficher les valeurs).

Trier et filtrer les données

Par défaut, les éléments sont triés par ordre alphabétique ou numérique. Cet ordre est modifiable directement avec la souris.

Pour modifier l'ordre des données :

1 Cliquez l'élément d'en-tête de ligne ou de colonne à déplacer et faites glisser le bord de la sélection à son nouvel emplacement (le curseur de souris à la forme).

Pour choisir l'ordre de tri des éléments :

1 Cliquez avec le bouton droit un élément du champ à trier.

2 Cliquez la commande **Trier** dans le menu contextuel, puis l'ordre de tri.

Le bouton du champ prend la forme (tri croissant) ou (tri décroissant).

Pour limiter le nombre de données :

1 Cliquez avec le bouton droit un élément du champ à trier.

2 Cliquez la commande **Filtrer → 10 premiers** dans le menu contextuel.

3 Sélectionnez **Haut** (premières données) ou **Bas** (dernières données) dans la liste **Afficher**.

4 Tapez le nombre de données à afficher dans la zone en regard de la liste **Afficher**.

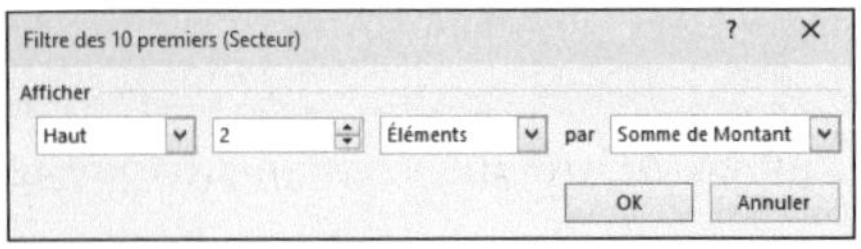

Figure 10-27 Limitation du nombre de données.

5 Cliquez le bouton **OK**.

Le bouton du champ prend la forme pour indiquer la présence d'un filtre.

Afficher les pages

Si le tableau comporte un champ de filtre, vous pouvez créer de nouveaux tableaux croisés basés sur chaque élément de ce champ.

1 Cliquez l'onglet **Analyse ➜ Options du tableau croisé dynamique ➜ Options ➜ Afficher les pages de filtre de rapport**.

2 Cliquez dans la liste le champ à utiliser pour créer des pages.

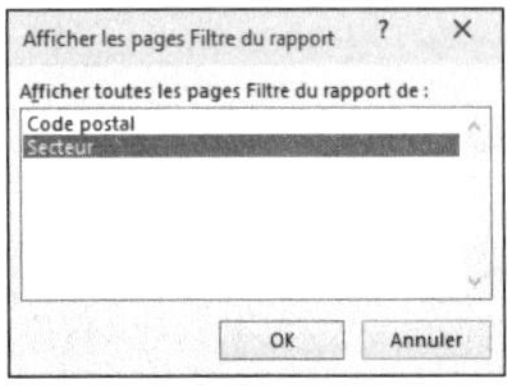

Figure 10-28 Choix des champs de filtre.

3 Cliquez le bouton **OK**.

Excel a créé une nouvelle feuille pour chaque élément du champ de filtre. Chaque onglet de feuille porte le nom d'un élément.

4 Cliquez l'onglet de l'élément à afficher.

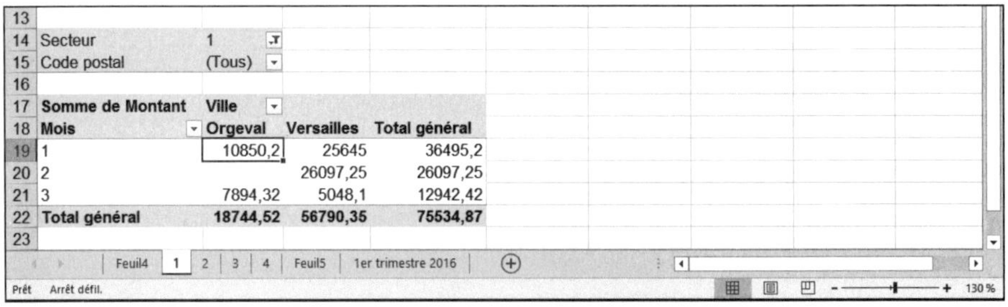

Figure 10-29 Tableau croisé dynamique d'un seul élément de filtre.

Chaque nouvelle feuille contient un tableau croisé dont la structure est identique à celle du tableau d'origine. Les valeurs du tableau varient en fonction des éléments du champ de filtre choisi à l'étape **2**.

Utiliser les segments

Un segment permet de filtrer rapidement et visuellement un tableau croisé dynamique.

1 Cliquez l'onglet **Analyse ➜ Filtrer ➜ Insérer un segment**.

2 Cochez le nom du champ dont vous désirez ajouter un segment.

Figure 10-30 Ajout d'un segment dans un tableau croisé dynamique.

3 Cliquez le bouton **OK**.

Excel affiche un nouvel onglet **Options** dans le Ruban.

4 Cliquez, dans la fenêtre du segment, l'élément de filtrage du tableau croisé dynamique.

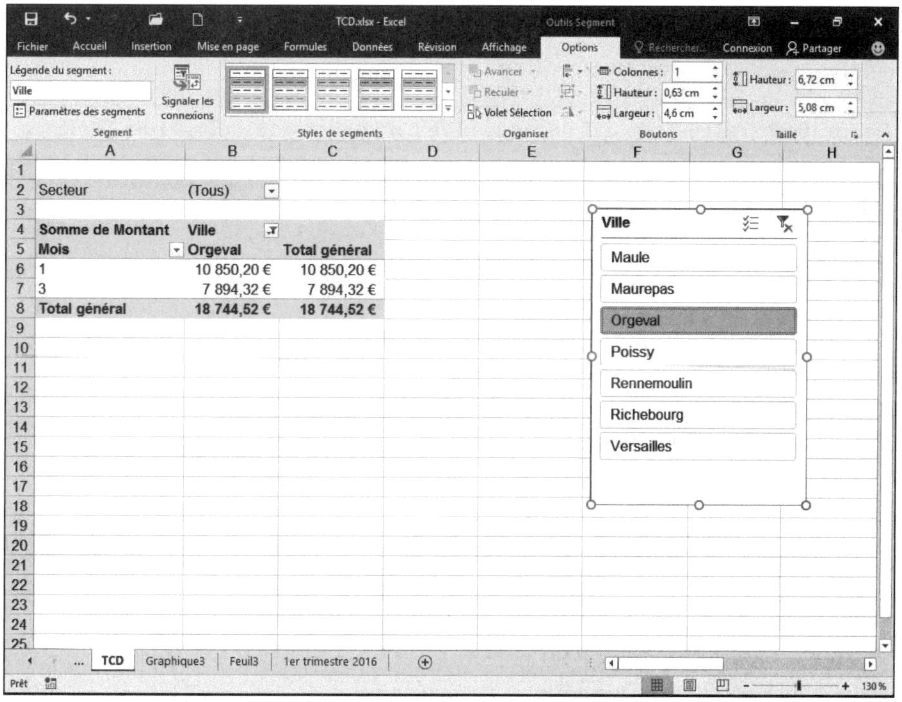

Figure 10-31 Tableau croisé dynamique filtré par un segment.

5 Pour sélectionner plusieurs éléments, cliquez le bouton puis cliquez les éléments à sélectionner ou à désélectionner. Vous pouvez aussi utiliser la touche **Ctrl**, comme dans l'explorateur Windows.

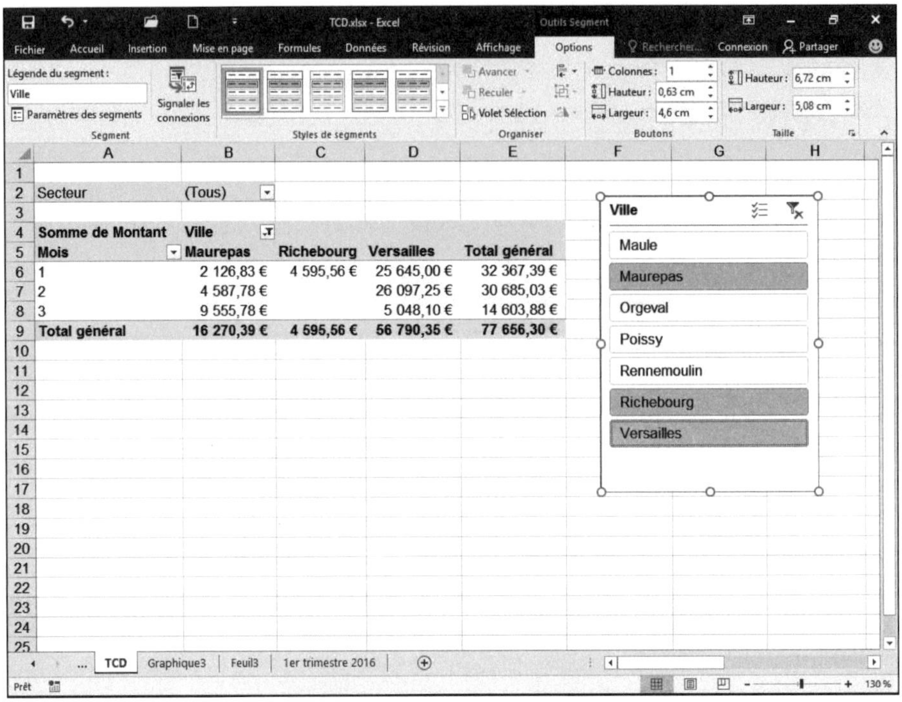

Figure 10-32 Tableau croisé dynamique filtré par un segment sur plusieurs éléments.

6 Pour modifier l'affichage et le nom du segment, utilisez les commandes présentes dans l'onglet **Options**.

7 Pour supprimer le filtrage actuel, cliquez le bouton dans la fenêtre du segment.

Note Pour des informations complémentaires sur les segments, consultez le chapitre 7.

Actualiser les données d'un tableau croisé dynamique

Les tableaux ne sont pas recalculés automatiquement quand vous modifiez les données source. C'est à vous d'effectuer cette opération.

1 Modifiez les données source du tableau croisé.

2 Cliquez l'onglet de la feuille qui contient le tableau croisé.

Le tableau croisé n'a pas été mis à jour.

3 Cliquez une cellule du tableau croisé.

4 Cliquez l'onglet **Analyse ➜ Données ➜ Actualiser** ou utilisez le raccourci **Alt** + **F5**.

Options des tableaux croisés dynamiques

Les tableaux croisés offrent toute une palette d'options, d'agencements et de mises en forme.

1 Cliquez une cellule du tableau croisé.

2 Cliquez l'onglet **Analyse ➜ Options du tableau croisé dynamique ➜ Options**.

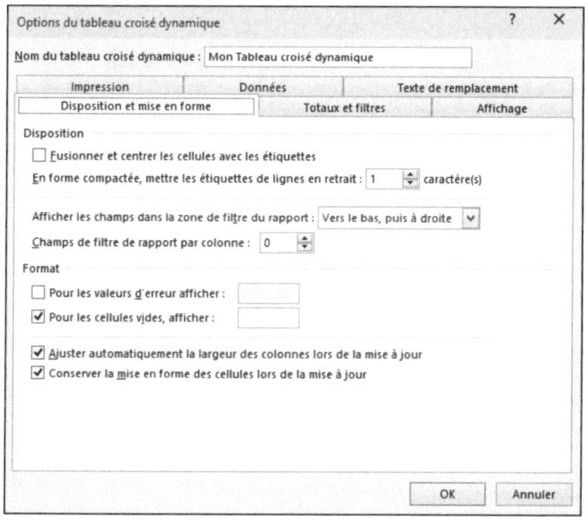

Figure 10-33 Options des tableaux croisés dynamiques.

3 Cochez ou décochez les options à modifier dans chacun des onglets.

4 Cliquez le bouton **OK**.

Mettre en forme un tableau croisé dynamique

Comme pour les tableaux ordinaires, Excel propose de modifier la mise en forme des tableaux croisés dynamiques.

1 Cliquez l'onglet **Création**.

La commande **Disposition** de l'onglet **Création** permet de choisir la position des totaux et des sous-totaux, ainsi que le mode d'affichage et les sauts de page.

La commande **Options de style de tableau croisé dynamique** de l'onglet **Création** permet de choisir les éléments à afficher (en-têtes et fond de couleur).

Excel propose des mises en forme prédéfinies.

1 Cliquez l'onglet **Création ➜ Styles de tableau croisé dynamique**.

2 Pointez un style dans la liste pour afficher immédiatement un aperçu dans le tableau croisé (cliquez le bouton de la barre de défilement vertical pour agrandir la liste).

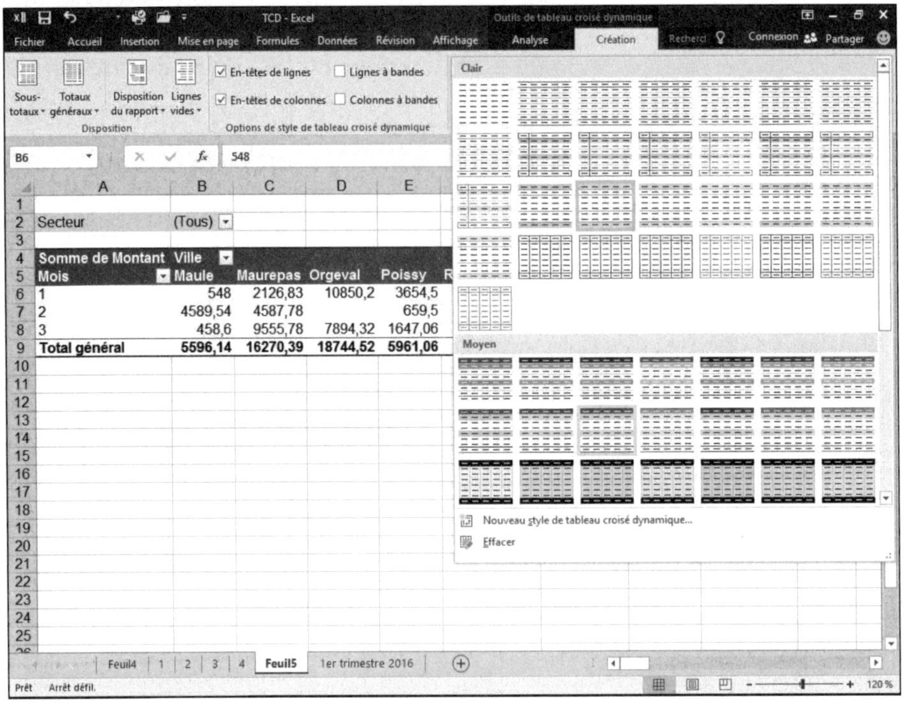

Figure 10-34 Liste des styles des tableaux croisés.

3 Cliquez le style à appliquer dans la liste.

Chapitre 11

Protéger et vérifier les données

Dans ce chapitre :

- Protéger les données
- Protéger des plages
- Définir des critères de saisie
- Utiliser l'audit
- Appliquer des mises en forme conditionnelles

Quoi de plus agaçant que de constater trop tard qu'une partie des formules d'un tableau a été modifiée par inadvertance ! La protection des feuilles permet d'éviter ces déconvenues en ne donnant accès qu'à certaines cellules. Ce chapitre vous indique en plus le moyen de vérifier les saisies pour débusquer les données fantaisistes, d'utiliser l'audit pour détecter les erreurs dans les formules, ou d'appliquer une mise en forme conditionnelle à vos cellules.

Protéger vos données

La protection des classeurs évite de modifier involontairement des cellules qui contiennent des données fixes, par exemple des en-têtes de tableaux ou des formules.

Définir les cellules à protéger

Quand vous appliquez une protection à une feuille de calcul, par défaut, toutes les cellules du tableau sont verrouillées. Il faut donc commencer par déverrouiller les cellules qui pourront être modifiées.

1 Sélectionnez les valeurs que l'utilisateur pourra modifier.

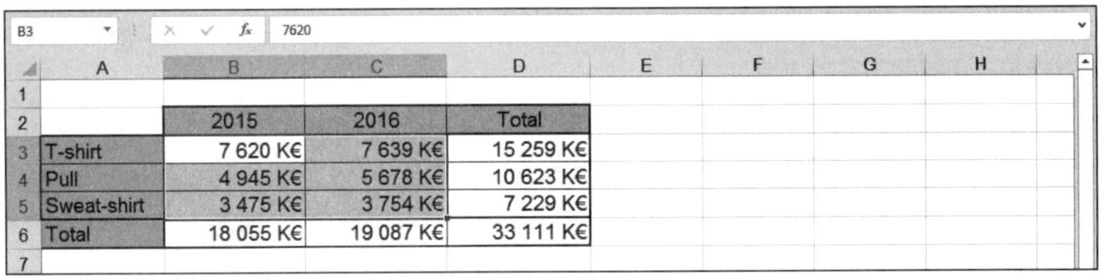

Figure 11-1 Cellules à déverrouiller.

Dans l'exemple de la figure 11-1, seules les cellules B3:C5 contiennent des valeurs modifiables. Les autres cellules contiennent des formules ou des textes.

2 Cliquez avec le bouton droit de la souris la sélection, puis cliquez **Format de Cellule** dans le menu contextuel.

3 Dans l'onglet **Protection**, décochez l'option **Verrouillée**.

4 Cliquez le bouton **OK**.

Les cellules sélectionnées seront modifiables quand la protection de la feuille sera effective.

Note Si vous déprotégez des plages de cellules par mot de passe (consultez le paragraphe « Protéger vos plages de cellules » plus loin dans ce chapitre), vous n'avez pas à déverrouiller les cellules.

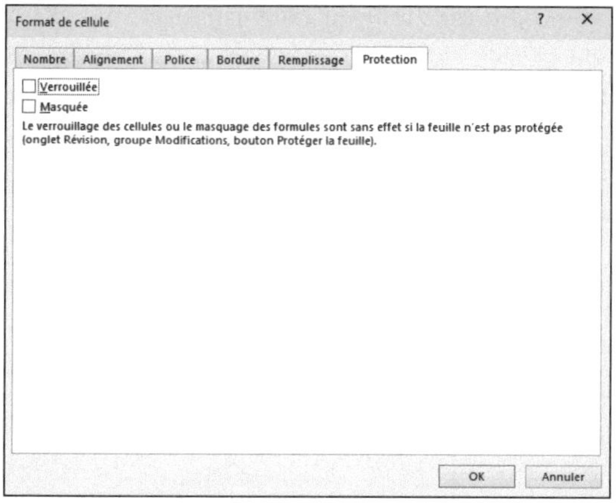

Figure 11-2 Cellules à déverrouiller.

Protéger vos feuilles de calcul

Tant que la feuille n'est pas protégée, toutes les cellules sont modifiables. La protection porte sur l'intégralité des éléments de la feuille (valeurs, mises en forme, tris, tableaux croisés, *etc.*), à l'exception des cellules que vous avez déprotégées précédemment.

1 Cliquez l'onglet **Révision** ➜ **Modifications** ➜ **Protéger la feuille**.

2 Cochez dans la liste **Autoriser** les options à appliquer.

3 Éventuellement, tapez un mot de passe dans la zone **Mot de passe**.

Attention Excel distingue les majuscules et les minuscules dans les mots de passe.

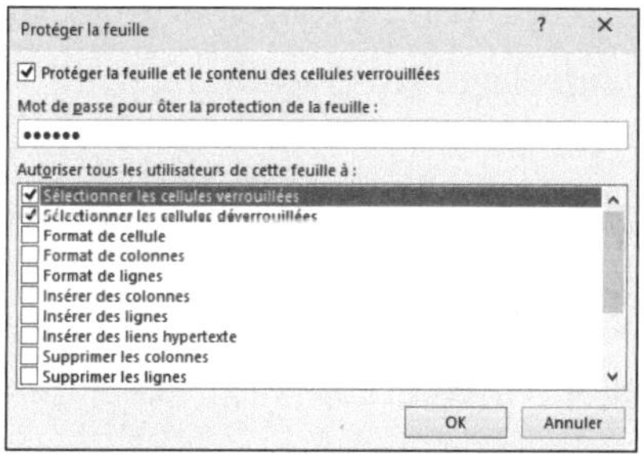

Figure 11-3 Protection d'une feuille contre les modifications.

4 Cliquez le bouton **OK**.

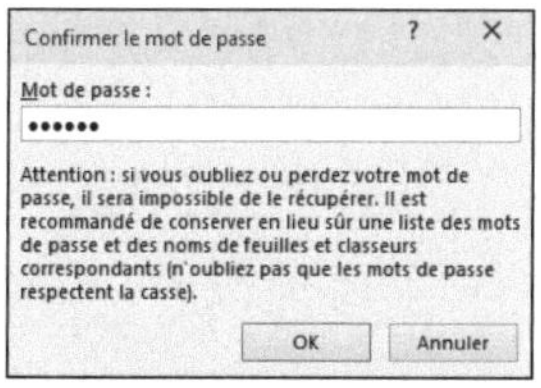

Figure 11-4 Confirmation du mot de passe.

5 Si vous avez saisi un mot de passe à l'étape **3**, retapez-le pour confirmation.

Attention Sans le mot de passe, il n'est plus possible de déprotéger la feuille, d'où la nécessité de confirmer ce mot de passe.

6 Tapez une donnée dans une cellule déverrouillée.

Excel accepte la modification.

7 Tapez une donnée dans une cellule verrouillée.

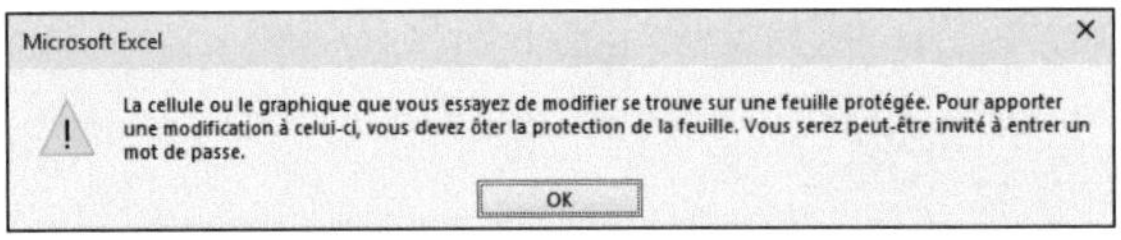

Figure 11-5 Refus d'accès aux cellules verrouillées.

Dès la première touche, Excel affiche cette boîte pour refuser la frappe.

8 Cliquez le bouton **OK**.

Pour déprotéger la feuille de calcul :

1 Cliquez l'onglet **Révision → Modifications → Ôter la protection de la feuille**.

2 Éventuellement, saisissez le mot de passe.

Note Pour protéger l'intégralité du classeur, cliquez le menu **Révision → Modifications → Protéger le classeur**.

Protéger vos plages de cellules

Excel permet de saisir des mots de passe pour des plages précises de manière à choisir les utilisateurs qui peuvent y accéder.

1 Cliquez l'onglet **Révision → Modification → Permettre la modification des plages**.

2 Cliquez le bouton **Nouvelle** pour définir une nouvelle plage à protéger.

3 Tapez le nom de la plage à protéger dans la zone **Titre**.

4 Cliquez la zone **Fait référence aux cellules**, puis sélectionnez directement la plage dans la feuille de calcul.

5 Tapez le mot de passe dans la zone **Mot de passe de la plage**.

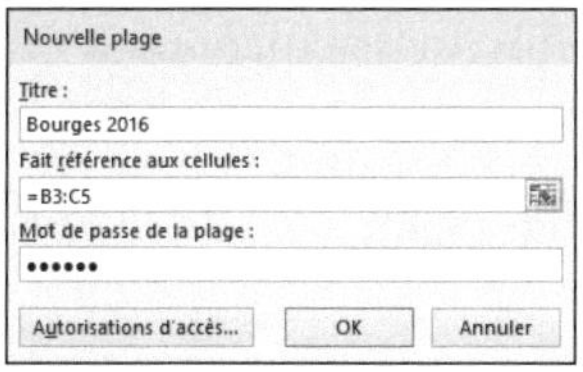

Figure 11-6 Paramètres d'une plage à protéger par mot de passe.

6 Cliquez le bouton **OK**.

Attention Retenez ce mot de passe. Sans lui, vous ne pourrez plus déprotéger la plage. Les mots de passe tiennent compte des majuscules et des minuscules.

7 Retapez le mot de passe dans la boîte qui s'affiche.

8 Cliquez le bouton **OK**.

9 Répétez les étapes **2** à **8** pour les autres plages à protéger.

10 Pour modifier ou supprimer un accès, cliquez son nom dans la liste puis cliquez les boutons **Modifier** ou **Supprimer**.

11 Cochez l'option **Coller les informations** pour créer un nouveau classeur avec ces informations.

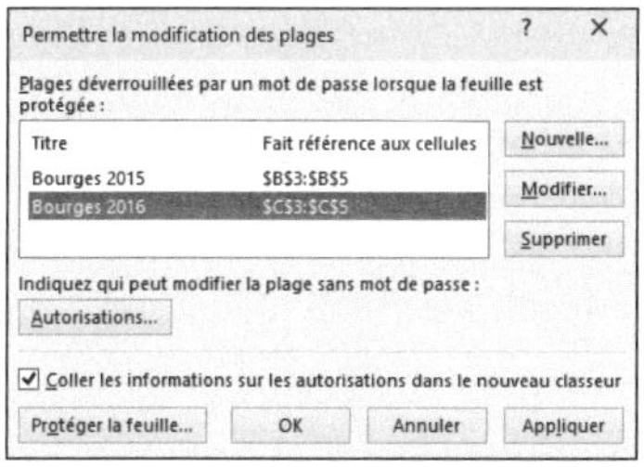

Figure 11-7 Liste des plages protégées par mot de passe.

12 Cliquez le bouton **OK**.

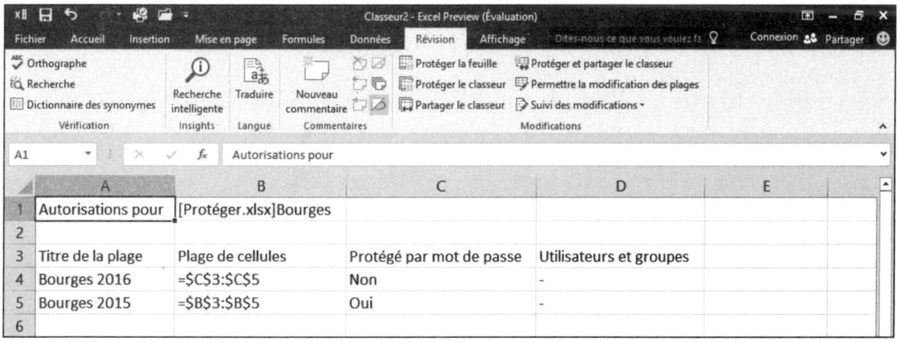

Figure 11-8 Nouveau classeur avec la liste des plages protégées par mot de passe.

Un nouveau classeur affiche la liste des plages protégées.

13 Éventuellement, cliquez le bouton de la barre d'outils Accès rapide pour enregistrer ce classeur.

14 Cliquez l'onglet **Révision ➜ Modifications ➜ Protéger la feuille**.

Utiliser les plages protégées

1 Tapez une donnée dans une plage protégée.

Excel refuse la saisie.

2 Tapez le mot de passe dans cette zone pour déprotéger la plage de cellule.

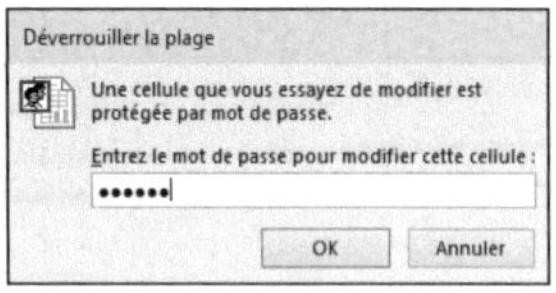

Figure 11-9 Demande de mot de passe d'une plage protégée.

3 Cliquez **OK**.

Attention Pour que les plages soient effectivement protégées, vous devez protéger aussi la feuille. Si vous protégez des plages, ne déverrouillez pas les cellules.

Définir des critères de saisie

Pour être sûr des données saisies, appliquez des critères de validation associés à des messages de saisie et d'erreur. Cela évite aux utilisateurs de la feuille de calcul de saisir des données incohérentes.

1 Sélectionnez les cellules qui doivent tenir compte des critères.

2 Cliquez l'onglet **Données ➜ Outils de données ➜ Validation des données** .

3 Cliquez l'onglet **Options**.

4 Sélectionnez le type de données dans la liste **Autoriser**.

5 Sélectionnez le type de plage de validation dans la liste **Données**.

6 Tapez la valeur minimale dans la zone **Minimum**.

7 Si nécessaire, tapez la valeur maximale dans la zone **Maximum**.

Note Si les valeurs minimale et maximale se trouvent dans une feuille de calcul, vous pouvez ajouter leurs références à la place des valeurs littérales.

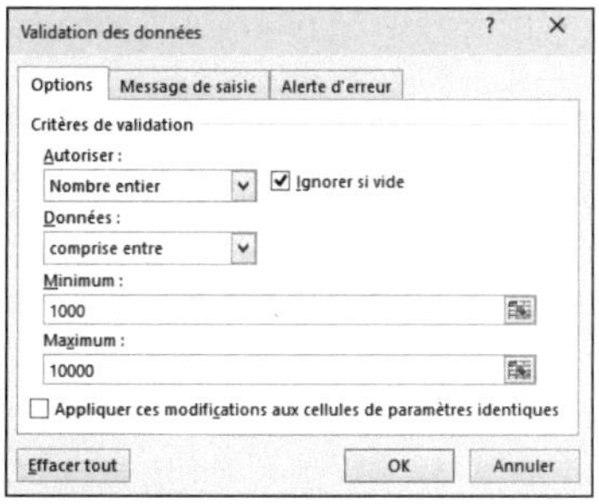

Figure 11-10 Options de validation des données.

8 Cliquez l'onglet **Message de saisie**.

Pour prévenir l'utilisateur qu'il existe des paramètres de validation, Excel affiche des info-bulles.

9 Tapez le titre de l'info-bulle dans la zone **Titre**.

10 Tapez le texte de l'info-bulle dans la zone **Message de saisie**.

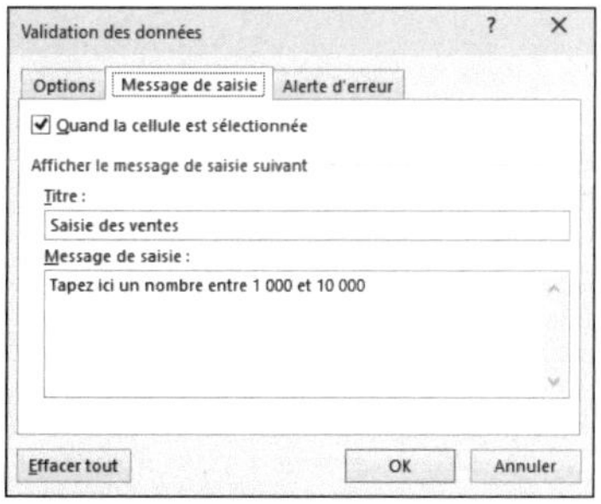

Figure 11-11 Message lors de la saisie des données.

11 Cliquez l'onglet **Alerte d'erreur**.

Excel affiche une boîte de dialogue en cas d'erreur de saisie.

12 Sélectionnez dans la liste **Style** le type de pictogramme de la boîte d'erreur.

13 Tapez le titre de la boîte d'erreur dans la zone **Titre**.

14 Tapez le texte d'avertissement dans la zone **Message d'erreur**.

Figure 11-12 Message à afficher lors d'une erreur de saisie.

15 Cliquez le bouton **OK**.

Tester la validation

1 Cliquez la cellule à modifier.

Une info-bulle affiche le message de saisie.

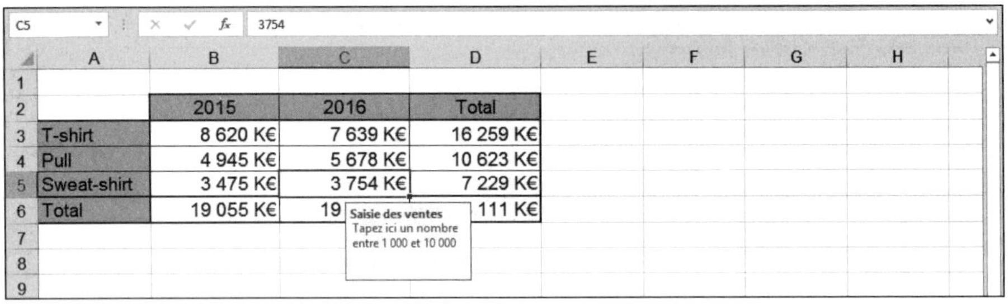

Figure 11-13 Info-bulle d'une cellule avec validation.

2 Tapez une donnée valide. Appuyez sur **Entrée** pour valider.

Excel accepte la saisie.

3 Tapez une donnée non valide. Appuyez sur **Entrée** pour valider.

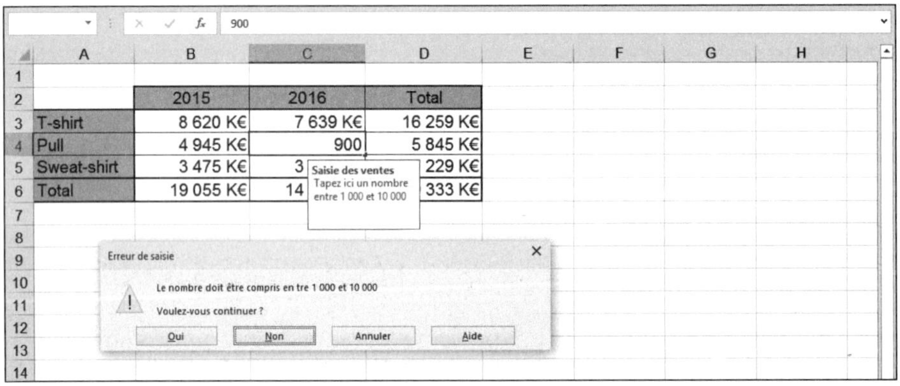

Figure 11-14 Message d'erreur lors de la saisie d'une cellule avec validation.

Excel affiche votre message d'erreur.

4 Cliquez le bouton **Oui** pour accepter la donnée, le bouton **Non** pour revenir à l'édition de la cellule ou le bouton **Annuler** pour retrouver l'ancienne valeur.

Vérifier les valeurs déjà saisies

Si la feuille contient des critères de validation, vérifiez rapidement que le contenu des cellules est conforme à ces critères.

1 Cliquez l'onglet **Données → Outils de données → Validation des données** → **Entourer les données non valides**.

Les cellules contenant des données ne correspondant pas aux critères de saisie sont entourées.

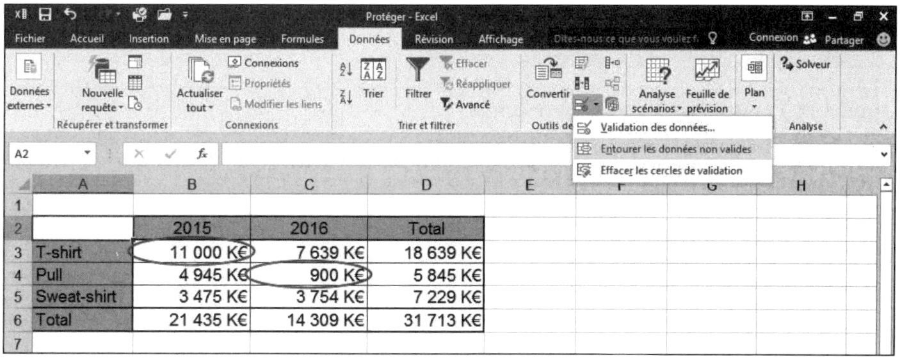

Figure 11-15 Vérification des données non valides.

2 Cliquez l'onglet **Données → Outils de données → Validation des données** → **Effacer les cercles de validation** pour effacer tous les cercles.

Utiliser l'audit

Pour savoir si une cellule dépend d'une autre cellule ou si sa modification entraîne celles d'autres cellules, demandez à l'Audit de vous aider graphiquement.

1 Cliquez une cellule contenant une formule.

2 Cliquez l'onglet **Formules → Vérification des formules → Repérer les antécédents**.

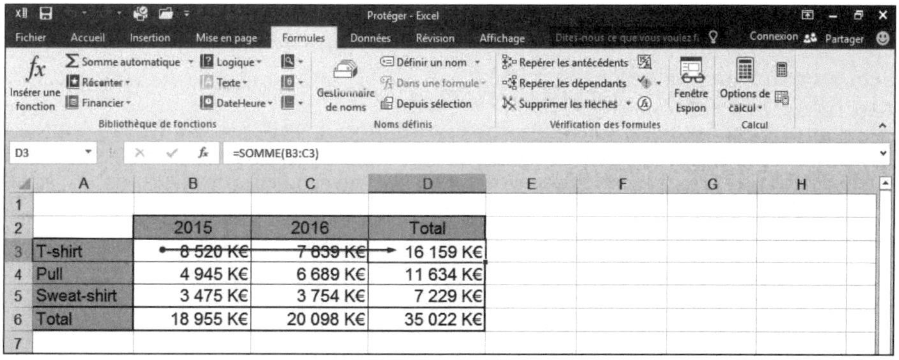

Figure 11-16 Repérage des antécédents.

Toutes les cellules dont dépend la cellule sélectionnée sont reliées par des flèches.

3 Cliquez l'onglet **Formules → Vérification des formules → Supprimer les flèches → Supprimer les flèches des antécédents**.

4 Cliquez l'onglet **Formules ➜ Vérification des formules ➜ Repérer les dépendants**.

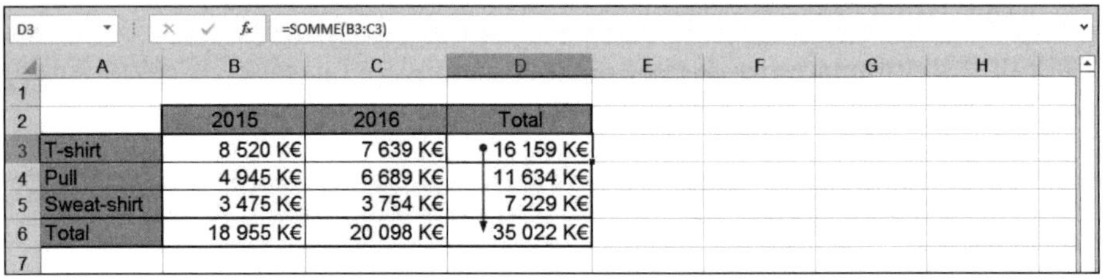

Figure 11-17 Repérage des dépendants.

Toutes les cellules qui dépendent de la cellule sélectionnée sont reliées par des flèches.

5 Cliquez l'onglet **Formules ➜ Vérification des formules ➜ Supprimer les flèches ➜ Supprimer les flèches des dépendants**.

Note L'onglet **Formules ➜ Vérification des formules ➜ Supprimer les flèches** supprime toutes les flèches. Vous pouvez aussi afficher en même temps les flèches des antécédents et des dépendants.

Mise en forme conditionnelle

Les mises en forme conditionnelles permettent de modifier l'apparence des cellules pour attirer l'attention de l'utilisateur sur des données importantes. Excel propose de modifier la couleur de la police de caractères ou celle du fond de la cellule, mais aussi d'ajouter des icônes, des barres de données ou des nuances de couleurs.

Mise en forme conditionnelle prédéfinie

Les cellules peuvent être mises en forme en fonction de certaines conditions. Par exemple, si une valeur est négative, il est intéressant de mettre le fond de la cellule en rouge pour la repérer rapidement dans un tableau.

1 Sélectionnez la ou les cellules qui doivent appliquer une mise en forme conditionnelle.

2 Cliquez l'onglet **Accueil ➜ Style ➜ Mise en forme conditionnelle**.

Les deux premières commandes (figure 11-18) proposent les principales règles des mises en forme conditionnelles.

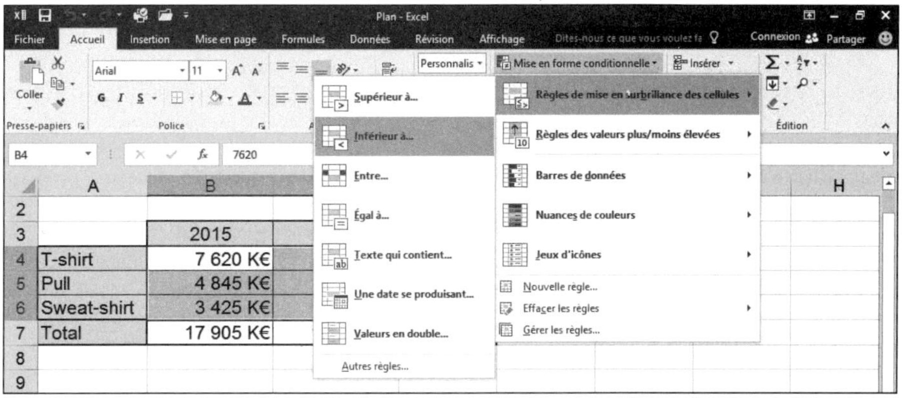

Figure 11-18 Liste des mises en forme conditionnelles.

3 Cliquez **Règles de mise en surbrillance** ou **Règles des valeurs plus/moins élevées**.

4 Cliquez la règle à appliquer.

5 Tapez la valeur limite dans la première zone. Cette dernière est dépendante de la règle que vous avez choisie. Certaines règles ne proposent pas cette zone.

6 Sélectionnez le type de mise en forme dans la liste. Si aucune des mises en forme ne vous convient, sélectionnez **Format personnalisé** pour ouvrir la boîte **Format de cellule** et définir vous-même cette mise en forme.

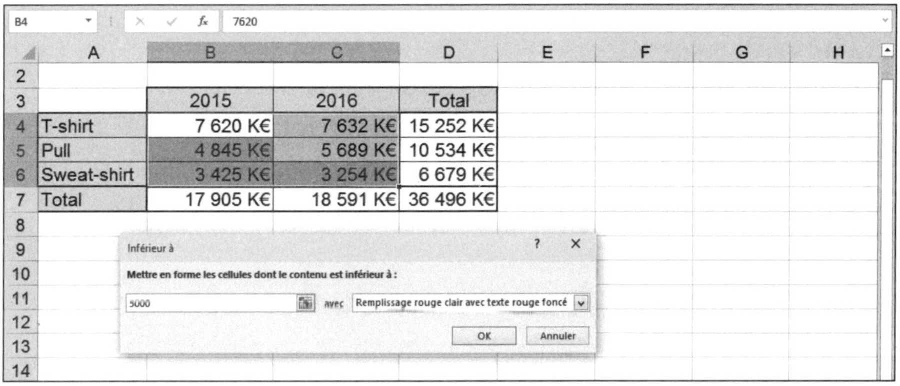

Figure 11-19 Choix d'une mise en forme conditionnelle.

Notez qu'Excel applique instantanément la mise en forme conditionnelle dans la feuille de calcul, ce qui vous permet d'évaluer immédiatement le résultat.

7 Cliquez le bouton **OK**.

Note Vous pouvez cumuler plusieurs mises en forme conditionnelles, par exemple mettre en vert les valeurs au-dessus de 5 000, et en rouge les valeurs en dessous de 1 000. Vous serez cependant limité à 64 conditions…

Mise en forme conditionnelle personnalisée

Si vous n'avez pas trouvé la règle qui vous convient au paragraphe précédent, vous pouvez définir la vôtre.

1 Sélectionnez la ou les cellules qui doivent appliquer une mise en forme conditionnelle.

2 Cliquez l'onglet **Accueil ➜ Style ➜ Mise en forme conditionnelle ➜ Nouvelle règle**.

Cette boîte propose de créer votre propre règle.

3 Cliquez dans la liste **Sélectionnez un type de règle** celle qui se rapproche le plus de votre mise en forme conditionnelle.

4 Sélectionnez ou tapez dans la zone **Modifier la description de la règle** vos propres paramètres. Le nombre de paramètres est fonction de votre choix à l'étape précédente.

5 Éventuellement, cliquez le bouton **Format** pour ouvrir la boîte **Format de cellule** et définir votre mise en forme.

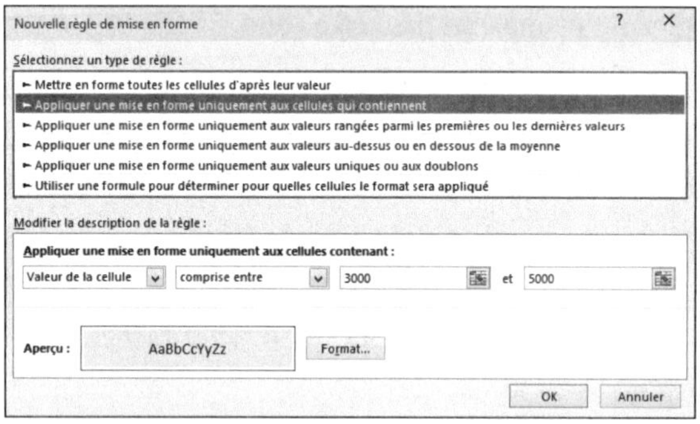

Figure 11-20 Création d'une nouvelle règle de mise en forme conditionnelle.

6 Cliquez le bouton **OK** pour appliquer la mise en forme conditionnelle.

Ajouter des barres, des nuances ou des icônes

Excel propose aussi d'ajouter des barres, des nuances et des icônes en fonction des valeurs des cellules.

1 Cliquez l'onglet **Accueil ➜ Style ➜ Mise en forme conditionnelle**, puis pointez **Barres de données**, **Nuances de couleurs** ou **Jeux d'icônes**.

2 Pointez une mise en forme dans la liste qui s'ouvre.

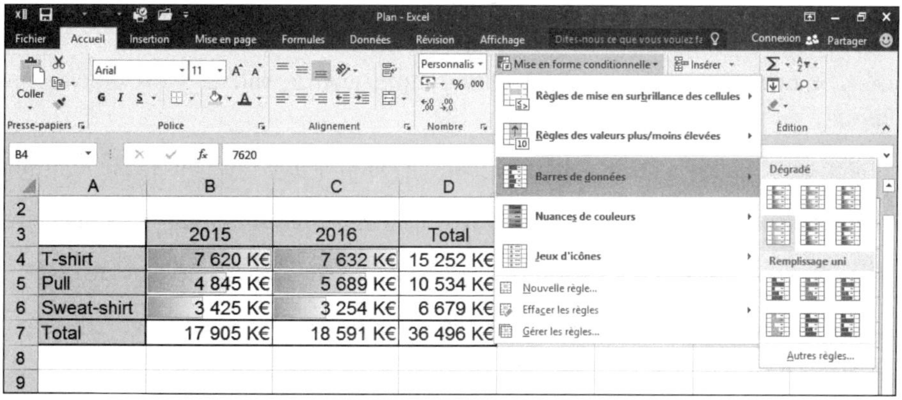

Figure 11-21 Choix d'une mise en forme conditionnelle avec un jeu d'icônes.

Excel applique instantanément la mise en forme conditionnelle dans la feuille de calcul, ce qui vous permet d'évaluer immédiatement le résultat.

3 Cliquez dans la liste la mise en forme qui vous convient.

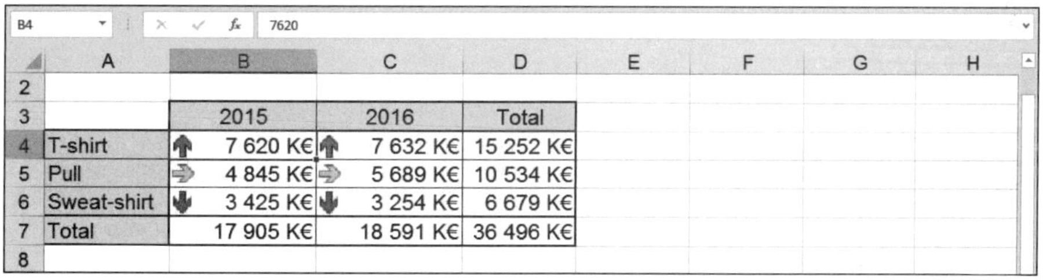

Figure 11-22 Mise en forme conditionnelle avec des icônes.

Note Comme pour la mise en forme classique, vous pouvez choisir vos propres règles. Cliquez pour cela l'onglet **Accueil → Style → Mise en forme conditionnelle**, cliquez ensuite **Barres de données, Nuances de couleurs** ou **Jeux d'icônes**, puis pour finir cliquez **Autres règles**.

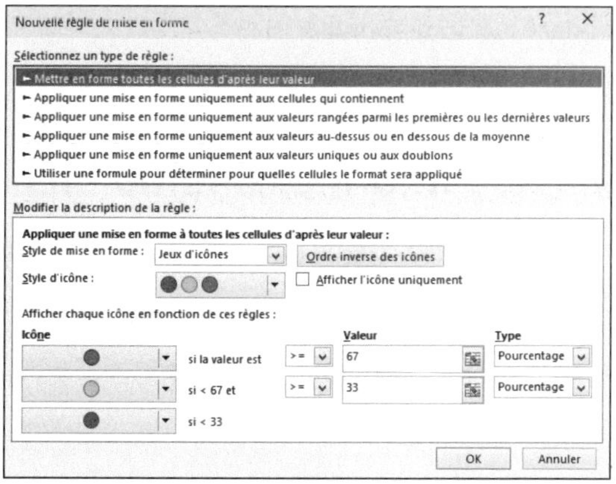

Figure 11-23 Nouvelle règle de mise en forme conditionnelle.

Mise en forme conditionnelle avec une formule

En utilisant une formule à la place d'un simple test de valeur, vous pouvez multiplier les conditions.

1 Sélectionnez la ou les cellules qui doivent appliquer une mise en forme conditionnelle.

2 Cliquez l'onglet **Accueil ➜ Style ➜ Mise en forme conditionnelle ➜ Nouvelle règle**.

3 Sélectionnez **Utiliser une formule...** dans la liste **Sélectionnez un type de règle.**

4 Tapez la formule dans la zone **Appliquer une mise en forme...**.

La formule doit retourner une valeur logique VRAI ou FAUX. Par exemple, la formule suivante retourne une valeur logique après un test :

```
=SI(A1>B1;VRAI;FAUX)
```

Lorsque vous n'utilisez pas la fonction SI, vous devez ajouter un opérateur de comparaison. Dans l'exemple suivant, on utilise la fonction MOD qui retourne le reste d'une division, ici une division par 2. Si le résultat est égal à 0, la valeur en A1 est donc paire :

```
=MOD(A1;2)=0
```

5 Cliquez le bouton **Format** puis modifiez la mise en forme.

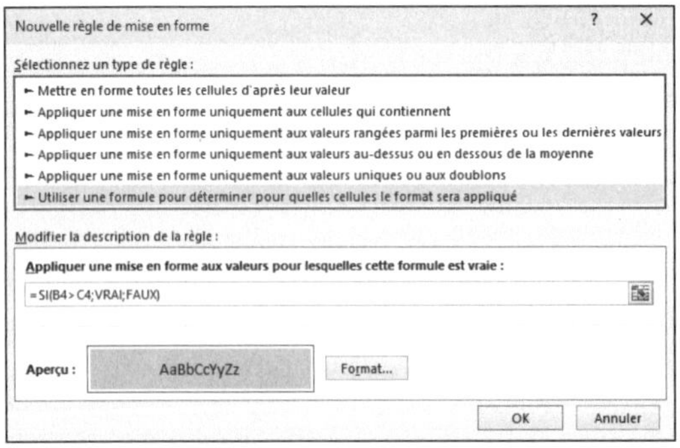

Figure 11-24 Mise en forme conditionnelle avec une formule.

6 Cliquez le bouton **OK** pour valider.

Gérer les conditions des mises en forme conditionnelles

Vous pouvez consulter, modifier ou ajouter de nouvelles règles de mises en forme conditionnelles.

1 Sélectionnez les cellules avec mise en forme conditionnelle.

2 Cliquez l'onglet **Accueil ➜ Style ➜ Mise en forme conditionnelle ➜ Gérer les règles**.

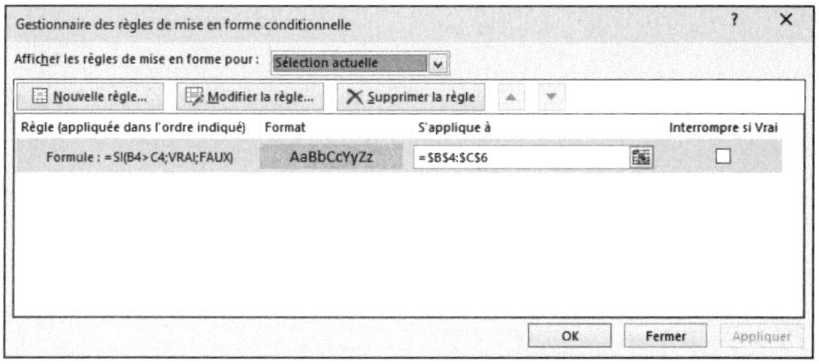

Figure 11-25 Liste des règles de mise en forme conditionnelle d'une cellule ou d'une plage.

Cette boîte permet de modifier toutes les mises en forme de la sélection actuelle ou de la feuille (modifier au besoin la liste **Afficher les règles...**).

Supprimer des mises en forme conditionnelles

Pour effacer les règles appliquées aux cellules sélectionnées, cliquez l'onglet **Accueil → Style → Mise en forme conditionnelle → Effacer les règles → Effacer les règles des cellules sélectionnées**.

Pour effacer toutes les règles de la feuille en cours, cliquez l'onglet **Accueil → Style → Mise en forme conditionnelle → Effacer les règles → Effacer les règles de la feuille entière**.

Vous pouvez aussi utiliser la boîte de dialogue de la figure 11-25 pour choisir précisément la règle à supprimer.

PARTIE III
CRÉER DES GRAPHIQUES

Chapitre 12

Réaliser des graphiques

Dans ce chapitre :

- Créer un graphique
- Choisir le type de graphique
- Créer un graphique avec l'analyse rapide
- Modifier les éléments d'un graphique
- Ajouter une série à un graphique
- Mettre en forme une série
- Définir l'orientation des graphiques 3D
- Séparer un point d'un graphique en secteurs
- Appliquer rapidement des mises en forme
- Utiliser les graphiques sparklines

Un graphique permet de présenter vos données sous forme visuelle. Les graphiques ont un réel impact pour mettre en valeur les données de vos tableaux. Même complexes, les graphiques restent cependant faciles à créer et à modifier grâce aux commandes disponibles dans le ruban ou les commandes contextuelles.

Un graphique est une représentation visuelle (sous forme de courbes, d'histogrammes, de secteurs, *etc.*) d'une suite de nombres présents dans un tableau d'une feuille de calcul.

Les graphiques utilisent les éléments suivants :

- **Série** : suite de nombres pour créer le graphique. Un graphique peut comporter plusieurs séries, par exemple des années différentes.
- **Point** : nombre à l'intérieur d'une série.
- **Légende** : repère visuel des séries d'un graphique. La légende contient la couleur et le nom de chaque série.
- **Étiquette** : repère visuel de chaque point d'une série (sa valeur ou son nom).

Créer un graphique

Grâce au ruban, la création d'un graphique se réalise en quelques clics :

1 Sélectionnez les cellules qui contiennent les données devant servir à créer le graphique (A2:B5 dans notre exemple).

2 Cliquez l'onglet **Insertion**.

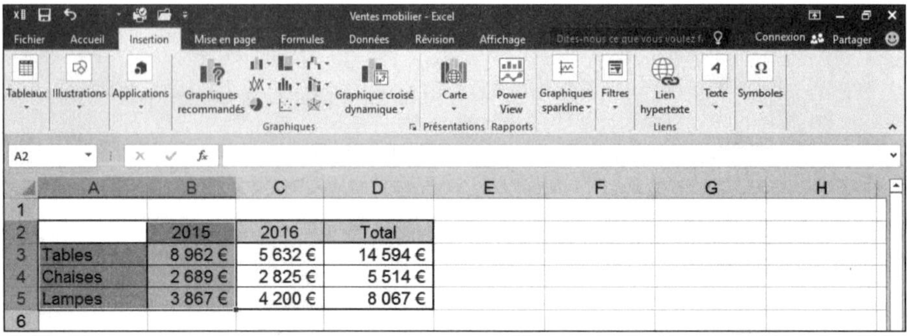

Figure 12-1 Sélection des données du graphique.

Le groupe **Graphiques** de l'onglet **Insertion** propose les principaux types de graphiques. Comme le type **Histogramme** est le plus utilisé, c'est celui que nous prendrons dans les exemples de ce paragraphe.

3 Cliquez l'onglet **Insertion ➜ Graphiques ➜ Histogramme**.

La commande **Histogramme** affiche une liste de formats correspondants à ce type de graphique.

4 Pointez un type de graphique dans la liste.

Excel affiche immédiatement le graphique correspondant.

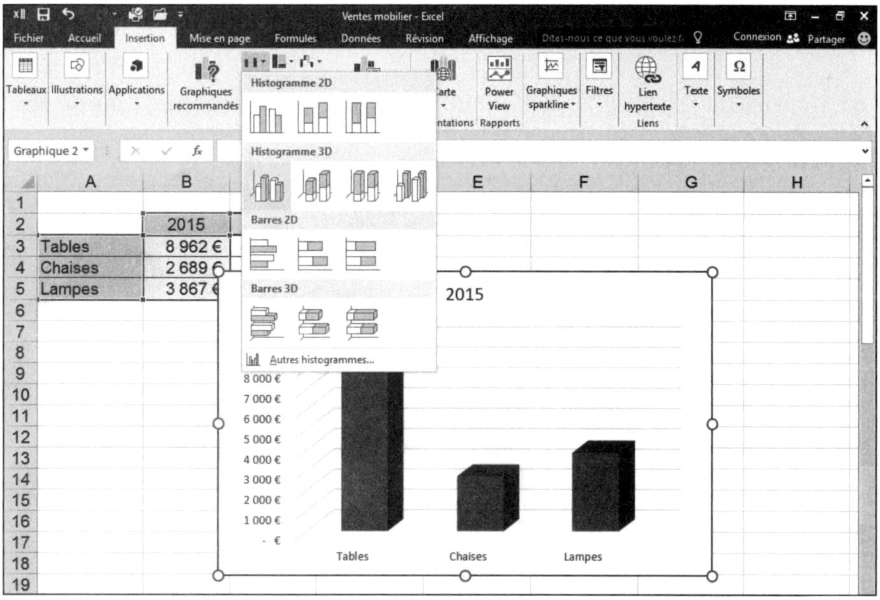

Figure 12-2 Sélection d'un type de graphique.

5 Cliquez un type de graphique dans la liste. Si vous ne trouvez pas ici votre bonheur, cliquez **Autres histogrammes**.

Excel crée le graphique et le pose en tant qu'objet sur la feuille de calcul. Deux nouveaux onglets apparaissent dans le ruban : **Création** et **Format**.

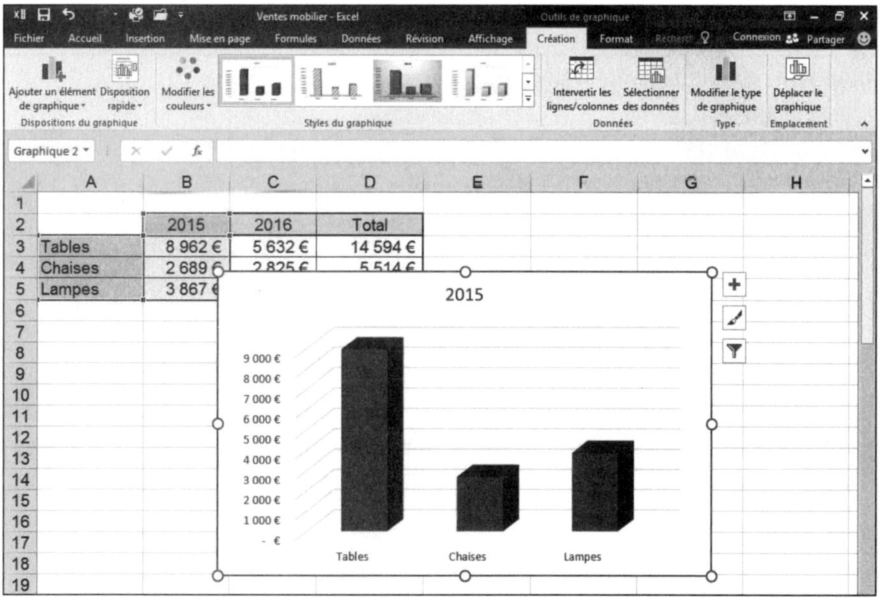

Figure 12-3 Graphique en tant qu'objet sur une feuille de calcul.

6 Pour modifier la taille du graphique, cliquez et faites glisser l'une des huit poignées, symbolisées par des points, qui entourent le graphique.

Note Cliquez le graphique si les poignées n'apparaissent pas.

7 Pour déplacer le graphique sur la feuille, cliquez et faites glisser l'un de ses bords (sans utiliser les poignées).

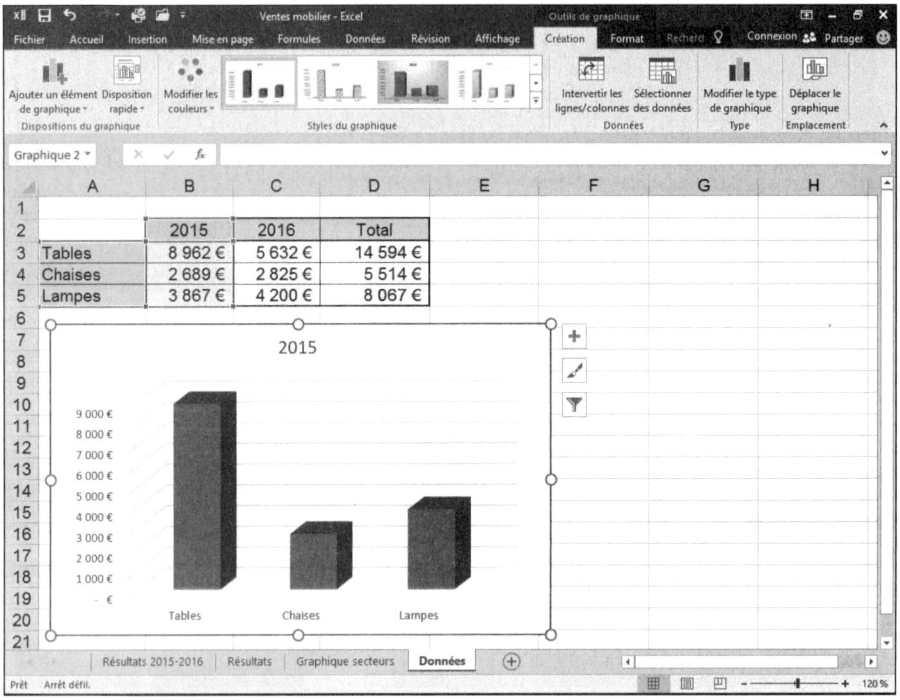

Figure 12-4 Graphique après redimensionnement et déplacement.

Modifier l'emplacement d'un graphique

Par défaut, le graphique est créé sur la feuille en cours. Excel peut aussi placer le graphique dans une autre feuille.

1 Cliquez le graphique pour le sélectionner.

2 Cliquez l'onglet **Création ➜ Emplacement ➜ Déplacer le graphique**.

3 Cochez l'option **Nouvelle feuille**, puis tapez le nom de cette feuille dans la zone en regard. Pour insérer le graphique en tant qu'objet sur une autre feuille, cochez l'option **Objet dans**, puis sélectionnez la feuille dans la liste en regard.

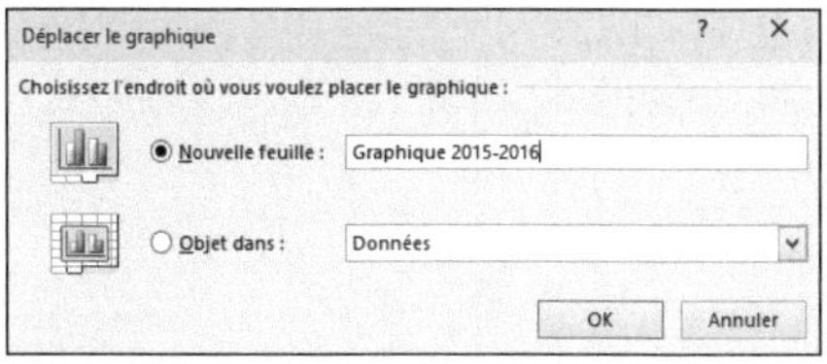

Figure 12-5 Déplacement d'un graphique vers une autre feuille.

4 Cliquez le bouton **OK** pour effectuer le déplacement.

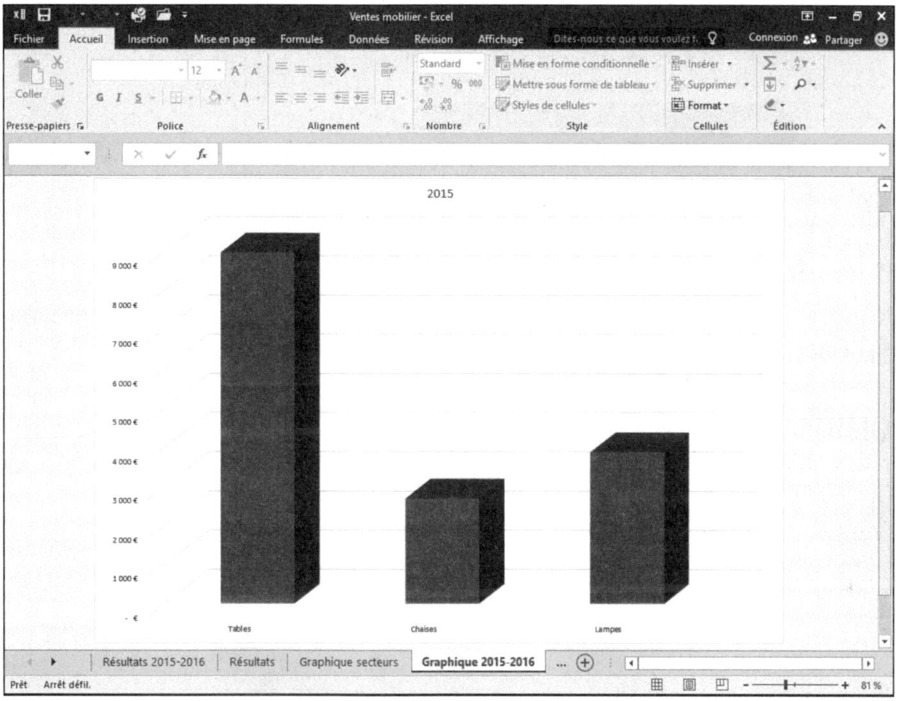

Figure 12-6 Graphique dans une feuille graphique.

Choisir le bon type de graphique

L'onglet **Création → Type → Modifier le type de graphique** propose une boîte complète de tous les types disponibles. Ce choix doit être fonction du type de valeurs à mettre en valeur.

Barres

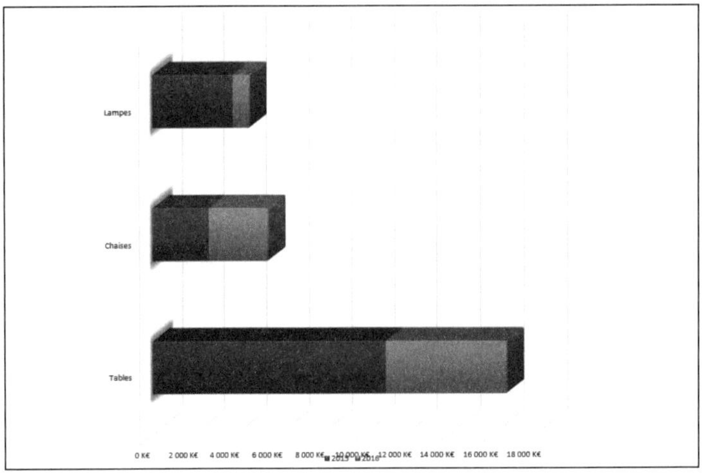

Figure 12-7 Graphique à barres.

Sur le même principe que les histogrammes, les graphiques à barres montrent une progression vers la droite plutôt que vers le haut.

Courbes

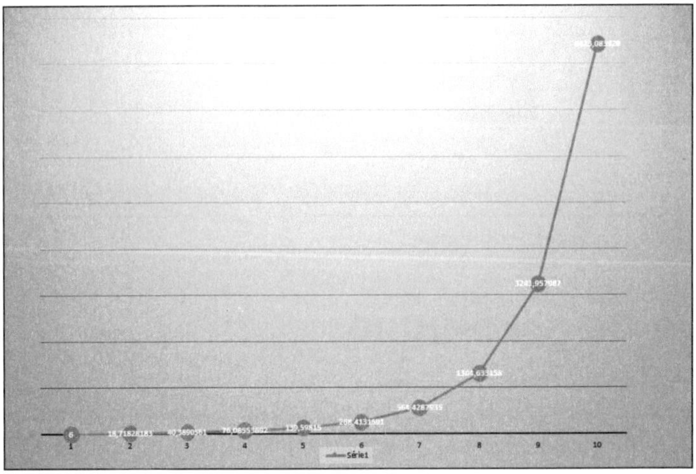

Figure 12-8 Graphique en courbes.

Les courbes peuvent être utilisées pour tous types de données et plus particulièrement pour les fonctions mathématiques.

Secteurs

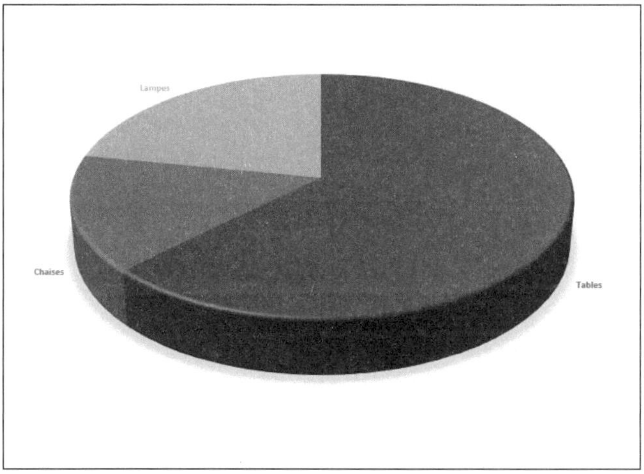

Figure 12-9 Graphique en secteurs.

Ces graphiques montrent la répartition des données, par exemple pour des régions de ventes ou des catégories de produits.

Nuages de points

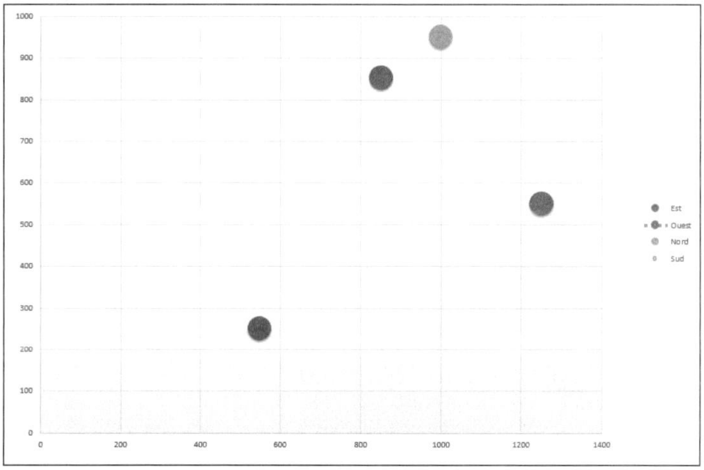

Figure 12-10 Graphique en nuages de points.

Ce type de graphique permet de comparer une paire de séries. Dans l'exemple, on compare les objectifs (axe X) avec les résultats (axe Y) pour quatre secteurs (Nord, Est, Sud, Ouest).

Aires

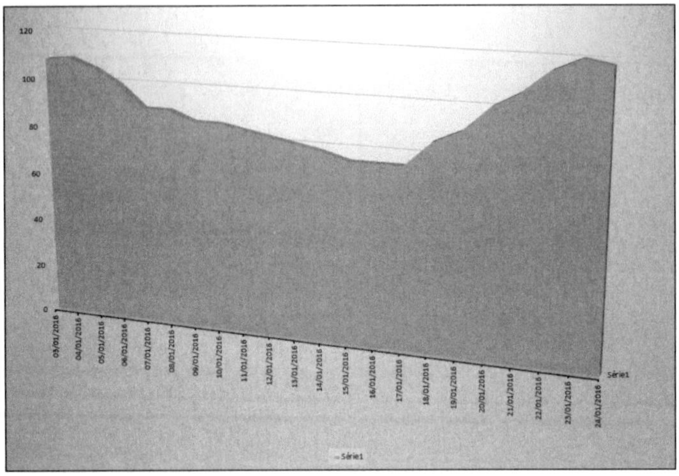

Figure 12-11 Graphique en aires.

Identiques aux courbes, leur partie inférieure est colorée jusqu'à l'axe des X. Utilisez-les si vous avez plusieurs séries superposées ou pour des intégrales en mathématiques.

Anneaux

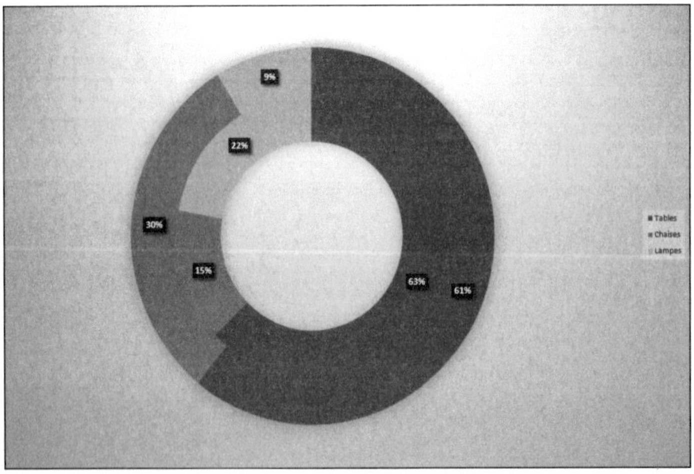

Figure 12-12 Graphique en anneaux.

Identiques aux graphiques en secteurs sur le principe, ils permettent d'afficher plusieurs séries.

Radar

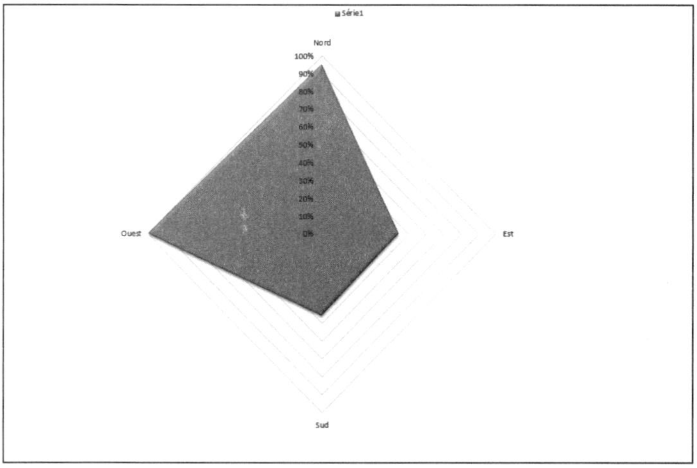

Figure 12-13 Graphique radar.

Ce type de graphique met en avant des objectifs à réaliser. En fonction des résultats, les points se rapprochent ou s'éloignent du centre.

Surface

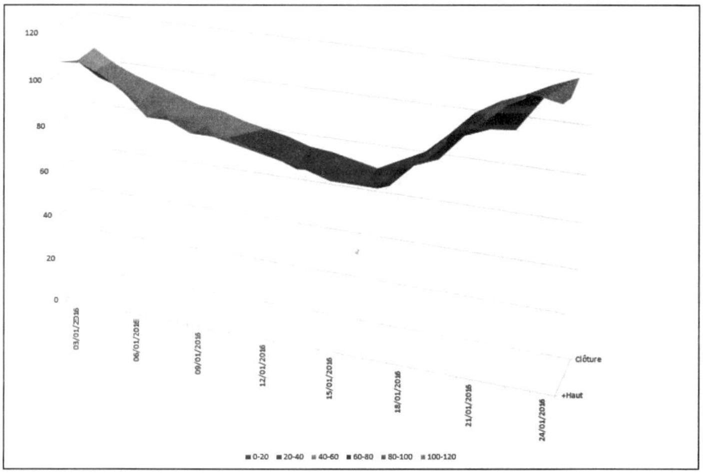

Figure 12-14 Graphique en surface.

Les graphiques en surface montrent les écarts qui apparaissent entre des séries.

Note Ce type de graphique doit comporter au moins deux séries.

Bulles

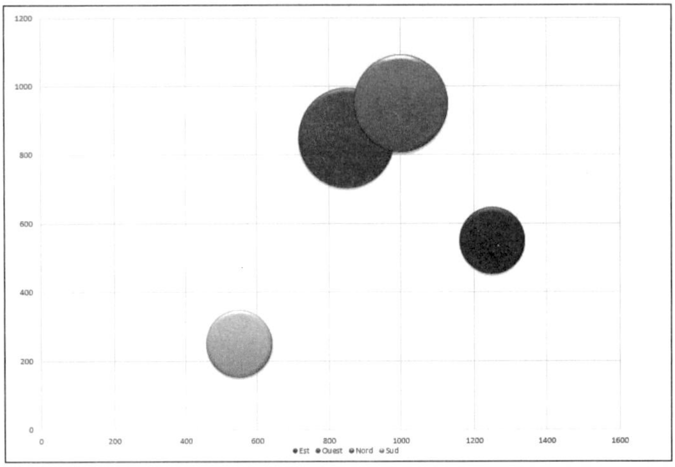

Figure 12-15 Graphique à bulles.

Identique au graphique en nuages, mais la troisième série définit la taille de chaque point.

Note Ce type de graphique doit comporter au moins trois séries.

Compartimentage

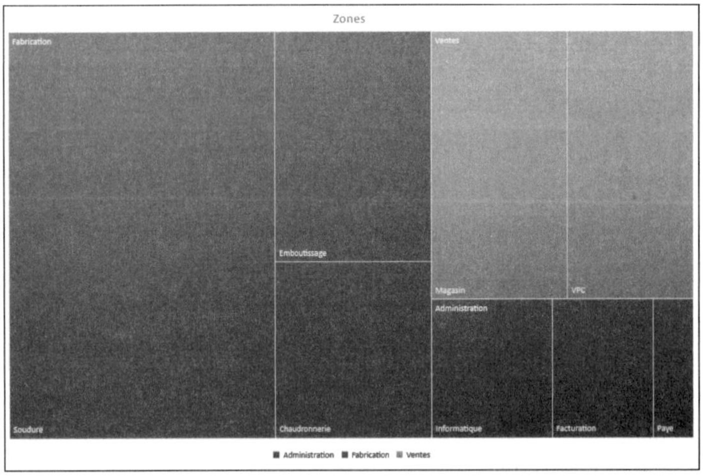

Figure 12-16 Graphique compartimentage.

Dans ce type de graphique, chaque point est représenté par une surface.

Cascade

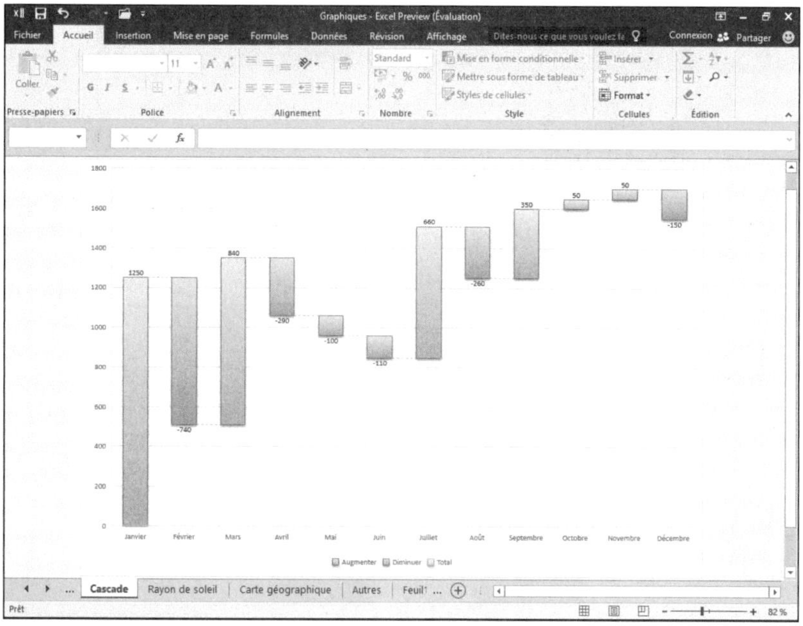

Figure 12-17 Graphique en cascade.

Histogramme mettant en évidence des variations à la hausse et à la baisse.

Rayons de soleil

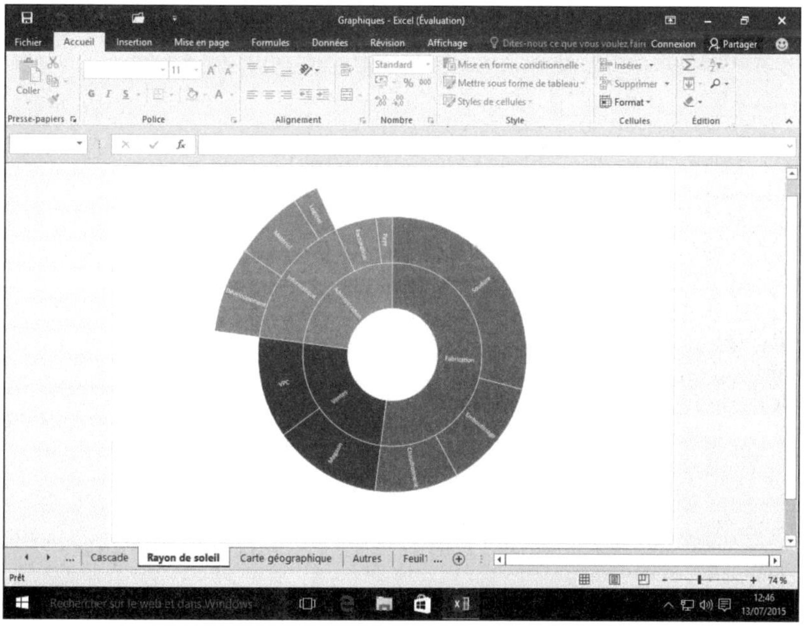

Figure 12-18 Graphique en rayons de soleil.

Sous la forme d'un graphique en anneaux, ce type est adapté à des données hiérarchiques.

Zone et valeur

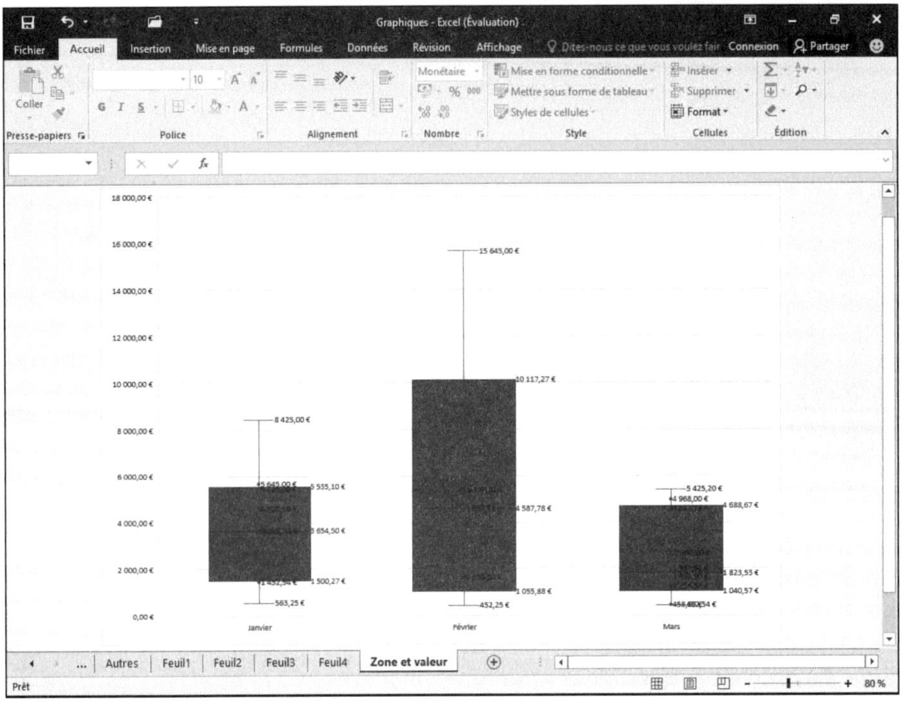

Figure 12-19 Graphique zone et valeur.

Ce type de graphique met en évidence les variations de chaque série (plus haut et plus bas, moyenne, moyenne des plus hauts et des plus bas), et ce, sans effectuer des calculs préalables. Il permet de faire apparaître des données incohérentes ou des erreurs de saisie.

Pareto

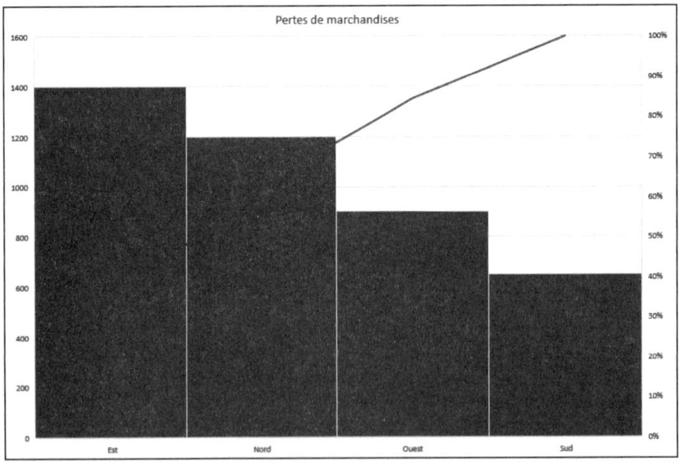

Figure 12-20 Graphique Pareto.

Ce graphique classe les valeurs d'une série par ordre décroissant et affiche une ligne représentant le total cumulé en pourcentage. Il est utilisé pour mettre en évidence certains problèmes, par exemple lors des contrôles de qualité d'une fabrication.

Carte géographique

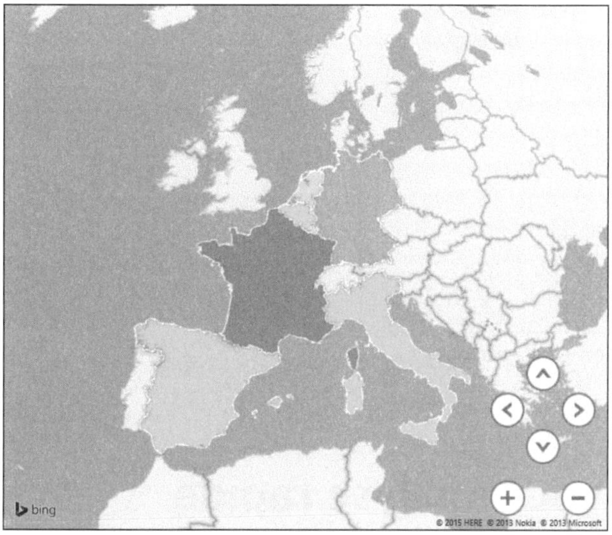

Figure 12-21 Carte géographique.

Ce type de graphique permet de consulter vos données sous forme de carte géographique (pays, régions, départements ou villes).

Modifier le type d'un graphique

Les onglets **Création** et **Format** restent toujours disponibles pour modifier les données, les options et la présentation de votre graphique. Vous pouvez à tout moment changer de type de graphique.

1. Cliquez le graphique pour le sélectionner.
2. Cliquez l'onglet **Création → Type → Modifier le type de graphique**.
3. Cliquez un type de graphique dans la liste de gauche (cette étape n'est pas indispensable, elle permet juste de se placer rapidement sur les sous-types correspondants dans la liste de droite).
4. Cliquez un sous-type de graphique dans la liste du haut.
5. Cliquez une mise en forme dans la liste de droite.

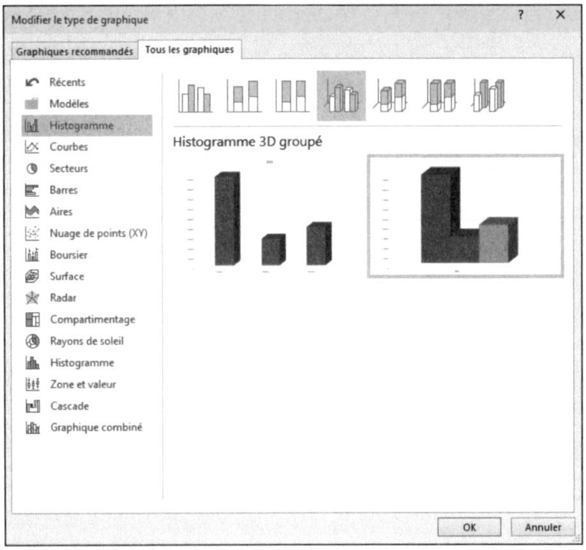

Figure 12-22 Modification du type d'un graphique.

6 Cliquez le bouton **OK** pour appliquer votre choix.

Créer un graphique avec l'analyse rapide

Avec l'analyse rapide, Excel peut vous proposer le graphique le mieux adapté à vos données.

1 Sélectionnez les données dont vous désirez une représentation graphique.

2 Approchez la souris de la sélection. Le bouton apparaît en bas à droite de la sélection.

3 Cliquez le bouton .

4 Cliquez **Graphiques** dans la fenêtre qui s'affiche.

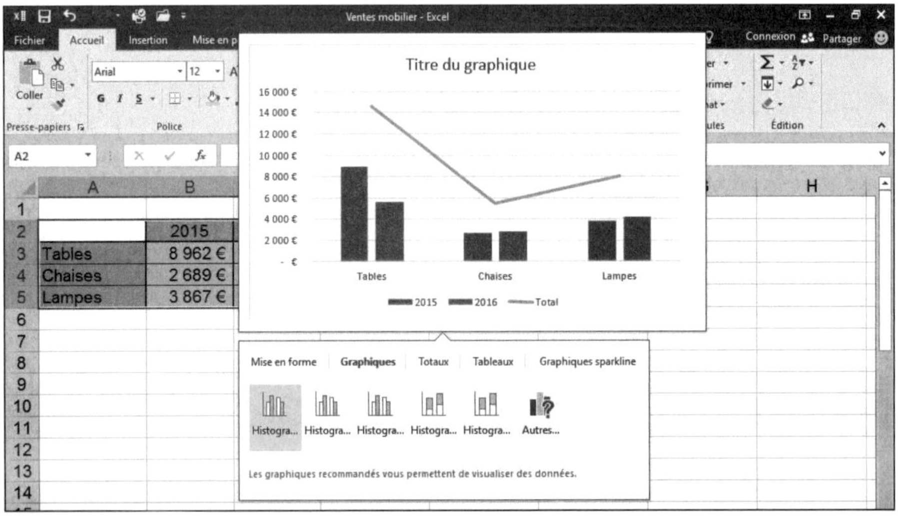

Figure 12-23 Création d'un graphique avec l'analyse rapide.

5 Pointez un type de graphique pour afficher un aperçu.

6 Cliquez le type de graphique à créer.

Laisser Excel suggérer le graphique

Si vous n'avez pas d'idée sur le graphique à utiliser, vous pouvez demander à Excel de suggérer des exemples en fonction de vos données.

1 Sélectionnez les données dont vous désirez une représentation graphique.

2 Cliquez l'onglet **Insertion ➜ Graphiques ➜ Graphiques recommandés**.

3 Cliquez un des graphiques proposés dans la liste de gauche.

La partie de droite affiche un exemple.

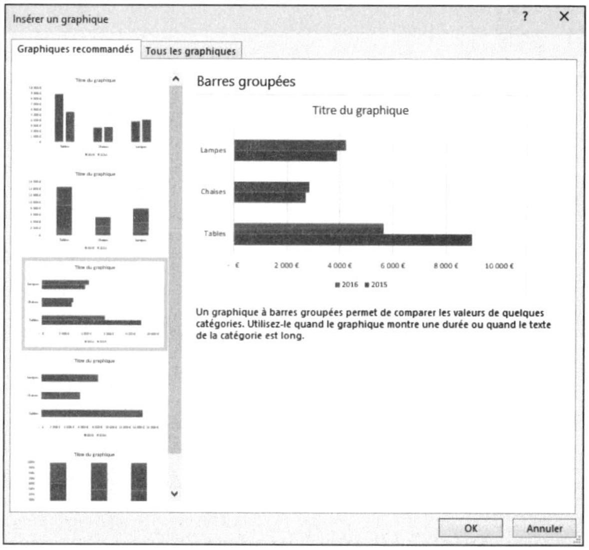

Figure 12-24 Création d'un graphique avec l'analyse rapide.

4 Cliquez le bouton **OK**.

Ajouter ou modifier des titres

Les titres permettent de personnaliser votre graphique et de nommer explicitement ses axes.

1 Cliquez une zone vide du graphique pour le sélectionner.

Note La sélection d'une zone vide évite d'appliquer des modifications à un élément particulier du graphique.

2 Cliquez le bouton + sur le bord du graphique.

3 Cochez la case **Titre du graphique**.

4 Éventuellement, cliquez le bouton ▶ en regard de **Titre du graphique** puis choisissez sa position.

5 Le titre étant sélectionné, tapez son texte dans la barre de formule et validez avec **Entrée**.

6 Cliquez le bouton [+] ➜ **Titres des axes** ➜ ▶ puis cochez **Horizontal principal** et/ou **Vertical principal**.

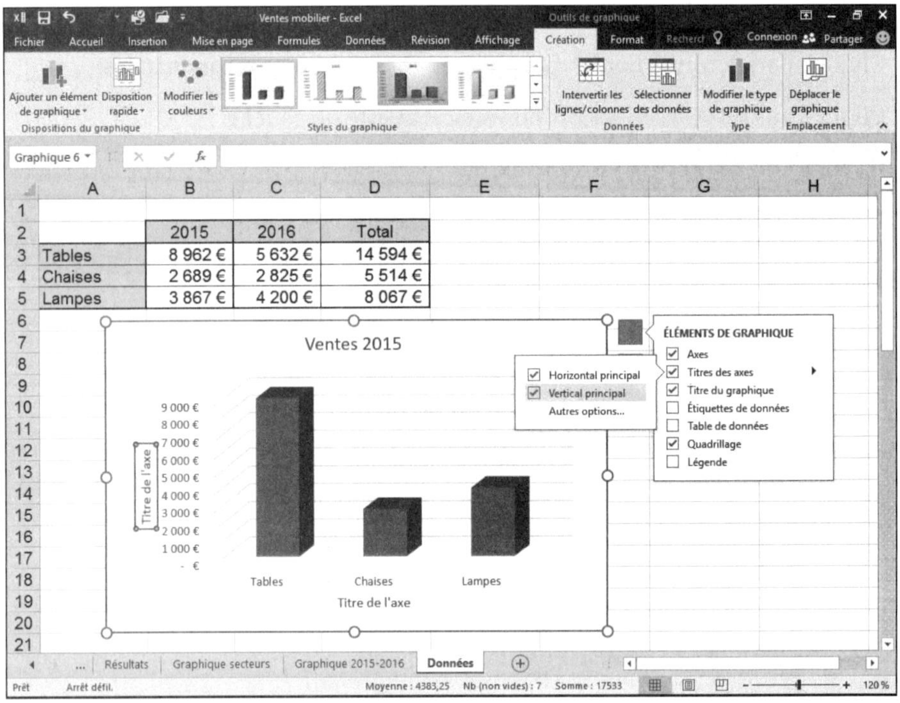

Figure 12-25 Ajout de titres à un graphique.

7 Cliquez le titre d'un axe pour le sélectionner, puis tapez son texte dans la barre de formule ou directement dans la zone de texte.

Pour modifier la mise en forme des titres :

1 Cliquez le bouton [+] ➜ **Titre du graphique** ➜ ▶ ➜ **Autres options**. Le principe est le même pour les **Titres des axes**.

2 Modifiez dans le volet les options proposées.

Note Pour modifier la police d'un titre, cliquez-le avec le bouton droit, puis cliquez **Police** dans le menu contextuel. Vous trouverez aussi d'autres commandes de mise en forme dans ce menu.

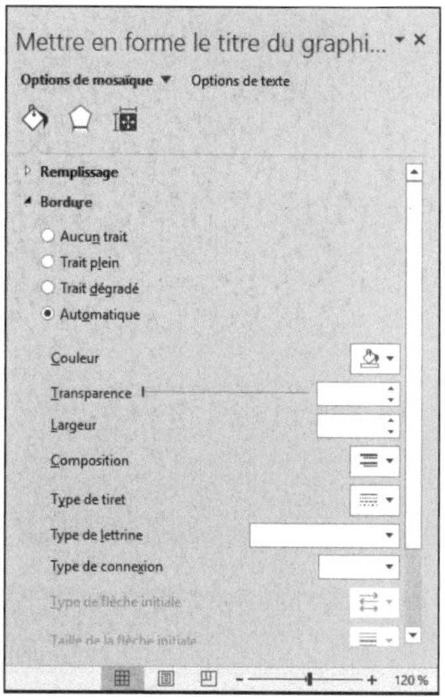

Figure 12-26 Options des titres.

Modifier les axes

Parfois les axes encombrent le graphique et n'apportent rien de plus à sa lisibilité. Dans ce cas, supprimez les repères de ces axes.

1 Cliquez une zone vide du graphique pour le sélectionner.

2 Cliquez le bouton + → **Axes** → ▸ puis cochez **Horizontal principal** et/ou **Vertical principal**.

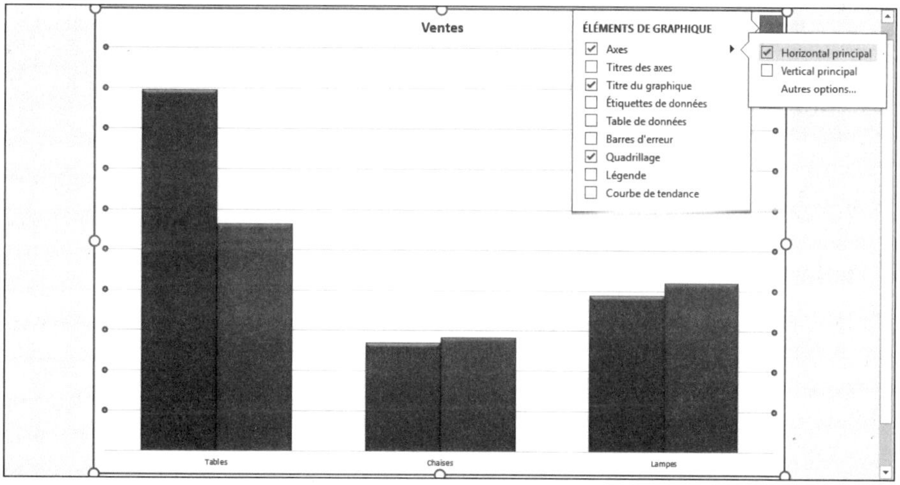

Figure 12-27 Modification des axes (ici la suppression de l'axe vertical).

Pour modifier la mise en forme des axes :

1 Cliquez le bouton + → **Axes** → ▸ → **Autres options**.

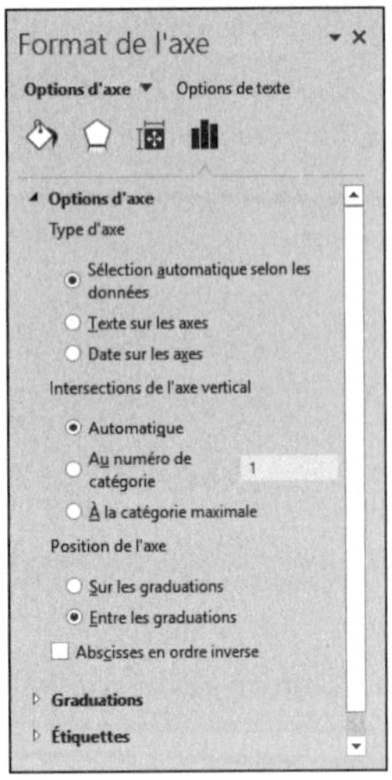

Figure 12-28 Options des axes.

2 Modifiez dans ce volet les options proposées.

Ajouter des quadrillages

Les quadrillages prolongent les repères des axes pour mieux apprécier les valeurs des points de chaque série. N'en abusez pas ! Trop nombreux, ils rendent le graphique illisible.

1 Cliquez une zone vide du graphique pour le sélectionner.

2 Cliquez le bouton [+] → **Quadrillage** → ▸ puis cochez les quadrillages souhaités.

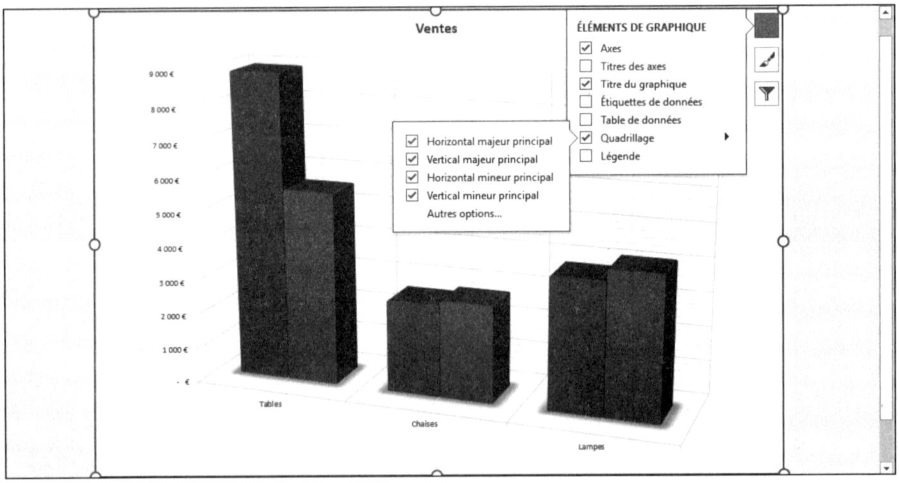

Figure 12-29 Modification des quadrillages.

Pour modifier la mise en forme des quadrillages :

1 Cliquez le bouton [+] → **Quadrillage** → ▸ → **Autres options**.

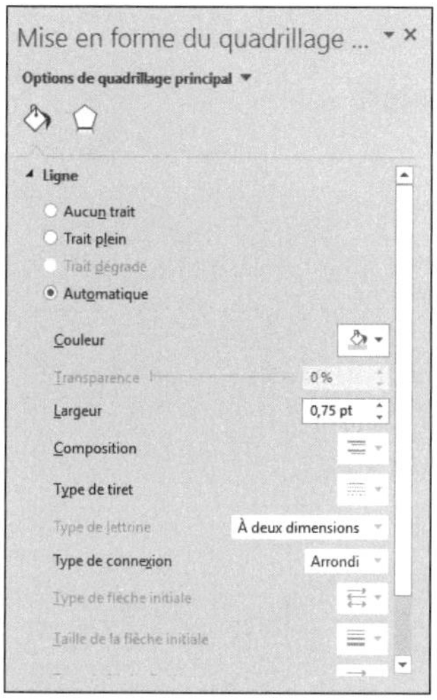

Figure 12-30 Options des quadrillages.

2 Modifiez dans ce volet les options proposées.

Modifier la légende

La légende contient des repères de couleur correspondant à chaque série.

1 Cliquez une zone vide du graphique pour le sélectionner.

2 Cliquez le bouton [+] → **Légende** → ▸ puis cliquez la position de la légende.

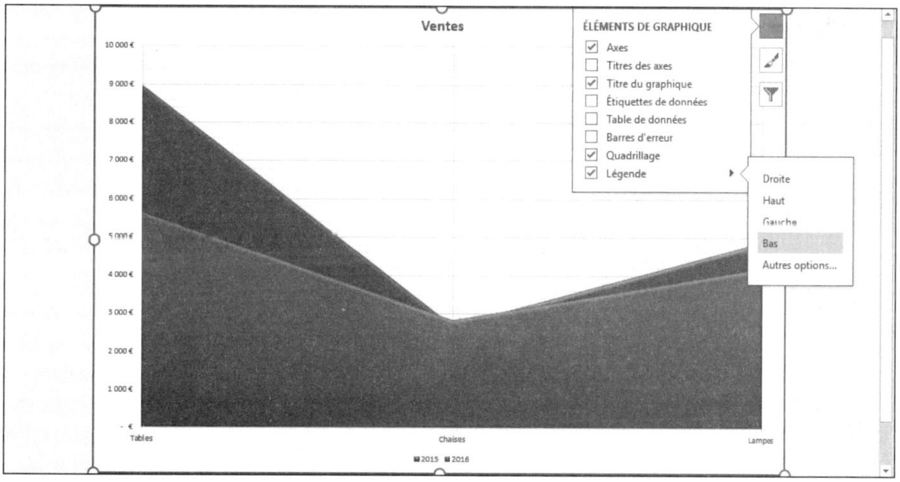

Figure 12-31 Modification de la position de la légende (ici en dessous du graphique).

Note Pour choisir vous-même la position de la légende, cliquez-la et faites-la glisser à un autre emplacement.

Pour modifier la mise en forme de la légende :

1 Cliquez le bouton [+] → **Légende** → ▸ → **Autres options**.

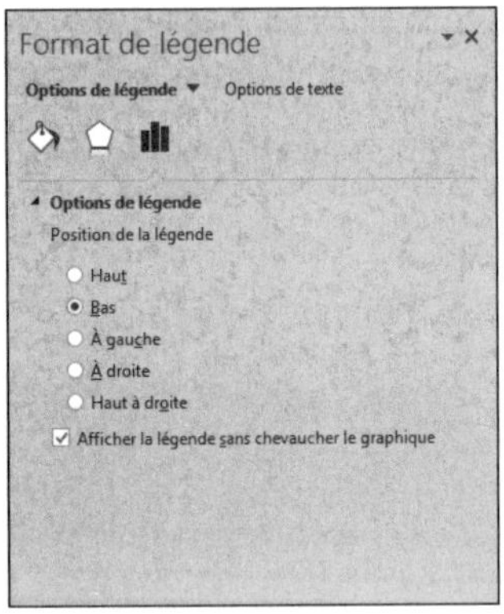

Figure 12-32 Options de la légende.

2 Modifiez dans ce volet les options proposées.

Afficher la valeur des points des séries

Pour mieux connaître chaque point affiché, Excel propose des étiquettes individuelles pour les valeurs, les noms ou les symboles de légende.

1 Cliquez une zone vide du graphique pour le sélectionner.

2 Cliquez le bouton [+] → **Étiquettes de données** → ▸ puis sélectionnez la position des étiquettes.

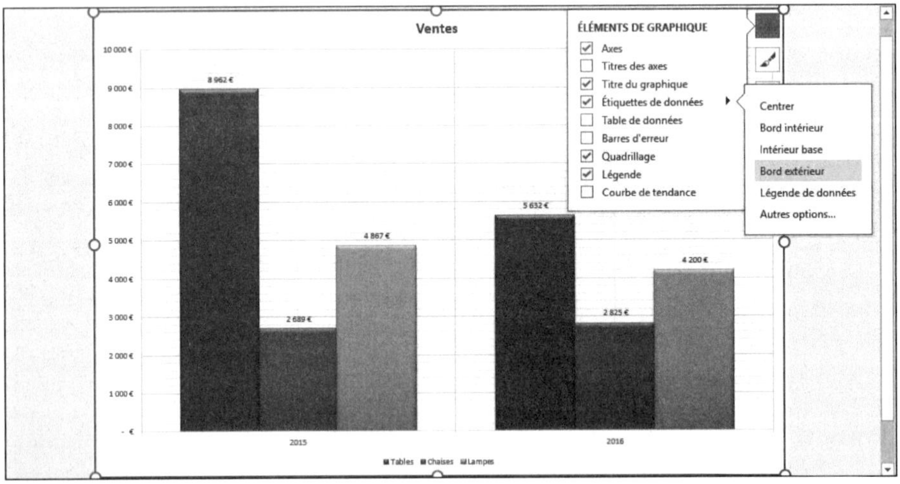

Figure 12-33 Ajout d'étiquettes aux séries (ici des étiquettes de valeur au-dessus de chaque point).

Pour modifier la mise en forme de la légende :

1 Cliquez le bouton [+] ➜ **Étiquettes de données** ➜ ▸ ➜ **Autres options**.

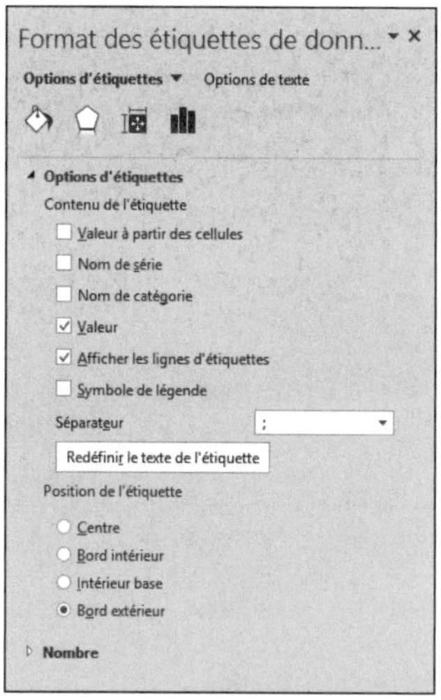

Figure 12-34 Options des étiquettes.

2 Modifiez dans ce volet les options proposées.

Note Pour ajouter le nom de la série et de la catégorie, cochez les cases **Nom de série** et **Nom de catégorie**. Pour modifier la forme d'une étiquette, cliquez-la avec le bouton droit puis cliquez **Changer les formes d'étiquettes de données** dans le menu contextuel. Choisissez ensuite, dans la liste qui s'affiche, la forme de l'étiquette.

Ajouter le tableau des données au graphique

Quand le graphique est placé dans une feuille à part, et non comme objet, les données ne sont pas visibles. Il est pourtant intéressant de voir en même temps le graphique et les données.

1 Cliquez une zone vide du graphique pour le sélectionner.

2 Cliquez le bouton [+] ➜ **Table de données** ➜ ▸ puis sélectionnez avec ou sans légende.

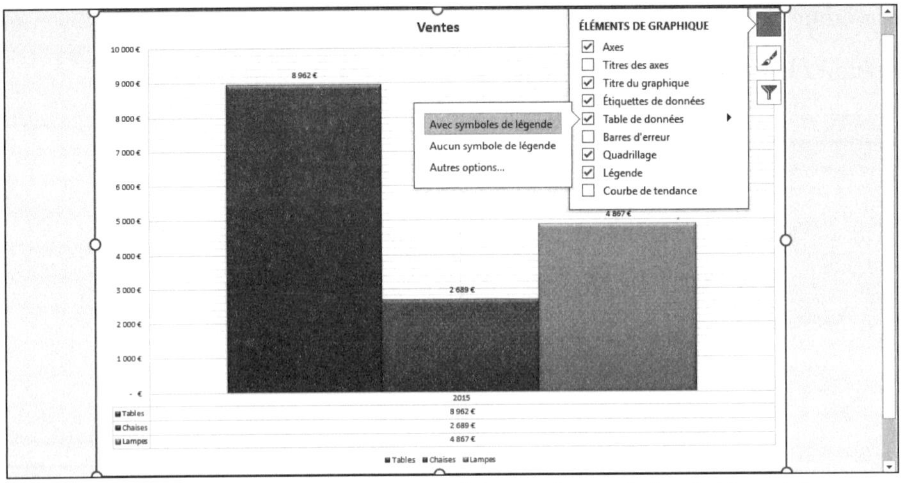

Figure 12-35 Ajout de la table des données (ici avec des symboles de légende).

Pour modifier la mise en forme de la légende :

1 Cliquez le bouton [+] → **Table de données** → ▸ → **Autres options**.

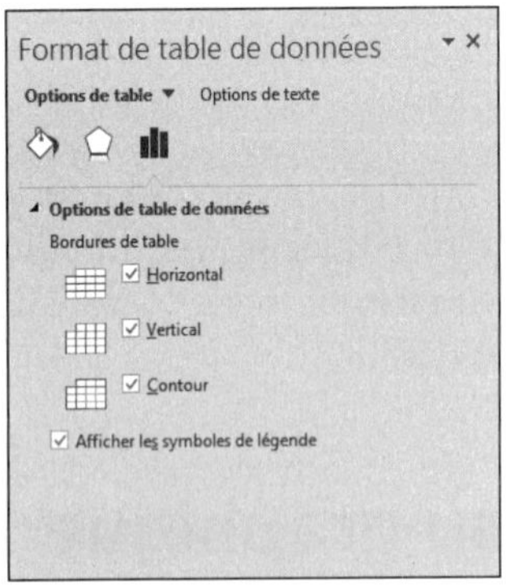

Figure 12-36 Options de la table de données.

2 Modifiez dans ce volet les options proposées.

Ajouter une série de données à un graphique

Il manque une série à votre graphique ? Ajoutez-la à l'aide d'un simple copier/coller.

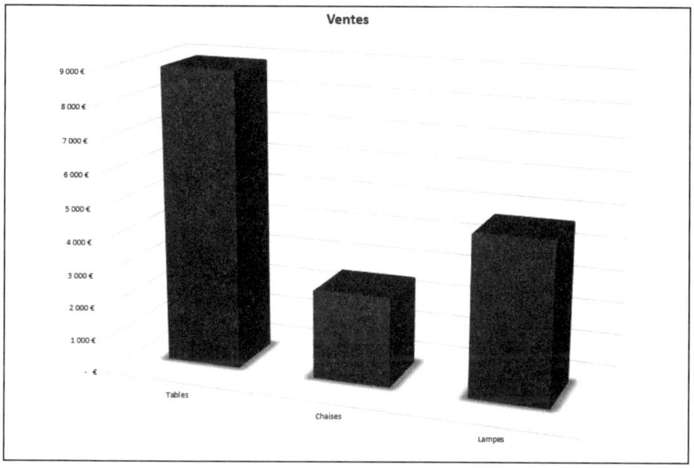

Figure 12-37 Graphique avec une seule série.

1 Sélectionnez la plage des données à ajouter au graphique (les ventes de 2016 dans l'exemple de la figure 12-38 qui ne se trouvent pas dans l'exemple de la figure 12-37).

Attention Si votre tableau contient des étiquettes de lignes, vous devez aussi les sélectionner pour qu'Excel en tienne compte dans le graphique. Dans l'exemple de la figure 12-38, nous avons sélectionné la plage A2:A5 et la plage C2:C5.

2 Tapez **Ctrl** + **C** pour copier la sélection dans le presse-papiers.

	A	B	C	D	E	F	G	H
1								
2		2015	2016	Total				
3	Tables	8 962 €	5 632 €	14 594 €				
4	Chaises	2 689 €	2 825 €	5 514 €				
5	Lampes	4 867 €	4 200 €	9 067 €				
6								

Figure 12-38 Sélection d'une série à ajouter à un graphique.

3 Si le graphique se trouve dans une autre feuille, cliquez son onglet.

4 Cliquez le graphique pour le sélectionner.

5 Tapez **Ctrl** + **V** pour coller la série dans le graphique.

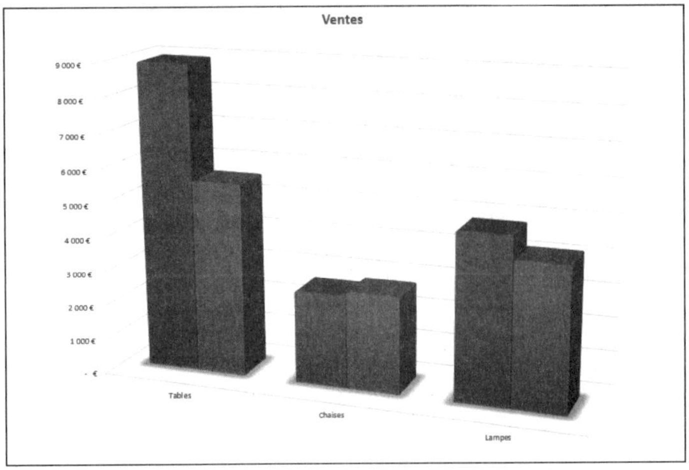

Figure 12-39 Ajout d'une série à un graphique.

Les nouvelles données sont ajoutées au graphique.

Vous pouvez aussi modifier la source des données avec l'onglet **Création → Données → Sélectionner les données**.

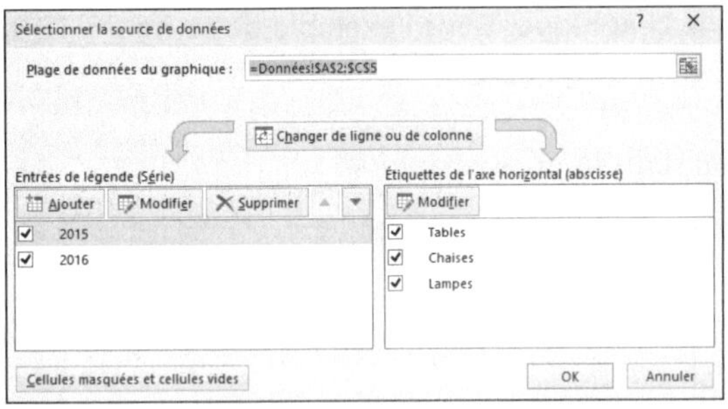

Figure 12-40 Modification des données source avec une boîte de dialogue.

Modifier le format d'une série de données

Que ce soit en tant qu'objet ou dans une feuille à part, les graphiques sont modifiables directement, élément par élément.

1 Pointez chaque élément du graphique (séries, axes, légende, titres, *etc.*). Une info-bulle vous indique le type d'élément pointé (la série « 2015 » dans l'exemple de la figure 12-41).

2 Cliquez une série du graphique.

La série est sélectionnée. Des ronds apparaissent pour chaque point de la série.

3 Cliquez avec le bouton droit la série sélectionnée.

4 Cliquez **Mettre en forme une série de données** dans le menu contextuel.

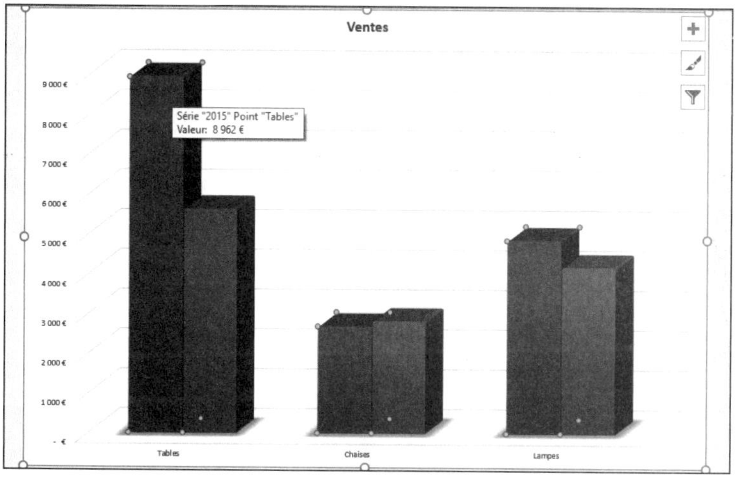

Figure 12-41 Sélection d'une série et affichage de l'info-bulle correspondante.

Astuce Il s'agit ici d'un exemple. Vous accédez de la même manière à la mise en forme de chaque élément d'un graphique. Repérez l'élément avec l'info-bulle, puis cliquez-le avec le bouton droit pour accéder à son menu contextuel.

Le volet qui s'affiche permet de modifier la mise en forme de la série.

5 Modifiez les options proposées.

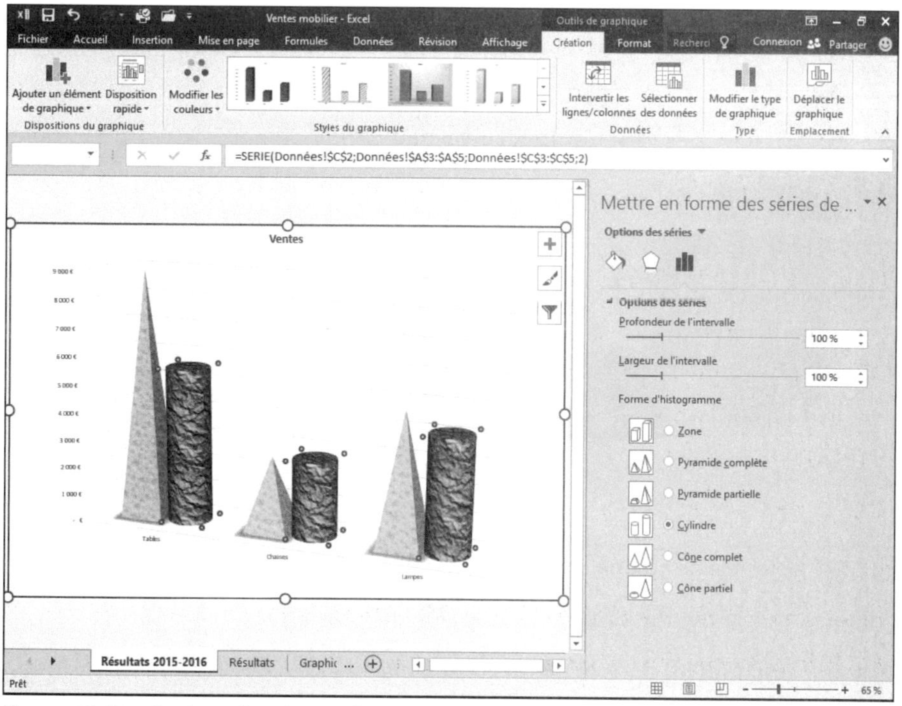

Figure 12-42 Options de mise en forme d'une série.

Astuce Excel met à jour immédiatement le graphique avec les options choisies. Vous pouvez les visualiser directement dans la feuille en dessous (figure 12-38).

6 Cliquez le bouton × pour fermer le volet.

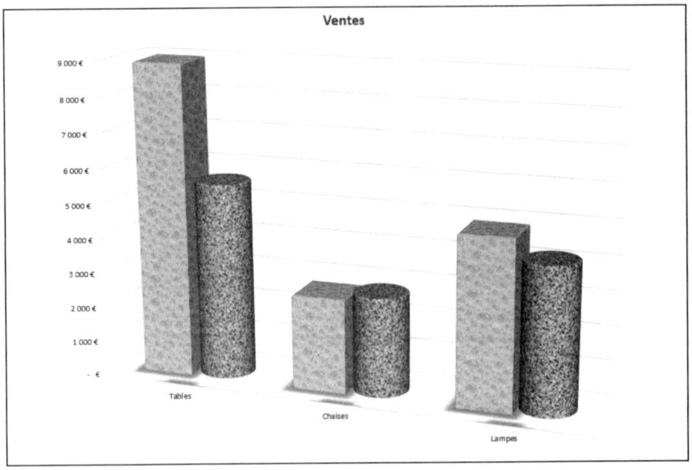

Figure 12-43 Modification de la mise en forme d'une série.

La série est modifiée en fonction de vos choix.

Modifier l'orientation des graphiques 3D

Pour mettre en valeur les données d'un graphique 3D, modifiez son orientation.

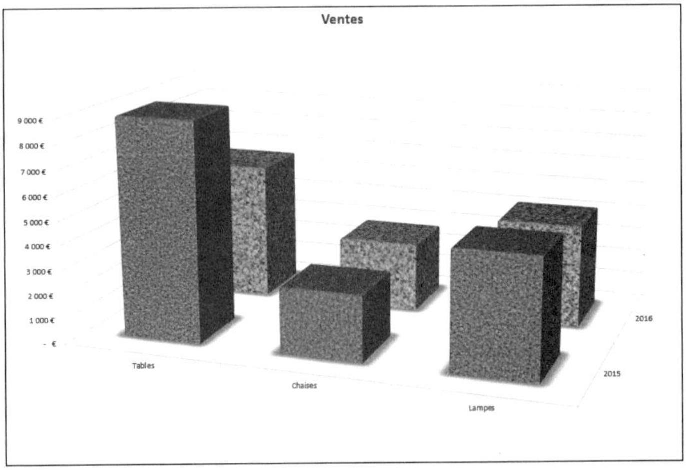

Figure 12-44 Exemple de graphique 3D.

1 Cliquez avec le bouton droit une zone vide du graphique.

2 Cliquez **Rotation 3D** dans le menu contextuel.

3 Modifiez les options proposées dans le volet pour changer l'orientation du graphique 3D.

Note En fonction du type de graphique 3D, toutes les options ne sont pas accessibles.

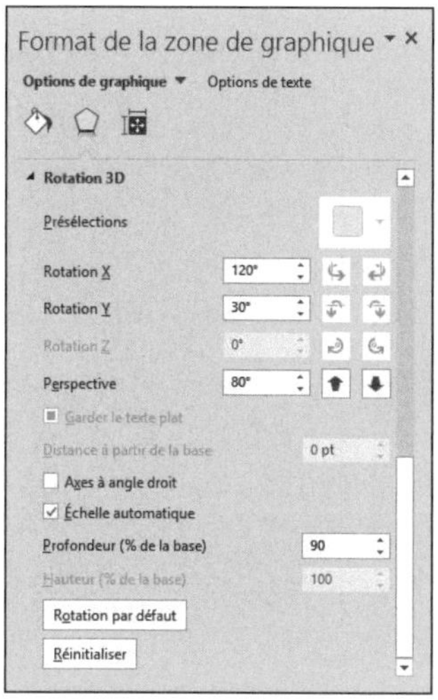

Figure 12-45 Modification de l'orientation d'un graphique 3D.

Excel applique directement les modifications dans le graphique en dessous.

4 Cliquez le bouton × pour fermer le volet.

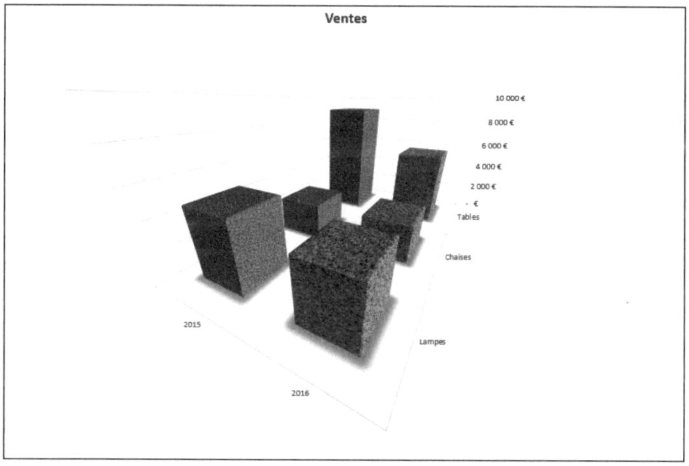

Figure 12-46 Exemple de graphique 3D après modification.

Séparer un point d'un graphique en secteurs ou en anneaux

Pour attirer l'attention sur un point particulier d'un graphique en secteurs ou en anneaux, séparez-le des autres points de la série.

1 Créez un graphique en secteurs ou en anneaux.

2 Cliquez la série pour la sélectionner.

3 Cliquez le point à séparer pour le sélectionner.

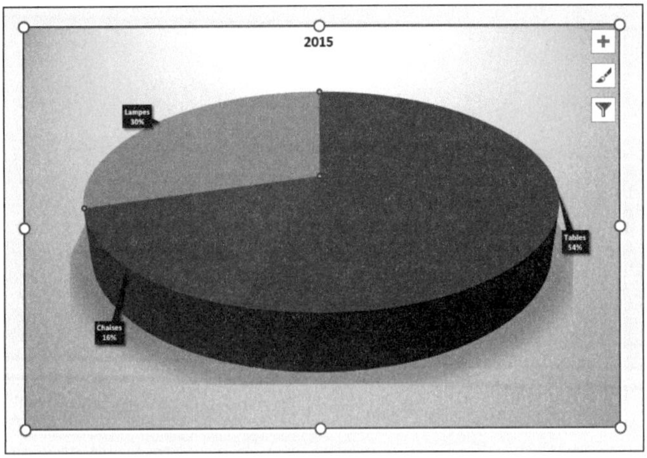

Figure 12-47 Graphique en secteurs.

4 Cliquez et faites glisser le secteur ou l'anneau vers l'extérieur.

Le point choisi est séparé des autres points de la série.

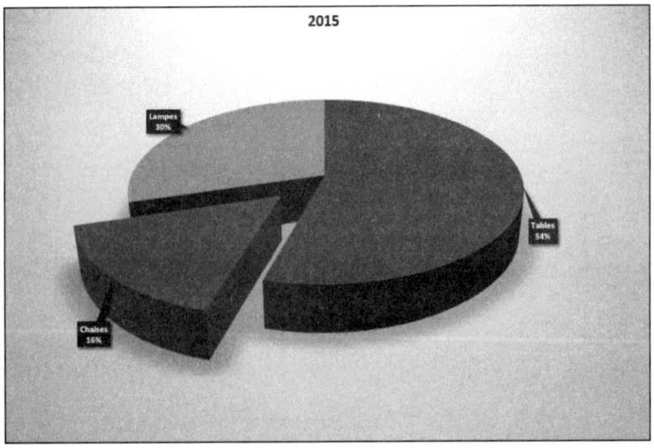

Figure 12-48 Graphique en secteurs après séparation d'un point de la série.

Filtrer les données d'un graphique

Vous pouvez afficher ou masquer des données sans pour autant modifier leur source.

1 Cliquez le graphique pour le sélectionner.

2 Cliquez le bouton  sur le bord du graphique.

3 Cochez ou décochez les données à afficher ou à masquer.

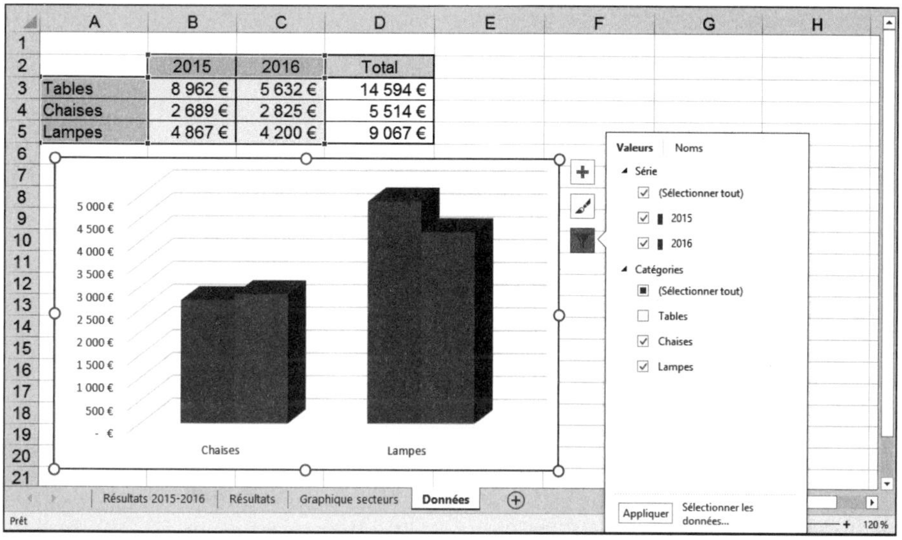

Figure 12-49 Filtrage d'un graphique.

4 Cliquez le bouton **Appliquer**.

Note Vous pouvez aussi filtrer le graphique avec l'onglet **Création ➜ Données ➜ Sélectionner les données**.

Mettre en forme rapidement un graphique

Si vous ne désirez pas modifier une à une les multiples options des graphiques, vous pouvez appliquer des mises en forme prédéfinies.

Pour modifier l'aspect du graphique :

1 Cliquez le graphique pour le sélectionner.

2 Cliquez le bouton sur le bord du graphique.

3 Cliquez un style dans la liste.

Note Les styles sont aussi modifiables avec l'onglet **Création ➜ Styles du graphique**.

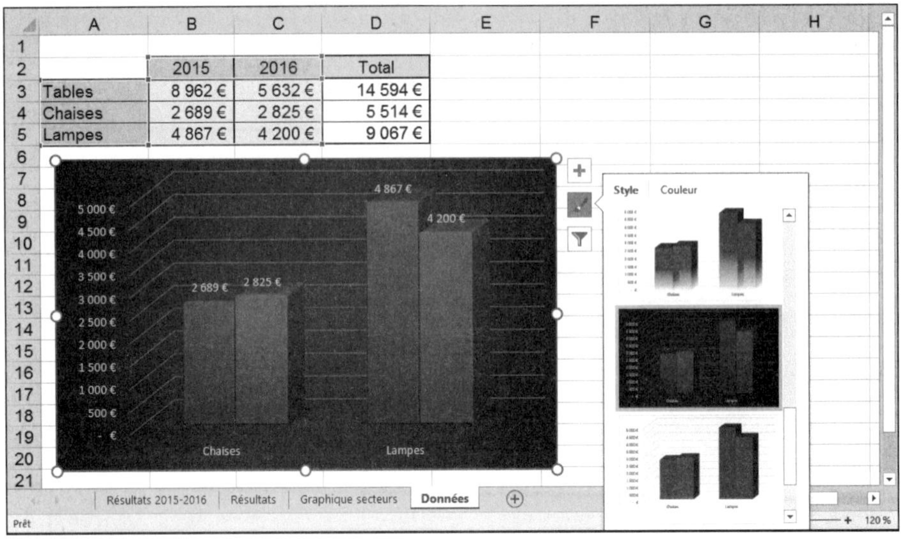

Figure 12-50 Application d'un style prédéfini à un graphique.

Pour modifier les éléments qui entourent le graphique :

1 Cliquez le graphique pour le sélectionner.

2 Cliquez l'onglet **Création → Dispositions du graphique → Disposition rapide**, puis sélectionnez une mise en forme dans la liste qui s'affiche.

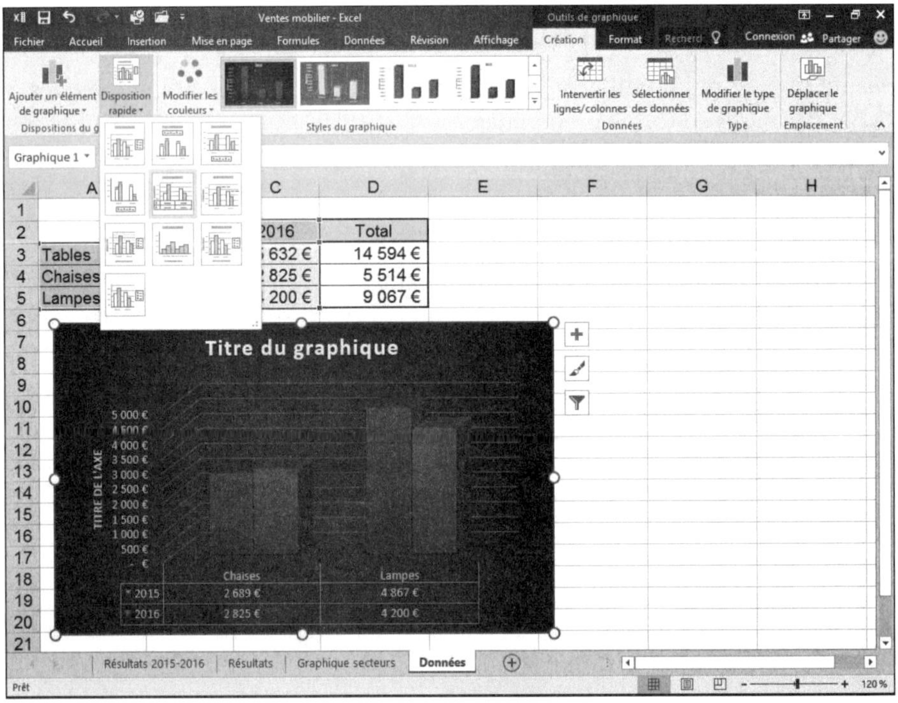

Figure 12-51 Application d'une mise en forme prédéfinie à un graphique.

Utiliser les graphiques sparklines

Un sparkline est un petit graphique inséré dans une cellule. Sa mise en œuvre est simple et rapide.

1 Sélectionnez les données à utiliser par le sparkline.

2 Approchez la souris de la sélection. Le bouton apparaît en bas à droite de la sélection.

3 Cliquez le bouton .

4 Cliquez **Graphiques sparklines** dans la fenêtre qui s'affiche.

5 Cliquez le type de graphique.

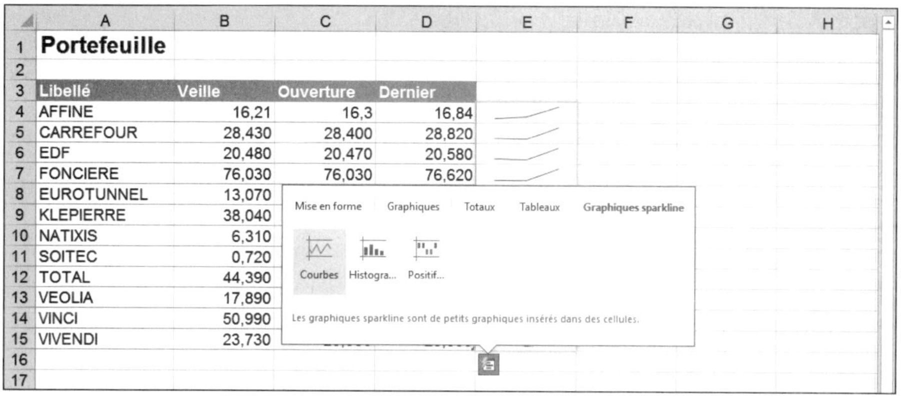

Figure 12-52 Création d'un sparkline.

Excel crée les graphiques dans les cellules à droite de la sélection. Un nouvel onglet **Création** apparaît dans le ruban.

6 Sélectionnez les cellules qui contiennent les sparklines.

7 Dans l'onglet **Création**, modifiez les mises en forme des sparklines.

Note Pour créer manuellement des graphiques sparklines, utilisez l'onglet **Insertion → Graphiques sparklines** puis le type de graphique. Dans la boîte qui s'affiche, vous pourrez choisir la plage des données et celle de destination.

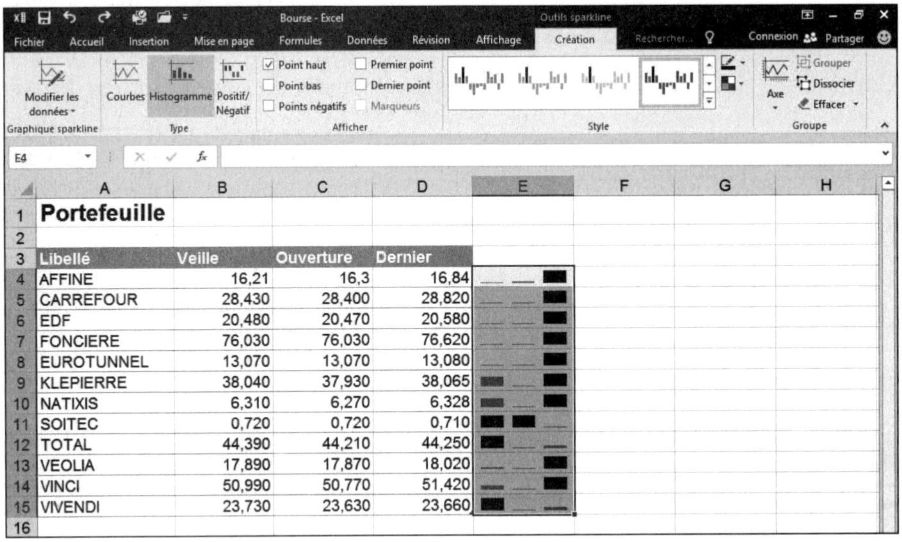

	A	B	C	D
1	**Portefeuille**			
2				
3	Libellé	Veille	Ouverture	Dernier
4	AFFINE	16,21	16,3	16,84
5	CARREFOUR	28,430	28,400	28,820
6	EDF	20,480	20,470	20,580
7	FONCIERE	76,030	76,030	76,620
8	EUROTUNNEL	13,070	13,070	13,080
9	KLEPIERRE	38,040	37,930	38,065
10	NATIXIS	6,310	6,270	6,328
11	SOITEC	0,720	0,720	0,710
12	TOTAL	44,390	44,210	44,250
13	VEOLIA	17,890	17,870	18,020
14	VINCI	50,990	50,770	51,420
15	VIVENDI	23,730	23,630	23,660

Figure 12-53 Modification d'un sparkline.

Pour supprimer les sparklines, sélectionnez les cellules correspondantes puis cliquez l'onglet **Création ➜ Groupe ➜ Effacer**.

Chapitre 13

Utiliser les graphiques croisés dynamiques

Dans ce chapitre :

- Créer un graphique croisé à partir d'un tableau croisé
- Construire un graphique croisé sans tableau croisé
- Modifier la structure d'un graphique croisé
- Filtrer un graphique croisé
- Modifier le type d'un graphique croisé
- Mettre en forme un graphique croisé

Vous avez déjà créé votre tableau croisé dynamique ? Vous désirez obtenir un graphique à partir de ses données ? Excel a prévu cette réalisation en un seul clic, mais surtout il vous propose de le modifier dynamiquement comme un tableau croisé. Et si vous n'avez pas de tableau croisé, il est tout à fait possible de créer directement un graphique croisé.

Note Pour des informations complémentaires sur les tableaux croisés dynamiques, consultez le chapitre 10.

Créer un graphique croisé à partir d'un tableau croisé

Si vous avez créé un tableau croisé dynamique, allez plus loin en créant le graphique correspondant.

1 Cliquez une donnée du tableau croisé dynamique.

2 Cliquez l'onglet **Insertion → Graphiques → Graphique croisé dynamique**.

3 Sélectionnez le type et le sous-type de graphique. Pointez l'exemple pour l'agrandir.

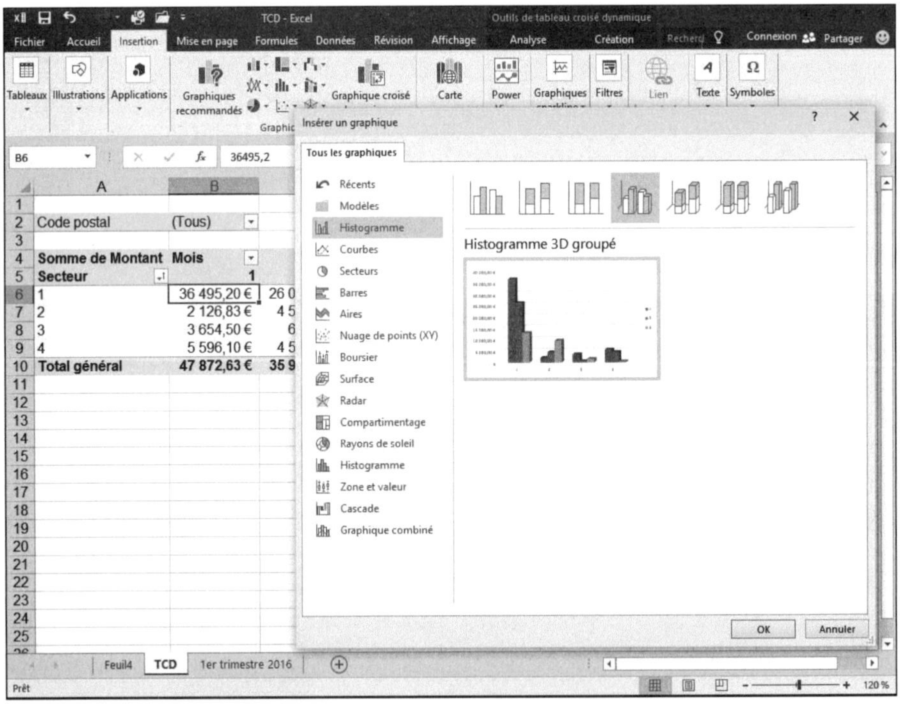

Figure 13-1 Création d'un graphique croisé à partir d'un tableau croisé.

4 Cliquez le bouton **OK**.

Note Pour des informations complémentaires sur les graphiques, consultez le chapitre 12.

Excel crée immédiatement le graphique croisé basé sur le tableau croisé. Trois nouveaux onglets s'affichent dans le ruban : **Analyse**, **Création** et **Format**.

Le graphique contient des boutons pour modifier la valeur des champs. Comme le tableau et le graphique sont liés, la modification de l'un se répercute automatiquement sur l'autre.

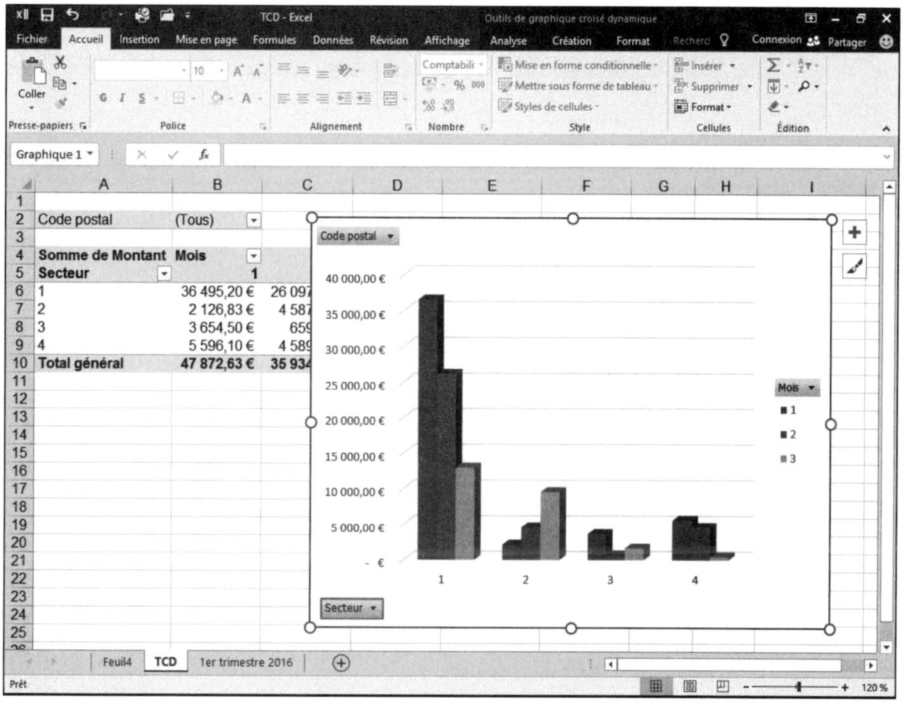

Figure 13-2 Graphique croisé basé sur un tableau croisé.

Si vous désirez placer votre graphique dans une feuille à part, suivez ces étapes :

1 Cliquez l'onglet **Création → Emplacement → Déplacer le graphique**.

2 Cochez l'option **Nouvelle feuille**.

3 Tapez le nom de la feuille dans la zonc cn regard.

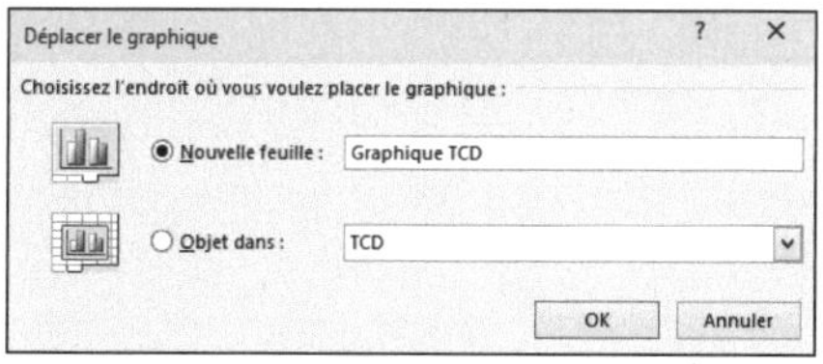

Figure 13-3 Déplacement d'un objet graphique croisé vers une feuille graphique.

4 Cliquez le bouton **OK**.

Même si le graphique est déplacé vers une autre feuille, il reste lié à son tableau d'origine.

Créer un graphique croisé sans tableau croisé

Même sans tableau croisé, il est possible de construire directement un graphique croisé.

1 Cliquez une cellule du tableau contenant les données à utiliser dans le graphique croisé.

2 Cliquez l'onglet **Insertion ➜ Graphique ➜ Graphique croisé dynamique**.

3 Vérifiez que la zone **Sélectionner un tableau ou une plage** contient bien les références de vos données.

4 Cochez l'option **Nouvelle feuille de calcul** ou **Feuille de calcul existante** en fonction de l'emplacement du tableau croisé.

5 Si vous avez choisi **Feuille de calcul existante** à l'étape **4**, tapez la référence de la première cellule dans cette zone ou cliquez le bouton.

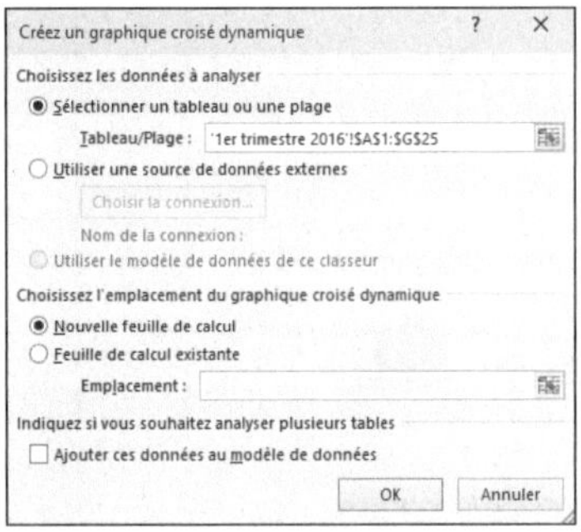

Figure 13-4 Création d'un graphique croisé.

6 Cliquez le bouton **OK**.

La structure du graphique croisé est insérée à l'emplacement choisi. Si vous l'avez demandé, Excel a ajouté une feuille au classeur. Éventuellement, renommez son onglet.

Pour l'instant le graphique est vide, car il attend que vous définissiez les champs.

Vous pouvez déplacer le graphique avec l'onglet **Création ➜ Emplacement ➜ Déplacer le graphique**. Vous devrez cependant conserver la feuille qui contient le tableau croisé. Si vous supprimez cette feuille, le graphique croisé dynamique redevient un graphique ordinaire.

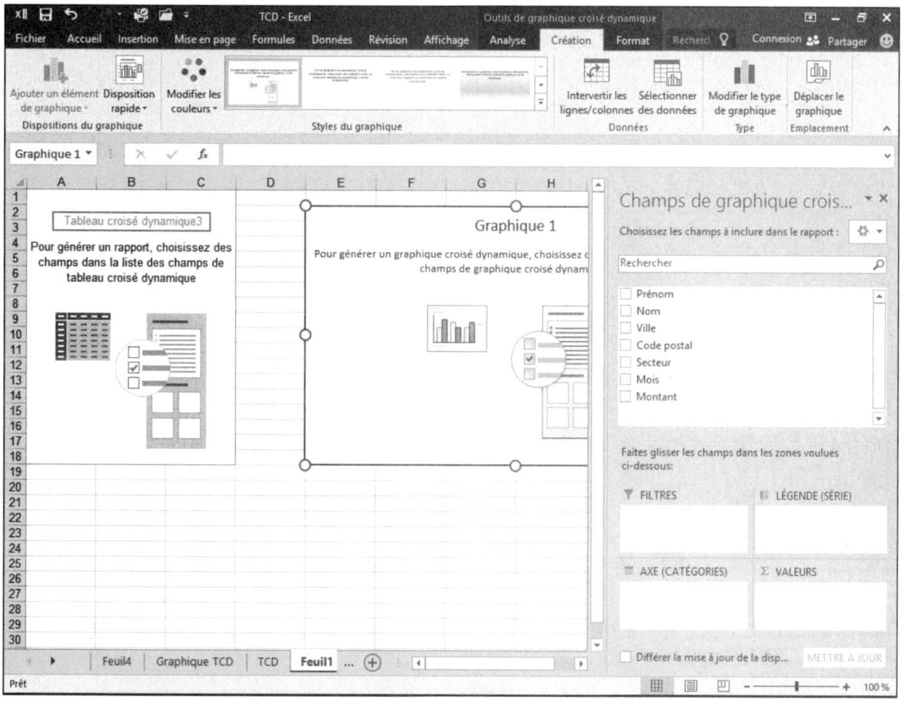

Figure 13-5 Base d'un nouveau graphique croisé.

Modifier la structure d'un graphique croisé

Vous pouvez créer ou modifier un graphique croisé, comme un tableau croisé, en ajoutant ou en supprimant des champs. En réalité, Excel applique les modifications en même temps au tableau et au graphique.

Note Pour afficher ou masquer le volet **Champs de graphique croisé**, cliquez l'onglet **Analyse ➜ Afficher/Masquer ➜ Liste des champs**.

Ajouter un champ

Pour construire un graphique croisé, vous devez ajouter des champs de la même façon que pour un tableau croisé.

1 Dans le volet **Champs de graphique croisé**, cliquez et faites glisser le nom du champ vers la zone **Filtre**, **Légende (série)**, **Axe (catégories)** ou **Valeurs**.

2 Répétez l'étape **1** pour les autres champs.

Note Consultez le chapitre 10 pour des informations complémentaires sur l'ajout, la suppression ou le déplacement des champs.

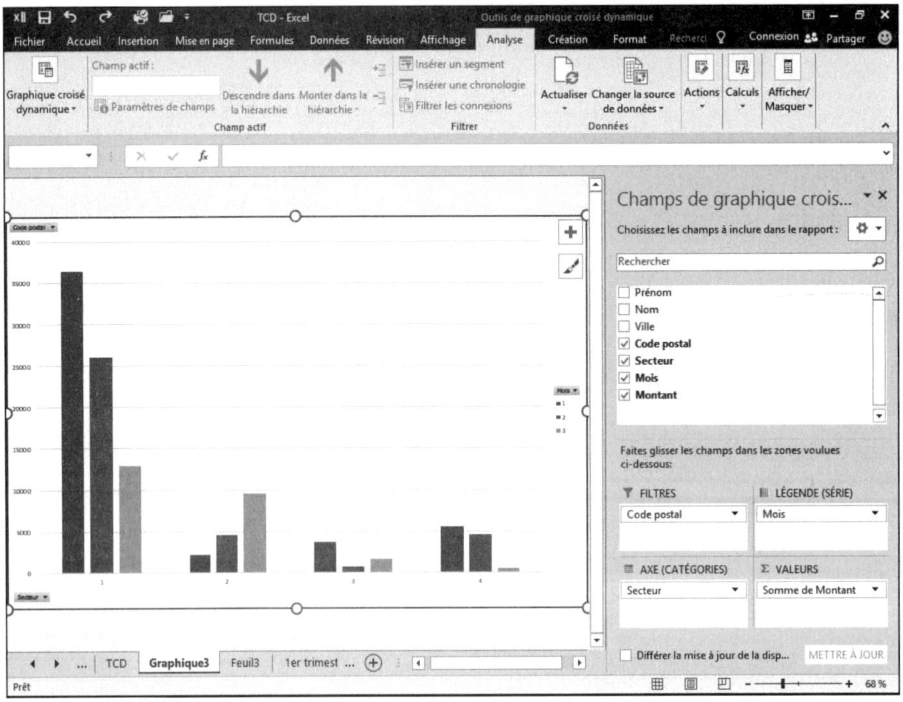

Figure 13-6 Ajout de champs à un graphique croisé.

Filtrer un graphique croisé dynamique

Pour en limiter les données, filtrez votre graphique croisé.

Choisir les éléments du filtre du rapport

1 Dans le graphique, cliquez la flèche ▾ de la liste du champ de **Filtres** (Code postal dans notre exemple).

2 Cliquez une valeur dans la liste.

Note Pour ne pas se limiter à une seule valeur, cochez la case **Sélectionner plusieurs éléments,** puis cochez les valeurs à ajouter au filtre.

3 Cliquez le bouton **OK**.

Le graphique est recalculé et se limite à la ou les valeurs sélectionnées dans le filtre. La flèche ▾ devient ▾.

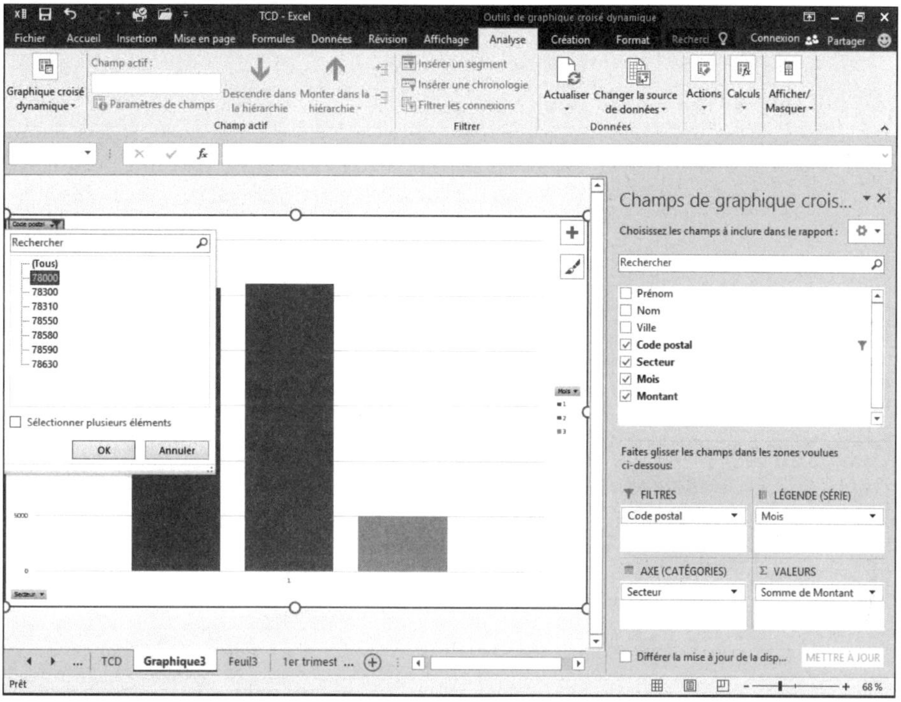

Figure 13-7 Choix des valeurs du filtre.

4 Cliquez la flèche [▼] du filtre.

5 Cliquez **(Tous)** dans la liste pour tenir compte de toutes les valeurs.

6 Cliquez le bouton **OK**.

Tous les éléments sont de nouveau présents dans le graphique croisé.

Choisir les éléments des champs Axes et Légende

1 Cliquez la flèche [▼] du champ **Axe (Catégories)** ou du champ **Légende (Série)** (respectivement Secteur et Mois dans notre exemple).

2 Cochez les éléments à afficher et décochez les éléments à masquer.

Note Cette boîte offre d'autres solutions pour filtrer les valeurs. Faites des tests.

3 Cliquez le bouton **OK**.

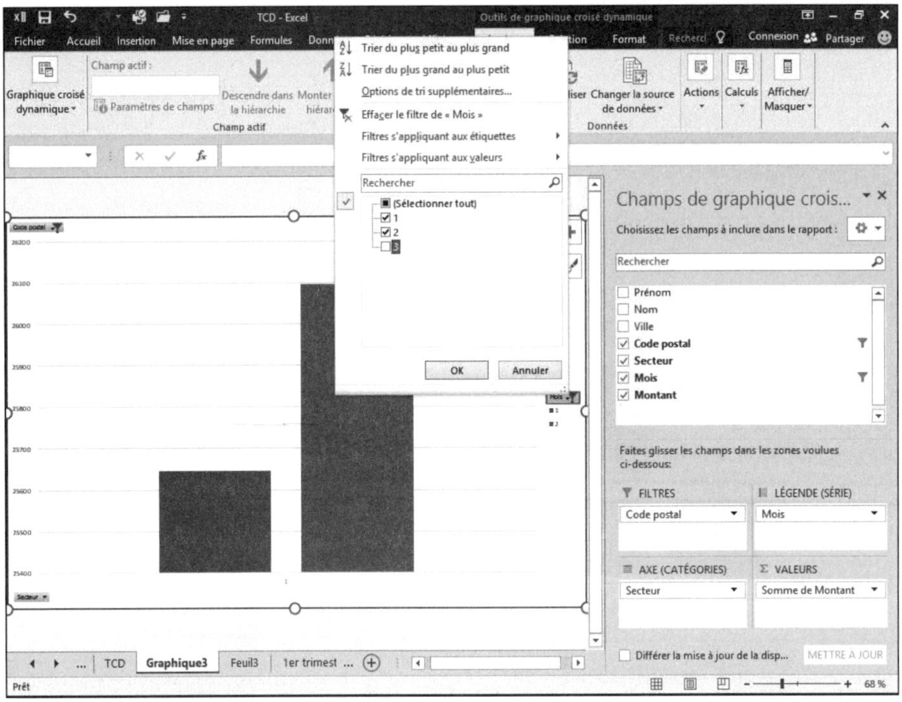

Figure 13-8 Choix des valeurs du champ Axe (Catégorie) ou du champ Légende (Série).

Le graphique est recalculé et se limite aux éléments sélectionnés. La flèche ▾ devient ▾.

4 Cliquez la flèche ▾ du champ **Axe (Catégories)** ou du champ **Légende (Série)**.

5 Cochez **(Sélectionner tout)** pour tenir compte de tous les éléments.

6 Cliquez le bouton **OK**.

Tous les éléments sont de nouveau présents dans le graphique croisé.

Astuce Comme pour les tableaux croisés, vous pouvez utiliser les segments avec les graphiques croisés. Consultez le chapitre 10.

Modifier le type de graphique

Les graphiques croisés bénéficient des mises en forme propres à tous les autres graphiques.

1 Cliquez le graphique croisé pour le sélectionner.

2 Cliquez l'onglet **Création → Type → Modifier le type de graphique**.

3 Cliquez un type de graphique dans la liste de gauche.

4 Cliquez un sous-type de graphique dans la liste de droite. Pointez l'exemple pour l'agrandir.

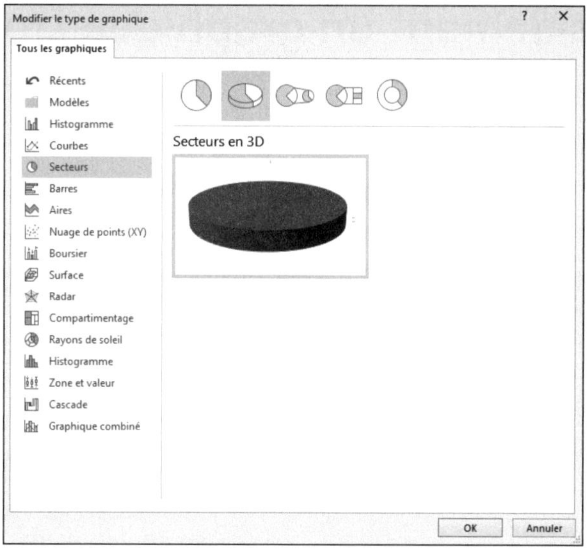

Figure 13-9 Choix du type d'un graphique croisé.

5 Cliquez le bouton **OK** pour appliquer votre choix.

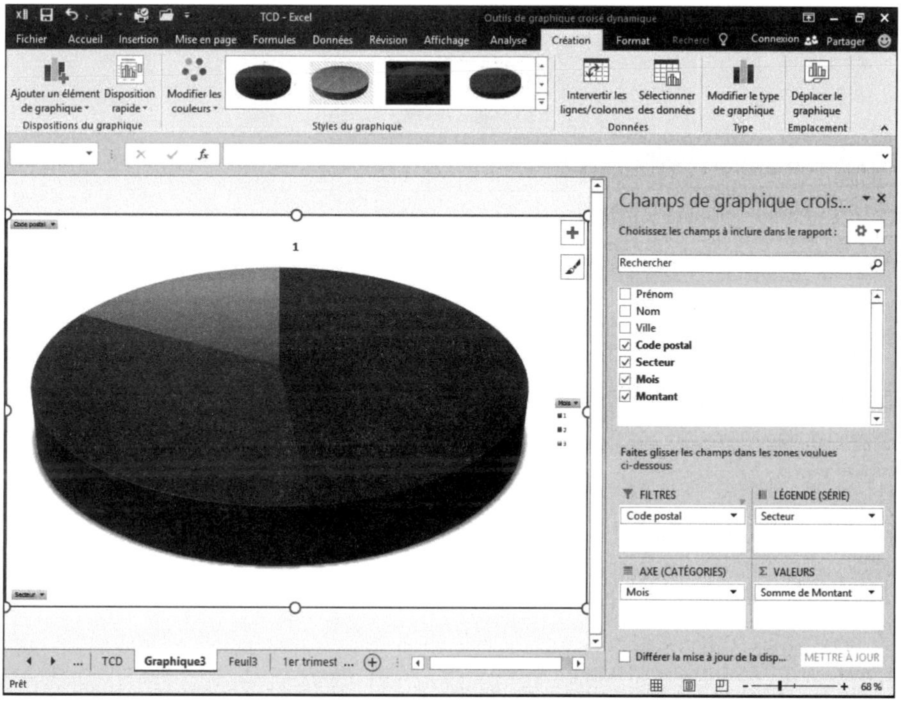

Figure 13-10 Modification du type d'un graphique croisé.

Mettre en forme rapidement un graphique croisé

Comme pour les autres graphiques, vous pouvez appliquer des mises en forme prédéfinies.

1 Cliquez une zone vide du graphique pour le sélectionner.

2 Cliquez l'onglet **Création → Styles du graphique**, puis sélectionnez un style dans la liste qui s'affiche.

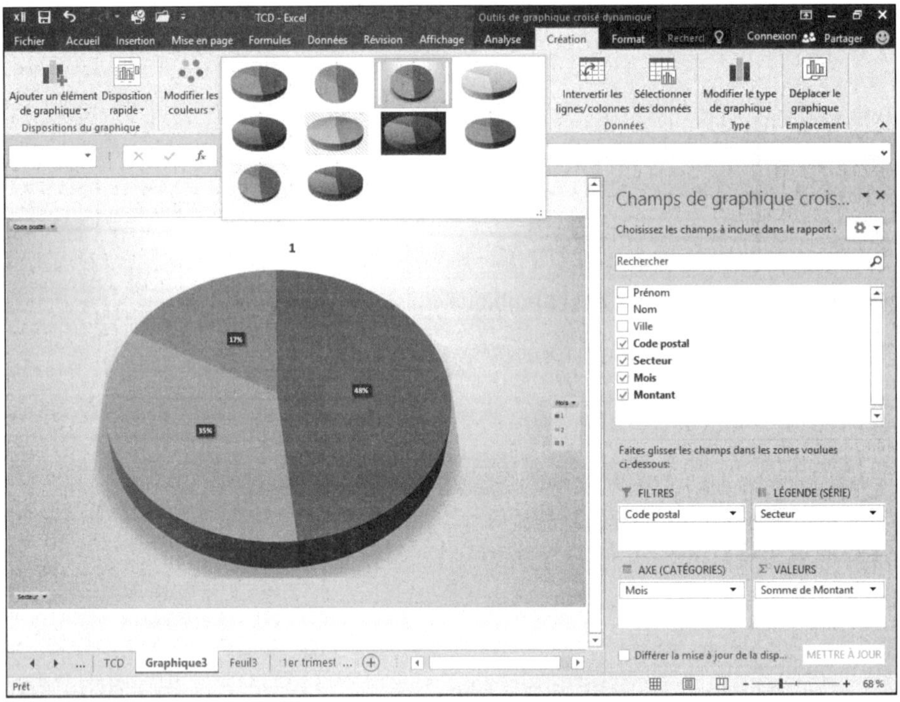

Figure 13-11 Application d'un style prédéfini à un graphique croisé.

Note Vous trouverez des informations plus complètes sur les graphiques dans les chapitres 12 et 14.

Chapitre 14

Personnaliser les graphiques

Dans ce chapitre :

- Modifier la superposition et la largeur des barres
- Ajouter des barres d'erreur
- Ajouter des lignes de série
- Créer un graphique avec des valeurs négatives
- Appliquer des textures et des images
- Créer et utiliser des modèles de graphiques

Les graphiques Excel offrent des options qu'il serait dommage de ne pas exploiter. Ce chapitre vous propose d'améliorer la lisibilité de vos graphiques, d'ajouter des barres d'erreur et des lignes de série, ou de gérer les valeurs négatives. Et si vous utilisez toujours le même type de graphique, autant en faire un modèle réutilisable facilement.

Modifier la superposition et la largeur des barres d'un histogramme

Dès que votre histogramme est créé, vous pouvez l'améliorer en modifiant la largeur des barres et leur superposition.

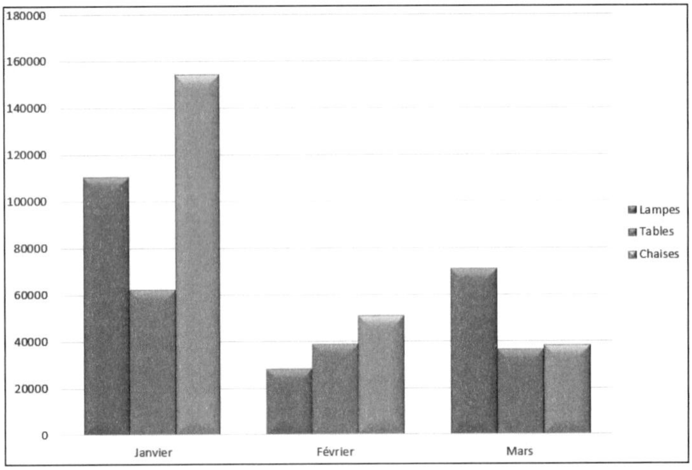

Figure 14-1 Histogramme avant modification.

1 Cliquez avec le bouton droit une barre de l'histogramme.

2 Cliquez la commande **Mettre en forme une série de données** dans le menu contextuel.

3 Cliquez **Options des séries** dans le volet **Mettre en forme des séries**.

4 Faites glisser le curseur **Superposition de séries** entre -100 % et 100 % correspondant au pourcentage de superposition de deux barres contiguës.

Note Pour toutes les valeurs modifiables avec un curseur, vous pouvez taper une valeur précise dans la zone en regard.

Astuce Excel met immédiatement à jour le graphique en dessous pour évaluer instantanément la pertinence des modifications.

5 Faites glisser le curseur **Largeur de l'intervalle**, entre 0 et 500, pour modifier l'écart entre les groupes de barres.

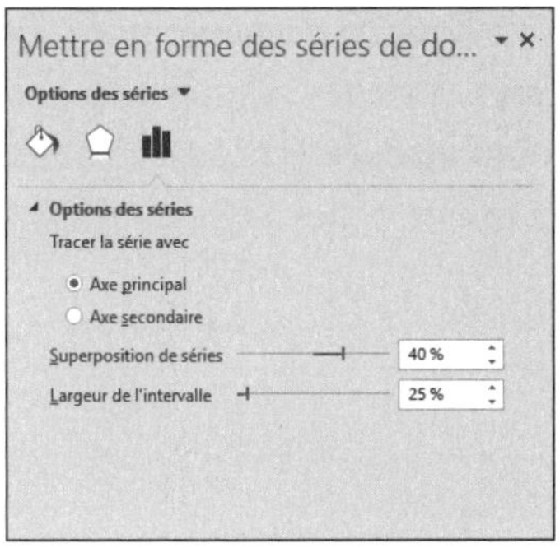

Figure 14-2 Modification de la superposition et de l'intervalle des barres d'un histogramme.

6 Cliquez le bouton **Fermer**.

La superposition et la largeur des barres de l'histogramme sont modifiées.

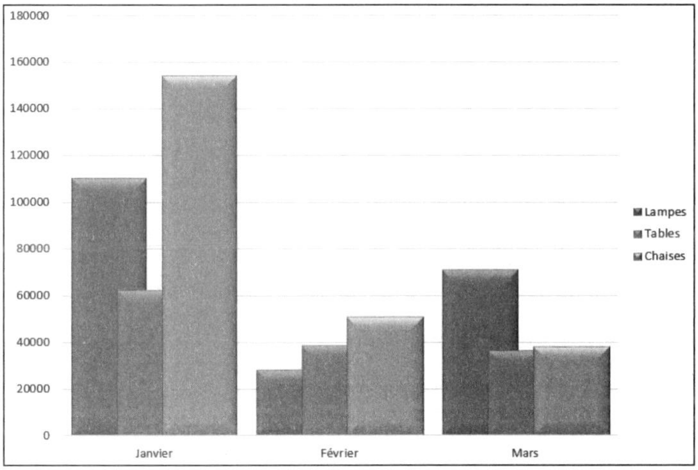

Figure 14-3 Histogramme après modification de la superposition et de l'intervalle.

Ajouter des barres d'erreur aux histogrammes

Si une ou plusieurs séries de votre histogramme correspondent à des estimations, vous pouvez ajouter des barres d'erreur pour justifier vos prévisions.

1 Cliquez la série qui doit afficher des barres d'erreur.

2 Cliquez l'onglet **Création → Dispositions du graphique → Ajouter un élément de graphique → Barres d'erreur → Autres options de barres d'erreur**. Vous pouvez aussi choisir une des solutions prédéfinies proposées dans la liste **Barres d'erreur**.

3 Cliquez **Options de barre d'erreur** dans le volet **Format des barres d'erreur**.

4 Cliquez le type de barre dans les zones **Orientation** et **Style final**.

5 Cliquez le type de marge d'erreur et tapez sa valeur : **Valeur fixe** (marge fixe), **Pourcentage** (% du point de la série), **Écart type** (fonction de l'écart entre les valeurs de la série), **Erreur standard** (valeur standard des points de la série), **Personnalisée** (choix de l'utilisateur pour la marge d'erreur inférieure et supérieure. Valeurs liées à des cellules d'une feuille de calcul).

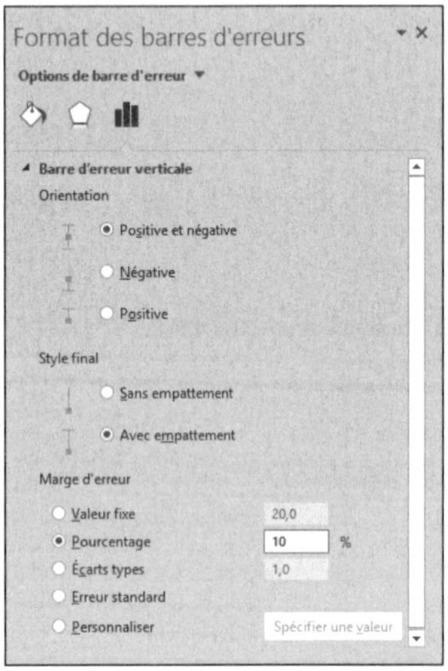

Figure 14-4 Ajout de barres d'erreur dans un histogramme.

Des barres d'erreur apparaissent pour chaque point de la série sélectionné à l'étape **1**.

6 Répétez les étapes **1** à **5** pour les autres séries.

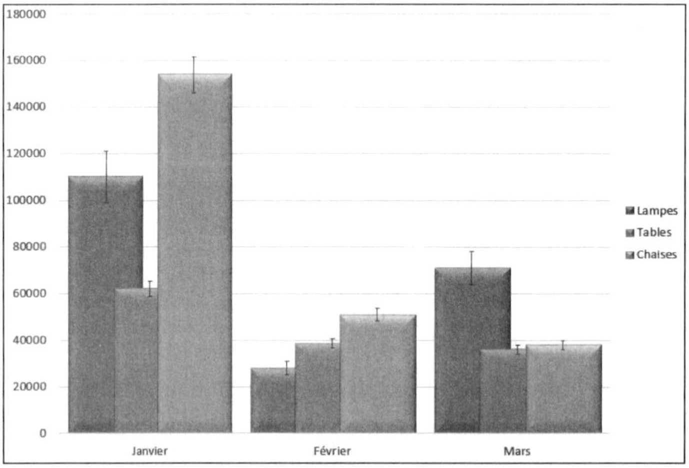

Figure 14-5 Barres d'erreur dans un histogramme.

Ajouter des lignes de série

Les lignes de série relient entre elles les barres d'un histogramme. Elles permettent de mieux apprécier les variations des valeurs comme le ferait une courbe.

1 Cliquez l'histogramme pour le sélectionner.

2 Cliquez l'onglet **Création ➜ Dispositions du graphique ➜ Ajouter un élément de graphique ➜ Lignes ➜ Lignes de série**.

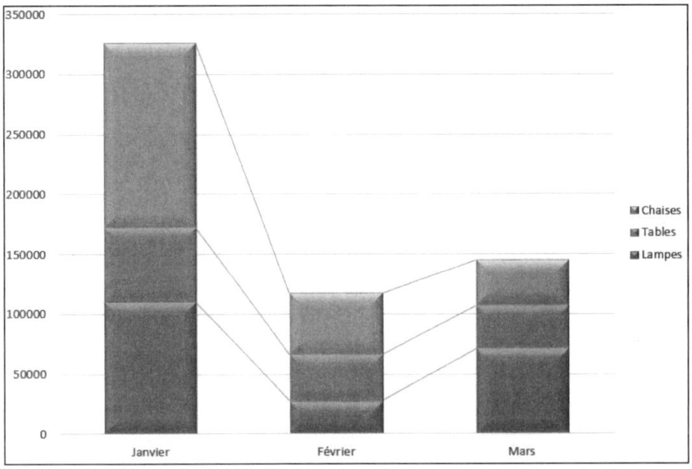

Figure 14-6 Lignes de série dans un histogramme.

Des lignes relient chaque point de la série.

Note Tous les types d'histogrammes ne permettent pas d'ajouter des lignes de série.

Créer un graphique horizontal avec des valeurs positives et négatives

Excel accepte les valeurs négatives dans les graphiques. Il propose en plus de modifier les couleurs si les données sont positives ou négatives.

	A	B	C	D	E	F	G	H	I
1	Date	Niveaux	<>						
2	01/03/2013	80,5	0						
3	02/03/2013	79	-1,5						
4	03/03/2013	81	0,5						
5	04/03/2013	82	1,5						
6	05/03/2013	82,5	2						
7	06/03/2013	81	0,5						
8	07/03/2013	80	-0,5						
9	08/03/2013	79	-1,5						
10	09/03/2013	78	-2,5						
11	10/03/2013	78	-2,5						
12	11/03/2013	78,5	-2						
13	12/03/2013	79	-1,5						
14	13/03/2013	81	0,5						
15	14/03/2013	82	1,5						
16									

Figure 14-7 Données pour la création d'un graphique à barres avec des valeurs négatives.

1 Sélectionnez les données du graphique (les colonnes A et C dans l'exemple de la figure 14-7).

2 Cliquez l'onglet **Insertion** → **Graphiques** → **Histogramme** → **Barres groupées 2D** ou **3D**.

Déplaçons le graphique vers une nouvelle feuille.

3 Cliquez l'onglet **Création** → **Emplacement** → **Déplacer le graphique**.

4 Cliquez l'option **Nouvelle Feuille**.

5 Tapez le nom de la feuille dans la zone en regard de **Nouvelle feuille**.

6 Cliquez le bouton **OK**.

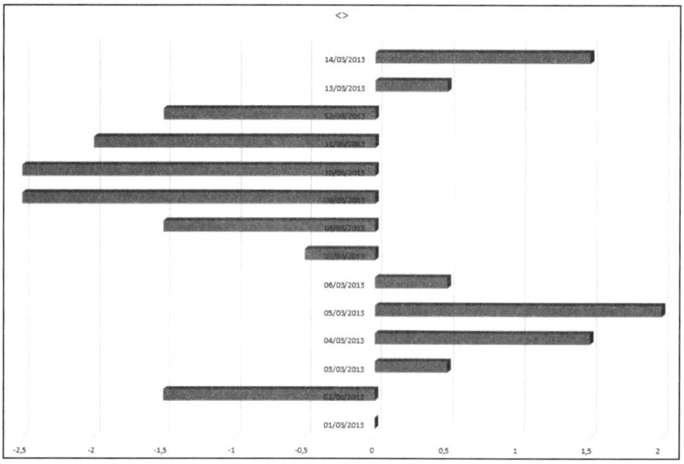

Figure 14-8 Graphique à barres avec des valeurs négatives.

Modifier la position des étiquettes de graduation

Par défaut, les étiquettes se trouvent en dessous de l'axe horizontal. Comme un graphique à barres est tourné de 90 degrés, les étiquettes sont placées sur les valeurs négatives.

1 Cliquez le graphique pour le sélectionner.

2 Cliquez le bouton + → **Axes** → ▸ → **Autres options**.

3 Cliquez les étiquettes au centre du graphique.

4 Cliquez **Options d'axe** dans le volet **Format de l'axe**.

5 Dans le groupe **Étiquettes**, sélectionnez **Bas** dans la liste **Position de l'étiquette**.

Note Comme un graphique à barres est tourné de 90 degrés par rapport à un histogramme, l'option **En bas** correspond au positionnement des étiquettes à gauche.

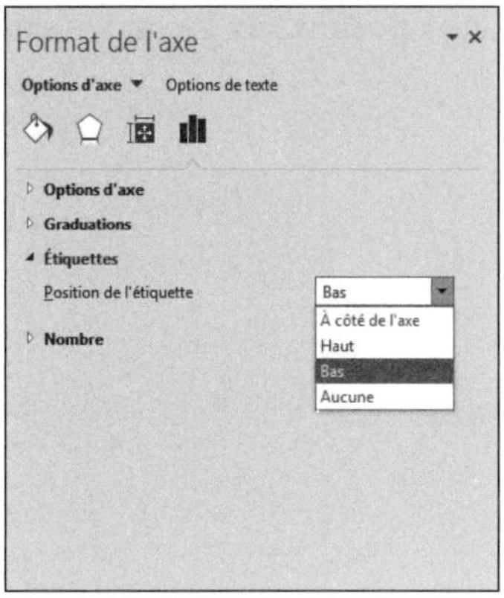

Figure 14-9 Modification de la position des étiquettes du graphique à barres.

6 Cliquez ☒ pour fermer le volet **Format de l'axe**.

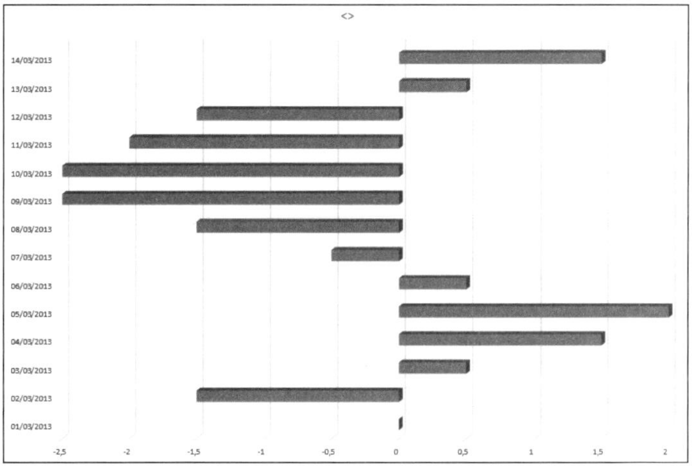

Figure 14-10 Graphique à barres avec les étiquettes à gauche.

Les étiquettes sont placées à gauche du graphique, c'est-à-dire en bas d'un graphique à barres.

Modifier les couleurs des valeurs positives ou négatives

Pour distinguer les valeurs positives des valeurs négatives, il est préférable de leur attribuer des couleurs différentes.

1 Cliquez avec le bouton droit une barre du graphique.

2 Cliquez la commande **Mettre en forme une série de données** dans le menu contextuel.

3 Cliquez **Remplissage** dans le volet **Mettre en forme des séries**.

4 Cochez l'option **Remplissage Uni**.

5 Cochez la case **Inverser si négatif**.

6 Sélectionnez la couleur de remplissage pour les valeurs positives et négatives dans les listes **Couleur**.

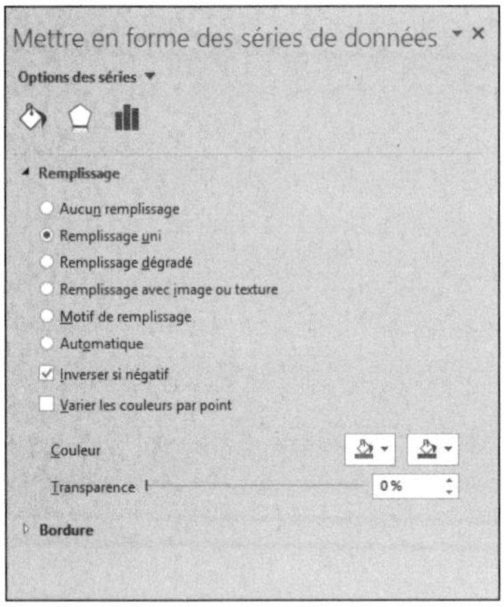

Figure 14-11 Modification de la couleur de remplissage des barres avec inversion pour les couleurs négatives.

7 Cliquez × pour fermer le volet **Mettre en forme des séries**.

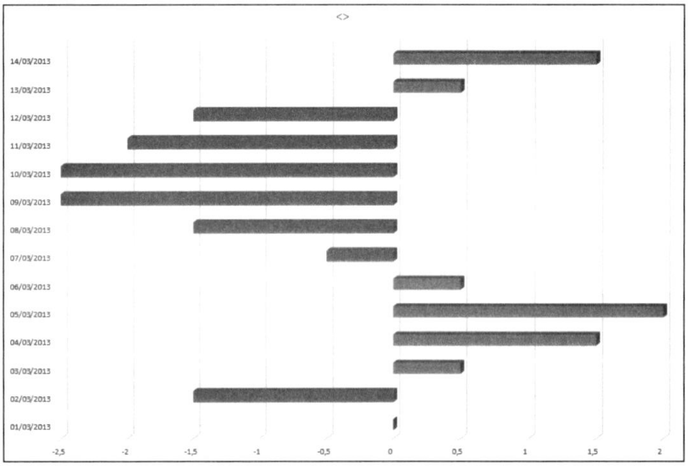

Figure 14-12 Graphique à barres avec des couleurs différentes pour les valeurs négatives.

Les valeurs positives et négatives s'affichent dans des couleurs différentes.

Note Tous les graphiques n'acceptent pas de changer la couleur des valeurs négatives. Faites des tests.

Appliquer des textures aux graphiques

Pour donner plus de relief à votre graphique, ajoutez des textures prédéfinies.

1 Cliquez avec le bouton droit une série d'un graphique.

2 Cliquez la commande **Mettre en forme une série de données** dans le menu contextuel.

3 Cliquez **Remplissage** dans le volet **Mettre en forme des séries**.

4 Cochez l'option **Remplissage avec image ou texture**.

5 Sélectionnez la texture dans la liste **Texture**.

6 Répétez ces étapes pour les autres séries.

7 Cliquez pour fermer le volet **Mettre en forme des séries**.

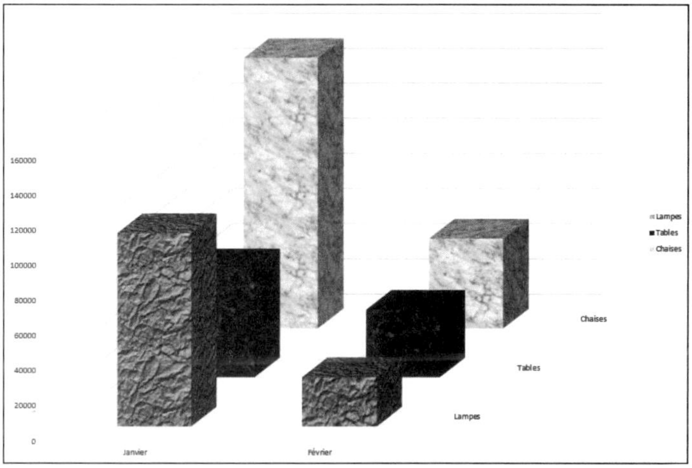

Figure 14-13 Histogramme avec des textures.

Ajouter des images à un histogramme

Pour être encore plus convaincant, ajoutez des images ou des dessins à vos histogrammes.

1 Cliquez avec le bouton droit une série d'un graphique.

2 Cliquez la commande **Mettre en forme une série de données** dans le menu contextuel.

3 Cliquez **Remplissage** dans le volet **Mettre en forme des séries**.

4 Cochez l'option **Remplissage avec image ou texture**.

5 Cliquez le bouton **Fichier**.

6 Sélectionnez le dossier qui contient vos images.

7 Cliquez l'image à insérer.

8 Cliquez le bouton **Insérer**.

9 Cochez **Étirer** (une seule image), **Empiler** (plusieurs images) ou **Empiler et mettre à l'échelle** (vous définissez le nombre d'images).

10 Si vous avez choisi **Empiler et mettre à l'échelle** à l'étape **9**, tapez le nombre d'unités dans la zone en regard (valeur de la barre de l'histogramme) pour une image.

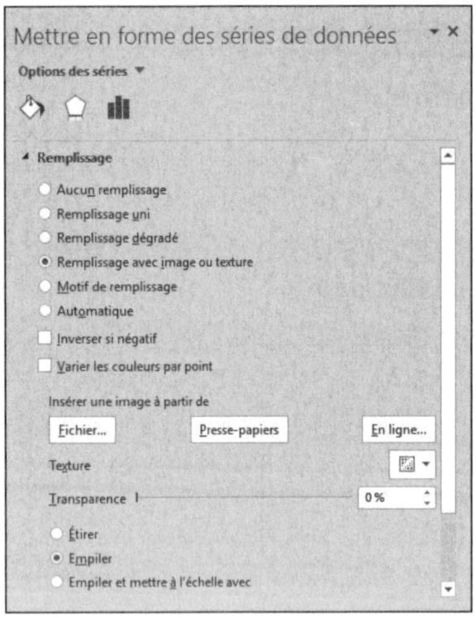

Figure 14-14 Ajout d'une image à un histogramme.

11 Cliquez ☒ pour fermer le volet **Mettre en forme des séries**.

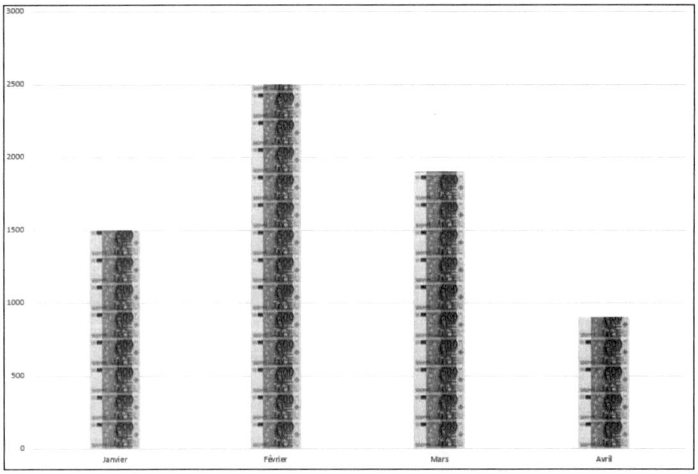

Figure 14-15 Images empilées dans un histogramme.

L'image apparaît dans les barres de l'histogramme.

Si vous avez choisi **Étirer** à l'étape **9**, l'image est déformée pour couvrir toute la superficie des barres.

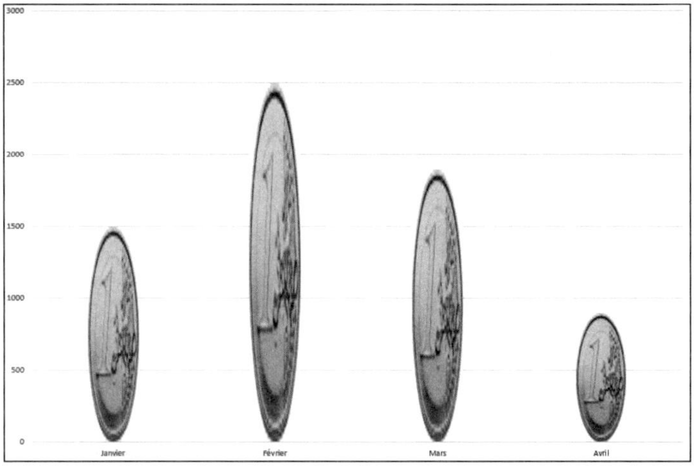

Figure 14-16 Images étirées dans un histogramme.

Définir un modèle personnalisé

Si vous créez toujours le même type de graphique, vous pouvez l'enregistrer comme modèle.

1 Ouvrez le classeur contenant le graphique.

2 Cliquez le graphique avec le bouton droit.

3 Cliquez **Enregistrer comme modèle** dans le menu contextuel.

4 Tapez le nom que vous souhaitez donner au modèle dans la zone **Nom de fichier**.

Note Les modèles de graphiques portent l'extension **.CRTX**. Ils sont enregistrés dans un dossier spécial d'Excel. Enregistrez votre modèle uniquement dans le dossier proposé.

5 Cliquez le bouton **Enregistrer**.

Utiliser un modèle personnalisé

Si vous avez ajouté un modèle, vous pouvez créer facilement et rapidement de nouveaux graphiques basés sur celui-ci.

1 Sélectionnez les données pour le graphique.

2 Cliquez l'onglet **Insertion**, puis le bouton  du groupe **Graphiques**.

3 Cliquez l'onglet **Tous les graphiques**.

4 Cliquez **Modèles** dans la liste de gauche.

5 Cliquez votre modèle dans la liste **Mes modèles**. Pointez le graphique pour l'agrandir.

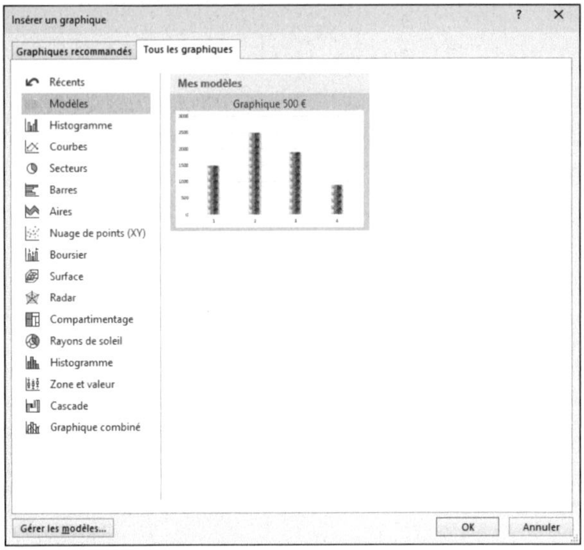

Figure 14-17 Liste des modèles personnalisés.

6 Cliquez le bouton **OK**.

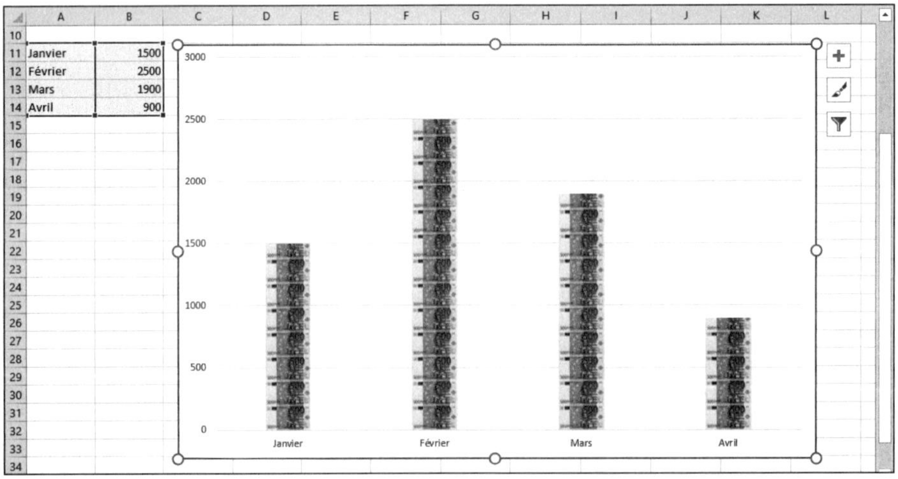

Figure 14-18 Application d'un modèle personnalisé à un nouveau graphique.

Le nouveau graphique est basé sur le modèle personnalisé.

Chapitre 15

Créer des graphiques spéciaux

Dans ce chapitre :

- Graphiques boursiers
- Graphiques Rayons de soleil
- Graphiques Compartimentage
- Graphiques Zone et valeur
- Graphiques Cascade
- Graphiques Pareto
- Cartes géographiques

Graphiques boursiers

Pour la gestion des portefeuilles des « boursicoteurs », Excel a prévu des modèles de graphiques sophistiqués. Pour évaluer l'orientation des cours des actions, ces graphiques peuvent être complétés avec des courbes de tendance.

Un graphique boursier utilise les éléments suivants :

- **Cours de Bourse** : cours de cotation d'une action. Pour mieux apprécier les variations d'une même séance, on note le cours d'ouverture, celui de clôture ainsi que le cours le plus haut et le plus bas.
- **Volume** : nombre de titres échangés dans la même séance.
- Un graphique boursier permet de calculer les éléments suivants :
- **Courbe de tendance** : courbe calculée qui permet d'apprécier si les cours de la Bourse ont une orientation à la hausse ou à la baisse.
- **Moyenne mobile** : courbe calculée avec les x derniers points d'une série. Celle-ci permet de lisser les fluctuations des cours de la Bourse et de mieux apprécier leur tendance.

Créer un tableau de valeurs boursières

Un graphique boursier nécessite de trois à cinq séries (volume de titres échangés, cours d'ouverture, cours le plus haut, cours le plus bas et cours de clôture).

Pour créer un graphique boursier simple, vous devez organiser votre tableau de données comme dans l'exemple de la figure 15-1.

Attention Pour tous les tableaux, vous devez respecter l'ordre des colonnes.

Actions Kilomoto

Date	+Haut	+Bas	Clôture
02/01/2015	108	104	105
05/01/2015	109	98	99
06/01/2015	105	95	95
07/01/2015	99	90	92
08/01/2015	90	89	89
09/01/2015	90	85	86
12/01/2015	86	84	85
13/01/2015	86	80	82
14/01/2015	84	78	80
15/01/2015	82	76	78
16/01/2015	80	71	75
19/01/2015	78	72	74

Figure 15-1 Données pour un graphique boursier simple.

Pour un graphique boursier standard (1re solution), vous devez organiser votre tableau de données comme dans l'exemple de la figure 15-2.

	A	B	C	D	E
1	Actions Kilomoto				
2					
3	Date	Ouverture	+Haut	+Bas	Clôture
4	02/01/2015	105	108	104	105
5	05/01/2015	105	109	98	99
6	06/01/2015	100	105	95	95
7	07/01/2015	95	99	90	92
8	08/01/2015	90	90	89	89
9	09/01/2015	90	90	85	86
10	12/01/2015	85	86	84	85
11	13/01/2015	85	86	80	82
12	14/01/2015	80	84	78	80
13	15/01/2015	80	82	76	78
14	16/01/2015	80	80	71	75
15	19/01/2015	75	78	72	74

Figure 15-2 Données pour un graphique boursier standard (1re solution).

Pour un graphique boursier standard (2e solution), vous devez organiser votre tableau de données comme dans l'exemple de la figure 15-3.

	A	B	C	D	E
1	Actions Kilomoto				
2					
3	Date	Volume	+Haut	+Bas	Clôture
4	02/01/2015	300	95	90	92
5	05/01/2015	370	92	84	84
6	06/01/2015	400	86	83	85
7	07/01/2015	410	87	80	82
8	08/01/2015	135	90	76	79
9	09/01/2015	140	90	75	76
10	12/01/2015	150	86	76	76
11	13/01/2015	180	86	72	72
12	14/01/2015	170	84	69	72
13	15/01/2015	180	82	76	78
14	16/01/2015	170	80	71	75
15	19/01/2015	300	78	72	75

Figure 15-3 Données pour un graphique boursier standard (2e solution).

Pour un graphique boursier complet, vous devez organiser votre tableau de données comme dans l'exemple de la figure 15-4.

	A	B	C	D	E	F
1	Actions Kilomoto					
2						
3	Date	Volume	Ouverture	+Haut	+Bas	Clôture
4	02/01/2015	300	105	108	104	105
5	05/01/2015	370	105	109	98	99
6	06/01/2015	400	100	105	95	95
7	07/01/2015	410	95	99	90	92
8	08/01/2015	135	90	90	89	89
9	09/01/2015	140	90	90	85	86
10	12/01/2015	150	85	86	84	85
11	13/01/2015	180	85	86	80	82
12	14/01/2015	170	80	84	78	80
13	15/01/2015	180	80	82	76	78
14	16/01/2015	170	80	80	71	75
15	19/01/2015	300	75	78	72	74

Figure 15-4 Données pour un graphique boursier complet.

Créer un graphique boursier

Excel propose des modèles tout prêts pour créer des graphiques boursiers comportant trois à cinq séries.

1 Cliquez une cellule du tableau regroupant les données à partir desquelles vous désirez créer le graphique.

2 Cliquez l'onglet **Insertion**, puis le bouton du groupe **Graphiques**.

Note Vous pouvez aussi utiliser l'onglet **Insertion → Graphiques → Graphique Cascade ou boursier**.

3 Cliquez l'onglet **Tous les graphiques**.

4 Cliquez **Boursier** dans la liste de gauche.

La liste de droite propose quatre types de graphiques correspondant aux quatre types de tableaux de données vus précédemment.

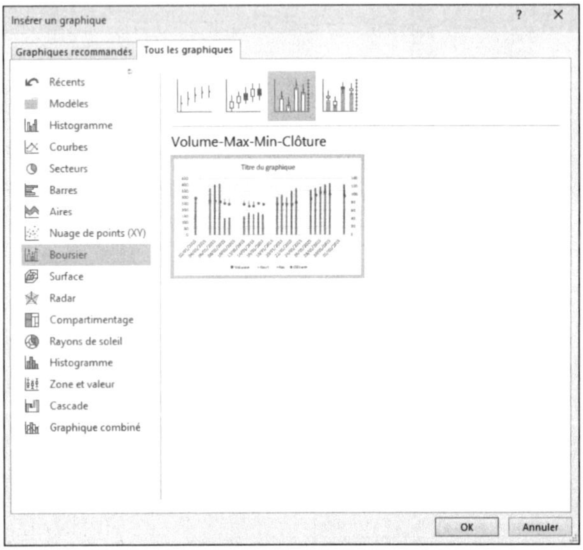

Figure 15-5 Choix du type de graphique boursier.

5 Cliquez le type de graphique en fonction du tableau sélectionné à l'étape **1**. L'info-bulle vous indique l'ordre des données nécessaires à la réalisation du graphique (**Volume-Max-Min-Clôture** dans l'exemple de la figure 15-5).

6 Cliquez le bouton **OK**.

Si le graphique choisi à l'étape **5** ne correspond pas aux données sélectionnées, vous ne pouvez pas valider avec le bouton **OK**.

Le graphique boursier s'affiche.

7 Éventuellement, utilisez l'onglet **Création → Emplacement → Déplacer le graphique** pour placer le graphique dans une autre feuille.

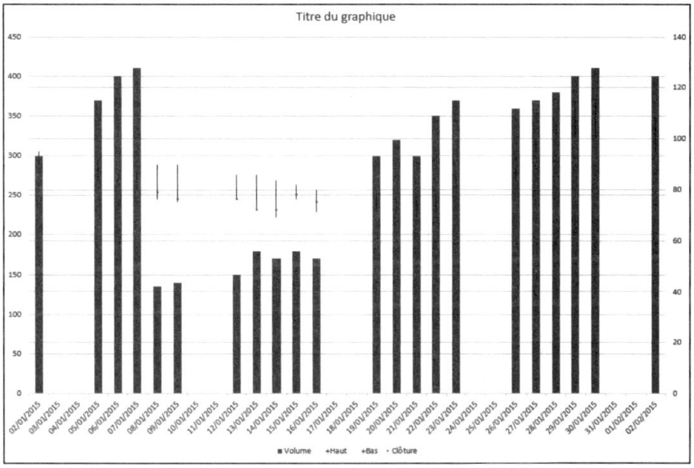

Figure 15-6 Graphique boursier Volume-Max-Min-Clôture.

Ajouter une droite de tendance

Une droite de tendance représente la ligne la plus proche de l'ensemble des points qui composent une série. Elle donne la tendance linéaire des cours de l'action ou des volumes de transaction.

1 Cliquez avec le bouton droit une série du graphique, par exemple le cours de clôture (aidez-vous de l'info-bulle).

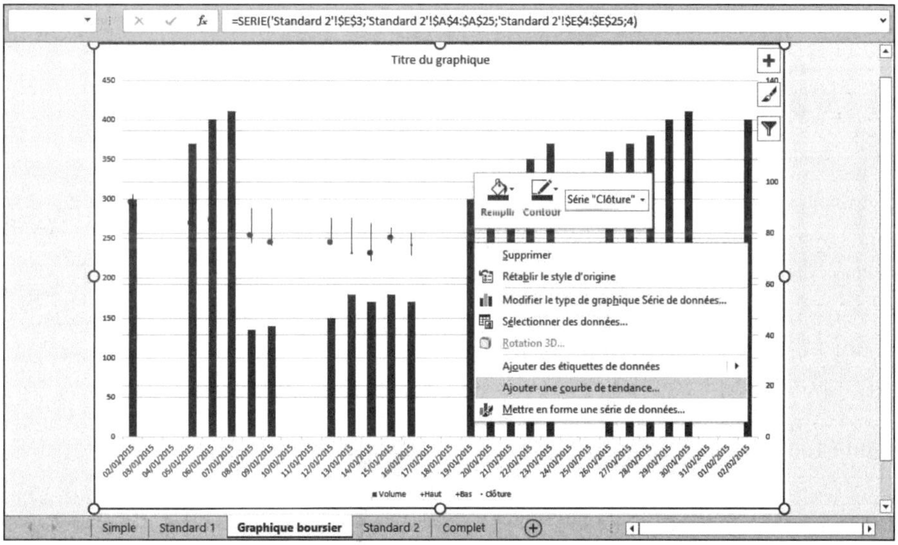

Figure 15-7 Ajout d'une courbe de tendance.

2 Cliquez la commande **Ajouter une courbe de tendance** dans le menu contextuel.

3 Cochez l'option **Linéaire** dans le volet **Format de courbe de tendance**.

4 Si vous désirez changer le nom par défaut de la droite, cochez l'option **Personnalisé** puis tapez le nom dans la zone **Personnalisé**.

5 Cochez l'option **Afficher l'équation sur le graphique** afin de voir le calcul effectué par Excel pour déterminer la droite.

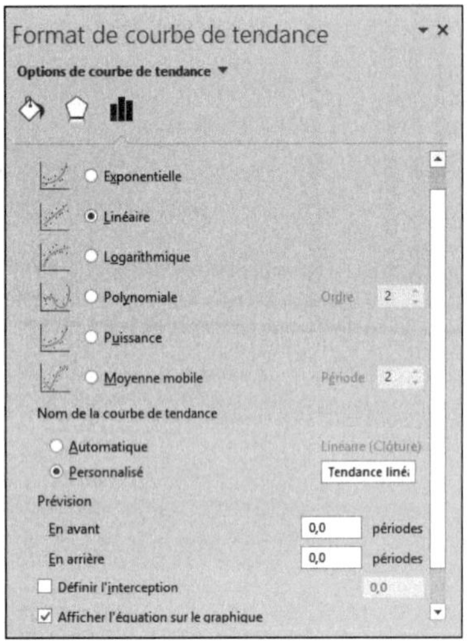

Figure 15-8 Paramètre de la courbe de tendance.

6 Cliquez le bouton pour fermer le volet **Format de courbe de tendance**.

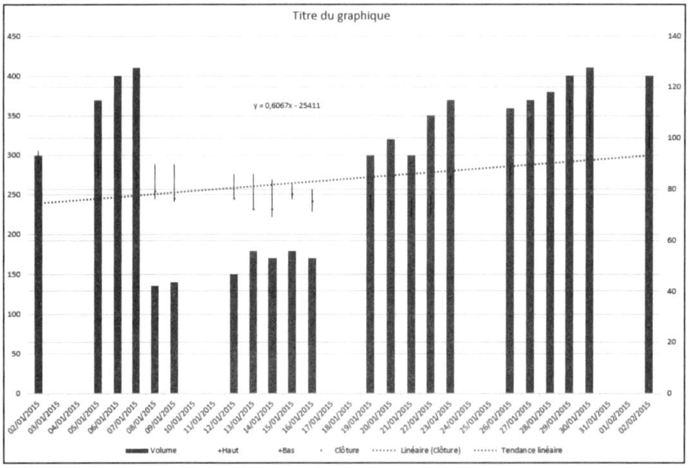

Figure 15-9 Courbe de tendance dans un graphique boursier.

La droite indique la tendance de la série choisie (dans l'exemple, une tendance à la hausse).

Note Faites glisser l'équation si elle se trouve à un endroit gênant.

Ajouter une moyenne mobile

Une moyenne mobile est une moyenne des x derniers cours. Elle permet de voir la tendance à court terme (50 derniers cours), à moyen terme (100 derniers cours) ou à long terme (200 derniers cours).

1 Cliquez avec le bouton droit une série du graphique, par exemple le cours de clôture (aidez-vous de l'info-bulle).

2 Cliquez la commande **Ajouter une courbe de tendance** dans le menu contextuel.

3 Cochez l'option **Moyenne mobile**.

4 Tapez dans la zone **Période** le nombre de cours précédents à prendre en considération dans le calcul de chaque moyenne.

5 Si vous désirez changer le nom par défaut de la courbe, tapez-le dans la zone **Personnalisé**.

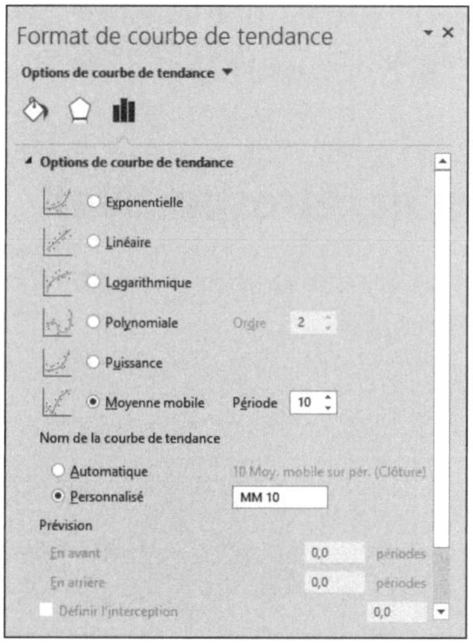

Figure 15-10 Paramètre de la moyenne mobile.

6 Cliquez le bouton  pour fermer le volet **Format de courbe de tendance**.

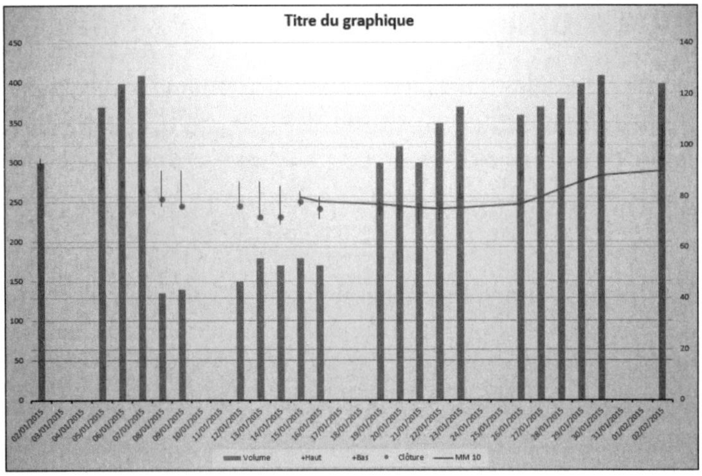

Figure 15-11 Moyenne mobile dans un graphique boursier.

La courbe indique la tendance de la série choisie (dans l'exemple, une tendance à la hausse des cours de l'action). Elle ne commence qu'au xe cours de Bourse puisqu'elle a besoin des x cours précédents pour calculer le premier point.

Calculer une tendance (prospective et rétrospective)

Excel peut calculer des points supplémentaires avant le début d'une courbe de tendance (rétrospective) ou à la fin de la courbe de tendance (prospective).

1 Cliquez avec le bouton droit la courbe de tendance.

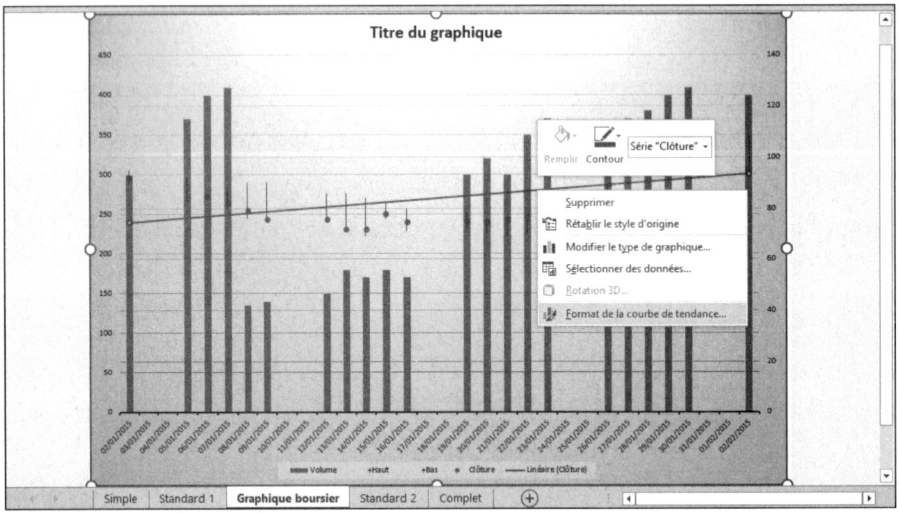

Figure 15-12 Modification d'une courbe de tendance.

2 Cliquez la commande **Format de la courbe de tendance** dans le menu contextuel.

3 Tapez dans les zones **En avant** et/ou **En arrière** le nombre de nouveaux points après (prospective) ou avant (rétrospective).

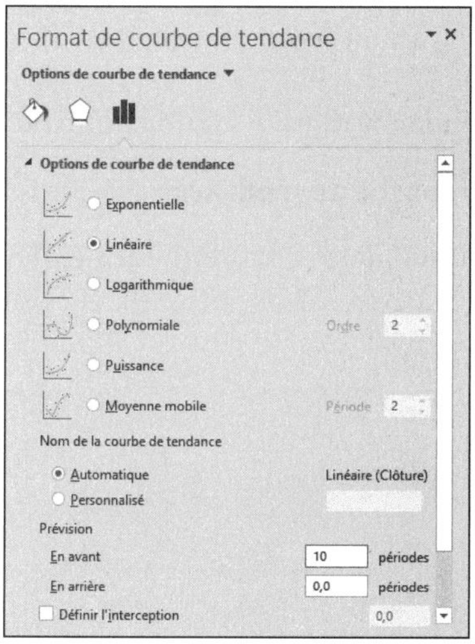

Figure 15-13 Ajout de prospective ou de rétrospective à une courbe de tendance.

4 Cliquez le bouton [X] pour fermer le volet **Format de courbe de tendance**.

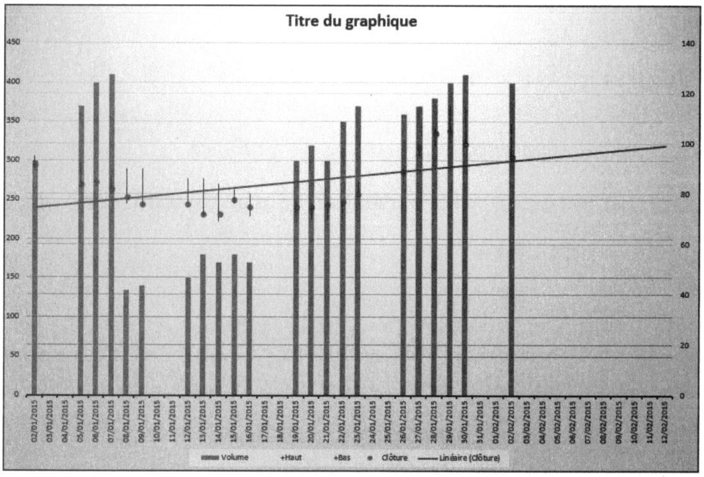

Figure 15-14 Courbe de tendance avec prospective.

La courbe indique la tendance des prochains cours.

Astuce Vous trouverez dans la boîte **Format de courbe de tendance** d'autres types de courbes (courbe logarithmique, courbe polynomiale, courbe de puissance et courbe exponentielle). Testez-les pour trouver celle qui vous convient.

Modifier une courbe de tendance

Pour mieux comprendre le graphique, vous pouvez mettre en forme les courbes de tendance.

1 Cliquez avec le bouton droit la courbe à modifier.

2 Cliquez la commande **Format de la courbe de tendance** dans le menu contextuel.

3 Cliquez **Remplissage** dans le volet **Format de courbe de tendance**.

4 Modifier dans les zones proposées le type de trait (couleur, épaisseur, forme, flèche, *etc.*).

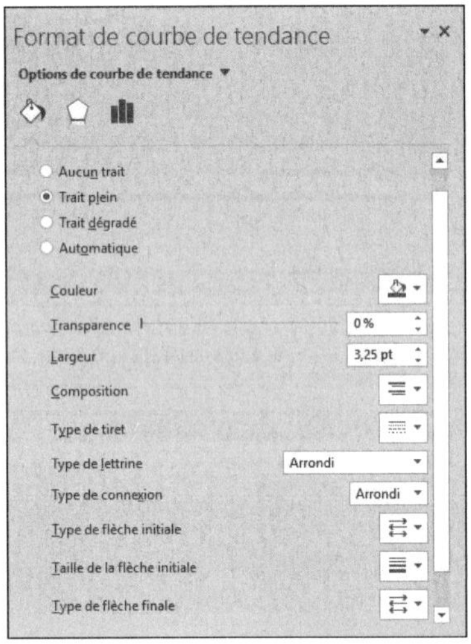

Figure 15-15 Modification de l'apparence d'une courbe de tendance.

5 Cliquez le bouton pour fermer le volet **Format de courbe de tendance**.

La courbe adopte la nouvelle mise en forme.

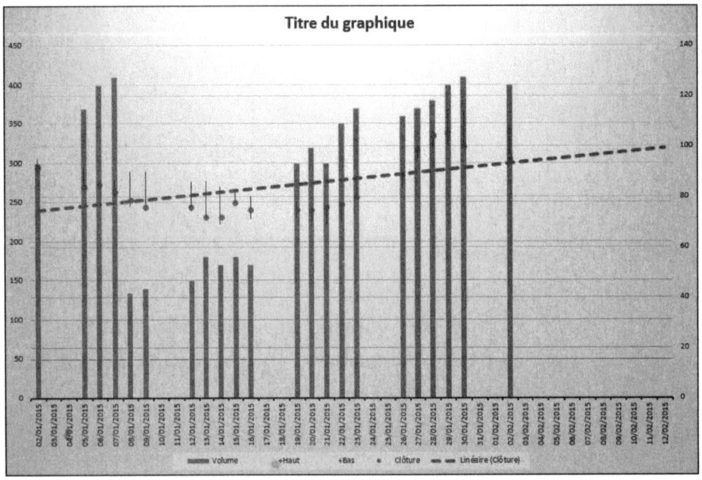

Figure 15-16 Nouvelle apparence de la courbe de tendance.

Pour supprimer une courbe de tendance, cliquez-la avec le bouton droit puis cliquez la commande **Supprimer** dans le menu contextuel.

Note Vous pouvez aussi cliquer la courbe pour la sélectionner puis appuyer sur la touche **Suppr**.

Graphiques Rayons de soleil

Sous la forme d'un graphique en anneaux, ce type est adapté à des données hiérarchiques. Vous devez créer un tableau avec plusieurs étiquettes pour une seule série de données.

Dans la figure 15-17, le tableau représente la répartition des coûts dans la gestion d'une entreprise. Dans la colonne **A**, on trouve les trois principales catégories (fabrication, administration et ventes). La colonne **B** représente des sous-catégories de chacune des catégories précédentes. La colonne **C** correspond à un autre niveau hiérarchique. Il est ici limité à la sous-catégorie « informatique » de la catégorie « administration ».

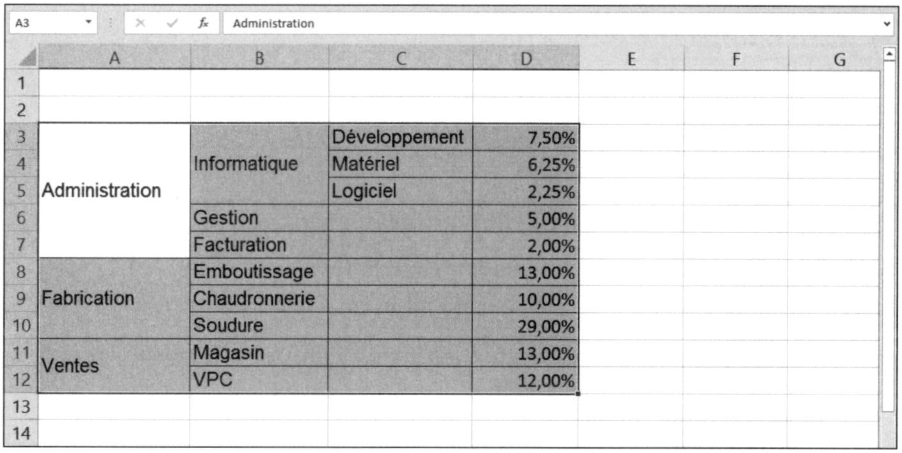

	A	B	C	D
1				
2				
3			Développement	7,50%
4		Informatique	Matériel	6,25%
5	Administration		Logiciel	2,25%
6		Gestion		5,00%
7		Facturation		2,00%
8		Emboutissage		13,00%
9	Fabrication	Chaudronnerie		10,00%
10		Soudure		29,00%
11	Ventes	Magasin		13,00%
12		VPC		12,00%
13				
14				

Figure 15-17 Tableau pour la création d'un graphique Rayons de soleil.

1 Sélectionnez les données comme dans la figure 15-17.

Note Il n'est pas nécessaire de fusionner les cellules. Dans cet exemple, vous pouvez répéter le texte « Informatique » dans les cellules B3:B5. Les valeurs ne sont pas obligatoirement des pourcentages (consultez la figure 15-20).

2 Cliquez l'onglet **Insertion ➜ Graphiques ➜ Graphique hiérarchique** .

3 Cliquez **Rayons de soleil** dans la liste qui s'affiche.

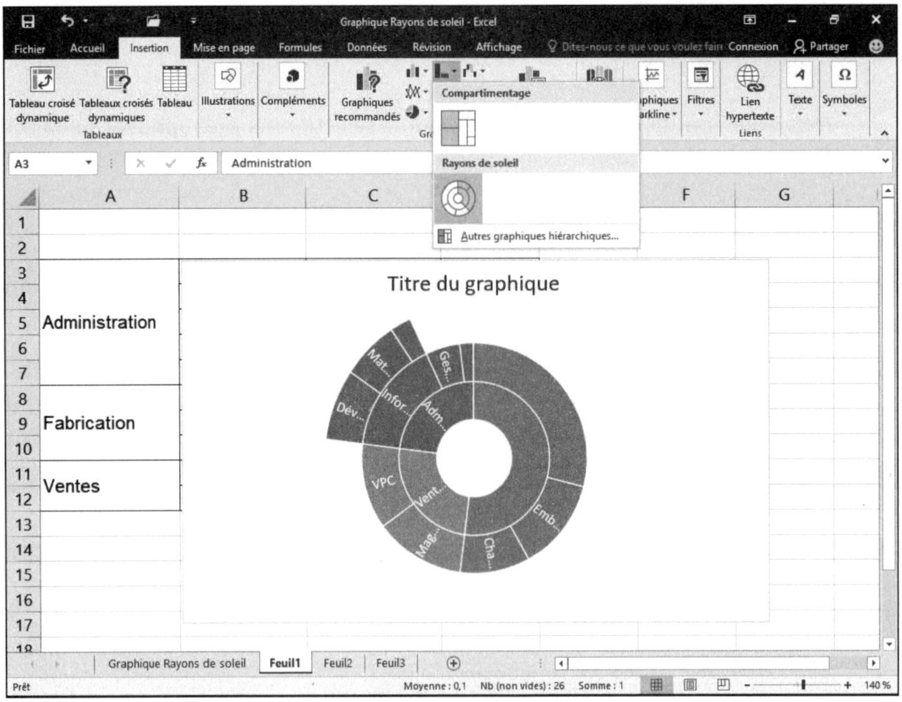

Figure 15-18 Choix du type de graphique.

4 Éventuellement, déplacez le graphique vers une feuille séparée.

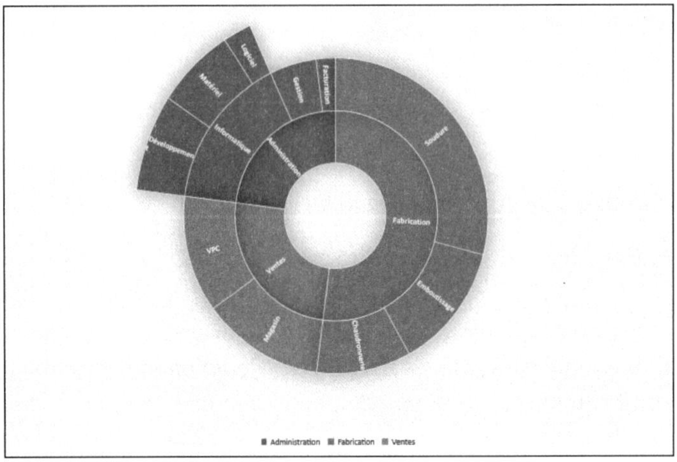

Figure 15-19 Graphique Rayons de soleil.

Graphiques Compartimentage

Comme les graphiques Rayons de soleil, le Compartimentage est aussi un graphique hiérarchique. Chaque catégorie est représentée par une surface. Chaque sous-catégorie occupe une portion de cette surface.

1 Sélectionnez les données comme dans la figure 15-20.

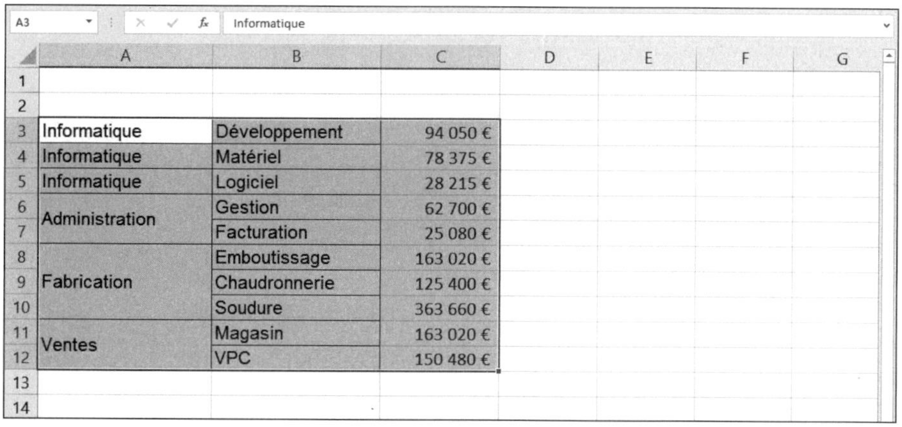

	A	B	C
1			
2			
3	Informatique	Développement	94 050 €
4	Informatique	Matériel	78 375 €
5	Informatique	Logiciel	28 215 €
6	Administration	Gestion	62 700 €
7		Facturation	25 080 €
8		Emboutissage	163 020 €
9	Fabrication	Chaudronnerie	125 400 €
10		Soudure	363 660 €
11	Ventes	Magasin	163 020 €
12		VPC	150 480 €
13			
14			

Figure 15-20 Tableau pour la création d'un graphique Compartimentage.

2 Cliquez l'onglet **Insertion ➜ Graphiques ➜ Graphique hiérarchique**.

3 Cliquez **Compartimentage** dans la liste qui s'affiche.

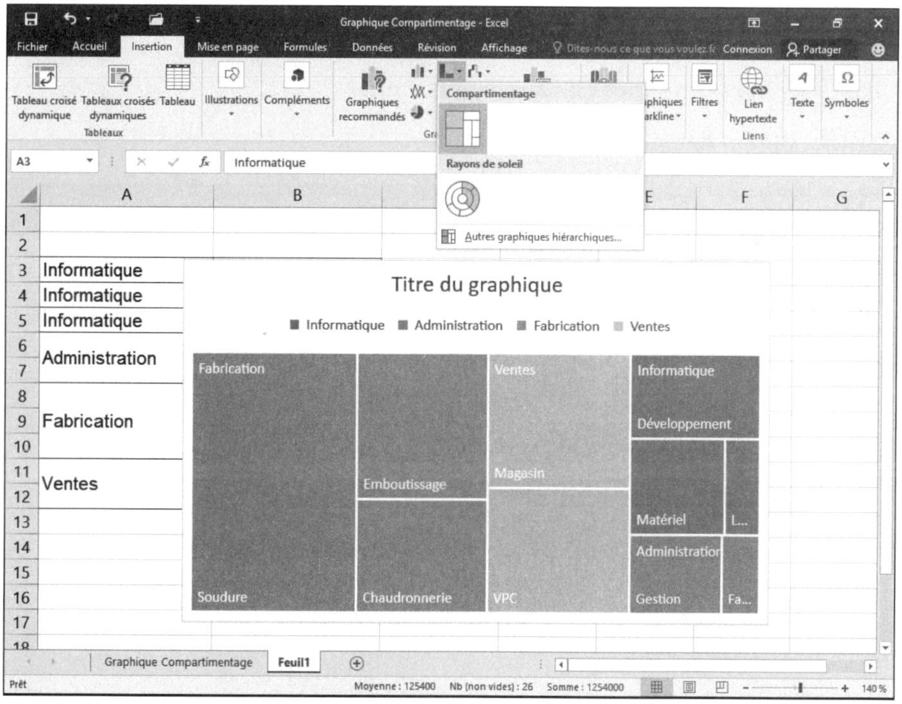

Figure 15-21 Choix du type de graphique.

4 Éventuellement, déplacez le graphique vers une feuille séparée.

Chaque catégorie possède sa propre couleur. Chaque sous-catégorie est représentée par une surface correspondant à sa valeur dans sa catégorie. Dans cet exemple, on peut rapidement constater que la catégorie « Fabrication » correspond à la moitié des coûts, et les ventes à un quart.

La sous-catégorie « Soudure » correspond à environ la moitié de la catégorie « Fabrication », soit un quart de l'ensemble.

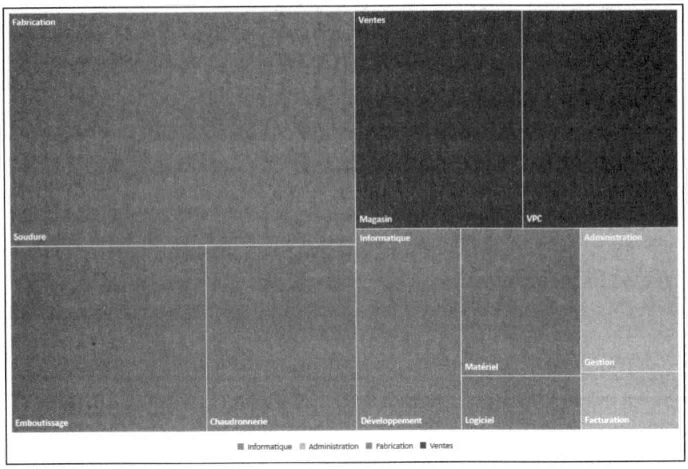

Figure 15-22 Graphique Compartimentage.

Vous pouvez rendre plus lisible le graphique en modifiant l'apparence des noms des catégories :

1 Double-cliquez une zone du graphique.

2 Cliquez **Options des séries** dans le panneau.

3 Cochez l'option **Bannière**.

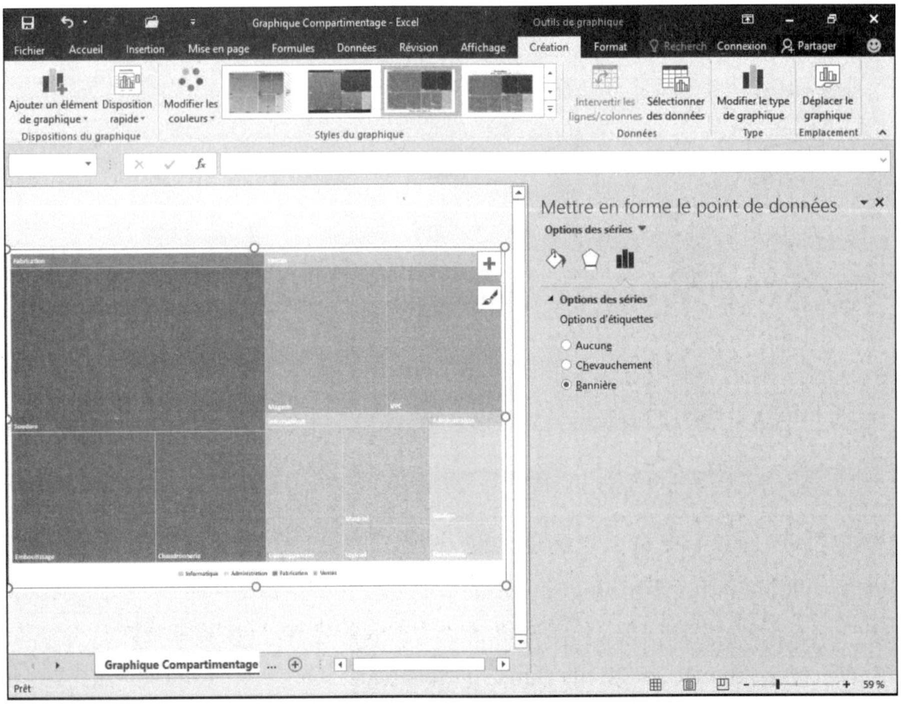

Figure 15-23 Modification de l'apparence d'un graphique Compartimentage.

4 Cliquez le bouton × pour fermer le panneau **Mettre en forme le point de données**.

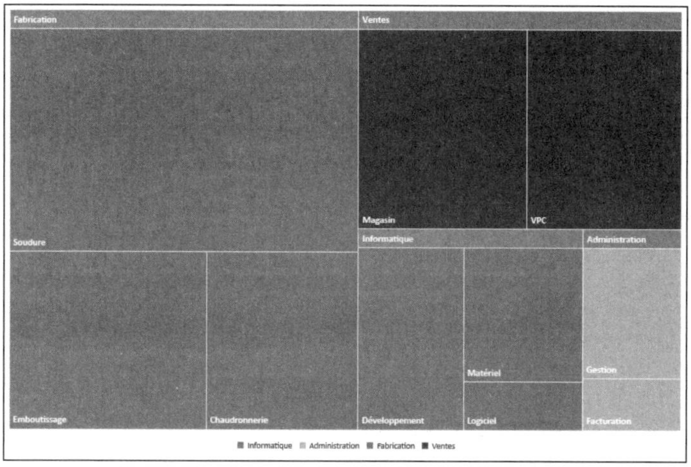

Figure 15-24 Graphique Compartimentage après modifications.

Graphiques Zone et valeur

Ce graphique met en évidence les variations de chaque série (plus haut et plus bas, moyenne, moyenne des plus hauts et des plus bas), et ce, sans effectuer des calculs préalables.

1 Sélectionnez les données comme dans la figure 15-25.

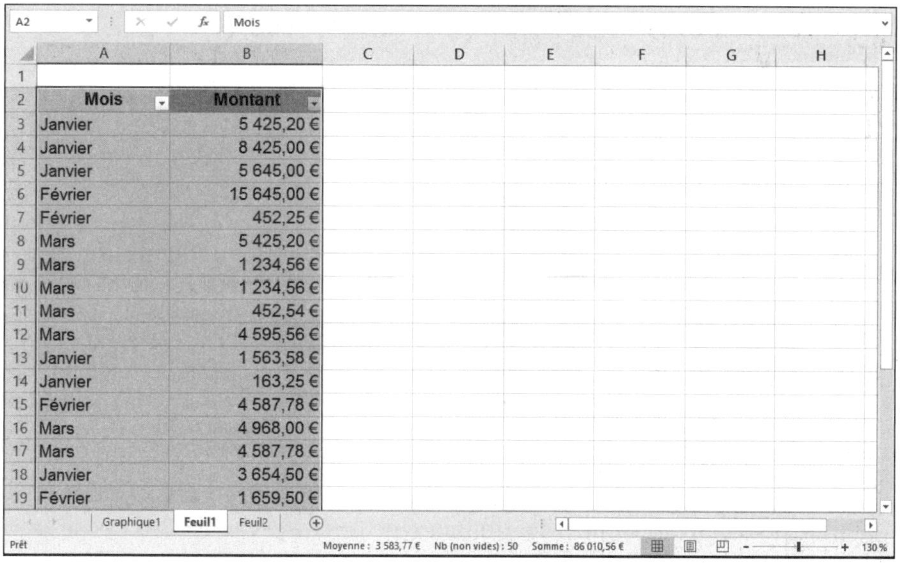

	A	B
1		
2	Mois	Montant
3	Janvier	5 425,20 €
4	Janvier	8 425,00 €
5	Janvier	5 645,00 €
6	Février	15 645,00 €
7	Février	452,25 €
8	Mars	5 425,20 €
9	Mars	1 234,56 €
10	Mars	1 234,56 €
11	Mars	452,54 €
12	Mars	4 595,56 €
13	Janvier	1 563,58 €
14	Janvier	163,25 €
15	Février	4 587,78 €
16	Mars	4 968,00 €
17	Mars	4 587,78 €
18	Janvier	3 654,50 €
19	Février	1 659,50 €

Figure 15-25 Tableau pour la création d'un graphique Zone et valeur.

2 Cliquez l'onglet **Insertion → Graphiques → Graphique statistique**.

3 Cliquez **Zone et valeur** dans la liste qui s'affiche.

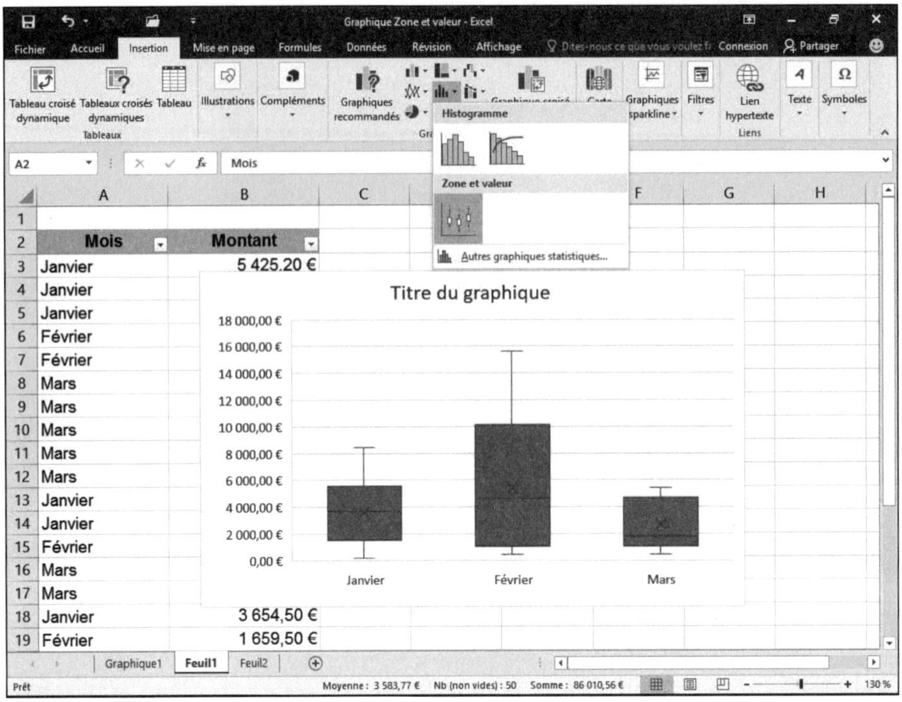

Figure 15-26 Choix du type de graphique.

4 Éventuellement, déplacez le graphique vers une feuille séparée.

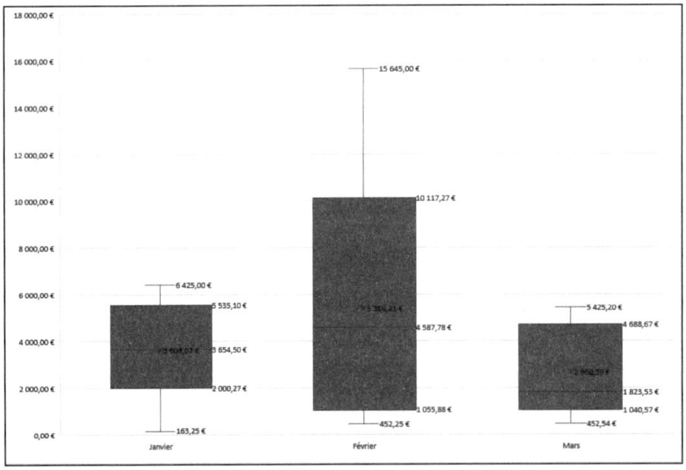

Figure 15-27 Graphique Zone et valeur.

Le graphique peut faire apparaître des données incohérentes ou des erreurs de saisie. Dans cet exemple, la valeur la plus basse de janvier et la plus haute de février sont à vérifier.

Graphiques Pareto

Ce graphique classe les valeurs d'une série par ordre décroissant et affiche une ligne représentant le total cumulé en pourcentage. Il est utilisé pour mettre en évidence certains problèmes, par exemple lors des contrôles de qualité d'une fabrication.

1 Sélectionnez les données comme dans la figure 15-28.

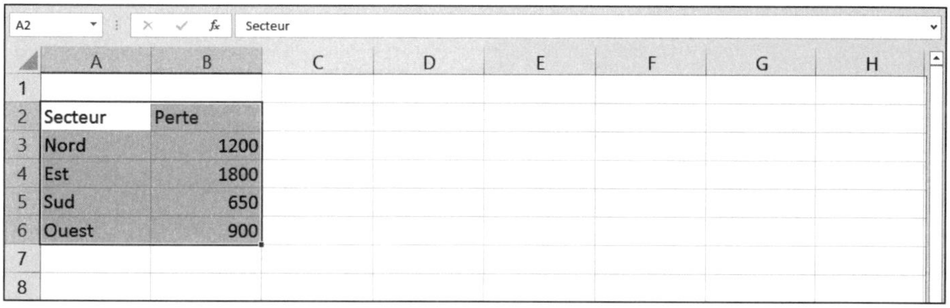

Figure 15-28 Tableau pour la création d'un graphique Pareto

2 Cliquez l'onglet **Insertion → Graphiques → Graphique statistique** .

3 Cliquez **Pareto** dans la liste qui s'affiche.

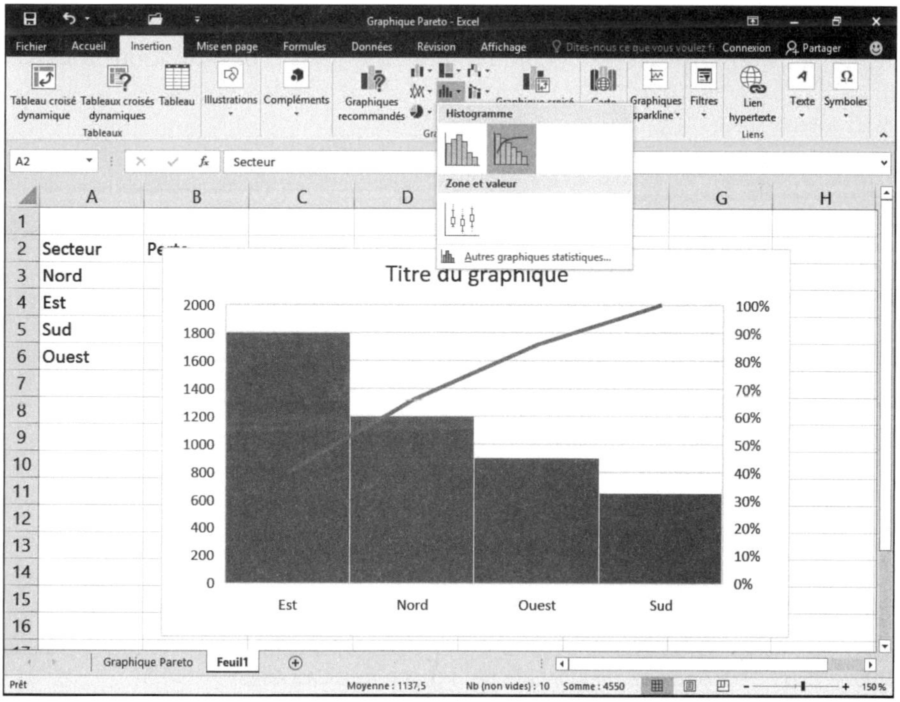

Figure 15-29 Choix du type de graphique.

4 Éventuellement, déplacez le graphique vers une feuille séparée.

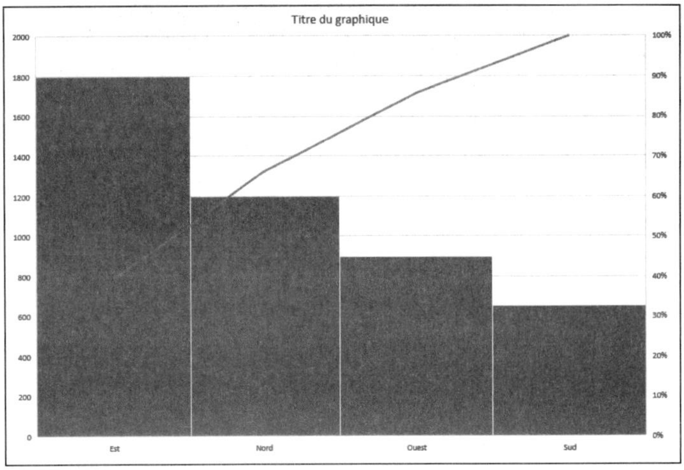

Figure 15-30 Graphique Pareto.

Cet exemple montre qu'en éliminant les difficultés rencontrées dans la catégorie « Est », on peut résoudre 40 % des problèmes. En éliminant ceux des catégories « Est » et « Nord », on peut résoudre 60 % des problèmes.

Graphiques Cascade

Ce graphique, sous forme d'histogramme, met en évidence des variations à la hausse et à la baisse.

1 Sélectionnez les données comme dans la figure 15-31.

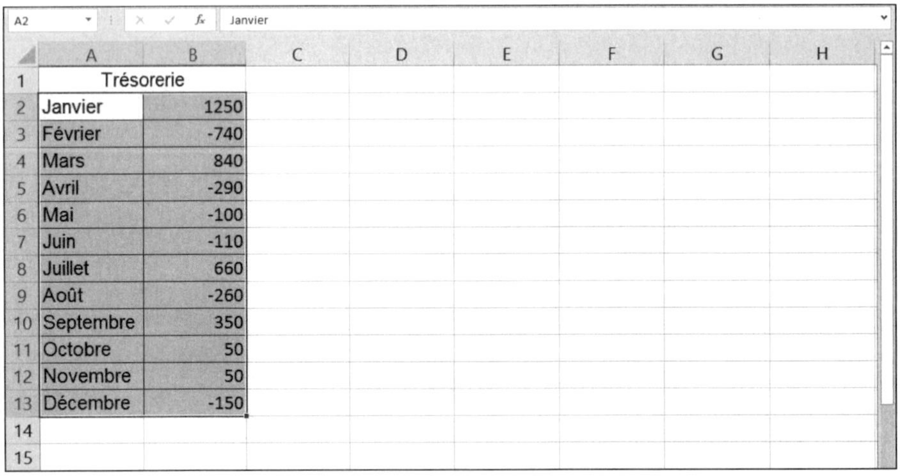

	Trésorerie	
2	Janvier	1250
3	Février	-740
4	Mars	840
5	Avril	-290
6	Mai	-100
7	Juin	-110
8	Juillet	660
9	Août	-260
10	Septembre	350
11	Octobre	50
12	Novembre	50
13	Décembre	-150

Figure 15-31 Tableau pour la création d'un graphique Cascade.

2 Cliquez l'onglet **Insertion → Graphiques → Graphique Cascade ou boursier** .

3 Cliquez **Cascade** dans la liste qui s'affiche.

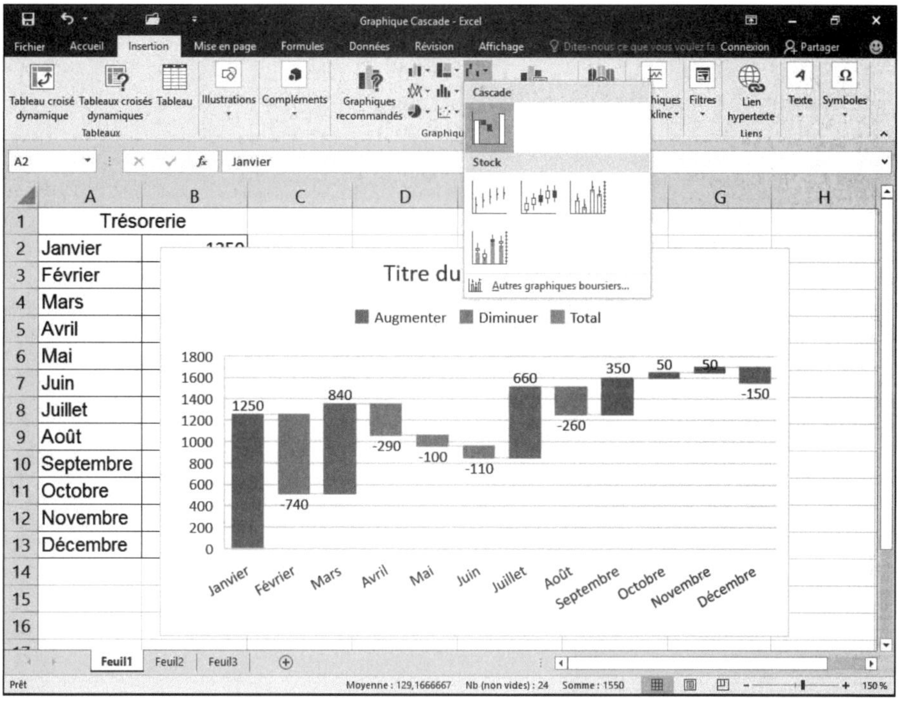

Figure 15-32 Choix du type de graphique.

4 Éventuellement, déplacez le graphique vers une feuille séparée.

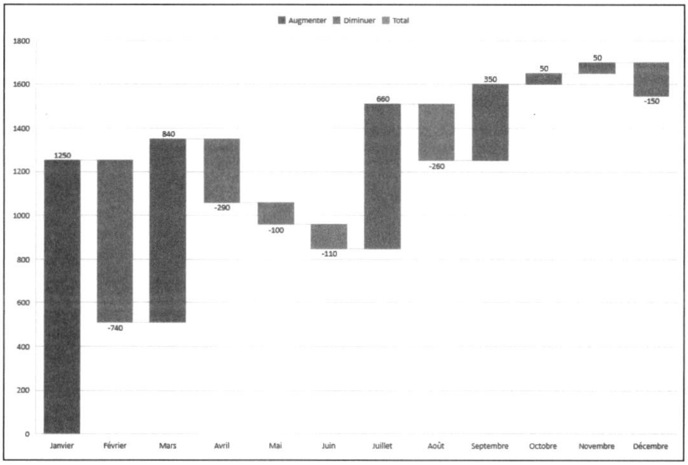

Figure 15-33 Graphique Cascade.

Cet exemple montre les variations d'une trésorerie.

Cartes géographiques

Ce type de graphique permet de consulter vos données sous forme de carte géographique.

Vos données doivent proposer des noms de pays, de régions, de départements ou de villes. Le tableau doit contenir des en-têtes de colonnes.

1 Sélectionnez les données comme dans la figure 15-34.

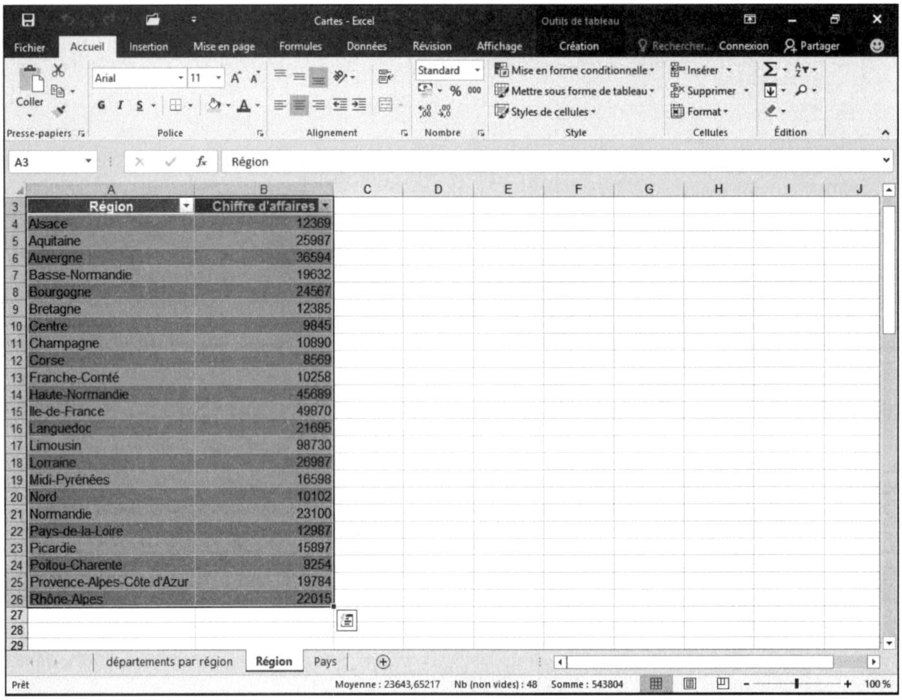

Figure 15-34 Données pour une carte géographique.

2 Cliquez l'onglet **Insertion ➜ Présentation ➜ Carte**.

Excel utilise un logiciel extérieur nommé Power Map pour gérer les cartes. Ce dernier est installé lors de la première utilisation.

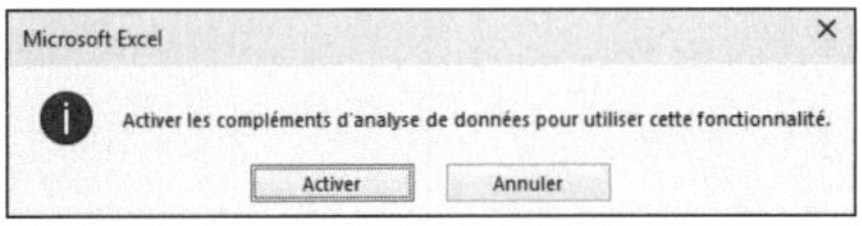

Figure 15-35 Installation d'un complément.

3 Si vous avez cette boîte de dialogue, cliquez le bouton **Activer**.

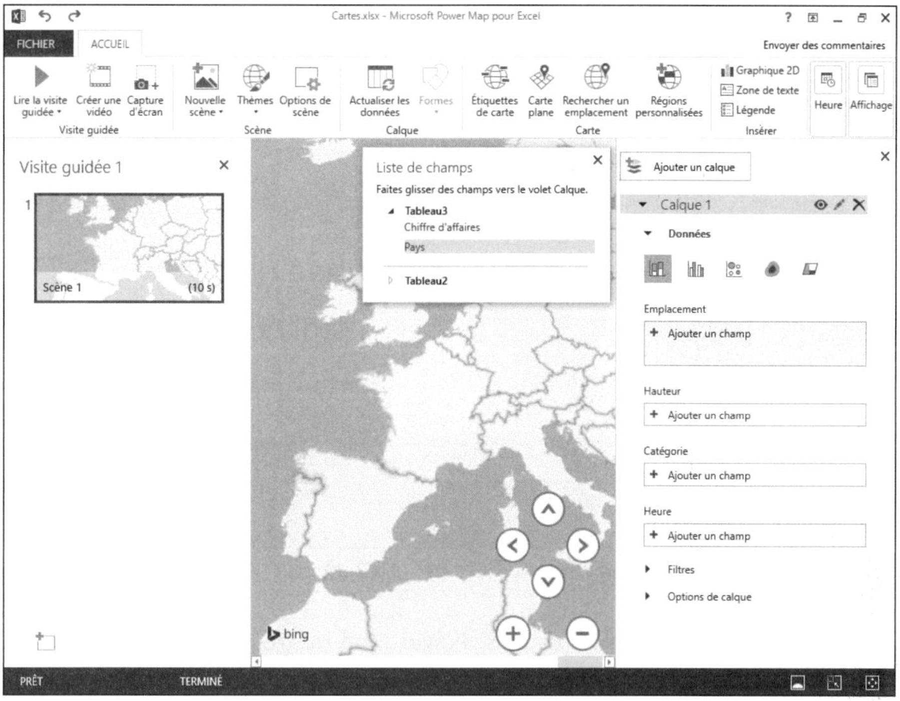

Figure 15-36 Power Map.

4 Cliquez la zone **Emplacement – Ajouter un champ**, puis cliquez le nom du champ (pays, région, *etc.*) dans la liste qui s'affiche. Sélectionnez dans la liste **Pays/Région** le type de données géographiques.

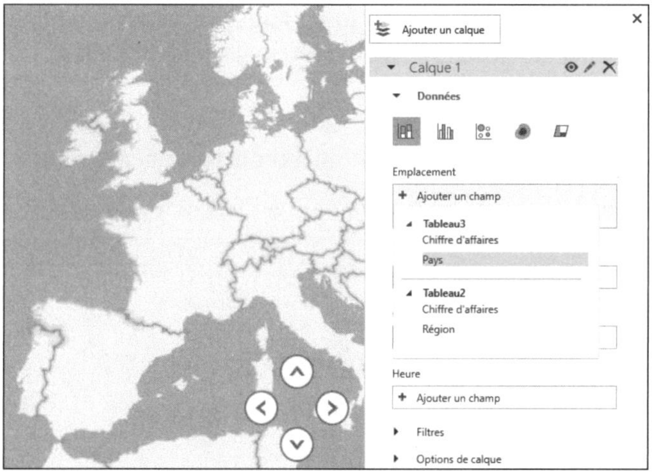

Figure 15-37 Ajout d'un champ dans Power Map.

Power Map vérifie les données. Le pourcentage en regard de la zone **Emplacement** indique le taux de réussite.

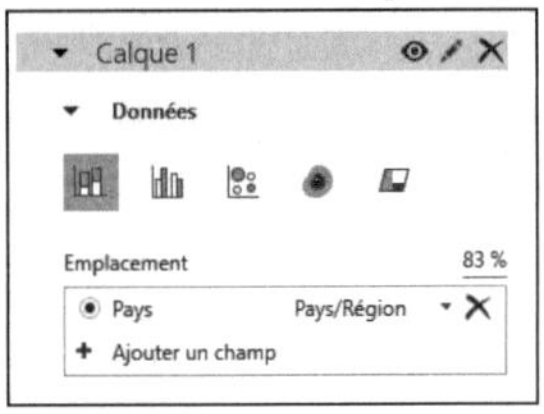

Figure 15-38 Vérification des données géographiques.

5 Cliquez le pourcentage en regard de la zone **Emplacement**.

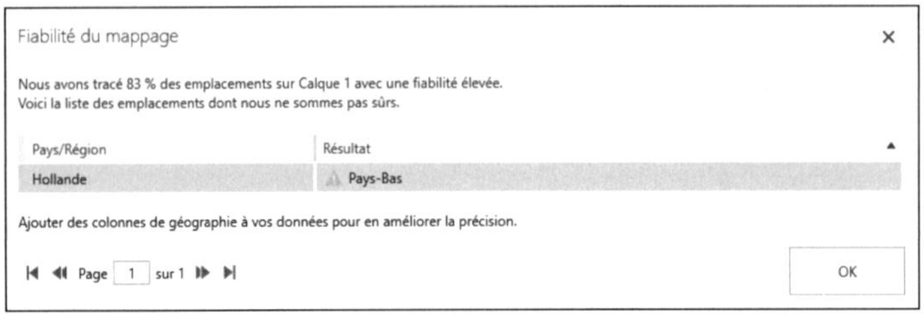

Figure 15-39 Liste des erreurs des données géographiques.

Note Les noms doivent être complets. Power Map ne trouvera pas la région « Languedoc-Roussillon » si vous avez simplement saisi « Languedoc ».

6 Vérifiez les erreurs éventuelles.

7 Cliquez le bouton **OK**.

Note Pour modifier rapidement des données : appuyez sur **Alt** + **Tab** pour revenir à Excel. Corrigez les erreurs dans le tableau des données. Appuyez sur **Alt** + **Tab** pour revenir à Power Map. Cliquez l'onglet **Accueil ➜ Calque ➜Actualiser les données**.

8 Cliquez la zone **Hauteur – Ajouter un champ**, puis cliquez le nom du champ qui contient les valeurs. Sélectionnez dans la liste **Valeur** le type d'opération (Somme, Moyenne, *etc.*).

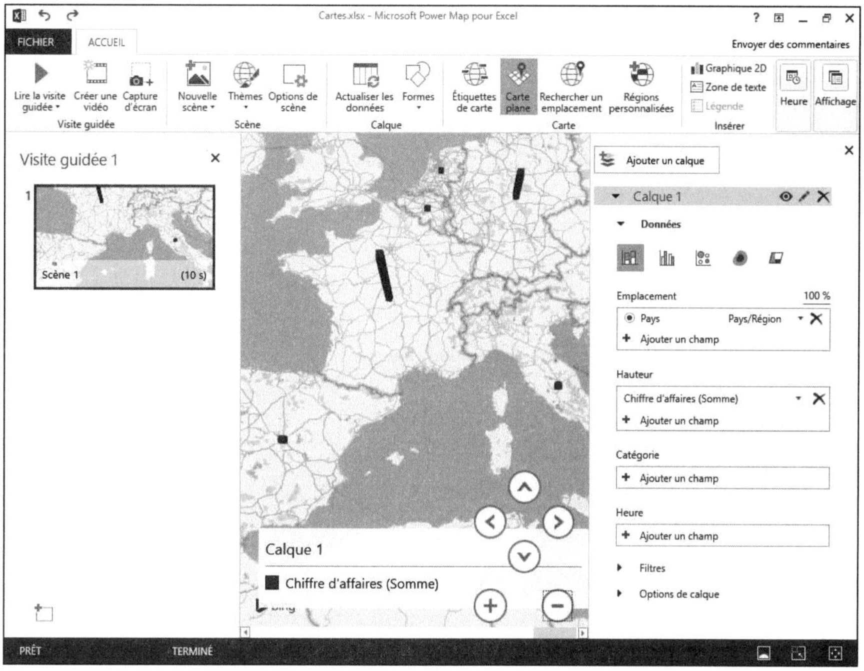

Figure 15-40 Carte avec des histogrammes.

9 Cliquez le type de graphique  à utiliser.

10 Pointez une zone géographique pour afficher sa valeur dans une info-bulle.

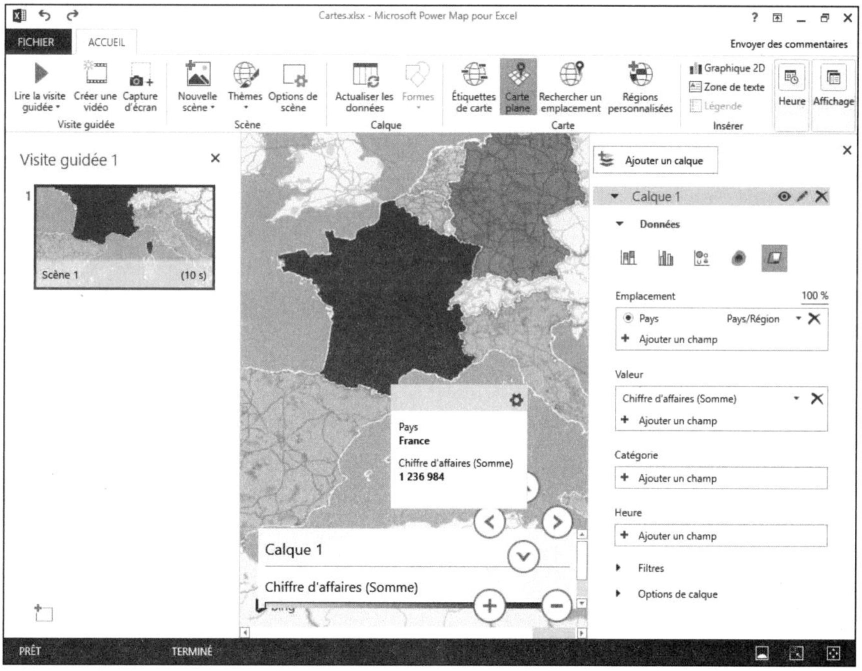

Figure 15-41 Carte avec des couleurs.

11 Cliquez l'onglet **Fichier → Fermer** pour revenir à Excel.

Excel indique par une zone de texte la présence d'une carte Power Map dans le classeur.

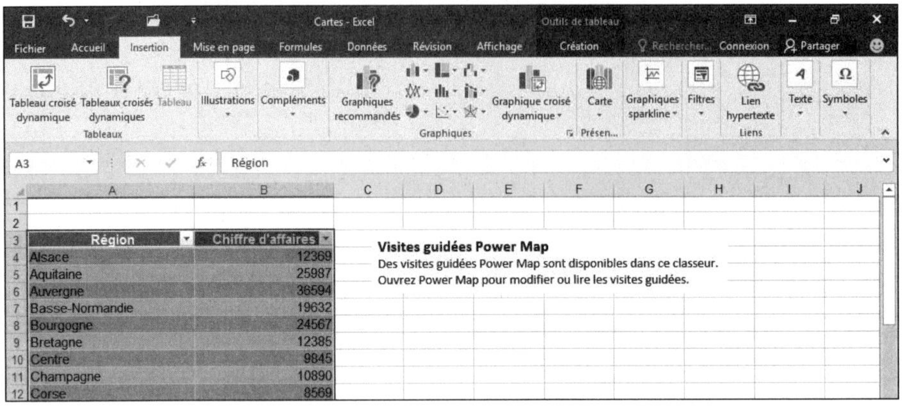

Figure 15-42 Présence d'une carte Power Map dans un classeur Excel.

12 Cliquez l'onglet **Insertion → Présentation → Carte**.

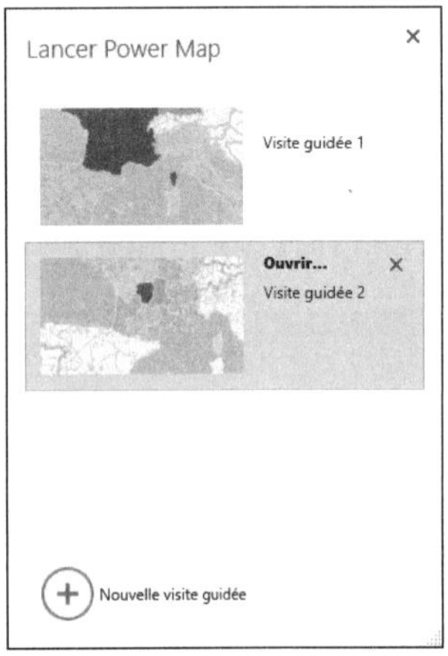

Figure 15-43 Choix d'une carte Power Map.

13 Cliquez la carte à afficher, ou cliquez le bouton **Nouvelle visite guidée**.

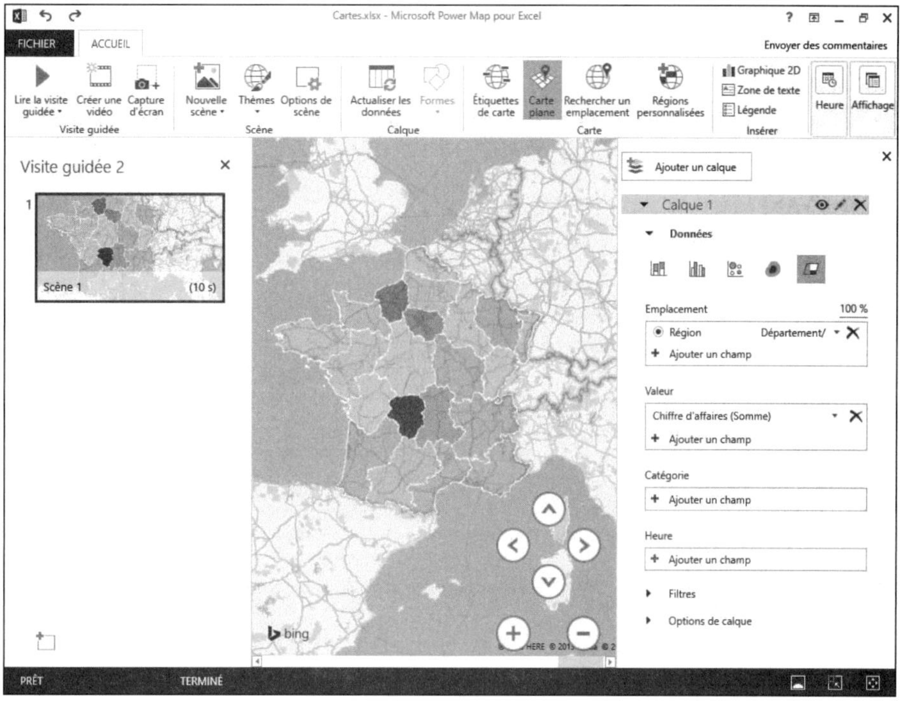

Figure 15-44 Carte géographique par région.

Chapitre 16

Illustrer des feuilles de calcul

Dans ce chapitre :

- Ajouter des formes
- Modifier des formes
- Insérer une zone de texte
- Insérer un objet WordArt
- Utiliser les graphiques SmartArt
- Ajouter une image
- Insérer des images en ligne

Il existe un autre domaine dans lequel votre tableur « excelle » : l'illustration. Du simple trait aux dessins en trois dimensions en passant par l'insertion d'image, découvrez dans ce chapitre toutes les possibilités graphiques pour agrémenter vos feuilles de calcul et leur donner un impact visuel encore plus convaincant.

Ajouter des formes

Excel propose des formes courantes pour réaliser rapidement des dessins. Flèches, étoiles ou légendes, autant de graphismes nouveaux qui agrémenteront vos tableaux et vos graphiques. Toutes ces formes sont regroupées dans une liste du groupe **Illustrations** de l'onglet **Insertion**.

1 Cliquez l'onglet **Insertion** ➜ **Illustrations** ➜ **Formes**.

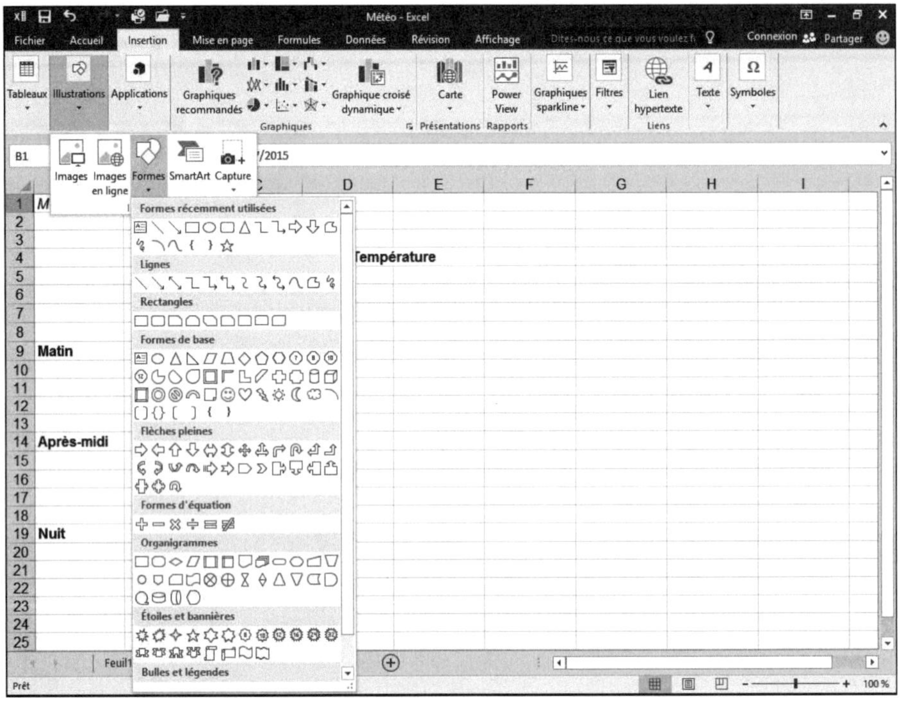

Figure 16-1 Liste des formes disponibles.

2 Cliquez la forme désirée dans la liste **Formes**.

3 Cliquez et faites glisser sur la feuille de calcul.

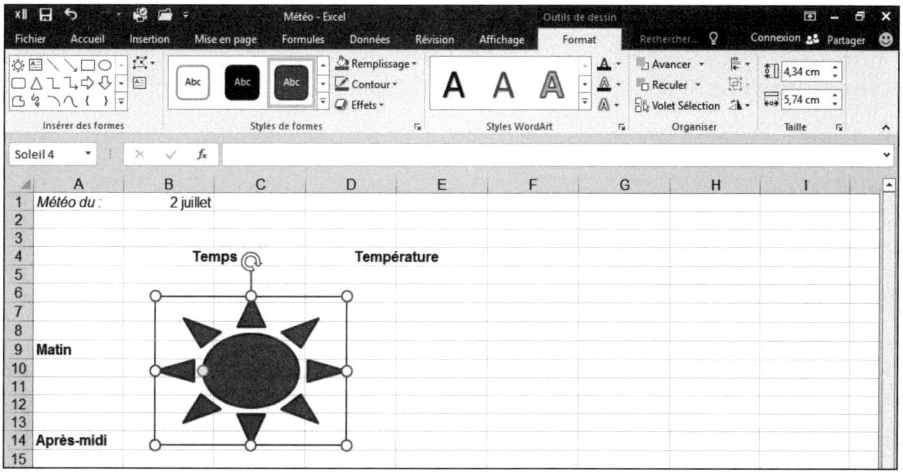

Figure 16-2 Ajout d'une forme à une feuille de calcul.

La forme est posée sur la feuille de calcul. Un nouvel onglet **Format** apparaît dans le ruban.

Redimensionner une forme

Grâce aux poignées de redimensionnement de la forme, vous pouvez modifier sa taille.

1 Cliquez la forme pour la sélectionner.

La forme est entourée par ses poignées de redimensionnement. Les carrés permettent d'en modifier la hauteur ou la largeur. Ceux aux quatre coins permettent d'en modifier en même temps la largeur et la hauteur.

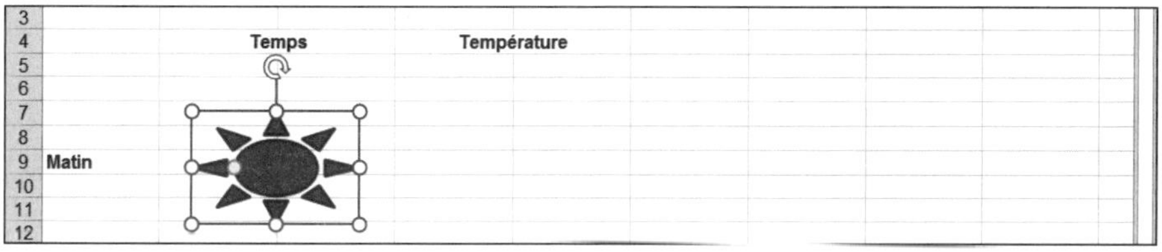

Figure 16-3 Redimensionnement d'une forme.

2 Cliquez et faites glisser une des poignées pour redimensionner la forme.

Astuce Pour respecter les proportions d'origine (largeur et hauteur), maintenez la touche **Maj** enfoncée pendant le redimensionnement. Cette touche est indispensable pour obtenir des cercles et non des ellipses ou des carrés et non des rectangles.

Pour appliquer une rotation à une forme, faites glisser la poignée . Certaines formes proposent des carrés jaunes. Ces derniers permettent de modifier la forme, par exemple d'arrondir les angles d'un rectangle ou de modifier la pointe d'une flèche.

Déplacer une forme

Pour réorganiser vos dessins, vous pouvez déplacer chaque forme sur la feuille de calcul.

1 Cliquez la forme pour la sélectionner.

La forme est entourée par ses poignées de redimensionnement.

2 Pointez le centre de la forme. Le curseur de souris prend la forme .

3 Cliquez et faites glisser pour déplacer la forme.

Note Pour supprimer une forme, cliquez-la pour la sélectionner, puis appuyez sur la touche **Suppr**. Vous pouvez cliquer le bouton de la barre d'outils Accès rapide pour annuler la suppression.

Modifier le style des formes

Tous les paramètres de mise en forme (couleurs, styles, effets, *etc.*) sont regroupés dans l'onglet **Format**.

1 Cliquez la forme pour la sélectionner.

2 Éventuellement, cliquez l'onglet **Format**. Cet onglet se sélectionne automatiquement si votre dernière action concernait une forme.

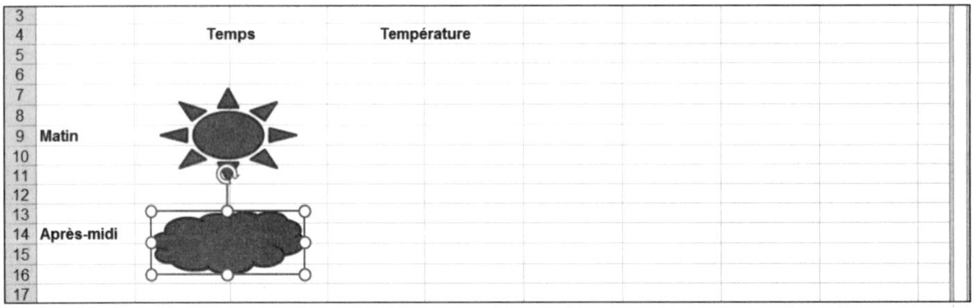

Figure 16-4 Formes avant modification de styles.

Le groupe **Styles de formes** de l'onglet **Format** propose les commandes suivantes :

- **Remplissage** : modifier la couleur de fond de la forme et appliquer des dégradés ou des textures.
- **Contour** : modifier la couleur du trait qui entoure la forme, ainsi que son apparence (épaisseur, tirets, *etc.*).
- Liste **Style** : appliquer des styles prédéfinis à une forme. Cliquez le bouton pour agrandir la liste. La commande **Autres thèmes de remplissage** propose de modifier les dégradés.
- **Effets** : ajouter une ombre, un effet 3D, un reflet, *etc.*

1 Cliquez la forme pour la sélectionner.

2 Cliquez l'onglet **Format ➜ Styles de formes** puis le type d'élément à modifier.

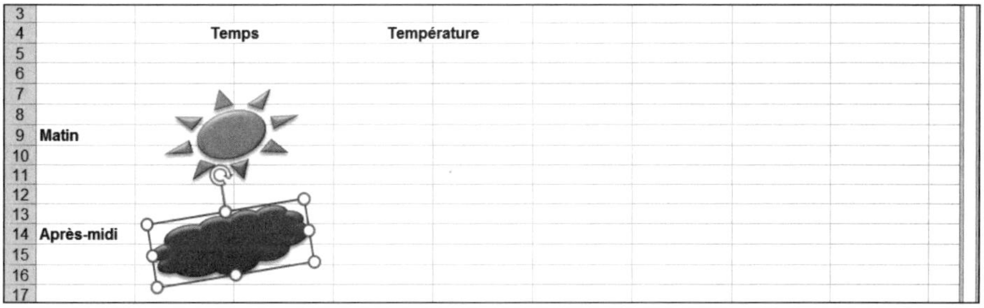

Figure 16-5 Formes après modification des styles.

Modifier l'ordre des formes

Par défaut, chaque nouvelle forme est placée au-dessus des précédentes. Vous pouvez modifier cet ordre.

Figure 16-6 Formes avant modification de l'ordre.

1 Cliquez la forme avec le bouton droit.

2 Cliquez la commande **Mettre au premier plan** ou **Mettre à l'arrière-plan**, puis cliquez la position exacte.

Figure 16-7 Formes après modification de l'ordre.

Sélectionner et grouper des formes

Pour appliquer un format à plusieurs formes ou pour les grouper, vous devez toutes les sélectionner.

1 Cliquez la première forme.

2 Maintenez la touche **Ctrl** enfoncée.

3 Cliquez les autres formes pour les sélectionner aussi.

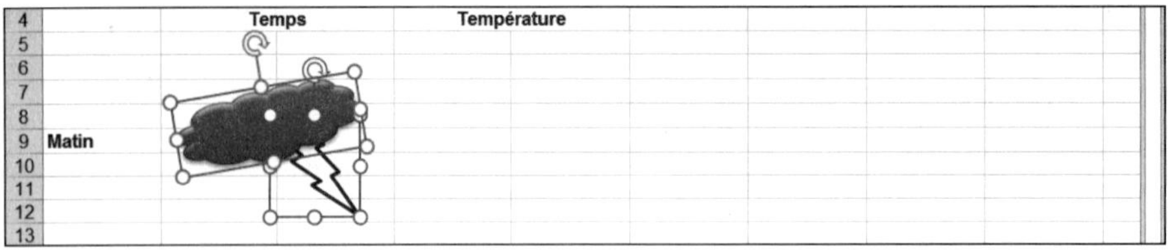

Figure 16-8 Sélection de plusieurs formes.

Pour les déplacer facilement ou modifier leur format, vous pouvez grouper les formes en une seule.

1 Sélectionnez les formes à grouper.

2 Cliquez l'onglet **Format ➜ Organiser ➜ Grouper** ➜ **Grouper**.

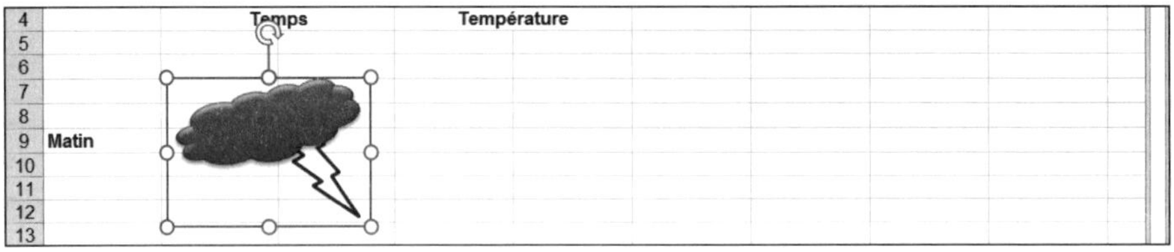

Figure 16-9 Groupe de plusieurs formes.

Pour dissocier des formes groupées, cliquez l'onglet **Format ➜ Organiser ➜ Grouper** ➜ **Dissocier**.

Aligner les formes

Pour obtenir une belle présentation, vous pouvez aligner les formes les unes par rapport aux autres.

1 Sélectionnez les formes à déplacer.

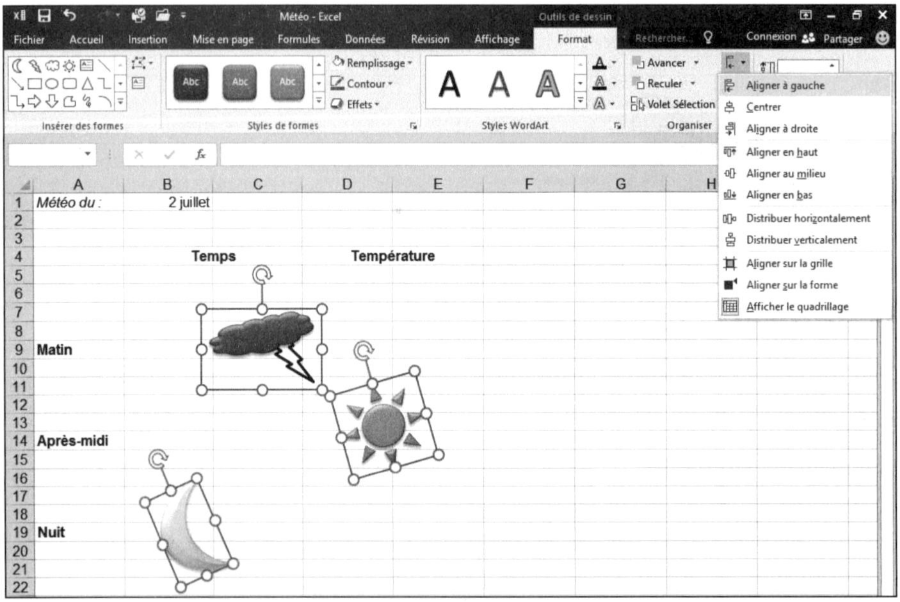

Figure 16-10 Sélection de plusieurs formes à aligner.

2 Cliquez l'onglet **Format → Organiser → Aligner** puis choisissez l'alignement.

Note Les commandes **Distribuer** ne sont disponibles que si vous avez sélectionné au moins trois formes. Elles permettent de placer les formes à égale distance.

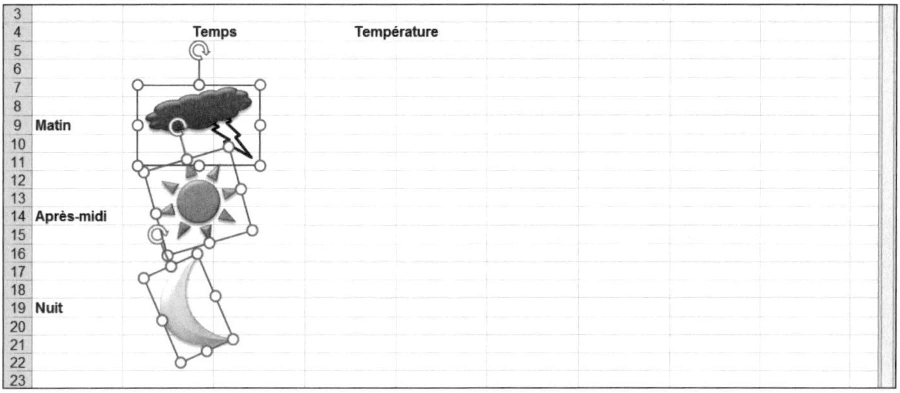

Figure 16-11 Alignement à gauche de plusieurs formes.

Insérer une zone de texte

Pour compléter vos feuilles de calcul, ajoutez des zones de texte qui se superposeront aux cellules. Vous pourrez ensuite modifier leur style comme pour les autres formes.

1 Cliquez l'onglet **Insertion → Texte → Zone de texte**. Si l'onglet **Format** est disponible, cliquez l'onglet **Format → Insérer des formes → Zone de texte**.

2 Cliquez dans la feuille à la position d'insertion. Vous pouvez aussi cliquer et faire glisser si vous désirez définir la taille de la zone de texte.

3 Tapez le texte dans le cadre de la zone de texte.

4 Pour modifier la mise en forme du texte, sélectionnez les caractères, puis utilisez les outils de l'onglet **Accueil → Police**.

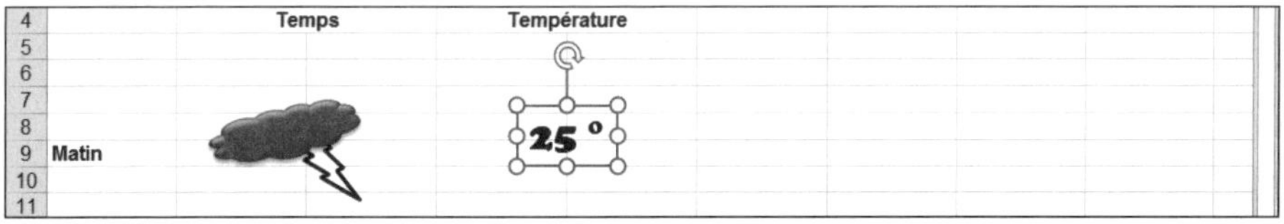

Figure 16-12 Zone de texte posée sur la feuille de calcul.

Insérer un objet WordArt

Les objets WordArt s'apparentent aux zones de texte mais possèdent des mises en forme plus sophistiquées.

1 Cliquez l'onglet **Insertion ➜ Texte ➜ WordArt**.

2 Cliquez la forme de base du texte dans la liste.

La forme est immédiatement ajoutée à la feuille avec le texte générique « Votre texte ici ».

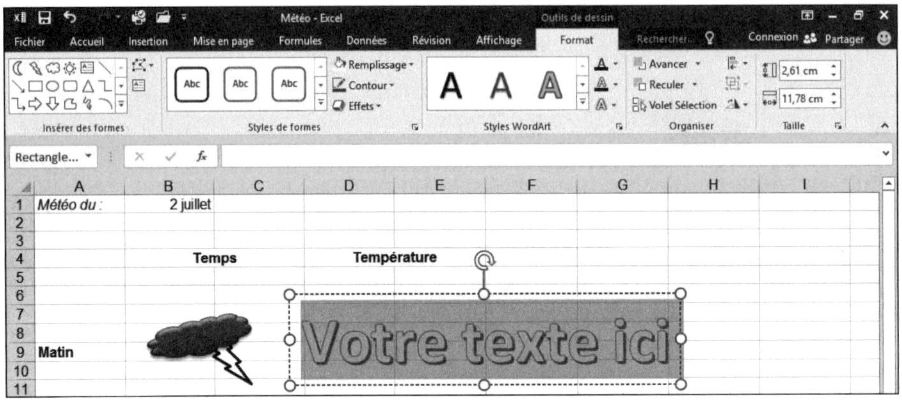

Figure 16-13 Ajout d'un objet WordArt sur la feuille de calcul.

3 Sélectionnez le texte générique puis tapez le vôtre.

4 Utilisez les outils du groupe **Styles WordArt** de l'onglet **Format** pour modifier le texte (couleur de remplissage, couleur de texte et effets). Ces outils fonctionnent de la même manière que ceux des formes du groupe **Styles de formes**.

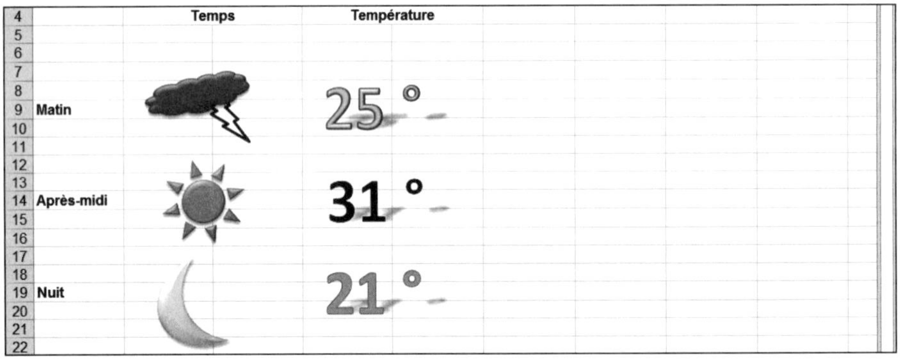

Figure 16-14 Objets WordArt sur la feuille de calcul.

Utiliser les graphiques SmartArt

Les graphiques SmartArt sont des formes prédéfinies qui permettent de présenter des informations ou des idées sous forme professionnelle. Il s'agit en fait d'associations de formes classées par thème : processus, cycle, hiérarchie, relation, *etc.*

1 Cliquez l'onglet **Insertion ➜ Illustration ➜ Insérer un graphique SmartArt**.

2 Cliquez dans la liste de gauche le type de graphique SmartArt.

3 Cliquez dans la liste du centre un graphique SmartArt.

La liste de droite affiche le graphique sélectionné en couleur, ainsi qu'une description de ses possibilités.

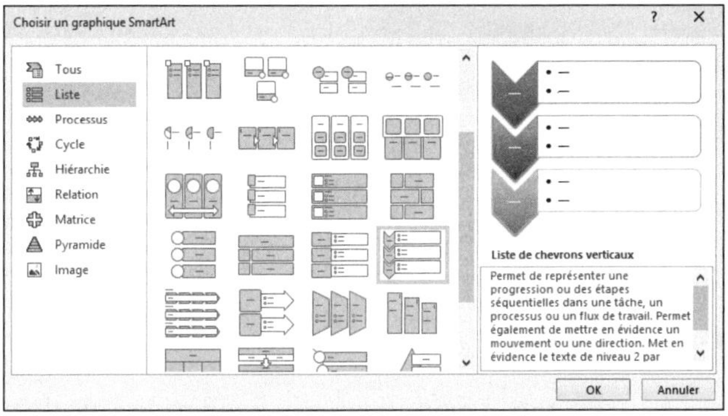

Figure 16-15 Sélection d'un graphique SmartArt.

4 Cliquez le bouton **OK** pour insérer le graphique dans la feuille de calcul.

Excel affiche deux nouveaux onglets dans le ruban : **Création** et **Format**.

Quand le graphique SmartArt est sélectionné, une boîte permet de saisir ses textes.

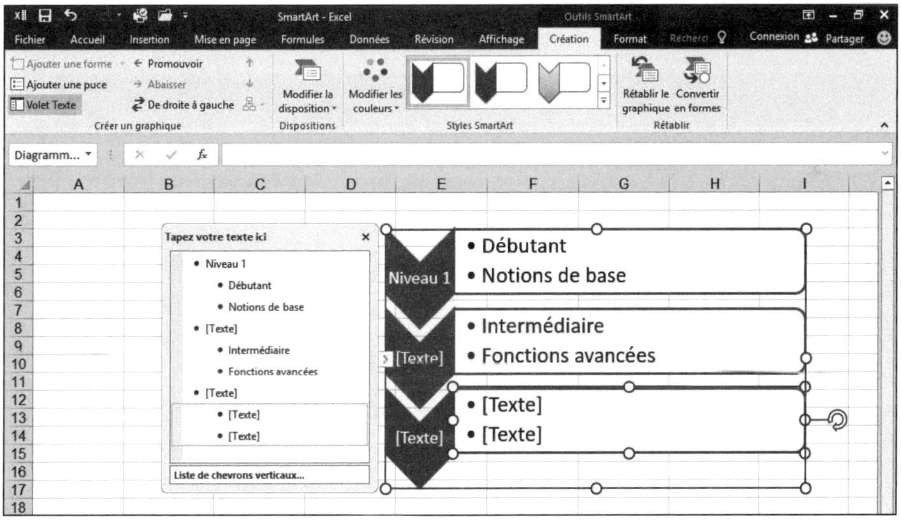

Figure 16-16 Saisie des textes d'un graphique SmartArt.

Vous trouverez dans les onglets **Création** et **Format** toute une panoplie d'outils pour modifier la forme et le style des graphiques SmartArt. Comme ils sont très nombreux, nous vous conseillons de vous reporter à l'aide en ligne. Appuyez sur la touche **F1** puis effectuez une recherche sur le mot-clé « SmartArt ». Les modifications d'un graphique SmartArt restent cependant très intuitives.

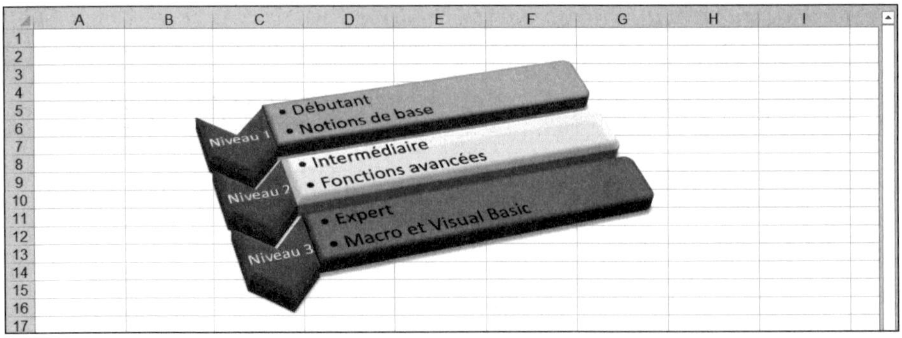

Figure 16-17 Mise en forme d'un graphique SmartArt.

Ajouter une image

Pour augmenter l'impact visuel, ajoutez des images dans vos feuilles de calcul ou dans vos graphiques, quand cela est nécessaire.

1 Cliquez l'onglet **Insertion → Illustrations → Image**.

2 Sélectionnez le dossier qui contient votre image.

3 Cliquez le nom du fichier contenant une image.

4 Cliquez le bouton **Insérer**.

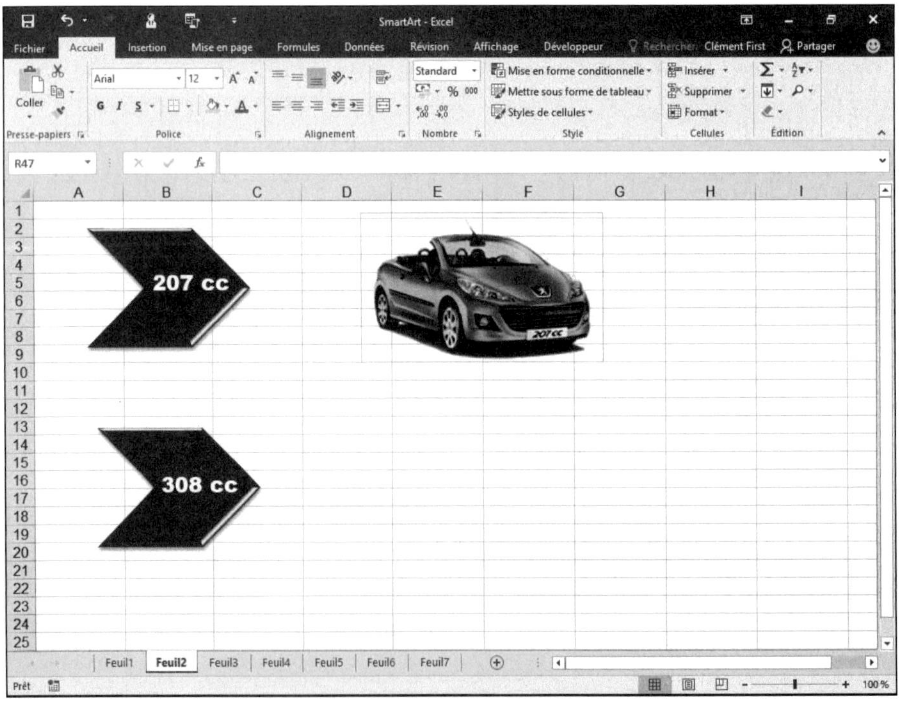

Figure 16-18 Ajout d'une image à une feuille de calcul.

L'image est insérée dans la feuille de calcul. Excel affiche l'onglet **Création** dans le ruban. Ce dernier propose des outils pour modifier le style d'affichage, la luminosité, le contraste, *etc.*

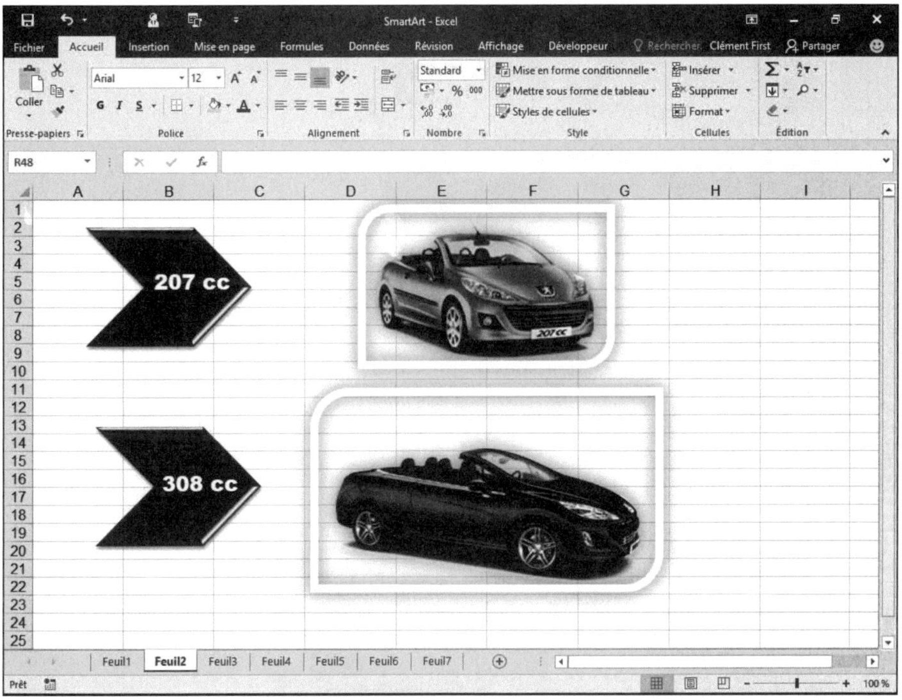

Figure 16-19 Modification de l'apparence des images sur une feuille de calcul.

Insérer des images en ligne

Si vous n'avez pas d'images sous la main, Office propose une bibliothèque d'images et de cliparts sur différents thèmes.

1 Cliquez dans le texte la position d'insertion de l'image ou du clipart.

2 Cliquez l'onglet **Insertion → Illustrations → Images en ligne**.

Vous pouvez obtenir une image ou un clipart avec Bing, rechercher un fichier sur votre compte OneDrive, mais aussi sur les réseaux sociaux.

Comme les images et les dessins sont nombreux, vous devez effectuer une recherche par mots-clés.

3 Tapez un ou des mots-clés correspondant à l'image à trouver dans la zone en regard de Bing.

4 Appuyez sur la touche **Entrée** pour effectuer la recherche.

La boîte affiche les images trouvées.

5 Cliquez l'image ou le clipart à insérer dans votre document.

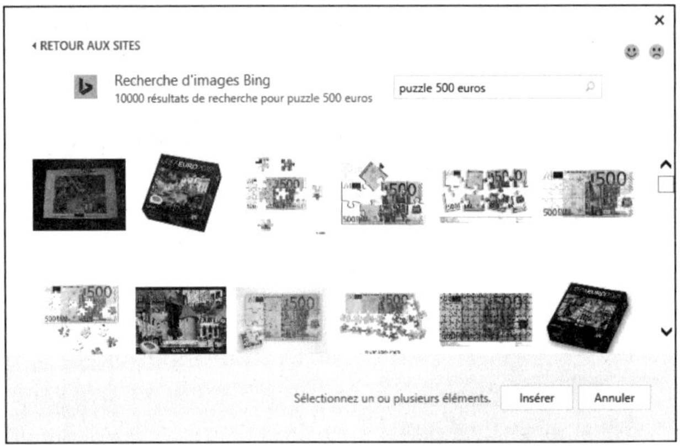

Figure 16-20 Recherche d'une image ou d'un clipart.

6 Cliquez le bouton **Insérer**.

Figure 16-21 Insertion d'une image ou d'un clipart dans une feuille de calcul.

PARTIE IV ALLER PLUS LOIN AVEC LES FONCTIONS

Chapitre 17

Mieux connaître les formules et les fonctions

Dans ce chapitre :

- Connaître les opérateurs et les références des cellules
- Insérer des fonctions avec le ruban
- Masquer les formules
- Convertir des formules en valeurs
- Déjouer les erreurs et les références circulaires
- Nommer des cellules et des plages
- Utiliser des noms dans les formules
- Nommer des constantes
- Utiliser les formules nommées

Ce chapitre a pour but de vous faire découvrir tous les éléments concernant les formules et les fonctions d'Excel qui n'ont pas été traités dans le chapitre 3. Vous y trouverez des explications pour comprendre l'accès aux cellules, l'utilisation des arguments, la recherche des erreurs ou l'attribution de noms.

Opérateurs de comparaison et de référence

Excel utilise aussi des opérateurs de comparaison dans les formules et dans certaines fonctions. Vous trouverez ces opérateurs dans le tableau 17-1.

Opérateur	Comparaison
=	Égal à
>	Supérieur à
<	Inférieur à
>=	Supérieur ou égal à
<=	Inférieur ou égal à
<>	Différent de

Tableau 17-1 Opérateurs de comparaison.

Excel utilise une autre catégorie d'opérateurs, appelés opérateurs de référence. Ils permettent d'accéder aux références de plusieurs cellules (tableau 17-2).

Opérateur	Référence
:	Plages de cellules.
;	Union de plusieurs cellules ou plages de cellules.
espace	Intersection de deux plages de cellules.

Tableau 17-2 Opérateurs de référence.

Références de cellules

Vous trouverez ci-après des exemples qui utilisent les opérateurs de référence aux cellules et aux plages de cellules.

Références à une union de cellules ou de plages de cellules

Pour faire référence à plusieurs cellules ou plages de cellules, il suffit de séparer les références par des points-virgules.

```
= SOMME(A1;B2:C3;D1)
```

Dans cet exemple, on fait référence à six cellules : A1, B2, B3, C2, C3 et D1.

Références à une intersection de plages de cellules

Une intersection ne fait référence qu'aux cellules communes à deux plages. Ces dernières sont séparées par une espace.

```
= SOMME(A1:B2 B2:C3)
```

Dans cet exemple, la référence est limitée à la cellule B2 qui est la seule cellule commune à la plage A1:B2 et à la plage B2:C3.

Références à des colonnes

Il est parfois intéressant de faire référence à des colonnes ou des lignes complètes quand le nombre de valeurs à traiter est fréquemment modifié. Les exemples ci-après effectuent la somme de toutes les valeurs de la colonne A, de la ligne 1 et des colonnes A à C.

```
= SOMME(A:A)
```

```
= SOMME(1:1)
```

```
= SOMME(A:C)
```

Références à d'autres feuilles

Il est tout à fait possible d'utiliser des cellules ou des plages de cellules situées dans une autre feuille de calcul. Il suffit pour cela de faire précéder les références habituelles par le nom de la feuille suivi d'un point d'exclamation.

```
= SOMME(Feuil2!A1:A3)
```

Dans cet exemple, on effectue la somme des cellules A1:A3 de la feuille de calcul nommée Feuil2.

Références à d'autres classeurs

Il est aussi possible d'accéder à des cellules ou des plages de cellules situées dans un autre classeur. Dans ce cas, il faut ajouter le nom du classeur entre crochets puis la référence de la feuille et de la plage de cellules, comme vu précédemment :

```
= SOMME([Classeur1.xlsx]Feuil2!A1:A3)
```

Si le nom du classeur contient des espaces, vous devez entourer son nom et celui de la feuille avec des apostrophes :

```
= SOMME('[Mon Classeur.xlsx]Feuil2'!A1:A3)
```

Si le classeur n'est pas ouvert, vous devez préciser son chemin d'accès complet, comme le montre l'exemple suivant :

```
= SOMME('C:\Mes documents\[Mon Classeur.xlsx]Feuil2'!A1:A3)
```

Références mixtes

Nous avons vu, dans le chapitre 3, les références relatives et les références absolues. Il existe aussi des références mixtes, relatives pour les colonnes et absolues pour les lignes (A$1), et absolues pour les colonnes et relatives pour les lignes ($A1). Les références mixtes sont utilisées quand les en-têtes de lignes et de colonnes contiennent les valeurs utilisées par les formules. Le tableau des tables de multiplication est un bon exemple :

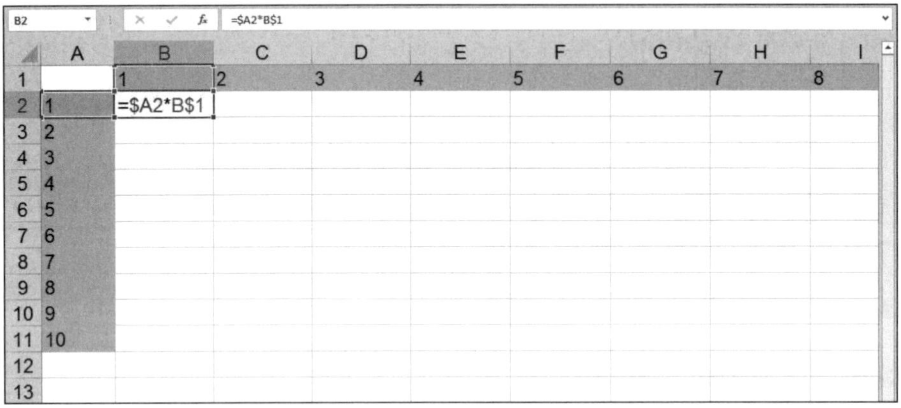

Figure 17-1 Exemple d'utilisation de références mixtes.

Dans la figure 17-1, on multiplie les en-têtes de lignes ($A2) par les en-têtes de colonnes (B$1). Pour conserver la lettre de colonne, mais modifier le numéro de ligne pour les en-têtes de lignes lors des recopies, on utilise une référence absolue pour les colonnes ($A) et une référence mixte pour les lignes (2). On applique le système inverse pour les en-têtes de colonnes (B$1).

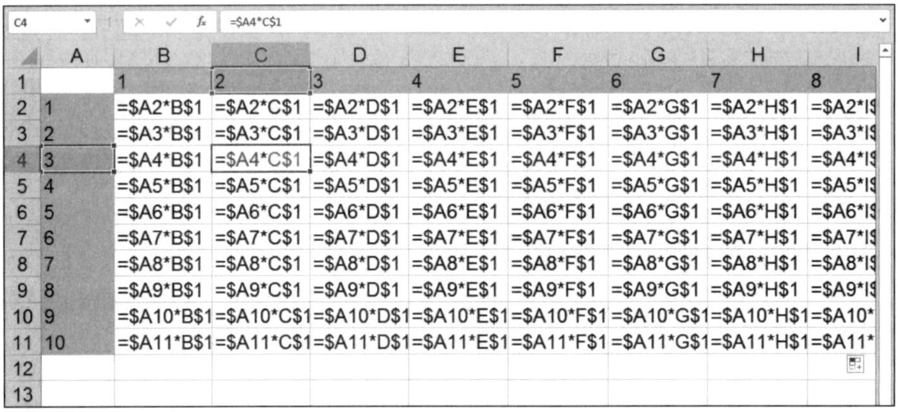

Figure 17-2 Recopie de références mixtes.

Comme le montre la figure 17-2, on peut recopier cette simple formule vers la droite et vers le bas pour remplir le tableau.

Fonctions personnalisées

Excel propose des centaines de fonctions qui couvrent presque tous les sujets (mathématiques, finances, bases de données, *etc.*).Il peut cependant arriver d'être confronté à un cas non prévu.

Prenons un exemple. Si vous désirez convertir des radians en degrés, vous pouvez saisir le calcul suivant, en supposant que la valeur à convertir se trouve dans la cellule A1 :

```
= (A1*180/ 3,14159265358979)
```

Excel propose une fonction correspondant à ce type de calcul. La conversion de radians en degrés est alors simplifiée :

```
= DEGRES(A1)
```

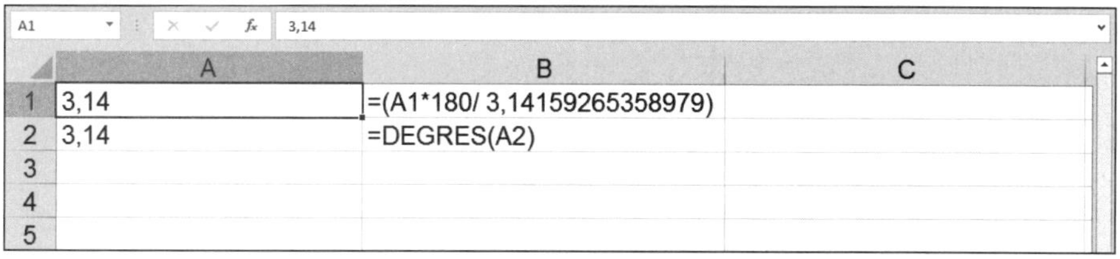

Figure 17-3 Conversion de radians en degrés.

Prenons un autre exemple avec le calcul du volume d'un cylindre. On utilise pour cela la formule Pi*R²* H, où R correspond au rayon et H à la hauteur. En supposant que la valeur du rayon se trouve dans la cellule B1 et la hauteur dans la cellule B2, vous pouvez saisir la formule suivante :

```
= PI()*(B1^2)*B2
```

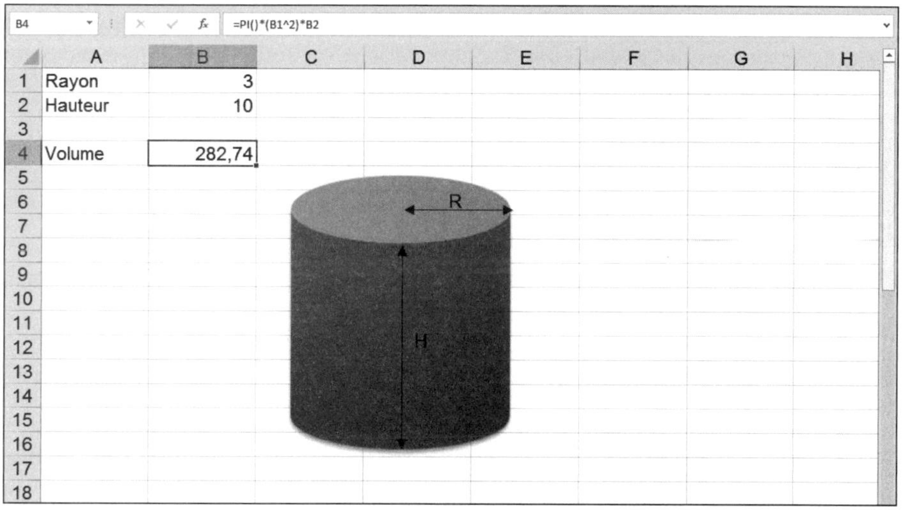

Figure 17-4 Calcul du volume d'un cylindre.

Vous pensez maintenant que nous allons utiliser la fonction VOLUMECYLINDRE pour simplifier la formule. Il n'en est rien, et la cause en est simple : cette fonction n'existe pas dans Excel. Pour ce type de calcul, il est donc nécessaire d'utiliser la méthode traditionnelle. Cependant, si vous utilisez très fréquemment ce type de calcul, il existe une autre solution : la création de fonctions personnalisées avec VBA (Visual Basic pour Application), le langage de programmation intégré dans Excel (figure 17-5).

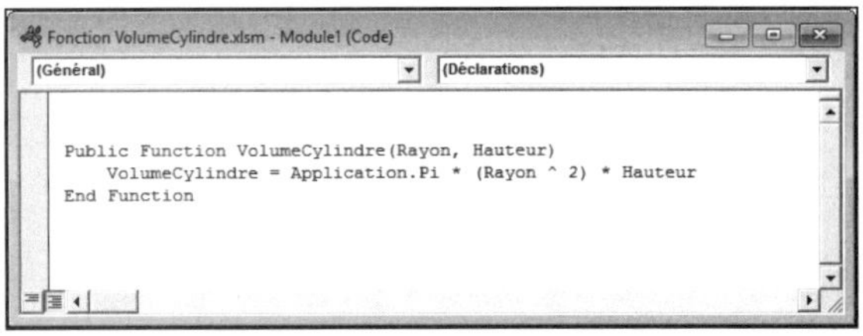

Figure 17-5 Fonction personnalisée en VBA pour calculer le volume d'un cylindre.

Les fonctions créées avec VBA s'utilisent directement dans les feuilles de calcul comme toutes les autres fonctions d'Excel (figure 17-6).

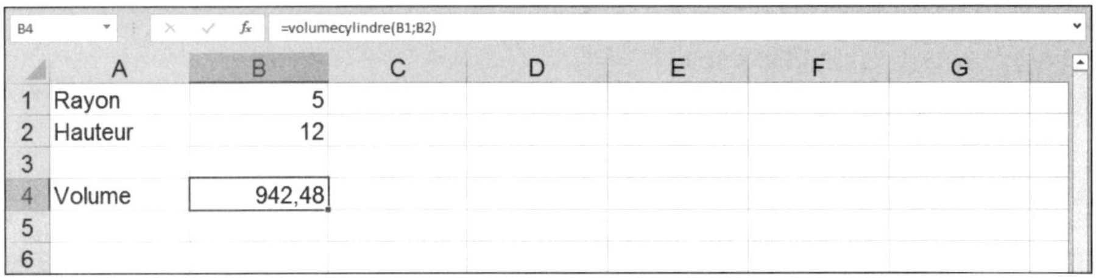

Figure 17-6 Utilisation d'une fonction personnalisée en VBA dans une feuille de calcul.

Insérer des fonctions avec le ruban

Toutes les fonctions ont une structure identique. Elles comportent un nom suivi par des parenthèses qui renferment les arguments. Excel propose une boîte de dialogue accessible avec le bouton *fx* pour choisir facilement la fonction dont vous avez besoin (consultez le chapitre 3).

Excel propose aussi un accès par catégories aux principales fonctions. Ces catégories sont accessibles dans les listes du groupe **Bibliothèque de fonctions** de l'onglet **Formules** du ruban.

1 Cliquez l'onglet **Formules**.

2 Dans le groupe **Bibliothèque de fonctions**, cliquez un des boutons correspondant à la catégorie de la fonction à insérer.

Comme vous pouvez le constater dans la figure 17-7, Excel affiche une aide contextuelle pour chaque fonction.

3 Pointez le nom d'une fonction pour afficher l'aide contextuelle. Cliquez le lien **En savoir plus**, ou appuyez sur la touche **F1** pour accéder à l'aide complète.

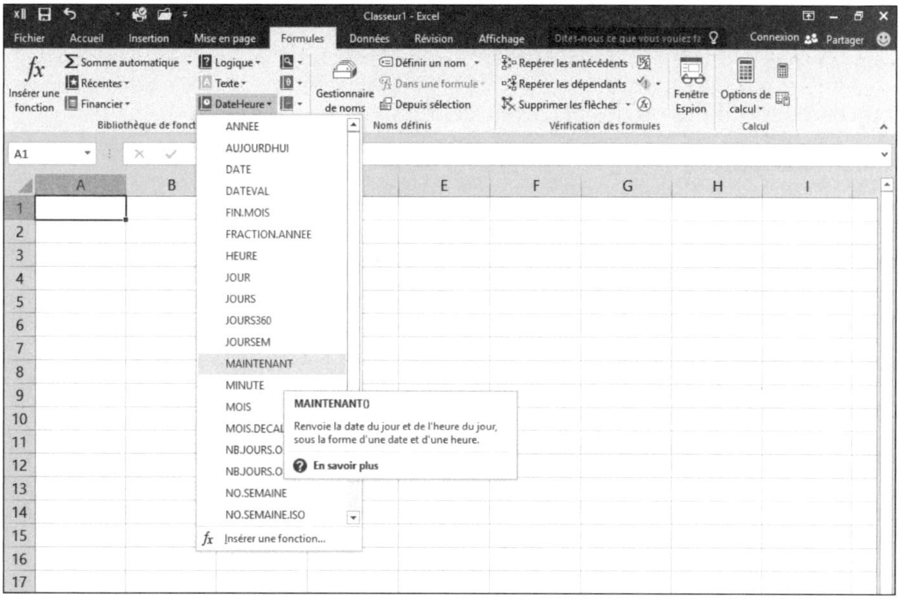

Figure 17-7 Accès aux principales fonctions avec le ruban.

4 Cliquez la fonction pour l'insérer dans la cellule active.

Arguments des fonctions

Pour effectuer des calculs, les fonctions utilisent des arguments, aussi appelés paramètres. Ces arguments sont des valeurs ou des références à des cellules qui retournent elles-mêmes des valeurs. Les arguments peuvent aussi être composés de formules utilisant des valeurs et des références à d'autres cellules ou même à d'autres fonctions.

Les fonctions peuvent être classées selon le nombre de leurs arguments :

- Aucun argument.
- Un seul argument.
- Un nombre déterminé d'arguments.
- Un nombre indéterminé, mais limité, d'arguments.
- Des arguments optionnels.

Si une fonction nécessite plusieurs arguments, il convient de les séparer par des points-virgules.

Voici quelques exemples d'arguments pour la fonction SOMME qui peut en accepter jusqu'à trente.

Valeurs littérales :

```
= SOMME(1024;2048)
```

Références à une plage de cellules :

```
= SOMME(A1:C3)
```

Références à des cellules ou des plages de cellules :

```
= SOMME(A1;C3:D5)
```

Formules en arguments :

```
= SOMME(6*4;9*10;14*15)
```

Formules avec des valeurs et des références de cellules :

```
= SOMME(6*A1;9*A2;14*A3)
```

Fonctions en arguments :

```
= SOMME(RACINE(A1);RACINE(A2))
```

Comme vous pouvez le constater, il existe beaucoup de solutions dans la constitution d'une fonction.

Masquer les formules

Si vous ne désirez pas que vos formules apparaissent dans vos feuilles de calcul, vous pouvez les masquer. Pour éviter des déconvenues, il est préférable de verrouiller les cellules dans la même opération. En effet, une cellule contenant une formule masquée, mais non verrouillée, apparaît comme vide et peut être modifiée, voire supprimée. Dans l'exemple de la figure 17-8, la cellule C4 semble ne pas contenir de formule puisque la barre de formule n'affiche aucun calcul. Or cette cellule contient une formule masquée, mais non verrouillée, qu'il est donc possible d'effacer.

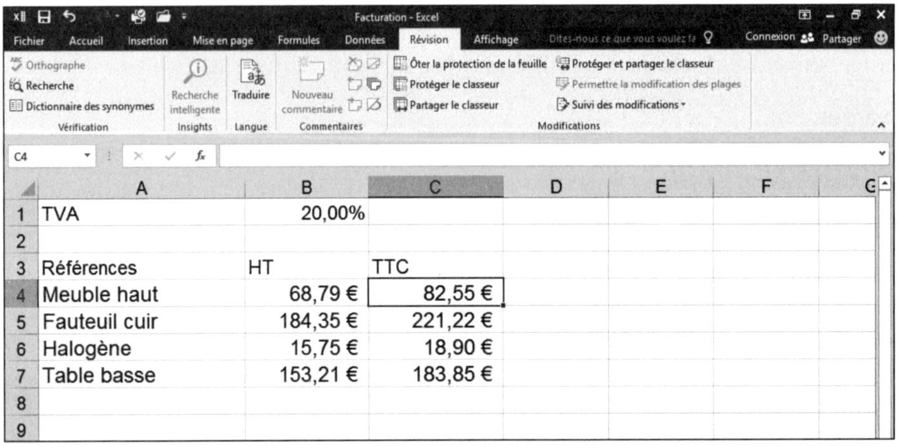

Figure 17-8 Formule masquée dans une cellule.

Par défaut, toutes les cellules sont verrouillées dès que l'on applique la protection de la feuille. Vous devez donc déverrouiller les cellules de saisie de données, et masquer les cellules qui contiennent des formules à cacher (consultez le chapitre 11 pour des informations complémentaires sur la protection des données).

1 Sélectionnez la ou les cellules contenant les formules à masquer.

2 Cliquez avec le bouton droit la sélection, puis cliquez la commande **Format de cellule** dans le menu contextuel.

3 Cliquez l'onglet **Protection**.

4 Cochez l'option **Masquée**, et laissez l'option **Verrouillée** cochée.

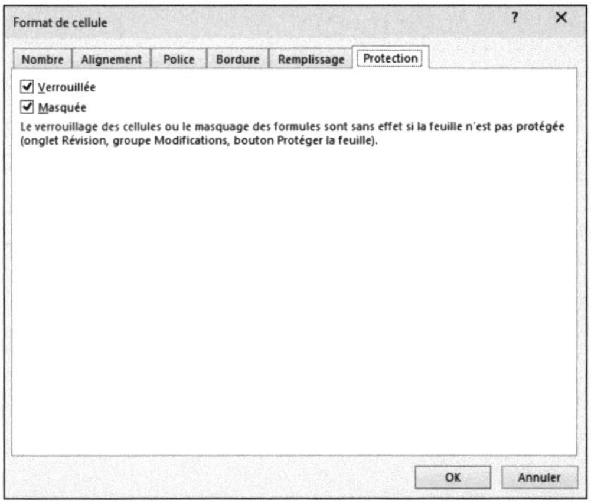

Figure 17-9 Options de protection des cellules.

5 Cliquez le bouton **OK** pour valider vos choix.

6 Sélectionnez la ou les cellules de saisie de données.

7 Répétez les étapes **2** à **3** et décochez l'option **Verrouillée**.

Pour que la protection soit effective, il faut protéger la feuille.

1 Cliquez l'onglet **Révision ➜ Modifications ➜ Protéger la feuille**.

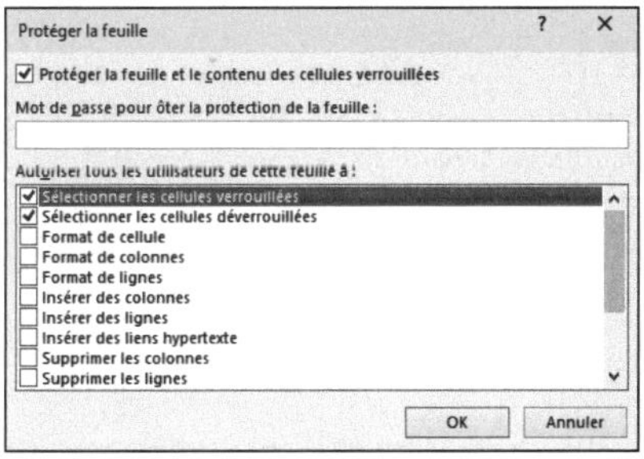

Figure 17-10 Options de protection d'une feuille de calcul.

2 Cliquez le bouton **OK** pour protéger la feuille.

Convertir des formules en valeurs

Si vous avez des formules qui ne contiennent aucune référence à d'autres cellules, le résultat sera toujours identique. Par exemple, une cellule contenant la formule = RACINE(49) retournera toujours la valeur 7. Vous pouvez dans ce cas convertir les formules en valeurs (constantes).

1 Sélectionnez les cellules contenant les formules à convertir.

2 Tapez **Ctrl** + **C** ou cliquez le bouton dans l'onglet **Accueil ➜ Presse-papiers** pour copier la sélection dans le presse-papiers.

3 Cliquez l'onglet **Accueil ➜ Presse-papiers ➜ Coller ➜ Collage spécial**.

4 Cochez l'option **Valeurs** (figure 17-11).

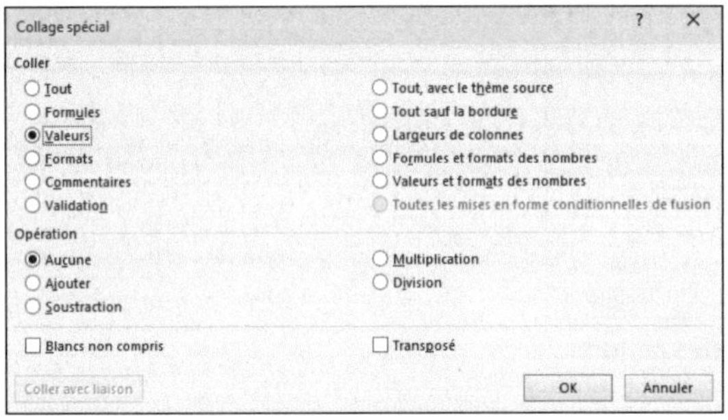

Figure 17-11 Boîte de collage spécial.

5 Cliquez le bouton **OK** pour valider le collage.

Conseil Si vous désirez seulement recopier les valeurs à un autre emplacement, sélectionnez ce dernier entre les étapes **2** et **3**.

Connaître les valeurs d'erreur

Il arrive qu'une formule retourne une erreur. Si c'est le cas, consultez le tableau 17-3 pour en trouver la cause. Certaines fonctions prévoient des valeurs d'erreur quand elles ne sont pas utilisées correctement. Par exemple, la fonction RACINE retourne la valeur #NOMBRE! si l'argument est négatif.

Une formule peut aussi afficher une valeur d'erreur si elle fait référence à une cellule qui contient déjà une erreur. C'est une réaction en chaîne logique, et il est nécessaire de remonter à la source de l'erreur pour résoudre le problème.

Attention Si une valeur ne peut pas être affichée car la largeur de la cellule est trop petite, Excel affiche des dièses ###### pour éviter une mauvaise interprétation des données. Cela n'est pas réellement une erreur. Élargissez simplement la colonne pour afficher tous les chiffres.

Erreur	Explication
#DIV/0!	La formule divise un nombre par zéro. Comme Excel considère qu'une cellule vide a pour valeur zéro, une référence à une telle cellule génère cette erreur.
#NOM?	La formule contient un nom qu'Excel ne reconnaît pas. Il peut aussi s'agir d'une référence à une cellule nommée dont le nom a été effacé, ou d'un nom mal orthographié.
#VALEUR!	La formule fait référence à une cellule qu'Excel ne peut pas utiliser dans un calcul, par exemple du texte.
#REF!	La formule fait référence à une cellule qui n'est pas valide, par exemple, une cellule d'une ligne qui a été supprimée.
#N/A	Une fonction de recherche ne trouve pas de donnée, ou la formule fait référence à une cellule utilisant les fonctions NA pour signaler une donnée manquante.
#NUL!	La formule fait référence à une intersection entre deux plages de données qui n'ont pas de cellules communes (consultez le début de ce chapitre sur les références des cellules et des plages).
#NUM!	Une valeur numérique est incorrecte (par exemple une valeur négative à la place d'une valeur positive).

Tableau 17-3 Erreurs dans les formules.

Références circulaires

Une formule ne doit pas faire référence à elle-même, directement ou indirectement. Par exemple, la cellule A1 ne peut pas contenir la formule = A1+A2. De même, si la cellule A1 contient la formule = A2, la cellule A2 ne peut pas contenir la formule = A1. On appelle cela une référence circulaire. Quand c'est le cas, Excel ne peut pas effectuer les calculs et vous informe de l'erreur avec la boîte de dialogue de la figure 17-12. L'erreur est aussi indiquée dans la barre d'état.

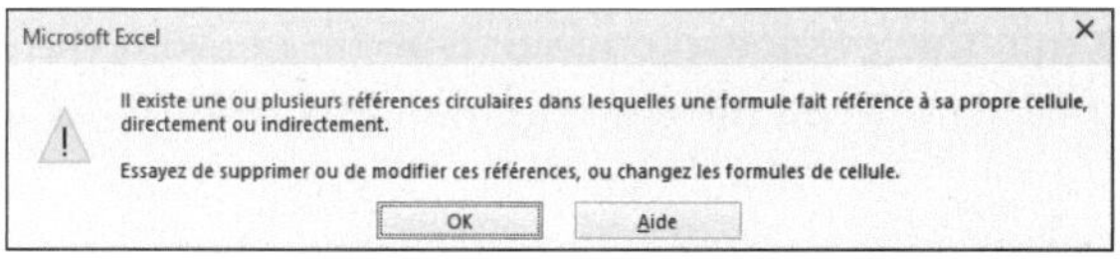

Figure 17-12 Boîte d'erreur en cas de référence circulaire.

Si vous cliquez le bouton **OK**, Excel laisse la formule telle quelle. Si vous cliquez sur le bouton **Aide**, Excel affiche l'aide en ligne sur les références circulaires.

Si vous avez choisi le bouton **OK**, Excel affiche les flèches vers les cellules qui font référence à elles-mêmes.

Pour pister plus précisément une référence circulaire, suivez ces étapes :

1. Cliquez l'onglet **Formules ➜ Vérification des formules ➜ Vérifications des erreurs ➜ Références circulaires**.
2. Cliquez la première référence dans la liste qui s'affiche.

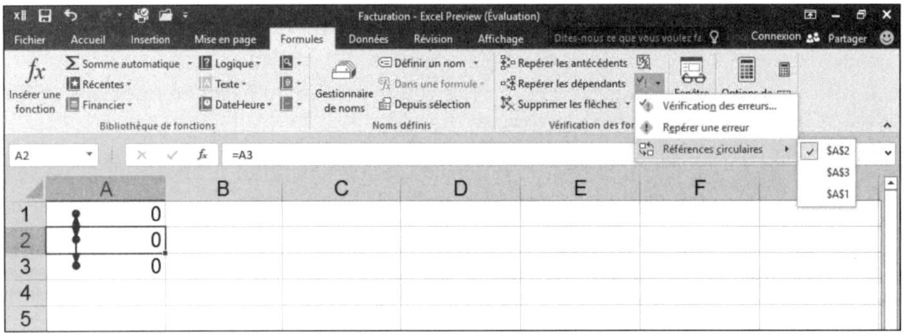

Figure 17-13 Recherche de références circulaires.

3. Vérifiez le contenu de la cellule sélectionnée.
4. Répétez les étapes **1** et **2** pour les autres cellules qui peuvent générer la référence circulaire et ainsi pister l'erreur et corriger le problème.

Noms dans Excel

L'attribution de noms aux cellules et plages de cellules permet de simplifier vos formules et vos fonctions en vous dégageant des contraintes d'utilisation des références classiques. Mais Excel va bien au-delà de cette simple utilisation. Il est aussi possible d'utiliser des noms pour appeler des constantes, mais aussi des formules complexes.

Dans l'environnement d'Excel, chaque élément, appelé objet, possède un nom. C'est le cas par exemple d'un classeur, d'une feuille de calcul ou d'une cellule. À la création d'un classeur, Excel attribue des noms par défaut : Classeur1, Feuil1, cellule A1, *etc.* Il en est de même si vous ajoutez de nouveaux éléments comme un graphique ou une image. Il porte alors les noms par défaut Graphique 1, Image 1, *etc.* Notez que deux objets de même type ne peuvent pas porter le même nom. Il ne pas y avoir deux Feuil1 dans le même classeur, ou deux cellules A1 dans la même feuille.

Pourquoi nommer des cellules et des plages de cellules

En nommant des cellules ou des plages de cellules, vous pourrez utiliser ces noms dans vos formules à la place des références traditionnelles. Cela permet de rendre plus lisible le contenu de vos formules. Supposons que vous désiriez calculer vos ventes annuelles T.T.C., sachant que les ventes mensuelles H.T. se trouvent dans la plage B4:B15 et le taux de T.V.A. dans la cellule B1. La formule suivante permet d'effectuer ce calcul :

```
= SOMME(B4:B15)*(1+B1)
```

Tant que vous ne vérifiez pas que la plage B4:B15 correspond aux ventes mensuelles et que la cellule B1 correspond au taux de T.V.A., la formule n'est pas très facile à comprendre.

Mais si vous décidez de nommer « Ventes » la plage B4:B15 et « T.V.A. » la cellule B1, vous pouvez remplacer les références par ces noms. La formule suivante utilise cette solution :

```
= SOMME(Ventes)*(1+T.V.A.)
```

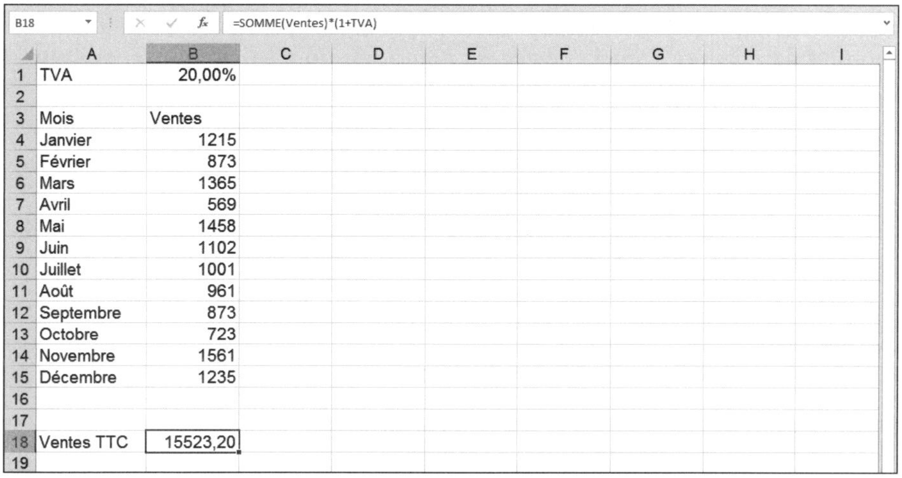

	A	B
1	TVA	20,00%
2		
3	Mois	Ventes
4	Janvier	1215
5	Février	873
6	Mars	1365
7	Avril	569
8	Mai	1458
9	Juin	1102
10	Juillet	1001
11	Août	961
12	Septembre	873
13	Octobre	723
14	Novembre	1561
15	Décembre	1235
16		
17		
18	Ventes TTC	15523,20
19		

Figure 17-14 Exemple de formule avec des références nommées.

Comparée à la version avec les références, cette dernière formule est beaucoup plus lisible et vous pouvez comprendre immédiatement son rôle sans effectuer de recherche dans la feuille de calcul.

Nommer des cellules et des plages de cellules

Excel propose plusieurs solutions pour attribuer des noms aux cellules et plages de cellules. Elles ont toutes des avantages et des inconvénients. C'est l'expérience qui permet de choisir celle à utiliser en priorité en fonction du cas. Si la boîte Gestionnaire de noms est plus longue à mettre en œuvre, elle permet de visualiser les noms déjà attribués et les plages correspondantes. La zone Nom est rapide à utiliser, mais ne permet pas de modifier la plage d'un nom existant. La création automatique de noms est très pratique, mais il est nécessaire d'être très vigilant pour éviter les erreurs.

Utiliser la boîte Nouveau nom

Excel regroupe la gestion des noms des cellules et des plages de cellules dans une boîte de dialogue.

1 Sélectionnez la cellule ou la plage de cellules à nommer.

2 Cliquez l'onglet **Formules ➜ Noms définis ➜ Définir un nom**.

Note La boîte de dialogue Nouveau nom est aussi accessible par le raccourci clavier **Ctrl + F3** pour ouvrir la boîte **Gestionnaire de noms**, puis en cliquant le bouton **Nouveau**.

3 Tapez le nom de la plage sélectionnée à l'étape **1** dans la zone de saisie **Nom**.

Note Si la cellule au-dessus ou à gauche de la sélection contient un texte, Excel propose ce dernier dans la zone **Nom**.

4 Sélectionnez dans la liste **Zone** la portée du nom (dans tout le classeur ou pour une feuille précise).

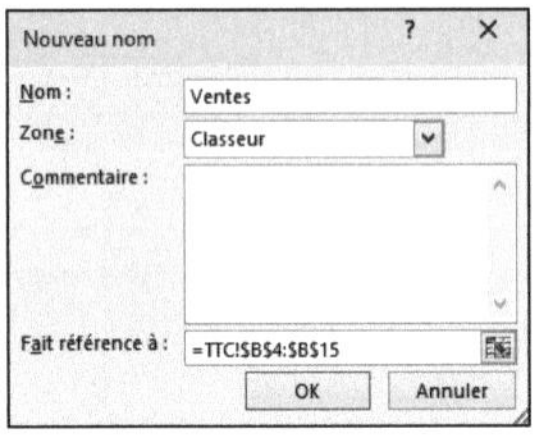

Figure 17-15 Boîte d'attribution des noms de plages.

5 Cliquez le bouton **OK** pour valider l'attribution du nom.

Si vous avez ouvert la boîte Gestionnaire de noms avec le raccourci **Ctrl + F3** ou avec l'onglet **Formules ➜ Noms définis ➜ Gestionnaire de noms**, vous pouvez définir plusieurs noms à la suite. Cliquez le bouton **Nouveau**, renseignez la zone **Nom**, puis donnez les références des cellules dans la zone **Fait référence à** (les références doivent débuter par le signe égal). Cliquez ensuite le bouton **OK** pour revenir à la boîte Gestionnaire de noms.

La boîte Gestionnaire de noms permet aussi de supprimer ou de modifier des noms existants.

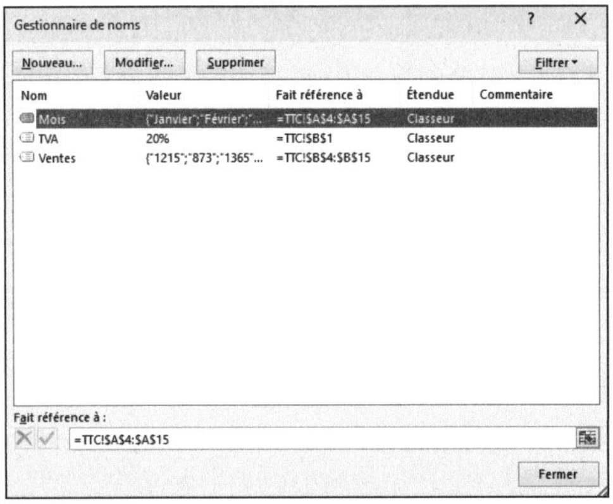

Figure 17-16 Boîte de gestion des noms.

Attention Vous pouvez nommer une plage de cellules avec plusieurs noms. Même si Excel accepte cette solution, il est déconseillé de l'utiliser pour éviter les confusions.

Noms des cellules et des plages de cellules

Les noms utilisés par Excel suivent certaines règles à respecter.

- Un nom ne peut pas contenir d'espaces. Remplacez ces dernières par le caractère souligné (_), ou, éventuellement par un point : « Ventes_Trimestrielles » ou « Ventes. Trimestrielles ».
- Si un nom peut contenir des chiffres, il ne peut pas commencer par un chiffre, car cela pourrait créer des ambiguïtés dans les formules. Débutez vos noms par une lettre ou le caractère souligné (_).
- Les noms ne peuvent pas contenir de symboles autres que le point et le caractère souligné.
- Les noms sont limités à 255 caractères. Utilisez cependant des noms courts et mnémotechniques.
- Excel ne tient pas compte des majuscules et des minuscules : « VENTES » et « ventes » correspondent au même nom.

Utiliser la zone Nom

La zone Nom, à gauche de la barre de formule (figure 17-17), affiche le nom de la cellule sélectionnée actuellement ainsi que la liste des noms déjà attribués. Elle permet aussi de nommer rapidement une cellule ou une plage de cellules.

Figure 17-17 Zone Nom pour nommer ou sélectionner une cellule ou une plage de cellules.

1 Sélectionnez la cellule ou la plage de cellules à nommer.

2 Cliquez la zone **Nom**, puis tapez le nom à attribuer à la cellule ou à la plage de cellules.

3 Appuyez sur **Entrée** pour valider le nom. Si vous n'appuyez pas sur **Entrée** immédiatement, Excel ne conserve pas votre saisie.

Attention Si le nom existe déjà dans la liste, la ou les cellules correspondantes sont sélectionnées, mais les références de la plage ne sont pas modifiées. Utilisez dans ce cas la boîte de dialogue Nouveau nom.

La zone Nom permet de sélectionner rapidement une plage de cellules. Cliquez simplement la flèche en regard de la zone puis cliquez un nom pour sélectionner la plage correspondante.

Créer des noms automatiquement

Si un tableau possède des en-têtes de lignes ou de colonnes, vous pouvez demander à Excel d'attribuer automatiquement des noms aux plages correspondantes plutôt que de les nommer une à une.

1 Sélectionnez le tableau, y compris les en-têtes de lignes et/ou de colonnes.

2 Cliquez l'onglet **Formules → Noms définis → Depuis sélection**.

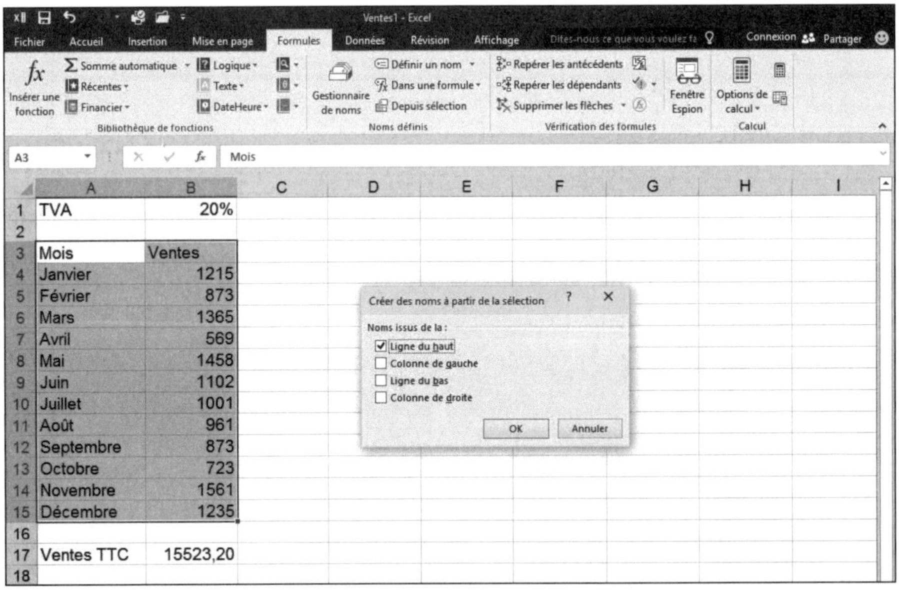

Figure 17-18 Boîte de création automatique de noms.

Excel affiche la boîte **Créer des noms à partir de la sélection**. Il coche les options de cette boîte en fonction des textes qu'il a trouvés dans la plage sélectionnée. Dans l'exemple de la figure 17-18, les options **Ligne du haut** et **Colonne de gauche** sont cochées, car la plage sélectionnée contient des textes dans la ligne 3 et la colonne A. Il est donc nécessaire de bien vérifier les propositions de cette boîte de dialogue avant de la valider. En effet, en laissant l'option **Colonne de gauche** cochée, Excel va créer 12 noms correspondant aux 12 mois, ce qui n'est pas le but recherché.

3 Cochez le ou les emplacements des en-têtes de lignes ou de colonnes qui seront utilisés comme noms.

4 Cliquez le bouton **OK** pour valider vos choix.

Note Si les textes des en-têtes de lignes ou de colonnes ne suivent pas les règles pour les noms de plages (voir encadré plus haut dans ce chapitre), Excel se charge de les rectifier. Les espaces, par exemple, seront transformées automatiquement en caractères soulignés.

Utiliser des noms dans les formules

Une fois que les noms des cellules ou des plages de cellules sont définis, vous pouvez remplacer les références correspondantes dans vos formules. Ainsi, la formule = SOMME(A1:A12) peut être remplacée par = SOMME(Ventes) si vous avez attribué le nom « Ventes » à la plage de cellules A1:A12.

Si, lors de la saisie d'une formule, vous sélectionnez des cellules ou des plages de cellules nommées, Excel convertit automatiquement les références en noms, comme le montre la figure 17-19. Si vous ne désirez pas que les références soient transformées en noms, vous devez les taper au clavier et ne pas utiliser la souris.

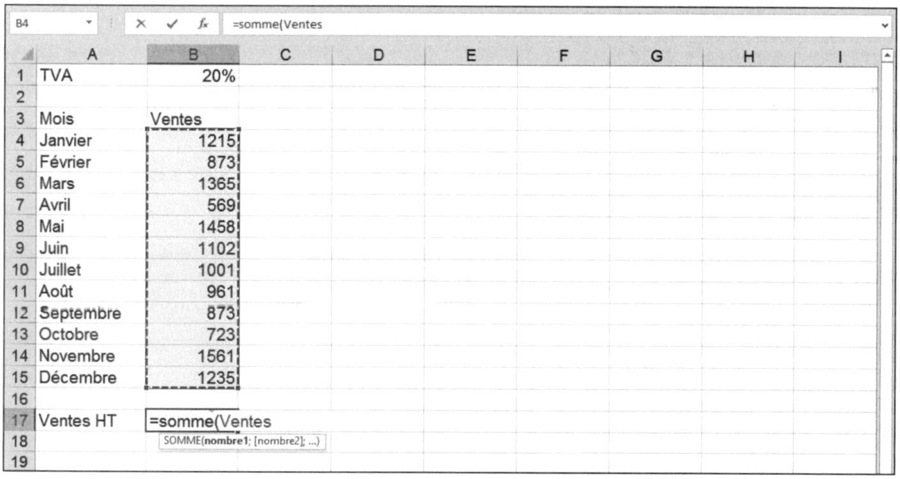

Figure 17-19 Saisie automatique des noms dans les formules.

Remplacer des références par des noms

Si les références des noms que vous venez d'attribuer sont déjà utilisées dans des formules existantes, il est possible de demander à Excel d'effectuer les remplacements. Cela n'est pas fait automatiquement lors de l'attribution des noms.

1 Pour modifier toutes les formules de la feuille de calcul, sélectionnez une seule cellule. Pour modifier seulement certaines formules, sélectionnez-les au préalable.

2 Cliquez l'onglet **Formules ➜ Noms définis ➜ Définir un nom ➜ Appliquer les noms**.

3 Cliquez un à un les noms qui remplaceront les références correspondantes dans les formules.

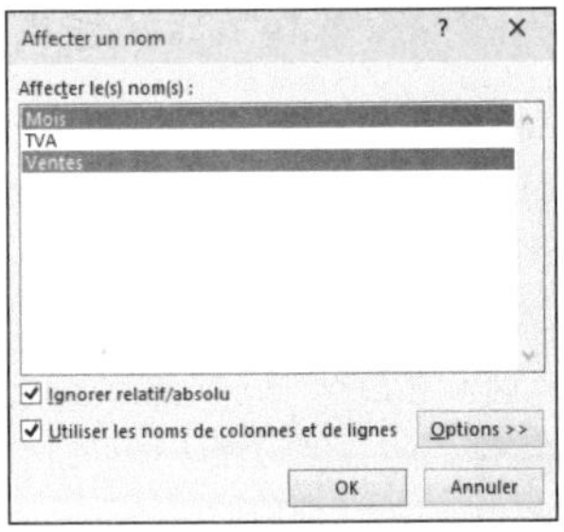

Figure 17-20 Remplacement des références par des noms dans les formules.

Note Un nom est sélectionné quand il est en surbrillance. Les noms attribués par la dernière commande **Formules ➜ Noms définis ➜ Depuis sélection** sont déjà sélectionnés lors de l'ouverture de la boîte **Affecter un nom** de la figure 17-20.

4 Cliquez le bouton **OK** pour appliquer le remplacement.

Visualiser les plages nommées

Si vous appliquez un zoom inférieur à 40 % pour votre feuille de calcul, Excel masque le quadrillage des cellules, entoure les plages nommées et affiche le nom des plages en bleu (figure 17-21).

Cette technique permet de visualiser d'un seul coup d'œil toutes les plages qui portent un nom. Ces informations ne sont pas imprimées.

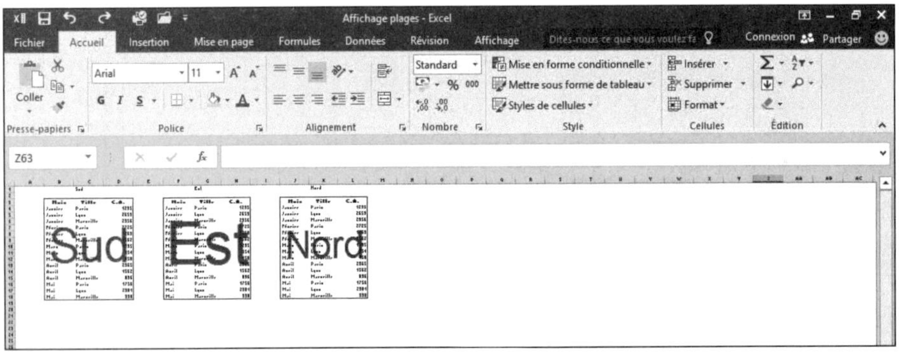

Figure 17-21 Affichage des plages nommées.

Nommer des constantes

Dans l'exemple de la figure 17-14, on calcule un montant T.T.C. à partir du taux de T.V.A. de la cellule B1. Ce taux est en fait une constante puisque cette valeur ne change jamais (enfin presque !).

Excel propose une autre solution pour ce type de valeur : les constantes nommées.

1. Cliquez l'onglet **Formule ➜ Noms définis ➜ Définir un nom.**
2. Tapez le nom de la constante dans la zone **Nom**.
3. Sélectionnez **Classeur** dans la liste **Zone**.
4. Tapez la valeur de la constante dans la zone **Fait référence à**. Faites précéder cette valeur du signe égal (figure 17-22).

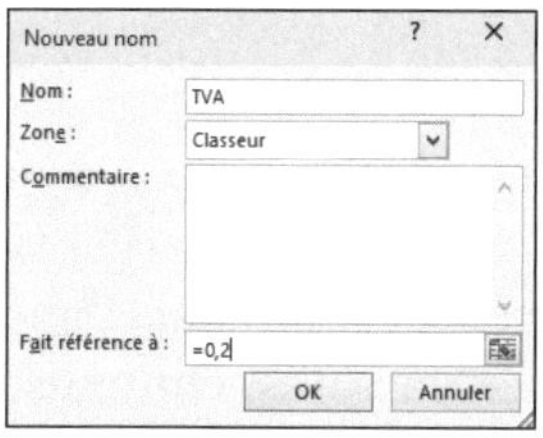

Figure 17-22 Saisie d'une constante nommée.

5. Cliquez le bouton **OK** pour valider la constante.

Comme le montre la figure 17-23, vous pouvez utiliser le nom de la constante dans vos formules alors que sa valeur n'est pas présente dans la feuille de calcul.

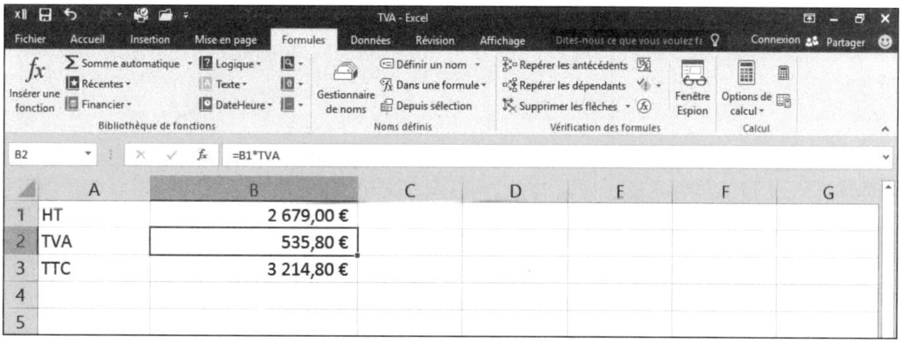

Figure 17-23 Utilisation d'une constante nommée.

Pour modifier la constante, il suffit de changer sa valeur dans la boîte **Modifier le nom** (onglet **Formules ➜ Noms définis ➜ Gestionnaire de noms**, puis le bouton **Modifier**).

De la même manière, vous pouvez définir des constantes de texte, par exemple le nom de votre société. Dans la boîte **Nouveau nom**, tapez le texte de la constante entre guillemets dans la zone **Fait référence à** :

```
= "Dupont S.A."
```

Dans vos formules, utilisez la constante en remplacement d'un texte. Dans l'exemple ci-après, la constante texte porte le nom NS :

```
= "Ventes 2015 " & NS
```

Note Les noms ne sont utilisables que dans l'étendue définie lors de leur création (tout le classeur ou une feuille précise). En dehors de cette étendue, Excel affiche le message d'erreur #NOM?.

Formules nommées

Comme vous avez pu le voir précédemment, la valeur saisie dans la zone **Fait référence à** de la boîte **Nouveau nom** débute par le signe égal. Cela indique qu'Excel interprète son contenu comme une formule. Il est donc possible d'ajouter des calculs et des fonctions comme dans une cellule.

Formules nommées simples

Si vous utilisez souvent la même formule, vous pouvez lui attribuer un nom. Dans l'exemple qui suit, on désire afficher le texte « Ventes » suivi de l'année en cours. On utilise pour cela la fonction AUJOURDHUI qui retourne la date actuelle, et la fonction ANNEE qui retourne l'année contenue dans une date (consultez le chapitre 20 pour plus de détails sur ces fonctions). La formule est ici nommée « AnnéeVente » (figure 17-24).

```
="Ventes " & ANNEE(AUJOURDHUI())
```

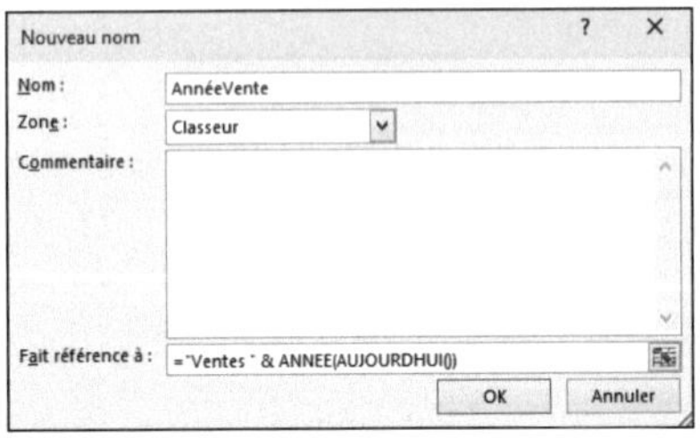

Figure 17-24 Saisie d'une formule nommée simple.

Pour utiliser cette formule, il suffit d'ajouter son nom dans une cellule (figure 17-25) :

```
= AnnéeVente
```

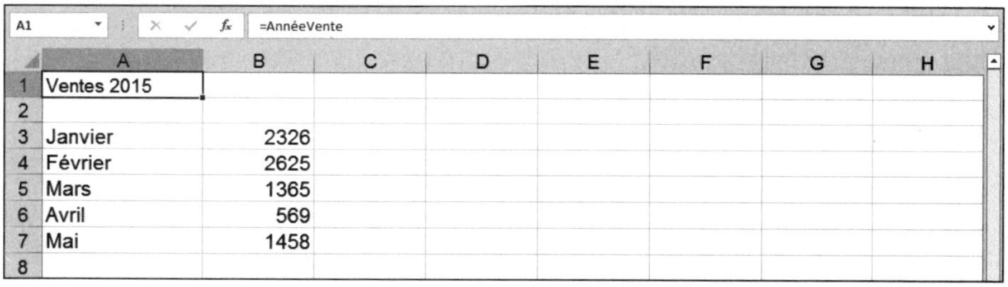

Figure 17-25 Utilisation d'une formule nommée simple.

Formules nommées avec références

Imaginons que la cellule A1 de vos feuilles contient toujours un texte avec une année, par exemple « Ventes 2015 », « Résultats 2016 », *etc.* Avec une formule nommée faisant référence à cette cellule, vous pouvez extraire l'année pour l'utiliser dans d'autres cellules. Dans l'exemple, on utilise la fonction DROITE qui retourne les x caractères de droite d'une chaîne (consultez le chapitre 20 pour plus de détails sur cette fonction). La formule est ici nommée « Année » (figure 17-26).

```
=DROITE(Feuil1!A1;4)
```

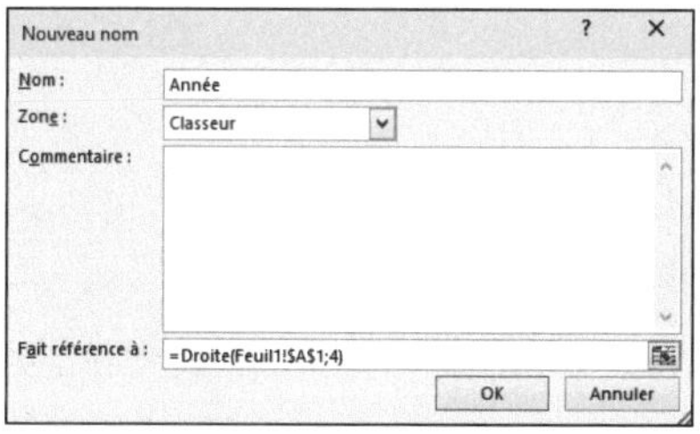

Figure 17-26 Saisie d'une formule nommée avec références.

Pour utiliser cette formule, il suffit d'ajouter son nom dans une cellule ou dans une autre formule, comme le montre la figure 17-27 :

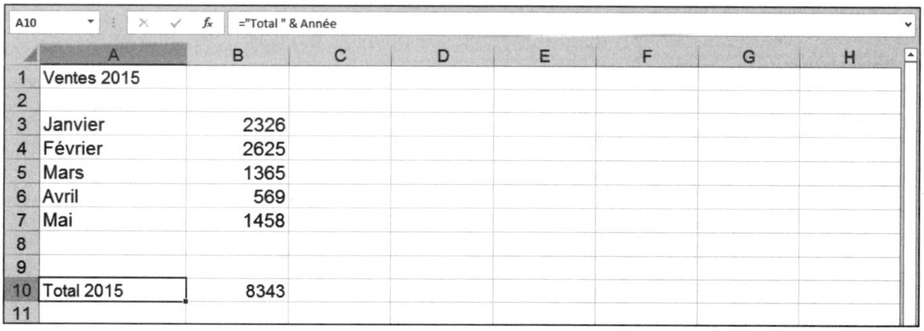

Figure 17-27 Utilisation d'une formule nommée avec références.

Chapitre 18

Utiliser les formules matricielles

Dans ce chapitre :

- Définition d'une matrice
- Utiliser une formule matricielle dans plusieurs cellules
- Utiliser une formule matricielle dans une seule cellule
- Utiliser une matrice de constantes
- Exemples de formules matricielles
- Modifier une formule matricielle

La formule matricielle est une autre forme d'utilisation des formules dans Excel. C'est un outil puissant qui permet d'appliquer des calculs rapidement à un grand nombre de données en éliminant les calculs intermédiaires. Ce chapitre vous dévoile les éléments essentiels pour bien maîtriser les formules matricielles.

Qu'est-ce qu'une matrice ?

Une matrice est un tableau de données considéré comme une seule entité. Les matrices peuvent être à une ou deux dimensions. Une matrice à une dimension regroupe des données en ligne (matrice horizontale) ou en colonne (matrice verticale). Une matrice à deux dimensions est une plage de données rectangulaire.

Les données d'une matrice ne sont pas obligatoirement présentes dans une plage de cellules. Elles peuvent aussi être insérées directement dans une formule. Une formule matricielle peut donc être présente dans une ou plusieurs cellules.

Utiliser une formule matricielle dans plusieurs cellules

Pour comprendre l'utilisation d'une formule matricielle sur plusieurs cellules, prenons un exemple simple. Le tableau de la figure 18-1 propose un portefeuille d'actions. Pour calculer le total de chaque ligne dans la colonne D, on utilise la formule `=B4*C4`. Cette dernière est recopiée dans les cellules en dessous.

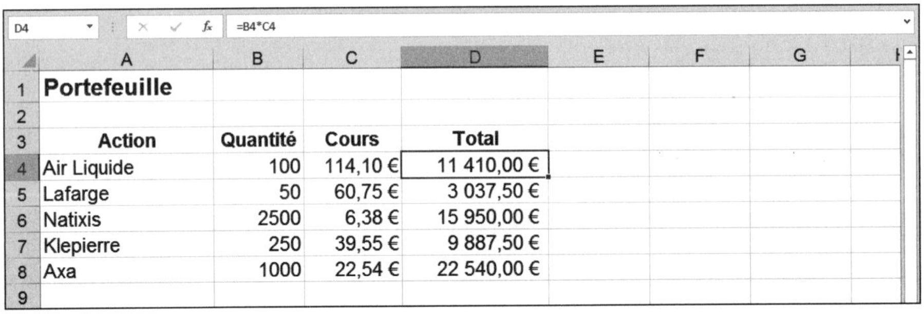

	A	B	C	D
1	Portefeuille			
2				
3	Action	Quantité	Cours	Total
4	Air Liquide	100	114,10 €	11 410,00 €
5	Lafarge	50	60,75 €	3 037,50 €
6	Natixis	2500	6,38 €	15 950,00 €
7	Klepierre	250	39,55 €	9 887,50 €
8	Axa	1000	22,54 €	22 540,00 €
9				

Figure 18-1 Tableau avec des formules classiques pour calculer le total de chaque ligne.

Pour cet exemple, il est possible de remplacer les formules classiques par une formule unique : une formule matricielle. Si cette formule est unique, elle occupe cependant plusieurs cellules.

Voici les étapes à suivre pour créer cette formule matricielle :

1. Sélectionnez la plage de cellules qui doit afficher les résultats (D4:D8 dans notre exemple).
2. Tapez `=B4:B8*C4:C8`.
3. Appuyez sur **Ctrl** + **Maj** + **Entrée** pour valider la formule.

La combinaison de touches de l'étape **3** indique à Excel que l'on désire appliquer une formule matricielle. La formule saisie s'applique à toutes les cellules de la plage sélectionnée à l'étape **1**.

Pour indiquer la présence d'une formule matricielle, Excel ajoute automatiquement des accolades autour de la formule (figure 18-2).

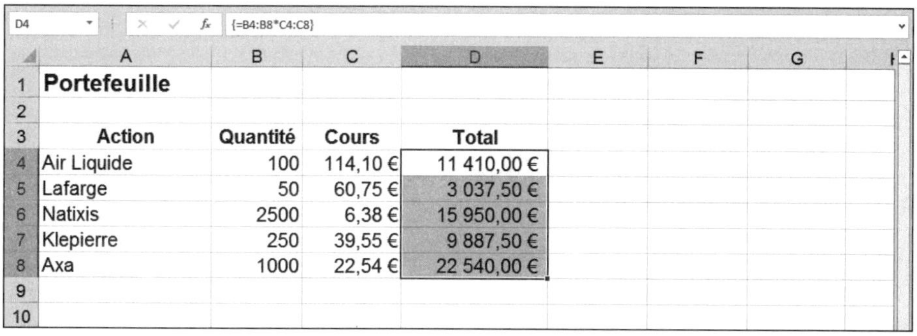

D4 {=B4:B8*C4:C8}

	A	B	C	D	E	F	G
1	Portefeuille						
2							
3	Action	Quantité	Cours	Total			
4	Air Liquide	100	114,10 €	11 410,00 €			
5	Lafarge	50	60,75 €	3 037,50 €			
6	Natixis	2500	6,38 €	15 950,00 €			
7	Klepierre	250	39,55 €	9 887,50 €			
8	Axa	1000	22,54 €	22 540,00 €			
9							
10							

Figure 18-2 Formule matricielle dans plusieurs cellules.

La formule matricielle retourne les mêmes résultats qu'avec les formules classiques. Cependant, elle apporte les avantages suivants :

- Il n'est pas possible de modifier par erreur une des cellules de la formule matricielle. Excel refuse toutes modifications (figure 18-3).
- Vous êtes assuré de l'intégrité des résultats : toutes les cellules utilisent la même formule.

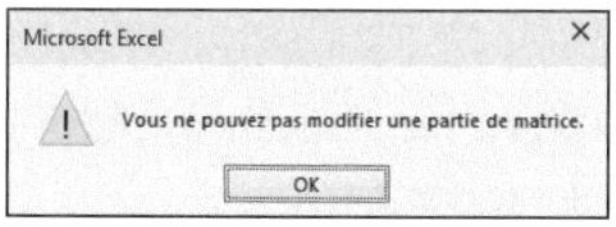

Figure 18-3 Boîte d'erreur lors de la modification d'une cellule d'une formule matricielle.

Utiliser une formule matricielle dans une seule cellule

Il est aussi possible d'utiliser une formule matricielle dans une seule cellule. Dans l'exemple de la figure 18-1, il suffit d'ajouter la formule classique `=SOMME(D4:D8)` pour obtenir le total général du portefeuille. Avec une formule matricielle, les calculs intermédiaires de la colonne D ne sont plus nécessaires. La formule matricielle s'écrit ainsi :

```
{=SOMME(B4:B8*C4:C8)}
```

Attention Vous n'avez pas à saisir les accolades. Excel les ajoute dès que vous validez avec **Ctrl + Maj + Entrée**. Pour modifier une formule matricielle existante, vous devez toujours utiliser les touches **Ctrl + Maj + Entrée** pour valider les modifications. Si vous validez avec **Entrée**, la formule matricielle redevient une formule classique. Pour transformer une formule classique en formule matricielle, sélectionnez-la, tapez **F2**, puis tapez **Ctrl + Maj + Entrée**.

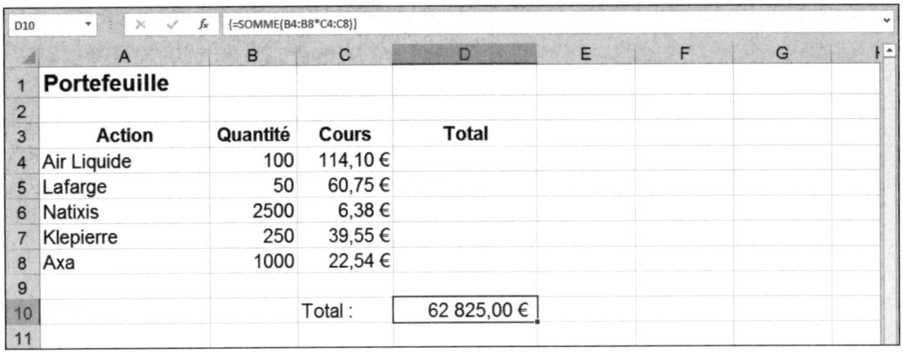

D10 | {=SOMME(B4:B8*C4:C8)}

	A	B	C	D	E	F	G
1	**Portefeuille**						
2							
3	**Action**	**Quantité**	**Cours**	**Total**			
4	Air Liquide	100	114,10 €				
5	Lafarge	50	60,75 €				
6	Natixis	2500	6,38 €				
7	Klepierre	250	39,55 €				
8	Axa	1000	22,54 €				
9							
10			Total :	62 825,00 €			
11							

Figure 18-4 Formule matricielle dans une seule cellule.

Cette formule retourne la somme du total de chaque ligne du portefeuille. Les calculs de la colonne D (figure 18-1) ne sont plus nécessaires. Dans l'exemple de la figure 18-4, ils ont même été supprimés.

Utiliser une matrice de constantes

Les exemples précédents utilisaient des données présentes dans des plages de cellules de la feuille de calcul. Il est possible de stocker une matrice dans une formule, donc dans la mémoire de l'ordinateur.

Utiliser une matrice horizontale

Pour créer une matrice horizontale de constantes (une seule ligne de plusieurs colonnes), il faut séparer chaque donnée par des points comme dans l'exemple suivant :

```
{1.3.5.7}
```

Sous forme de tableau plus imagé, les données se représentent ainsi :

1	3	5	7

À partir de cette matrice, vous pouvez appliquer des fonctions :

```
=SOMME({1.3.5.7})
```

Cette formule retourne la valeur 16, c'est-à-dire la somme de toutes les données de la matrice (1+3+5+7).

Attention Dans ce dernier exemple, on utilise une matrice dans une fonction. Vous devez donc taper les accolades. Il ne s'agit pas ici d'une formule matricielle, mais d'une fonction qui utilise une matrice.

Ce dernier exemple peut être tout simplement remplacé par la formule classique suivante :

```
=SOMME(1;3;5;7)
```

L'utilisation des matrices de constantes devient intéressante dès que l'on en utilise plusieurs :

```
=SOMME({1.3.5.7}*{2.4.6.8})
```

Note Les matrices doivent avoir la même taille et les mêmes dimensions. Si vous utilisez la formule =SOMME({1.3.5.7}*{2.4.6}), Excel retourne l'erreur #N/A.

Ce dernier exemple utilise deux matrices de constantes. La formule retourne la valeur 100, ce qui correspond à la formule classique suivante :

```
=SOMME(1*2;3*4;5*6;7*8)
```

Utiliser une matrice verticale

Dans une matrice verticale de constantes (une seule colonne de plusieurs lignes), il faut séparer chaque donnée par des points-virgules comme dans l'exemple suivant :

```
{1;3;5;7}
```

Sous forme de tableau plus imagé, les données se représentent ainsi :

1
3
5
7

À partir de cette matrice, vous pouvez appliquer des fonctions :

```
=SOMME({1;3;5;7})
```

Cette formule retourne la valeur 16, c'est-à-dire la somme de toutes les données de la matrice (1+3+5+7).

Utiliser une matrice à deux dimensions

Comme vous pouvez vous en douter, une matrice à deux dimensions est un assemblage de matrices verticales et horizontales. Il suffit donc de séparer les données de la même ligne par des points, et les colonnes par des points-virgules :

```
{1.2.3;6.7.8;11.12.13}
```

La matrice de cet exemple est composée de trois lignes contenant chacune trois données.

Sous forme de tableau plus imagé, les données se représentent ainsi :

1	2	3
6	7	8
11	12	13

Attention Comme pour toutes les matrices, vous devez respecter le nombre de données par ligne et par colonne. Vous ne pouvez donc pas définir la matrice suivante, car il manque une donnée sur la deuxième ligne : `{1.2.3;6.7;11.12.13}`.

Éléments des matrices de constantes

Une matrice de constantes n'est pas limitée aux nombres. Elle peut aussi contenir des textes et les valeurs logiques VRAI et FAUX. Pour les textes, vous devez les entourer avec des guillemets. Il est possible de mélanger plusieurs types de données :

```
{10500.26230.VRAI.FAUX."Nord"."Sud"}
```

Note Pour mieux connaître les valeurs logiques, consultez le chapitre 22.

Nommer une matrice de constantes

Comme nous l'avons vu dans le chapitre 17, il est possible de nommer des constantes et des formules. Il en est de même pour les matrices.

1 Cliquez l'onglet **Formule ➜ Noms définis ➜ Définir un nom**.

2 Tapez le nom de la matrice dans la zone **Nom**.

3 Sélectionnez **Classeur** dans la liste **Zone**.

4 Tapez la matrice dans la zone **Fait référence à**. Faites-la précéder du signe égal et ajoutez les accolades (figure 18-5).

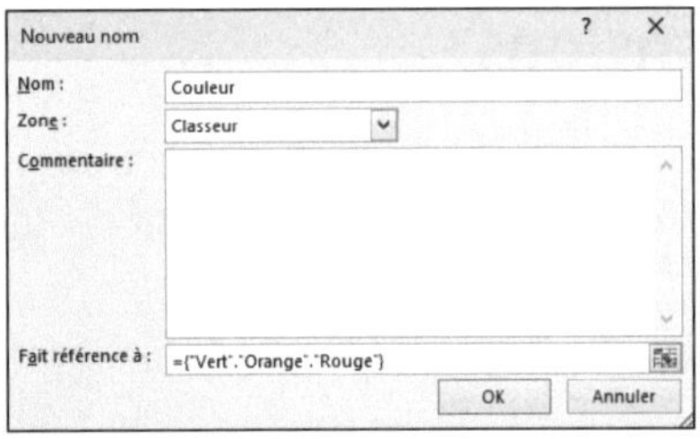

Figure 18-5 Saisie d'une matrice nommée.

5 Cliquez le bouton **OK** pour valider.

Vous pouvez maintenant utiliser la matrice dans une feuille de calcul. Tapez le signe égal puis le nom de la matrice. Validez avec les touches **Ctrl** + **Maj** + **Entrée**.

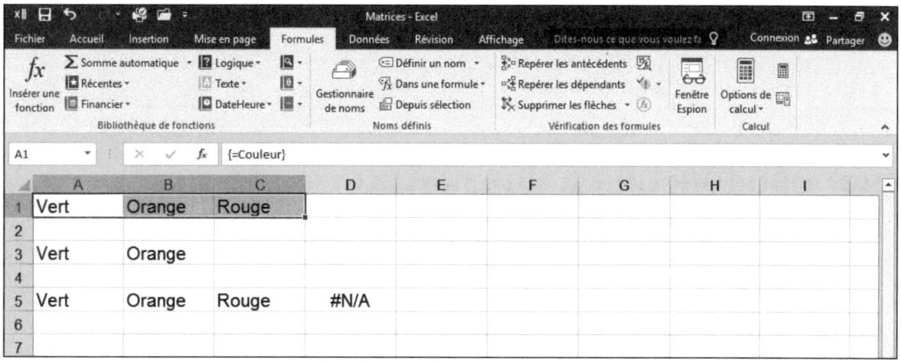

Figure 18-6 Utilisation d'une matrice nommée.

Dans l'exemple de la figure 18-6, la matrice a été ajoutée dans la plage A1:C1. Elle est aussi présente dans la plage A3:B3. La valeur Rouge n'apparaît donc pas en C3. La matrice a aussi été ajoutée dans la plage A5:D5. Comme la matrice ne contient que trois valeurs, la cellule D5 affiche l'erreur #N/A.

Exemples de formules matricielles

Voici des exemples de formules utilisant les possibilités des matrices.

Effectuer un calcul sur une matrice de constantes

L'exemple suivant multiplie par 10 les données d'une matrice de constantes :

```
{={2.4.6.8}*10}
```

Attention Vous devez taper les accolades qui entourent la matrice, mais pas celles qui entourent la formule matricielle. Tapez comme à l'accoutumée **Ctrl** + **Maj** + **Entrée** pour valider.

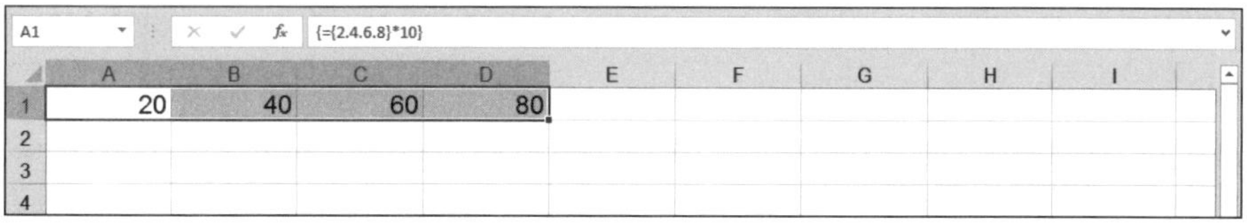

Vous pouvez aussi utiliser des données présentes dans la feuille de calcul.

```
{=A1:D1*10}
```

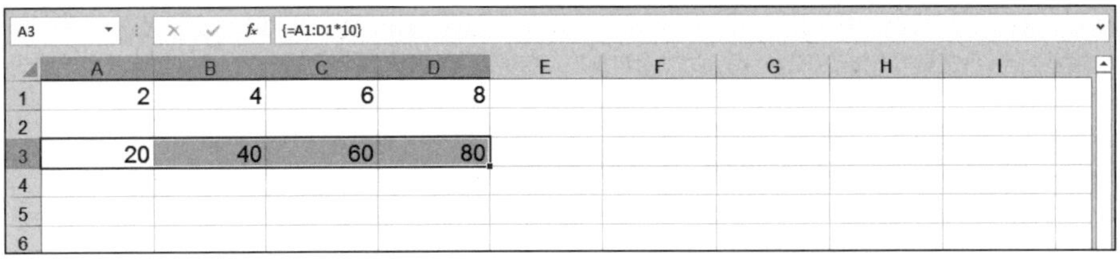

Appliquer une fonction à une matrice

Cet exemple calcule la racine carrée d'une matrice.

```
{=RACINE({9.16.21.36})}
```

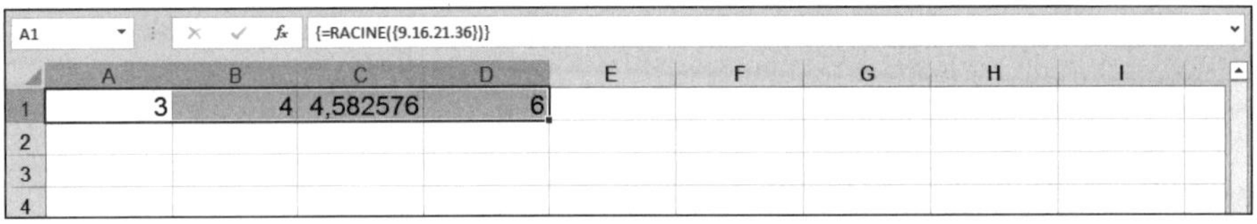

Transposer une matrice

La transposition consiste à inverser le sens de la matrice (vertical en horizontal, ou inversement). C'est la fonction TRANSPOSE qui permet cette transformation. Cette fonction ne s'applique qu'aux formules matricielles.

```
{=TRANSPOSE({2.4.6.8})}
```

```
{=TRANSPOSE(A1:D1)}
```

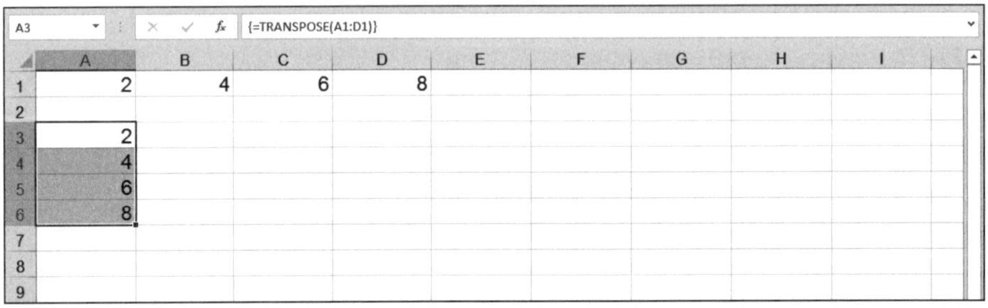

La fonction TRANSPOSE s'applique aussi à une matrice à deux dimensions :

```
{=TRANSPOSE(A1:D3)}
```

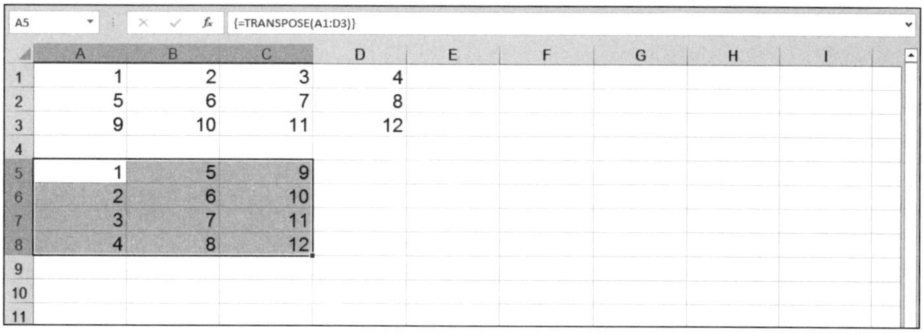

Notez que dans l'exemple ci-dessus, la largeur et la hauteur sont différentes. Vous devez en tenir compte lors de la création de la formule matricielle.

Utiliser une fonction SI avec une matrice

Avec une fonction SI, vous pouvez effectuer des calculs en ne prenant qu'une partie des données d'une matrice.

Note Pour des informations complémentaires sur la fonction SI, consultez le chapitre 21.

La formule matricielle suivante compte le nombre de valeurs supérieures à zéro dans la plage A1 :A7 :

```
{=SOMME(SI(A1:A7>0;1;0))}
```

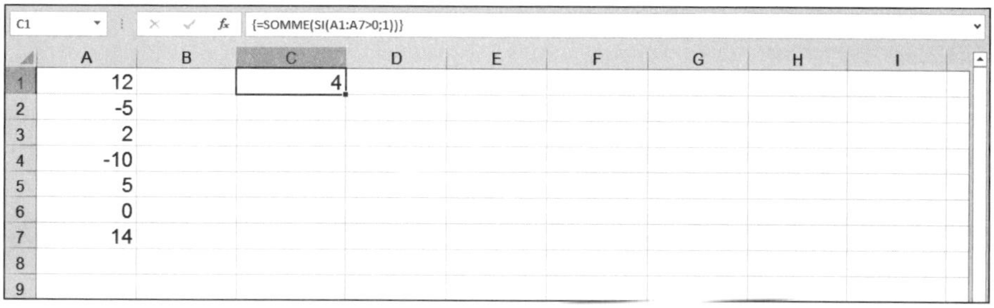

Compter les cellules qui contiennent du texte

Avec une fonction ESTTEXTE dans une formule matricielle, vous pouvez compter le nombre de cellules d'une plage qui contiennent du texte.

Note Pour des informations complémentaires sur la fonction ESTTEXTE, consultez le chapitre 20.

La formule matricielle suivante compte le nombre de cellules qui contiennent du texte :

```
{=SOMME(SI(ESTTEXTE(A1:D5);1;0))}
```

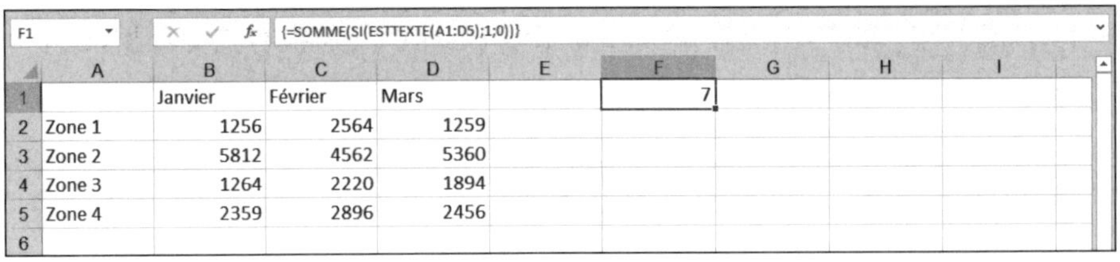

F1 — {=SOMME(SI(ESTTEXTE(A1:D5);1;0))}

	A	B	C	D	E	F
1		Janvier	Février	Mars		7
2	Zone 1	1256	2564	1259		
3	Zone 2	5812	4562	5360		
4	Zone 3	1264	2220	1894		
5	Zone 4	2359	2896	2456		

Astuce Cette formule fonctionne aussi avec les autres fonctions d'information (ESTNUM, ESTVIDE, ESTNA, *etc.*). Consultez le chapitre 22 pour plus d'informations.

Compter le nombre de caractères d'une matrice avec des textes

La fonction NBCAR retourne le nombre de caractères d'une chaîne (consultez le chapitre 20 pour des précisions sur cette fonction). En utilisant une formule matricielle, il est possible de comptabiliser le nombre de caractères des textes d'une matrice :

```
{=SOMME(NBCAR(A2:A8))}
```

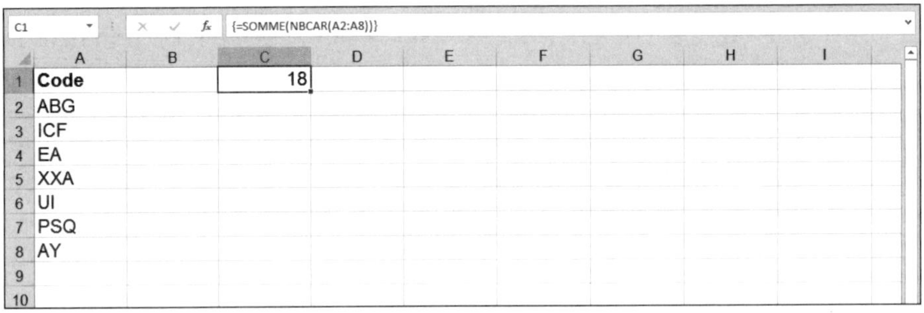

C1 — {=SOMME(NBCAR(A2:A8))}

	A	B	C
1	**Code**		18
2	ABG		
3	ICF		
4	EA		
5	XXA		
6	UI		
7	PSQ		
8	AY		

Calculer le nombre de valeurs différentes entre deux plages

Cette formule matricielle permet de comparer deux plages de cellules et de connaître le nombre de données différentes :

```
{=SOMME(SI(A1:A8=B1:B8;0;1))}
```

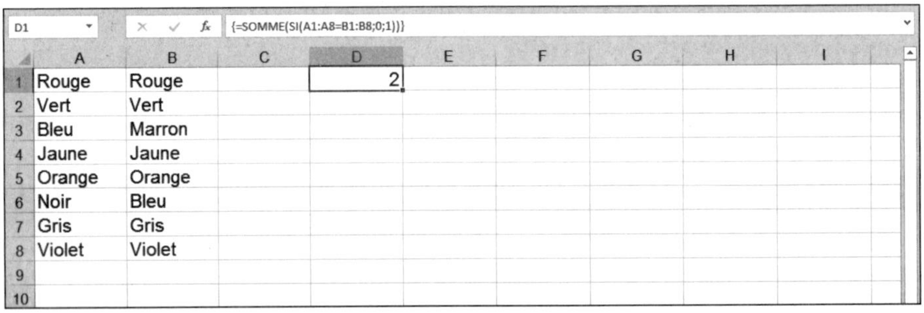

D1 — {=SOMME(SI(A1:A8=B1:B8;0;1))}

	A	B	C	D
1	Rouge	Rouge		2
2	Vert	Vert		
3	Bleu	Marron		
4	Jaune	Jaune		
5	Orange	Orange		
6	Noir	Bleu		
7	Gris	Gris		
8	Violet	Violet		

Additionner les plus petites ou les plus grandes valeurs d'une plage

Cette formule matricielle retourne la somme des trois plus grandes valeurs d'une plage :

```
=SOMME(GRANDE.VALEUR(A1:A7;{1.2.3}))
```

Le second argument des fonctions PETITE.VALEUR et GRANDE.VALEUR indique le rang de la valeur à rechercher (1 pour la plus petite ou la plus grande valeur, 2 pour la deuxième, *etc.*). Dans notre exemple, cet argument est une matrice fournissant la liste des rangs des valeurs à additionner (1re, 2e et 3e plus grandes valeurs).

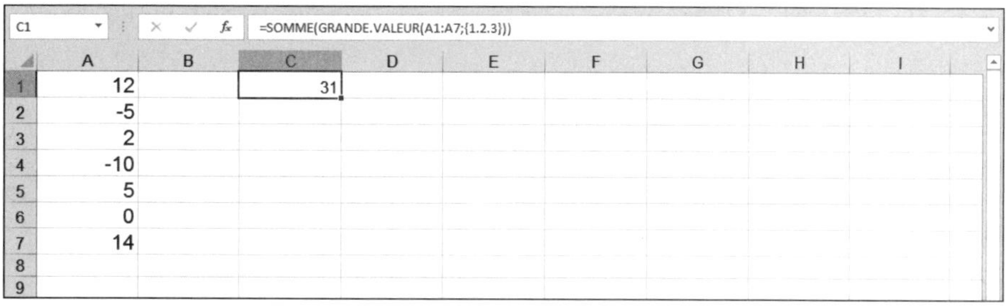

Ici la formule retourne 31, somme des 3 plus grandes valeurs de la plage A1:A7 (14+12+5).

Il n'est pas obligatoire de spécifier les rangs à partir de 1, ni dans un ordre continu.

```
=SOMME(PETITE.VALEUR(A1:A7;{2.4}))
```

Cet exemple retourne -3, somme des 2e et 4e plus petites valeurs (-5 + 2).

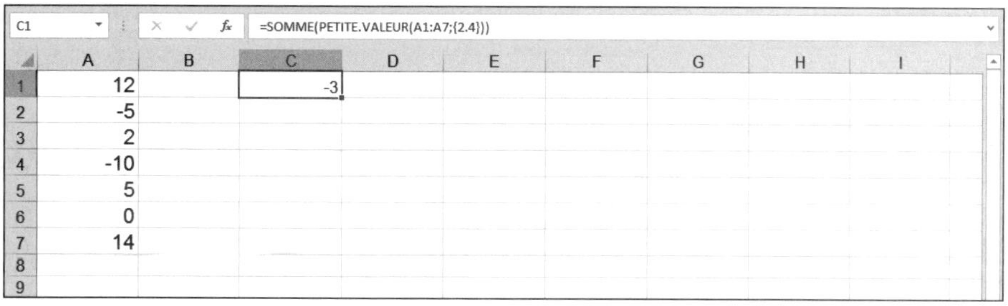

Calculer une moyenne sans tenir compte des zéros

Dans cet exemple, la formule matricielle en B12 calcule la moyenne d'une plage sans tenir compte des cellules qui contiennent des zéros :

```
{=MOYENNE(SI(B2:B9>0;B2:B9))}
```

La cellule B11 contient, elle, la formule classique :

```
=MOYENNE(B2:B9)
```

B12 {=MOYENNE(SI(B2:B9>0;B2:B9))}

	A	B
1		
2	Zone 1	1266
3	Zone 2	0
4	Zone 3	1264
5	Zone 4	2359
6	Zone 5	2564
7	Zone 6	0
8	Zone 7	2220
9	Zone 8	2897
10		
11	Moyenne :	1571,25
12	Moyenne sans 0 :	2095
13		

Si la formule doit tenir compte des zéros mais pas des valeurs négatives, utilisez cette formule :

```
{=MOYENNE(SI(B2:B9>=0;B2:B9))}
```

Rechercher des données dans un tableau

Avec une formule matricielle, il est facile de déterminer si une donnée existe dans un tableau. Utilisez pour cela la formule suivante :

```
{=SI(OU(B11=A2:B9);"Existe" ;"N'existe pas")}
```

C11 {=SI(OU(B11=A2:B9);"Existe";"N'existe pas")}

	A	B	C
1			
2	Blouson	Parka capuche	
3	Chemise	Polo	
4	Coupe-vent	Rugby shirt	
5	Cross-training	Salopette	
6	Doudoune	Short	
7	Jean	Surchemise	
8	Jogging	Sweat-shirt	
9	Pantalon	T-shirt	
10			
11	Valeur :	short	Existe
12			

La fonction OU permet de retourner une valeur logique à la fonction SI (VRAI ou FAUX).

Comparer deux tableaux de données

La formule suivante retourne le nombre de données identiques de deux tableaux. Ces derniers doivent avoir les mêmes dimensions.

```
{=SOMME(SI(A2:A9=B2:B9;1;0))}
```

D2 {=SOMME(SI(A2:A9=B2:B9;1;0))}

	A	B	C	D
1				
2	Blouson	Blouson		6
3	Chemise	Chemise		
4	Coupe-vent	Coupe-vent		
5	Cross-training	Cross-training		
6	Doudoune	Doudoune		
7	Jean	Salopette		
8	Jogging	Jogging		
9	Pantalon	T-shirt		
10				

Pour obtenir le nombre de données différentes, utilisez cette formule :

```
{=SOMME(SI(A2:A9=B2:B9;0;1))}
```

ou alors celle-ci :

```
{=SOMME(SI(A2:A9<>B2:B9;1;0))}
```

D2 | {=SOMME(SI(A2:A9<>B2:B9;1;0))}

	A	B	C	D	E	F	G	H	I
1									
2	Blouson	Blouson		2					
3	Chemise	Chemise							
4	Coupe-vent	Coupe-vent							
5	Cross-training	Cross-training							
6	Doudoune	Doudoune							
7	Jean	Salopette							
8	Jogging	Jogging							
9	Pantalon	T-shirt							
10									
11									

Trouver la position d'une valeur dans un tableau

Cette formule matricielle permet de retrouver la position de la plus grande valeur d'un tableau (fonction MAX). La fonction MIN permet de retourner la première valeur en cas de doublon. C'est le cas dans l'exemple, puisque la plus grande valeur, 5812, apparaît deux fois dans le tableau.

Formule en B8 : `{=MIN(SI(B2:D5=MAX(B2:D5);LIGNE(B2:D5);""))}`

Formule en B9 : `{=MIN(SI(B2:D5=MAX(B2:D5);COLONNE(B2:D5);""))}`

B8 | {=MIN(SI(B2:D5=MAX(B2:D5);LIGNE(B2:D5);""))}

	A	B	C	D	E	F	G	H	I
1		Janvier	Février	Mars					
2	Zone 1	1256	2564	1259					
3	Zone 2	5812	4562	5360					
4	Zone 3	1264	2220	5812					
5	Zone 4	2359	2896	2456					
6									
7		Première	Dernière						
8	Ligne :	3	4						
9	Colonne :	2	4						
10									
11	Valeur :	5812							
12									
13									

Note Les formules retournent les numéros de ligne et de colonne par rapport à la feuille de calcul et non ceux du tableau (B2:D5).

Pour obtenir la dernière valeur en cas de doublon, utilisez les formules suivantes (fonction MAX).

Formule en C8 : `{=MAX(SI(B2:D5=MAX(B2:D5);LIGNE(B2:D5);""))}`

Formule en C9 : `{=MAX(SI(B2:D5=MAX(B2:D5);COLONNE(B2:D5);""))}`

C8 | {=MAX(SI(B2:D5=MAX(B2:D5);LIGNE(B2:D5);""))}

	A	B	C	D
1		Janvier	Février	Mars
2	Zone 1	1256	2564	1259
3	Zone 2	5812	4562	5360
4	Zone 3	1264	2220	5812
5	Zone 4	2359	2896	2456
6				
7		Première	Dernière	
8	Ligne :	3	4	
9	Colonne :	2	4	
10				
11	Valeur :	5812		
12				
13				

Additionner des nombres arrondis

Certaines mises en forme arrondissent les nombres. C'est le cas du format monétaire puisqu'il n'existe pas de fraction de centimes. Mais chaque cellule conserve le résultat d'origine avec toutes les décimales. Si on effectue la somme de ces valeurs, une erreur, en apparence, peut apparaître. Dans notre exemple, la cellule E4 affiche la valeur 15,26 €, alors qu'en réalité elle contient la valeur 15,25716. La cellule en E12 utilise la formule simple suivante :

```
=SOMME(E3:E11)
```

Cette formule retourne la valeur 90,22 €. Si vous faites l'addition de la plage E3:E11, vous obtenez un total de 90,23 €. Il y a donc une erreur d'un centime.

E12 | =SOMME(E3:E11)

	A	B	C	D	E
1					
2	Produit	Prix	Quantité	Remise	Total
3	Blouson	15,61	1	25,10%	11,69 €
4	Chemise	5,54	4	31,15%	15,26 €
5	Coupe-vent	8,25	2	25,10%	12,36 €
6	Cross-training	9,25	1	21,25%	7,28 €
7	Doudoune	18,68	1	25,10%	13,99 €
8	Jean	5,75	3	18,57%	14,05 €
9	Jogging	6,52	2	21,25%	10,27 €
10	Pantalon	6,54	1	18,57%	5,33 €
11					
12					90,22 €

La formule matricielle suivante permet d'obtenir la somme des valeurs arrondies :

```
{=SOMME(ARRONDI(E3:E11);2))}
```

E12 {=SOMME(ARRONDI(E3:E11;2))}

	A	B	C	D	E	F	G	H	I
1									
2	Produit	Prix	Quantité	Remise	Total				
3	Blouson	15,61	1	25,10%	11,69 €				
4	Chemise	5,54	4	31,15%	15,26 €				
5	Coupe-vent	8,25	2	25,10%	12,36 €				
6	Cross-training	9,25	1	21,25%	7,28 €				
7	Doudoune	18,68	1	25,10%	13,99 €				
8	Jean	5,75	3	18,57%	14,05 €				
9	Jogging	6,52	2	21,25%	10,27 €				
10	Pantalon	6,54	1	18,57%	5,33 €				
11									
12					90,23 €				
13									

Cette formule retourne bien la somme des valeurs affichées en E3:E11. Le chiffre 2 indique un arrondi à deux décimales, comme pour les valeurs monétaires.

Modifier une formule matricielle

Comme vous l'avez constaté, il n'est pas possible de modifier ou de supprimer une cellule d'une formule matricielle sur plusieurs cellules.

Pour supprimer une formule matricielle, vous devez au préalable sélectionner toutes les cellules qui la composent, puis appuyer sur la touche **Suppr**.

Astuce Pour sélectionner toutes les cellules d'une formule matricielle, cliquez-en une puis tapez **Ctrl** + **Maj** + **/**.

Pour modifier une formule matricielle, sélectionnez toutes ses cellules, puis effectuez les modifications dans la barre de formule. Validez les changements avec les touches **Ctrl** + **Maj** + **Entrée**.

Chapitre 19

Fonctions mathématiques et financières

Dans ce chapitre :

Fonctions mathématiques

Les fonctions mathématiques permettent de manipuler des nombres dans les feuilles de calcul. Cette première partie de ce chapitre vous propose l'essentiel des fonctions mathématiques proposées par Excel. Si les fonctions SOMME ou MOYENNE vous sont sûrement familières, vous découvrirez ici d'autres fonctions moins connues, mais qui vous rendront bien des services.

EXP

La fonction EXP renvoie la constante e (2,71828182845904) élevée à la puissance de l'argument.

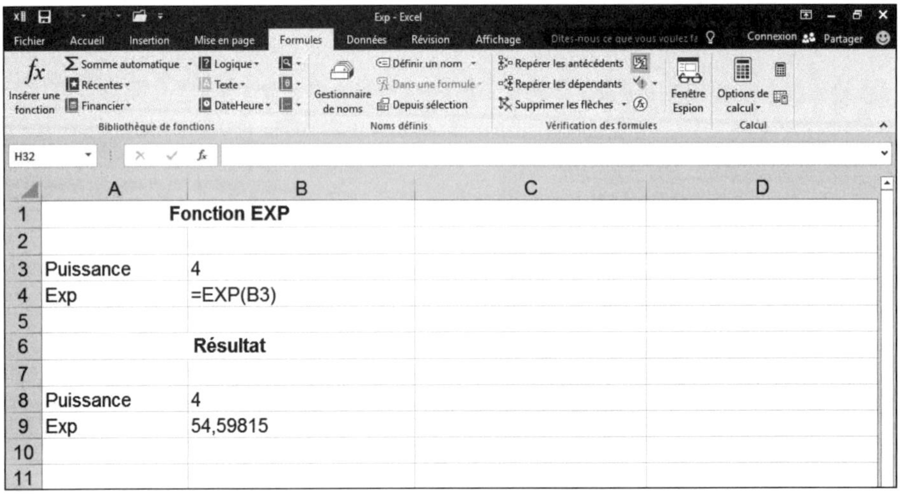

Dans l'exemple, la constante e est élevée à la puissance 4.

Note Pour élever un autre nombre à une puissance, utilisez la fonction PUISSANCE ou l'opérateur ^. EXP est la fonction inverse de la fonction LN.

FACT

Cette fonction retourne la factorielle d'un nombre (1*2*3....*nombre).

Note L'argument doit être positif. Si ce n'est pas le cas, Excel affiche l'erreur #NOMBRE!. Les nombres décimaux sont tronqués.

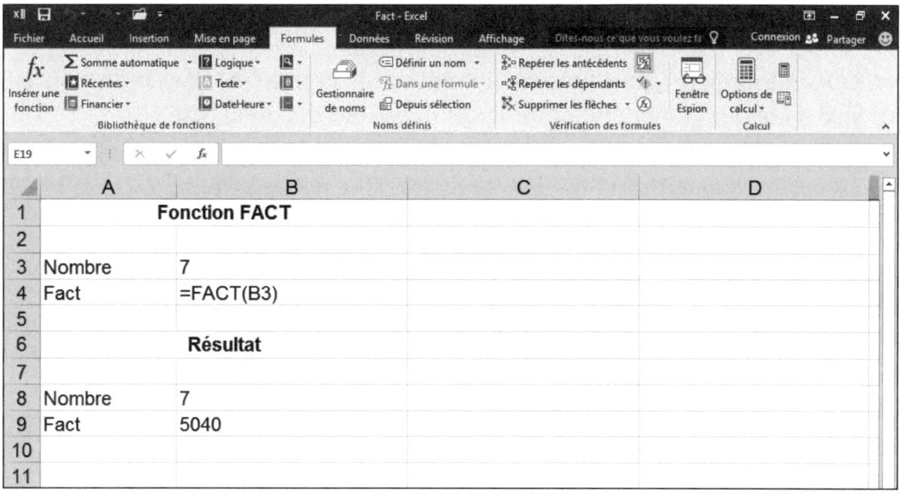

	A	B	C	D
1		**Fonction FACT**		
2				
3	Nombre	7		
4	Fact	=FACT(B3)		
5				
6		**Résultat**		
7				
8	Nombre	7		
9	Fact	5040		
10				
11				

L'exemple retourne la factorielle de 7, soit 1*2*3*4*5*6*7.

LN

La fonction LN retourne le logarithme népérien d'un nombre. Les logarithmes népériens sont basés sur la constante e (2,71828182845904).

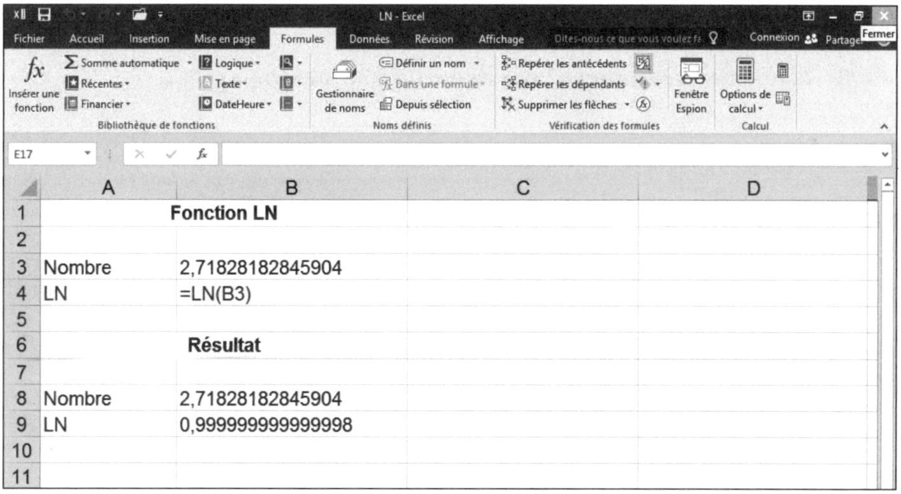

	A	B	C	D
1		**Fonction LN**		
2				
3	Nombre	2,71828182845904		
4	LN	=LN(B3)		
5				
6		**Résultat**		
7				
8	Nombre	2,71828182845904		
9	LN	0,999999999999998		
10				
11				

Dans cet exemple, la fonction retourne le logarithme népérien d'un nombre proche de la constante e.

Note L'argument doit être un réel positif. Si ce n'est pas le cas, Excel affiche l'erreur #NOMBRE!. LN est la fonction inverse de la fonction EXP.

LOG

La fonction LOG retourne le logarithme d'un nombre (1er argument) dans la base spécifiée (2e argument). Si le second argument est omis, Excel utilise par défaut la base 10.

Note Le premier argument doit être un réel positif. Si ce n'est pas le cas, Excel affiche l'erreur #NOMBRE!.

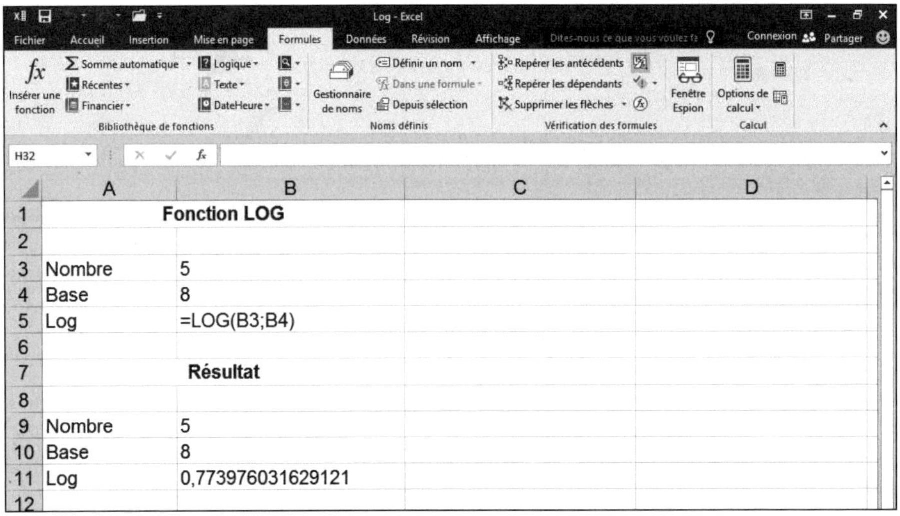

Dans l'exemple, la fonction retourne le logarithme de 5 en base 8.

LOG10

Cette fonction retourne le logarithme en base 10 d'un nombre.

Note L'argument doit être un réel positif. Si ce n'est pas le cas, Excel affiche l'erreur #NOMBRE!.

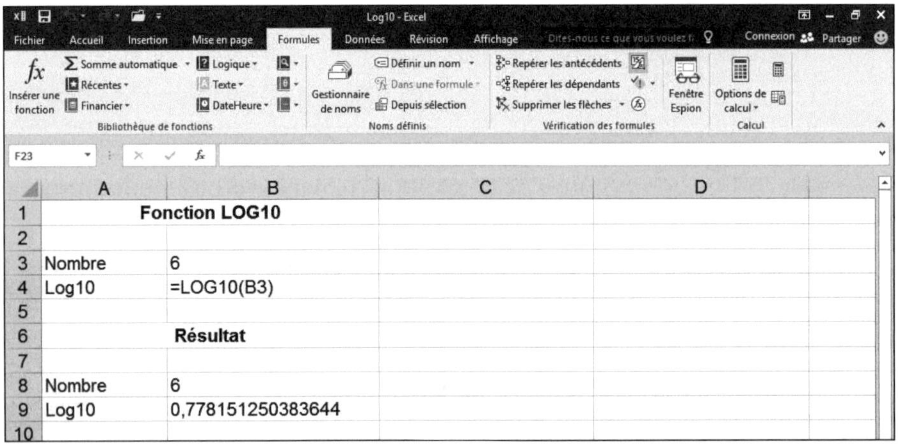

L'exemple retourne le logarithme en base 10 du nombre 6.

MOD

La fonction MOD retourne le modulo, c'est-à-dire le reste d'une division (1er argument pour le nombre à diviser et 2e argument pour le diviseur).

Note Si le second argument est égal à 0, Excel affiche l'erreur #DIV/0!.

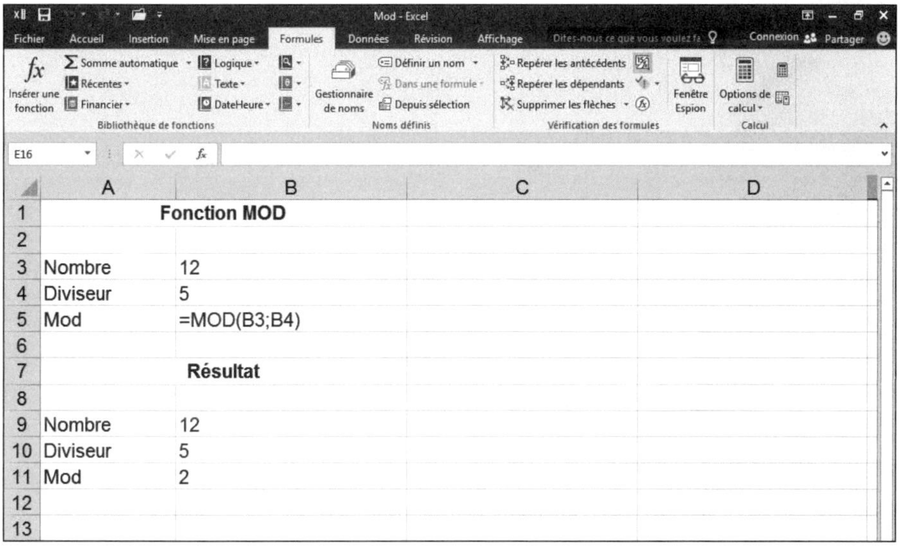

Dans l'exemple, la fonction retourne 2 qui est le reste de la division de 12 par 5.

MOYENNE

Cette fonction retourne la moyenne des arguments spécifiés. Vous pouvez utiliser des références à des cellules, des plages de cellules ou des nombres. Si vous utilisez plusieurs arguments, séparez-les par des points-virgules.

Note La fonction MOYENNE est limitée à 30 arguments.

Dans l'exemple, la fonction calcule la moyenne des nombres de la cellule B3, de la plage de cellules B4:B5 et de la valeur littérale 8, soit (10+5+4+8)/4 = 6,75.

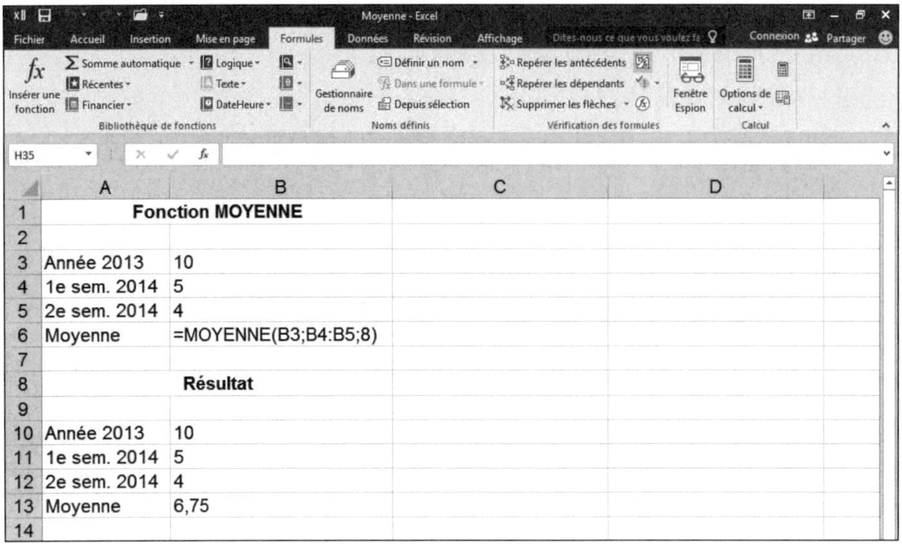

PGCD

La fonction PGCD retourne le plus grand commun diviseur de plusieurs nombres entiers. Vous pouvez utiliser des références à des cellules, des plages de cellules ou des nombres. Si vous utilisez plusieurs arguments, séparez-les par des points-virgules. Si un des nombres n'est pas un entier, il est tronqué à sa partie entière.

Note La fonction PGCD est limitée à 29 arguments. Si un argument n'est pas une valeur numérique, la fonction renvoie la valeur #VALEUR!. Si un argument est négatif, la fonction renvoie la valeur d'erreur #NOMBRE!.

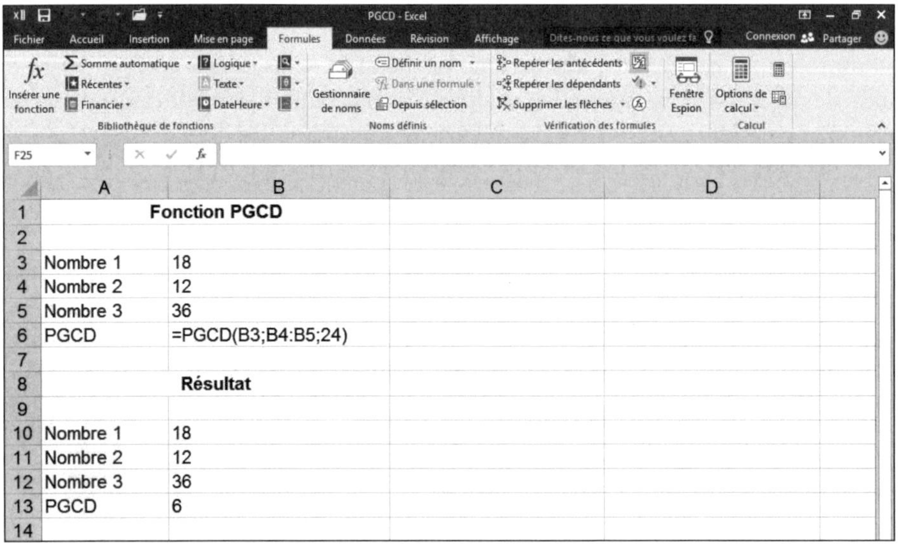

Dans l'exemple, la fonction recherche le plus grand commun diviseur des nombres de la cellule B3, de la plage de cellules B4:B5 et de la valeur littérale 24.

PPCM

La fonction PPCM retourne le plus petit commun multiple des nombres entiers spécifiés en arguments. Vous pouvez utiliser des références à des cellules, des plages de cellules ou des nombres. Si vous utilisez plusieurs arguments, séparez-les par des points-virgules. Si un des nombres n'est pas un entier, il est tronqué à sa partie entière.

Note La fonction PPCM est limitée à 29 arguments. Si un argument n'est pas une valeur numérique, la fonction renvoie la valeur #VALEUR!. Si un argument est négatif, la fonction renvoie la valeur 'd'erreur #NOMBRE!.

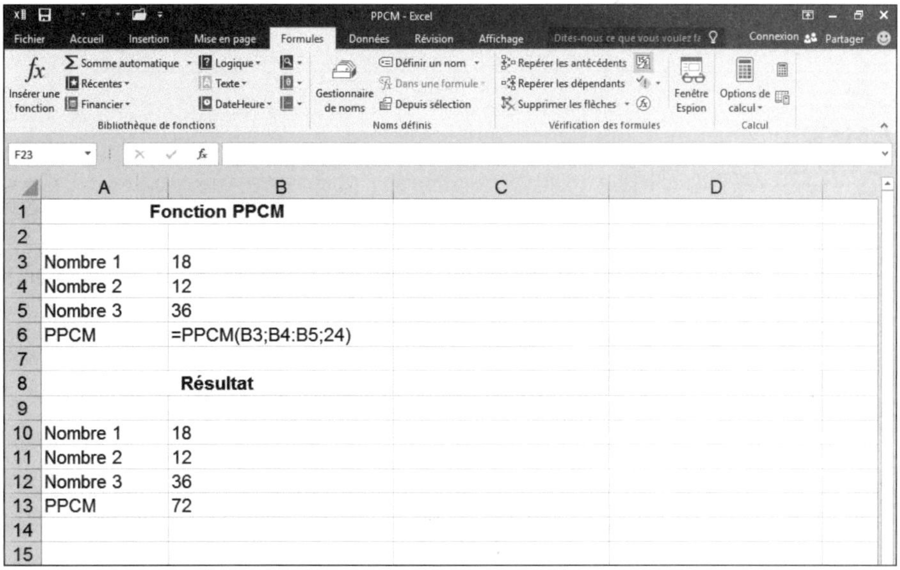

Dans l'exemple, la fonction recherche le plus petit commun multiple des nombres de la cellule B3, de la plage de cellules B4:B5 et de la valeur littérale 24.

PRODUIT

Cette fonction retourne le produit de la multiplication entre tous les arguments spécifiés. Vous pouvez utiliser des références à des cellules, des plages de cellules ou des nombres. Si vous utilisez plusieurs arguments, séparez-les par des points-virgules.

Note La fonction PRODUIT est limitée à 30 arguments.

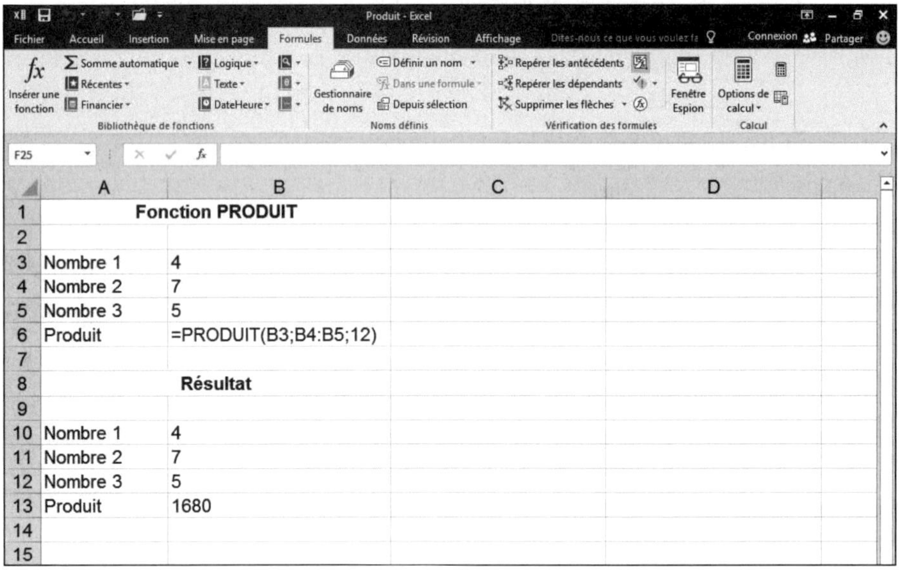

PUISSANCE

Cette fonction retourne un nombre (1er argument) élevé à la puissance spécifiée (2e argument).

Note La fonction PUISSANCE accepte tous les nombres y compris les réels (=PUISSANCE(5,6;2,4) ou =5,6^2,4).

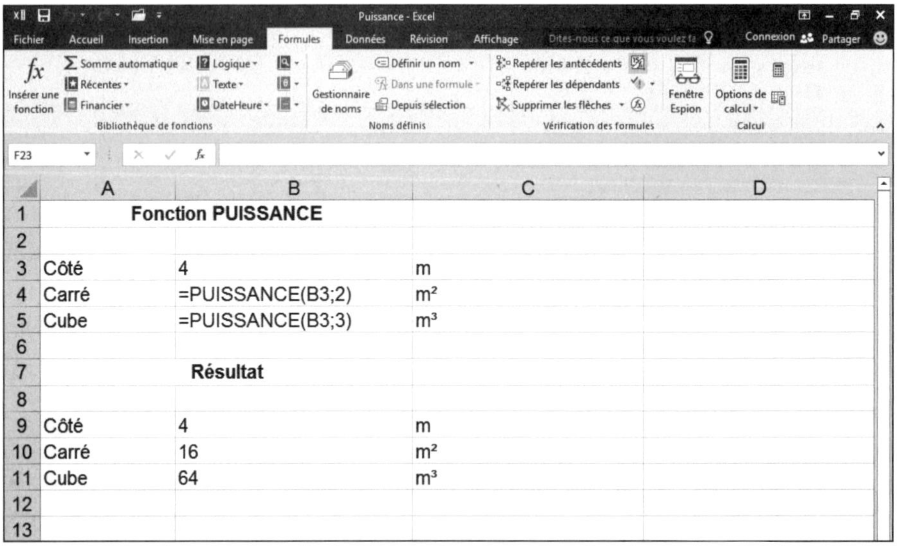

L'exemple calcul la surface d'un carré (puissance 2) et le volume d'un cube (puissance 3). Vous pouvez remplacer la fonction PUISSANCE par l'opérateur ^ comme dans l'exemple ci-après.

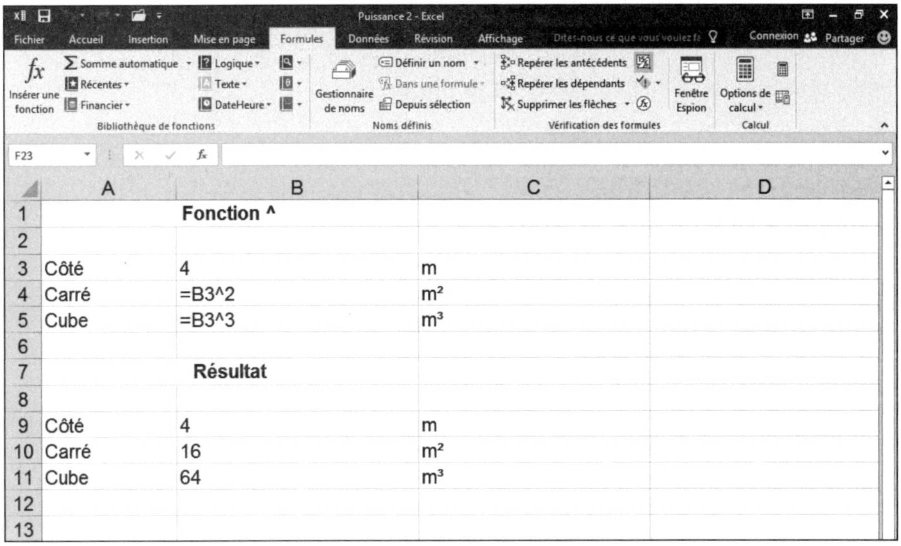

QUOTIENT

Cette fonction renvoie la partie entière du résultat d'une division. Cette fonction permet d'ignorer le reste d'une division. Le premier argument correspond au dividende et le second au diviseur.

Note Utilisez cette fonction pour ignorer le reste d'une division sans utiliser une fonction d'arrondi.

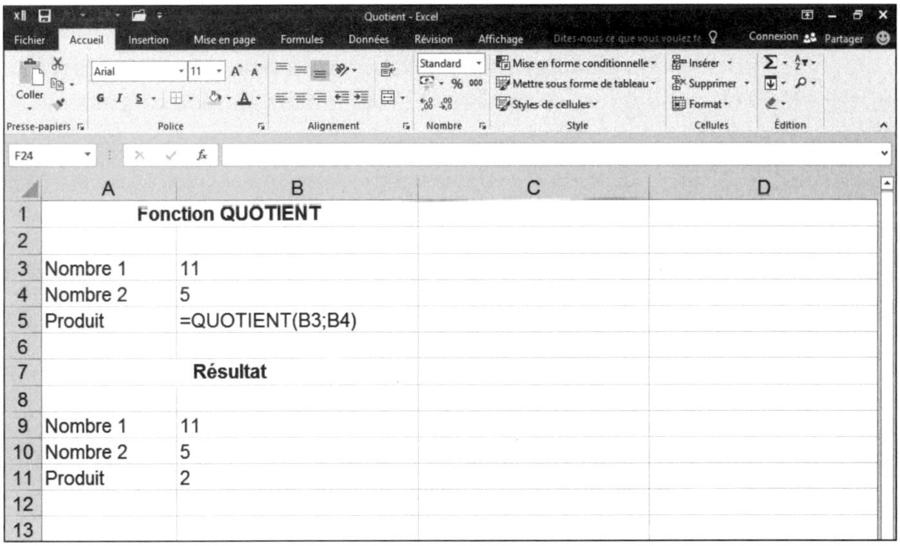

Dans l'exemple, la fonction QUOTIENT retourne la partie entière de la division de 11 par 5.

RACINE

Cette fonction retourne la racine carrée d'un nombre.

Note L'argument doit être un nombre positif. Si ce n'est pas le cas, Excel affiche l'erreur #NOMBRE!. Pour éviter cette erreur, utilisez au préalable la fonction ABS, par exemple =ABS(RACINE(1024)).

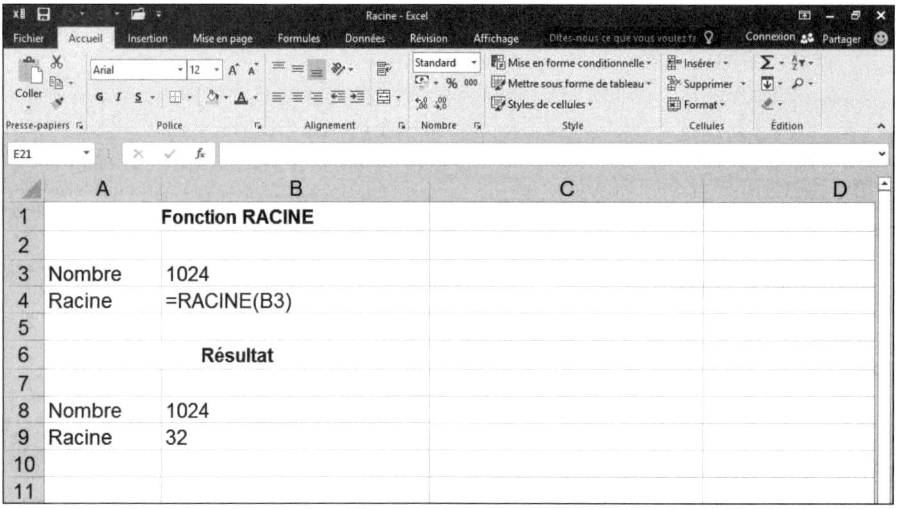

L'exemple recherche la racine carrée de 1024.

SOMME

Cette fonction retourne la somme des arguments spécifiés. Vous pouvez utiliser des références à des cellules, des plages de cellules ou des nombres. Si vous utilisez plusieurs arguments, séparez-les par des points-virgules.

Note La fonction SOMME est limitée à 30 arguments.

Dans l'exemple, la fonction calcule la somme des nombres de la cellule B3, de la plage de cellules B4:B5 et de la valeur littérale 8, soit 10+5+4+8 = 27.

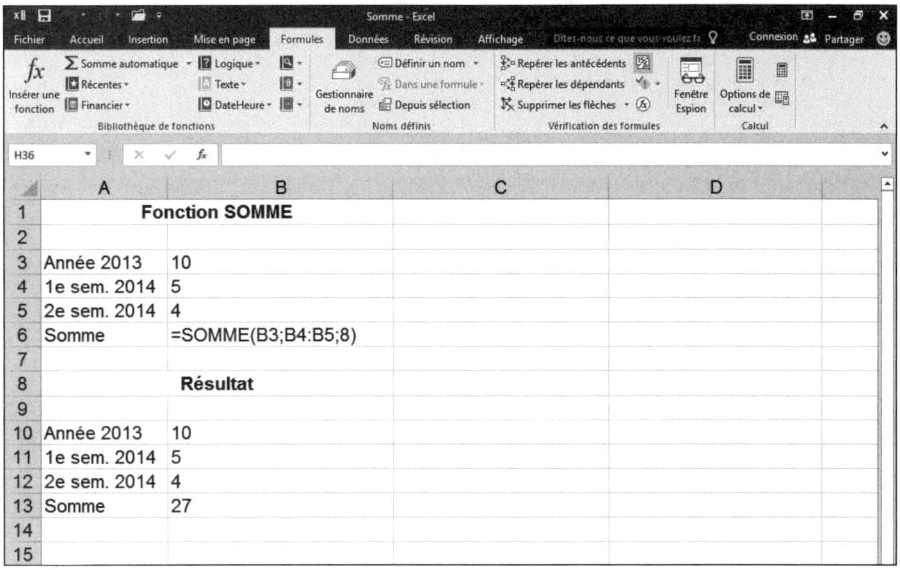

Fonctions trigonométriques

Pour tous vos calculs de géométrie et de trigonométrie, Excel propose plusieurs fonctions de base.

Note Toutes les fonctions trigonométriques fonctionnent en radians et non en degrés. Les fonctions RADIANS et DEGRES permettent de passer d'un système à l'autre.

ACOS

La fonction ACOS retourne, en radians, l'arc cosinus d'un nombre. L'arc cosinus est l'angle dont le cosinus est fourni en argument. ACOS est donc la fonction inverse de la fonction COS.

Note Pour convertir le résultat en degrés, multipliez-le par 180/PI() ou utilisez la fonction DEGRES.

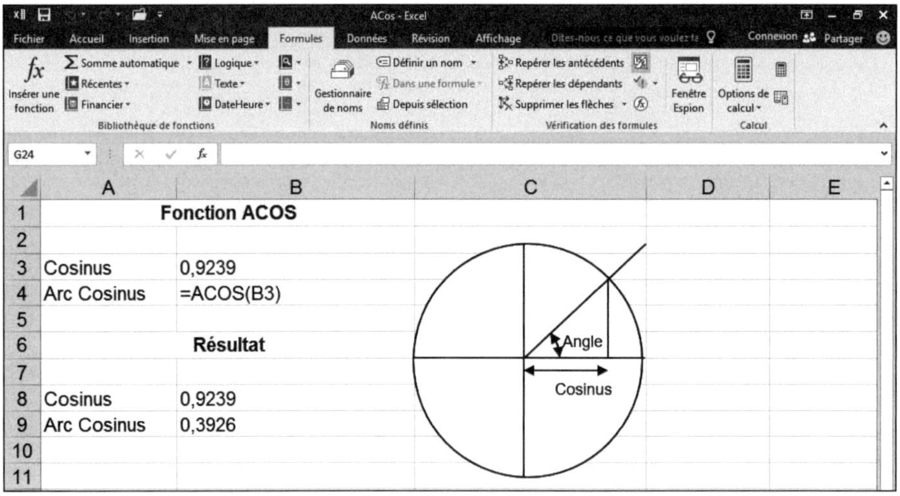

ASIN

La fonction ASIN retourne, en radians, l'arc sinus d'un nombre. L'arc sinus est l'angle dont le sinus est fourni en argument. ASIN est la fonction inverse de la fonction SIN.

Note Pour convertir le résultat en degrés, multipliez-le par 180/PI() ou utilisez la fonction DEGRES.

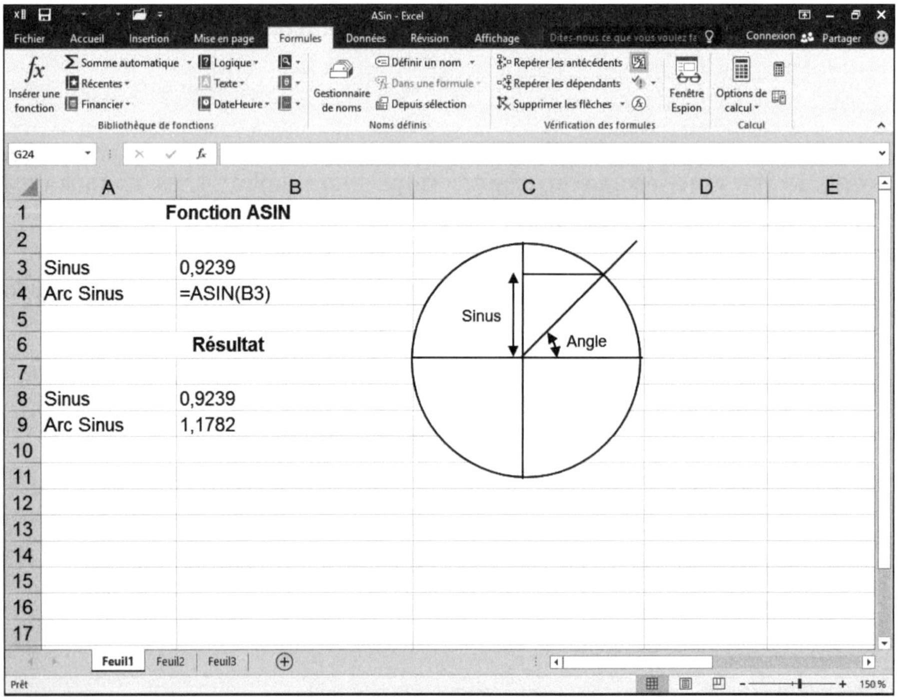

ATAN

La fonction ATAN retourne l'arc tangente d'un nombre. L'arc tangente est l'angle dont la tangente est fournie en argument. Le résultat est exprimé en radians.

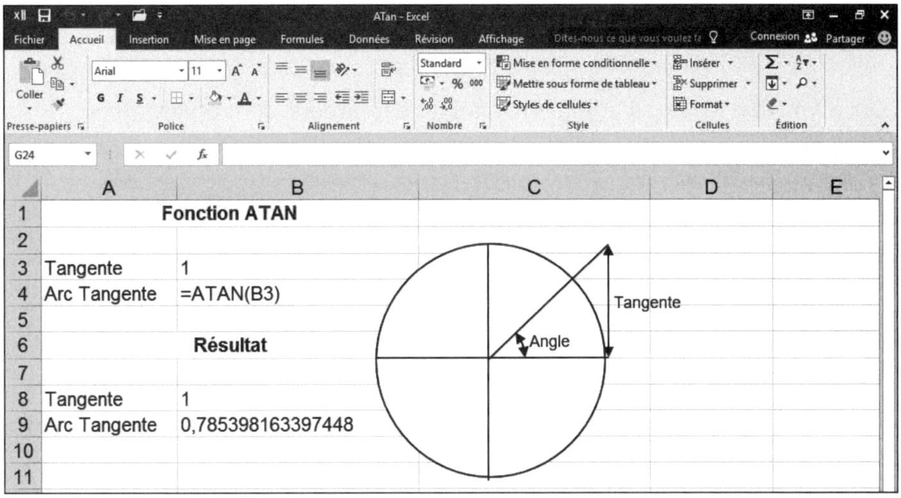

Note Pour convertir le résultat en degrés, multipliez-le par 180/PI() ou utilisez la fonction DEGRES.

COS

Cette fonction retourne le cosinus d'un angle en radians.

Note Si l'argument est en degrés, multipliez-le par PI()/180 ou utilisez la fonction RADIANS.

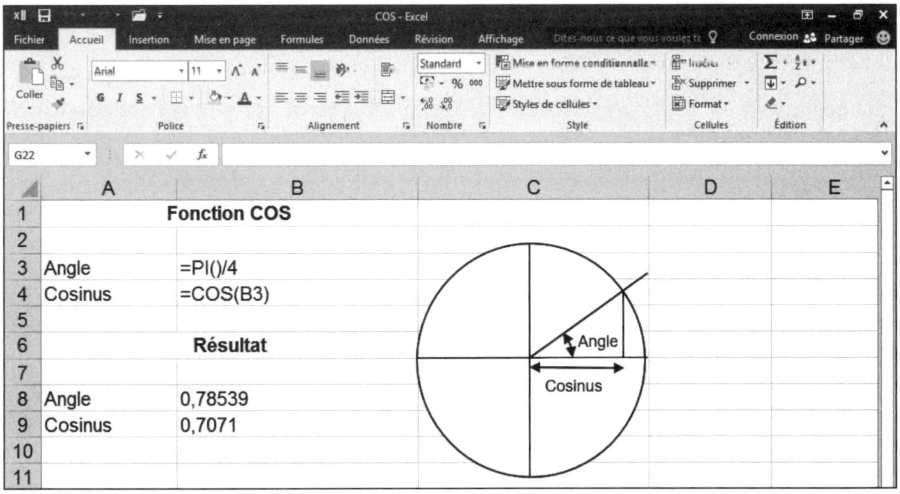

Dans l'exemple, la fonction retourne le cosinus d'un angle de PI/4 (45 degrés).

PI

La fonction PI retourne la valeur du nombre PI (3,1415926…). En fait, la fonction PI se contente de retourner la constante correspondante.

Note Cette fonction n'a pas d'argument, mais les parenthèses sont obligatoires.

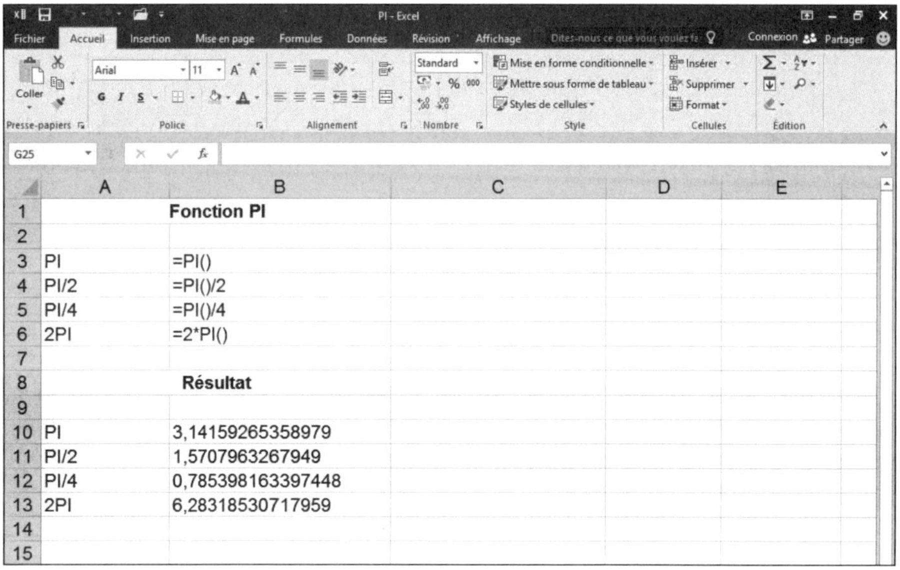

	A	B	C	D	E
1		**Fonction PI**			
2					
3	PI	=PI()			
4	PI/2	=PI()/2			
5	PI/4	=PI()/4			
6	2PI	=2*PI()			
7					
8		**Résultat**			
9					
10	PI	3,14159265358979			
11	PI/2	1,5707963267949			
12	PI/4	0,785398163397448			
13	2PI	6,28318530717959			
14					
15					

L'exemple calcule diverses valeurs de PI.

SIN

La fonction SIN retourne le sinus d'un angle en radians.

Note Si l'argument est en degrés, multipliez-le par PI()/180 ou utilisez la fonction RADIANS.

Dans l'exemple, la fonction retourne le sinus d'un angle de PI/4 (45 degrés).

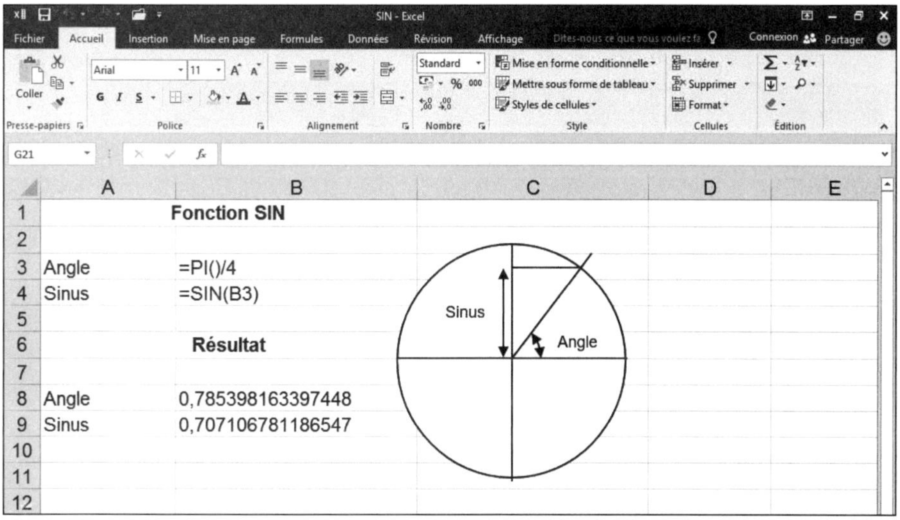

TAN

La fonction TAN retourne la tangente d'un angle en radians.

Note Si l'argument est en degrés, multipliez-le par PI()/180 ou utilisez la fonction RADIANS.

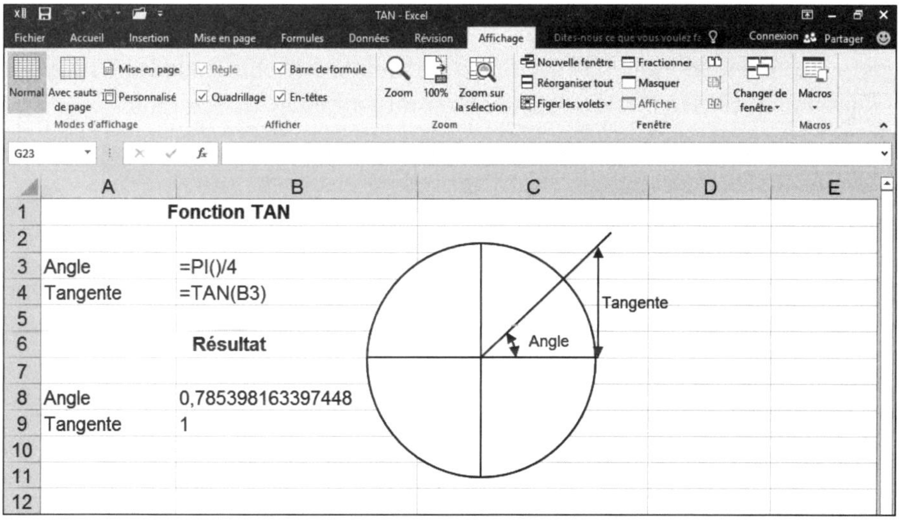

Dans l'exemple, la fonction retourne la tangente d'un angle de PI/4 (45 degrés).

Fonctions de conversion et d'arrondi

Il est souvent nécessaire de convertir ou d'arrondir des valeurs. Excel propose pour cela une grande quantité de fonctions.

ABS

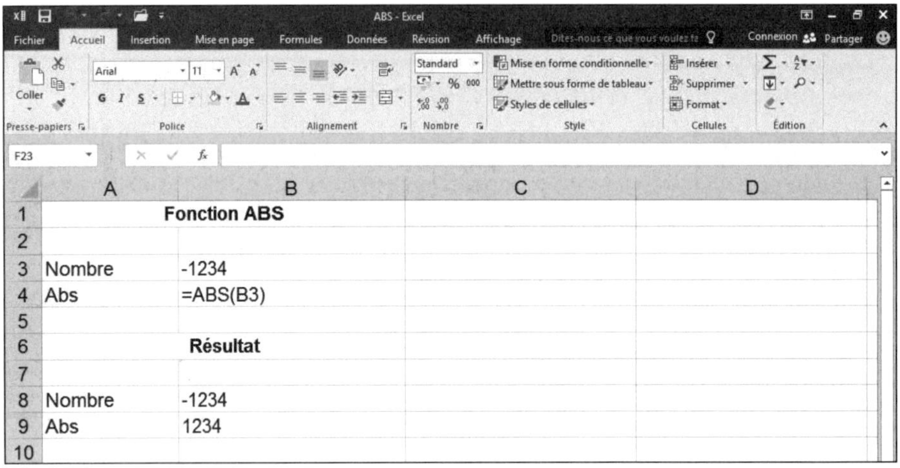

La fonction ABS retourne la valeur absolue d'un nombre. Quel que soit son signe, elle retourne donc un nombre positif.

Note Pour connaître le signe d'un nombre, utilisez la fonction SIGNE.

ARRONDI

Cette fonction arrondit un nombre (1er argument) au nombre de chiffres spécifié (2e argument). Si le second argument est négatif, le nombre est arrondi à gauche de la virgule.

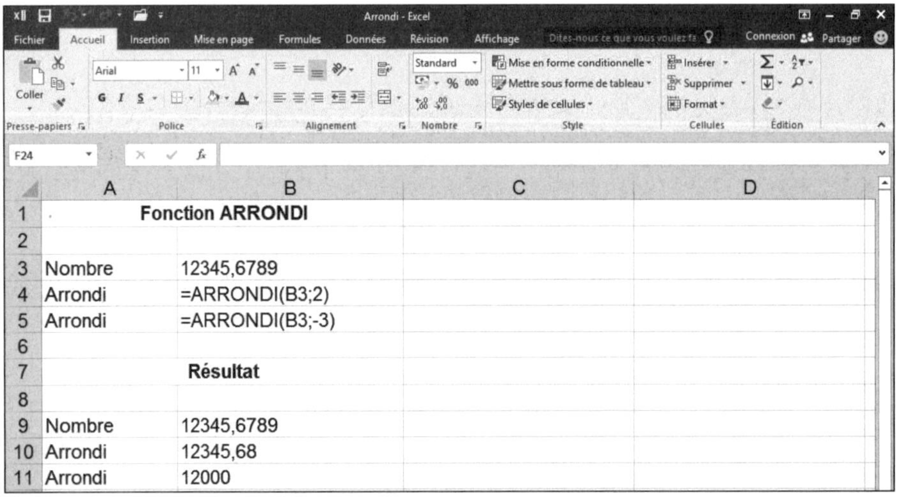

Dans l'exemple, on arrondit le même nombre, une fois avec un argument positif (le nombre est limité à deux chiffres après la virgule), et une fois avec un nombre négatif (les trois chiffres à gauche de la virgule sont remplacés par des 0 et tous ceux à droite de la virgule sont supprimés).

ARRONDI.AU.MULTIPLE

Cette fonction arrondit un nombre (1er argument) au multiple le plus proche (2e argument).

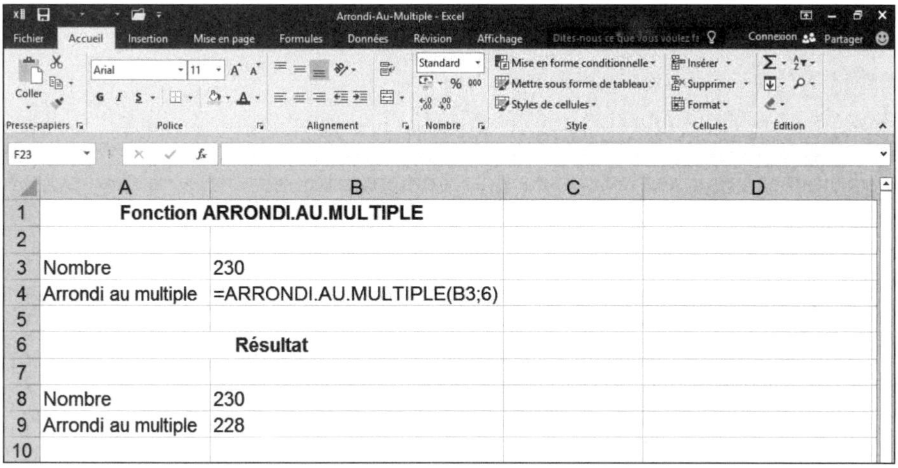

Dans l'exemple, 228 est un multiple de 6, et c'est la valeur la plus proche de 230.

ARRONDI.INF

Cette fonction arrondit un nombre (1er argument) en tendant vers 0 avec le nombre de décimales spécifié (2e argument). Si le second argument est négatif, le nombre est arrondi à la valeur immédiatement inférieure par incrément de 10 (-1), 100 (-2), *etc.*

Note Si le second argument est 0 ou omis, la fonction retourne le nombre entier inférieur le plus proche.

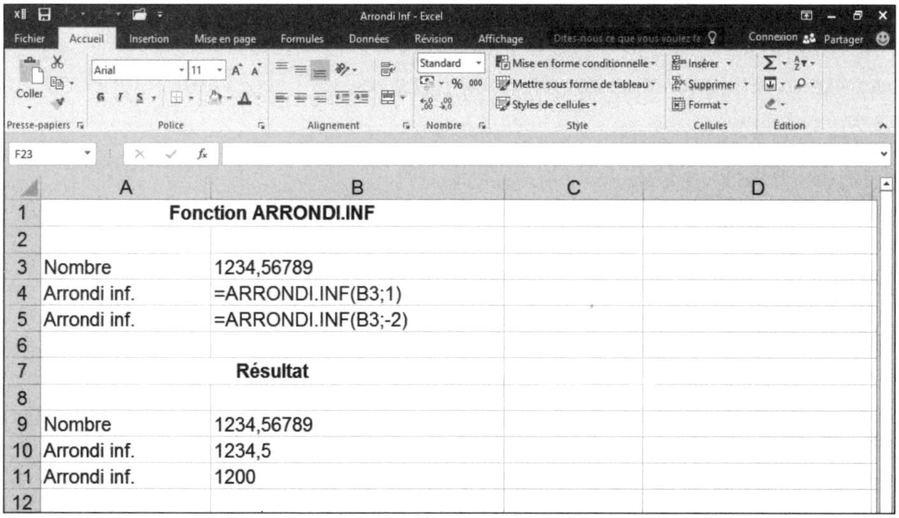

Dans le premier exemple (cellule B4), le nombre est arrondi vers l'entier inférieur, mais en conservant une décimale.

Dans le second exemple (cellule B5), le nombre est arrondi à la centaine inférieure la plus proche.

ARRONDI.SUP

Cette fonction arrondit un nombre (1er argument) en s'éloignant de 0 avec le nombre de décimales spécifié (2e argument). Si le second argument est négatif, le nombre est arrondi à la valeur immédiatement supérieure par incrément de 10 (-1), 100 (-2), *etc.*

Note Si le second argument est 0 ou omis, la fonction retourne le nombre entier supérieur le plus proche.

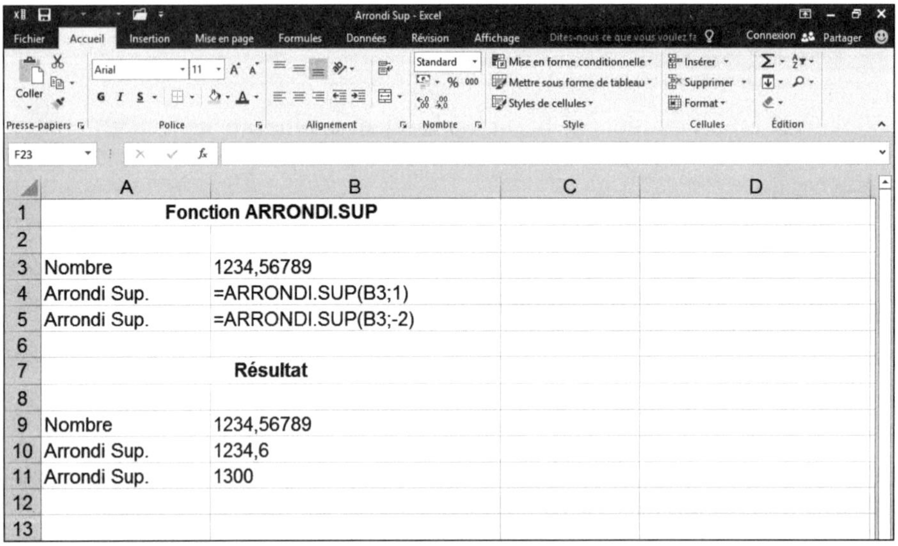

Dans le premier exemple (cellule B4), le nombre est arrondi vers l'entier supérieur, mais en conservant une décimale.

Dans le second exemple (cellule B5), le nombre est arrondi à la centaine supérieure la plus proche.

DEGRES

Cette fonction convertit en degrés un nombre en radians.

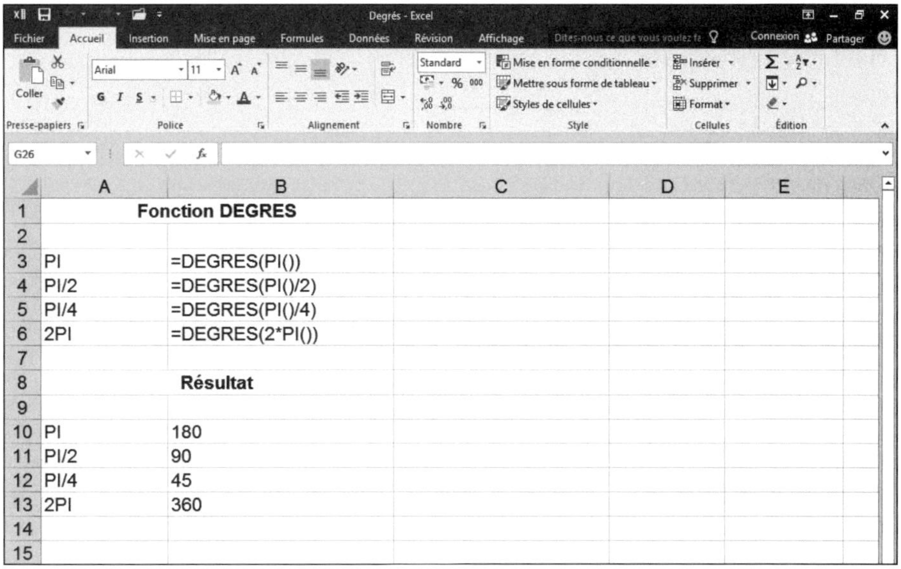

	A	B
1		**Fonction DEGRES**
2		
3	PI	=DEGRES(PI())
4	PI/2	=DEGRES(PI()/2)
5	PI/4	=DEGRES(PI()/4)
6	2PI	=DEGRES(2*PI())
7		
8		**Résultat**
9		
10	PI	180
11	PI/2	90
12	PI/4	45
13	2PI	360

L'exemple convertit diverses valeurs de PI en degrés.

Note Pour convertir des degrés en radians, utilisez la fonction RADIANS.

ENT

La fonction ENT arrondit un nombre à l'entier inférieur le plus proche.

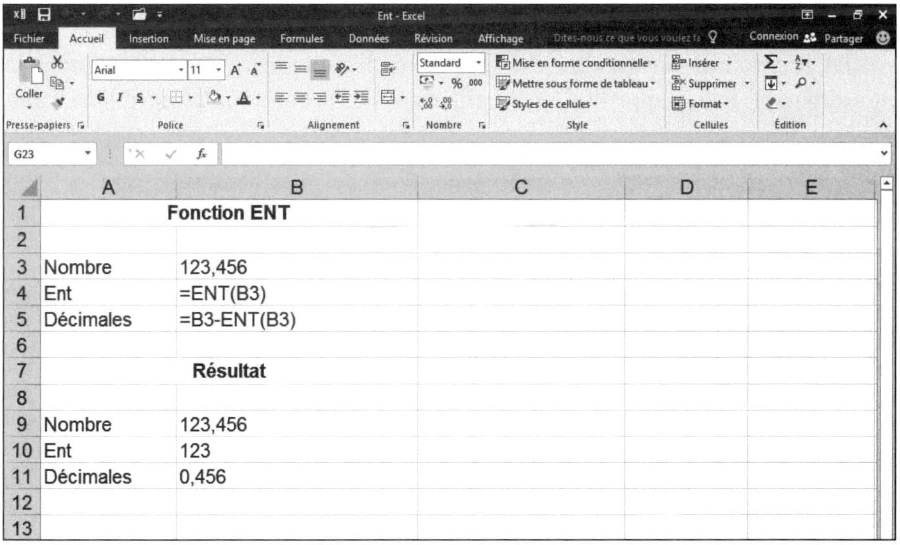

	A	B
1		**Fonction ENT**
2		
3	Nombre	123,456
4	Ent	=ENT(B3)
5	Décimales	=B3-ENT(B3)
6		
7		**Résultat**
8		
9	Nombre	123,456
10	Ent	123
11	Décimales	0,456

Le premier exemple (cellule B4) supprime les décimales d'un nombre. La formule du second exemple (cellule B5) retourne uniquement les décimales.

Note Consultez aussi les fonctions ARRONDI, ARRONDI.INF, ARRONDI.SUP, PLANCHER, PLAFOND et TRONQUE.

IMPAIR

La fonction IMPAIR arrondit un nombre à l'entier impair le plus proche en s'éloignant de 0. Si l'argument est négatif, le résultat s'éloigne aussi de 0 comme le montre le second exemple en B4.

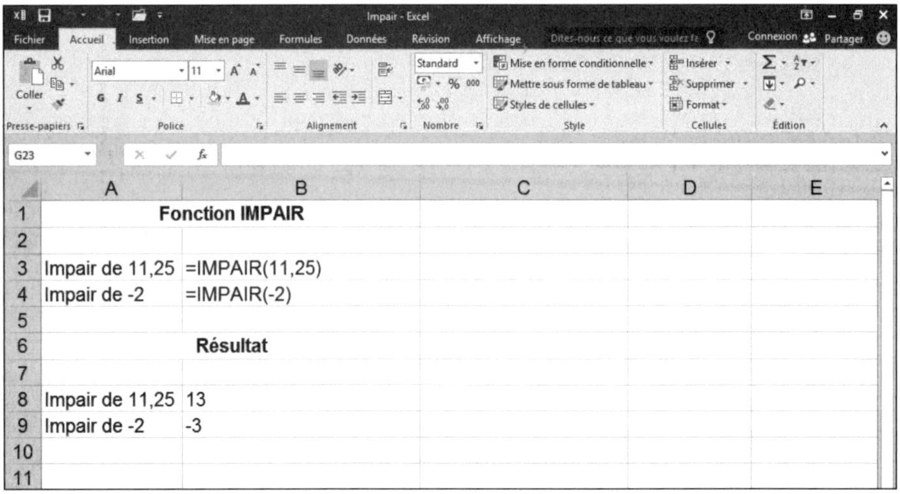

PAIR

La fonction PAIR arrondit un nombre à l'entier pair le plus proche en s'éloignant de 0. Si l'argument est négatif, la fonction PAIR s'éloigne aussi de 0 comme le montre l'exemple en B4 et B9.

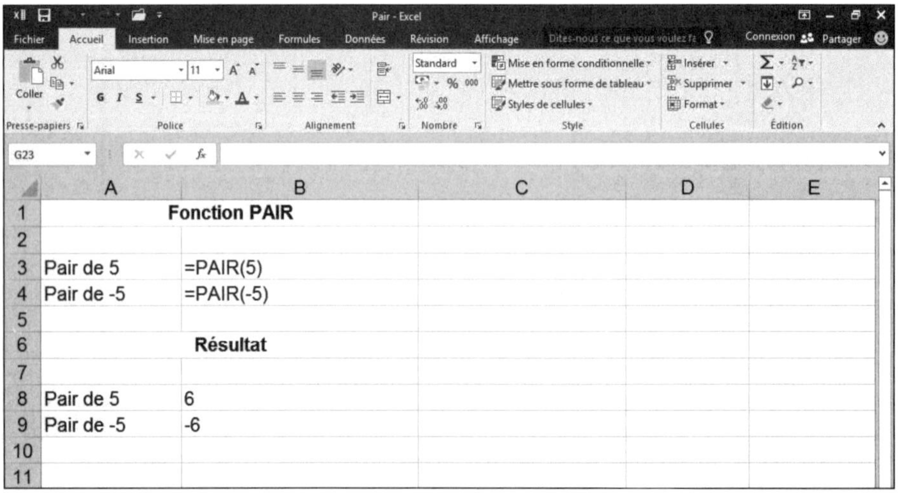

PLAFOND

La fonction PLAFOND arrondit un nombre (1er argument) au multiple le plus proche (2e argument) en s'éloignant de 0. Le second argument est un entier ou un nombre décimal.

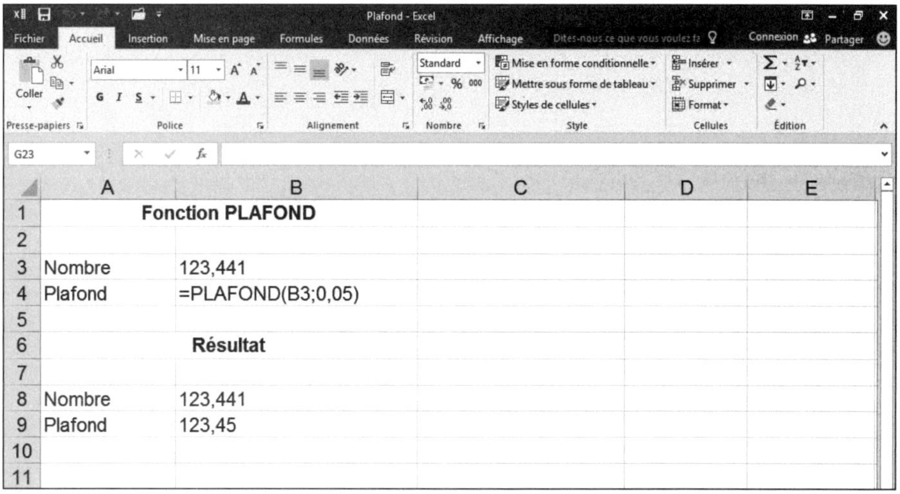

Cette fonction permet d'arrondir des nombres avec un multiple précis. Dans l'exemple, le nombre est arrondi au multiple de 0,05 supérieur.

PLANCHER

La fonction PLANCHER arrondit un nombre (1er argument) au multiple le plus proche (2e argument) en se rapprochant de 0. Le second argument est un entier ou un nombre décimal.

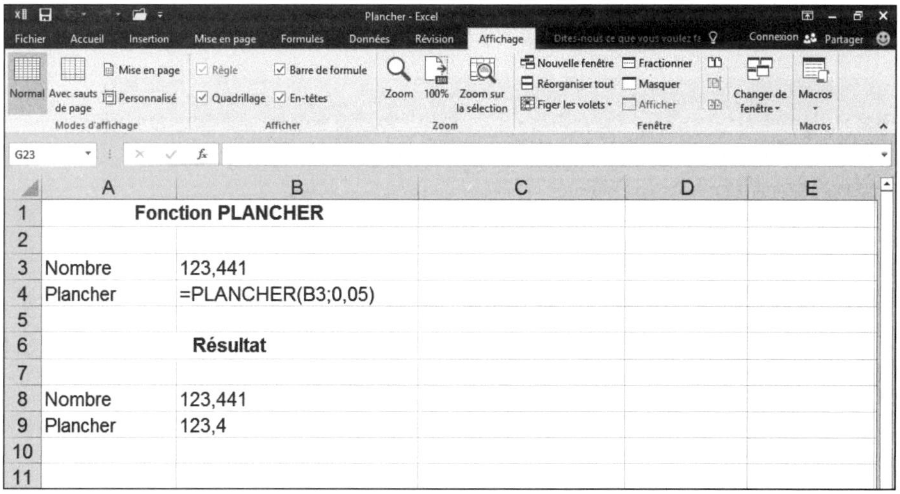

Cette fonction permet d'arrondir des nombres avec un multiple précis. Dans l'exemple, le nombre est arrondi au multiple de 0,05 inférieur.

RADIANS

La fonction RADIANS convertit en radians un nombre en degrés.

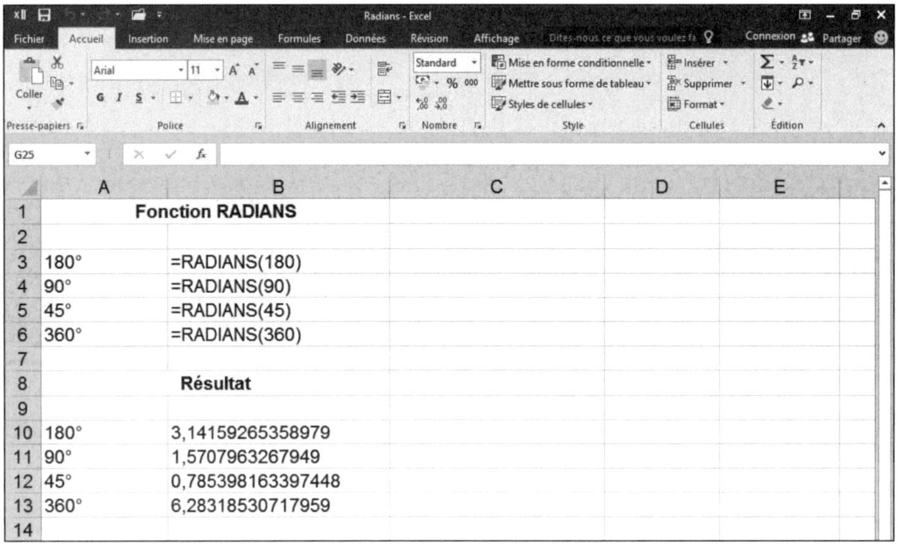

	A	B	C	D	E
1		**Fonction RADIANS**			
2					
3	180°	=RADIANS(180)			
4	90°	=RADIANS(90)			
5	45°	=RADIANS(45)			
6	360°	=RADIANS(360)			
7					
8		**Résultat**			
9					
10	180°	3,14159265358979			
11	90°	1,5707963267949			
12	45°	0,785398163397448			
13	360°	6,28318530717959			
14					

L'exemple convertit plusieurs angles en radians.

Note Pour convertir des radians en degrés, utilisez la fonction DEGRES.

SIGNE

Cette fonction retourne 1 si le nombre en argument est positif, 0 si le nombre est égal à zéro et -1 si le nombre est négatif.

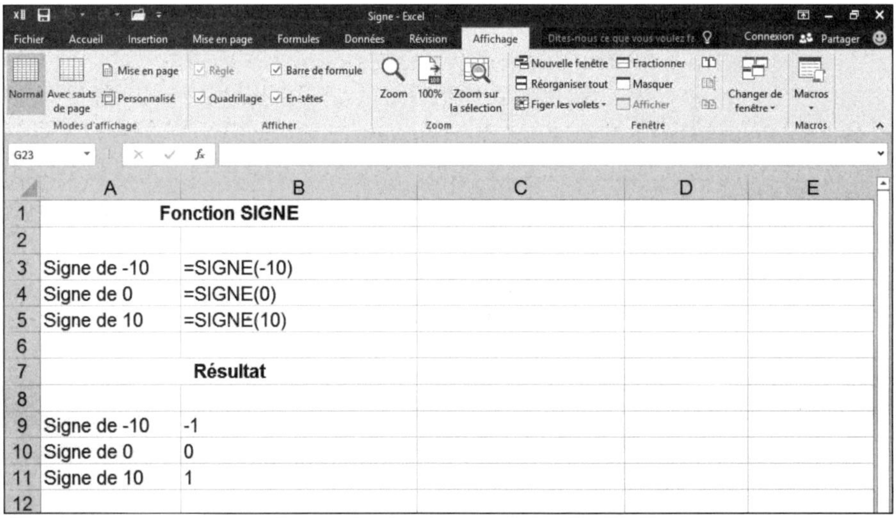

	A	B	C	D	E
1		**Fonction SIGNE**			
2					
3	Signe de -10	=SIGNE(-10)			
4	Signe de 0	=SIGNE(0)			
5	Signe de 10	=SIGNE(10)			
6					
7		**Résultat**			
8					
9	Signe de -10	-1			
10	Signe de 0	0			
11	Signe de 10	1			
12					

Les exemples montrent les trois cas possibles.

Note Pour supprimer le signe d'un nombre, utilisez la fonction ABS.

TRONQUE

Cette fonction supprime la partie décimale d'un nombre.

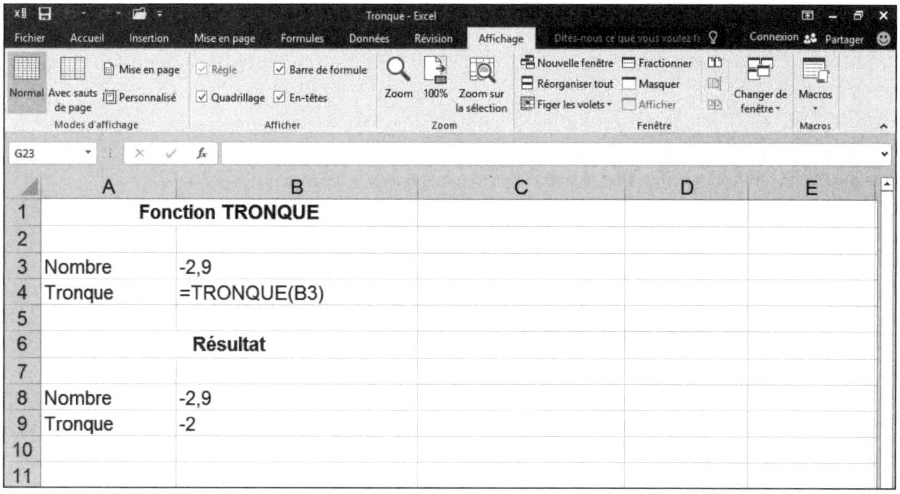

	A	B	C	D	E
1	Fonction TRONQUE				
2					
3	Nombre	-2,9			
4	Tronque	=TRONQUE(B3)			
5					
6		Résultat			
7					
8	Nombre	-2,9			
9	Tronque	-2			
10					
11					

Note La fonction TRONQUE se contente de supprimer les décimales, alors que la fonction ENT retourne la valeur la plus proche. Ainsi, TRONQUE(-2,9) retourne -2 alors que ENT(-2,9) retourne -3.

ALEA

Nous avons placé cette fonction en dernier, car elle est un peu particulière. Elle retourne un nombre aléatoire entre 0 (compris) et 1 (non compris). Appuyez sur la touche **F9** pour recalculer la feuille et modifier le résultat. Vous pouvez utiliser cette fonction pour créer des jeux de hasard.

Dans l'exemple, la formule en B3 retourne un nombre aléatoire entre 0 et 1 (non compris). La formule en B4 retourne un nombre entier entre 1 (compris) et 10 (compris). La formule en B5 retourne un nombre entier entre -10 (compris) et 10 (compris).

Note Le résultat de cette fonction est différent à chaque recalcul de la feuille ou du classeur.

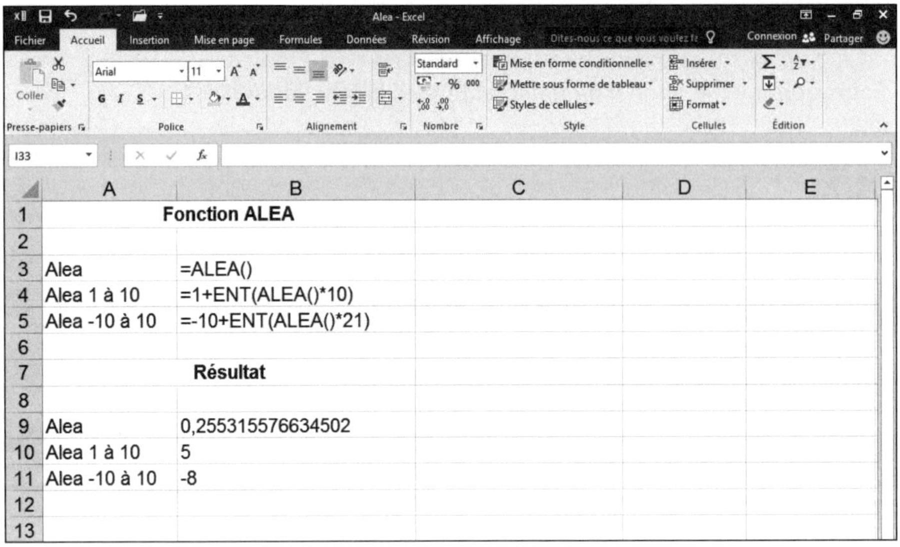

Formules mathématiques

Vous trouverez ici quelques exemples de formules qui utilisent les fonctions vues précédemment. À partir de ces modèles, vous créerez toutes les formules que vous utilisez habituellement dans votre métier.

Formules des surfaces

Périmètre d'un carré

```
=Côté*4
```

Surface d'un carré

```
=Côté*Côté
```

ou

```
=Côté^2
```

ou

```
=Puissance(Côté;2)
```

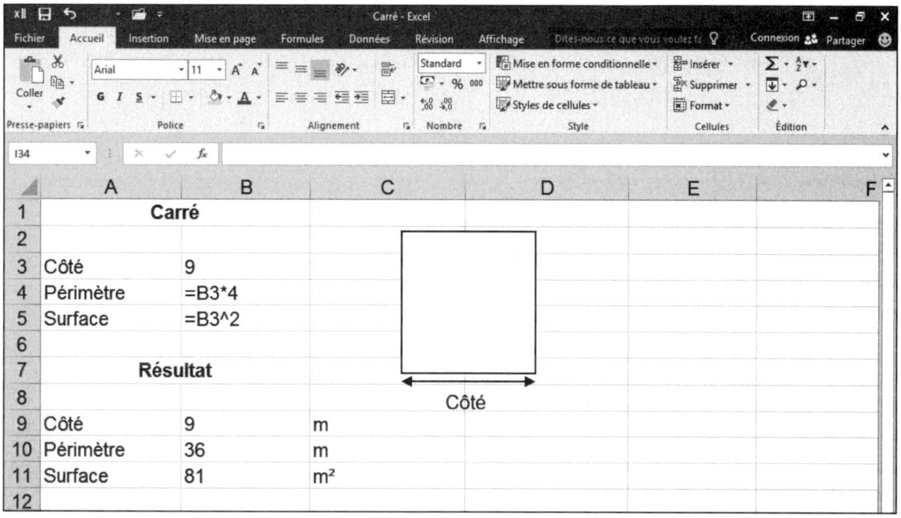

Périmètre d'un rectangle

```
=(Longueur*2)+(Largeur*2)
```

Surface d'un rectangle

```
=Longueur*Largeur
```

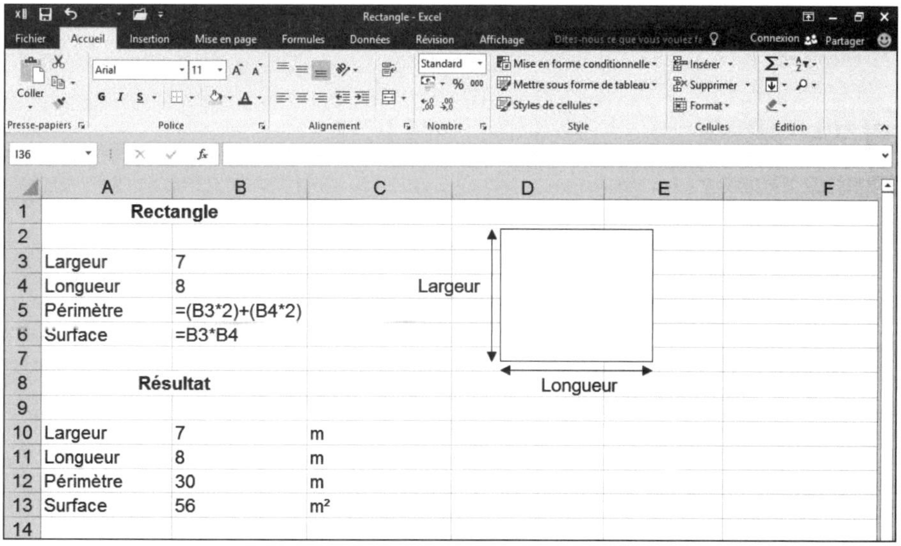

Périmètre d'un cercle

```
=(2*Rayon)*PI()
```

ou

```
=Diamètre*PI()
```

Surface d'un cercle

```
=(Rayon^2)*PI()
```

ou

```
=Puissance(Rayon;2)*PI()
```

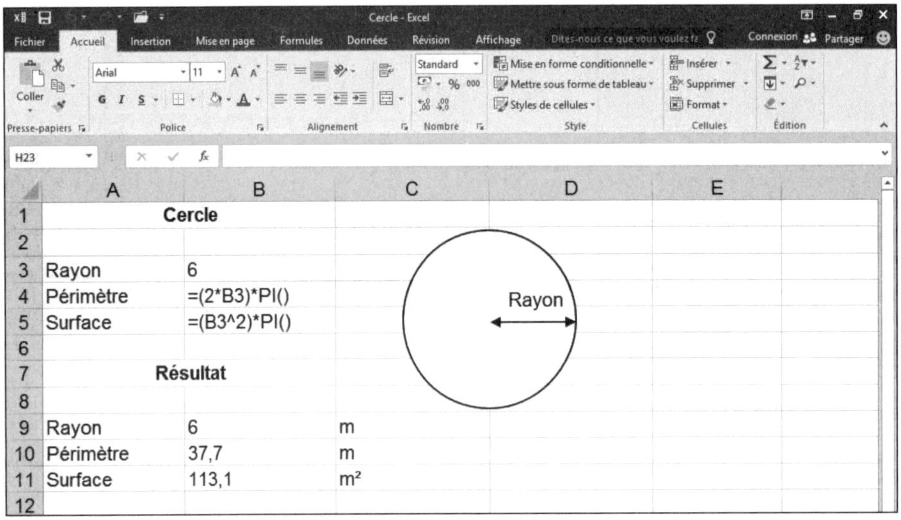

Surface d'un triangle

```
=(Base*Hauteur)/2
```

Surface d'un trapèze

```
=((Base1+Base2)*Hauteur)/2
```

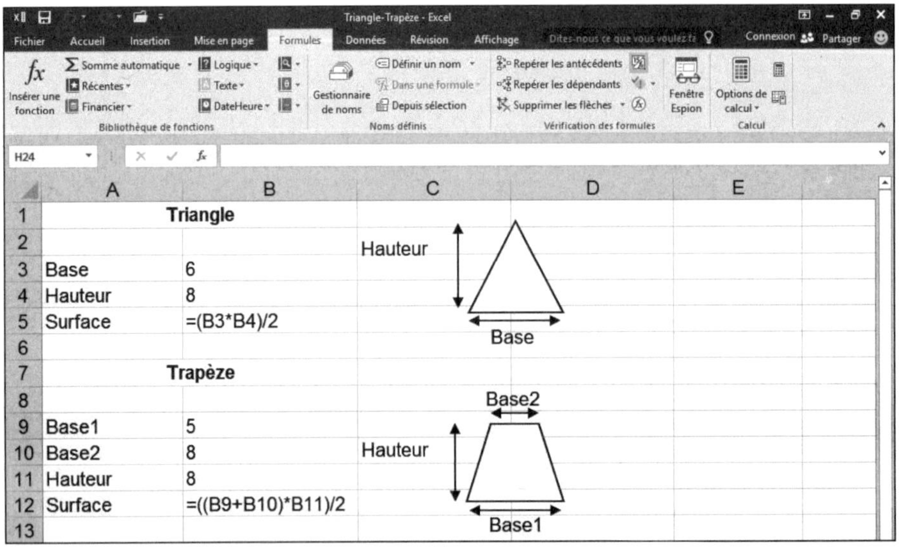

Formules des volumes

Surface d'un cube

```
=(Côté^2)*6
```

Volume d'un cube

```
=Côté^3
```

ou

```
=Puissance(Côté;3)
```

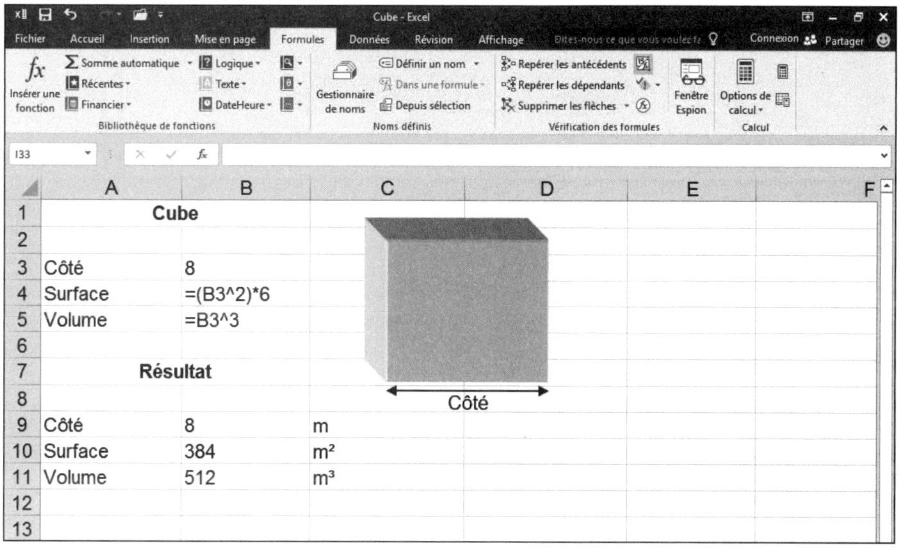

Surface d'un parallélépipède

```
=(Largeur*Hauteur*2)+(Largeur*Profondeur*2)+
(Hauteur*Profondeur*2)
```

Volume d'un parallélépipède

```
=Largeur*Hauteur*Profondeur
```

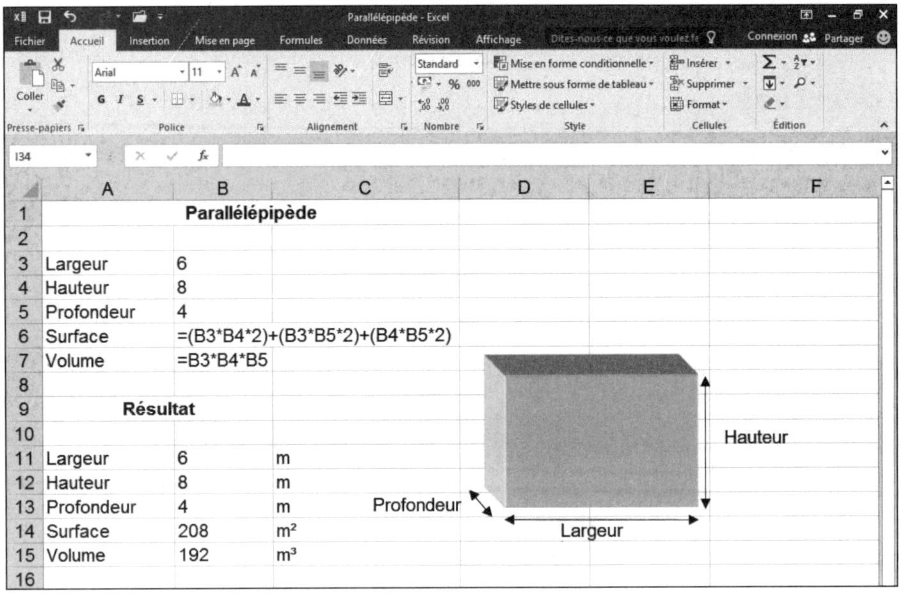

Surface d'une sphère

```
=(Rayon*2)*4*PI()
```

Volume d'une sphère

```
=((Rayon^3)*(4*PI()))/3
```

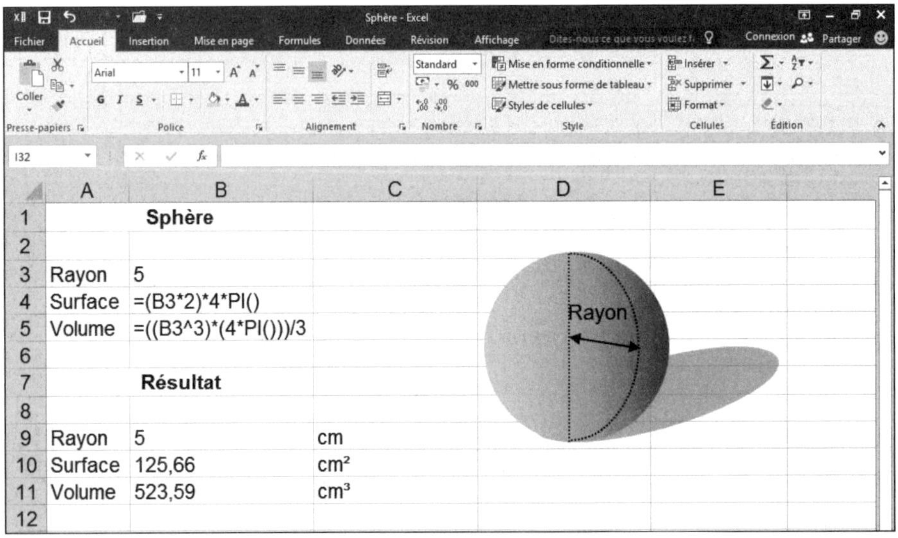

Volume d'un cylindre

```
=(Rayon^2)*Hauteur*PI()
```

Volume d'une pyramide

```
=(Largeur*Longueur*Hauteur)/3
```

Volume d'un cône

```
=((Rayon^2)*Hauteur*PI())/3
```

Volume d'un cône tronqué

```
=((Hauteur*PI())/3)*(Rayon1^2+Rayon2^2+(Rayon1*Rayon2))
```

Conversion de distances, de poids et de volumes

Pour convertir des données, il suffit de multiplier la mesure d'origine par le facteur de conversion que vous trouverez dans le tableau ci-après.

Conversion de distances

	Mètre	Pied	Pouce	Mile nautique	Mile standard
Mètre		3,280 839 895	39,370 078 74	0,000 539 957	0,000 621 371
Pied	0,304 8		12	0,000 164 579	0,000 189 394
Pouce	0,025 4	0,083 333 333		1,371 49E-05	1,578 28E-05
Mile nautique	1 852	6 076,115 486	72 913,385 83		1,150 779 448
Mile standard	1 609,344	5 280	63 360	0,868 976 242	

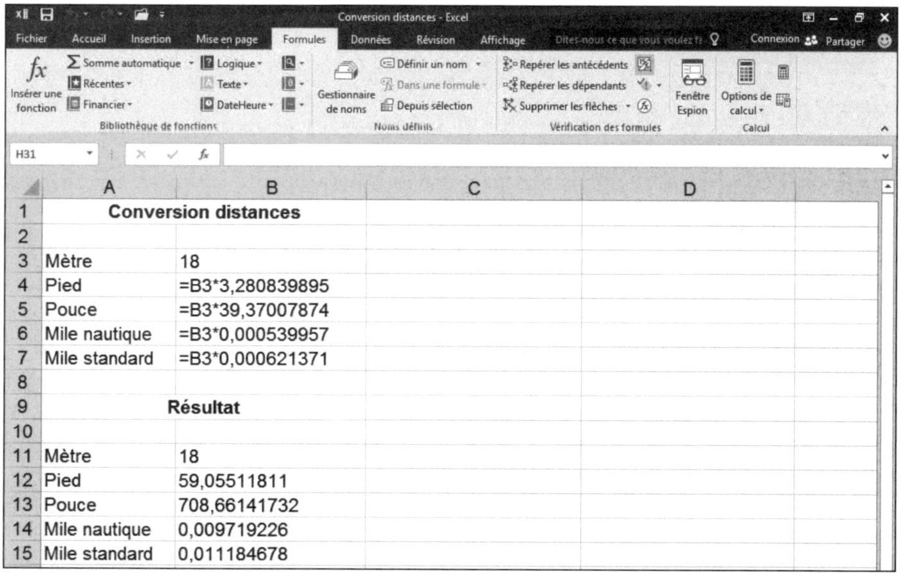

	A	B
1	Conversion distances	
2		
3	Mètre	18
4	Pied	=B3*3,280839895
5	Pouce	=B3*39,37007874
6	Mile nautique	=B3*0,000539957
7	Mile standard	=B3*0,000621371
8		
9	Résultat	
10		
11	Mètre	18
12	Pied	59,05511811
13	Pouce	708,66141732
14	Mile nautique	0,009719226
15	Mile standard	0,011184678

L'exemple précédent montre la conversion de 18 mètres dans diverses mesures.

Conversion de poids

	Gramme	Once	Livre
Gramme		0,035 274	0,002 205
Once	28,349 52		0,062 5
Livre	453,592 3	16	

Conversion de volume des liquides

	Once liquide	Gallon	Litre	Pinte
Once liquide		0,007 813	0,029 58	0,062 5
Gallon	128		3,786 235	8
Litre	33,806 67	0,264 115		2,112 917
Pinte	16	0,125	0,473 279	

Conversion de températures

Contrairement aux autres conversions, celles des températures nécessitent d'utiliser des formules.

Degrés Celsius en Fahrenheit

```
=(Température*1,8)+32
```

Degrés Celsius en Kelvin

```
=Température+273
```

Degrés Fahrenheit en Celsius

```
=(Température-32)*(5/9)
```

Degrés Fahrenheit en Kelvin

```
=(Température-32)*(5/9)+273
```

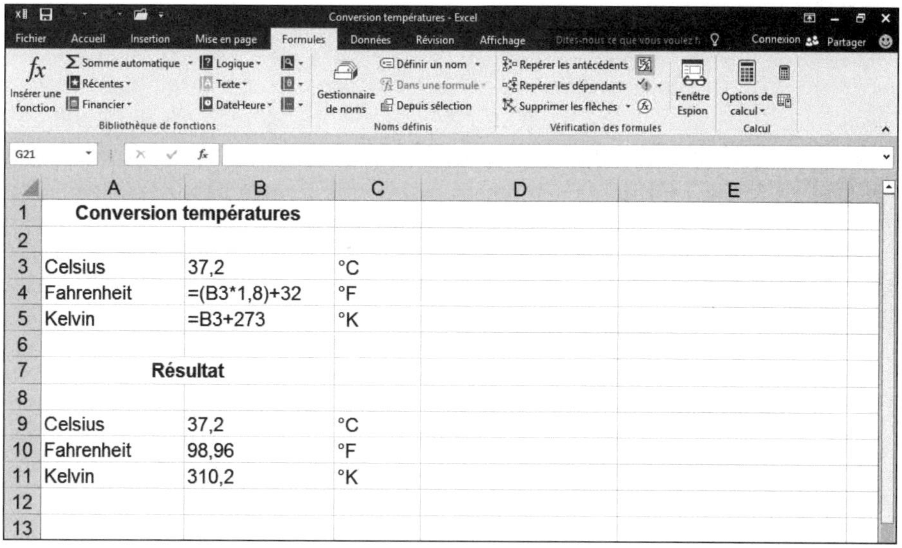

Fonctions financières

Excel vous propose, à titre personnel ou pour votre entreprise, des fonctions pour établir un plan de financement pour votre prochain prêt. De quoi apporter des bases solides lors de vos entretiens avec vos banquiers. Cette seconde partie de ce chapitre regroupe toutes les fonctions disponibles dans ce domaine, ainsi que des exemples concrets.

Arguments des fonctions financières

Les fonctions financières utilisent presque toutes les mêmes arguments. Il est donc plus simple de les connaître avant d'appliquer une fonction.

Argument	Rôle
VA (Valeur actuelle)	C'est le montant du principal. Si vous placez de l'argent, VA représente la valeur actuelle de l'argent que vous investissez. Si vous empruntez, VA représente le principal ou la valeur actuelle de l'emprunt. La valeur actuelle peut donc être positive ou négative.
VC (Valeur capitalisée)	C'est le principal plus les intérêts. Si vous placez de l'argent, VC représente votre placement plus les intérêts à percevoir. Si vous empruntez, VC correspond au capital emprunté plus les intérêts à payer. La valeur capitalisée peut donc être positive ou négative.
VPM (Paiement)	Il s'agit soit du capital seul, soit du capital plus les intérêts. Si vous placez de l'argent régulièrement (par exemple sur un PEL), VPM représente le capital déposé. Si vous remboursez un prêt, VPM représente à la fois le capital et les intérêts.

Argument	Rôle
Taux (Taux d'intérêt)	Un intérêt correspond au pourcentage du capital, soit que l'on vous paye dans le cas d'un placement, soit que vous devez payer dans le cas d'un emprunt.
Période	Elle représente le moment où les intérêts sont perçus (placement) ou versés (emprunt). La période doit toujours être en relation avec le taux. Si le taux est annuel, la période doit être d'un an. Mais si la période est mensuelle, vous devez diviser le taux annuel par 12 dans vos calculs.
NPM (Durée)	C'est le nombre de périodes du placement ou de l'emprunt.
Type	Si les paiements s'effectuent en fin de période, l'argument Type a la valeur 0. Si les paiements s'effectuent en début de période, l'argument Type a la valeur 1. Si vous omettez cet argument, il prend par défaut la valeur 0.

Les fonctions financières concernent essentiellement des calculs de prêts et de placements. À chacun des arguments du tableau correspond une fonction. Par exemple, l'argument Taux, utilisé pour calculer des intérêts, possède sa fonction du même nom pour retrouver un taux à partir des autres arguments.

INTPER (intérêts d'une période)

Cette fonction retourne, pour une période précise, le montant des intérêts d'un emprunt remboursé par des versements périodiques constants, avec un taux d'intérêt constant.

Syntaxe : INTPER(taux;période;npm;va;vc;type). Vc et type sont facultatifs.

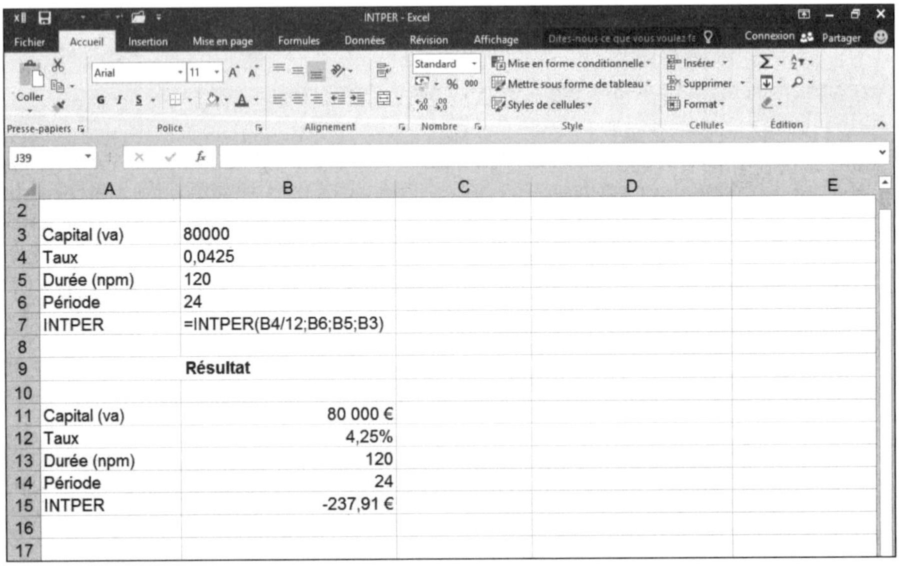

	A	B	C	D	E
2					
3	Capital (va)	80000			
4	Taux	0,0425			
5	Durée (npm)	120			
6	Période	24			
7	INTPER	=INTPER(B4/12;B6;B5;B3)			
8					
9		**Résultat**			
10					
11	Capital (va)	80 000 €			
12	Taux	4,25%			
13	Durée (npm)	120			
14	Période	24			
15	INTPER	-237,91 €			
16					
17					

L'exemple calcule les intérêts de la 24e mensualité d'un emprunt de 80 000 € à 4,25 % sur 120 mois.

NPM (nombre de périodes)

Cette fonction retourne le nombre de paiements nécessaires pour rembourser un emprunt à taux d'intérêt constant et à versements périodiques constants.

Syntaxe : NPM(taux;vpm;va;vc;type). Vc et type sont facultatifs.

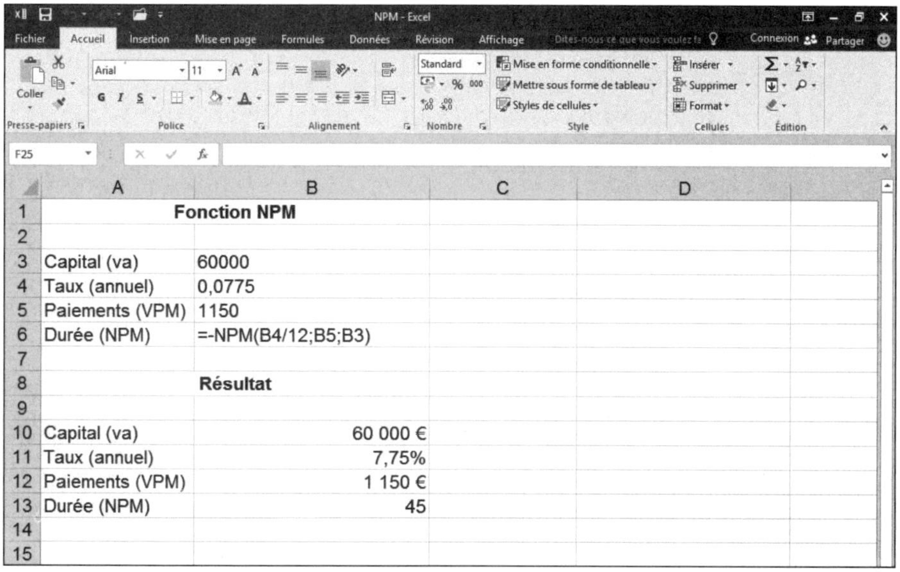

L'exemple calcule la durée d'un prêt de 60 000 € à 7,75 % si on rembourse 1 150 € par mois.

PRINCPER (remboursement du principal)

Cette fonction retourne, pour une période précise, la part de remboursement du principal d'un prêt à remboursements périodiques constants et à taux d'intérêt constants.

Syntaxe : PRINCPER(taux;pér;npm;va;vc;type) . Vc et type sont facultatifs.

L'exemple calcule la part du capital remboursé au 6e mois pour un prêt de 200 000 € sur 8 ans à un taux de 5,25 %.

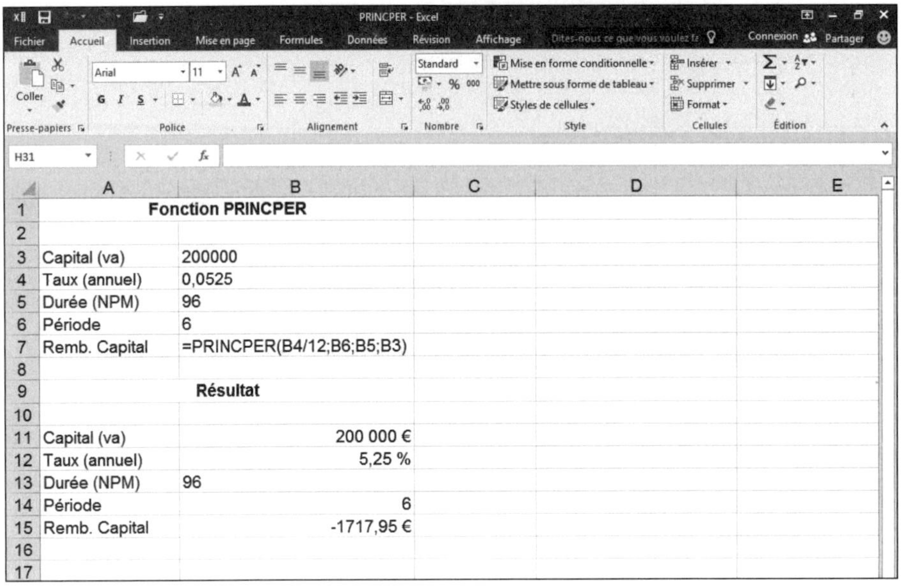

	A	B	C	D	E
1	Fonction PRINCPER				
2					
3	Capital (va)	200000			
4	Taux (annuel)	0,0525			
5	Durée (NPM)	96			
6	Période	6			
7	Remb. Capital	=PRINCPER(B4/12;B6;B5;B3)			
8					
9	Résultat				
10					
11	Capital (va)	200 000 €			
12	Taux (annuel)	5,25 %			
13	Durée (NPM)	96			
14	Période	6			
15	Remb. Capital	-1717,95 €			
16					
17					

PRIX.DEC

Cette fonction retourne sous forme de nombre décimal, un nombre exprimé sous forme de fraction (1er argument). Le second argument correspond au dénominateur de la fraction. Par exemple, PRIX.DEC(2,3;5) correspond à 2 3/5, et PRIX.DEC(6,05;12) à 6 5/12.

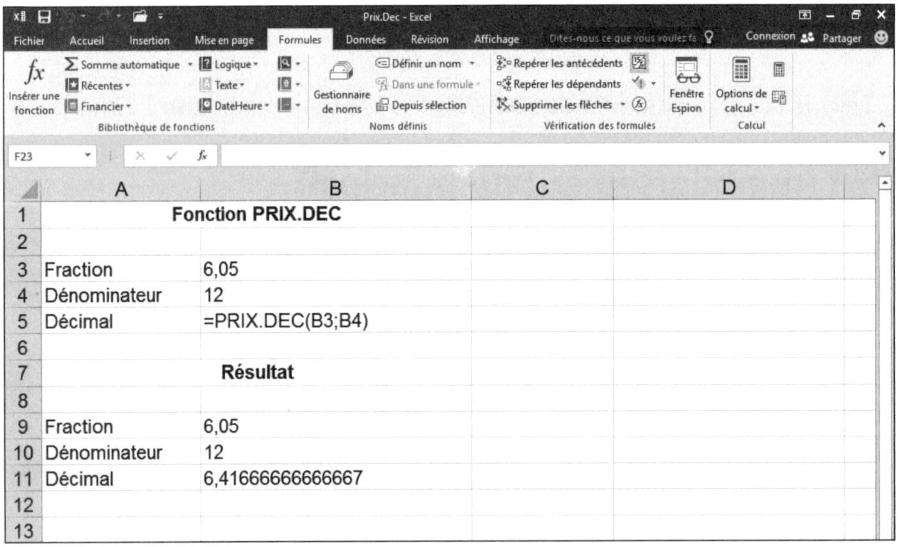

	A	B	C	D
1	Fonction PRIX.DEC			
2				
3	Fraction	6,05		
4	Dénominateur	12		
5	Décimal	=PRIX.DEC(B3;B4)		
6				
7	Résultat			
8				
9	Fraction	6,05		
10	Dénominateur	12		
11	Décimal	6,41666666666667		
12				
13				

L'exemple calcule, sous forme de nombre décimal, la fraction 6 5/12.

Note Pour convertir un nombre décimal en fraction, utilisez la fonction PRIX.FRAC.

PRIX.FRAC

Cette fonction retourne sous forme de nombre avec fraction, un nombre décimal (1er argument). Le second argument correspond au dénominateur de la fraction.

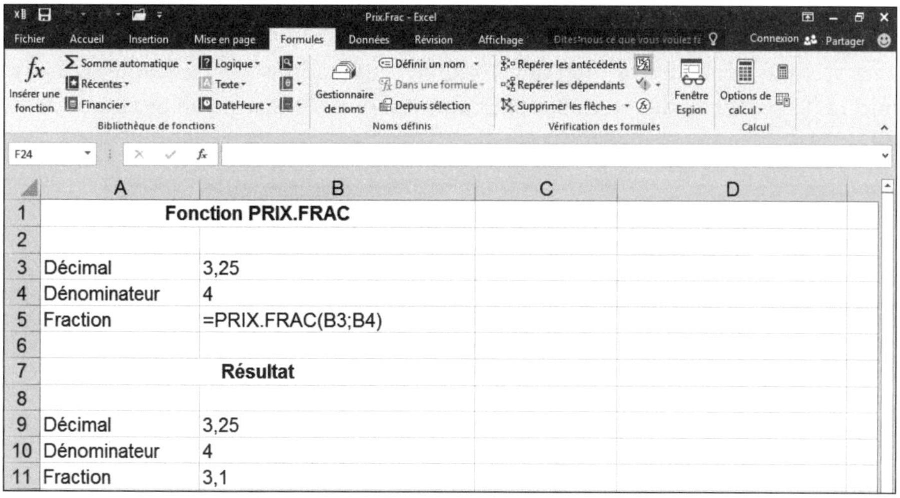

	A	B	C	D
1	Fonction PRIX.FRAC			
2				
3	Décimal	3,25		
4	Dénominateur	4		
5	Fraction	=PRIX.FRAC(B3;B4)		
6				
7		Résultat		
8				
9	Décimal	3,25		
10	Dénominateur	4		
11	Fraction	3,1		

L'exemple calcule, sous forme de fraction, le décimal 3,25.

Note Pour convertir un nombre sous forme de fraction en décimal, utilisez la fonction PRIX. DEC.

TAUX

Cette fonction calcule le taux d'intérêt par période d'un investissement.

Syntaxe : TAUX(npm;vpm;va;vc;type). Vc et type sont facultatifs.

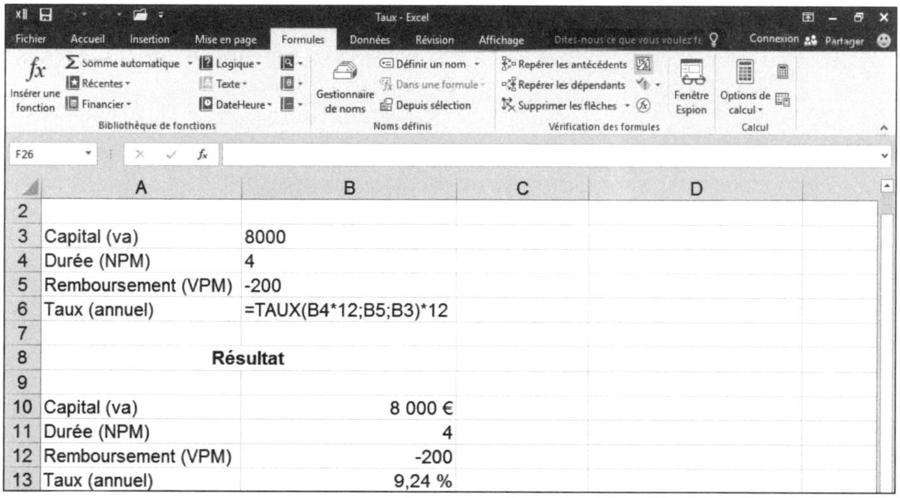

	A	B	C	D
2				
3	Capital (va)	8000		
4	Durée (NPM)	4		
5	Remboursement (VPM)	-200		
6	Taux (annuel)	=TAUX(B4*12;B5;B3)*12		
7				
8	Résultat			
9				
10	Capital (va)	8 000 €		
11	Durée (NPM)	4		
12	Remboursement (VPM)	-200		
13	Taux (annuel)	9,24 %		

L'exemple calcule le taux d'un emprunt de 8 000 € sur 4 ans avec des remboursements de 200 € par mois.

TRI (taux de rentabilité interne)

Cette fonction calcule le taux de rentabilité interne d'un investissement. Les mouvements de trésorerie doivent avoir lieu à intervalles réguliers (par mois ou par année). L'argument correspond à la plage de cellules contenant ces mouvements. Au moins un des mouvements doit être négatif.

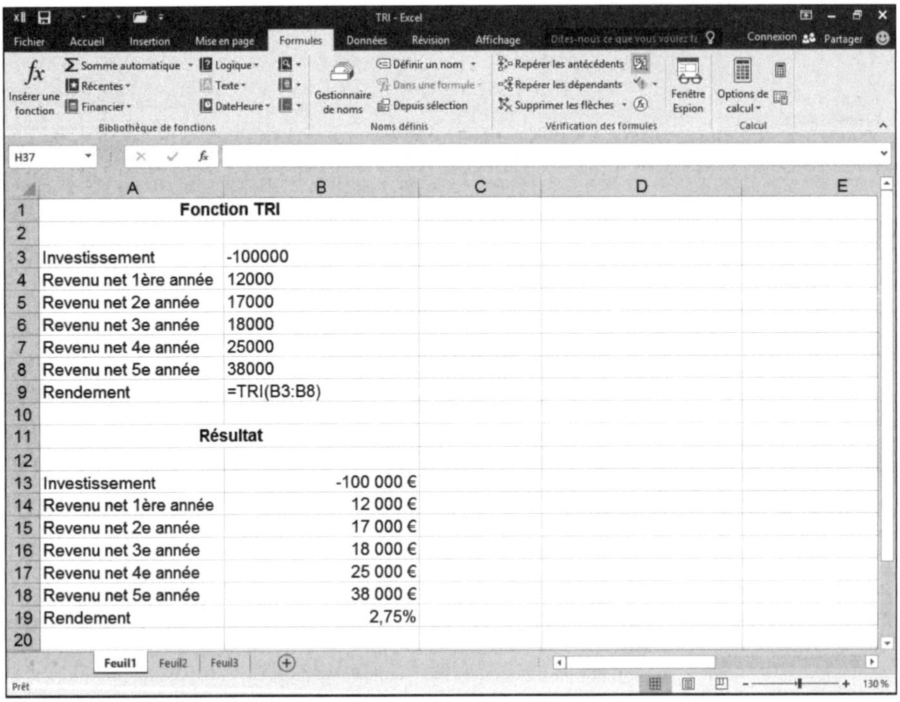

Dans l'exemple, on calcule le rendement d'un placement initial de 100 000 € et de 5 revenus annuels.

VA (valeur actuelle)

La fonction VA retourne la valeur actuelle, c'est-à-dire le capital investi ou emprunté.

Syntaxe : VA(taux;npm;vpm;vc;type). Vc et type sont facultatifs.

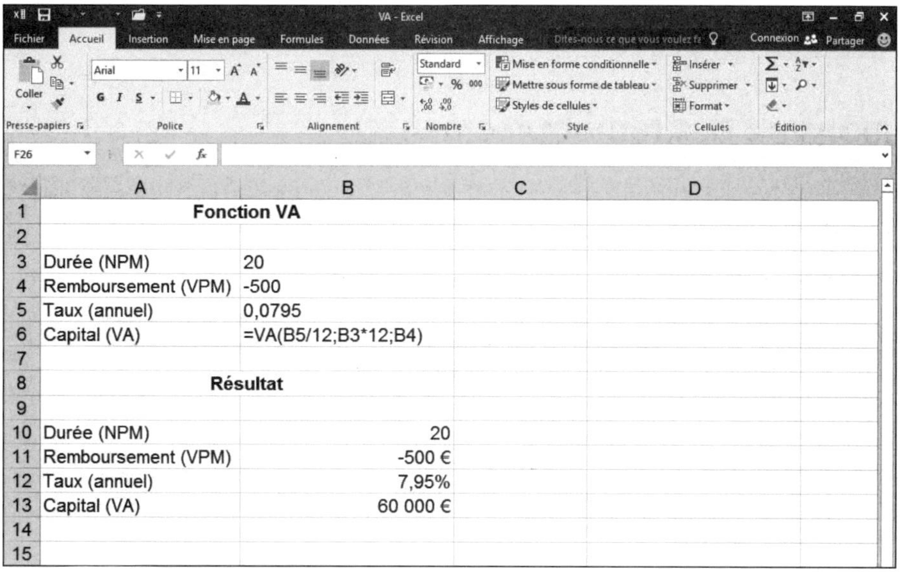

	A	B	C	D
1	Fonction VA			
2				
3	Durée (NPM)	20		
4	Remboursement (VPM)	-500		
5	Taux (annuel)	0,0795		
6	Capital (VA)	=VA(B5/12;B3*12;B4)		
7				
8	Résultat			
9				
10	Durée (NPM)	20		
11	Remboursement (VPM)	-500 €		
12	Taux (annuel)	7,95%		
13	Capital (VA)	60 000 €		
14				
15				

Dans cet exemple, on calcule le montant du capital emprunté pour un prêt sur 20 ans à 7,95 % et des remboursements mensuels de 500 €.

VC (valeur capitalisée)

Cette fonction renvoie la valeur capitalisée d'un investissement à remboursements périodiques constants, et à un taux d'intérêt constant.

Syntaxe : VC(taux;npm;vpm;va;type). Va et type sont facultatifs.

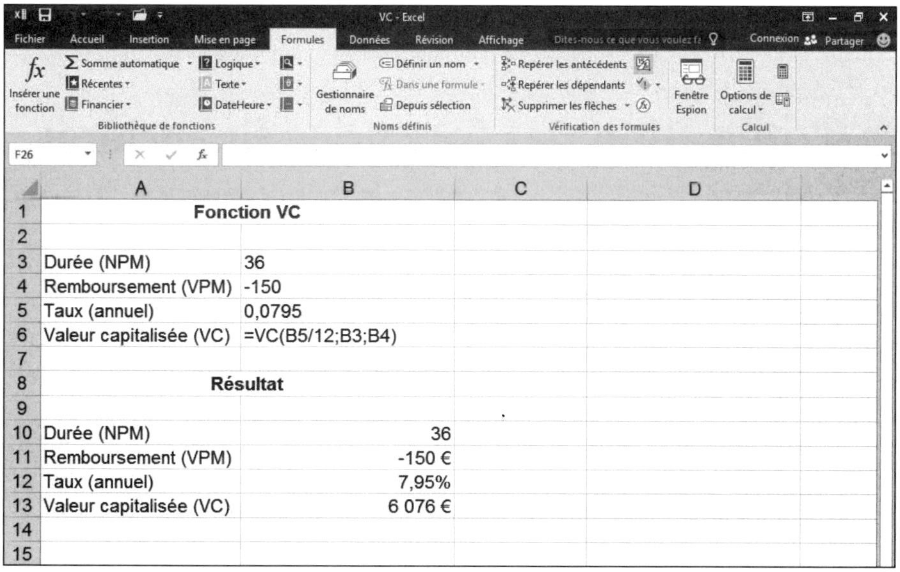

	A	B	C	D
1	Fonction VC			
2				
3	Durée (NPM)	36		
4	Remboursement (VPM)	-150		
5	Taux (annuel)	0,0795		
6	Valeur capitalisée (VC)	=VC(B5/12;B3;B4)		
7				
8	Résultat			
9				
10	Durée (NPM)	36		
11	Remboursement (VPM)	-150 €		
12	Taux (annuel)	7,95%		
13	Valeur capitalisée (VC)	6 076 €		
14				
15				

L'exemple calcule la valeur capitalisée (capital et intérêts) d'un placement de 150 € pendant 36 mois à un taux de 7,95 %.

VPM (montant des remboursements)

La fonction VPM calcule le montant des remboursements d'un emprunt pour des remboursements et un taux d'intérêt constants.

Syntaxe : VPM(taux;npm;va;vc;type). Vc et type sont facultatifs.

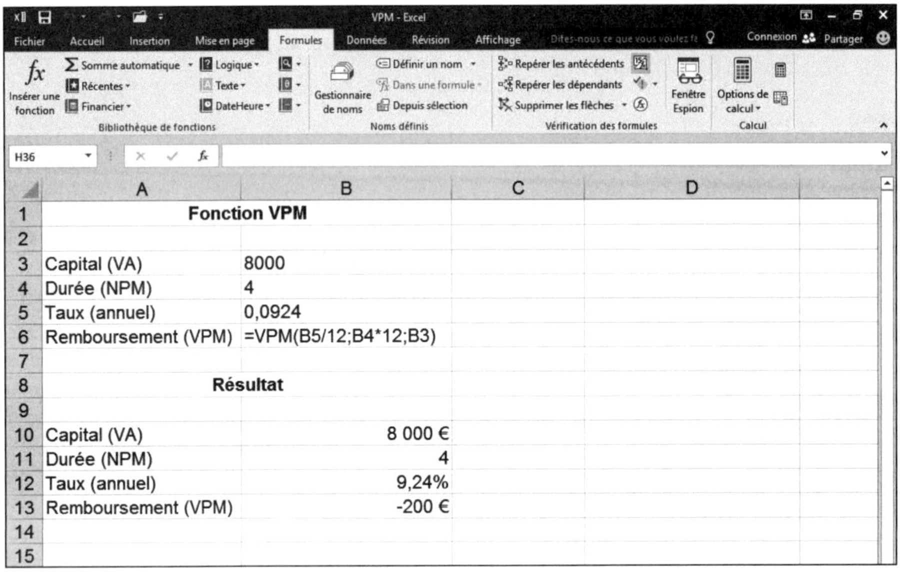

	A	B	C	D
1	Fonction VPM			
2				
3	Capital (VA)	8000		
4	Durée (NPM)	4		
5	Taux (annuel)	0,0924		
6	Remboursement (VPM)	=VPM(B5/12;B4*12;B3)		
7				
8	Résultat			
9				
10	Capital (VA)	8 000 €		
11	Durée (NPM)	4		
12	Taux (annuel)	9,24%		
13	Remboursement (VPM)	-200 €		
14				
15				

Dans l'exemple, on calcule le montant des remboursements d'un prêt de 8 000 € sur 4 ans à un taux de 9,24 %.

Exemples d'utilisation des fonctions financières

Cette partie du chapitre présente des mises en application des fonctions financières vues précédemment.

Calculer des mensualités ou des annuités

La fonction VPM permet de calculer les mensualités ou les annuités d'un prêt à remboursement à taux constant.

1 Saisissez les renseignements de base du prêt comme dans la figure 19-1.

2 Tapez = VPM() dans la cellule qui doit contenir la formule (B4 dans l'exemple).

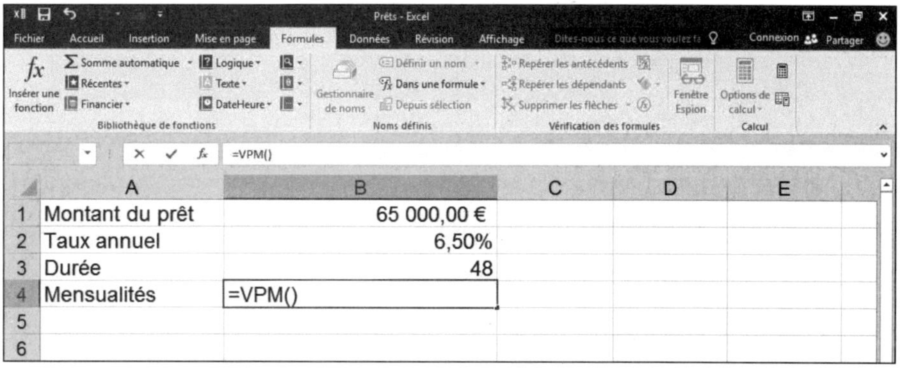

Figure 19-1 Renseignements de base du prêt.

3 Cliquez le bouton f_x.

4 Dans la zone **Taux**, tapez le taux d'intérêt annuel, ou le taux annuel divisé par douze pour calculer des mensualités (figure 19-2).

Note Les zones en gras sont obligatoires (**Taux**, **Npm** et **Va**). Les zones en maigre sont facultatives (**Vc** et **Type**).

Conseil Afin que la fonction utilise les valeurs présentes dans la feuille de calcul, pour chaque paramètre, cliquez , sélectionnez la cellule correspondante, puis cliquez .

5 Dans la zone **Npm**, tapez le nombre d'annuités, ou le nombre de mensualités si vous avez divisé le taux par douze.

Note La zone au-dessous affiche une explication sur la donnée à saisir.

6 Dans la zone **Va**, tapez le montant du capital emprunté.

La zone **Résultat** affiche le montant des mensualités ou des annuités.

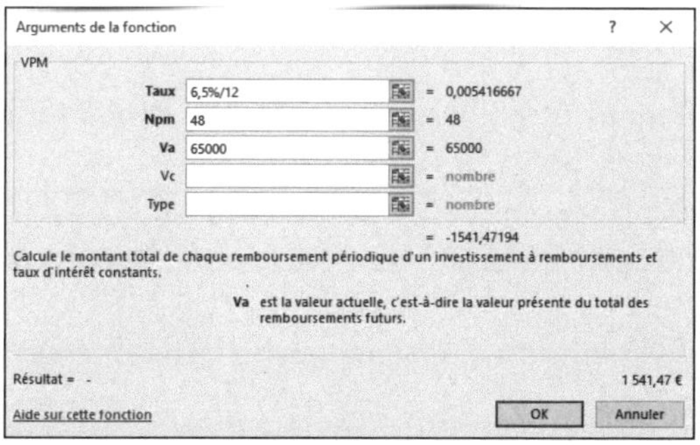

Figure 19-2 Arguments de la fonction VPM.

7 Cliquez le bouton **OK** pour valider la fonction.

La cellule sélectionnée à l'étape **2** affiche le montant de l'annuité ou de la mensualité (figure 19-3).

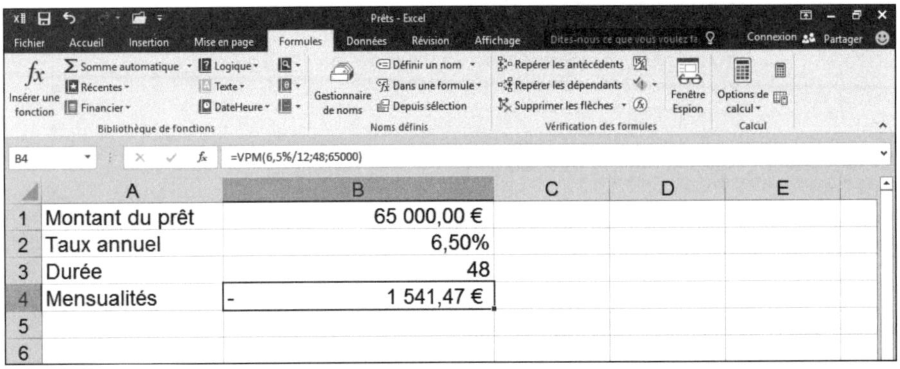

Figure 19-3 Calcul des mensualités d'un prêt.

Conseil Comme une annuité ou une mensualité représente un débit, le résultat est négatif. Ajoutez un signe moins devant la fonction VPM pour afficher un résultat positif.

Pour calculer rapidement une autre annuité ou une autre mensualité en modifiant les paramètres correspondants, les arguments de la fonction doivent utiliser des références à des cellules au lieu des valeurs fixes (figure 19-4).

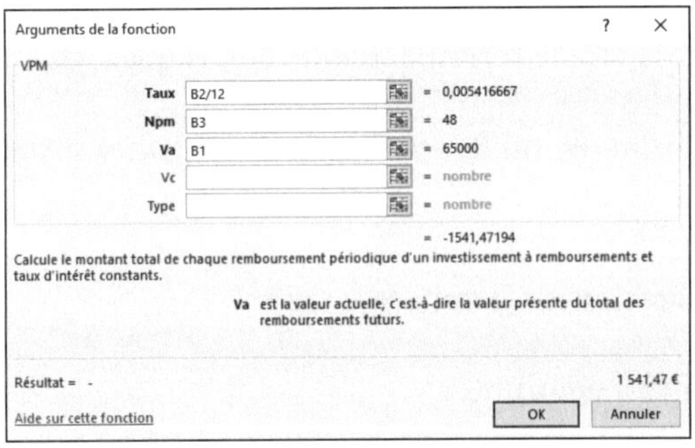

Figure 19-4 Arguments de la fonction VPM avec des références.

Calculer un remboursement in fine

Pour calculer un prêt avec un remboursement *in fine*, il suffit de préciser dans l'argument **Vc** le montant du capital.

Définition *In fine* : remboursement total du capital à la fin d'un prêt et non à chaque période.

1 Dans la zone **Vc**, tapez le montant de l'emprunt (le même que dans la zone **Va**).

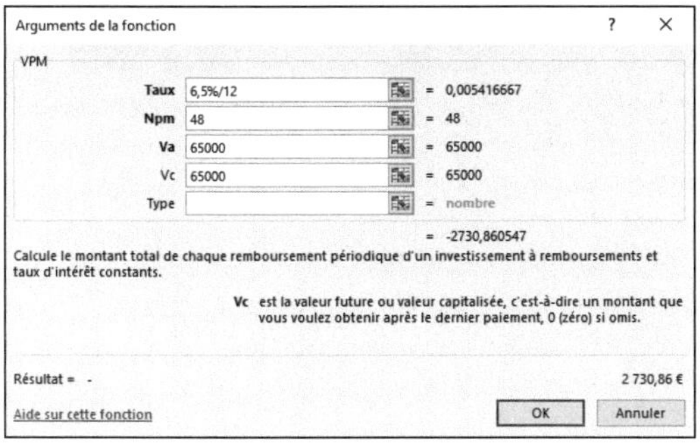

Figure 19-5 Arguments de la fonction VPM pour un remboursement ***in fine***.

Calculer des remboursements en début de période

Si les remboursements s'effectuent en début et non en fin de période, vous devez préciser la valeur de l'argument **Type**.

1 Dans la zone **Type**, tapez **1** (figure 19-6).

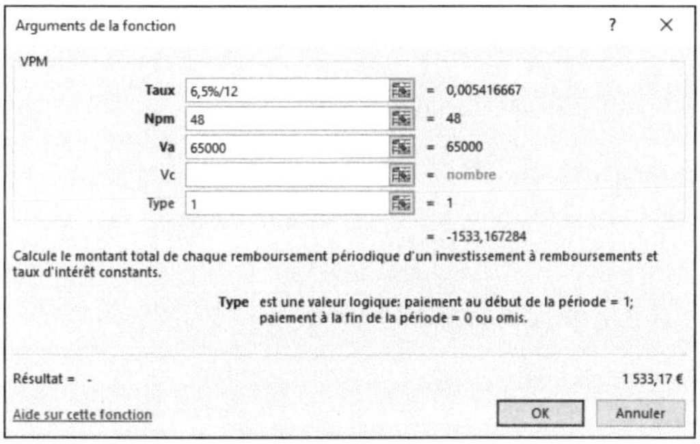

Figure 19-6 Arguments de la fonction VPM pour un remboursement en début de période.

Calculer les intérêts d'une période

La fonction INTPER permet de calculer les intérêts d'une période pour un prêt à remboursement et à taux constant.

1 Saisissez les renseignements de base du prêt comme dans la figure 19-7.

2 Tapez = INTPER() dans la cellule qui doit contenir la formule (B6 dans l'exemple).

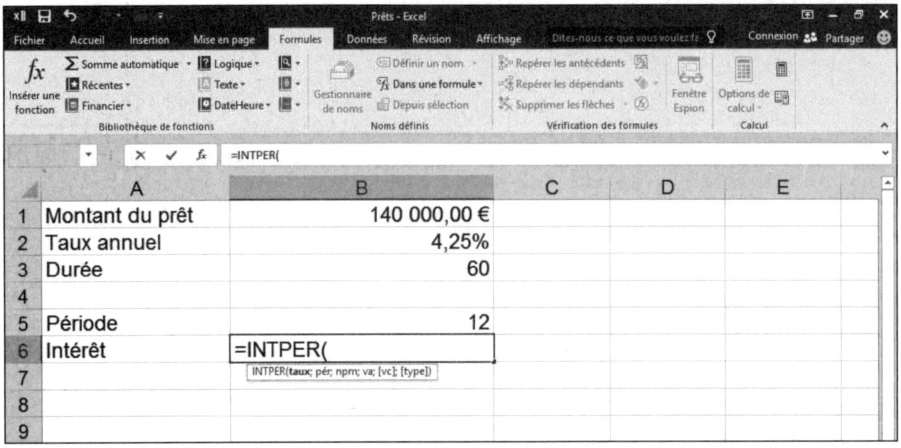

Figure 19-7 Renseignements de base du prêt.

3 Cliquez le bouton fx.

4 Dans la zone **Taux**, tapez le taux annuel, ou le taux annuel divisé par douze pour des remboursements mensuels (figure 19-8).

5 Dans la zone **Pér**, tapez le numéro de la période concernée.

6 Dans la zone **Npm**, tapez le nombre de périodes.

7 Dans la zone **Va**, tapez le montant du capital emprunté.

La zone **Résultat** affiche le montant des intérêts pour la période choisie.

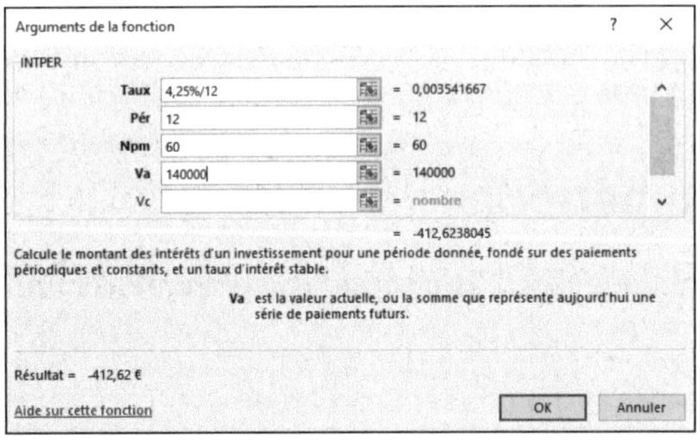

Figure 19-8 Arguments de la fonction INTPER.

8 Cliquez le bouton **OK** pour valider la fonction.

La cellule sélectionnée à l'étape **2** affiche le montant des intérêts de la période choisie (figure 19-9, ici avec des références de cellules).

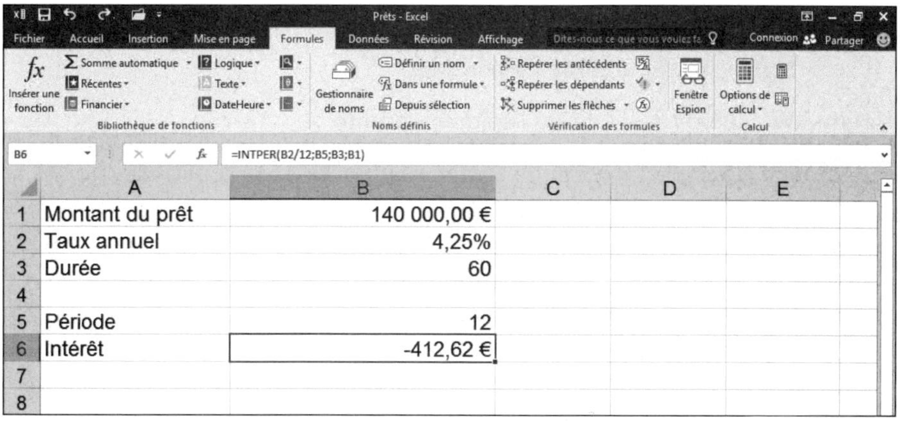

Figure 19-9 Calcul des intérêts d'une période précise.

Conseil Comme des intérêts représentent un débit, le résultat est négatif. Ajoutez un signe moins devant la fonction INTPER pour afficher un résultat positif.

Calculer le capital remboursé d'une période

La fonction PRINCPER permet de calculer le capital remboursé d'une période pour un prêt à remboursement et à taux constant.

1 Saisissez les renseignements de base du prêt comme dans la figure 19-10.

2 Tapez = PRINCPER() dans la cellule qui doit contenir la formule (B7 dans l'exemple).

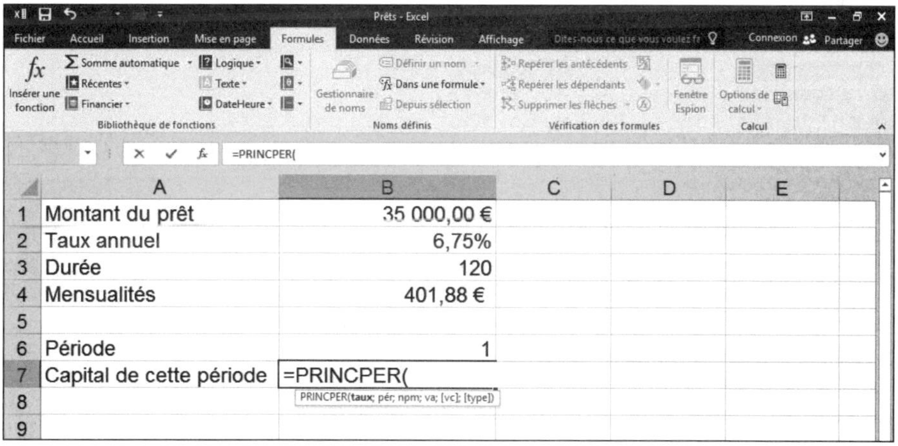

Figure 19-10 Renseignements de base du prêt.

3 Cliquez le bouton .

4 Dans la zone **Taux**, tapez le taux annuel, ou tapez le taux annuel divisé par douze pour des remboursements mensuels (figure 19-11).

5 Dans la zone **Pér**, tapez le numéro de la période concernée.

6 Dans la zone **Npm**, tapez le nombre de périodes.

7 Dans la zone **Va**, tapez le montant du capital emprunté.

La zone **Résultat** affiche le montant du capital remboursé pour la période choisie.

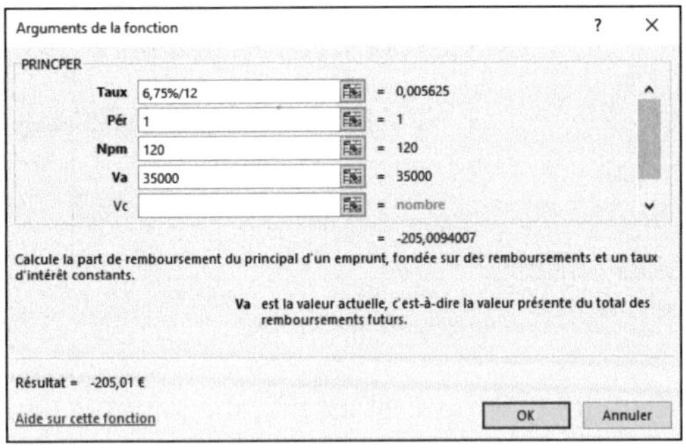

Figure 19-11 Arguments de la fonction PRINCPER.

8 Cliquez le bouton **OK** pour valider la fonction.

La cellule choisie à l'étape **2** affiche le montant du capital remboursé pour la période choisie (figure 19-12, ici avec des références de cellules).

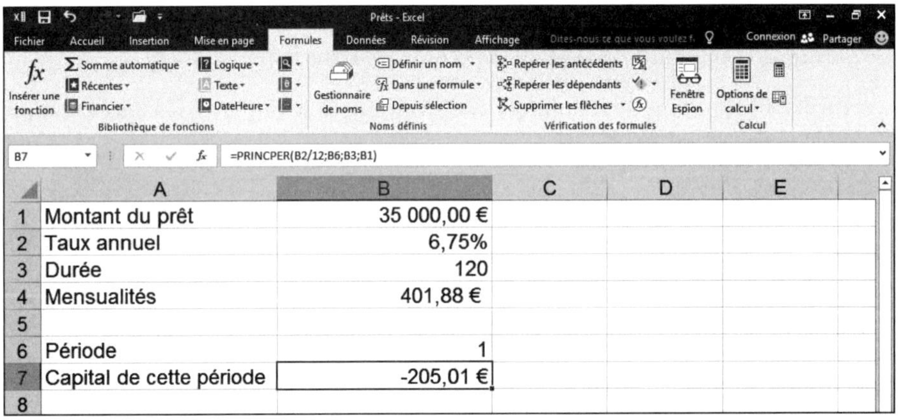

Figure 19-12 Calcul du capital remboursé à une période précise.

Créer un tableau de prêt

En utilisant les fonctions INTPER et PRINCPER, vous pouvez réaliser un tableau d'amortissement pour un prêt à remboursement à taux constant.

1 Tapez les renseignements sur le prêt comme dans la figure 19-13 (montant du prêt, taux, nombre de périodes et les étiquettes correspondantes).

Note Si vous désirez recopier à l'identique les formules proposées plus loin, recopiez les mêmes noms d'étiquettes et d'en-têtes que dans le tableau de la figure 19-13.

2 Tapez les en-têtes du tableau d'amortissement.

3 Tapez les numéros des périodes dans la première colonne (années ou mois).

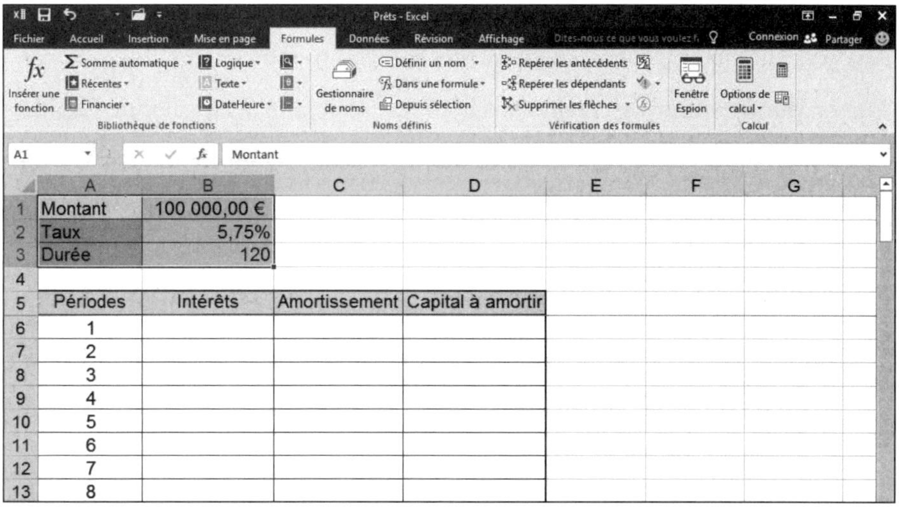

Figure 19-13 Renseignements de base du tableau d'amortissement.

Pour simplifier les formules, il est nécessaire de nommer les paramètres du tableau.

4 Sélectionnez chaque constante et son étiquette comme dans la figure 19-13 (A1:B3).

5 Cliquez l'onglet **Formules ➜ Noms définis ➜ Depuis sélection**.

6 Cochez la case **Colonne de gauche** et décochez les autres cases.

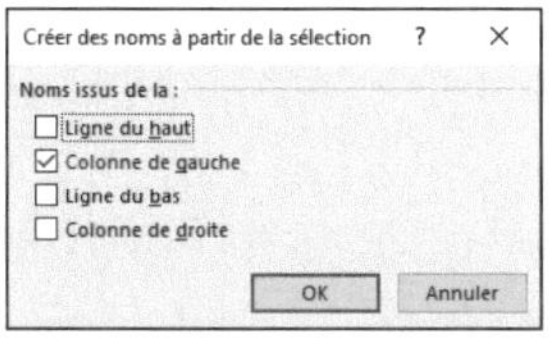

Figure 19-14 Ajout de noms pour les paramètres du tableau.

7 Cliquez le bouton **OK** pour créer les noms.

8 Cliquez une cellule du tableau (par exemple A5 dans notre exemple), puis tapez **Ctrl** + * pour sélectionner tout le tableau.

9 Cliquez l'onglet **Formules ➜ Noms définis ➜ Depuis sélection.**

10 Cochez la case **Ligne du haut** et décochez les autres cases.

11 Cliquez le bouton **OK** pour créer les noms.

12 Tapez **=-INTPER(Taux/12;Périodes;Durée;Montant)** dans la première cellule de la colonne **Intérêts** et validez avec **Entrée.**

13 Recopiez la fonction dans les autres cellules de la colonne.

Note Respectez les noms de votre tableau. Ne tapez pas **/12** si les périodes sont des annuités.

14 Tapez **=-PRINCPER(Taux/12;Périodes;Durée;Montant)** dans la première cellule de la colonne **Amortissement** et validez avec **Entrée**.

15 Recopiez la fonction dans les autres cellules de la colonne.

16 Tapez **=Montant-Amortissement** dans la première cellule de la colonne **Capital à amortir**.

17 Tapez = dans la seconde cellule de la colonne **Capital à amortir**, cliquez la première cellule de la colonne puis tapez **-Amortissement**.

18 Recopiez la deuxième cellule dans les autres cellules de la colonne.

Pour voir en même temps les en-têtes de colonnes et les dernières périodes, il faut figer les volets.

19 Cliquez la cellule contenant le numéro de la première période.

20 Cliquez l'onglet **Affichage ➜ Fenêtre ➜ Figer les volets ➜ Figer les volets**.

21 Utilisez la barre de défilement vertical pour voir les dernières périodes. Le capital à amortir de la dernière période doit être égal à zéro.

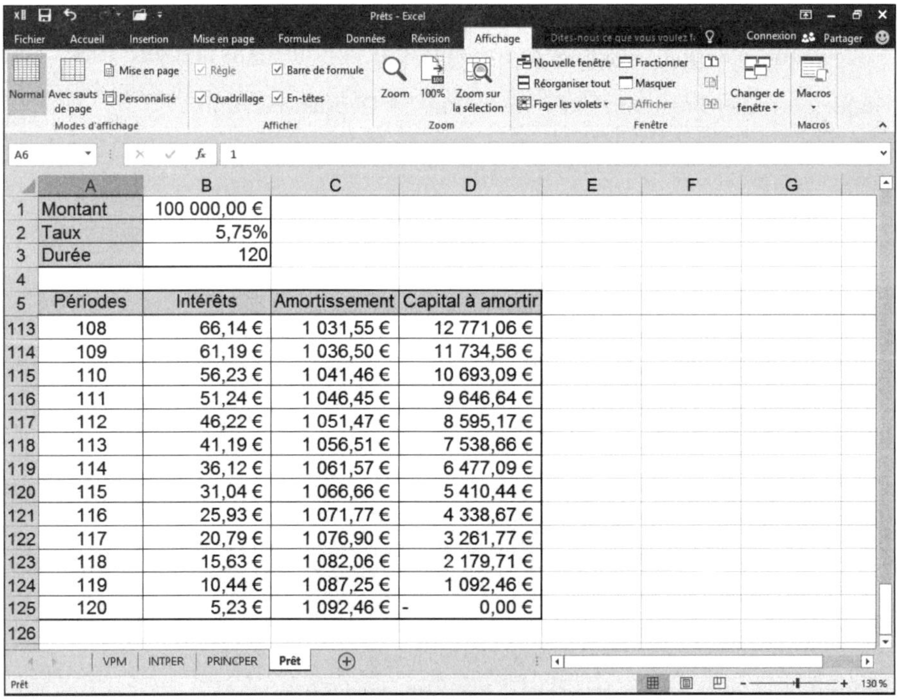

	A	B	C	D
1	Montant	100 000,00 €		
2	Taux	5,75%		
3	Durée	120		
4				
5	Périodes	Intérêts	Amortissement	Capital à amortir
113	108	66,14 €	1 031,55 €	12 771,06 €
114	109	61,19 €	1 036,50 €	11 734,56 €
115	110	56,23 €	1 041,46 €	10 693,09 €
116	111	51,24 €	1 046,45 €	9 646,64 €
117	112	46,22 €	1 051,47 €	8 595,17 €
118	113	41,19 €	1 056,51 €	7 538,66 €
119	114	36,12 €	1 061,57 €	6 477,09 €
120	115	31,04 €	1 066,66 €	5 410,44 €
121	116	25,93 €	1 071,77 €	4 338,67 €
122	117	20,79 €	1 076,90 €	3 261,77 €
123	118	15,63 €	1 082,06 €	2 179,71 €
124	119	10,44 €	1 087,25 €	1 092,46 €
125	120	5,23 €	1 092,46 €	- 0,00 €
126				

Figure 19-15 Tableau d'amortissement d'un prêt.

Chapitre 20

Fonctions de texte, de date et d'heure

Dans ce chapitre :

- Manipulation de texte
- Recherche de texte
- Conversion de texte
- Extraire des dates et des heures
- Utiliser des dates et des heures
- Exemples d'utilisation des dates et des heures

Les fonctions de texte permettent de manipuler des chaînes de caractères. Même si Excel est avant tout un tableur, donc destiné à utiliser des nombres et des formules, les fonctions de texte sont indispensables dans l'agencement des feuilles de calcul. La première partie de ce chapitre vous fait découvrir toutes les fonctions disponibles dans ce domaine, ainsi que des exemples de formules.

Les fonctions de date et d'heure permettent de manipuler des valeurs horaires. C'est une partie importante des fonctions proposées par Excel. Vous trouverez dans la seconde partie de ce chapitre l'essentiel des fonctions pour déterminer des dates d'échéance, calculer des jours ouvrés, trouver l'écart entre deux dates, connaître le jour de la semaine, *etc.*, ainsi que des exemples d'utilisation.

Manipuler du texte

Les fonctions de manipulation permettent d'extraire, de remplacer ou de substituer des portions de texte. Elles permettent aussi de supprimer les caractères indésirables dans les textes provenant d'applications extérieures.

Définition **Chaîne de caractères** : ensemble de caractères alphanumériques formant des mots et des phrases. Lors de la saisie d'une cellule, Excel analyse son contenu pour déterminer s'il s'agit d'un texte. Toute saisie ne contenant pas un nombre ou ne débutant pas par le signe égal est considérée comme une chaîne de caractères. Par défaut, les chaînes sont alignées à gauche.

CONCATENER

Cette fonction permet de mettre bout à bout plusieurs chaînes (tous les arguments) pour n'en former qu'une seule. Utilisez-la pour regrouper des informations, par exemple un nom et un prénom.

Note Vous pouvez aussi utiliser l'opérateur **&** (="Monsieur " & "Dupont " & "Jean").

L'exemple concatène les trois textes des cellules B3 à B5. Notez que chaque texte contient une espace finale, ce qui permet de séparer les mots. Si ce n'est pas votre cas, vous devez les ajouter dans la fonction : = CONCATENER(B3;» «;B4;» «;B5).

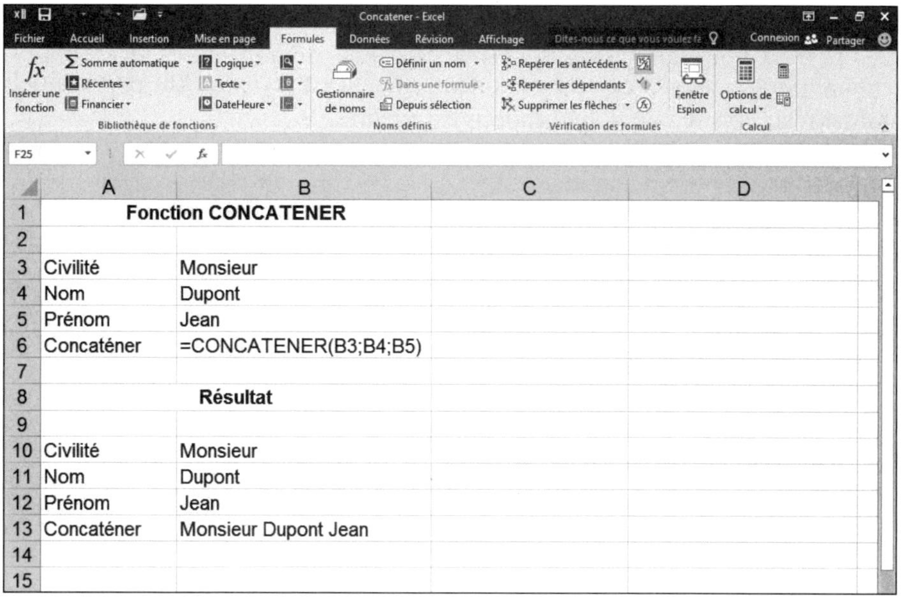

DROITE

Cette fonction retourne les x caractères (2e argument) de droite d'une chaîne (1er argument). Utilisez-la pour extraire les mots à droite d'une chaîne, par exemple un nom dans un texte contenant un prénom et un nom.

Note Si le second argument est omis, sa valeur par défaut est 1.

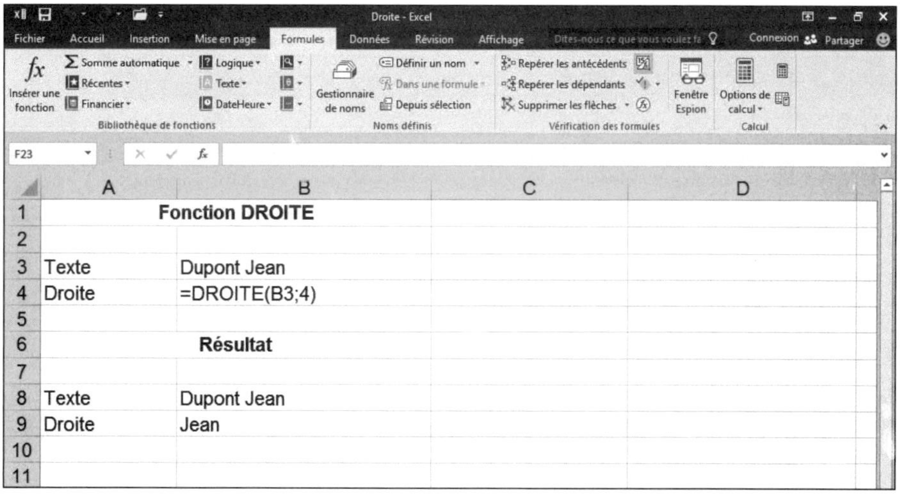

L'exemple extrait les quatre caractères de droite de la chaîne en B3.

EPURAGE

Cette fonction supprime tous les caractères non imprimables d'un texte. Elle est essentiellement utilisée pour les textes provenant d'applications extérieures.

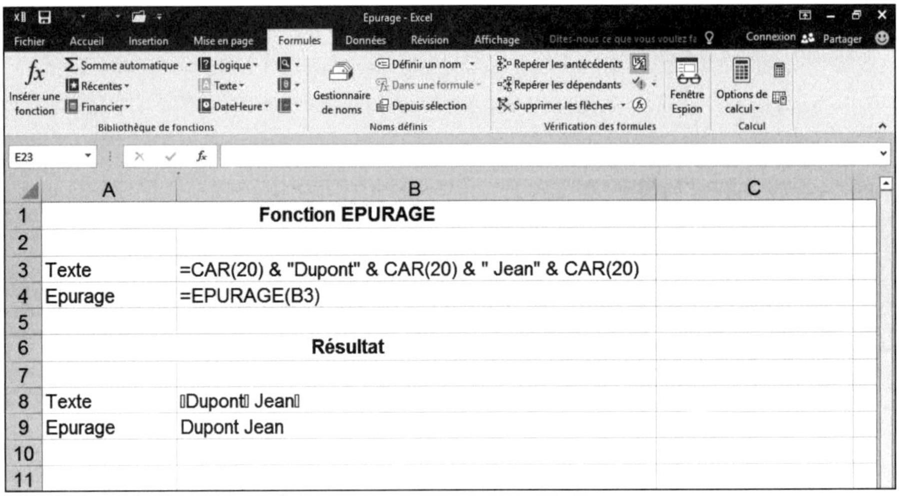

Dans l'exemple, la cellule en B3 contient du texte avec des caractères non imprimables ajoutés volontairement. La fonction en B4 supprime ces caractères.

GAUCHE

Cette fonction retourne les x caractères (2e argument) de gauche d'une chaîne (1er argument). Utilisez-la pour extraire les mots à gauche d'une chaîne, par exemple un prénom dans un texte contenant un prénom et un nom.

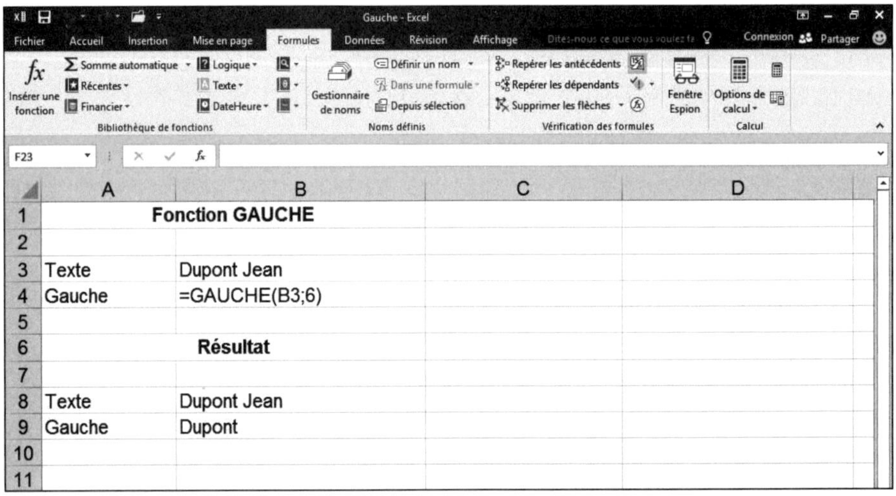

Note Si le second argument est omis, sa valeur par défaut est 1.

L'exemple extrait les six caractères de gauche de la chaîne en B3.

REMPLACER

Cette fonction remplace une partie d'une chaîne de caractères (1er argument), à partir d'une position précise (2e argument), et pour un nombre de caractères précis (3e argument), par les caractères d'une autre chaîne (4e argument).

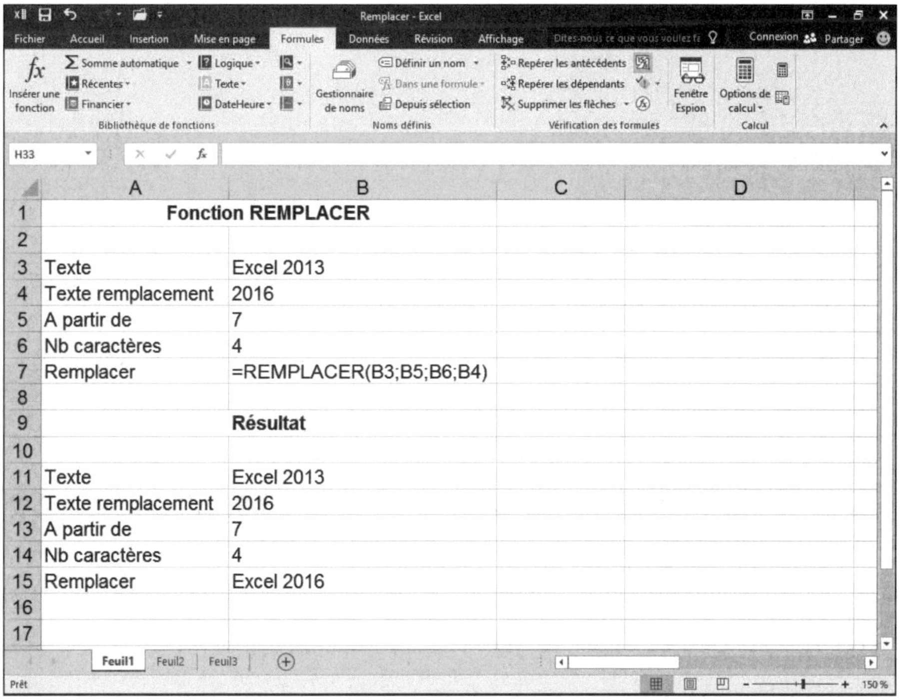

	A	B	C	D
1	Fonction REMPLACER			
2				
3	Texte	Excel 2013		
4	Texte remplacement	2016		
5	A partir de	7		
6	Nb caractères	4		
7	Remplacer	=REMPLACER(B3;B5;B6;B4)		
8				
9		Résultat		
10				
11	Texte	Excel 2013		
12	Texte remplacement	2016		
13	A partir de	7		
14	Nb caractères	4		
15	Remplacer	Excel 2016		
16				
17				

Dans l'exemple, on remplace la chaîne 2013 par la chaîne 2016.

REPT

Cette fonction crée une chaîne en répétant x fois (2e argument) une chaîne (1er argument).

Note La chaîne générée ne peut pas dépasser 32 767 caractères. Si c'est le cas, Excel affiche l'erreur #VALEUR !. Si le second argument est 0, la fonction retourne une chaîne vide.

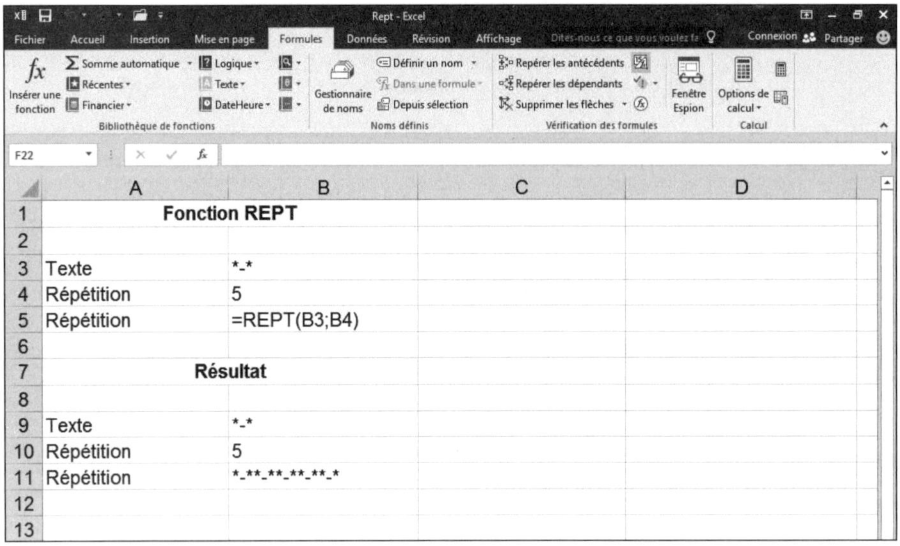

Dans l'exemple, on répète 5 fois la chaîne « *-* ».

SUBSTITUE

Cette fonction remplace une portion de texte (2e argument) d'une chaîne (1er argument) par une autre chaîne (3e argument).

Note Si la chaîne du second argument n'existe pas dans la chaîne d'origine (1er argument), la fonction retourne la chaîne d'origine.

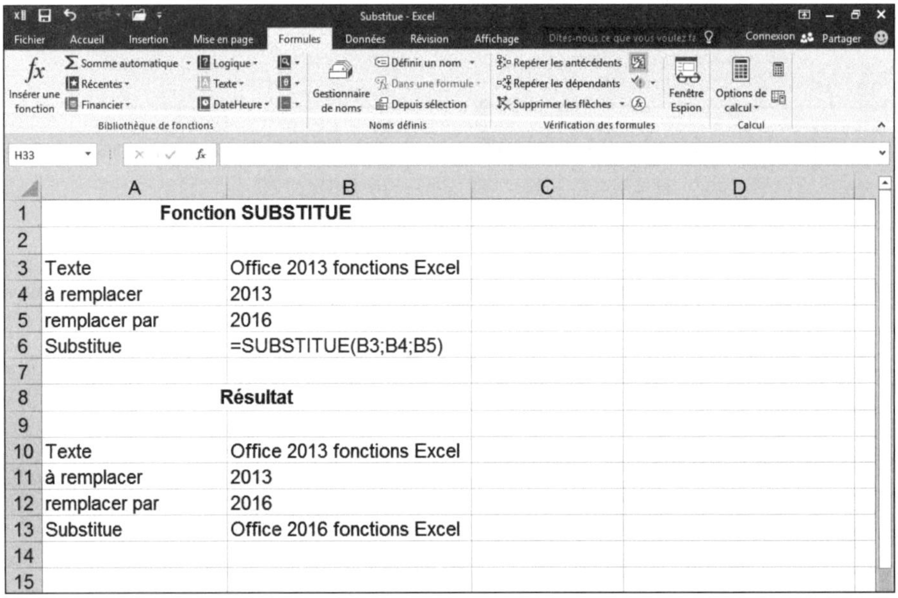

Dans l'exemple, on remplace le texte 2013 par 2016.

Si le texte à remplacer existe plusieurs fois dans la chaîne d'origine, toutes les occurrences sont remplacées. Pour n'en remplacer qu'une seule, précisez en quatrième argument le numéro de cette occurrence. L'exemple ci-après montre l'utilisation de ce quatrième argument facultatif.

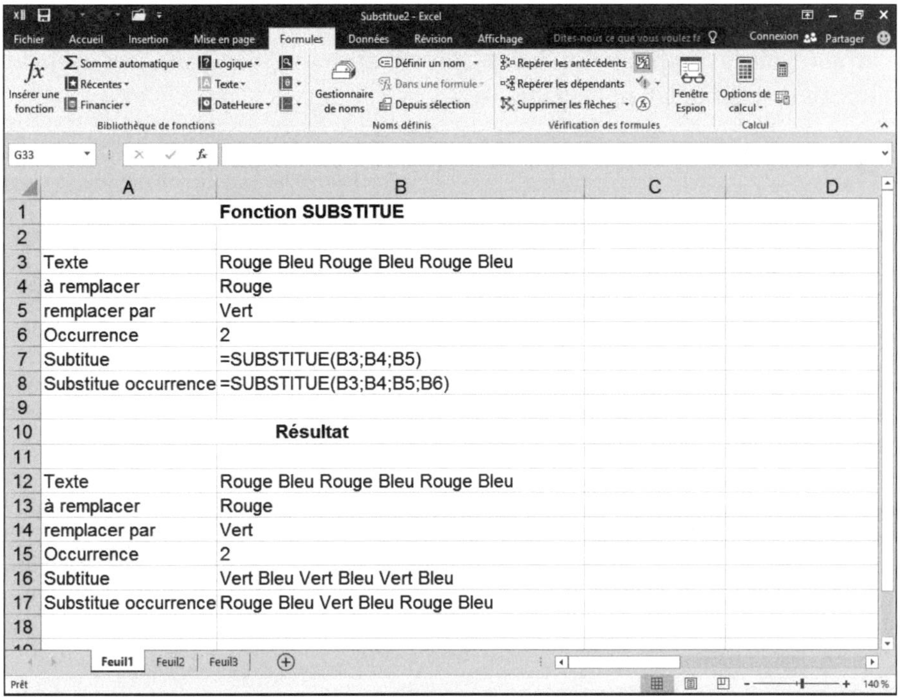

	A	B	C	D
1		**Fonction SUBSTITUE**		
2				
3	Texte	Rouge Bleu Rouge Bleu Rouge Bleu		
4	à remplacer	Rouge		
5	remplacer par	Vert		
6	Occurrence	2		
7	Subtitue	=SUBSTITUE(B3;B4;B5)		
8	Substitue occurrence	=SUBSTITUE(B3;B4;B5;B6)		
9				
10		**Résultat**		
11				
12	Texte	Rouge Bleu Rouge Bleu Rouge Bleu		
13	à remplacer	Rouge		
14	remplacer par	Vert		
15	Occurrence	2		
16	Subtitue	Vert Bleu Vert Bleu Vert Bleu		
17	Substitue occurrence	Rouge Bleu Vert Bleu Rouge Bleu		
18				

SUPPRESPACE

Cette fonction supprime les espaces d'une chaîne en ne gardant que celles entre les mots.

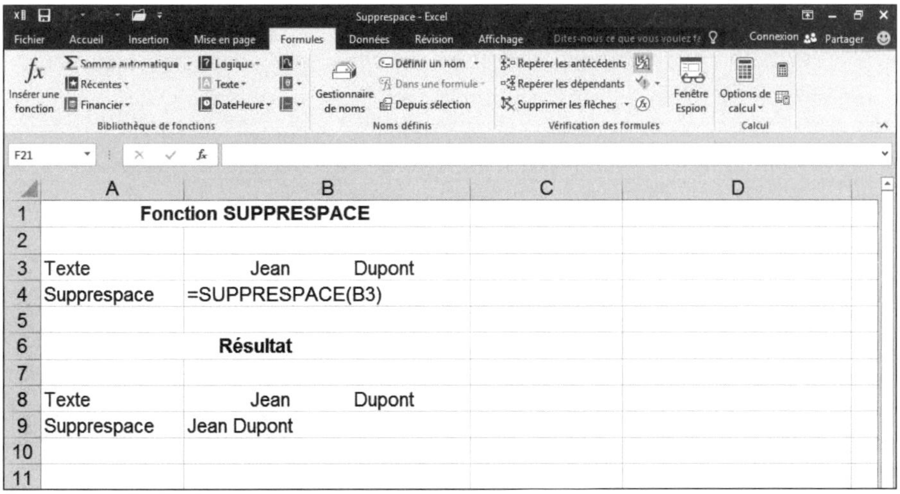

	A	B	C	D
1	**Fonction SUPPRESPACE**			
2				
3	Texte	Jean Dupont		
4	Suppresspace	=SUPPRESPACE(B3)		
5				
6		**Résultat**		
7				
8	Texte	Jean Dupont		
9	Suppresspace	Jean Dupont		
10				
11				

On utilise généralement cette fonction pour corriger des textes provenant d'une autre application.

Rechercher du texte

Les fonctions de recherche permettent de connaître la longueur d'une chaîne, la position d'un texte dans un autre ou de comparer des chaînes. Elles sont généralement utilisées conjointement avec les fonctions de manipulation de texte.

CHERCHE

Cette fonction cherche une chaîne (1er argument) à l'intérieur d'une autre chaîne (2e argument) à partir du xe caractère (3e argument). Elle retourne le numéro de la position de la chaîne trouvé (0 si non trouvé).

Note Si le 3e argument est omis, sa valeur par défaut est 1. La fonction ne tient pas compte des majuscules et des minuscules et accepte les jokers (? et *) contrairement à la fonction TROUVE.

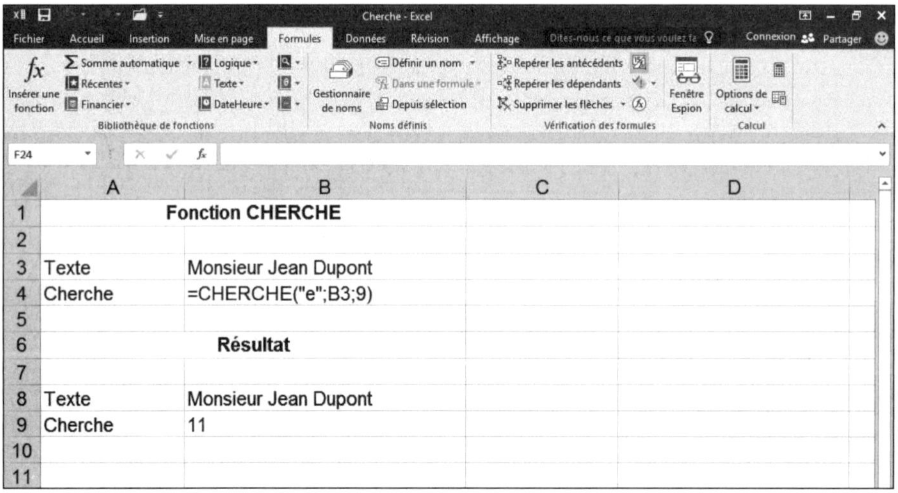

L'exemple recherche la lettre « e » à partir du neuvième caractère. La fonction retourne la valeur 11, position de la seconde lettre « e » dans le texte.

EXACT

La fonction EXACT retourne la valeur **Vrai** si une chaîne (1er argument) est identique à une autre chaîne (2e argument). La fonction tient compte des majuscules et des minuscules comme le montre l'exemple. En revanche, elle ne tient pas compte de la mise en forme (police, format, *etc.*). Utilisez cette fonction pour vérifier qu'une saisie correspond à une valeur demandée.

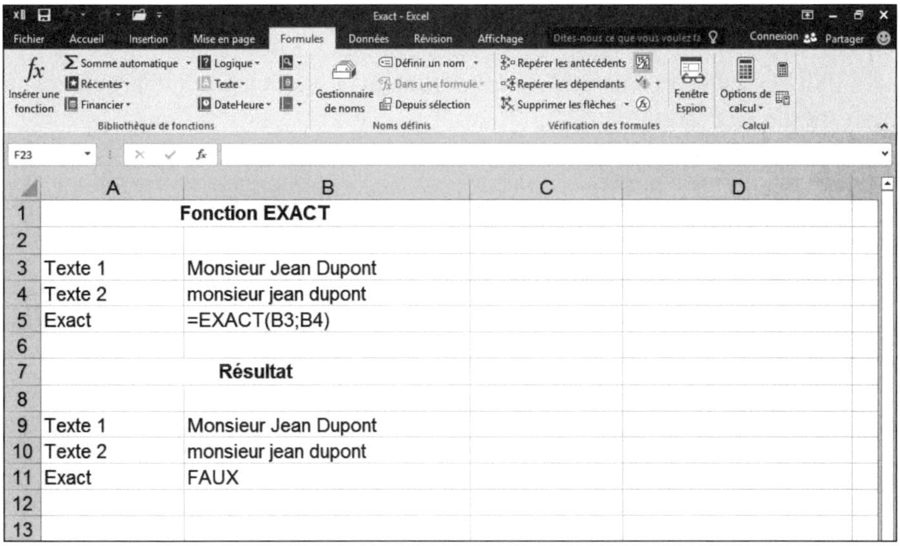

NBCAR

Cette fonction retourne le nombre de caractères d'une chaîne (y compris les espaces). Si l'argument représente une chaîne vide, la fonction retourne 0. Si l'argument est une valeur numérique, la fonction retourne le nombre de caractères nécessaires à son affichage, y compris le séparateur des décimales, comme le montre l'exemple en B6.

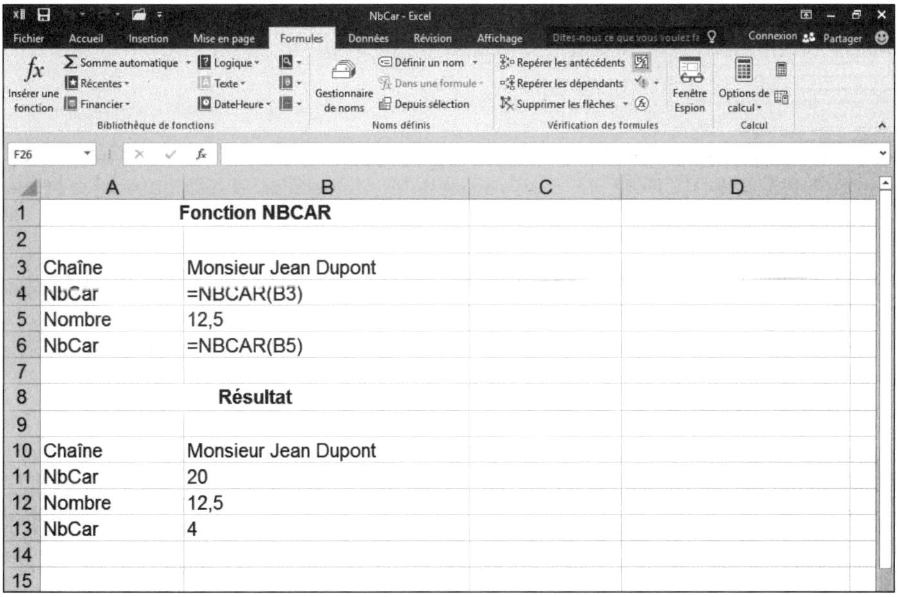

STXT

La fonction STXT retourne les x caractères (3e argument) d'une chaîne (1er argument) à partir de la position spécifiée (2e argument).

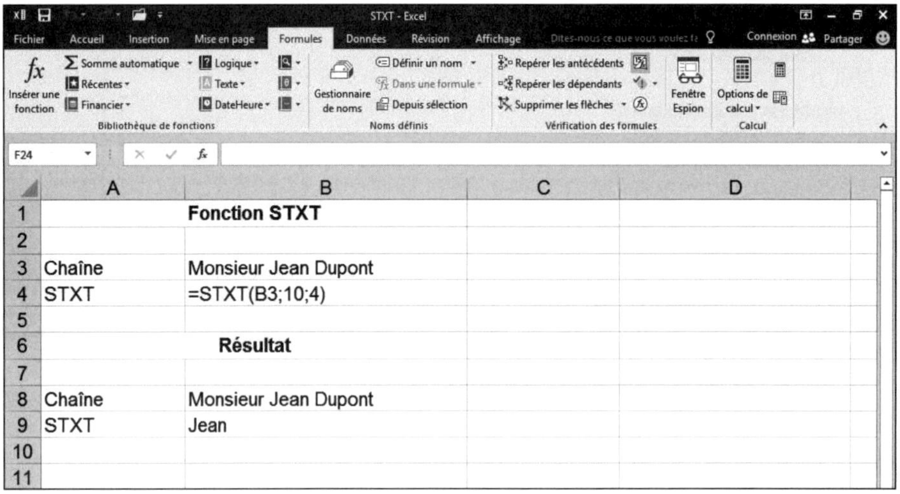

L'exemple extrait 4 caractères à partir du 10e.

TROUVE

Cherche une chaîne (1er argument) à l'intérieur d'une autre chaîne (2e argument) à partir du xe caractère (3e argument). Retourne le numéro de la position de la chaîne trouvé (0 si non trouvé).

Note Si le 3e argument est omis, sa valeur par défaut est 1. La fonction TROUVE fonctionne comme la fonction CHERCHE, mais respecte les majuscules et les minuscules et n'accepte pas les jokers (? et *).

Dans l'exemple, la fonction retourne la position du texte « Jean » à l'intérieur de la chaîne en B3.

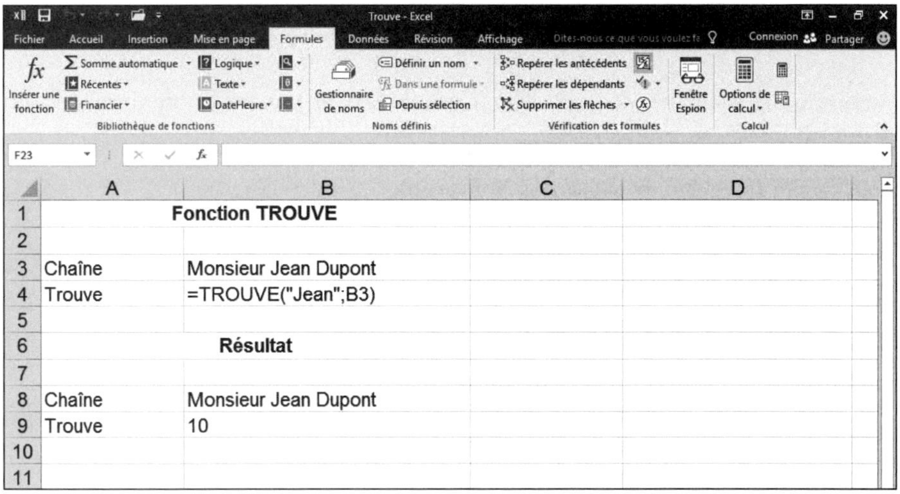

Convertir du texte

La conversion consiste à transformer un nombre en chaîne de caractères. Cette conversion est nécessaire pour intégrer des nombres à l'intérieur d'une chaîne, par exemple pour ajouter des titres avec des années dans vos feuilles de calcul.

CAR

Cette fonction retourne le caractère correspondant au numéro spécifié dans le jeu de caractères ASCII (une espace pour 32, la lettre A pour 65, le symbole € pour 128, *etc.*).

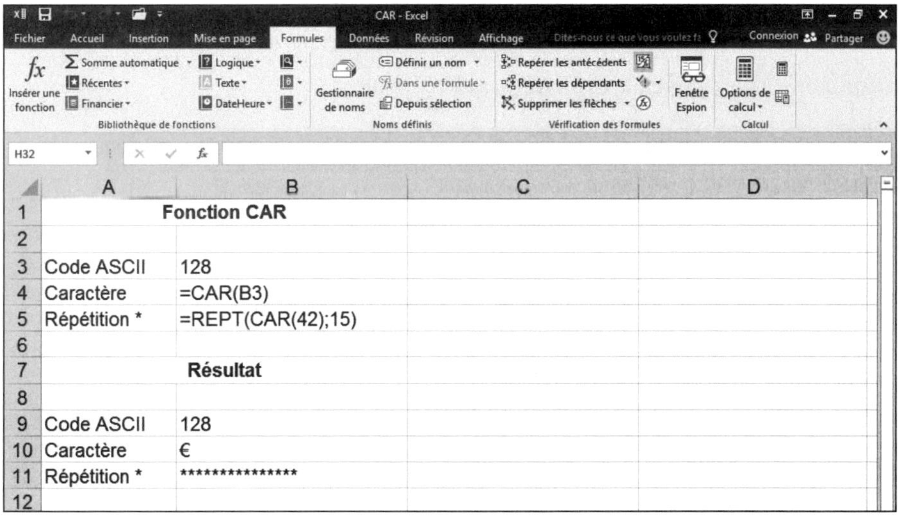

Dans l'exemple, la fonction en B4 affiche le caractère correspondant au code 128 (le symbole €). La formule en B5 utilise la fonction REPT pour répéter 15 fois le caractère 42 (le symbole *).

Retrouver les codes ASCII

Si vous avez besoin de connaître le code d'un caractère, vous pouvez l'obtenir avec la boîte d'insertion des caractères spéciaux.

1. Cliquez l'onglet **Insertion ➜ Symboles ➜ Symbole**.
2. Sélectionnez **(texte normal)** dans la liste **Police**.
3. Sélectionnez **ASCII (décimal)** dans la liste **de**.
4. Cliquez le caractère dont vous désirez connaître le code.

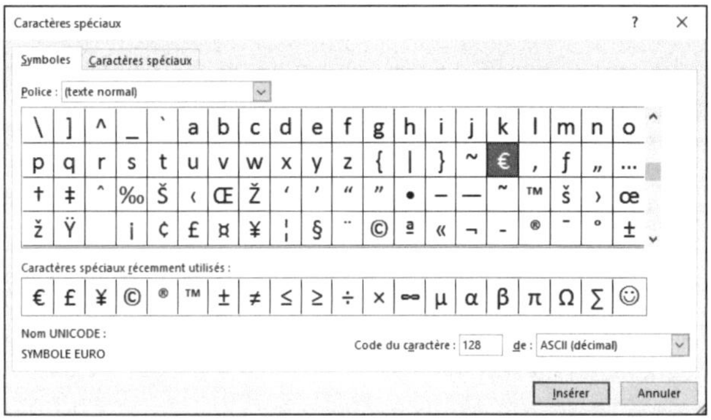

La zone **Code du caractère** vous donne la correspondance à utiliser avec les fonctions CAR et CODE.

CHIFFRE.ARABE

Cette fonction convertit un chiffre romain en chiffre arabe.

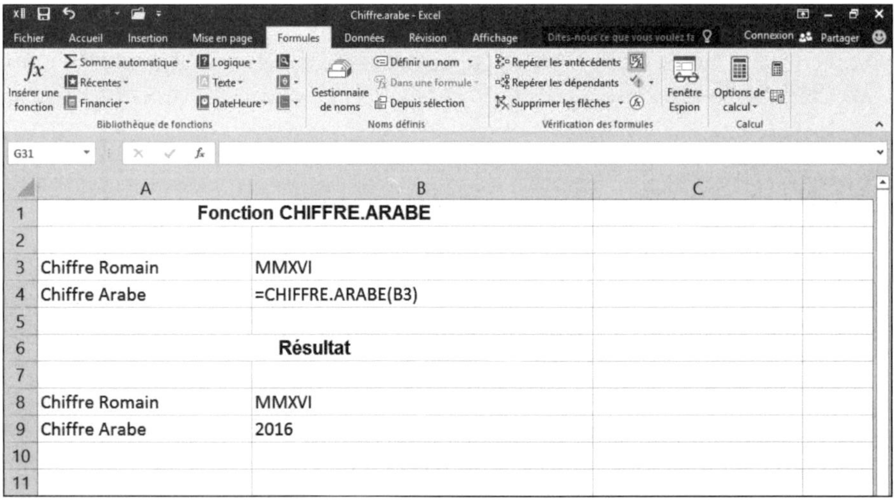

L'exemple convertit le chiffre romain MMXVI en chiffre arabe (2016). Si l'argument est une chaîne vide, la fonction retourne 0. Si l'argument n'est pas un chiffre romain valide, la fonction affiche l'erreur #VALEUR!. Pour créer un chiffre romain, utilisez la fonction ROMAIN.

CODE

Cette fonction retourne le numéro du premier caractère d'une chaîne dans le jeu de caractères ASCII (32 pour l'espace, 65 pour A, *etc.*).

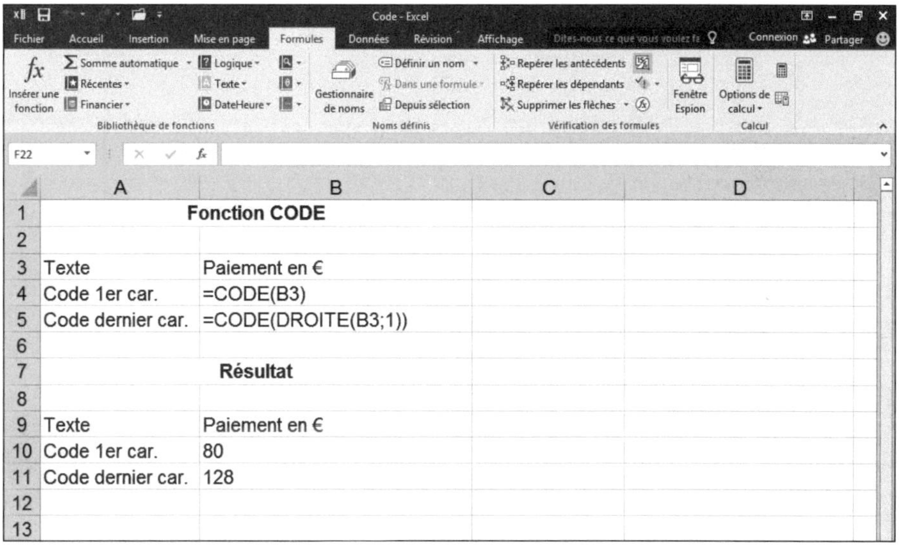

	A	B	C	D
1	Fonction CODE			
2				
3	Texte	Paiement en €		
4	Code 1er car.	=CODE(B3)		
5	Code dernier car.	=CODE(DROITE(B3;1))		
6				
7	Résultat			
8				
9	Texte	Paiement en €		
10	Code 1er car.	80		
11	Code dernier car.	128		
12				
13				

Dans l'exemple, la fonction en B4 affiche le code du 1er caractère de la chaîne en B3 (80 pour la lettre P majuscule). La formule en B5 utilise la fonction DROITE pour sélectionner le dernier caractère de la chaîne en B3. La formule retourne 128, code du symbole €.

CTXT

Cette fonction convertit un nombre (1er argument) au format texte avec un nombre de décimales précis (2e argument). Si le second argument est négatif, le nombre est arrondi à gauche de la virgule.

Note Si le second argument est omis, sa valeur par défaut est 2.

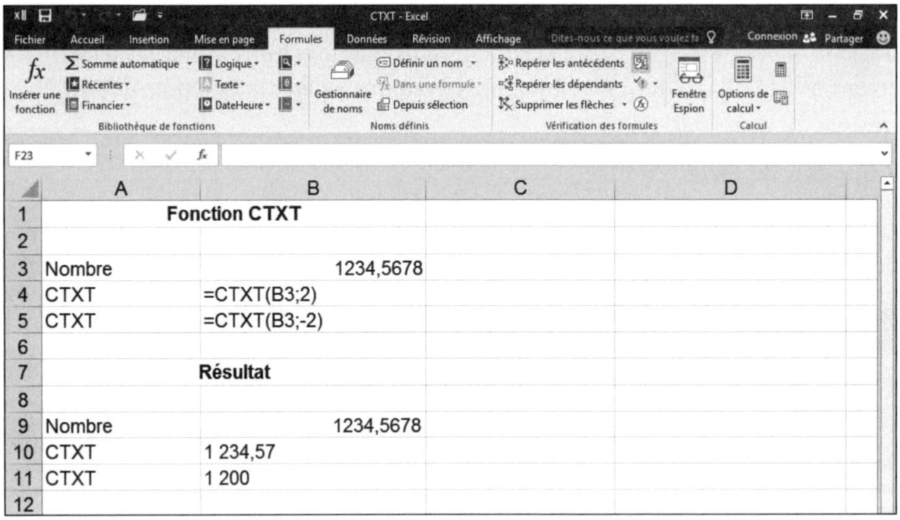

Dans l'exemple, la fonction en B4 convertit le nombre en texte et l'arrondit à deux décimales. En B5, comme le second argument est négatif, les unités et les dizaines sont supprimées. Notez que le résultat est aligné à gauche comme un texte.

DEVISE

La fonction DEVISE convertit un nombre (1er argument) au format texte avec un nombre de décimales précis (2e argument) et ajoute le symbole monétaire par défaut. Si le second argument est négatif, le nombre est arrondi à gauche de la virgule.

Note Si le second argument est omis, sa valeur par défaut est 2. Excel utilise la monnaie définie par défaut dans le Panneau de configuration de Windows.

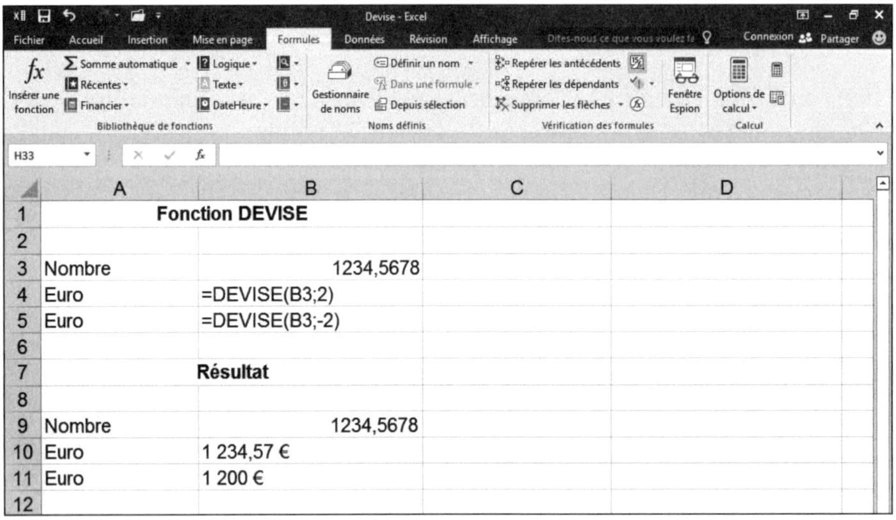

Dans l'exemple, la fonction en B4 convertit le nombre en texte en ajoutant le symbole monétaire et l'arrondit à deux décimales. En B5, comme le second argument est négatif, les unités et les dizaines sont supprimées. Notez que le résultat est aligné à gauche comme un texte.

MAJUSCULE

Cette fonction convertit tous les caractères d'une chaîne en majuscules. Utilisez-la, par exemple, pour harmoniser des saisies.

Note Si l'argument est un nombre ou une référence à un nombre, la fonction retourne un texte comme après une conversion avec la fonction CTXT, sans toutefois modifier les décimales.

MINUSCULE

Cette fonction convertit tous les caractères d'une chaîne en minuscules. Utilisez-la, par exemple, pour harmoniser des saisies.

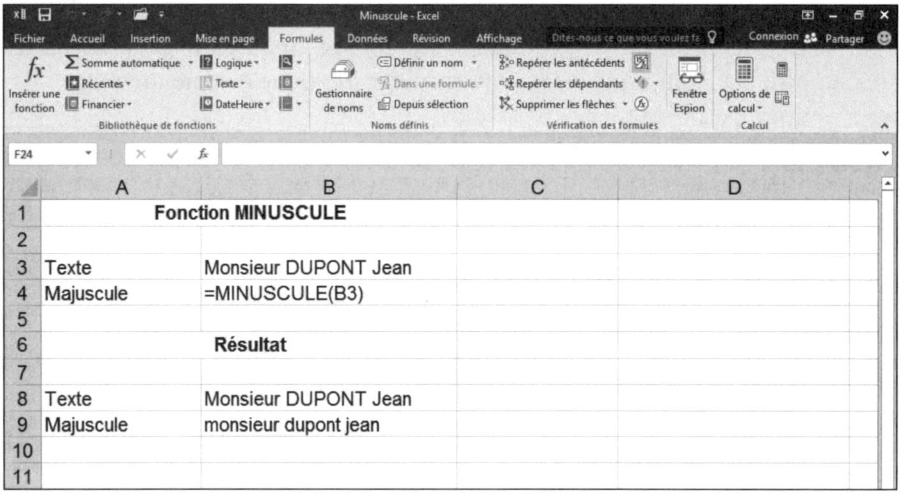

Note Si l'argument est un nombre ou une référence à un nombre, la fonction retourne un texte comme après une conversion avec la fonction CTXT, sans toutefois modifier les décimales.

NOMPROPRE

Cette fonction convertit en majuscule la première lettre de chaque mot d'une chaîne et met toutes les autres lettres en minuscules. Utilisez-la, par exemple, pour harmoniser des saisies.

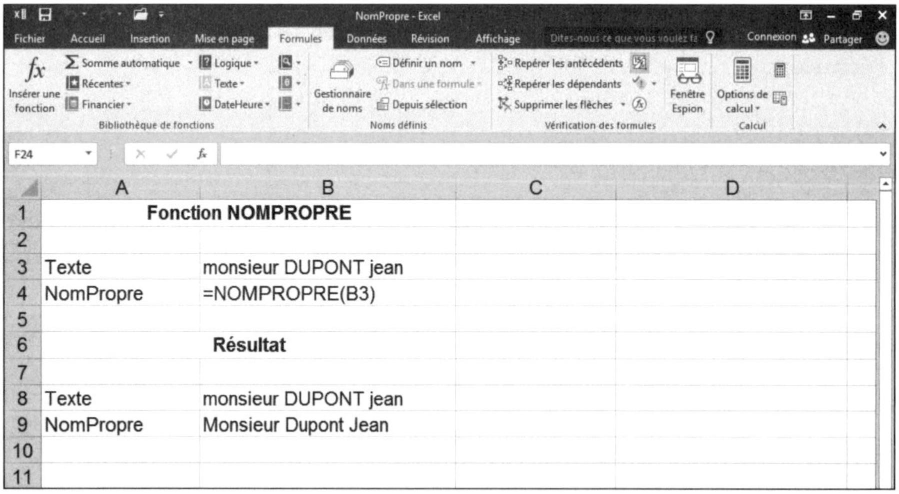

Note Si l'argument est un nombre ou une référence à un nombre, la fonction retourne un texte comme après une conversion avec la fonction CTXT, sans toutefois modifier les décimales.

ROMAIN

Cette fonction convertit un chiffre arabe en chiffre romain. Le second argument, facultatif, permet de simplifier l'écriture. Si cet argument est 0 ou omis, la fonction retourne un chiffre romain classique. Si cet argument est compris entre 1 et 4, le chiffre romain est simplifié. 1 correspond à peu simplifié et 4 à très simplifié. Vous pouvez aussi utiliser un opérateur logique, VRAI correspondant à classique (0) et FAUX à très simplifié (4).

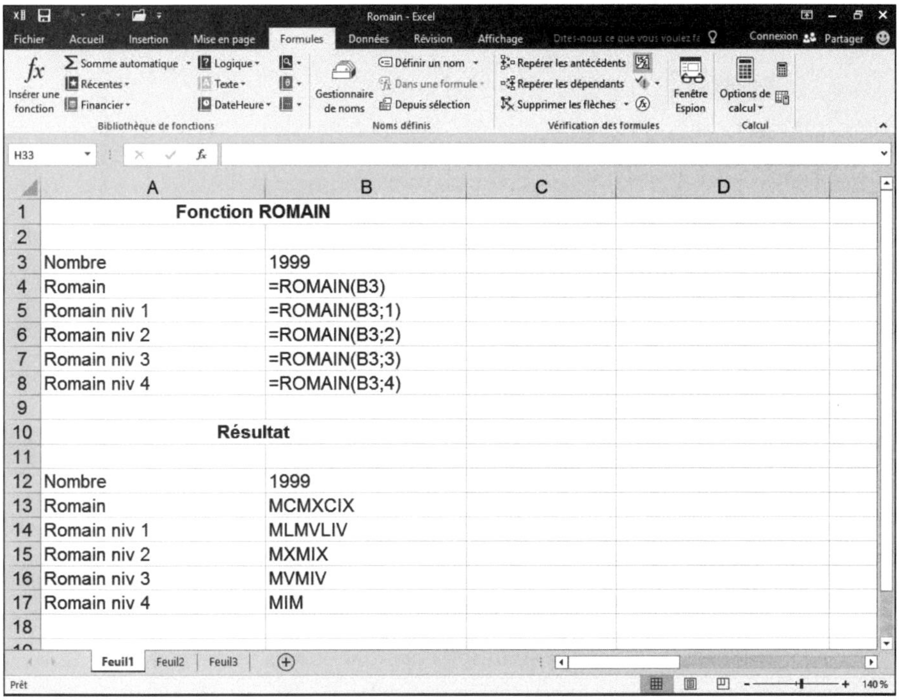

	A	B
1	Fonction ROMAIN	
2		
3	Nombre	1999
4	Romain	=ROMAIN(B3)
5	Romain niv 1	=ROMAIN(B3;1)
6	Romain niv 2	=ROMAIN(B3;2)
7	Romain niv 3	=ROMAIN(B3;3)
8	Romain niv 4	=ROMAIN(B3;4)
9		
10	Résultat	
11		
12	Nombre	1999
13	Romain	MCMXCIX
14	Romain niv 1	MLMVLIV
15	Romain niv 2	MXMIX
16	Romain niv 3	MVMIV
17	Romain niv 4	MIM
18		

L'exemple convertit le chiffre arabe 1999 en chiffre romain. Les cellules B4 à B8 montrent les différents résultats en fonction de chaque niveau de simplification.

TEXTE

Cette fonction convertit un nombre (1er argument) en texte dans le format spécifié (2e argument).

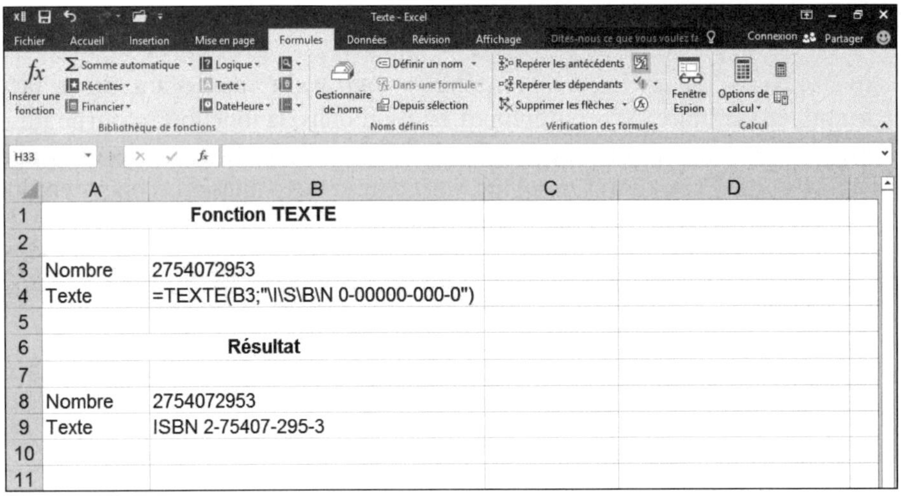

Dans l'exemple, la fonction convertit un nombre au format ISBN (classification des livres).

Le format (2e argument) correspond à celui employé par Excel pour formater une cellule (consultez l'onglet **Nombre** de la boîte de dialogue **Format de cellule**). Pour créer votre format, utilisez les symboles du tableau ci-après.

Symbole	Utilisation
#	Emplacement d'un nombre significatif (n'affiche rien s'il n'y a pas de chiffre).
0	Emplacement d'un chiffre significatif ou non (affiche 0 s'il n'y a pas de chiffre).
%	Format pourcentage (multiplie par 100 et ajoute le signe %).
Espace	Divise par 1000 le nombre qui précède l'espace.
\	Affiche tel quel le caractère qui suit le symbole \.
« «	Affiche tels quels les caractères entre guillemets.
;	Séparateur pour le format des nombres négatifs.
[Couleur]	Change la couleur d'affichage ([Bleu] pour afficher en bleu).
?/?	Format des fractions (1/2, 1/4, 2/5, *etc.*).
j	Jour sur un ou deux chiffres (1, 5, 10, 15, *etc.*).
jj	Jour sur deux chiffres (01, 05, 10, 15, *etc.*).
jjj	Trois premières lettres du jour de la semaine (lun, mar, *etc.*).
jjjj	Jour de la semaine en toutes lettres (lundi, mardi, *etc.*).
m	Mois sur un ou deux chiffres (1, 5, 8, 10, *etc.*).
mm	Mois sur deux chiffres (01, 05, 08, 10, *etc.*).

Tableau 20-1 Symboles des formats d'affichage.

Symbole	Utilisation
mmm	Trois ou quatre premières lettres du mois (janv, févr, mars, *etc.*).
mmmm	Mois en toutes lettres (janvier, février, mars, *etc.*).
aa	Années sur deux chiffres (99, 00, 05, 16, *etc.*).
aaaa	Années sur quatre chiffres (1999, 2000, 2005, 2016, *etc.*).
hh	Format des heures.
mm	Format des minutes.
ss	Format des secondes.

Tableau 20-1 Symboles des formats d'affichage *(suite)*.

Formules de texte

Vous trouverez ici des exemples de formules qui utilisent les fonctions vues précédemment.

Ajouter des étoiles devant un chiffre

La formule ci-après ajoute des étoiles devant le chiffre contenu dans la cellule B1. L'ensemble est limité à 12 caractères.

```
=REPT("*";12-NBCAR(B1))&B1
```

On utilise la fonction REPT pour répéter des étoiles, et la fonction NBCAR pour compter le nombre de caractères en B1. En effectuant 12-NBCAR(B1), on limite le résultat à 12 caractères.

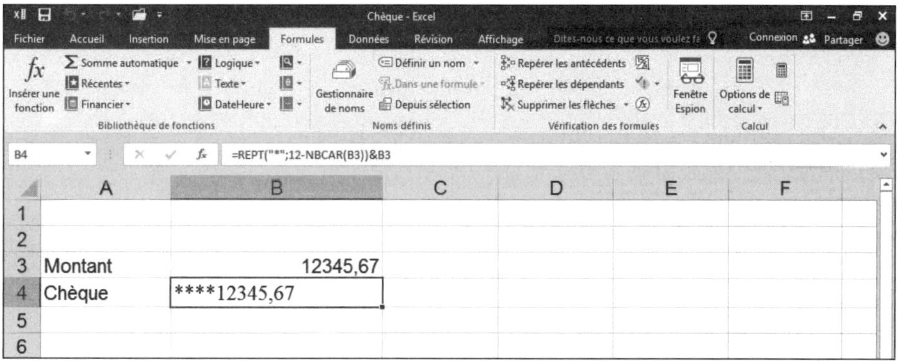

Compter certains caractères

La formule ci-après compte le nombre de lettres « e » dans la chaîne en A1.

```
=NBCAR(A1)-NBCAR(SUBSTITUE(A1;"e";"")
```

Dans cette formule, la fonction SUBSTITUE crée une chaîne dans laquelle les lettres correspondant au deuxième argument sont supprimées (la lettre « e » dans l'exemple). La longueur de la chaîne obtenue est soustraite de la longueur de la chaîne initiale (fonction NBCAR).

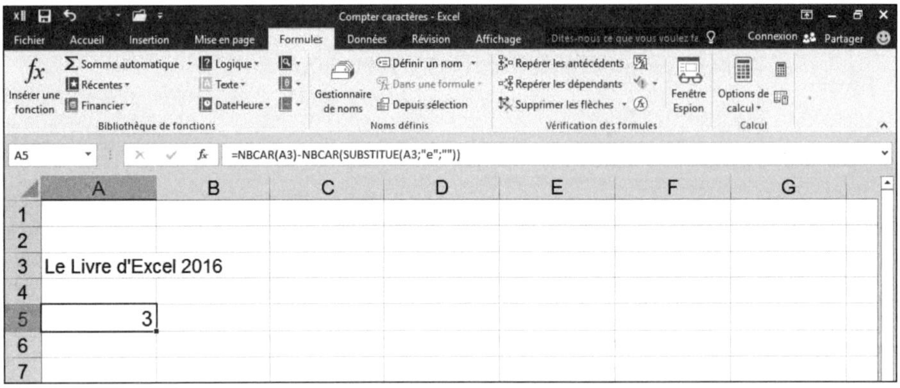

Notez que la formule tient compte des majuscules et des minuscules. Pour ne pas en tenir compte, utilisez la formule suivante :

```
=NBCAR(A1)-NBCAR(SUBSTITUE(MINUSCULE(A1);"e";"")
```

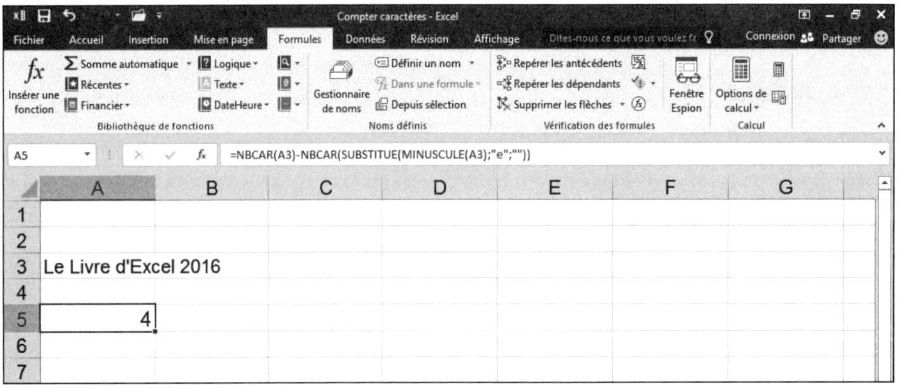

Créer un histogramme simple

La formule ci-après a pour but de créer de faux histogrammes en répétant un caractère le nombre de fois indiqué par la cellule en regard.

```
=REPT(CAR(149);B3)
```

On utilise ici la fonction REPT pour répéter le caractère précisé par la fonction CAR et ce autant de fois que le nombre contenu dans la cellule B3. Dans cet exemple, la colonne C utilise la police de caractères Wingdings.

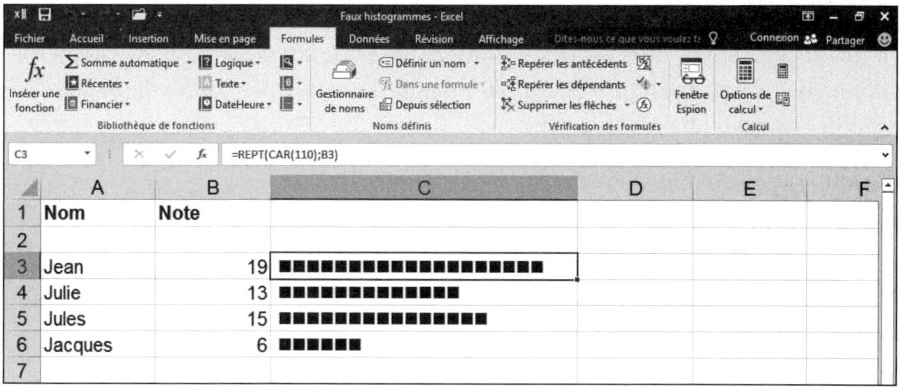

Astuce Avec cette astuce, il est possible de créer facilement un histogramme de la même taille qu'un tableau de valeurs. L'histogramme peut donc s'étendre sur 1 048 576 lignes ce qui est difficile, voire impossible, à réaliser avec un graphique classique.

Supprimer le premier mot d'une chaîne

La formule ci-après élimine le premier mot d'une chaîne, par exemple le mot « Madame » ou « Monsieur » devant un nom.

```
=DROITE(A1;NBCAR(A1)-TROUVE(" ";A1;1))
```

Dans cette formule, la fonction TROUVE recherche la position de la première espace dans la chaîne en A1. La fonction DROITE retourne uniquement les caractères après cette espace.

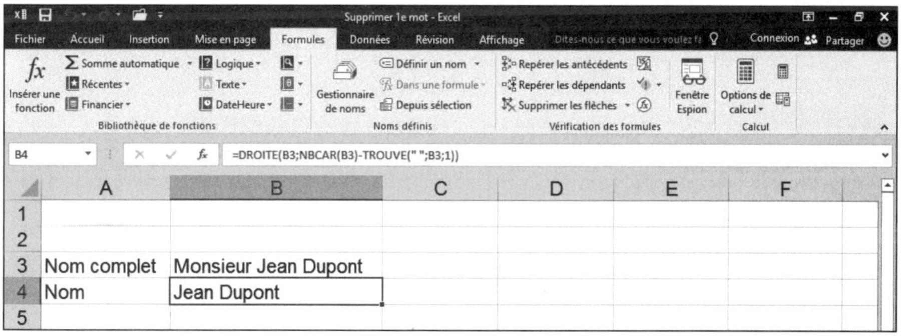

Numéro de série des dates et heures

Excel ne conserve pas les dates et les heures telles qu'elles sont affichées, mais sous forme de nombres. La partie entière correspond à la date : 1 correspond au 1er janvier 1900, 2 au 2 janvier 1900, *etc.* La partie décimale correspond à l'heure : 0,04166666 correspond à une heure, 0,00069444 à une minute et 0,00001157 à une seconde. Pour obtenir une heure précise, il suffit d'effectuer l'opération suivante : (heures*0,04166666) + (minutes*0,00069444) + (secondes*0,00001157). À titre d'exemple, 0,0625 correspond à 1:30, 0,5 à 12:00 et 0,875 à 21:00.

Quand vous saisissez une date, Excel la convertit en numéro de série, puis il modifie le format d'affichage. C'est pour cette raison que le numéro de série n'est pas visible dans les cellules. Pour l'afficher, vous devez appliquer le format **Standard** à la cellule (boîte de dialogue **Format de cellule**, onglet **Nombre**, liste **Catégorie**).

Extraire des dates et des heures

Les fonctions qui suivent permettent d'extraire des données de type date ou heure. Vous pouvez ainsi par exemple regrouper des informations dans vos feuilles de calcul pour des jours ou des heures précises. Elles permettent aussi d'obtenir la date et l'heure actuelle.

Attention Dans les exemples, l'affichage est en mode formule (**Ctrl + «**) pour la partie « Fonction ». Il est donc normal que les dates apparaissent sous forme de numéro de série. Les dates saisies sont visibles dans la partie « Résultat ».

ANNEE

Cette fonction retourne l'année contenue dans une date. L'argument doit être une date sous forme de numéro de série.

Note Pour convertir une chaîne contenant une date en numéro de série, utilisez la fonction DATE.

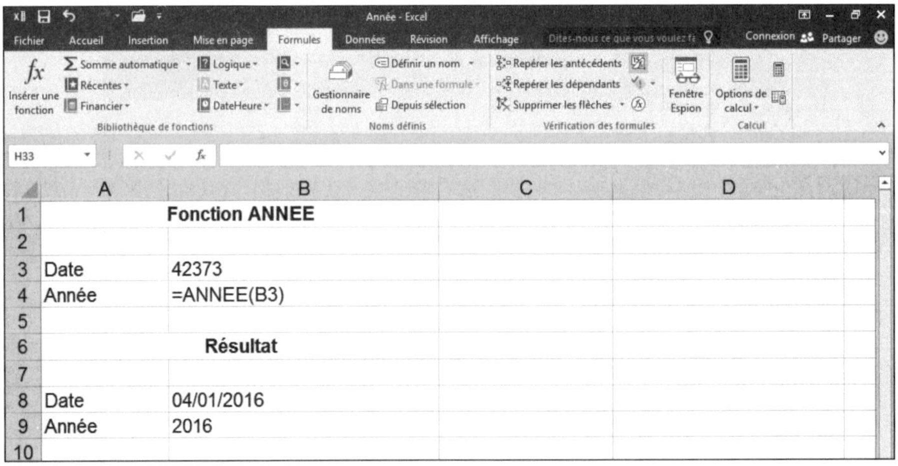

AUJOURDHUI

Cette fonction retourne la date actuelle de l'ordinateur. La date est mise à jour à chaque recalcul de la feuille ou du classeur (appuyez sur **F9** pour forcer le recalcul).

Note Cette fonction n'a pas d'argument, mais les parenthèses sont obligatoires. Pour obtenir la date et l'heure, utilisez la fonction MAINTENANT.

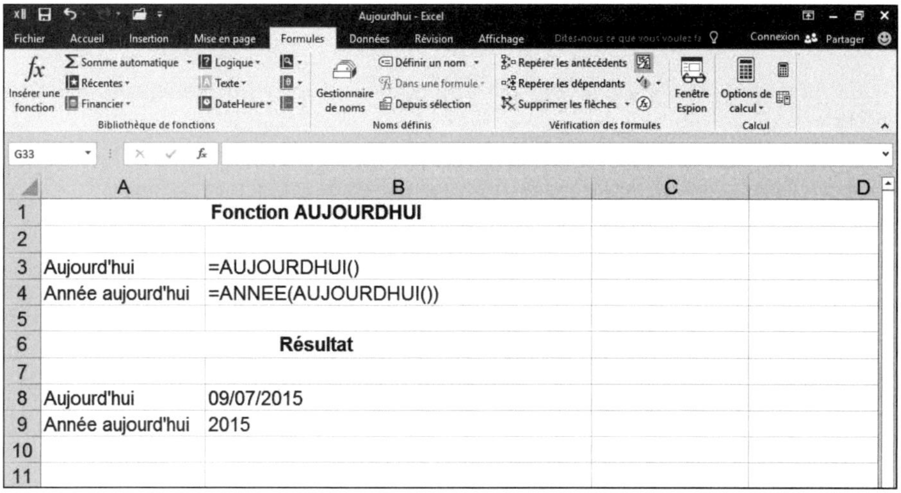

Dans l'exemple, la fonction en B4 retourne la date actuelle. La formule en B5 retourne l'année de la date actuelle.

HEURE

Cette fonction retourne un nombre correspondant aux heures (entre 0 et 23) contenues dans une heure. L'argument doit être une heure sous forme de numéro de série.

Note Pour convertir une chaîne contenant une heure en numéro de série, utilisez la fonction TEMPSVAL.

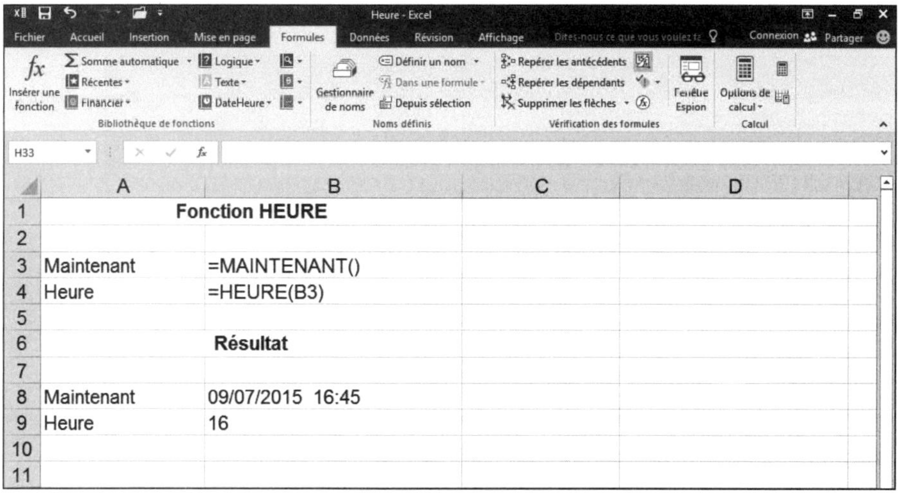

JOUR

Cette fonction retourne le jour contenu dans une date. L'argument doit être une date sous forme de numéro de série.

Note Pour convertir une chaîne contenant une date en numéro de série, utilisez la fonction DATE.

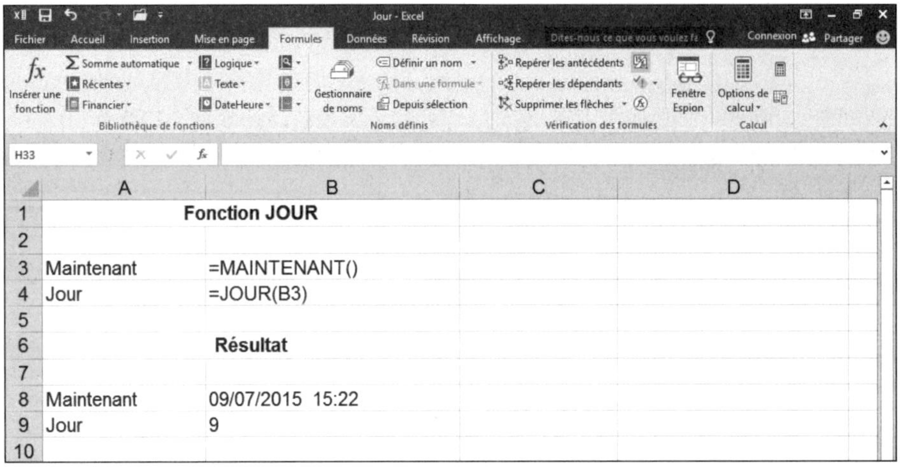

JOURS360

Cette fonction retourne le nombre de jours compris entre deux dates (1er et 2e argument) sur la base d'une année de 360 jours (12 mois de 30 jours). Ce mode de calcul est utilisé en comptabilité. Le troisième argument est une valeur logique : FAUX ou omis pour la méthode de calcul américaine, et VRAI pour la méthode européenne. Sauf cas particulier, ajoutez toujours la valeur VRAI en troisième argument.

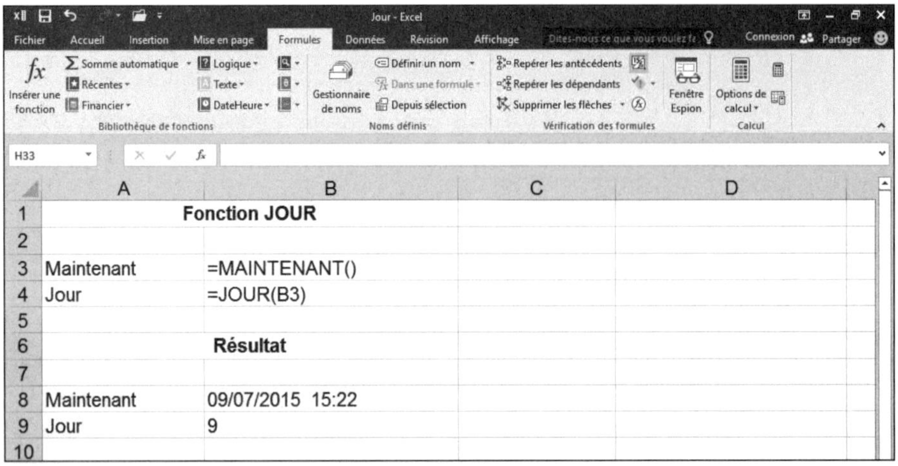

Dans l'exemple, on calcule le nombre de jours entre le 1er janvier 2015 et le 31 décembre 2016 avec la méthode européenne.

JOURSEM

Cette fonction retourne le jour de la semaine sous la forme d'un nombre (1 pour dimanche, 2 pour lundi, *etc.*).

La fonction JOURSEM propose un second argument facultatif pour choisir le premier jour de la semaine : 1 (ou omis) pour 1 = dimanche, 2 = lundi, *etc.*, 2 pour 1 = lundi, 2 = mardi, *etc.*, ou 3 pour 0 = lundi, 1 = mardi, *etc.*

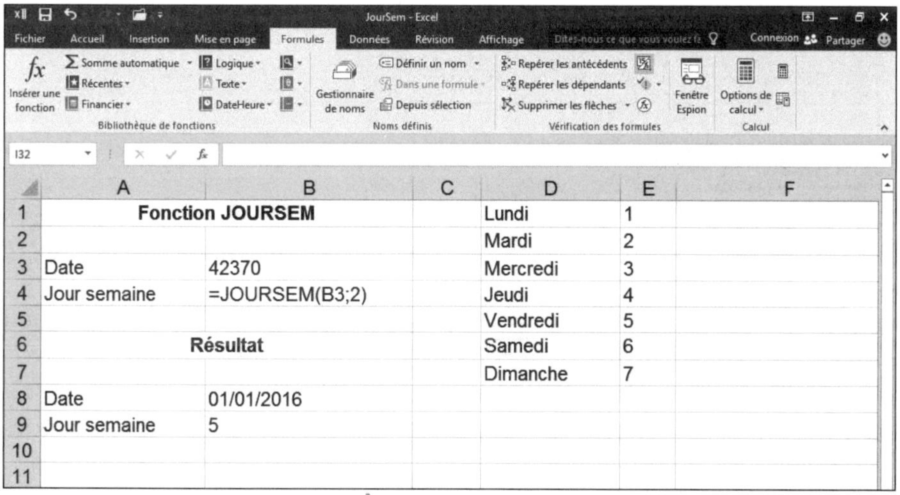

Dans l'exemple, on calcule le jour de la semaine du 1er janvier 2016 en considérant que le chiffre 1 correspond à un lundi (2e argument = 2). La fonction retourne 5, c'est-à-dire un vendredi.

MAINTENANT

Cette fonction retourne la date et l'heure de l'ordinateur.

Note Cette fonction n'a pas d'argument, mais les parenthèses sont obligatoires. Pour obtenir uniquement la date, utilisez la fonction AUJOURDHUI.

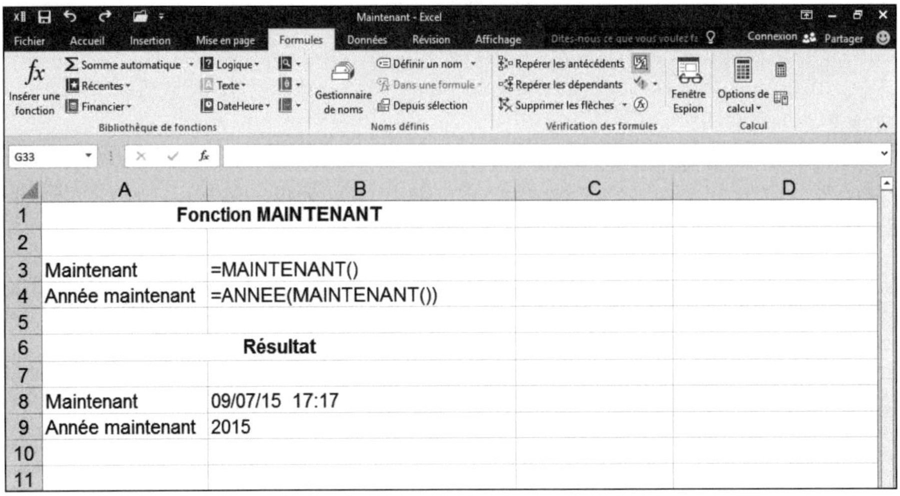

Dans l'exemple, la fonction en B3 retourne la date et l'heure actuelle. La formule en B4 retourne l'année de la date actuelle.

MINUTE

Cette fonction retourne un nombre correspondant aux minutes (entre 0 et 59) contenues dans une heure. L'argument doit être une heure sous forme de numéro de série.

Note Pour convertir une chaîne contenant une heure en numéro de série, utilisez la fonction TEMPSVAL.

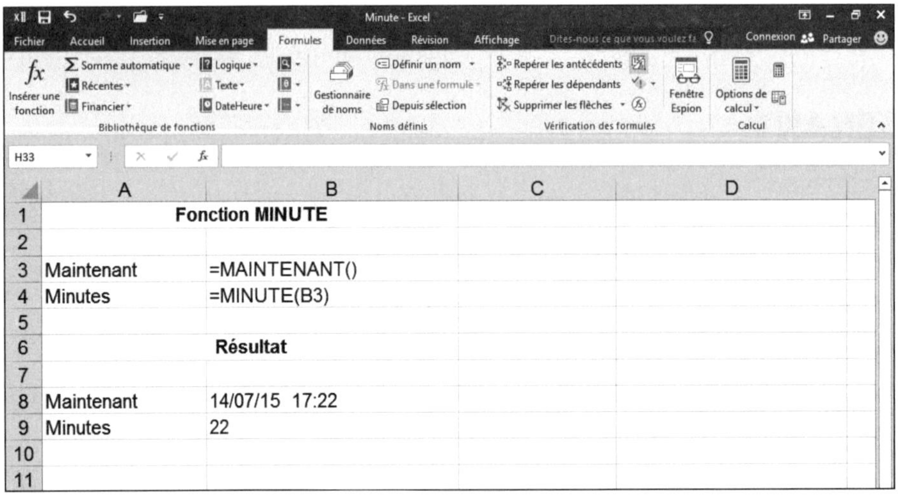

MOIS

Cette fonction retourne le mois contenu dans une date. L'argument doit être une date sous forme de numéro de série.

Note Pour convertir une chaîne contenant une date en numéro de série, utilisez la fonction DATE.

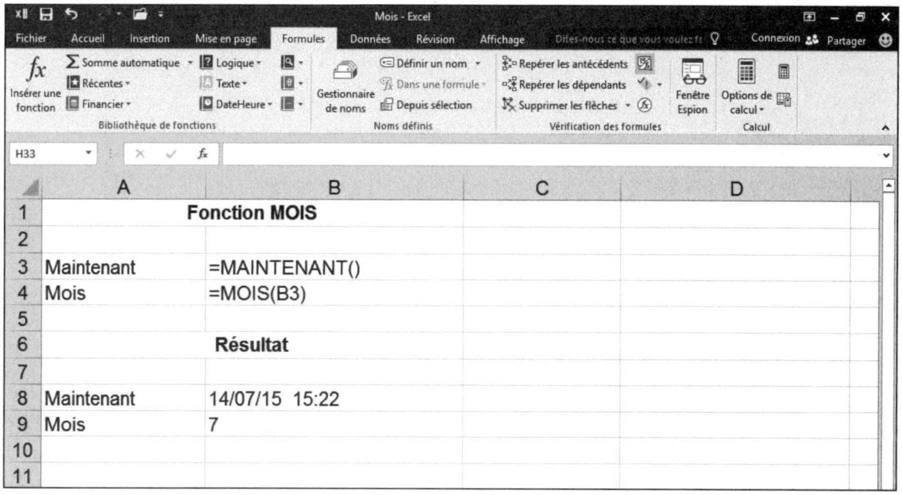

NO.SEMAINE

Cette fonction renvoie le numéro de la semaine dans l'année pour la date spécifiée (1er argument). Utilisez la valeur 2 dans le 2e argument facultatif si vous désirez que la semaine débute un lundi et non un dimanche (voir exemple).

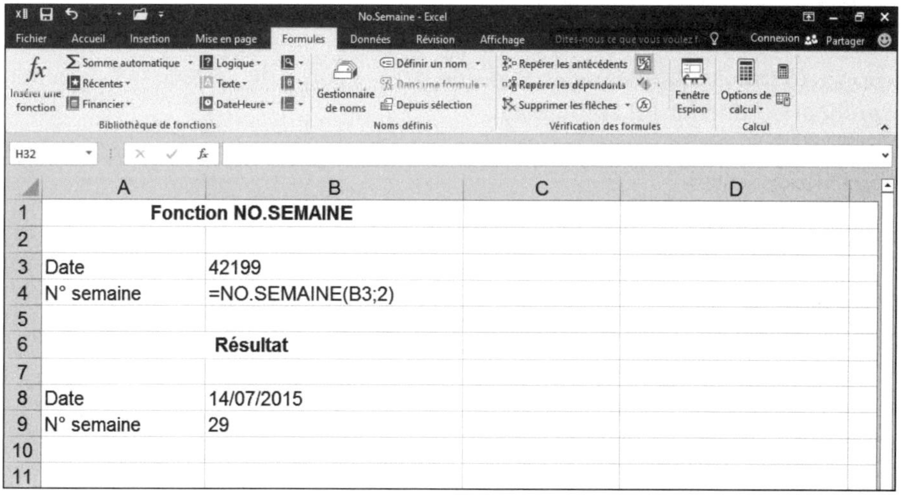

SECONDE

Cette fonction retourne un nombre correspondant aux secondes contenues dans une heure (entre 0 et 59). L'argument doit être une heure sous forme de numéro de série.

Note Pour convertir une chaîne contenant une heure en numéro de série, utilisez la fonction TEMPSVAL.

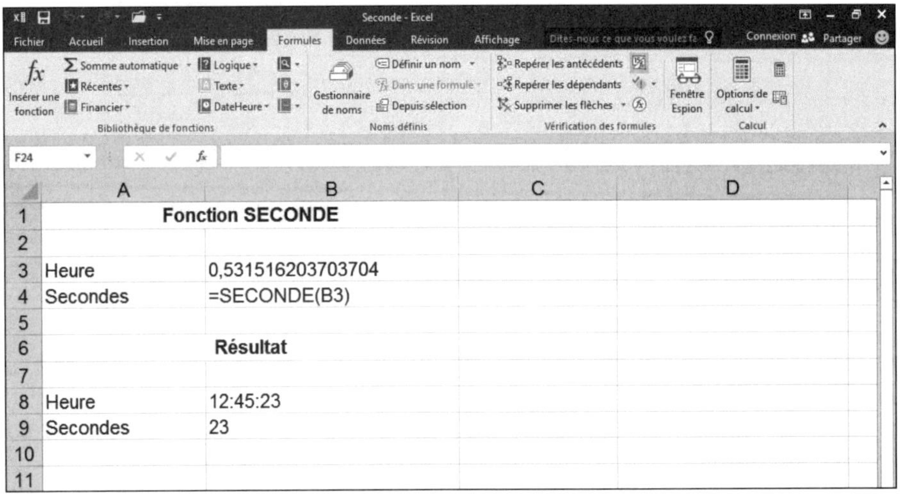

Utiliser des dates et des heures

Les fonctions qui suivent permettent de déterminer des dates d'échéance, de calculer des jours ouvrés, de trouver l'écart entre deux dates, de connaître un jour de la semaine, *etc.*

DATE

Cette fonction retourne le numéro de série d'une date, à partir de l'année (1er argument), du mois (2e argument) et du jour (3e argument).

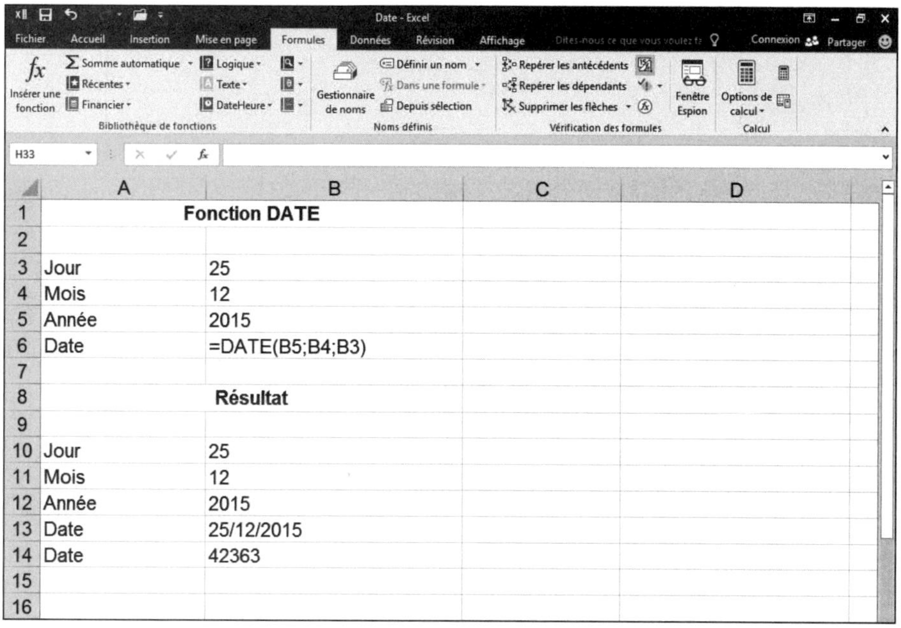

Note Pour afficher le numéro de série, appliquez le format **Standard** comme en B14 dans l'exemple (clic droit sur la cellule, commande **Format de cellule**, onglet **Nombre**, liste **Catégorie**).

DATEDIF

La fonction DATEDIF retourne la différence entre une date de début (1er argument) et une date de fin (2e argument). La date du 1er argument doit être antérieure à celle du 2e argument. Le troisième argument indique le type de différence (années, mois ou jours). Cet argument utilise les valeurs du tableau ci-après.

Type	Différence
«y»	Retourne le nombre d'années entières entre les deux dates.
«m»	Retourne le nombre de mois entiers entre les deux dates.
«d»	Retourne le nombre de jours entre les deux dates.
«md»	Retourne le nombre de jours entre les deux dates. Les mois et les années ne sont pas pris en compte.
«ym»	Retourne le nombre de mois entre les deux dates. Les jours et les années ne sont pas pris en compte.
«yd»	Retourne le nombre de jours entre les deux dates. Les années ne sont pas prises en compte.

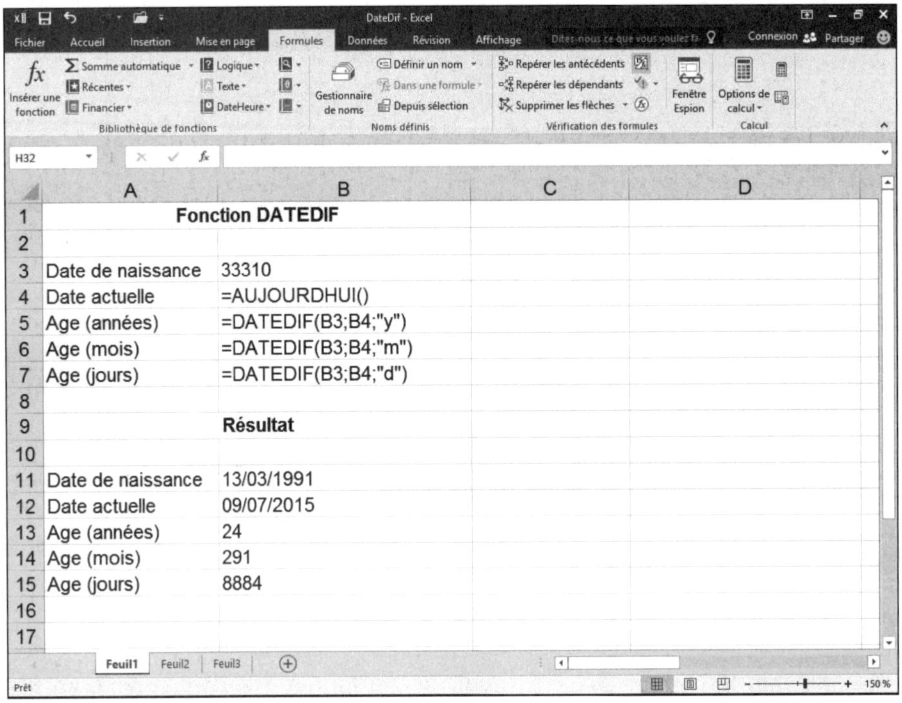

L'exemple calcul un âge entre une date de naissance et la date actuelle (voir fonction AUJOURDHUI).

Note Cette fonction n'est pas listée dans la boîte de dialogue **Insérer une fonction**. Elle n'apparaît pas non plus dans l'aide en ligne.

DATEVAL

Cette fonction retourne le numéro de série d'une date contenu dans une chaîne de caractères. Si le texte ne contient pas d'année, DATEVAL utilise l'année en cours. Vous pouvez utiliser tous les formats de date (1/1/2016, 1-janvier-2016, 1 janv, *etc.*).

Note Pour afficher la date à la place du numéro de série, appliquez le format **Date** comme en B11 dans l'exemple (clic droit sur la cellule, commande **Format de cellule**, onglet **Nombre**, liste **Catégorie**).

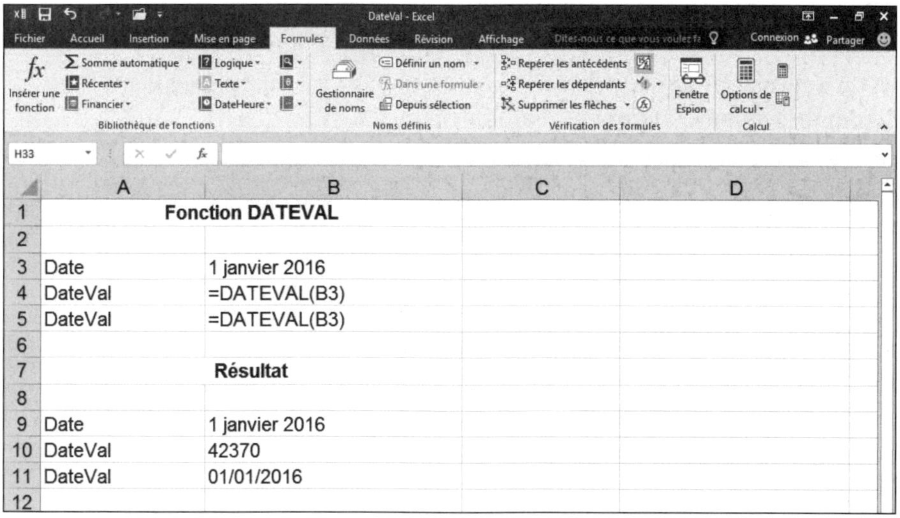

FIN.MOIS

Cette fonction renvoie le numéro de série du dernier jour d'un mois par rapport à une date (1er argument). Le second argument définit le décalage par rapport à la date du premier argument (0 pour ce mois, -1 pour le mois précédent, 1 pour le mois suivant, *etc.*). Cette fonction permet de calculer des dates d'échéance tombant le dernier jour du mois.

Note Pour afficher la date à la place du numéro de série, appliquez le format **Date** comme en C10:C13 dans l'exemple (clic droit sur la cellule, commande **Format de cellule**, onglet **Nombre**, liste **Catégorie**).

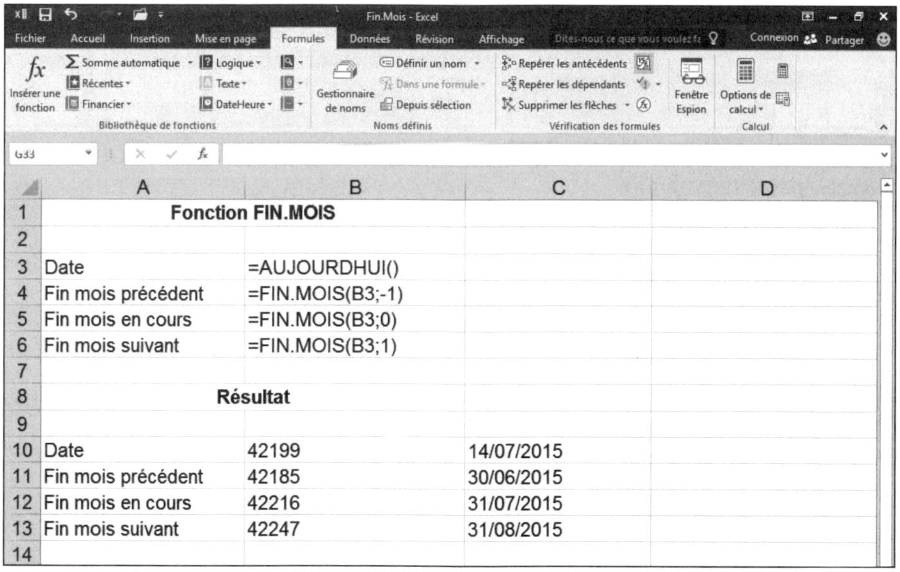

MOIS.DECALER

Cette fonction renvoie le numéro de série correspondant à la date spécifiée (1er argument), corrigée du nombre de mois indiqués (2e argument).

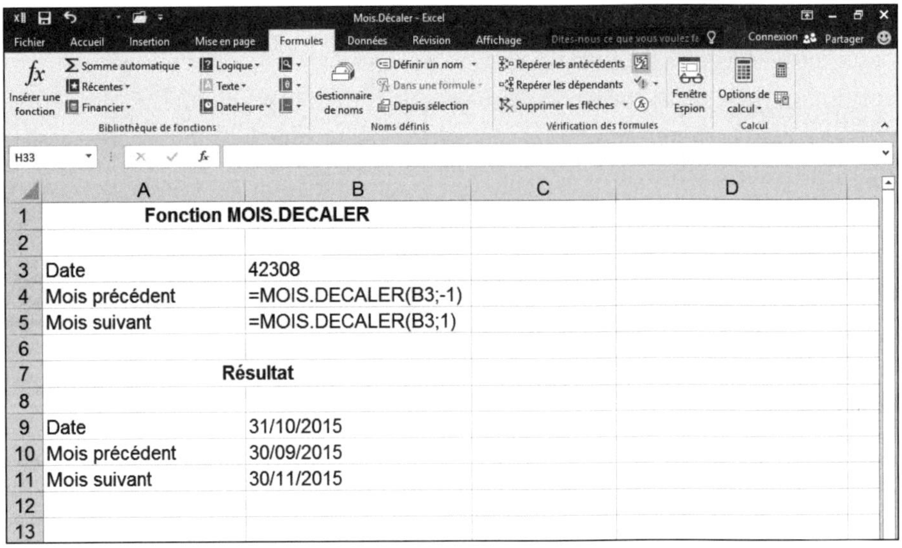

L'exemple calcule la date du mois précédent et du mois suivant de la date en B3.

NB.JOURS.OUVRES

Cette fonction retourne le nombre de jours ouvrés compris entre deux dates (1er et 2e argument).

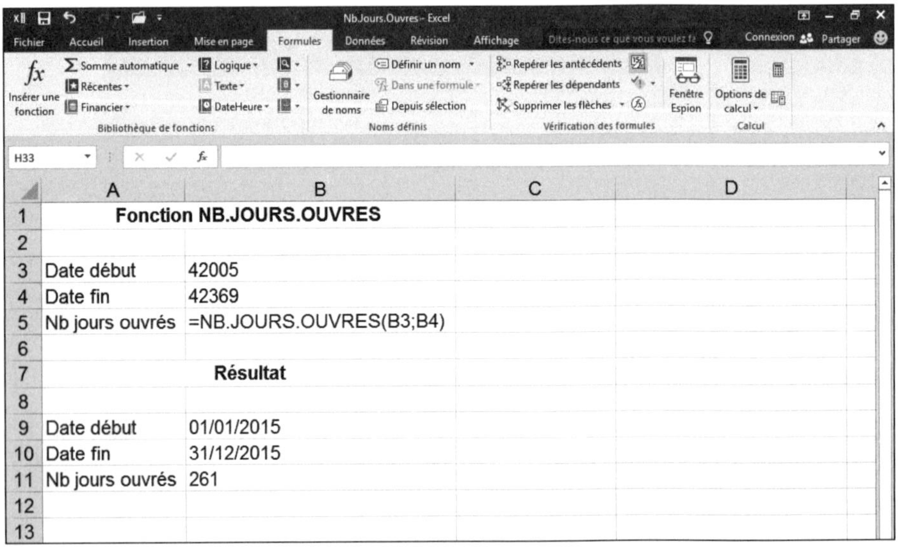

Ce premier exemple calcule le nombre de jours ouvrés sans tenir compte des jours fériés.

La fonction NB.JOURS.OUVRES permet aussi de spécifier les jours fériés à ne pas comptabiliser (3e argument). Créez à cet effet une plage des dates dont vous ne désirez pas tenir compte.

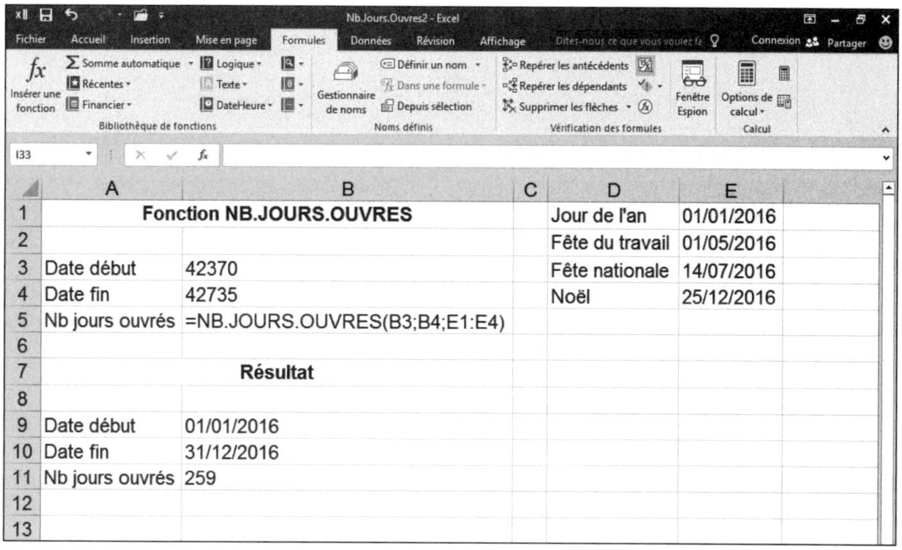

Ce second exemple calcule le nombre de jours, mais cette fois-ci en tenant compte des jours fériés de la plage E1:E4.

SERIE.JOUR.OUVRE

Cette fonction renvoie le numéro de série correspondant à la date spécifiée (1er argument), corrigée du nombre de jours ouvrés (2e argument).

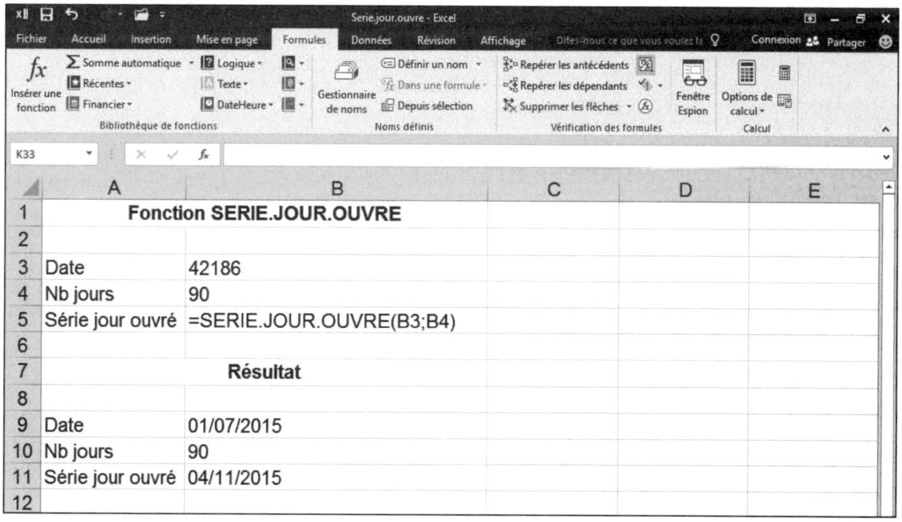

Ce premier exemple calcule une date décalée de 90 jours ouvrés sans tenir compte des jours fériés.

La fonction SERIE.JOUR.OUVRE permet aussi de spécifier les jours fériés dont on ne doit pas tenir compte (3e argument). Créez à cet effet une plage des dates que vous désirez éliminer.

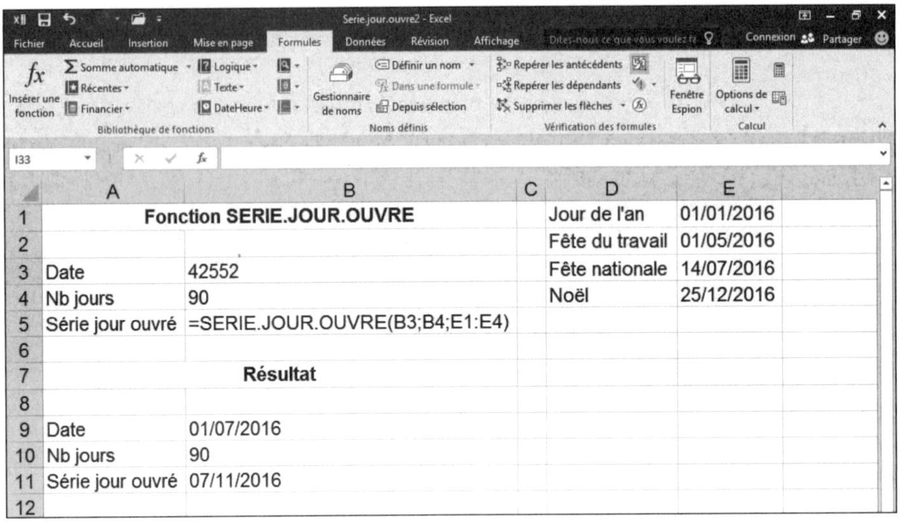

	A	B	C	D	E
1	Fonction SERIE.JOUR.OUVRE			Jour de l'an	01/01/2016
2				Fête du travail	01/05/2016
3	Date	42552		Fête nationale	14/07/2016
4	Nb jours	90		Noël	25/12/2016
5	Série jour ouvré	=SERIE.JOUR.OUVRE(B3;B4;E1:E4)			
6					
7		Résultat			
8					
9	Date	01/07/2016			
10	Nb jours	90			
11	Série jour ouvré	07/11/2016			
12					

Ce second exemple calcule une date décalée de 90 jours ouvrés en tenant compte des jours fériés de la plage E1:E4.

TEMPS

Cette fonction retourne le numéro de série d'une heure, à partir des heures (1er argument), des minutes (2e argument) et des secondes (3e argument).

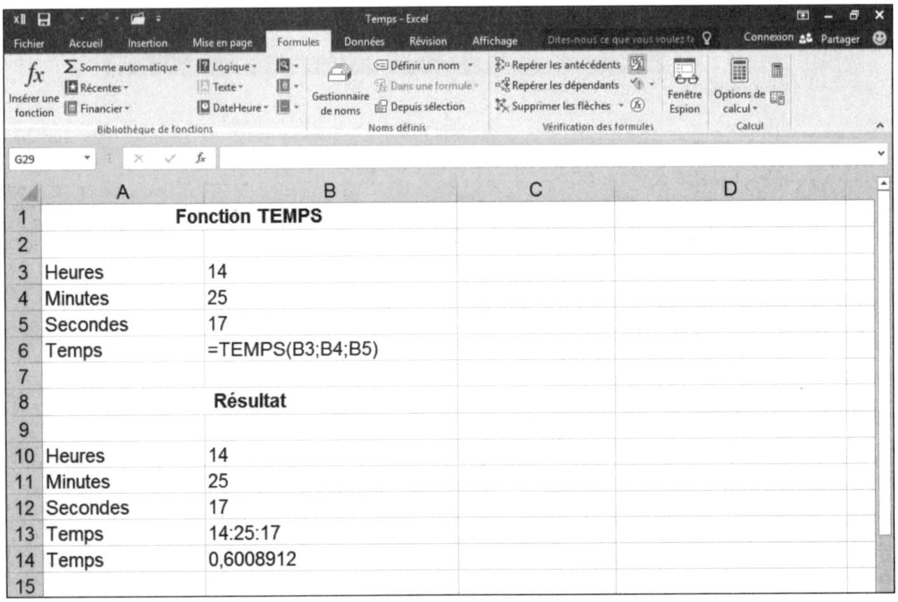

	A	B	C	D
1	Fonction TEMPS			
2				
3	Heures	14		
4	Minutes	25		
5	Secondes	17		
6	Temps	=TEMPS(B3;B4;B5)		
7				
8		Résultat		
9				
10	Heures	14		
11	Minutes	25		
12	Secondes	17		
13	Temps	14:25:17		
14	Temps	0,6008912		
15				

Pour afficher le numéro de série, appliquez le format **Standard** comme en B14 dans l'exemple (clic droit sur la cellule, commande **Format de cellule**, onglet **Nombre**, liste **Catégorie**).

TEMPSVAL

Cette fonction retourne le numéro de série d'une heure contenu dans une chaîne de caractères. Vous pouvez utiliser tous les formats d'heure (10:22, 10:22:45 AM, 1/1/2016 10:22, *etc.*). La fonction ne tient pas compte des informations de date qui se trouvent dans la chaîne.

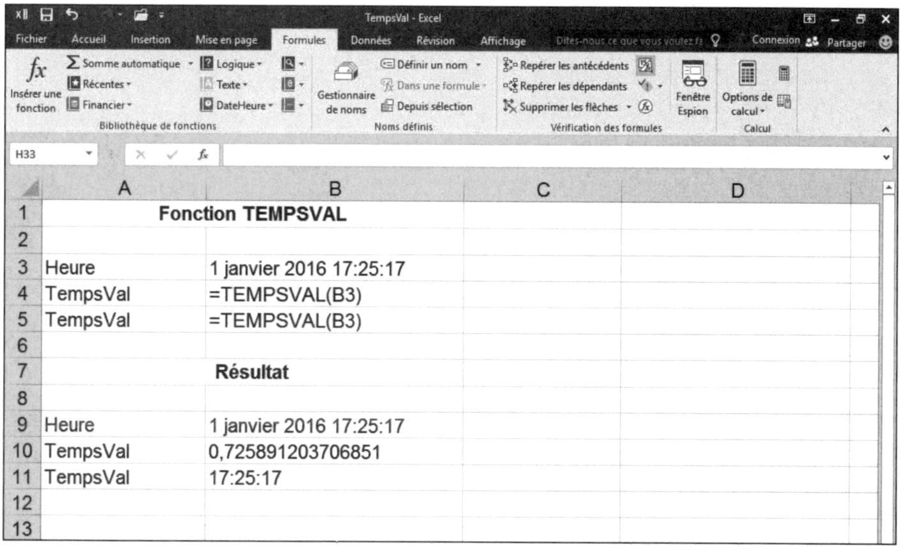

Note Pour afficher l'heure à la place du numéro de série, appliquez le format Heure (hh:mm:ss) comme en B11 dans l'exemple (clic droit sur la cellule, commande **Format de cellule**, onglet **Nombre**, liste **Catégorie**).

Formules de date et d'heure

Vous trouverez ci-après des exemples de formules utilisant les fonctions vues précédemment.

Trouver un jour de la semaine le plus récent

La formule suivante recherche le jour de la semaine le plus proche par rapport à une date précise.

```
= AUJOURDHUI()-MOD(AUJOURDHUI()-1;7)
```

Cet exemple retourne la date du dimanche le plus proche par rapport à la date d'aujourd'hui. Pour trouver un autre jour, remplacez le 1 par un 2 pour trouver le lundi, le 1 par un 3 pour le mardi, *etc.*

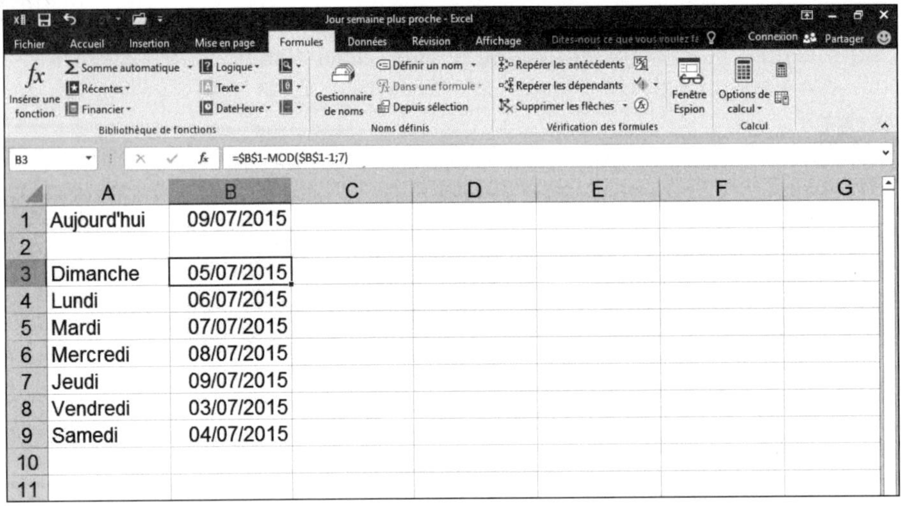

Dans l'exemple, la cellule B1 contient la formule = AUJOURDHUI(), B3 la formule = $B$1-MOD($B$1-1;7), B4 la formule = $B$1-MOD($B$1-2;7), *etc.*

Connaître le dernier jour du mois

La formule suivante permet de connaître le dernier jour du mois pour des échéanciers par exemple.

```
= DATE(ANNEE(B1);MOIS(B1)+1;0)
```

Dans cette formule, le mois est incrémenté de 1 et le jour défini comme 0. La fonction DATE retourne alors le dernier jour du mois.

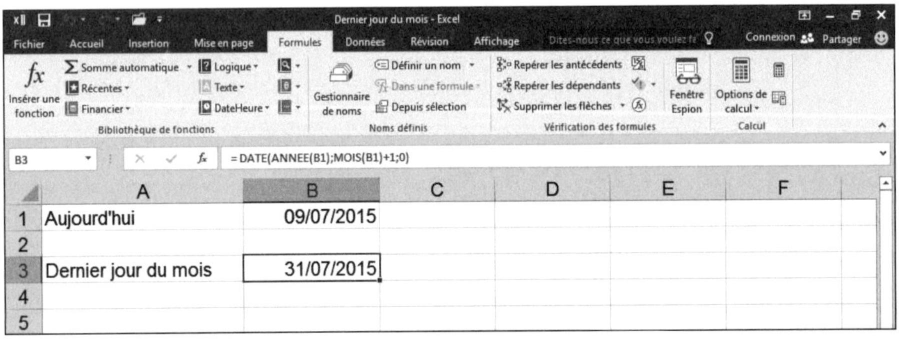

Dans l'exemple, la cellule B1 contient la formule = AUJOURDHUI().

Conseil En utilisant la fonction JOUR avec le résultat de la formule précédente, vous pouvez connaître le nombre de jours d'un mois. Vous pouvez aussi utiliser directement la formule = JOUR(DATE(ANNEE(A1);MOIS(A1)+1;0))

Calculer le trimestre d'une date

Cet exemple permet de connaître le numéro du trimestre à partir d'une date.

```
= ARRONDI.SUP(MOIS(B1)/3;0)
```

La formule divise le mois par 3, puis arrondit le résultat en s'éloignant de 0 (fonction ARRONDI. SUP).

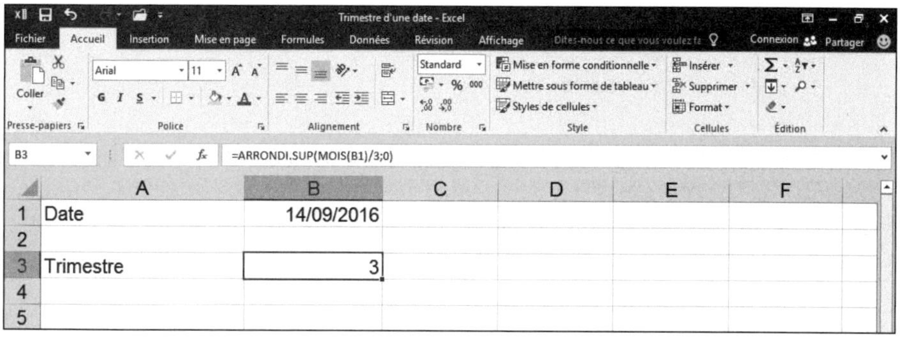

Afficher des heures et des jours

Lors d'un cumul d'heures supérieur à 24, le format standard des heures n'affiche pas les jours. Autrement dit, le compteur revient à zéro toutes les 24 heures. Cet exemple permet d'afficher des heures au-delà de 24, mais aussi d'afficher le nombre de jours.

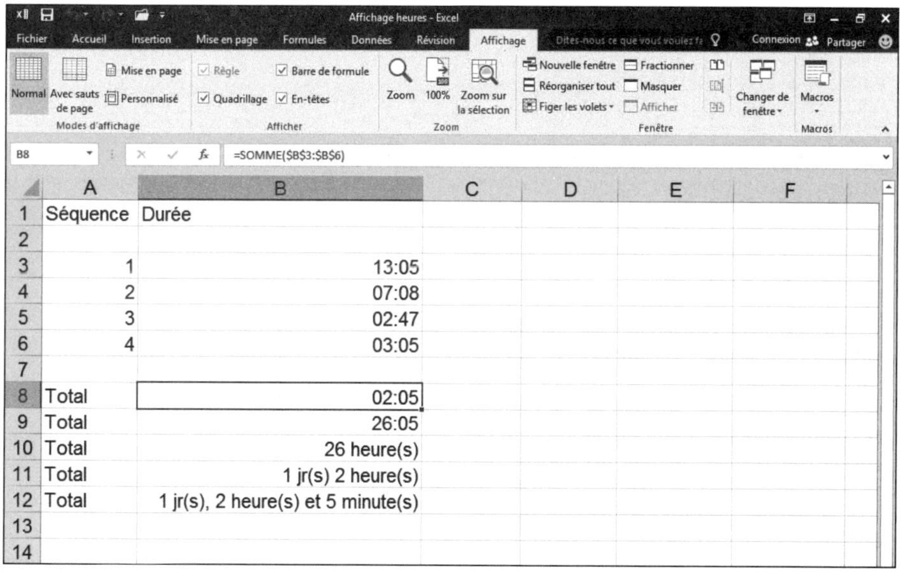

On n'utilise pas ici de formule. Seuls les formats d'affichage sont modifiés. Les cellules B8 à B12 effectuent la somme des cellules B3 à B6.

La cellule B8 utilise le format standard des heures et des minutes. Comme la somme B3:B6 dépasse les 24 heures, la cellule affiche uniquement 2:05. La cellule B9 utilise le format personnalisé [h]:mm. La cellule B10 utilise le format personnalisé h «heure(s)». La cellule B11 utilise le format personnalisé j «jr(s)» h «heure(s)». La cellule B12 utilise le format personnalisé j «jr(s),» h «heure(s) et» m «minute(s)».

Chapitre 21

Fonctions de listes, de comptage et de décision

Dans ce chapitre :

- Gérer les bases de données
- Fonctions des bases de données
- Fonctions de comptage
- Fonctions de décision
- Approfondissement des fonctions de décision

Les bases de données regroupent un ensemble d'informations sur des sujets précis. Les fonctions proposées par Excel permettent de les exploiter pour effectuer des recherches et des calculs. La première partie de ce chapitre vous explique la réalisation de critères de sélection et leur exploitation dans les fonctions.

Excel vous propose aussi des fonctions élaborées pour gagner du temps et ménager vos nerfs. La seconde partie de ce chapitre vous propose l'essentiel des fonctions de comptage et de décision, mais aussi des exemples concrets. Fini les messages d'erreurs quand les cellules ne sont pas renseignées ! Fini les additions qui doivent respecter certains critères !

Définir une base de données

Une base de données étant un simple tableau, vous pouvez soit la nommer, soit la définir en tant que liste filtrée. Pour une plus grande souplesse, ce nom sera utilisé dans tous les exemples des fonctions.

Nommer une base de données

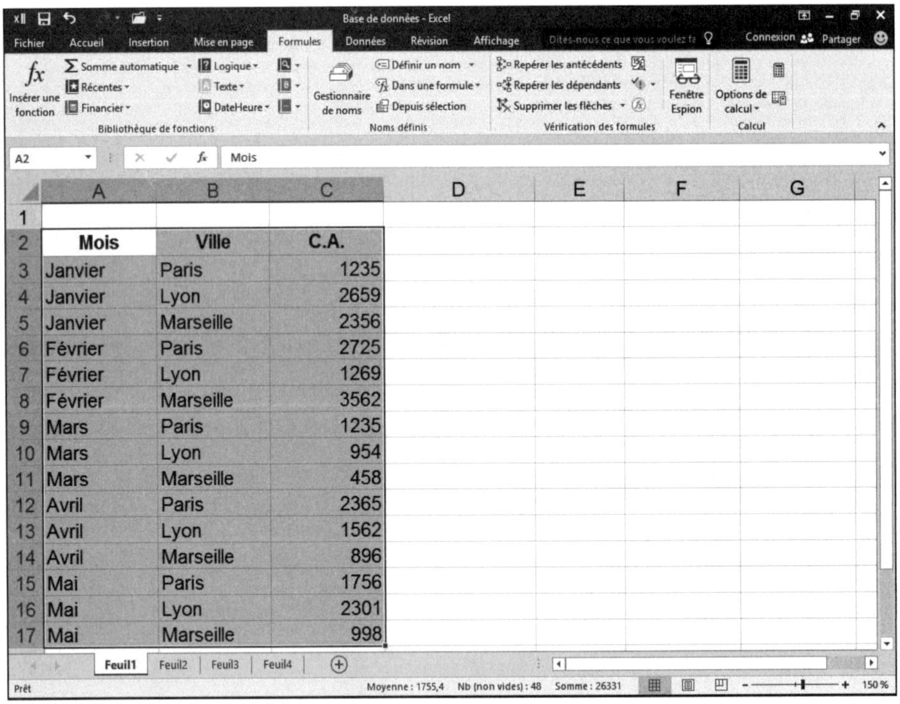

Figure 21-1 Sélection d'un tableau et attribution d'un nom.

1. Cliquez une cellule du tableau.
2. Tapez **Ctrl** + * pour sélectionner l'intégralité du tableau.
3. Cliquez l'onglet **Formules➜ Noms définis ➜ Définir un nom** (figure 21-1).

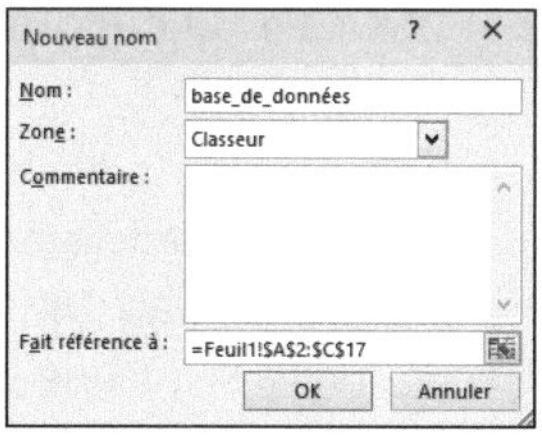

Figure 21-2 Définition d'un nom à la base de données.

4 Tapez **Base_de_données** dans la zone **Nom**, ou le nom que vous désirez utiliser dans les fonctions (figure 21-2).

5 Cliquez le bouton **OK**.

Conseil Comme Excel n'accepte pas les espaces dans les noms des plages, remplacez-les par des soulignés.

Définir une liste filtrée

L'autre solution consiste à définir votre tableau comme liste filtrée.

1 Cliquez une cellule du tableau.

2 Cliquez l'onglet **Données ➜ Trier et filtrer ➜ Filtrer**.

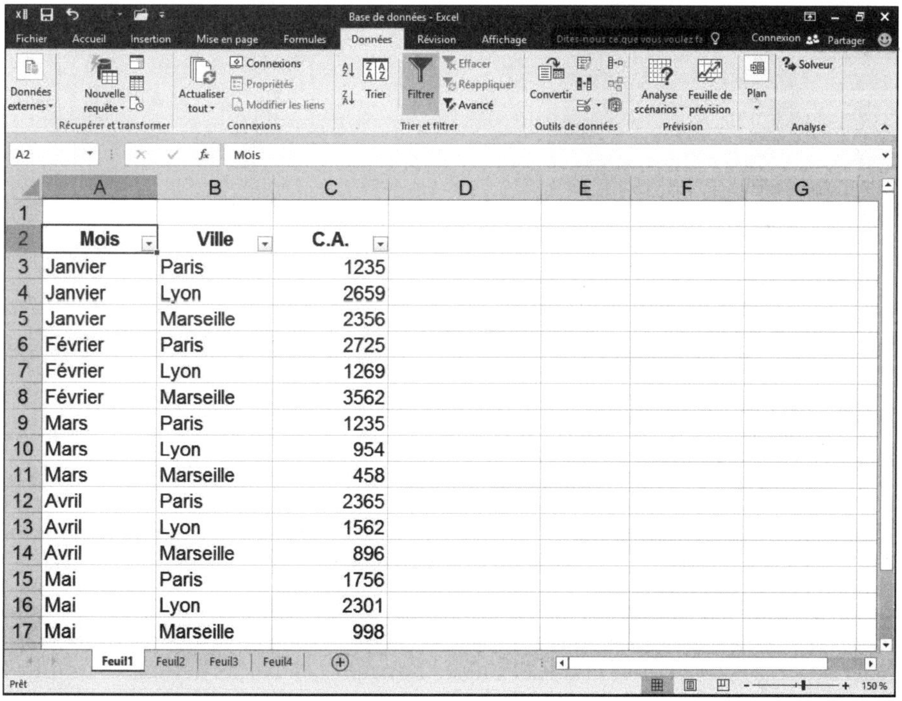

	A	B	C
1			
2	Mois	Ville	C.A.
3	Janvier	Paris	1235
4	Janvier	Lyon	2659
5	Janvier	Marseille	2356
6	Février	Paris	2725
7	Février	Lyon	1269
8	Février	Marseille	3562
9	Mars	Paris	1235
10	Mars	Lyon	954
11	Mars	Marseille	458
12	Avril	Paris	2365
13	Avril	Lyon	1562
14	Avril	Marseille	896
15	Mai	Paris	1756
16	Mai	Lyon	2301
17	Mai	Marseille	998

Figure 21-3 Tableau sous forme de liste.

Une liste apparaît pour chaque champ de la base (figure 21-3). Excel a créé le nom caché _ FilterDatabase pour le tableau.

Astuce Pour vérifier s'il existe une liste dans la feuille ou si une liste a été précédemment définie, tapez **Ctrl + T**, tapez **_FilterDatabase** dans la zone **Référence**, puis cliquez **OK**. Les cellules de la liste actuelle ou celles de l'ancienne liste sont sélectionnées. Si aucune liste n'a été définie, Excel affiche une boîte d'erreur. Une feuille ne peut contenir qu'une seule liste.

Créer une zone de critères

Pour filtrer une base de données, vous devez utiliser des critères de sélection. Une zone de critères est composée des noms de champs (première ligne) et des critères correspondants (lignes suivantes).

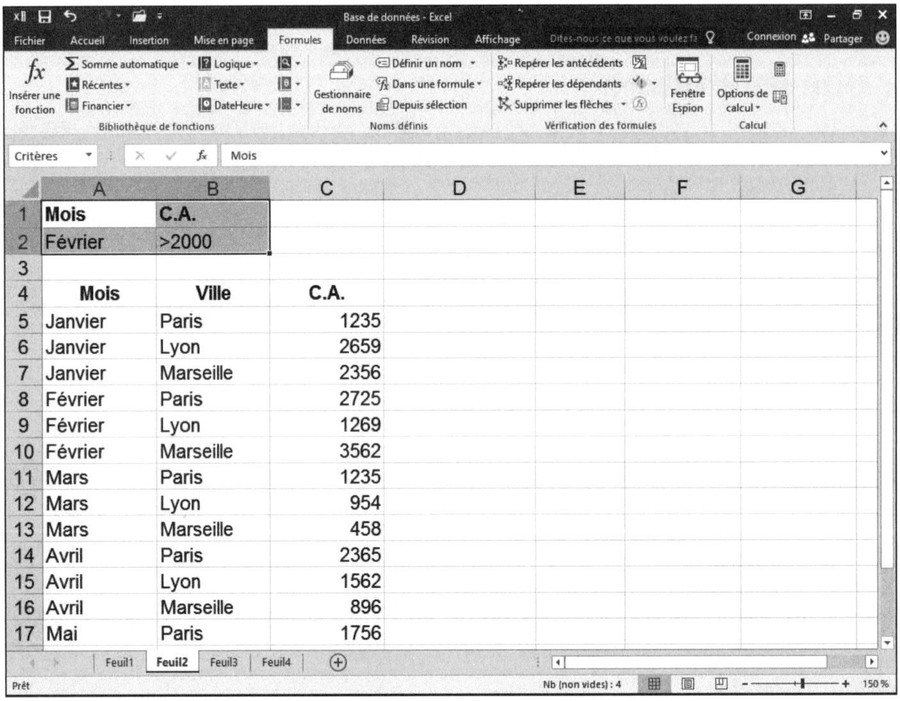

Figure 21-4 Zone de critères (A1:B2).

1 Tapez le nom des champs à utiliser pour le filtrage (**A1:B1** dans l'exemple de la figure 21-4).

2 Tapez dans les lignes en dessous les critères (**A2:B2** dans l'exemple de la figure 21-4).

Note Consultez les pages suivantes pour la création de critères.

3 Sélectionnez la plage puis cliquez l'onglet **Formules → Noms définis → Définir un nom**.

4 Tapez **Critères** dans la zone **Nom**, ou le nom que vous désirez utiliser dans les fonctions.

5 Cliquez le bouton **OK**.

Conseil Pour ne pas interférer dans le tableau de la base de données, il est préférable de placer la zone de critères au-dessus de ce dernier.

Opérateurs de comparaison

Les critères utilisent les opérateurs du tableau ci-après.

Opérateur	Type de comparaison
=	égal à
>	supérieur à
>=	supérieur ou égal à
<	inférieur à
<=	inférieur ou égal à
<>	différent de

Tableau 21-1 Opérateurs de comparaison des critères.

Le tableau ci-après propose des exemples de critères pour les cas les plus fréquents.

Critère	Sélection
>500	Enregistrements dont le contenu du champ est supérieur à 500.
<>0	Enregistrements dont le contenu du champ est différent de 0.
>=1000	Enregistrements dont le contenu du champ est supérieur ou égal à 1000.
Février	Enregistrements contenant uniquement le mot « Février ».
C*	Enregistrements contenant un texte débutant par la lettre « C ».
Paris	Enregistrements contenant le mot « Paris » dans un texte.
X?V	Enregistrement contenant un mot débutant par « X » et dont la troisième lettre est un « V ».
<>*Z*	Enregistrements ne contenant pas la lettre « Z ».
=	Enregistrements vides.

Tableau 21-2 Exemples de critères.

Note Vous pouvez utiliser les jokers ***** (plusieurs caractères) ou **?** (un caractère) dans les critères contenant du texte.

Appliquer un « Et » entre plusieurs critères

Pour que le filtre tienne compte de tous les critères, vous devez les placer sur la même ligne. Tous les critères doivent être vrais pour qu'un enregistrement soit sélectionné.

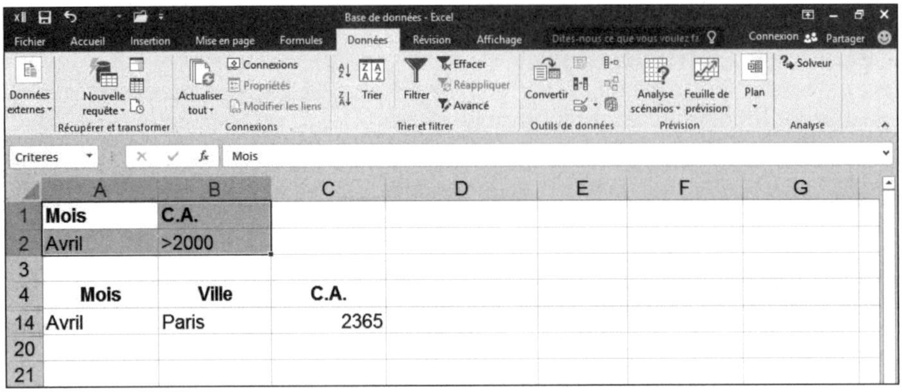

Dans l'exemple, seuls les enregistrements du mois d'avril « Et » avec un chiffre d'affaires supérieur à 2 000 sont sélectionnés.

Appliquer un « Ou » entre plusieurs critères

Pour que le filtre tienne compte d'au moins un critère, vous devez les placer sur des lignes différentes. Au moins un des critères doit être vrai pour que l'enregistrement soit sélectionné.

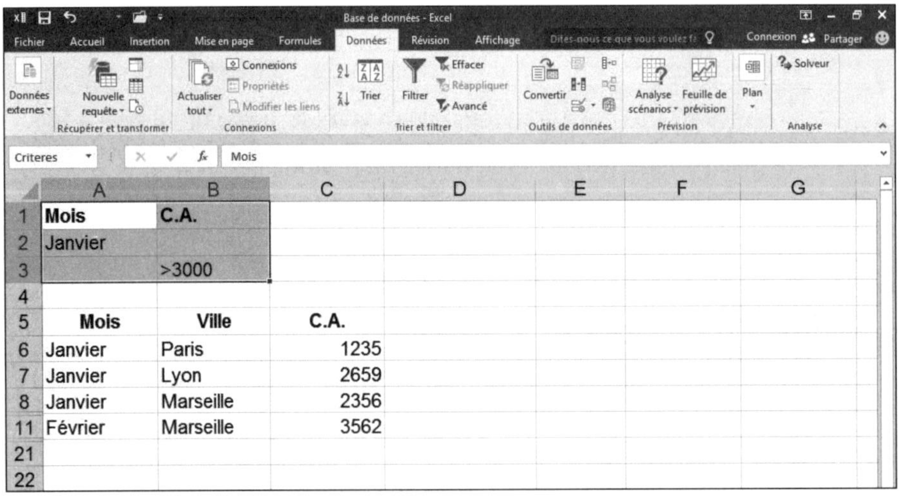

Dans l'exemple, les enregistrements sélectionnés correspondent au mois de janvier « Ou » aux chiffres d'affaires supérieurs à 3 000.

Appliquer un « Et » entre plusieurs critères du même champ

Pour appliquer plusieurs critères au même champ, vous devez ajouter plusieurs colonnes pour ce champ.

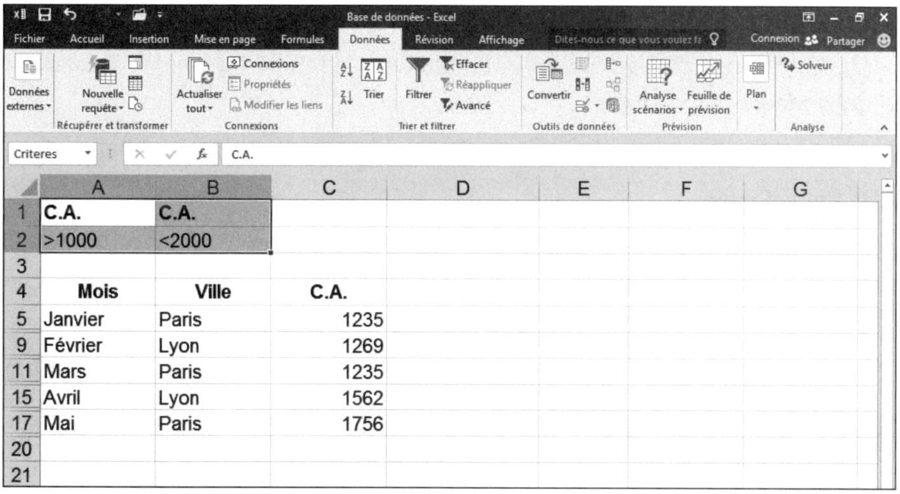

Dans l'exemple, seuls les enregistrements dont le chiffre d'affaires est supérieur à 1 000 « Et » inférieur à 2 000 sont sélectionnés.

Appliquer des « Et » et des « Ou » entre plusieurs critères

En combinant des critères sur plusieurs champs et sur plusieurs lignes, vous pouvez combiner des « Et » et des « Ou ».

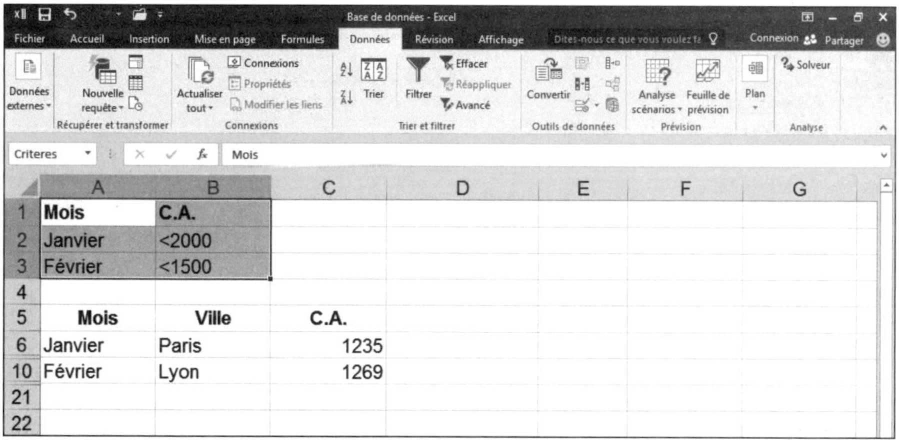

Dans l'exemple, le filtre prend en compte les enregistrements du mois de janvier dont le chiffre d'affaires est inférieur à 2 000, ou du mois de février dont le chiffre d'affaires est inférieur à 1 500.

Appliquer les critères à la liste

Avec une liste et une zone de critères, vous pouvez appliquer un filtre élaboré soit sur place, soit à un autre emplacement sur la même feuille ou sur une autre feuille.

1 Cliquez l'onglet **Données ➜ Trier et filtrer ➜ Avancé**.

2 Cliquez la zone **Plages** puis sélectionnez la liste dans la feuille ou tapez le nom de la plage (**Base_de_données** par exemple).

3 Cliquez la zone **Zone de critères** puis sélectionnez les critères ou tapez le nom de la plage (**Critères** par exemple).

4 Pour copier le résultat de la liste filtrée à un autre emplacement, cliquez l'option **Copier**, puis cliquez la zone **Copier dans** et sélectionnez la première cellule de l'emplacement de destination.

5 Pour éliminer les lignes identiques de la liste, cochez la case **Extraction sans doublon**.

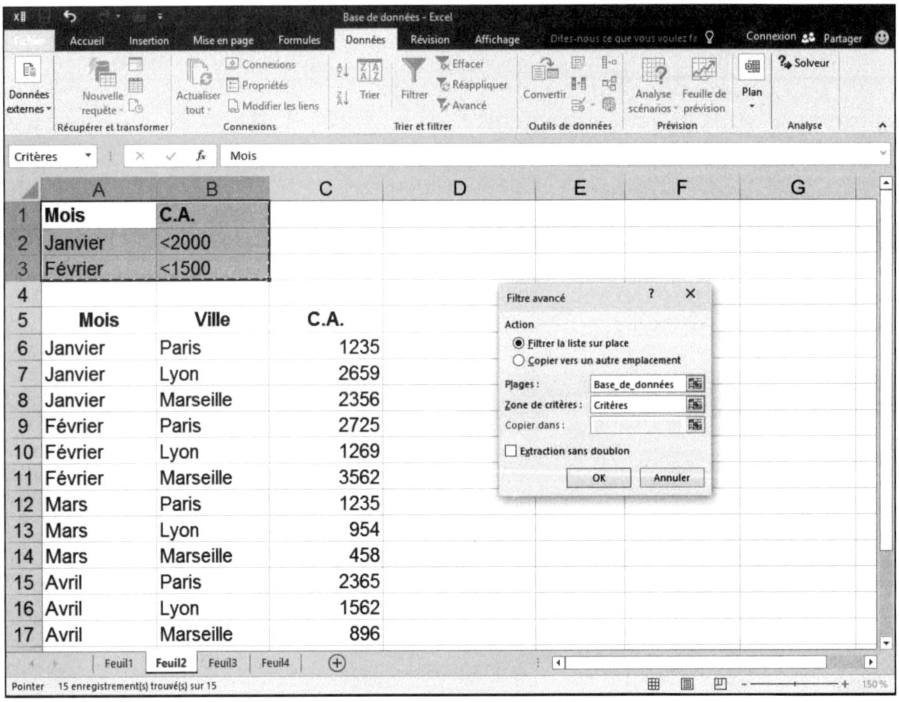

Figure 21-5 Application d'un filtre avancé à une liste.

6 Cliquez le bouton **OK** pour appliquer le filtre avancé.

La liste est filtrée en fonction des critères. Si la liste est filtrée sur place, des lignes sont masquées (les numéros de ligne apparaissent en bleu). La barre d'état indique le nombre de lignes sélectionnées et le nombre total de lignes de la liste.

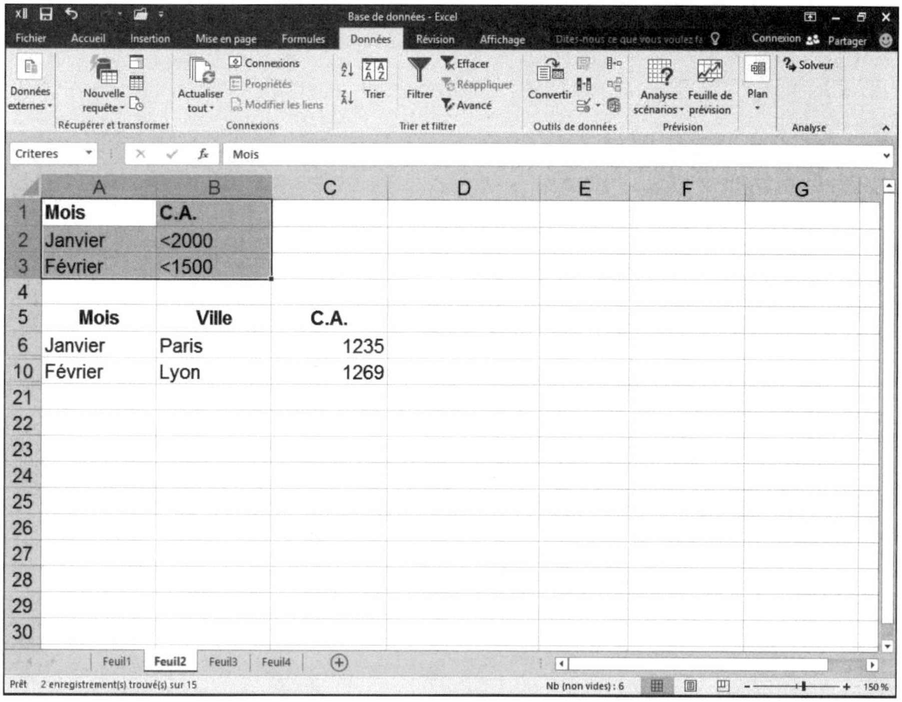

Figure 21-6 Liste après filtrage.

Pour supprimer le filtrage et réafficher les lignes masquées, cliquez l'onglet **Données → Trier et filtrer → Effacer**.

Arguments des fonctions de bases de données

Toutes les fonctions de bases de données utilisent la même syntaxe : FONCTION (Base_de_données; Champ; Critères).

L'argument **Base_de_données** correspond à la plage de cellules du tableau (consultez les paragraphes précédents pour la nommer). L'argument **Champ** correspond au nom du champ entre guillemets ou au numéro de colonne dans la plage Base_de_données.

L'argument **Critères** correspond à la plage de critères (consultez les paragraphes précédents pour la nommer).

Seul l'argument Champ est facultatif dans les fonctions BDNB et BDNBVAL. Si vous ne désirez pas utiliser cet argument, ajoutez deux points-virgules comme dans l'exemple de la figure 21-7.

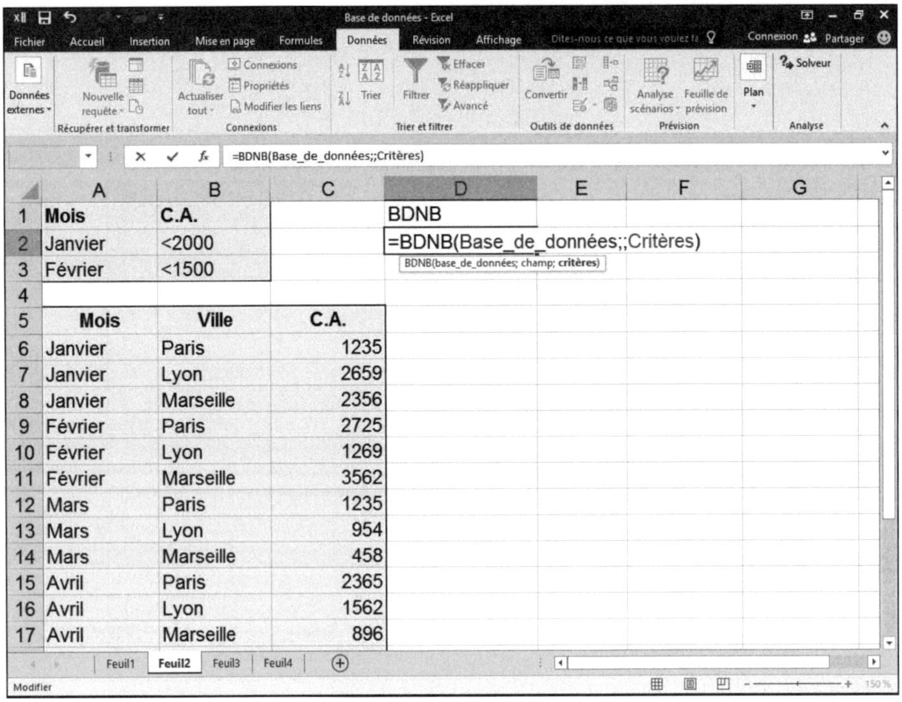

Figure 21-7 Fonction sans l'argument Champ.

BDECARTYPE

Cette fonction retourne l'écart type d'une population sur la base d'un échantillon, en utilisant les valeurs d'un champ et dans la limite des enregistrements sélectionnés par les critères.

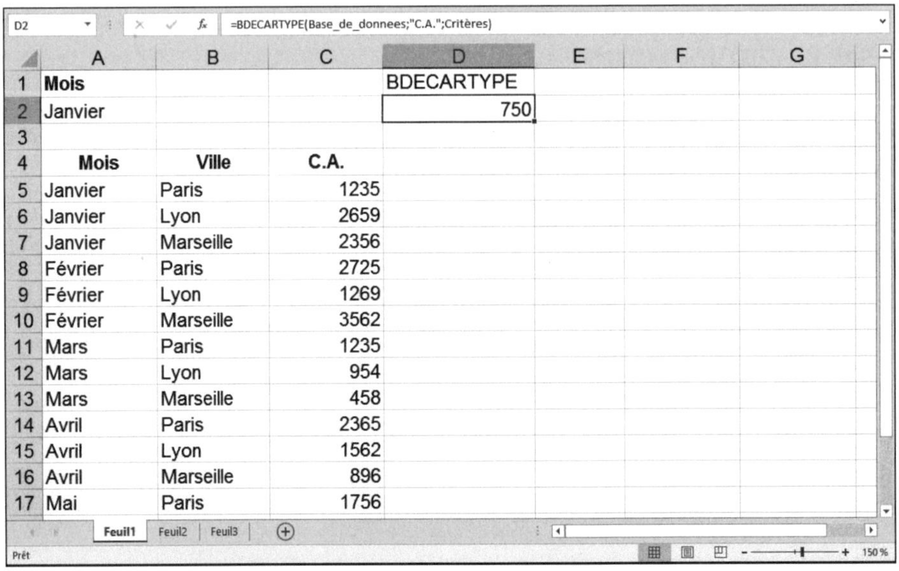

BDECARTYPEP

Retourne l'écart type d'une population à partir de la population entière, en utilisant les valeurs d'un champ et dans la limite des enregistrements sélectionnés par les critères.

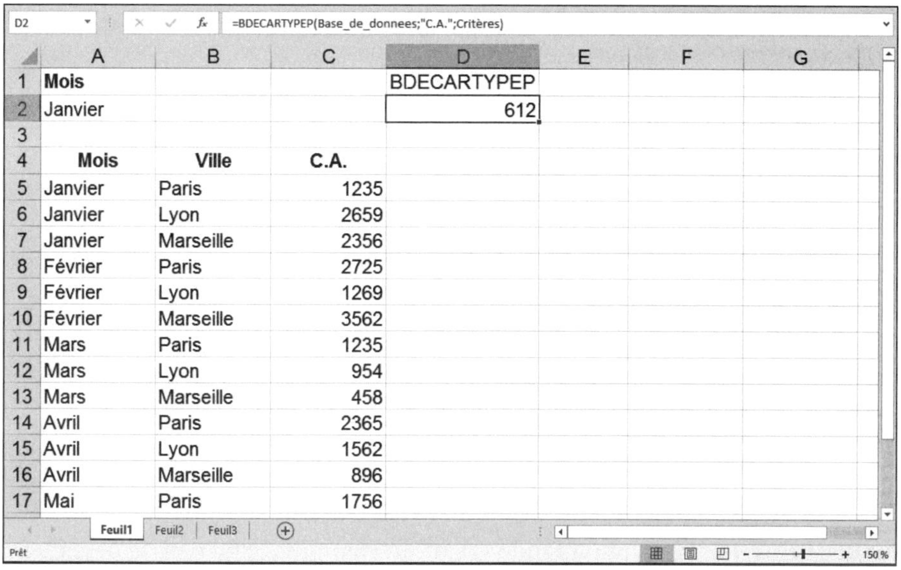

D2 =BDECARTYPEP(Base_de_donnees;"C.A.";Critères)

	A	B	C	D
1	**Mois**			BDECARTYPEP
2	Janvier			612
3				
4	**Mois**	**Ville**	**C.A.**	
5	Janvier	Paris	1235	
6	Janvier	Lyon	2659	
7	Janvier	Marseille	2356	
8	Février	Paris	2725	
9	Février	Lyon	1269	
10	Février	Marseille	3562	
11	Mars	Paris	1235	
12	Mars	Lyon	954	
13	Mars	Marseille	458	
14	Avril	Paris	2365	
15	Avril	Lyon	1562	
16	Avril	Marseille	896	
17	Mai	Paris	1756	

BDLIRE

Cette fonction retourne une seule valeur du champ spécifié à partir de la base de données et dans la limite des enregistrements sélectionnés par les critères. La fonction retourne #VALEUR! si aucun enregistrement ne répond aux critères. La fonction retourne #NOMBRE! si plusieurs enregistrements répondent aux critères.

Dans l'exemple, la fonction retourne la donnée « Lyon », seule valeur de « Janvier » avec un chiffre d'affaires « > 2500 ». Si l'on précise un chiffre d'affaires « > 2000 », la fonction retourne alors la valeur d'erreur #NOMBRE!, car les villes de « Lyon » et « Marseille » correspondent aux critères.

D2 =BDLIRE(Base_de_donnees;"Ville";Critères)

	A	B	C	D
1	**Mois**	**C.A.**		BDLIRE
2	Janvier	>2500		Lyon
3				
4	**Mois**	**Ville**	**C.A.**	
5	Janvier	Paris	1235	
6	Janvier	Lyon	2659	
7	Janvier	Marseille	2356	
8	Février	Paris	2725	
9	Février	Lyon	1269	
10	Février	Marseille	3562	
11	Mars	Paris	1235	
12	Mars	Lyon	954	
13	Mars	Marseille	458	
14	Avril	Paris	2365	
15	Avril	Lyon	1562	
16	Avril	Marseille	896	
17	Mai	Paris	1756	

Feuil1 Feuil2 Feuil3

Prêt 150 %

BDMAX

La fonction BDMAX retourne la plus grande valeur du champ spécifié dans la base de données et dans la limite des enregistrements sélectionnés par les critères.

D2 =BDMAX(Base_de_donnees;"C.A.";Critères)

	A	B	C	D
1	**C.A.**			BDMAX
2	<1500			1269
3				
4	**Mois**	**Ville**	**C.A.**	
5	Janvier	Paris	1235	
6	Janvier	Lyon	2659	
7	Janvier	Marseille	2356	
8	Février	Paris	2725	
9	Février	Lyon	1269	
10	Février	Marseille	3562	
11	Mars	Paris	1235	
12	Mars	Lyon	954	
13	Mars	Marseille	458	
14	Avril	Paris	2365	
15	Avril	Lyon	1562	
16	Avril	Marseille	896	
17	Mai	Paris	1756	

Feuil1 Feuil2 Feuil3

Prêt 150 %

Dans l'exemple, 1269 est le plus grand chiffre d'affaires de ceux inférieurs à 1500.

BDMIN

Retourne la plus petite valeur du champ spécifié dans la base de données et dans la limite des enregistrements sélectionnés par les critères.

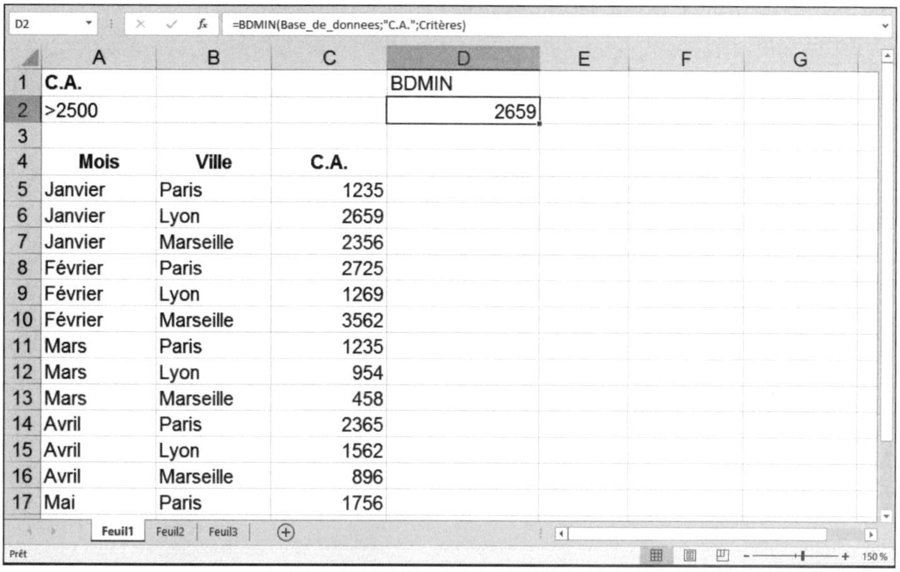
D2 =BDMIN(Base_de_donnees;"C.A.";Critères)

	A	B	C	D	E	F	G
1	**C.A.**			BDMIN			
2	>2500			2659			
3							
4	**Mois**	**Ville**	**C.A.**				
5	Janvier	Paris	1235				
6	Janvier	Lyon	2659				
7	Janvier	Marseille	2356				
8	Février	Paris	2725				
9	Février	Lyon	1269				
10	Février	Marseille	3562				
11	Mars	Paris	1235				
12	Mars	Lyon	954				
13	Mars	Marseille	458				
14	Avril	Paris	2365				
15	Avril	Lyon	1562				
16	Avril	Marseille	896				
17	Mai	Paris	1756				

Feuil1 Feuil2 Feuil3
Prêt 150 %

Dans l'exemple, 2659 est le plus petit chiffre d'affaires de ceux supérieurs à 2500.

BDMOYENNE

Cette fonction retourne la moyenne des valeurs du champ spécifié dans la base de données et dans la limite des enregistrements sélectionnés par les critères.

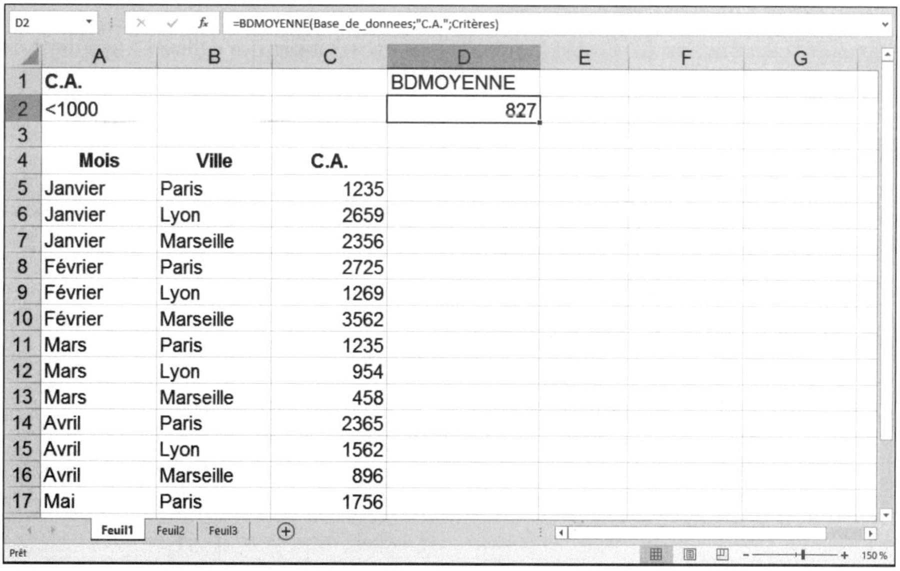
D2 =BDMOYENNE(Base_de_donnees;"C.A.";Critères)

	A	B	C	D	E	F	G
1	**C.A.**			BDMOYENNE			
2	<1000			827			
3							
4	**Mois**	**Ville**	**C.A.**				
5	Janvier	Paris	1235				
6	Janvier	Lyon	2659				
7	Janvier	Marseille	2356				
8	Février	Paris	2725				
9	Février	Lyon	1269				
10	Février	Marseille	3562				
11	Mars	Paris	1235				
12	Mars	Lyon	954				
13	Mars	Marseille	458				
14	Avril	Paris	2365				
15	Avril	Lyon	1562				
16	Avril	Marseille	896				
17	Mai	Paris	1756				

Feuil1 Feuil2 Feuil3
Prêt 150 %

Dans l'exemple, on calcule la moyenne des chiffres d'affaires inférieurs à 1000.

BDNB

La fonction BDNB retourne le nombre de valeurs d'un champ de la base de données qui contiennent des nombres et qui correspondent aux critères spécifiés.

L'argument **Champ** est facultatif. Si vous ne le spécifiez pas, la fonction compte le nombre d'enregistrements qui correspondent aux critères.

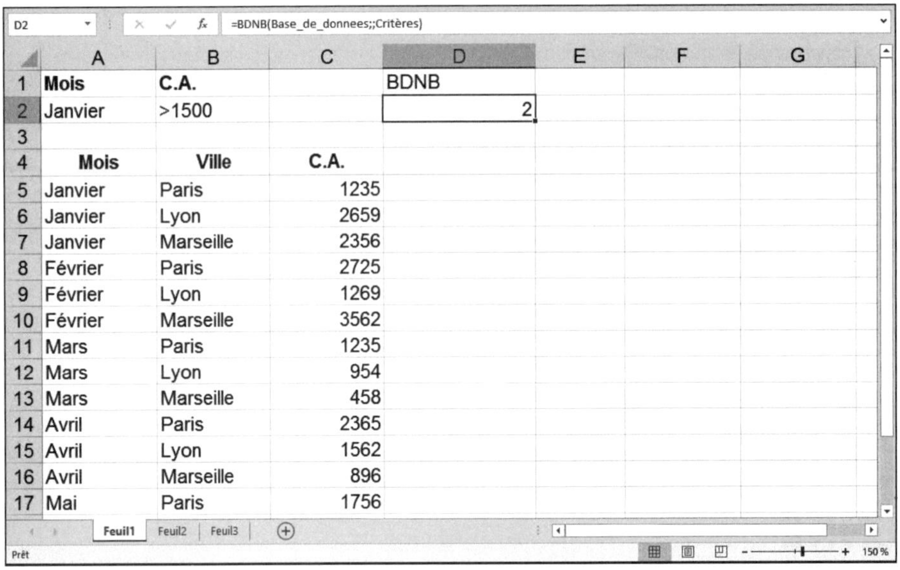
D2 =BDNB(Base_de_donnees;;Critères)

	A	B	C	D	E	F	G
1	**Mois**	**C.A.**		BDNB			
2	Janvier	>1500		2			
3							
4	**Mois**	**Ville**	**C.A.**				
5	Janvier	Paris	1235				
6	Janvier	Lyon	2659				
7	Janvier	Marseille	2356				
8	Février	Paris	2725				
9	Février	Lyon	1269				
10	Février	Marseille	3562				
11	Mars	Paris	1235				
12	Mars	Lyon	954				
13	Mars	Marseille	458				
14	Avril	Paris	2365				
15	Avril	Lyon	1562				
16	Avril	Marseille	896				
17	Mai	Paris	1756				

Feuil1 Feuil2 Feuil3

Prêt 150 %

Dans l'exemple, la fonction BDNB retourne 2 car il y a 2 enregistrements qui correspondent aux critères (Janvier et >1500). L'argument Champ n'est pas ici spécifié.

Note Consultez la fonction BDNBVAL pour trouver un exemple qui utilise l'argument Champ.

BDNBVAL

La fonction BDNBVAL retourne le nombre de cellules non vides d'un champ de la base de données correspondant aux critères spécifiés.

L'argument **Champ** est facultatif. Si vous ne le spécifiez pas, la fonction prend en compte tous les enregistrements.

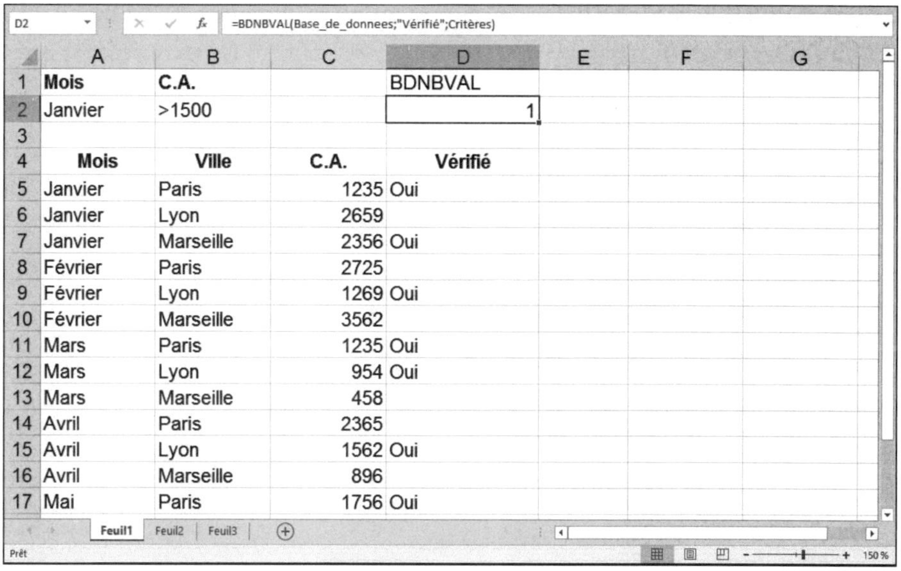

D2 =BDNBVAL(Base_de_donnees;"Vérifié";Critères)

	A	B	C	D
1	Mois	C.A.		BDNBVAL
2	Janvier	>1500		1
3				
4	Mois	Ville	C.A.	Vérifié
5	Janvier	Paris	1235	Oui
6	Janvier	Lyon	2659	
7	Janvier	Marseille	2356	Oui
8	Février	Paris	2725	
9	Février	Lyon	1269	Oui
10	Février	Marseille	3562	
11	Mars	Paris	1235	Oui
12	Mars	Lyon	954	Oui
13	Mars	Marseille	458	
14	Avril	Paris	2365	
15	Avril	Lyon	1562	Oui
16	Avril	Marseille	896	
17	Mai	Paris	1756	Oui

Dans l'exemple, la fonction BDNBVAL retourne 1 car il y a un seul enregistrement dont le champ « Vérifié » contient une valeur parmi les 2 enregistrements correspondant aux critères (Janvier et >1500).

Note Consultez la fonction BDNB pour trouver un exemple qui n'utilise pas l'argument Champ.

BDPRODUIT

Cette fonction retourne la multiplication de toutes les valeurs du champ spécifié dans la base de données et dans la limite des enregistrements sélectionnés par les critères.

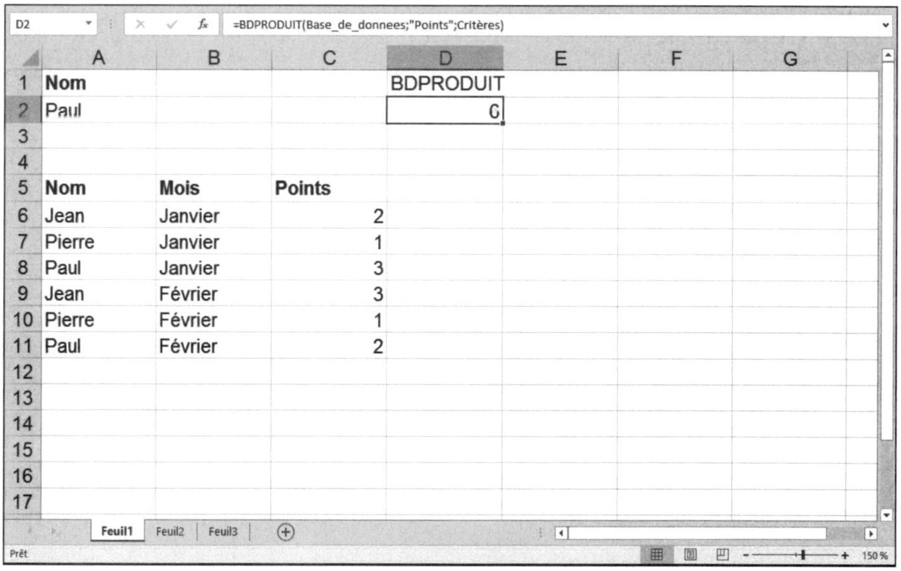

D2 =BDPRODUIT(Base_de_donnees;"Points";Critères)

	A	B	C	D
1	Nom			BDPRODUIT
2	Paul			6
3				
4				
5	Nom	Mois	Points	
6	Jean	Janvier	2	
7	Pierre	Janvier	1	
8	Paul	Janvier	3	
9	Jean	Février	3	
10	Pierre	Février	1	
11	Paul	Février	2	

Dans l'exemple, la fonction BDPRODUIT retourne la multiplication des points de « Paul » (3 en janvier * 2 en février = 6).

BDSOMME

Cette fonction retourne la somme des valeurs du champ spécifié dans la base de données et dans la limite des enregistrements sélectionnés par les critères.

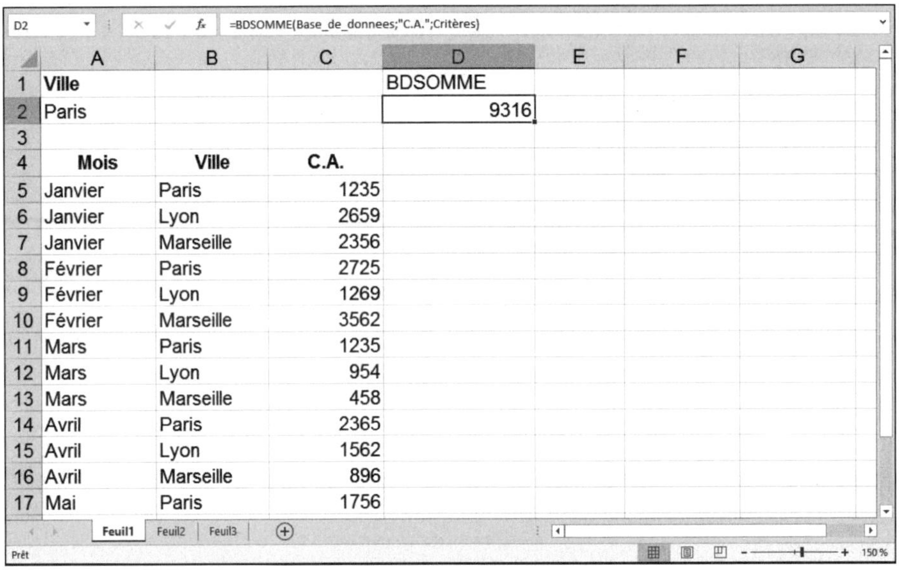

D2 =BDSOMME(Base_de_donnees;"C.A.";Critères)

	A	B	C	D	E	F	G
1	**Ville**			BDSOMME			
2	Paris			9316			
3							
4	**Mois**	**Ville**	**C.A.**				
5	Janvier	Paris	1235				
6	Janvier	Lyon	2659				
7	Janvier	Marseille	2356				
8	Février	Paris	2725				
9	Février	Lyon	1269				
10	Février	Marseille	3562				
11	Mars	Paris	1235				
12	Mars	Lyon	954				
13	Mars	Marseille	458				
14	Avril	Paris	2365				
15	Avril	Lyon	1562				
16	Avril	Marseille	896				
17	Mai	Paris	1756				

Feuil1 Feuil2 Feuil3

Prêt 150 %

L'exemple effectue la somme des chiffres d'affaires pour la ville de Paris.

BDVAR

Cette fonction retourne la variance d'une population sur la base d'un échantillon, en utilisant les valeurs d'un champ et dans la limite des enregistrements sélectionnés par les critères.

D2 =BDVAR(Base_de_donnees;"C.A.";Critères)

	A	B	C	D	E	F	G
1	**Mois**			BDVAR			
2	Février			1346392			
3							
4	**Mois**	**Ville**	**C.A.**				
5	Janvier	Paris	1235				
6	Janvier	Lyon	2659				
7	Janvier	Marseille	2356				
8	Février	Paris	2725				
9	Février	Lyon	1269				
10	Février	Marseille	3562				
11	Mars	Paris	1235				
12	Mars	Lyon	954				
13	Mars	Marseille	458				
14	Avril	Paris	2365				
15	Avril	Lyon	1562				
16	Avril	Marseille	896				
17	Mai	Paris	1756				

Feuil1 Feuil2 Feuil3

Prêt 150 %

BDVARP

Cette fonction retourne la variance d'une population à partir de la population entière, en utilisant les valeurs d'un champ et dans la limite des enregistrements sélectionnés par les critères.

D2 =BDVARP(Base_de_donnees;"C.A.";Critères)

	A	B	C	D	E	F	G
1	**Mois**			BDVARP			
2	Février			897595			
3							
4	**Mois**	**Ville**	**C.A.**				
5	Janvier	Paris	1235				
6	Janvier	Lyon	2659				
7	Janvier	Marseille	2356				
8	Février	Paris	2725				
9	Février	Lyon	1269				
10	Février	Marseille	3562				
11	Mars	Paris	1235				
12	Mars	Lyon	954				
13	Mars	Marseille	458				
14	Avril	Paris	2365				
15	Avril	Lyon	1562				
16	Avril	Marseille	896				
17	Mai	Paris	1756				

Feuil1 Feuil2 Feuil3

Prêt 150 %

LIREDONNEESTABCROISDYNAMIQUE

Cette fonction extrait une donnée d'un tableau croisé dynamique.

Syntaxe : LIREDONNEESTABCROISDYNAMIQUE (champ de données, tableau croisé, champ1, élément1, champ2, élément2…).

Le 1er argument correspond au champ de données du tableau croisé. Le 2e argument correspond à la cellule en haut à gauche du tableau croisé. Les arguments suivants, par couple, correspondent au nom du champ et à l'élément dont vous désirez extraire les données (par exemple, «Mois» et «Janvier»).

Pour utiliser facilement cette fonction :

1 Tapez le signe égal dans la cellule de destination de la formule.

2 Cliquez la cellule à extraire dans le tableau croisé dynamique.

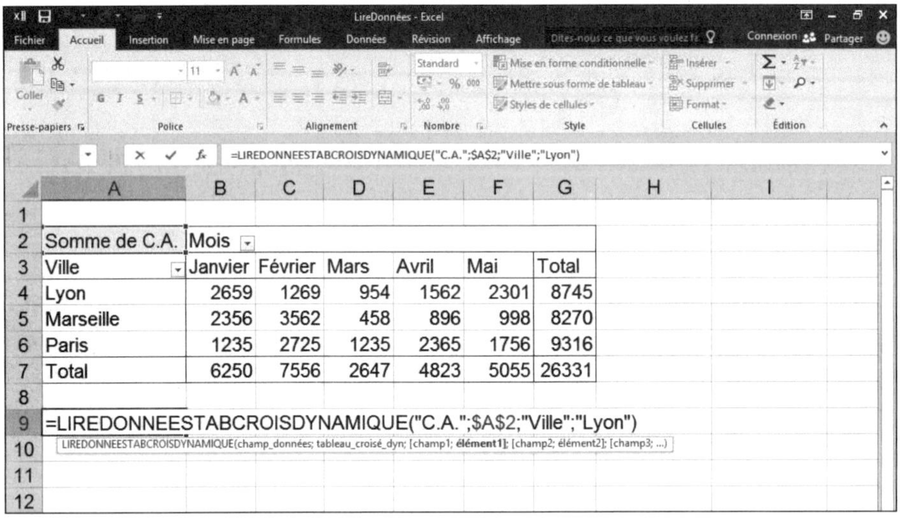

Excel crée la fonction avec les arguments correspondants.

Fonctions de comptage

Les fonctions de comptage permettent d'obtenir le nombre de valeurs d'une plage de cellules en fonction de conditions. Certaines fonctions recherchent uniquement un type particulier de données, comme la fonction NB.VIDE qui comptabilise le nombre de cellules vides. D'autres fonctions, comme NB.SI, comptabilisent le nombre de cellules en fonction du critère que vous précisez en argument.

NB

Cette fonction retourne le nombre de cellules contenant des nombres ou des dates (les textes, les valeurs logiques, les valeurs d'erreur et les cellules vides sont exclus). Les arguments (dans la limite de 30) correspondent à des cellules ou des plages de cellules dans lesquelles s'effectue la recherche, ainsi qu'à des valeurs à comptabiliser si ce sont des nombres.

B7 =NB(B1:B5)

	A	B	C	D	E	F
1	N°	1234				
2	Nom	Dupont				
3	Date naissance	04/01/1967				
4	Emploi					
5	Actionnaire	VRAI				
6						
7	Fonction NB	2				
8						
9						
10						
11						

Dans l'exemple, la fonction retourne 2 car seules les cellules B1 et B3 contiennent un nombre ou une date.

Note Pour compter toutes les cellules non vides, utilisez la fonction NBVAL.

NB.VIDE

Cette fonction retourne le nombre de cellules vides contenues dans une plage de cellule (l'argument).

B7 =NB.VIDE(B1:B5)

	A	B	C	D	E	F
1	N°	1234				
2	Nom	Dupont				
3	Date naissance	04/01/1967				
4	Emploi					
5	Actionnaire	VRAI				
6						
7	Fonction NB.VIDE	1				
8						
9						
10						

Dans l'exemple, la fonction retourne 1 car la cellule B4 est la seule cellule vide.

NBVAL

La fonction NBVAL retourne le nombre de cellules non vides. Les arguments (dans la limite de 30) correspondent aux cellules ou plages de cellules dans lesquelles s'effectue la recherche.

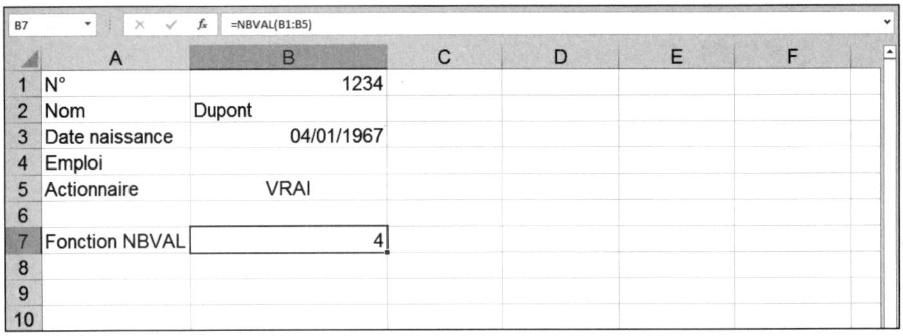

Dans l'exemple, la fonction retourne la valeur 4 car seule la cellule B4 est vide.

Note Pour compter uniquement les valeurs numériques et les dates, utilisez la fonction NB.

SOMME.CARRES

Cette fonction retourne la somme des carrés des valeurs en arguments (dans la limite de 30). Les arguments sont des nombres ou des références à des cellules contenant des nombres.

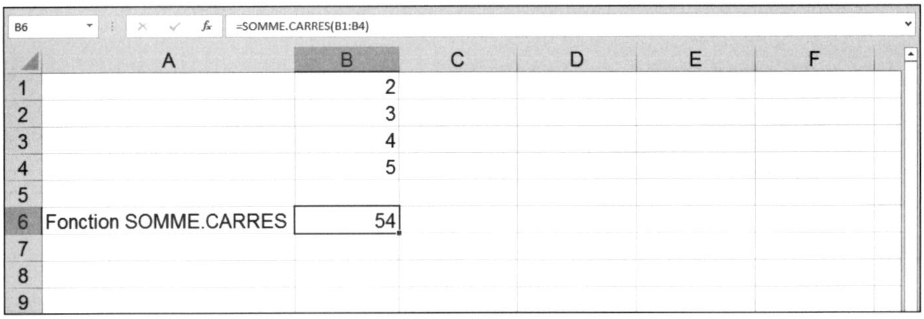

Dans l'exemple, la fonction retourne la somme des carrés de la plage B1:B4 (2^2+3^2+4^3+5^2 = 54).

SOMMEPROD

Cette fonction retourne la multiplication des valeurs de plusieurs matrices (dans la limite de 30) et additionne la somme de ces produits.

Note Les plages de cellules en arguments (matrices) doivent avoir les mêmes dimensions.

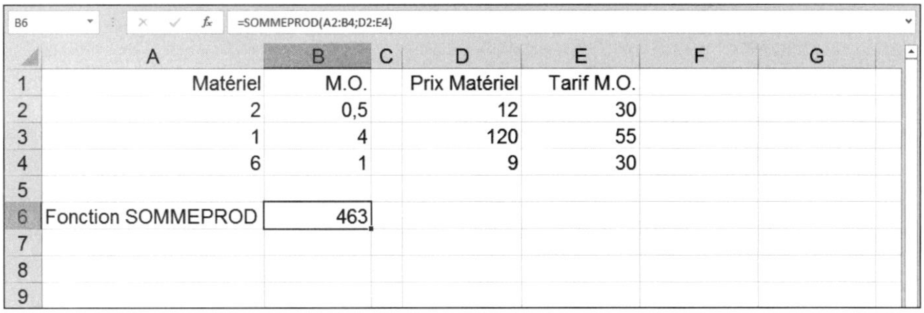
B6 =SOMMEPROD(A2:B4;D2:E4)

	A	B	C	D	E	F	G
1	Matériel	M.O.		Prix Matériel	Tarif M.O.		
2	2	0,5		12	30		
3	1	4		120	55		
4	6	1		9	30		
5							
6	Fonction SOMMEPROD	463					
7							
8							
9							

Dans l'exemple, on multiplie des quantités (A2:A4) par des prix de matériels (C2:C4) et des durées de main-d'œuvre (B2:B4) par des tarifs horaires (D2:D4). La fonction retourne la somme du produit de ces deux tableaux.

Fonctions de décision

Les fonctions de décision permettent de choisir le résultat d'une cellule après un test logique. Cela permet, par exemple, de choisir les valeurs à prendre en compte dans un calcul, mais aussi de changer de type de valeur en remplaçant un numérique par un texte.

NB.SI

La fonction NB.SI retourne le nombre de cellules à l'intérieur d'une plage (1er argument) qui répondent à un critère (2e argument). Le critère s'exprime sous forme de nombre, de texte ou d'expression entre guillemets. Par exemple, 1000, «Janvier» ou «>1000» sont des critères valables.

Note Le tableau 21-2 propose des exemples de critères pour cette fonction. Vous trouverez des exemples de cette fonction à la fin de ce chapitre.

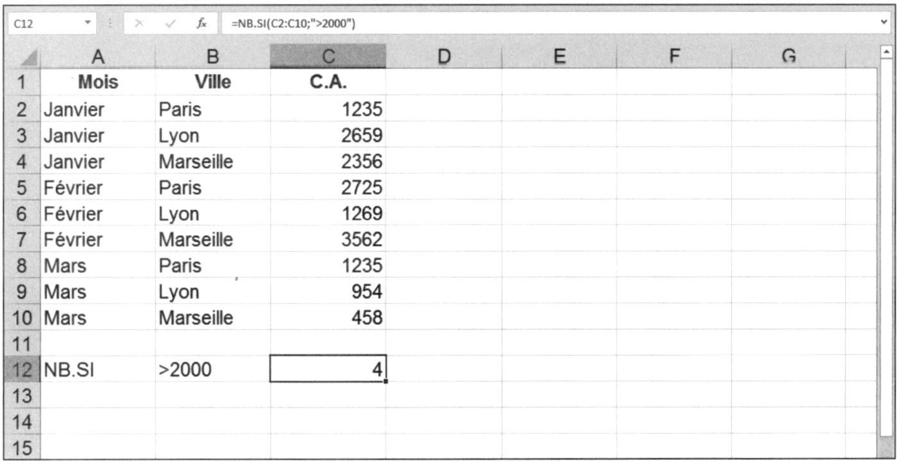
C12 =NB.SI(C2:C10;">2000")

	A	B	C	D	E	F	G
1	Mois	Ville	C.A.				
2	Janvier	Paris	1235				
3	Janvier	Lyon	2659				
4	Janvier	Marseille	2356				
5	Février	Paris	2725				
6	Février	Lyon	1269				
7	Février	Marseille	3562				
8	Mars	Paris	1235				
9	Mars	Lyon	954				
10	Mars	Marseille	458				
11							
12	NB.SI	>2000	4				
13							
14							
15							

Dans l'exemple, on compte le nombre de chiffres d'affaires supérieurs à 2000.

SOMME.SI

Cette fonction retourne la somme des cellules à l'intérieur d'une plage (1er argument) qui répondent à un critère (2e argument). Le critère s'exprime sous forme de nombre, de texte ou d'expression entre guillemets. Par exemple, 2000, «Février» ou «>3000» sont des critères valables.

Note Le tableau 21-2 propose des exemples de critères pour cette fonction. Vous trouverez des exemples de cette fonction à la fin de ce chapitre.

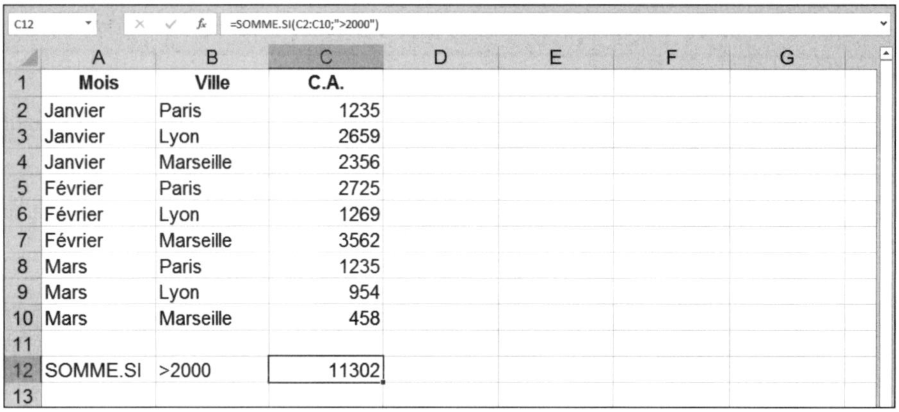

C12 =SOMME.SI(C2:C10;">2000")

	A	B	C	D	E	F	G
1	Mois	Ville	C.A.				
2	Janvier	Paris	1235				
3	Janvier	Lyon	2659				
4	Janvier	Marseille	2356				
5	Février	Paris	2725				
6	Février	Lyon	1269				
7	Février	Marseille	3562				
8	Mars	Paris	1235				
9	Mars	Lyon	954				
10	Mars	Marseille	458				
11							
12	SOMME.SI	>2000	11302				
13							

Dans l'exemple ci-dessus, on effectue la somme des chiffres d'affaires dépassant un montant de 2000.

Si les valeurs à additionner ne se trouvent pas dans la plage du 1er argument, ajoutez cette plage en 3e argument.

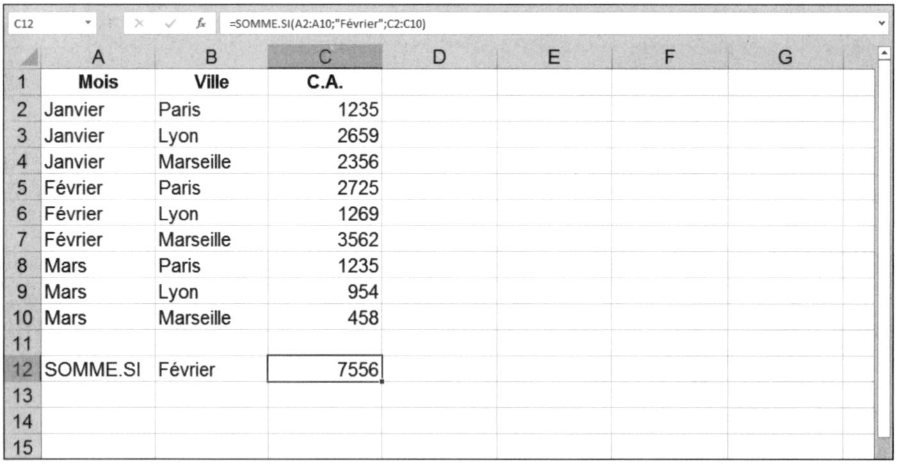

C12 =SOMME.SI(A2:A10;"Février";C2:C10)

	A	B	C	D	E	F	G
1	Mois	Ville	C.A.				
2	Janvier	Paris	1235				
3	Janvier	Lyon	2659				
4	Janvier	Marseille	2356				
5	Février	Paris	2725				
6	Février	Lyon	1269				
7	Février	Marseille	3562				
8	Mars	Paris	1235				
9	Mars	Lyon	954				
10	Mars	Marseille	458				
11							
12	SOMME.SI	Février	7556				
13							
14							
15							

Dans ce second exemple, on additionne les chiffres d'affaires du mois de février. Remarquez que le premier argument fait référence aux mois alors que le troisième argument précise d'effectuer la somme des chiffres d'affaires.

SI

La fonction SI permet de décider du résultat d'une cellule après un test logique. Elle utilise la syntaxe suivante : SI(test logique;résultat si test vrai;résultat si test faux).

Pour expliquer cette fonction, prenons les données de la figure 21-8. Le tableau propose des prévisions et des bénéfices réels. L'exemple doit afficher un message en fonction des résultats obtenus.

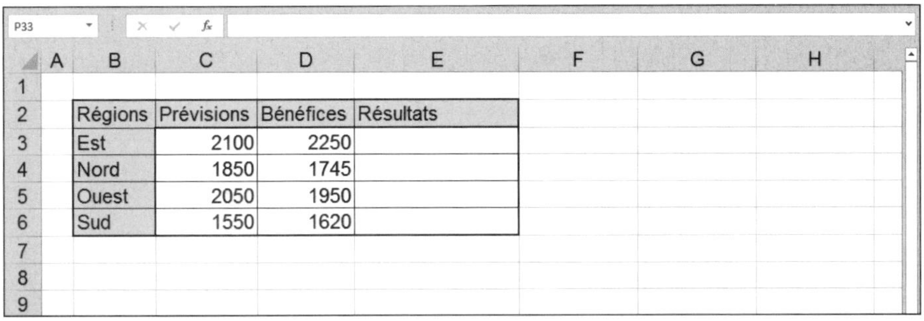

Régions	Prévisions	Bénéfices	Résultats
Est	2100	2250	
Nord	1850	1745	
Ouest	2050	1950	
Sud	1550	1620	

Figure 21-8 Exemple d'utilisation de la fonction SI.

Nous utiliserons la boîte d'insertion des fonctions.

1 Cliquez la cellule qui doit contenir la fonction SI (E3 dans notre exemple).

2 Cliquez le bouton *fx*.

Note Vous pouvez aussi utiliser le ruban (onglet **Formules → Bibliothèque de fonctions → Logique → Si**).

3 Sélectionnez **Logique** dans la liste **Ou sélectionnez une catégorie**.

4 Cliquez **SI** dans la liste **Sélectionnez une fonction**.

5 Cliquez le bouton **OK** pour ajouter la fonction et saisir les arguments.

Dans cet exemple, on vérifie si le bénéfice est supérieur ou égal aux prévisions.

Un test logique est composé de deux opérandes (des valeurs ou des références à des cellules) et un opérateur (= égal, <>différent, > supérieur, < inférieur, >= supérieur ou égal ou <= inférieur ou égal).

6 Dans la zone **Test_logique**, tapez la condition (ici **D3>=C3** pour comparer les prévisions avec les bénéfices réels).

7 Tapez dans la zone **Valeur_si_vrai** ce qui doit apparaître dans la cellule si la condition est vraie.

8 Tapez dans la zone **Valeur_si_faux** ce qui doit apparaître dans la cellule si la condition est fausse.

Note Excel ajoute automatiquement des guillemets autour des textes.

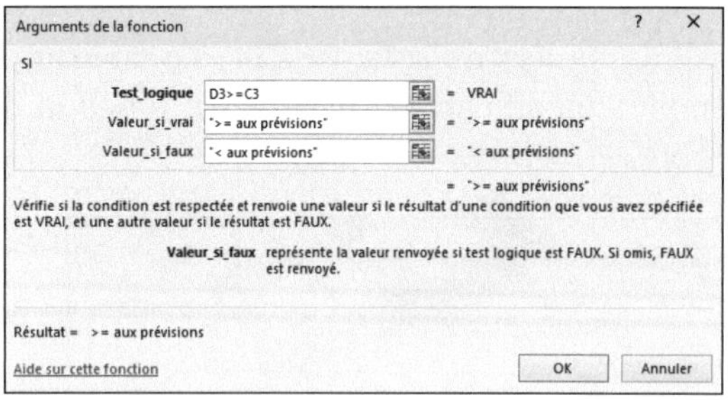

Figure 21-9 Arguments de la fonction SI.

9 Cliquez le bouton **OK** pour ajouter la fonction dans la cellule.

L'assistant a ajouté la formule suivante dans la feuille de calcul :

```
=SI(D3>=C3;">= aux prévisions";"< aux prévisions")
```

10 Recopiez la formule si nécessaire, comme dans l'exemple de la figure 21-10.

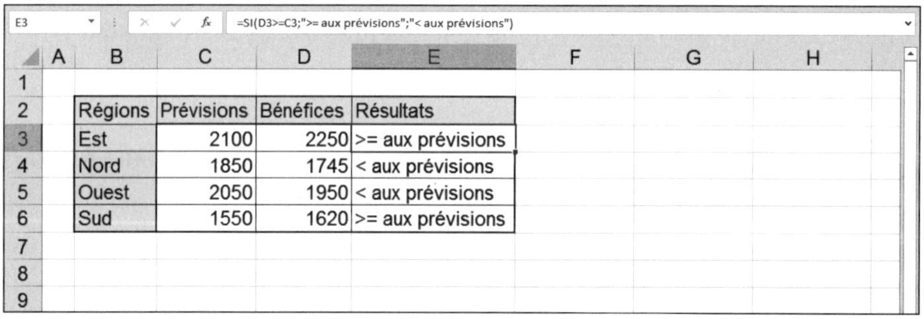

Figure 21-10 Exemple de fonction SI.

Le résultat affiché dans la cellule est fonction du test SI.

Exemples d'utilisation de la fonction SI

Ajouter des calculs dans une fonction SI

Vous pouvez ajouter des calculs dans les arguments d'une fonction SI.

Dans l'exemple de la figure 21-11, on calcule un bonus de 20 % sur la partie qui dépasse les prévisions. Dans l'autre cas, on affiche simplement un message.

```
=SI(D3>=C3;(D3-C3)*20%;"pas de bonus")
```

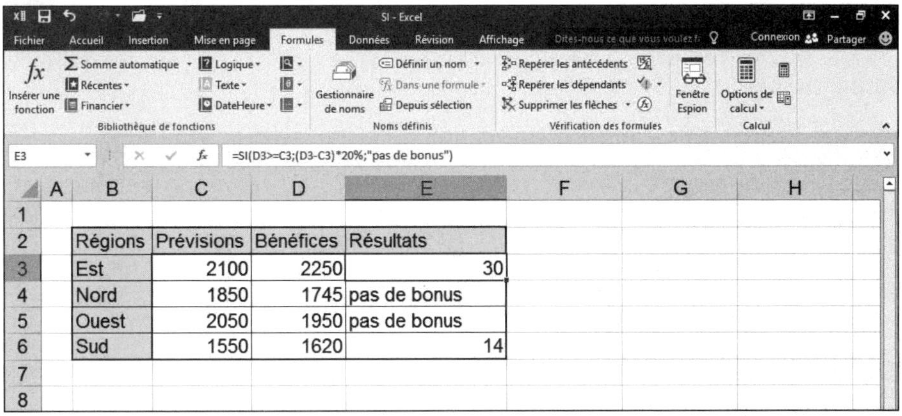

Figure 21-11 Calculs dans les arguments d'une fonction SI.

Ajouter des fonctions dans les arguments d'une fonction SI

Vous pouvez aussi utiliser d'autres fonctions pour calculer le résultat. Dans l'exemple de la figure 21-12, on utilise la fonction **REPT** pour répéter 10 fois le symbole supérieur ou inférieur.

```
=SI(D3>=C3;REPT("> ";10);REPT("< ";10))
```

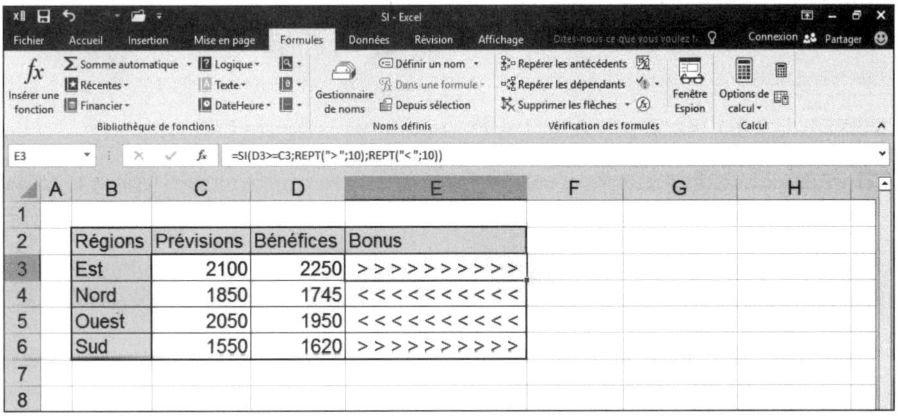

Figure 21-12 Fonctions dans les arguments d'une fonction SI.

Note Consultez le chapitre 20 pour l'utilisation de la fonction **REPT**.

Supprimer les messages d'erreur

Vous pouvez éviter les erreurs dans les cellules en testant le résultat avant de l'afficher.

L'exemple de la figure 21-13 évite d'effectuer une division par zéro, donc d'afficher le message d'erreur #DIV/0!. C'est le cas de la cellule D6, si on se contente de la formule =B6/C6 puisque la cellule C6 n'est pas renseignée.

```
=SI(C6<>0;B6/C6;"")
```

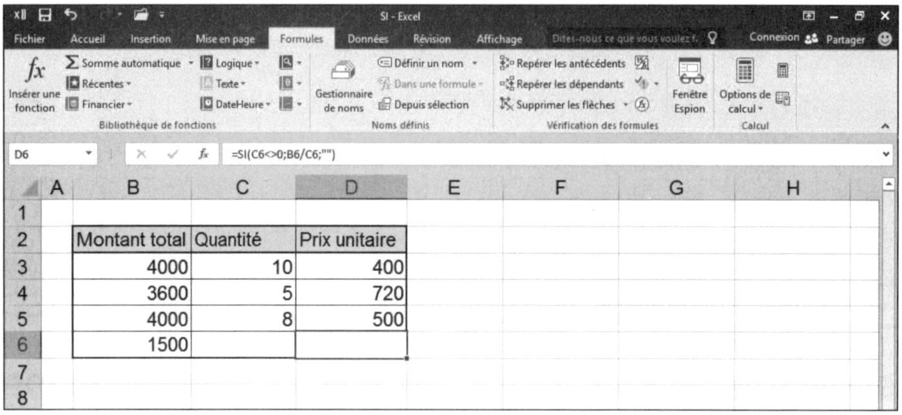

Figure 21-13 Suppression des messages d'erreur avec la fonction SI.

Imbriquer plusieurs fonctions SI

La fonction SI permet de choisir entre deux résultats. En imbriquant plusieurs fonctions SI (jusqu'à sept pour l'argument vrai et autant pour l'argument faux), vous pourrez multiplier le nombre de solutions.

1 Saisissez la fonction SI comme dans l'exemple de la figure 21-14.

2 Sélectionnez l'argument à remplacer par une autre fonction SI (le premier argument dans l'exemple de la figure 21-14).

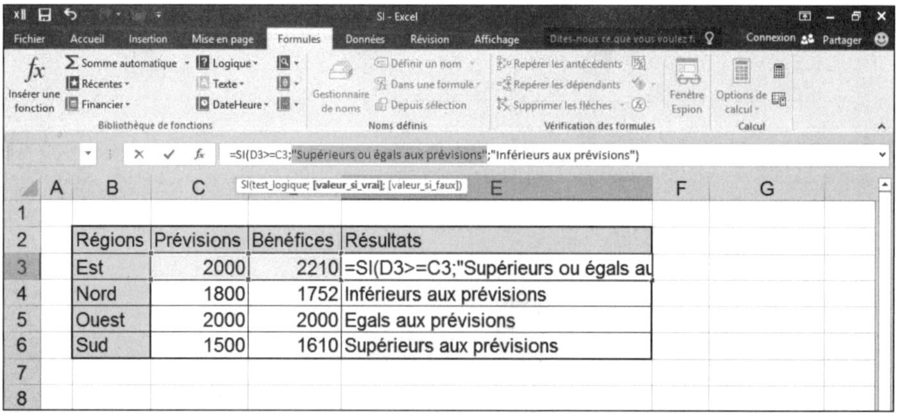

Figure 21-14 Modification d'une fonction SI.

L'exemple va ajouter un autre message si les prévisions sont égales aux bénéfices.

3 Tapez **SI()** pour remplacer l'argument sélectionné à l'étape **2**.

4 Cliquez le bouton fx.

5 Dans la zone **Test_logique**, tapez la condition.

6 Dans la zone **Valeur_si_vrai**, tapez le résultat si la condition est vraie.

7 Dans la zone **Valeur_si_faux**, tapez le résultat si la condition est fausse.

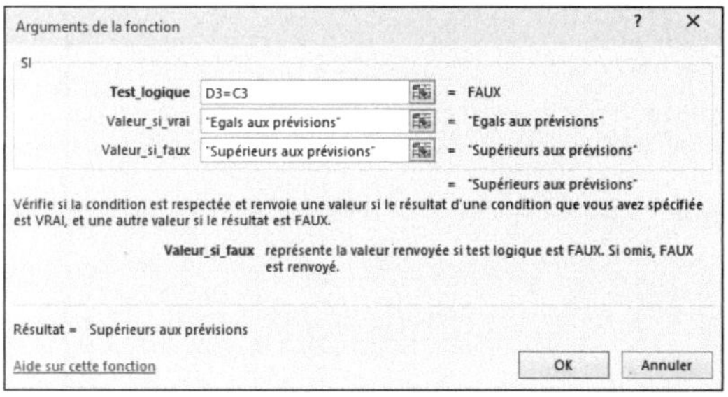

Figure 21-15 Arguments de la fonction SI imbriquée.

8 Cliquez le bouton **OK** pour mettre à jour la fonction.

9 Éventuellement, recopiez la formule dans les autres cellules du tableau.

La cellule peut maintenant afficher trois résultats différents au lieu de deux avec une seule fonction SI (figure 21-16).

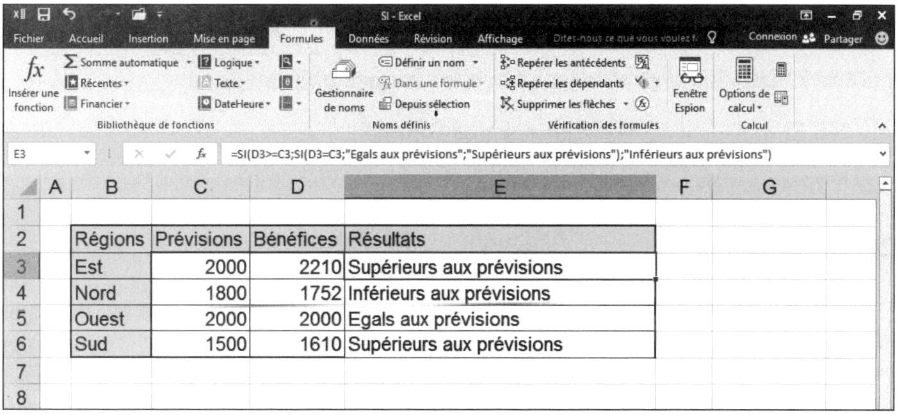

Figure 21-16 Fonctions SI imbriquées.

Utiliser la fonction NB.SI

Pour vous simplifier la vie, Excel propose la fonction NB.SI qui compte le nombre de cellules d'une plage répondant à un critère.

Dans l'exemple de la figure 21-17, nous allons compter le nombre de dates en 2015 et 2016 en se basant sur la liste en C3:C9.

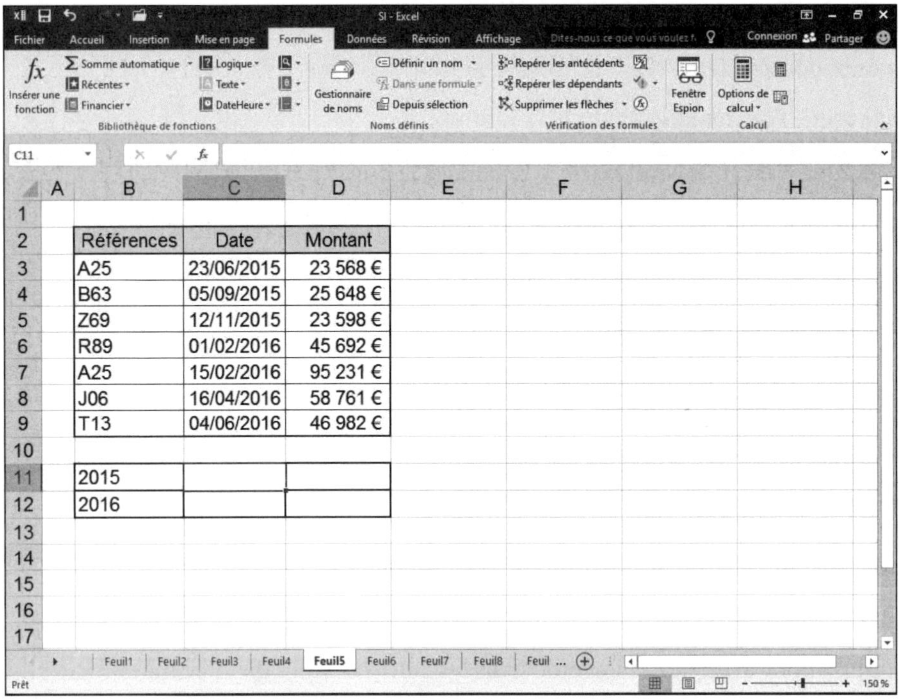

Figure 21-17 Utilisation de la fonction NB.SI.

1 Cliquez la cellule qui doit contenir la formule (C11 dans notre exemple).

2 Cliquez le bouton *fx*.

3 Sélectionnez **Statistiques** dans la liste **Ou sélectionnez une catégorie**.

4 Cliquez **NB.SI** dans la liste **Sélectionnez une fonction**.

5 Cliquez le bouton **OK** pour saisir les arguments.

6 Tapez dans la zone **Plage** la plage de cellules à compter.

Note Pour utiliser les plages présentes dans la feuille de calcul, cliquez le bouton, sélectionnez les cellules correspondantes puis cliquez le bouton.

7 Tapez dans la zone **Critère** le critère qui limite le nombre de cellules à compter.

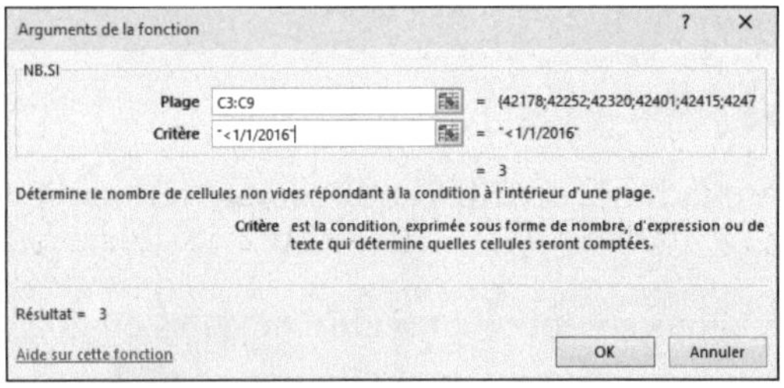

Figure 21-18 Arguments d'une fonction NB.SI.

8 Cliquez le bouton **OK** pour ajouter la fonction.

Dans l'exemple, la fonction NB.SI compte le nombre de dates précédant le 1er janvier 2016.

```
=NB.SI(C3:C9;"<1/1/2016")
```

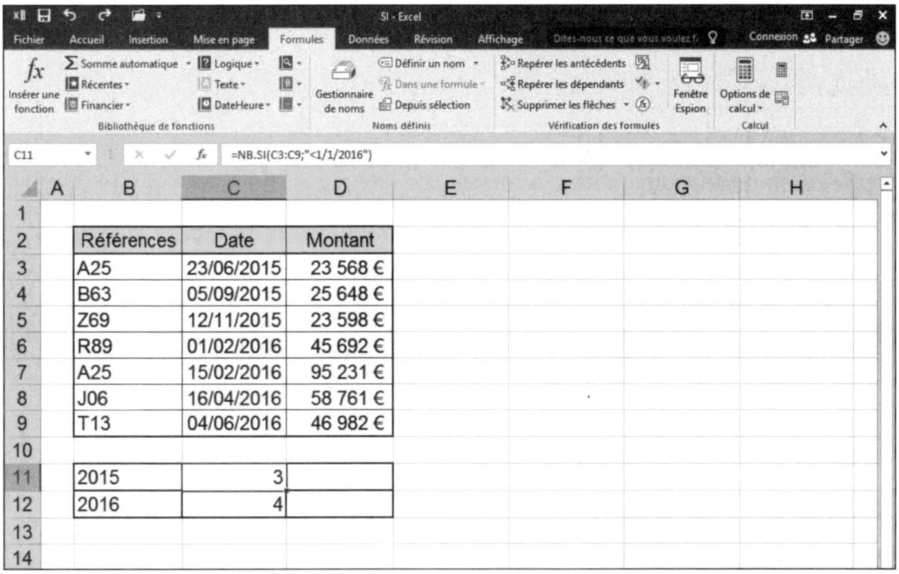

Figure 21-19 Fonction NB.SI.

Utiliser SOMME.SI

Pour vous simplifier la tâche, Excel propose la fonction SOMME.SI qui additionne le contenu des cellules d'une plage répondant à un critère.

Dans l'exemple de la figure 21-17, nous allons additionner les montants correspondant à 2015 et 2016 en se basant sur la liste en C3:C9.

1 Cliquez la cellule qui doit contenir la formule (D11 dans notre exemple).

2 Tapez **=SOMME.SI**().

3 Cliquez le bouton fx pour saisir les arguments.

4 Tapez dans la zone **Plage** la plage de cellules à utiliser pour le critère.

5 Tapez dans la zone **Critère** le critère de sélection des cellules.

6 Tapez dans la zone **Somme_plage** la plage à additionner.

Note Si vous ne précisez pas la plage à additionner, l'addition est effectuée avec la plage du critère.

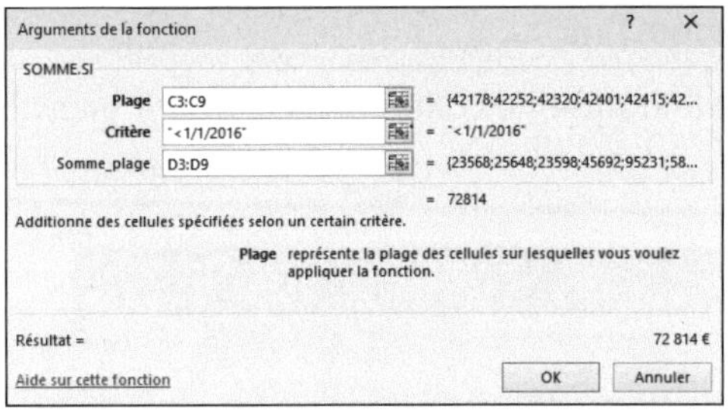

Figure 21-20 Arguments d'une fonction SOMME.SI.

7 Cliquez le bouton **OK** pour valider la fonction.

Dans l'exemple, la fonction additionne les montants dont les dates sont inférieures au 1/1/2016.

```
=SOMME.SI(C3:C9;"<1/1/2016";D3:D9)
```

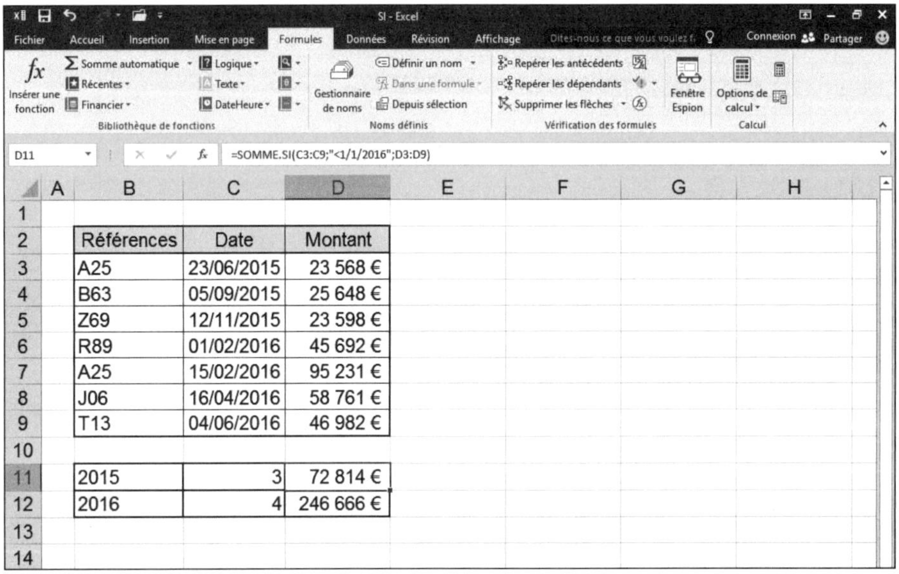

Références	Date	Montant
A25	23/06/2015	23 568 €
B63	05/09/2015	25 648 €
Z69	12/11/2015	23 598 €
R89	01/02/2016	45 692 €
A25	15/02/2016	95 231 €
J06	16/04/2016	58 761 €
T13	04/06/2016	46 982 €

2015	3	72 814 €
2016	4	246 666 €

Figure 21-21 Fonction SOMME.SI.

Utiliser SOMME.SI.ENS

Cette fonction est presque identique à SOMME.SI mais permet d'ajouter plusieurs plages de critères.

Le premier argument correspond à la plage dont vous désirez effectuer la somme. Les arguments suivants, par groupe de deux, correspondent aux plages de critères et aux critères.

Dans cet exemple, nous allons additionner les montants (plage D3:D9) dont la référence commence par la lettre A (plage B3:B9) et uniquement pour l'année 2016 (plage C3:C9).

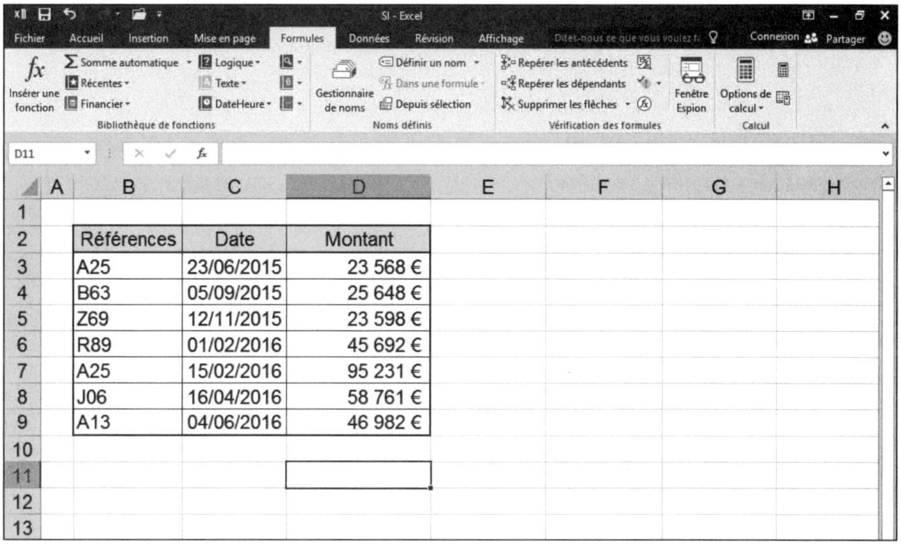

Figure 21-22 Exemples de la fonction SOMME.SI.ENS.

1 Cliquez la cellule qui doit contenir la formule (D11 dans notre exemple).

2 Tapez **=SOMME.SI.ENS**().

3 Cliquez le bouton *fx* pour saisir les arguments.

4 Tapez dans la zone **Plage_somme** la plage à additionner.

5 Tapez dans la zone **Plage_critères1** la première plage de cellules à utiliser comme critère.

6 Tapez dans la zone **Critères1** le premier critère de sélection des cellules.

Excel ajoute automatiquement deux nouvelles zones.

7 Tapez dans la zone **Plage_critères2** la seconde plage de cellules à utiliser comme critère.

8 Tapez dans la zone **Critères2** le second critère de sélection des cellules.

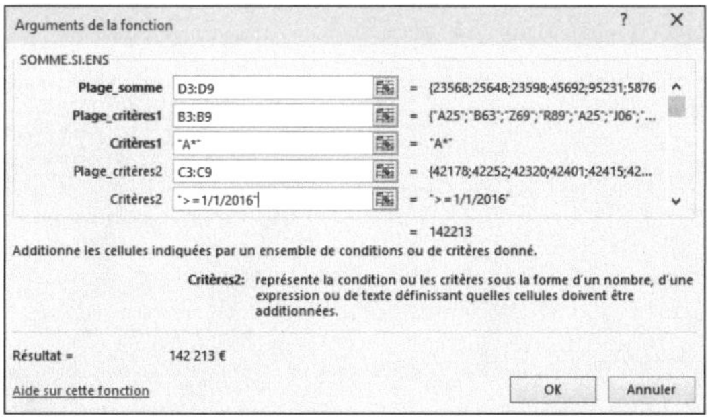

Figure 21-23 Arguments d'une fonction SOMME.SI.ENS.

9 Cliquez le bouton **OK** pour valider la fonction.

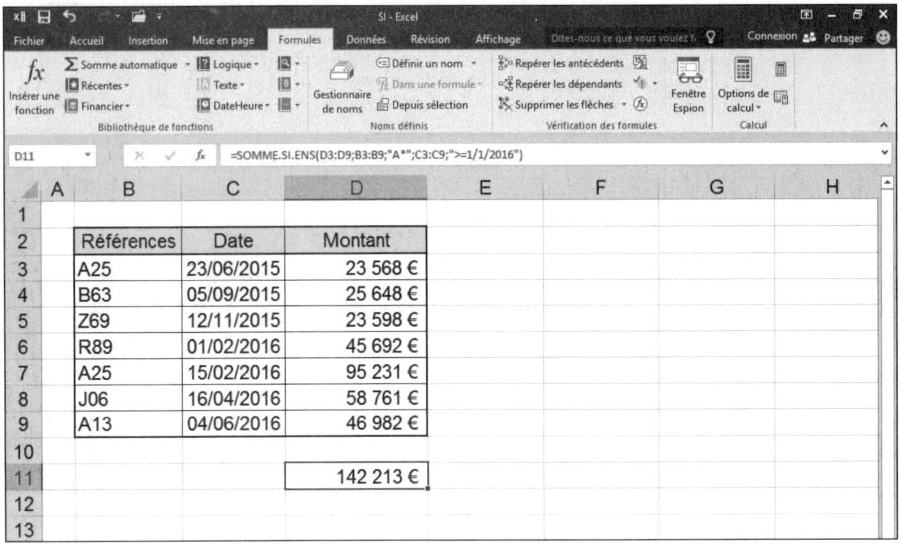

Figure 21-24 Fonction SOMME.SI.

Chapitre 22

Fonctions de recherche, de référence et d'information

Dans ce chapitre :

- Fonctions de référence
- Fonctions de recherche
- Utilisation des fonctions de recherche
- Fonctions d'information
- Fonctions logiques

Lassé des recherches fastidieuses dans les tableaux de plusieurs milliers de cellules ? Excel vous propose des fonctions et des assistants pour mener à bien ces opérations. Ce début de chapitre vous propose aussi deux exemples complets pour les deux principales fonctions de recherche.

En complément de toutes les fonctions exposées dans les chapitres précédents, Excel propose des solutions pour connaître le contenu des cellules de vos feuilles de calcul (valeur, format, position, taille, *etc.*). La fin de ce chapitre explique aussi l'utilisation des fonctions logiques.

Fonctions de référence

Les fonctions de référence retournent les coordonnées d'une donnée, soit sous forme de nombres ou de texte, soit sous forme de références à une cellule.

ADRESSE

Cette fonction crée une adresse de cellule sous forme de texte, à partir d'un numéro de ligne (1er argument) et d'un numéro de colonne (2e argument). La fonction propose aussi trois arguments facultatifs. Le 3e argument précise le type de référence à retourner (voir tableau 22-1). Le 4e argument, s'il contient VRAI (ou omis), affiche les références au format A1 et s'il contient FAUX au format L1C1. Le 5e argument précise le chemin à ajouter à la référence (nom de feuille et de classeur).

Valeur	Type de référence
1 (ou omis)	Références absolues.
2	Ligne absolue, colonne relative.
3	Ligne relative, colonne absolue.
4	Références relatives.

Tableau 22-1 Valeurs du 3e argument de la fonction ADRESSE.

Dans l'exemple, on affiche l'adresse A1 en utilisant les divers arguments de la fonction ADRESSE.

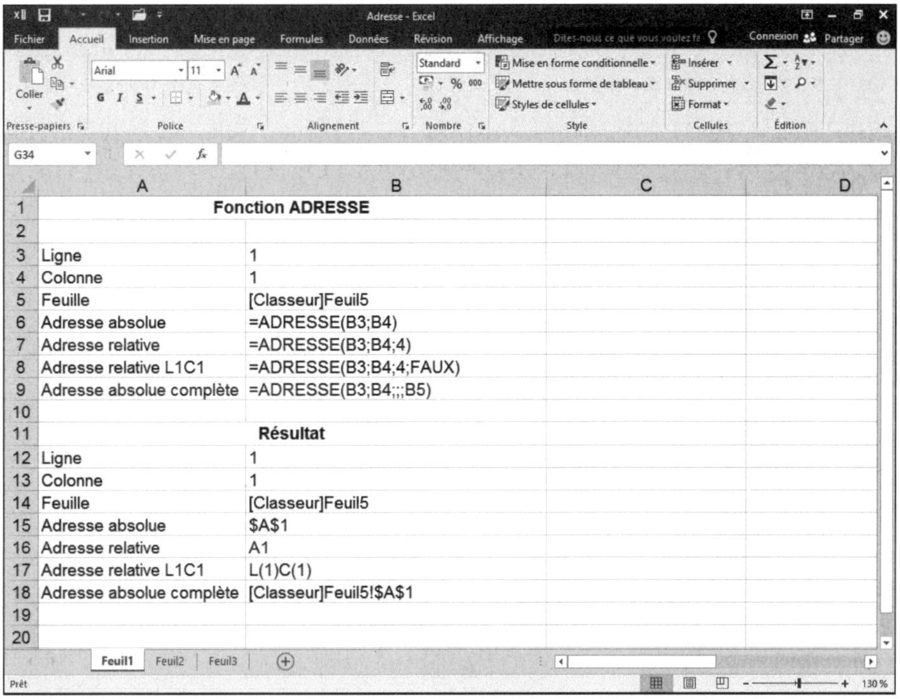

	A	B
1	Fonction ADRESSE	
2		
3	Ligne	1
4	Colonne	1
5	Feuille	[Classeur]Feuil5
6	Adresse absolue	=ADRESSE(B3;B4)
7	Adresse relative	=ADRESSE(B3;B4;4)
8	Adresse relative L1C1	=ADRESSE(B3;B4;4;FAUX)
9	Adresse absolue complète	=ADRESSE(B3;B4;;;B5)
10		
11	Résultat	
12	Ligne	1
13	Colonne	1
14	Feuille	[Classeur]Feuil5
15	Adresse absolue	$A$1
16	Adresse relative	A1
17	Adresse relative L1C1	L(1)C(1)
18	Adresse absolue complète	[Classeur]Feuil5!$A$1

DECALER

La fonction DECALER retourne les références d'une plage par rapport à une autre plage (1er argument). Le deuxième et le troisième argument indiquent le décalage en nombre de lignes et de colonnes.

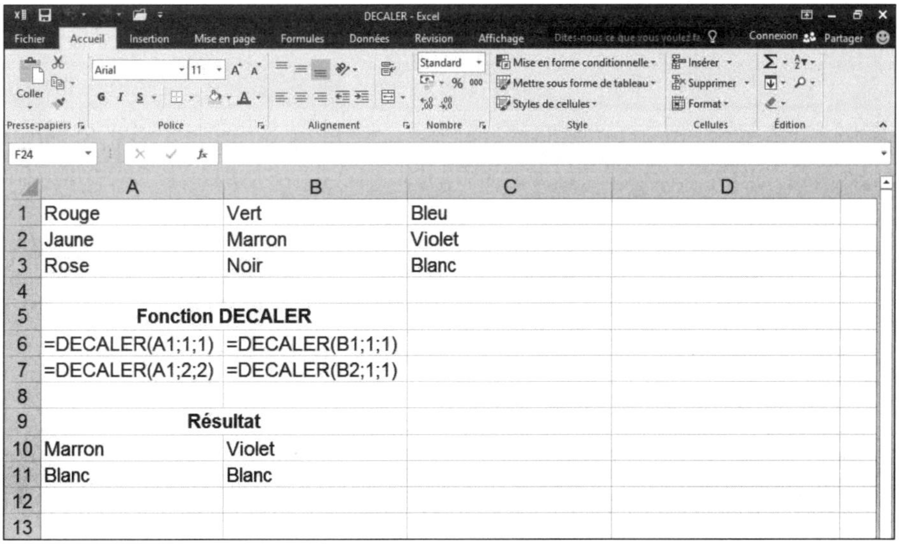

	A	B	C
1	Rouge	Vert	Bleu
2	Jaune	Marron	Violet
3	Rose	Noir	Blanc
4			
5	Fonction DECALER		
6	=DECALER(A1;1;1)	=DECALER(B1;1;1)	
7	=DECALER(A1;2;2)	=DECALER(B2;1;1)	
8			
9	Résultat		
10	Marron	Violet	
11	Blanc	Blanc	

Dans la formule en A6 de l'exemple ci-dessus, A1 est la référence de base. La fonction effectue un décalage d'une ligne et d'une colonne, ce qui correspond à la référence B2. La fonction retourne donc la valeur « Marron ».

Si vous ne désirez pas que la plage retournée soit de la même taille que celle de référence, indiquez sa hauteur et sa largeur (4e et 5e arguments facultatifs).

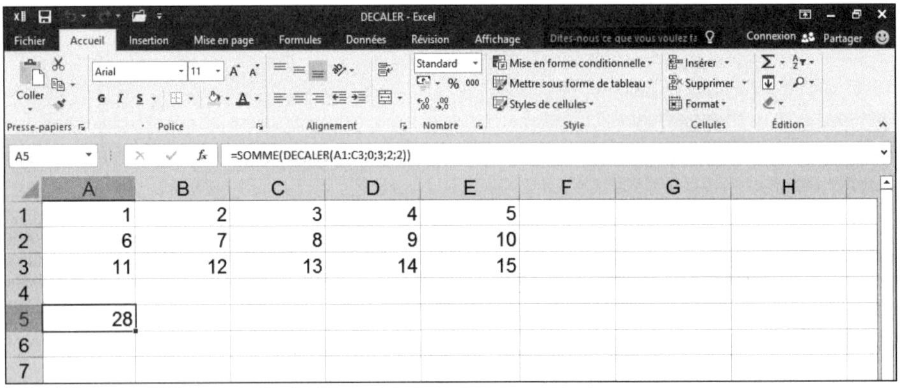

La formule de ce deuxième exemple revient à effectuer la somme de la plage D1:E3 (plage A1:C3, décalée de 3 colonnes, et seulement 2 lignes sur 2 colonnes).

EQUIV

La fonction EQUIV retourne la position d'une valeur (1er argument) à l'intérieur d'un tableau (2e argument). L'ordre de tri de ce dernier a son importance, comme le montrent les trois exemples ci-après.

Syntaxe : EQUIV(valeur;tableau;type). L'argument facultatif type indique le type de résultat à obtenir :

Type	Valeur retournée
1 ou omis	Retourne la valeur la plus élevée, inférieure ou égale à celle de l'argument valeur. Les valeurs du tableau doivent être en ordre croissant. Si ce n'est pas le cas, la fonction retourne l'erreur #N/A.
0	Retourne la première valeur exactement équivalente à celle de l'argument valeur. Il n'est pas nécessaire de trier le tableau en ordre croissant ou décroissant. Si la valeur n'existe pas, la fonction retourne l'erreur #NA.
-1	Retourne la plus petite valeur, supérieure ou égale à celle de l'argument valeur. Les données du tableau doivent être en ordre décroissant. Si ce n'est pas le cas, la fonction retourne l'erreur #N/A.

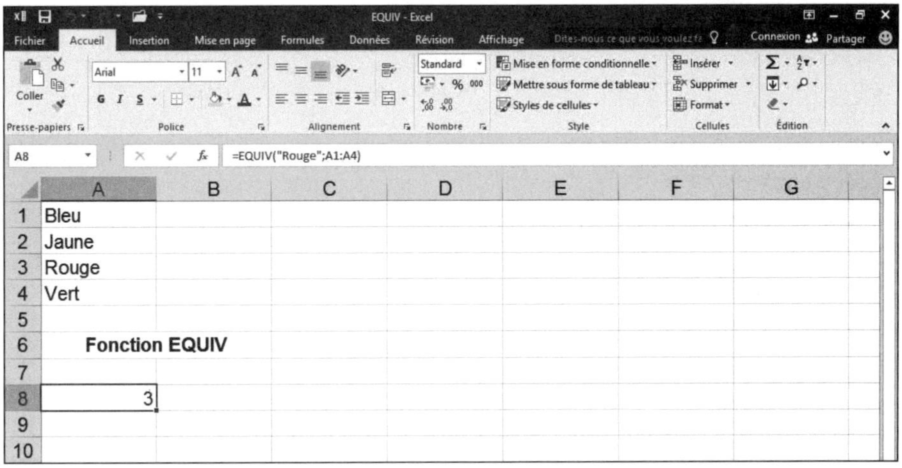

La fonction de l'exemple ci-dessus retourne 3, car la couleur « Rouge » se trouve dans la troisième ligne du tableau A1:A4. Notez que le tableau est en ordre alphabétique.

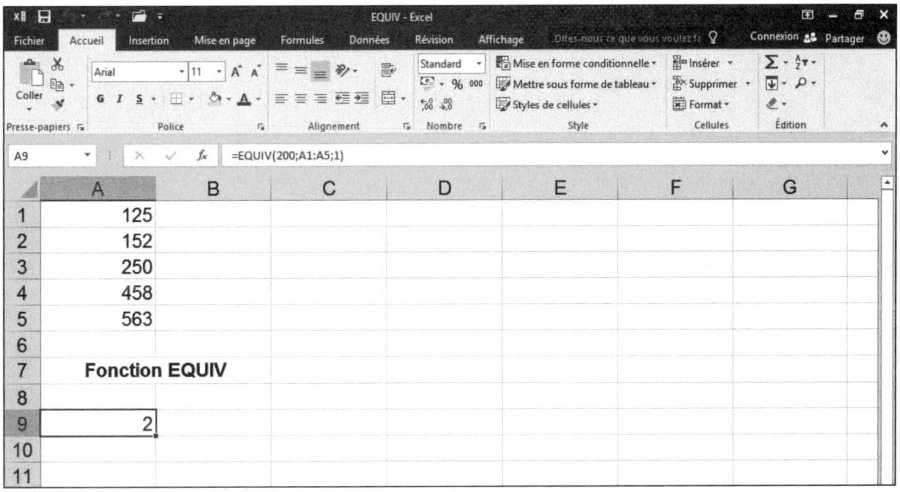

La fonction de ce deuxième exemple retourne 2 (2e ligne du tableau A1:A5), car la valeur 152 est la valeur inférieure (argument Type = 1) la plus proche de 200. Notez que le tableau est en ordre croissant.

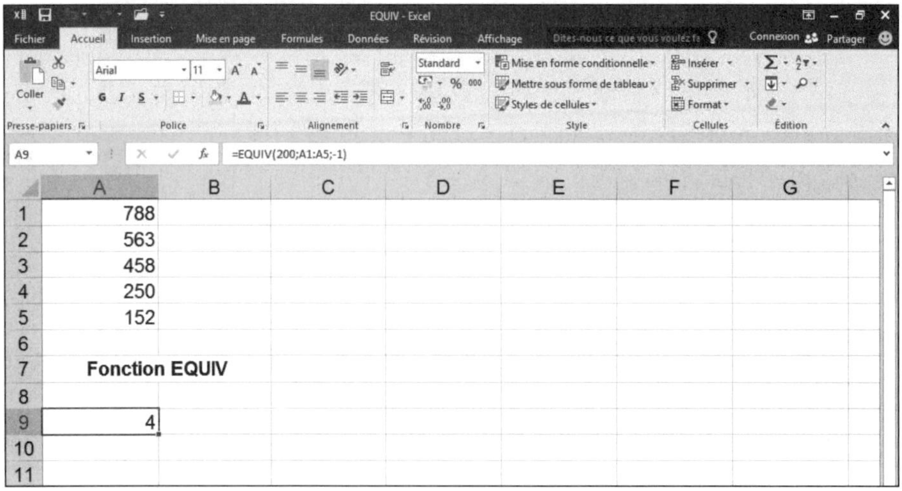

La fonction de ce troisième exemple retourne 4 (4e ligne du tableau A1:A5), car la valeur 250 est la valeur supérieure (argument Type = -1) la plus proche de 200. Notez que le tableau est en ordre décroissant.

INDEX

Cette fonction retourne, d'une plage de cellules (1er argument), la référence de la cellule située à l'intersection d'une ligne (2e argument) et d'une colonne (3e argument).

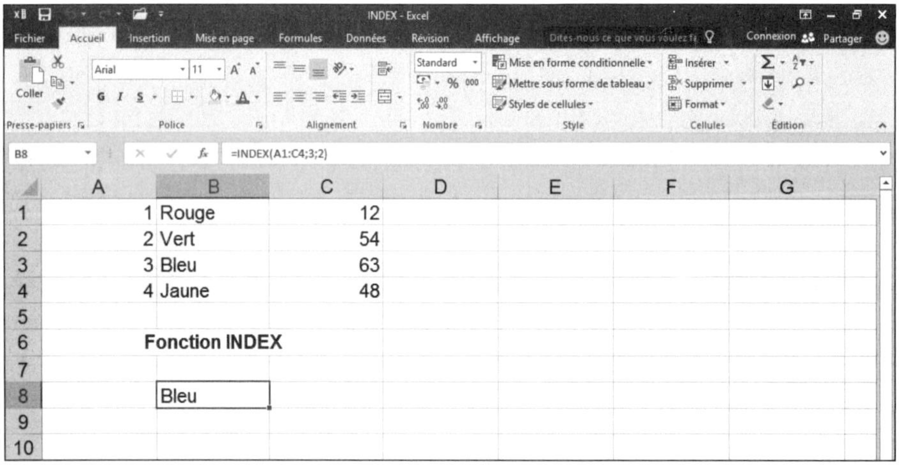

Ce premier exemple retourne « Bleu », car c'est la valeur dans la 3e ligne de la 2e colonne de la plage de cellules A1:C4.

Si le 1er argument correspond à plusieurs plages (entourez-les de parenthèses et séparez-les de points-virgules), un 4e argument facultatif permet de choisir cette plage.

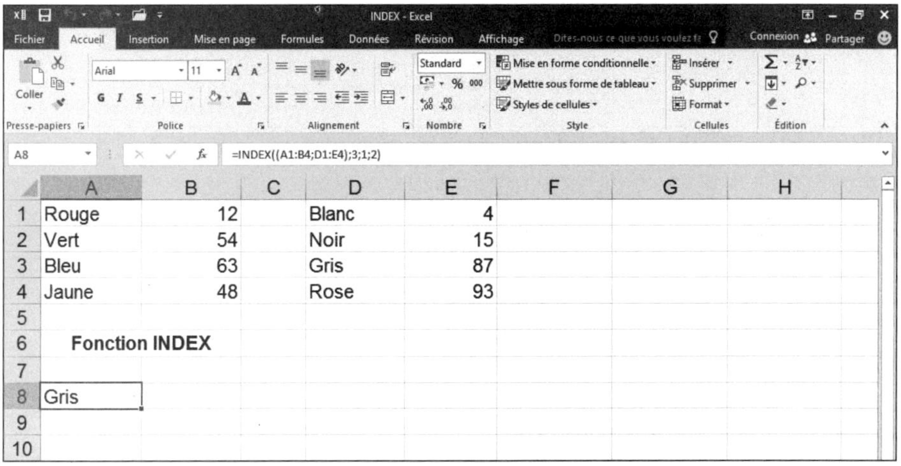

Dans ce second exemple, on fait référence à la 2e plage. La fonction retourne donc « Gris », valeur de la 3e ligne et de la 1re colonne de la plage D1:E4.

INDIRECT

Indirect retourne la référence spécifiée par une chaîne de caractères. Cette chaîne peut être contenue dans une autre cellule. Cette fonction permet de modifier une référence de cellule dans une formule sans modifier la formule elle-même.

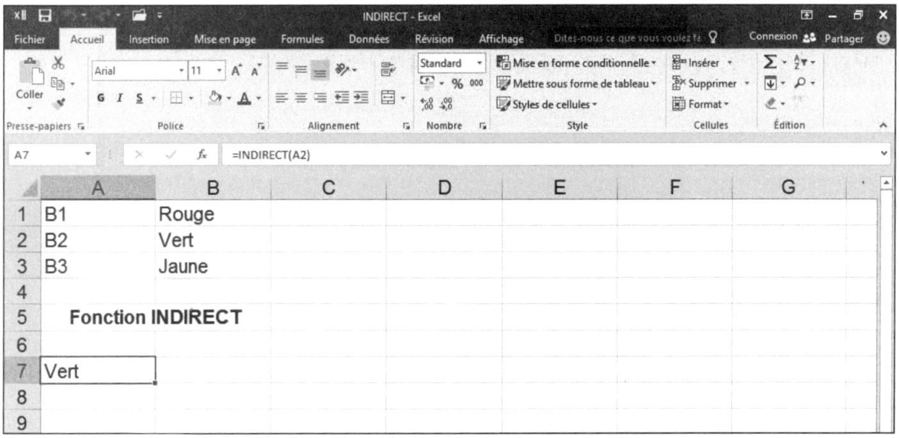

Ce premier exemple recherche la référence dans la cellule A2. Comme cette dernière contient la valeur B2, la fonction retourne la donnée « Vert ».

La référence peut aussi être composée d'un texte et du contenu d'une autre cellule.

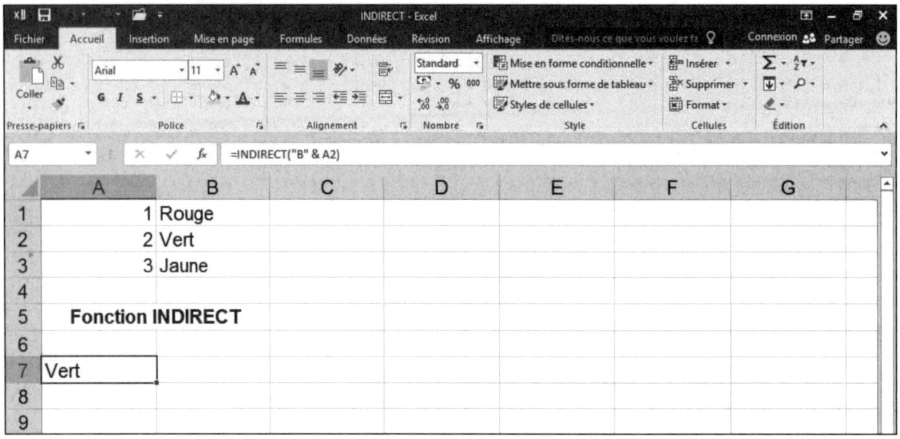

Ce deuxième exemple associe la lettre « B » et le numéro qui se trouve dans la cellule A2 pour former la référence B2.

LIEN_HYPERTEXTE

Cette fonction crée un raccourci pour ouvrir un document stocké sur un serveur Intranet ou Internet.

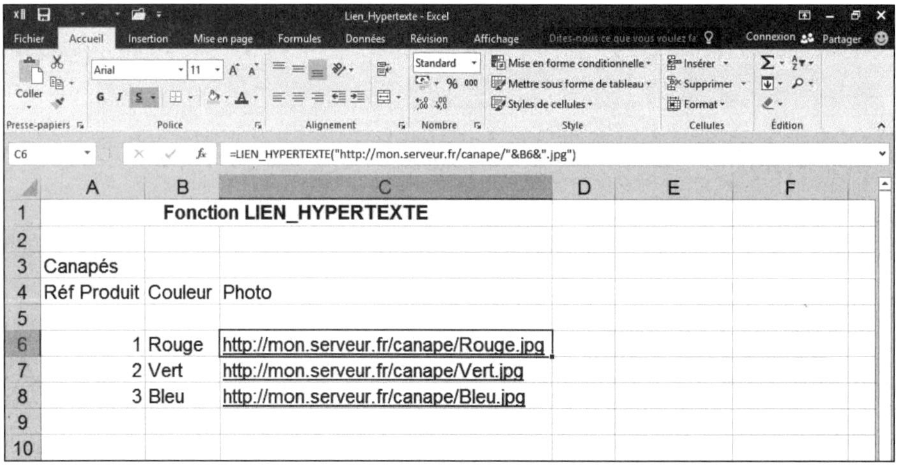

Cet exemple ajoute des liens vers des photos de produits.

Si le lien ne vous semble pas très convivial, ajoutez dans le second argument facultatif le texte qui doit apparaître dans la cellule, comme le montre ce second exemple.

Conseil Pour sélectionner une cellule qui contient un lien, cliquez une cellule adjacente puis utilisez les touches de direction. Vous pouvez aussi cliquer et maintenir enfoncé le bouton gauche de la souris sur la cellule.

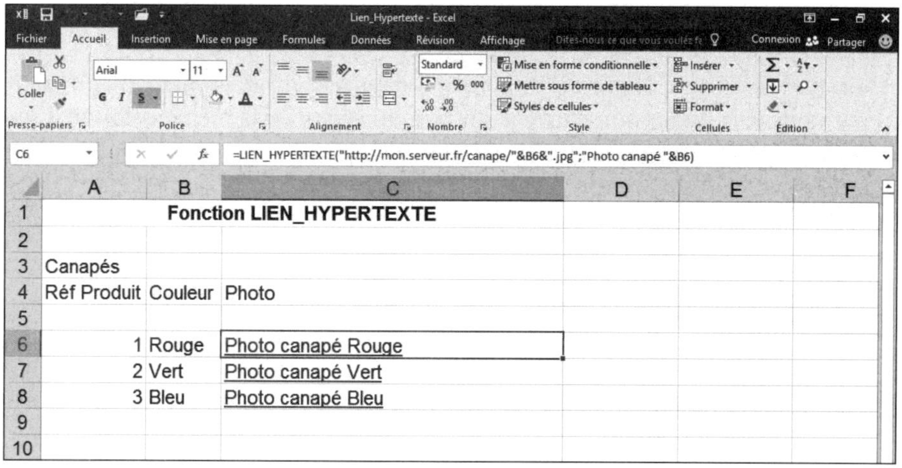

Fonctions de recherche

Les fonctions de recherche permettent de trouver des données à l'intérieur d'un tableau, soit à partir d'une position (ligne et colonne), soit à partir d'une autre donnée.

CHOISIR

Cette fonction retourne une des valeurs en arguments (du 2e au 30e argument) à partir du numéro d'index fourni (1er argument).

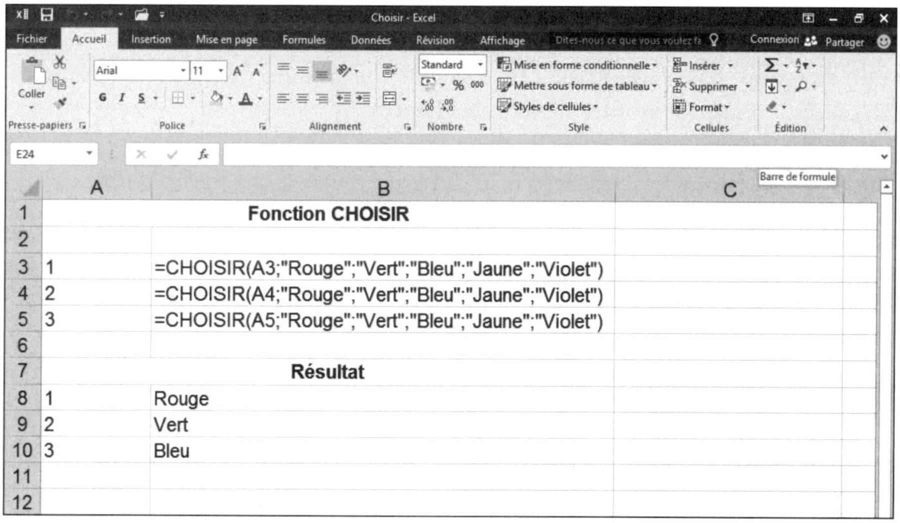

Dans cet exemple, on affiche les trois premières valeurs proposées par la fonction (arguments 2, 3 et 4).

RECHERCHE

Cette fonction recherche une valeur (1er argument) dans une plage en ligne ou en colonne (2e argument) et retourne la valeur qui se trouve sur la même ligne ou la même colonne d'une autre plage (3e argument).

Note Les données du second argument doivent être en ordre croissant.

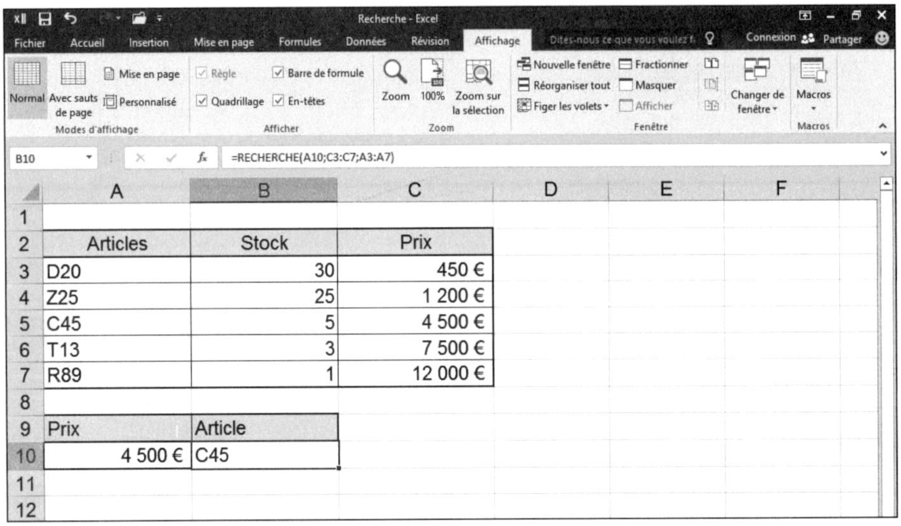

Dans l'exemple ci-dessus, on recherche une référence d'article (A3:A7), en donnant son prix (A10). La liste des prix se trouve dans la plage C3:C7.

Si la fonction ne trouve pas la valeur, elle retourne la plus grande valeur inférieure par rapport à celle recherchée, comme le montre l'exemple ci-après.

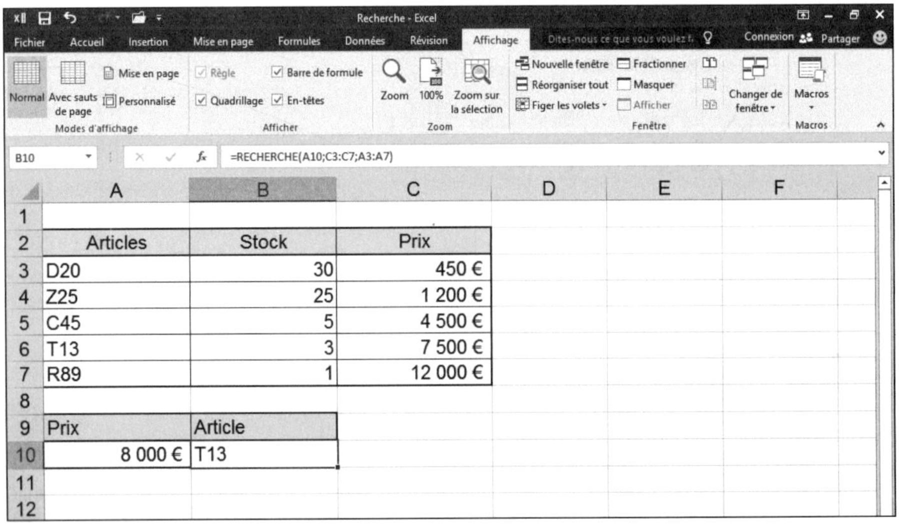

RECHERCHEH

La fonction RECHERCHEH permet d'extraire une donnée d'un tableau. La valeur à rechercher doit se trouver dans la première ligne du tableau (recherche horizontale).

Dans notre exemple, on recherche les dates de vacances d'une personne en précisant simplement son nom.

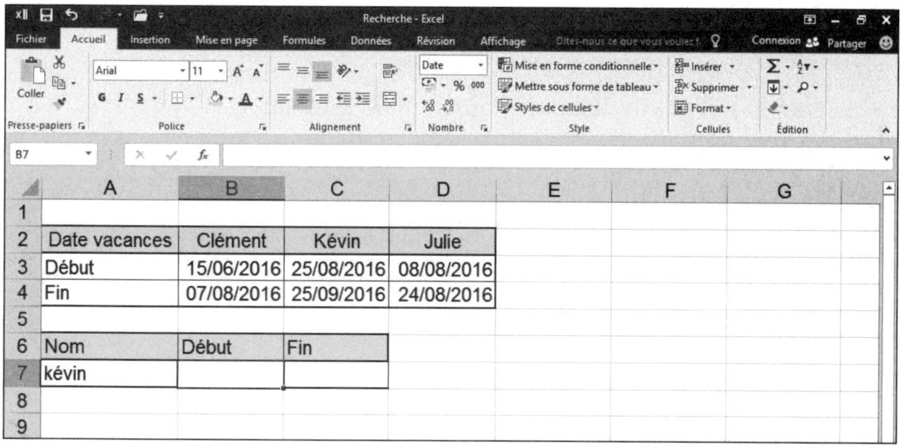

1 Tapez = **RechercheH**() dans la cellule qui doit recevoir la formule (B7 dans l'exemple).

2 Cliquez le bouton *fx* pour définir les arguments.

3 Tapez dans la zone **Valeur_cherchée** la donnée à rechercher ou la référence de la cellule qui contient cette donnée.

4 Tapez dans la zone **Tableau** les références de la plage de cellules qui contiennent les données.

Note Pour sélectionner une cellule ou une plage de cellules dans la feuille de calcul, cliquez , cliquez la cellule ou la plage puis cliquez .

5 Tapez dans la zone **No_index_lig** le numéro de la ligne qui contient la donnée à extraire (2 dans l'exemple pour extraire la date de début des vacances).

6 Tapez **Faux** dans la zone **Valeur_proche** pour extraire la donnée exacte et non une valeur approchante (tapez **Vrai** pour extraire une valeur approchante).

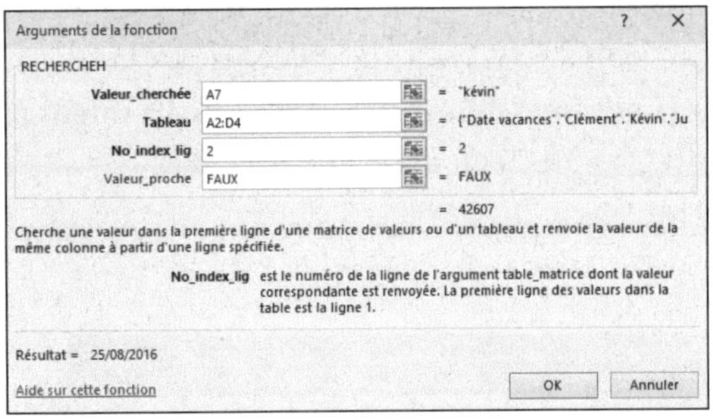

7 Cliquez le bouton **OK** pour valider les arguments de la fonction.

La cellule sélectionnée à l'étape **1** affiche le résultat de la recherche.

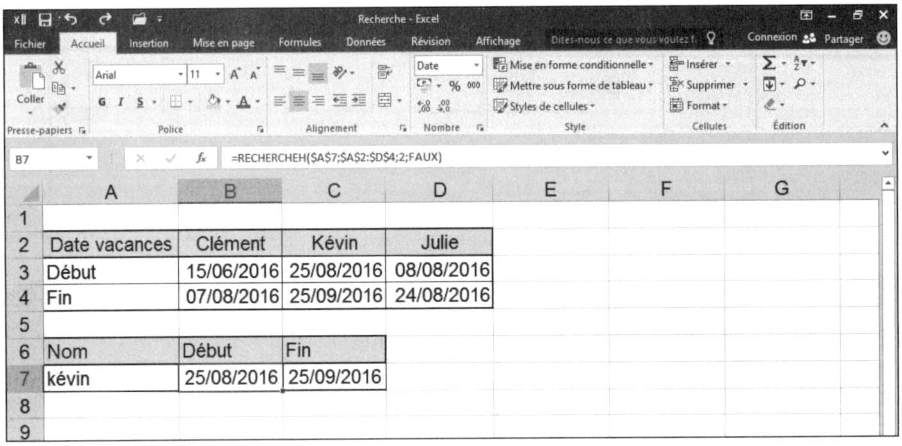

8 Tapez une autre donnée à rechercher.

La cellule contenant la formule affiche le nouveau résultat de la recherche.

Note Si vous désirez recopier la formule comme dans l'exemple, vous devez mettre les deux premiers arguments en valeurs absolues.

RECHERCHEV

La fonction RECHERCHEV permet d'extraire une donnée d'un tableau. La valeur à rechercher doit se trouver dans la première colonne du tableau (recherche verticale).

Dans notre exemple, on recherche le prix d'un article en donnant sa référence.

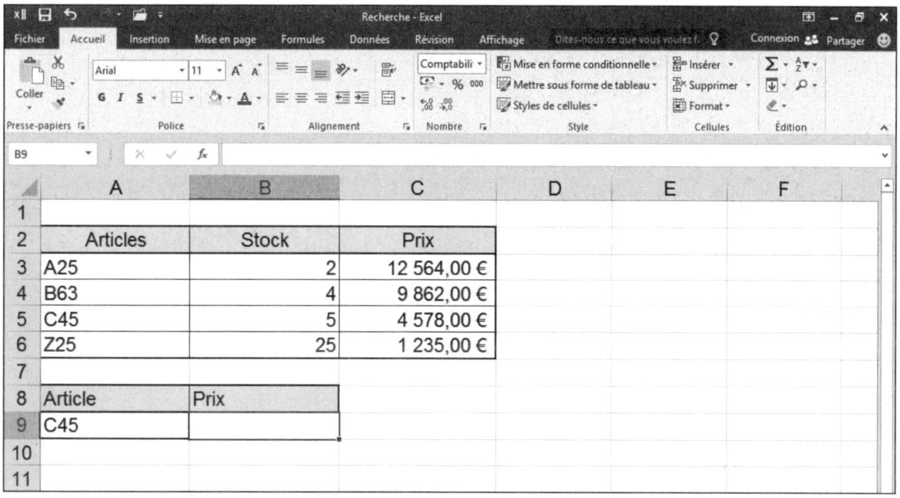

1 Tapez = **RechercheV()** dans la cellule qui doit recevoir la formule (B9 dans l'exemple).

2 Cliquez le bouton *fx* pour définir les arguments.

3 Tapez dans la zone **Valeur_cherchée** la donnée à rechercher ou la référence de la cellule qui contient cette donnée.

4 Tapez dans la zone **Table_matrice** les références de la plage de cellules qui contiennent les données.

Note Pour sélectionner une cellule ou une plage de cellules dans la feuille de calcul, cliquez , cliquez la cellule ou sélectionnez la plage puis cliquez .

5 Tapez dans la zone **No_index_col** le numéro de la colonne qui contient la donnée à extraire (3 dans l'exemple pour extraire le prix de l'article).

6 Tapez **Faux** dans la zone **Valeur_proche** pour extraire la donnée exacte et non une valeur approchante (tapez **Vrai** pour extraire une valeur approchante).

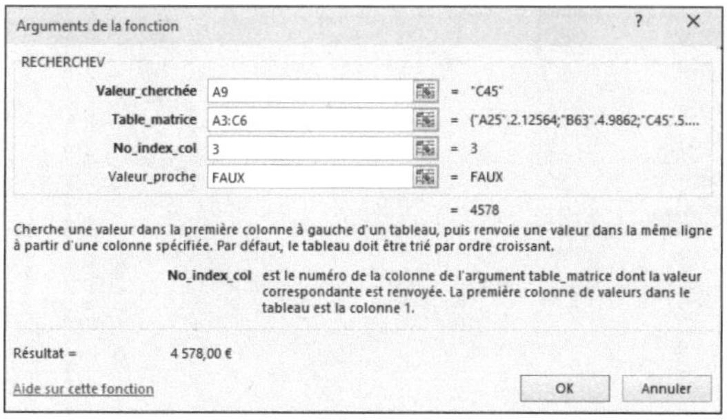

7 Cliquez le bouton **OK** pour valider les arguments de la fonction.

La cellule sélectionnée à l'étape **1** affiche le résultat de la recherche.

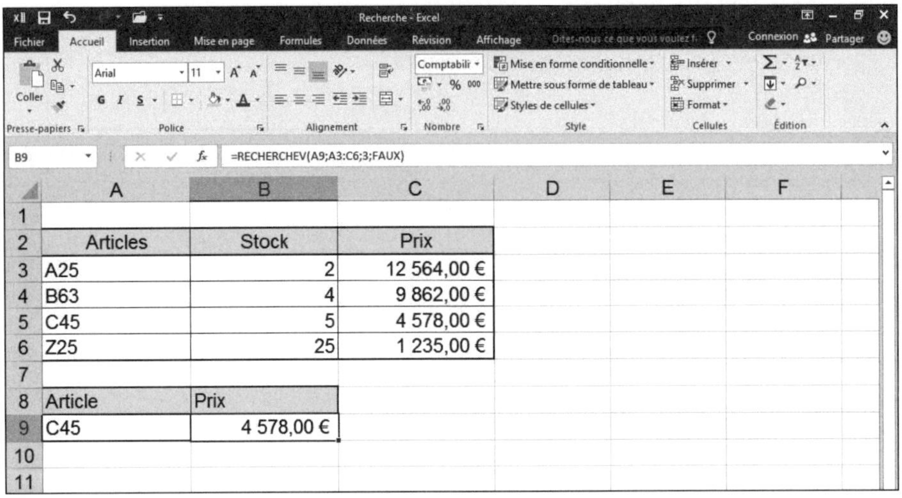

	A	B	C
1			
2	Articles	Stock	Prix
3	A25	2	12 564,00 €
4	B63	4	9 862,00 €
5	C45	5	4 578,00 €
6	Z25	25	1 235,00 €
7			
8	Article	Prix	
9	C45	4 578,00 €	

8 Tapez une autre donnée à rechercher.

La cellule contenant la formule affiche le nouveau résultat de la recherche.

Imbriquer plusieurs fonctions pour effectuer une recherche

Notre exemple va rechercher des distances kilométriques simplement en donnant une ville de départ et une ville d'arrivée. Nous utiliserons pour cela les fonctions INDEX et EQUIV vues précédemment.

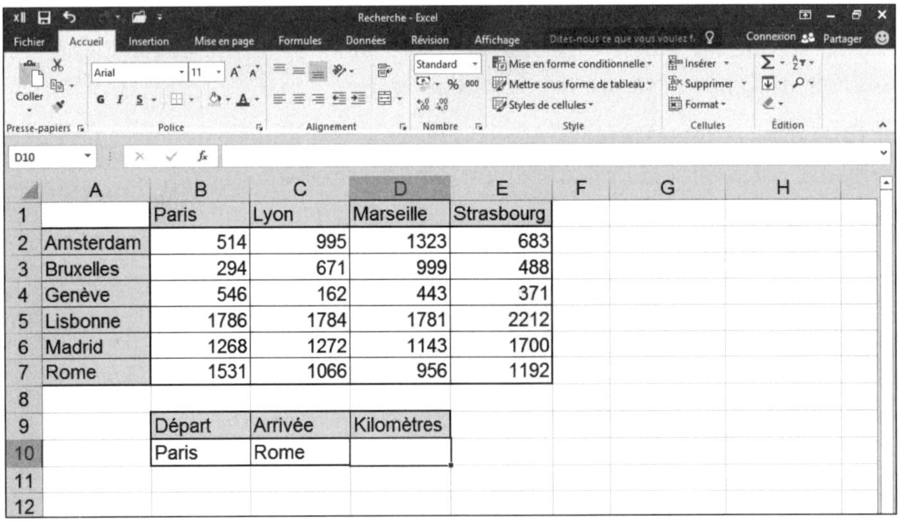

	A	B	C	D	E
1		Paris	Lyon	Marseille	Strasbourg
2	Amsterdam	514	995	1323	683
3	Bruxelles	294	671	999	488
4	Genève	546	162	443	371
5	Lisbonne	1786	1784	1781	2212
6	Madrid	1268	1272	1143	1700
7	Rome	1531	1066	956	1192
8					
9		Départ	Arrivée	Kilomètres	
10		Paris	Rome		

1 Tapez les valeurs pour vérifier les données lors de la saisie des formules (noms des villes de départ et d'arrivée en B10 et C10 dans notre exemple).

2 Tapez = **Index**() dans la cellule qui doit recevoir la formule (D10 dans l'exemple).

3 Cliquez le bouton [fx] pour définir les arguments.

4 Double-cliquez **matrice;no_lig;no_col** dans la boîte qui s'affiche.

5 Tapez dans la zone **Matrice** les références de la plage de cellules qui contiennent les données (les kilométrages en B2:E7 dans notre exemple).

Pour trouver le numéro de la ligne dans la plage des villes de départ, nous utilisons la fonction EQUIV.

6 Tapez dans la zone **No_lig** la fonction EQUIV(, la référence de la cellule de la ville de départ que vous recherchez, la plage de cellules qui contient les villes de départ et le paramètre 0 pour la valeur exacte (EQUIV(C10;A2:A7;0) dans notre exemple).

7 Répétez l'étape **6** pour la zone **No_col** (recherche pour les villes d'arrivée).

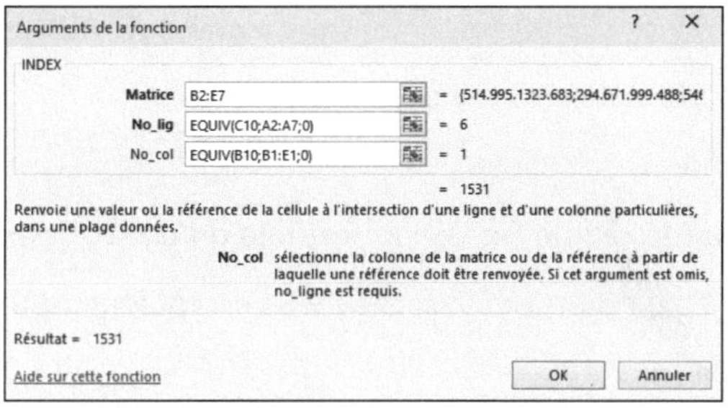

8 Cliquez le bouton **OK** pour valider les arguments de la fonction.

La cellule sélectionnée à l'étape **2** affiche la distance entre les deux villes.

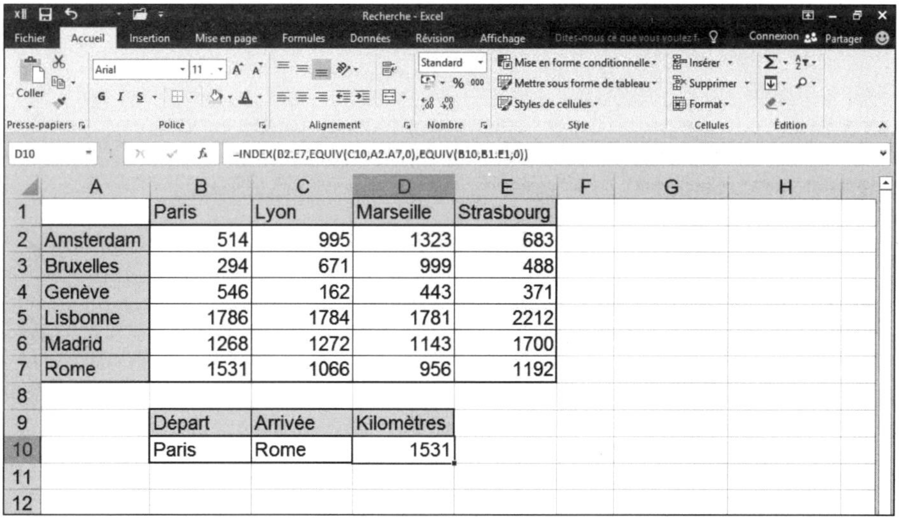

9 Tapez les noms d'autres villes (B10 et C10 dans notre exemple).

La cellule contenant la formule affiche le kilométrage correspondant.

Fonctions d'information

Les fonctions d'information permettent de connaître le contenu d'une cellule (valeur, format, adresse, *etc.*) ou d'obtenir des renseignements sur Excel et votre ordinateur.

CELLULE

Cette fonction retourne des informations sur la mise en forme, la position ou le contenu d'une cellule.

Syntaxe : CELLULE(type;référence).

L'argument type utilise les valeurs du tableau 22-2.

Type	Informations retournées
adresse	La référence de la cellule sous forme de texte.
col	Le numéro de colonne de la cellule.
contenu	La valeur affichée par la cellule (et non la formule qu'elle contient).
couleur	Retourne 1 si les valeurs négatives sont affichées en couleur, et 0 dans les autres cas.
format	Un texte correspondant au format numérique utilisé. Consultez le tableau ci-après pour connaître les valeurs correspondantes.
largeur	La largeur de colonne arrondie à sa valeur entière.
ligne	Le numéro de ligne de la cellule.
nomfichier	Le nom et le chemin d'accès du classeur en cours. Retourne un texte vide si le classeur n'est pas encore enregistré.
Parentheses	Retourne 1 si les valeurs positives ou toutes les valeurs sont affichées entre parenthèses, et 0 dans les autres cas. Note : il n'y a pas de « è » dans le mot parenthèse.
Prefixe	Retourne une apostrophe ' si la cellule contient un texte aligné à gauche, un guillemet anglais « si la cellule contient du texte aligné à droite, le signe ^ si la cellule contient du texte centré, une barre oblique inverse \ si la cellule contient du texte justifié et un texte vide si ce n'est pas un texte. Note : il n'y a pas de « é » dans le mot préfixe.
Protege	Retourne 1 si la cellule est verrouillée, 0 si elle ne l'est pas. Note : il n'y a pas de « é » dans le mot protégé.
type	Retourne un « i » minuscule si la cellule est vide, un « l » majuscule si elle contient un texte, et un « v » pour les autres cas.

Tableau 22-2 Valeurs de l'argument Type de la fonction Cellule.

Si la référence est une plage de cellules, la fonction retourne les informations de la cellule supérieure gauche. Si l'argument référence est omis, c'est la cellule actuellement sélectionnée qui est prise en compte.

Si l'argument type est Format, la fonction retourne une des valeurs suivantes :

Format de la cellule	Valeur retournée
Standard	S
0	F0
# ##0	P0
0.00	F2
# ##0,00	P2
# ##0 F;-# ##0 F	C0
# ##0 F;[Rouge]-# ##0 F	M0-
# ##0,00 F;# ##0,00 F	M2
# ##0,00 F;[Rouge]-# ##0,00 F	M2-
0%	%0
0.00%	%2
0,00E+00	S2
#» «?/? ou #» «??/??	S
m/j/aa, m/j/aa h:mm ou mm/jj/aa	D4
j-mmm-aa ou jj-mmm-aa	D1
j-mmm ou jj-mmm	D2
mmm-aa	D3
mm/jj	D5
h:mm AM/PM	H2
h:mm:ss AM/PM	H1
h:mm	H4
h:mm:ss	H3

Ce premier exemple affiche les six premières solutions de l'argument type de la fonction CELLULE. Comme la feuille est en mode d'affichage « Formule », ne tenez pas compte de l'alignement dans les colonnes A et C.

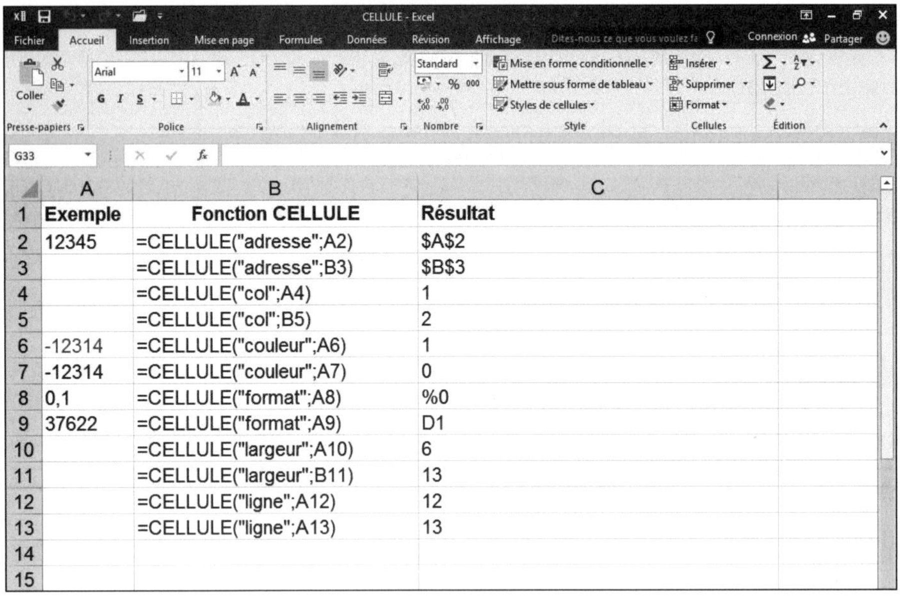

	A	B	C
1	**Exemple**	**Fonction CELLULE**	**Résultat**
2	12345	=CELLULE("adresse";A2)	$A$2
3		=CELLULE("adresse";B3)	$B$3
4		=CELLULE("col";A4)	1
5		=CELLULE("col";B5)	2
6	-12314	=CELLULE("couleur";A6)	1
7	-12314	=CELLULE("couleur";A7)	0
8	0,1	=CELLULE("format";A8)	%0
9	37622	=CELLULE("format";A9)	D1
10		=CELLULE("largeur";A10)	6
11		=CELLULE("largeur";B11)	13
12		=CELLULE("ligne";A12)	12
13		=CELLULE("ligne";A13)	13
14			
15			

Ce second exemple affiche les cinq dernières solutions de l'argument type de la fonction CELLULE. Ne tenez pas compte de l'alignement dans les colonnes A et C.

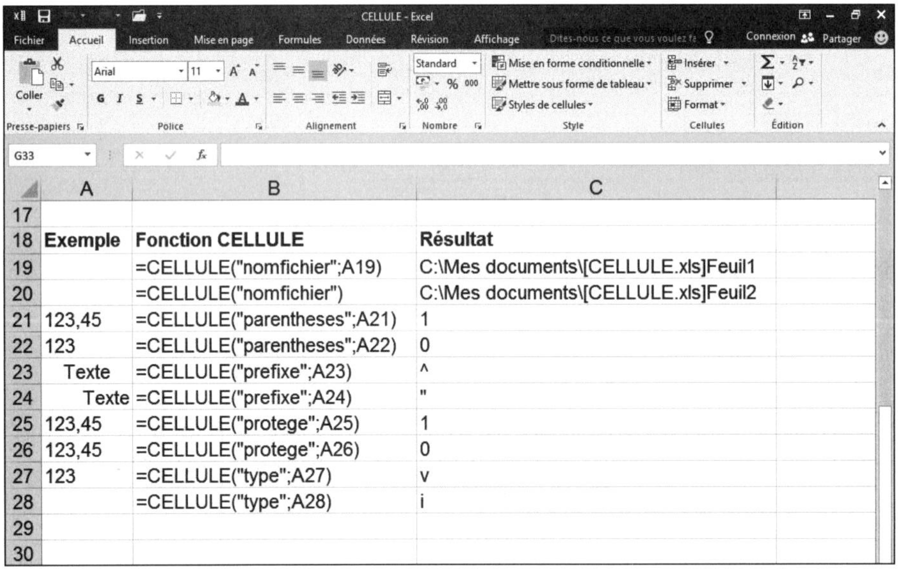

	A	B	C
17			
18	**Exemple**	**Fonction CELLULE**	**Résultat**
19		=CELLULE("nomfichier";A19)	C:\Mes documents\[CELLULE.xls]Feuil1
20		=CELLULE("nomfichier")	C:\Mes documents\[CELLULE.xls]Feuil2
21	123,45	=CELLULE("parentheses";A21)	1
22	123	=CELLULE("parentheses";A22)	0
23	Texte	=CELLULE("prefixe";A23)	^
24	Texte	=CELLULE("prefixe";A24)	"
25	123,45	=CELLULE("protege";A25)	1
26	123,45	=CELLULE("protege";A26)	0
27	123	=CELLULE("type";A27)	v
28		=CELLULE("type";A28)	i
29			
30			

COLONNE

Cette fonction retourne le numéro de colonne de la référence en argument.

Si l'argument est une plage, la fonction retourne la colonne de la cellule en haut à gauche. Si l'argument est omis, la colonne dans laquelle se trouve la fonction est retournée.

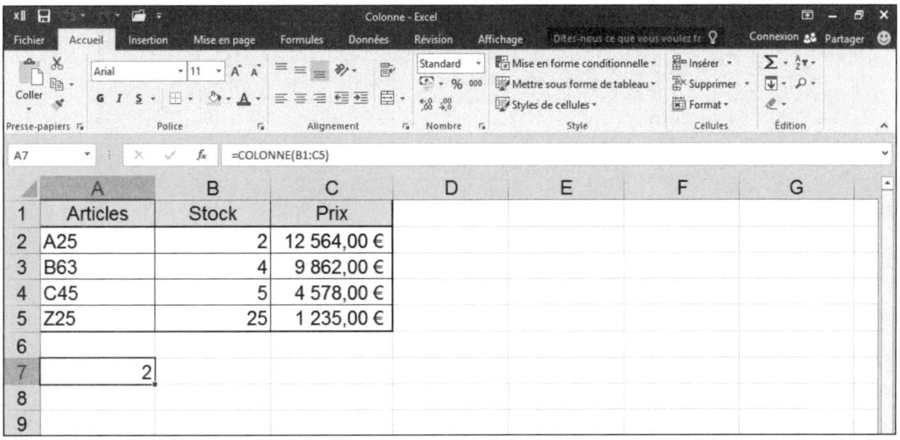

Dans cet exemple, la fonction retourne 2, car la plage B1:C5 débute dans la deuxième colonne de la feuille de calcul.

COLONNES

Cette fonction retourne le nombre de colonnes d'une plage de cellules.

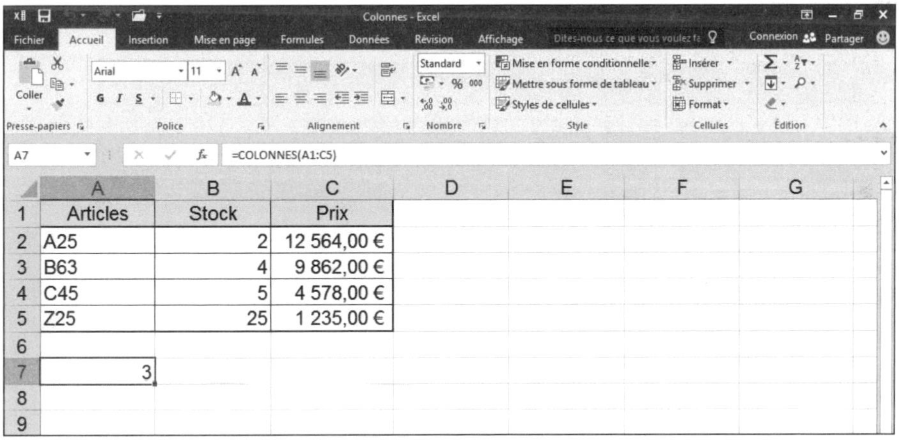

Dans l'exemple, la fonction retourne 3, car la plage A1:C5 contient trois colonnes.

ESTERR et ESTERREUR

Cette fonction retourne VRAI si l'argument fait référence à une cellule contenant une erreur. Contrairement à la fonction ESTERREUR, la fonction ESTERR ne tient pas compte de l'erreur #N/A (consultez le chapitre 17 pour connaître les différentes erreurs dans Excel).

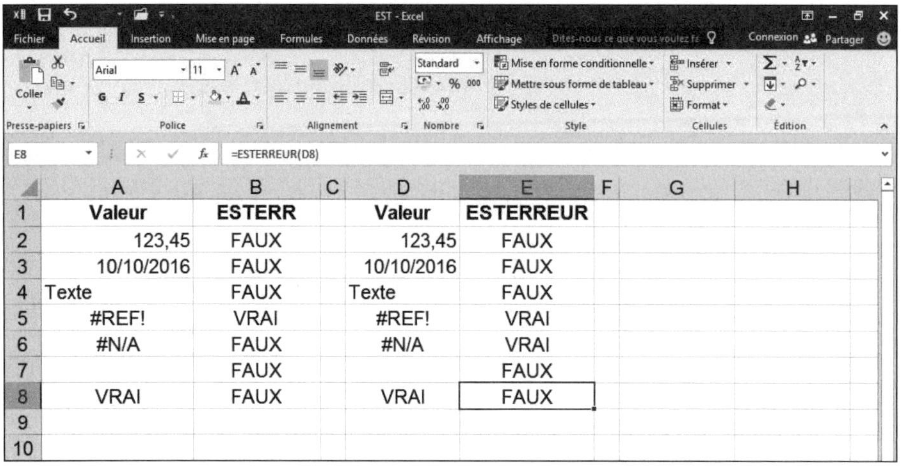

	A	B	C	D	E
1	Valeur	ESTERR		Valeur	ESTERREUR
2	123,45	FAUX		123,45	FAUX
3	10/10/2016	FAUX		10/10/2016	FAUX
4	Texte	FAUX		Texte	FAUX
5	#REF!	VRAI		#REF!	VRAI
6	#N/A	FAUX		#N/A	VRAI
7		FAUX			FAUX
8	VRAI	FAUX		VRAI	FAUX

Dans cet exemple, la colonne B affiche les valeurs de la fonction ESTERR pour les valeurs de la colonne A, et la colonne E affiche les valeurs de la fonction ESTERREUR pour les valeurs de la colonne D.

ESTLOGIQUE

Cette fonction retourne VRAI si l'argument est une valeur logique.

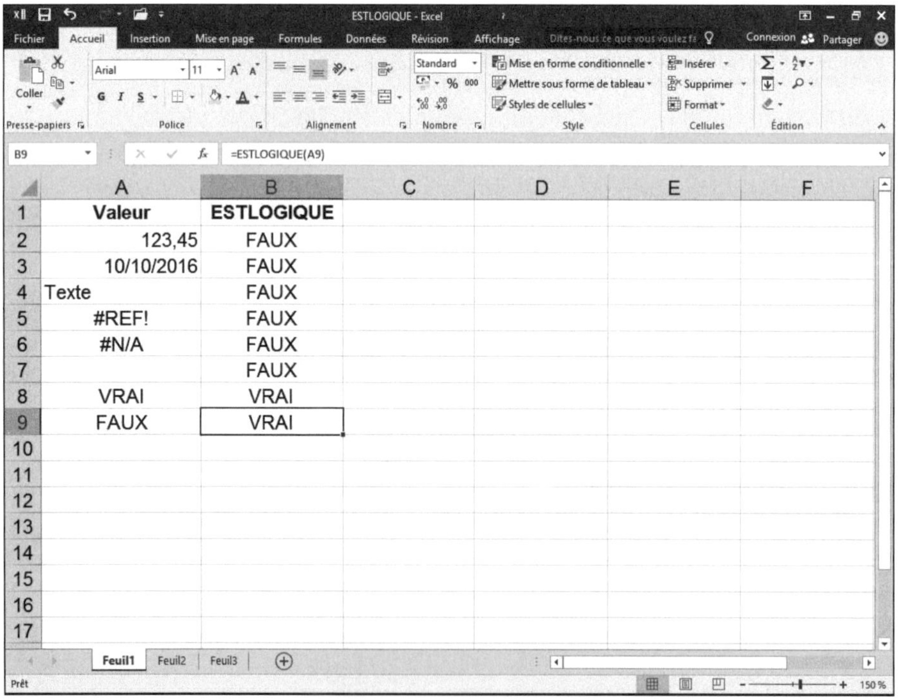

	A	B
1	Valeur	ESTLOGIQUE
2	123,45	FAUX
3	10/10/2016	FAUX
4	Texte	FAUX
5	#REF!	FAUX
6	#N/A	FAUX
7		FAUX
8	VRAI	VRAI
9	FAUX	VRAI

Dans l'exemple, la colonne B affiche les valeurs de la fonction ESTLOGIQUE pour les valeurs de la colonne A.

ESTNA

La fonction ESTNA retourne VRAI si l'argument fait référence à une cellule contenant une erreur #N/A.

Note Consultez le chapitre 17 pour l'erreur #N/A. Consultez aussi les fonctions ESTERR et ESTERREUR plus haut dans ce chapitre.

	Ville	Code Postal	Nom
6	Paris	75010	Baunier
7	Bourges	18000	Périn
8	Paris	75002	Rolin
9	St Amand	18200	Bresson
10	Paris	75010	Leloir

Dans l'exemple, la colonne B affiche les valeurs de la fonction ESTNA pour les valeurs de la colonne A.

ESTNONTEXTE

Cette fonction retourne VRAI si l'argument n'est pas un texte.

Note Consultez aussi la fonction ESTTEXTE.

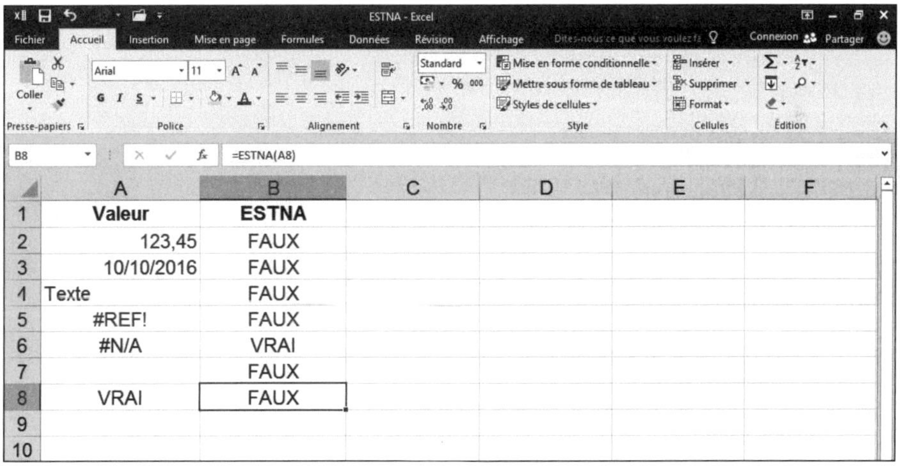

	A	B
1	Valeur	ESTNA
2	123,45	FAUX
3	10/10/2016	FAUX
4	Texte	FAUX
5	#REF!	FAUX
6	#N/A	VRAI
7		FAUX
8	VRAI	FAUX

Dans cet exemple, la colonne B affiche les valeurs de la fonction ESTNONTEXTE pour les valeurs de la colonne A.

ESTNUM

La fonction ESTNUM retourne VRAI si l'argument est numérique.

Note Les dates sont considérées comme des valeurs numériques.

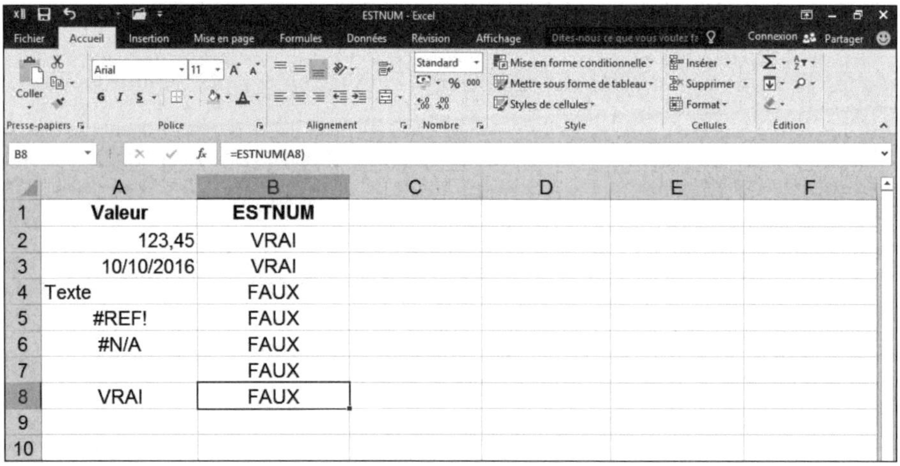

=ESTNUM(A8)

	A	B
1	Valeur	ESTNUM
2	123,45	VRAI
3	10/10/2016	VRAI
4	Texte	FAUX
5	#REF!	FAUX
6	#N/A	FAUX
7		FAUX
8	VRAI	FAUX

Dans cet exemple, la colonne B affiche les valeurs de la fonction ESTNUM pour les valeurs de la colonne A.

ESTREF

Cette fonction retourne VRAI si l'argument fait référence à une référence.

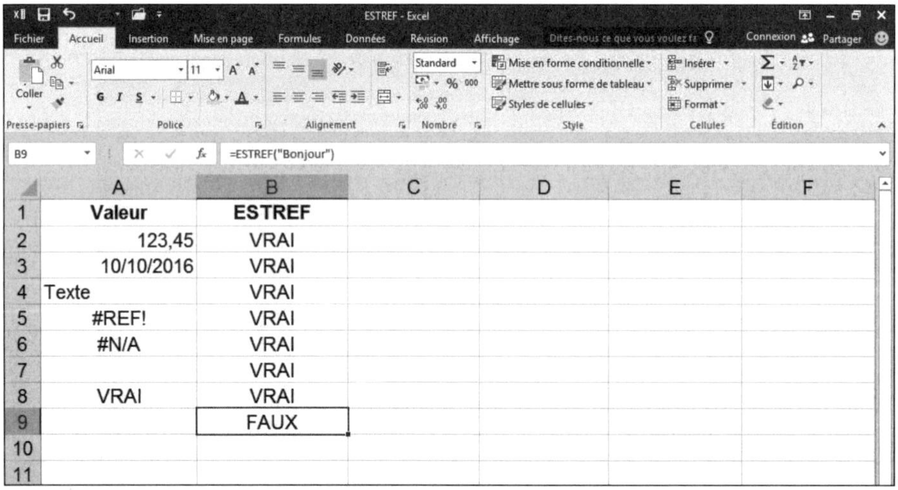

=ESTREF("Bonjour")

	A	B
1	Valeur	ESTREF
2	123,45	VRAI
3	10/10/2016	VRAI
4	Texte	VRAI
5	#REF!	VRAI
6	#N/A	VRAI
7		VRAI
8	VRAI	VRAI
9		FAUX

Dans l'exemple, les fonctions dans les cellules B2 à B8 font référence aux cellules A2 à A8. L'argument de la fonction en B9 est un simple texte et ne fait pas référence à une autre cellule.

ESTTEXTE

Cette fonction retourne VRAI si l'argument est un texte.

Note Consultez aussi la fonction ESTNONTEXTE.

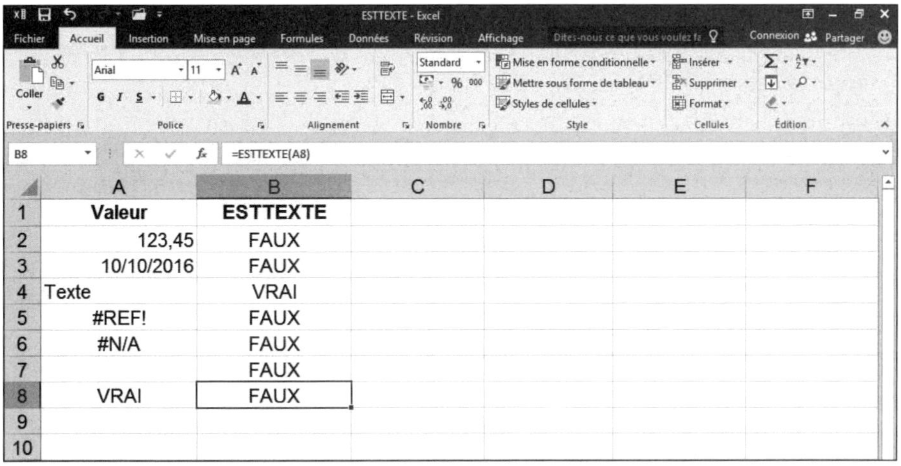

Dans cet exemple, la colonne B affiche les valeurs de la fonction ESTTEXTE pour les valeurs de la colonne A.

ESTVIDE

Cette fonction retourne VRAI si l'argument fait référence à une cellule vide.

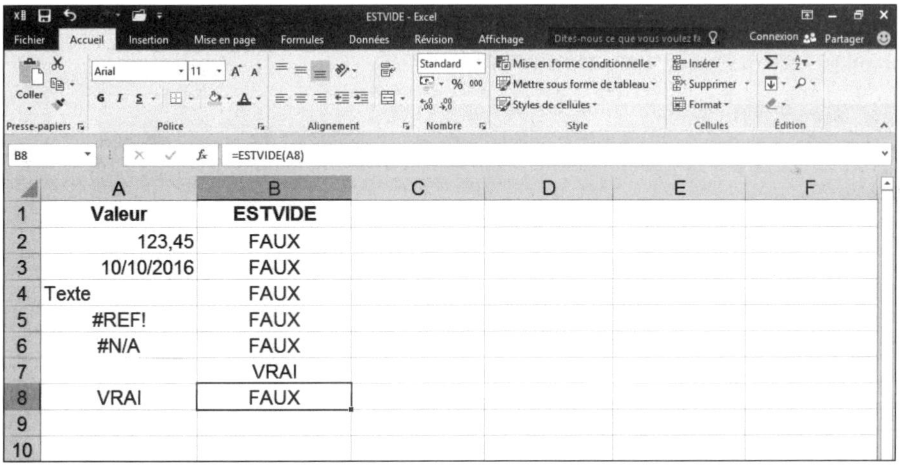

Dans cet exemple, la colonne B affiche les valeurs de la fonction ESTVIDE pour les valeurs de la colonne A.

INFORMATIONS

Cette fonction retourne des informations sur la version d'Excel, le système d'exploitation en cours, *etc.* Consultez l'aide pour connaître les arguments de cette fonction.

Note Les versions 2000 et 2002 d'Excel utilisaient la fonction INFO. Les paramètres « memdispo », « memutil » et « memtot » de la version 2003 ne sont plus pris en charge dans Excel depuis la version 2007.

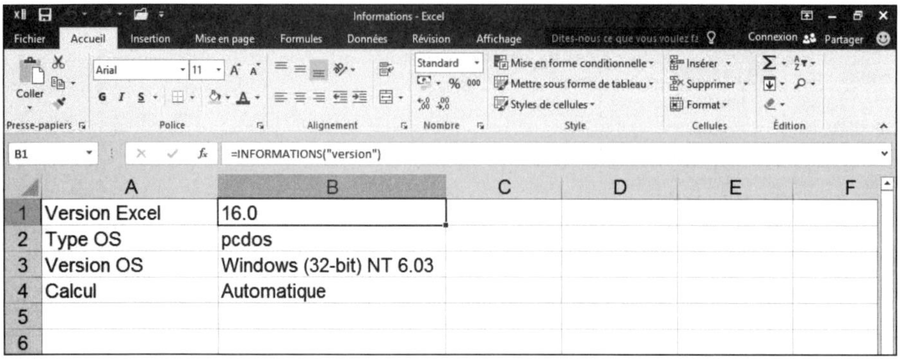

Cet exemple affiche la version d'Excel, le type de système d'exploitation (PC ou Mac), la version du système d'exploitation et l'option active de calcul des classeurs.

LIGNE

Cette fonction retourne le numéro de ligne de la référence en argument. Si l'argument est une plage, la fonction retourne la ligne de la cellule en haut à gauche. Si l'argument est omis, la ligne dans laquelle se trouve la fonction est retournée.

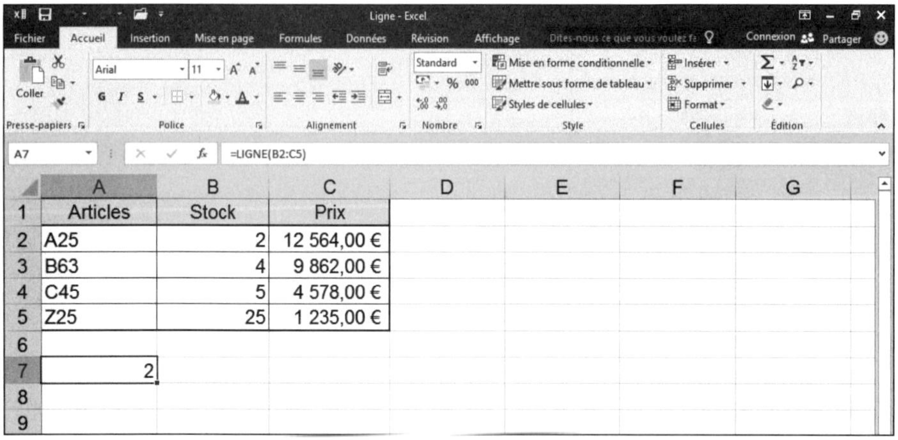

Dans cet exemple, la fonction retourne 2, car la plage B2:C5 débute dans la deuxième ligne de la feuille de calcul.

LIGNES

Cette fonction retourne le nombre de lignes d'une plage de cellules.

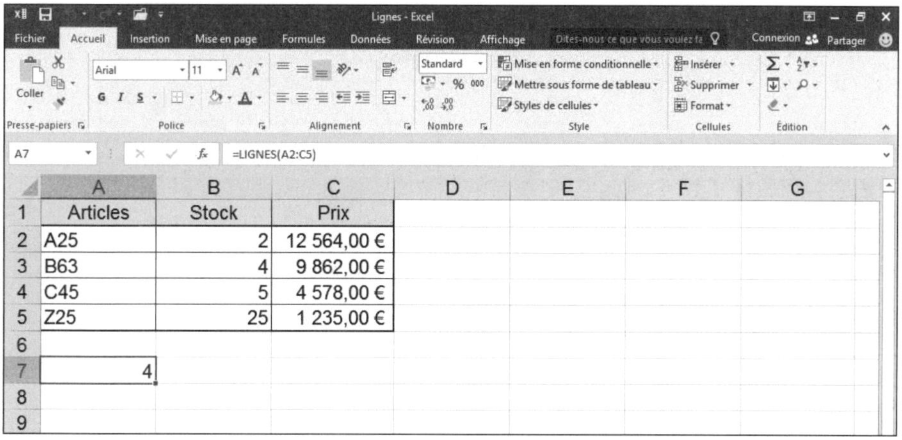

Dans l'exemple, la fonction retourne 4, car la plage A2:C5 contient quatre lignes.

TYPE

La fonction TYPE retourne un numéro correspondant au type de l'argument (1 = numérique, 2 = texte, 4 = valeur logique, 8 = formule, 16 = valeur d'erreur et 64 = matrice).

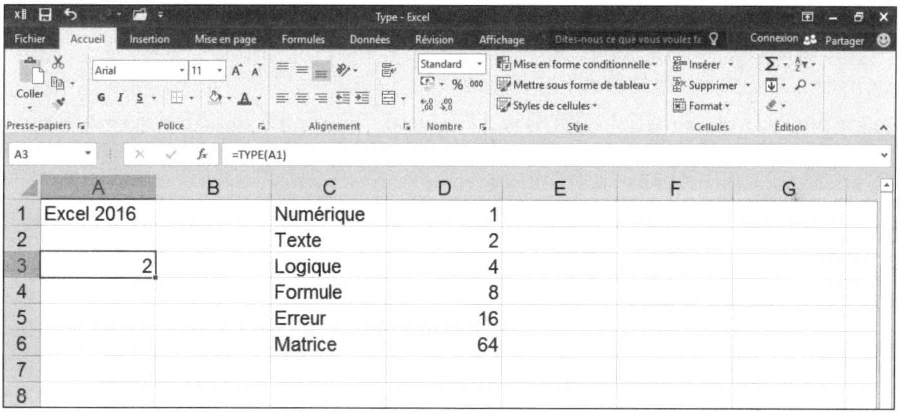

Dans l'exemple, la fonction retourne 2, car la cellule A1 contient un texte.

TYPE.ERREUR

Cette fonction retourne un numéro correspondant au type d'erreur de l'argument (1 = #NUL!, 2 = #DIV/0!, 3 = #VALEUR!, 4 = #REF!, 5 = #NOM?, 6 = #NOMBRE!, 7 = #N/A et #N/A = l'argument n'est pas une erreur).

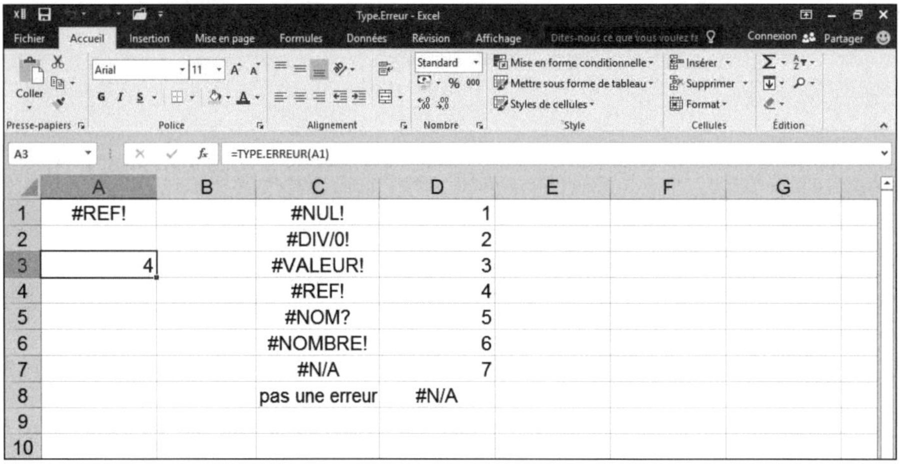

Dans l'exemple, la fonction retourne 4, car la cellule A1 contient l'erreur #REF !.

Fonctions logiques

Les fonctions logiques permettent de manipuler des valeurs de type VRAI ou FAUX. Ces valeurs apparaissent, par exemple, pour des formules utilisant des opérateurs de comparaison (voir chapitre 17) :

```
= A1>A2
```

Dans cet exemple, la formule affiche VRAI si A1 est supérieur à A2, et FAUX si ce n'est pas le cas.

ET

La fonction ET retourne la valeur **VRAI** si tous les arguments sont vrais. Elle retourne **FAUX** si au moins un argument est faux.

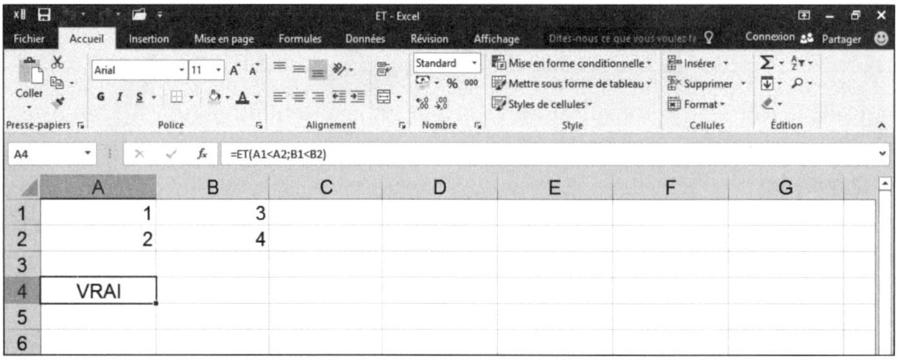

Dans l'exemple, la fonction retourne VRAI, car A1 est inférieur à A2, et B1 est inférieur à B2.

NON

La fonction NON inverse la valeur logique de l'argument (**FAUX** devient **VRAI** et **VRAI** devient **FAUX**).

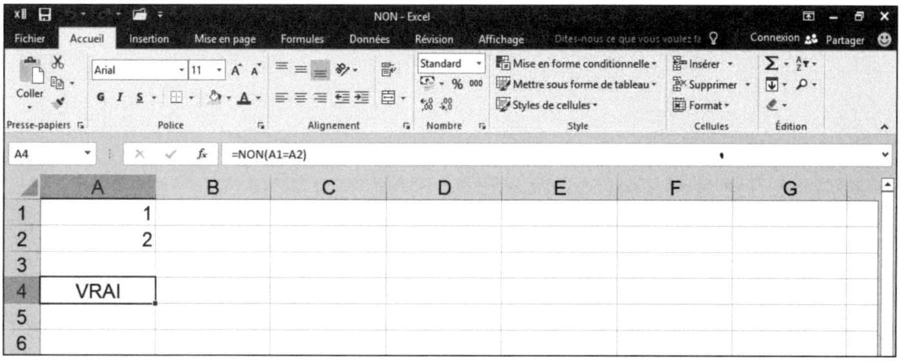

Dans l'exemple, la fonction retourne VRAI, car A1 n'est pas égal à A2.

OU

La fonction OU retourne **VRAI** si au moins un argument est vrai. Elle retourne **FAUX** si tous les arguments sont faux.

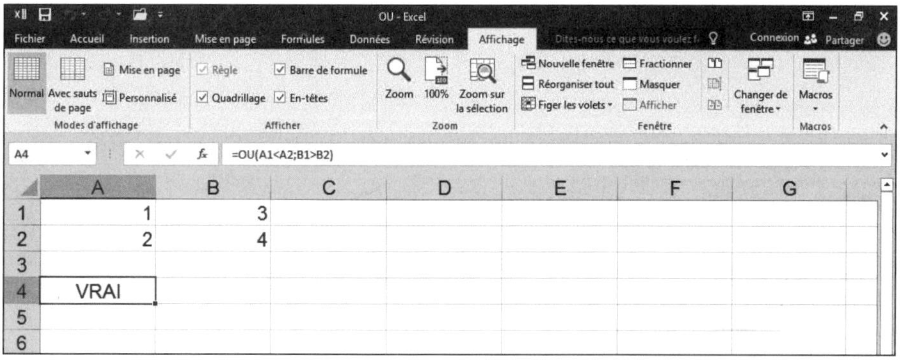

Dans l'exemple, la fonction retourne VRAI, car A1 est inférieur à A2, et cela même si B1 n'est pas supérieur à B2.

PARTIE V
MACROS ET VISUAL BASIC

Chapitre 23

Créer et utiliser des macros

Dans ce chapitre :

- Objectif des macros
- Créer une macro
- Utiliser une macro
- Accéder facilement à une macro
- Enregistrer un classeur avec macro

Pour éviter de répéter inutilement les mêmes opérations, Excel propose d'enregistrer vos actions dans des macros. Bien qu'écrites dans le langage Visual Basic, leur création et leur utilisation ne nécessitent pas de connaissances particulières.

Ce chapitre vous fait découvrir la création et l'utilisation des macros, ainsi que des solutions pour les appeler facilement à partir de la barre d'outils Accès rapide ou de boutons dans les feuilles de calcul.

Qu'est-ce qu'une macro ?

Une macro est une suite d'actions enregistrées et conservées par Excel. Ces actions sont réalisées par l'utilisateur avec les commandes du ruban, les boutons de la barre d'outils Accès rapide et les touches du clavier.

Les macros permettent d'exploiter pleinement les feuilles Excel (feuilles de calcul, boîtes de dialogue et graphiques). Elles libèrent l'utilisateur des tâches répétitives. Elles facilitent la saisie pour les personnes qui utilisent des feuilles prêtes à l'emploi, mais qui n'en connaissent pas la construction. On peut, dans ce but, supprimer tous les éléments devenus inutiles (ruban, onglets de feuilles, *etc.*) et ne conserver que les feuilles de calcul. Les actions indispensables sont alors accessibles par des boutons de commande à l'intérieur des feuilles.

Les macros enregistrées sont écrites dans le langage de programmation Visual Basic pour Application (VBA).

Qu'est-ce qu'un module ?

Les modules contiennent les macros enregistrées et les procédures tapées par l'utilisateur dans le langage VBA (Visual Basic pour Applications). Elles se présentent comme les documents d'un traitement de texte. On y accède avec l'application Visual Basic (VB) pour les modifier.

Procédures

Les procédures sont des programmes écrits en langage VBA. Elles correspondent aux macros enregistrées. Elles débutent par le mot réservé **Sub** suivi du nom de la procédure (Macro1 par exemple). Elles ne retournent aucune valeur quand on les appelle. À partir de l'interface d'Excel, on y accède avec l'onglet **Affichage → Macros**, ou avec un bouton déposé sur une feuille de calcul.

Fonctions

Les fonctions sont aussi des programmes écrits en VBA. Elles sont utilisées à l'intérieur des formules des cellules des feuilles de calcul. Elles débutent par le mot réservé **Function** suivi du nom. Elles retournent une valeur quand on les appelle. C'est la fonction essentielle qui les distingue des procédures Sub.

Créer une macro enregistrée

Pour comprendre la création et le fonctionnement d'une macro, il suffit d'en enregistrer une.

L'exemple que nous proposons ici ajoute simplement un texte avec une mise en forme. Il permet juste de vérifier le fonctionnement de l'enregistreur.

1 Cliquez la cellule **A1** pour la sélectionner.

   L'action de l'étape **1** évite que la macro enregistre la sélection de la cellule. La macro sera alors réutilisable dans la cellule sélectionnée lors de son exécution et non uniquement dans la cellule A1.

2 Cliquez l'onglet **Affichage** ➜ **Macros** ➜ **Macros** ➜ **Enregistrer une macro**.

3 Tapez un nom dans la zone **Nom de la macro** ou laissez le nom Macro1 proposé par défaut.

   La zone **Touche de raccourci** permet de choisir une combinaison de touches pour accéder ultérieurement à la macro.

   La liste **Enregistrer la macro dans** permet de choisir la destination de la macro : le classeur actuel, un nouveau classeur ou un classeur séparé spécialement créé pour vos macros.

   La zone **Description** est un texte qui apparaît en commentaire dans la macro.

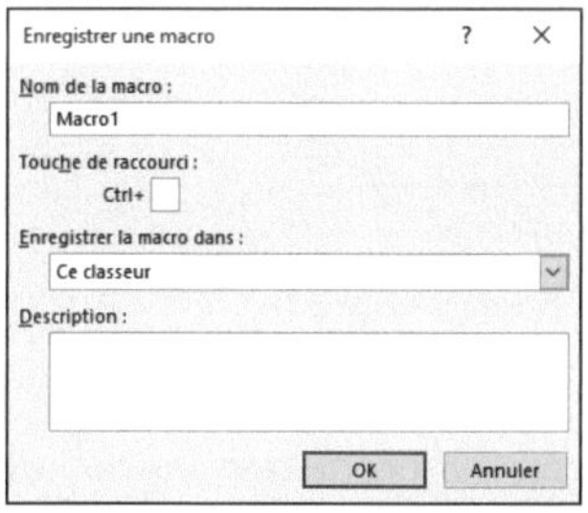

Figure 23-1 Boîte d'enregistrement d'une macro.

4 Cliquez le bouton **OK** pour débuter l'enregistrement de la macro.

   Excel affiche le bouton  dans la partie gauche de la barre d'état pour arrêter l'enregistrement de la macro.

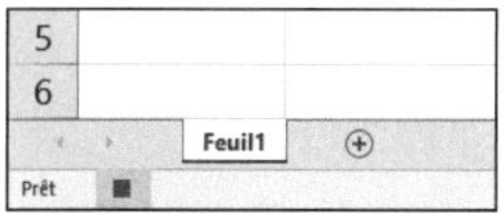

Figure 23-2 Barre d'état avec le bouton pour arrêter l'enregistrement.

   Excel enregistre toutes vos actions. Pour obtenir une macro identique à l'exemple, limitez-vous aux actions qui vont suivre.

5 Tapez **Livre d'Excel**, ou un autre texte, et validez avec **Ctrl** + **Entrée**.

La combinaison de touches **Ctrl** + **Entrée** permet de valider la saisie sans sélectionner une autre cellule. Si vous appuyez simplement sur **Entrée**, Excel sélectionne la cellule en dessous (ou celle définie dans l'onglet Modifications de la boîte Options) et enregistre cette action dans la macro.

6 Dans l'onglet **Accueil ➜ Polices**, cliquez le bouton **G**, puis le bouton *I*.

7 Cliquez avec le bouton droit la cellule **A1**, puis cliquez **Format de cellule** dans le menu contextuel.

8 Dans l'onglet **Bordure**, cliquez le bouton **Contour** pour entourer la cellule, puis cliquez le bouton **OK** pour valider.

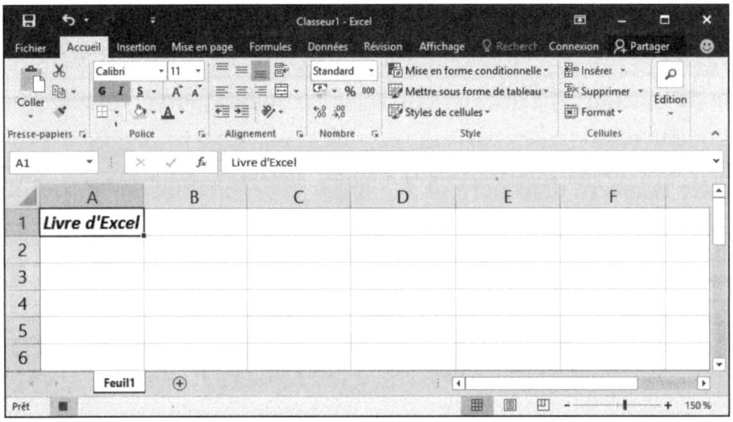

Figure 23-3 Feuille de calcul après l'enregistrement de la macro.

9 Cliquez le bouton ■ dans la barre d'état pour arrêter l'enregistrement (figure 23-3).

Note Le bouton ■ devient [icône] pour vous permettre d'enregistrer immédiatement une nouvelle macro.

La nouvelle macro est maintenant enregistrée.

Modifier une macro

La macro a été enregistrée dans un module modifiable avec VB. Pour vérifier la manière dont Excel a remplacé vos actions par du code, consultez ce dernier dans l'éditeur de Visual Basic.

1 Cliquez l'onglet **Affichage ➜ Macros ➜ Macros**.

2 Cliquez **Macro1** (ou le nom que vous lui avez donné) dans la liste des macros disponibles.

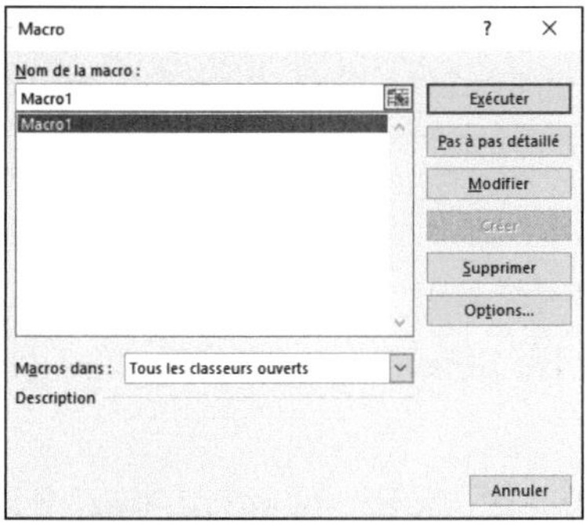

Figure 23-4 Boîte des macros disponibles.

3 Cliquez le bouton **Modifier**.

Comme vous pouvez le constater dans la figure 23-5, une macro est une suite d'instructions et de fonctions VBA. Tant que l'on reste du côté « Excel », il n'est pas nécessaire de connaître ce code.

Le code de la macro correspond à toutes les actions que vous avez effectuées précédemment. Par exemple, les trois premières lignes indiquent que l'on place le texte « Livre d'Excel », en gras et en italique dans la cellule active.

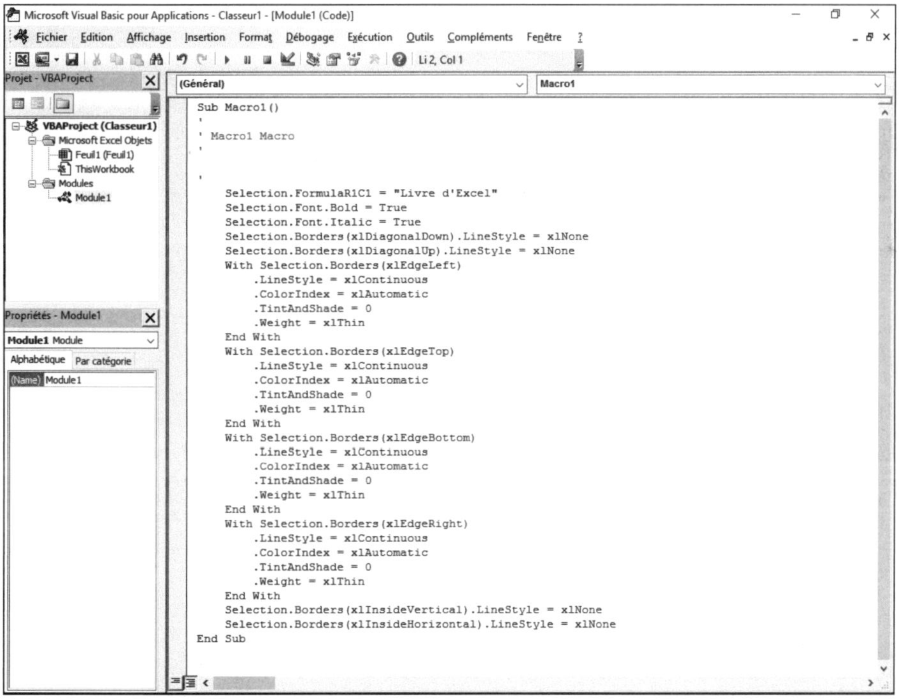

Figure 23-5 Code d'une macro enregistrée.

Le code se présente sous forme de traitement de texte. Il est donc possible de le modifier directement. Par exemple, le texte « Livre d'Excel » peut être remplacé par un autre texte.

Pour enregistrer le code après modification, cliquez le bouton . Pour revenir à Excel sans fermer VB, cliquez le bouton de ce dernier dans la barre des tâches. Pour fermer VB et revenir à Excel, cliquez le bouton ×.

Aide en ligne

Il est très difficile de se souvenir de toutes les syntaxes utilisées par VB. Pour programmer des procédures, l'aide en ligne est indispensable.

1. Tapez **Alt** + **F11** pour afficher la fenêtre **Visual Basic**, même si vous l'avez fermée précédemment.
2. Double-cliquez un mot-clé, par exemple **Sub** dans la procédure Macro1.
3. Appuyez sur **F1** pour afficher l'aide en ligne.

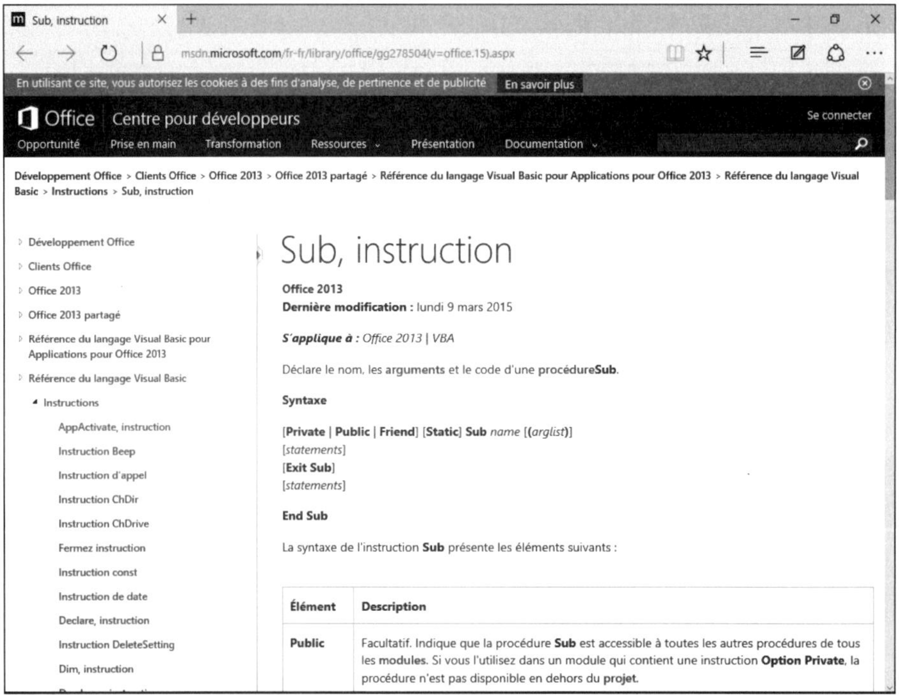

Figure 23-6 Aide en ligne.

L'aide en ligne donne la syntaxe de l'instruction Sub.

Certains mots-clés ont un sens différent en fonction du contexte. Dans VBA, par exemple, l'instruction Function déclare une procédure alors que dans Excel elle correspond au calcul appliqué à un champ dynamique dans un tableau croisé. Il est donc possible dans ce cas que la boîte de la figure 23-7 s'affiche.

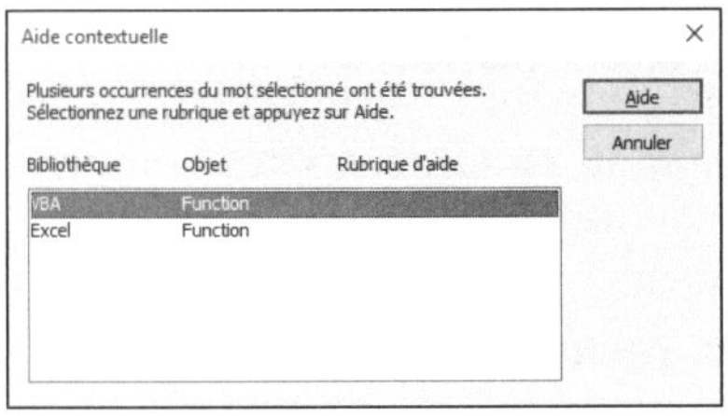

Figure 23-7 Choix de l'aide en ligne.

Exécuter une macro

Maintenant que la macro est enregistrée, vous pouvez l'utiliser pour répéter toutes les actions qu'elle contient.

1 Éventuellement, tapez **Alt** + **F11** pour revenir à Excel.

2 Cliquez une cellule de la feuille, à l'exception de la cellule A1 utilisée pour créer la macro.

3 Cliquez l'onglet **Affichage** ➜ **Macros** ➜ **Macros**.

4 Sélectionnez **Macro1** dans la liste des macros disponibles.

5 Cliquez le bouton **Exécuter**.

Excel applique à la cellule sélectionnée toutes les actions enregistrées dans la macro Macro1 (cellule C1 dans l'exemple de la figure 23-8).

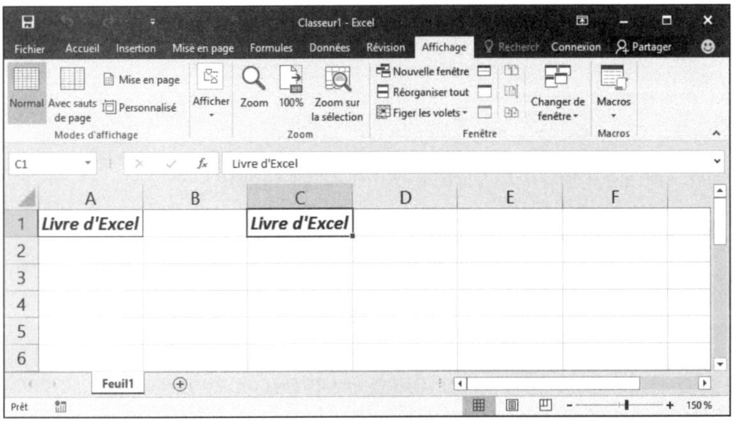

Figure 23-8 Feuille de calcul après l'exécution de la macro enregistrée.

Accéder facilement à une macro

Il existe des solutions plus rapides que l'onglet **Affichage** ➜ **Macros** pour exécuter une macro. Voici des exemples qui vous simplifieront la vie et celle des utilisateurs de vos feuilles de calcul.

Macro à partir de la barre d'outils Accès rapide

Comme pour les commandes d'Excel, les macros peuvent être attachées à des boutons dans la barre d'outils Accès rapide.

Ajouter un bouton à la barre d'outils Accès rapide

1 Cliquez avec le bouton droit de la souris n'importe quel bouton de la barre d'outils Accès rapide.

2 Cliquez la commande **Personnaliser la barre d'outils Accès rapide** dans le menu contextuel.

3 Sélectionnez **Macros** dans la liste **Choisir les commandes**.

4 Cliquez le nom de votre macro (par exemple **Macro1**) dans la liste des macros disponibles.

5 Cliquez le bouton **Ajouter**.

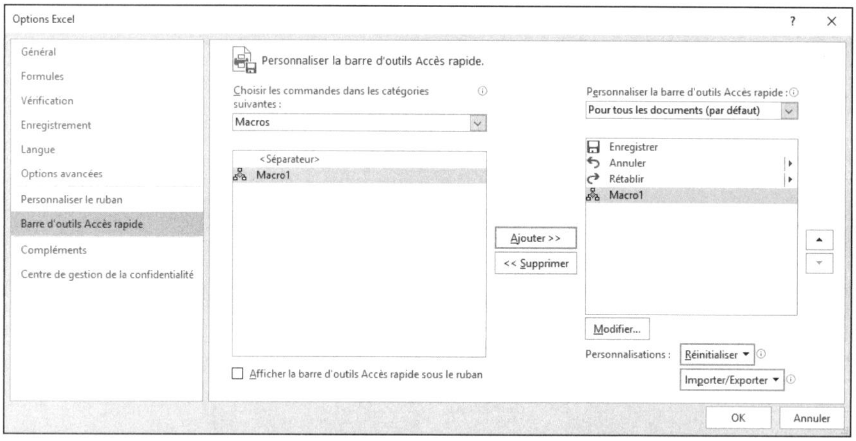

Figure 23-9 Boîte de personnalisation de la barre d'outils Accès rapide.

6 Cliquez le bouton **OK** pour valider.

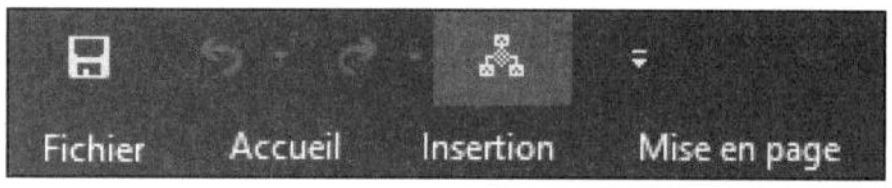

Figure 23-10 Bouton personnalisé dans la barre d'outils Accès rapide pour exécuter une macro.

Note Pour supprimer un bouton de la barre d'outils Accès rapide, cliquez-le avec le bouton droit de la souris, puis cliquez la commande **Supprimer de la barre d'outils Accès rapide** dans le menu contextuel.

Modifier l'apparence d'un bouton personnalisé

À leur création, les boutons ont une apparence générique. Vous pouvez choisir une autre icône parmi une liste prédéfinie.

1 Cliquez avec le bouton droit de la souris n'importe quel bouton de la barre d'outils Accès rapide.

2 Cliquez la commande **Personnaliser la barre d'outils Accès rapide** dans le menu contextuel.

3 Sélectionnez la macro dans la liste de droite.

4 Cliquez le bouton **Modifier** en dessous de la liste de droite (figure 23-9).

5 Cliquez un des boutons proposés (figure 23-11).

6 Dans la zone **Nom complet**, tapez le texte qui doit apparaître dans l'info-bulle du bouton.

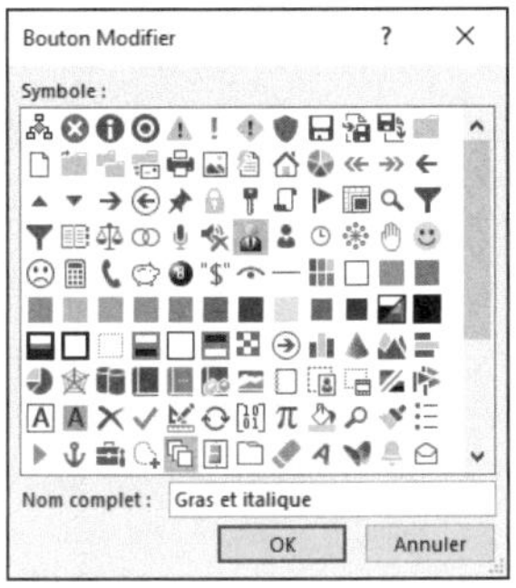

Figure 23-11 Icônes prédéfinies pour les boutons personnalisés.

7 Cliquez le bouton **OK** pour valider.

8 Cliquez le bouton **OK** dans la boîte Options Excel.

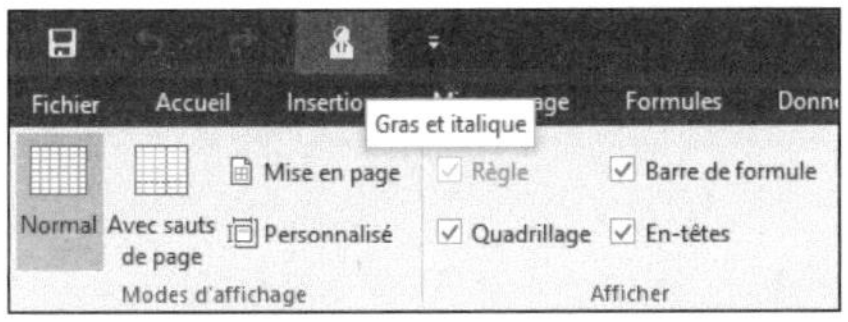

Figure 23-12 Bouton personnalisé dans la barre d'outils Accès rapide.

Ajouter un bouton pour accéder rapidement aux macros

Si vous avez beaucoup de macros, il est préférable d'ajouter un bouton dans la barre d'outils Accès rapide pour ouvrir la boîte Macro.

1 Cliquez avec le bouton droit de la souris n'importe quel bouton de la barre d'outils Accès rapide.

2 Cliquez la commande **Personnaliser la barre d'outils Accès rapide** dans le menu contextuel.

3 Sélectionnez **Commandes courantes** dans la liste **Choisir les commandes**.

4 Cliquez **Afficher les macros** dans la liste de gauche.

5 Cliquez le bouton **Ajouter**.

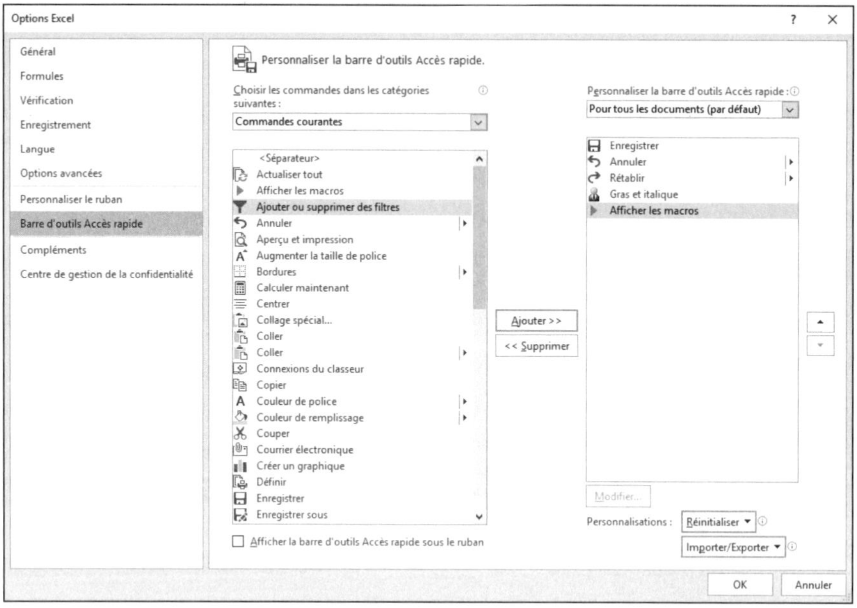

Figure 23-13 Ajout d'un bouton pour accéder plus facilement aux macros.

6 Cliquez le bouton **OK** pour valider.

Le bouton s'affiche dans la barre d'outils Accès rapide. Cliquez-le pour ouvrir la boîte Macro et exécuter celle de votre choix.

Macro à partir d'un bouton de commande

En plus de la barre d'outils Accès rapide, Excel permet d'accéder aux macros avec des boutons de commande dans les feuilles de calcul.

1 Afficher l'onglet **Développeur** (voir encadré).

2 Cliquez l'onglet **Développeur ➜ Contrôles ➜ Insérer ➜ Contrôles de formulaire ➜ Bouton** .

3 Cliquez et faites glisser dans la feuille de calcul pour ajouter un bouton.

Excel crée un bouton et affiche la boîte de dialogue Affecter une macro.

4 Double-cliquez le nom de la macro (par exemple **Macro1**) dans la liste **Nom de la macro**.

Afficher l'onglet Développeur

Excel propose un onglet pour gérer facilement les macros et ajouter des objets aux feuilles de calcul. Par défaut, cet onglet est masqué. Suivez ces étapes pour l'afficher.

1 Cliquez l'onglet **Fichier** puis **Options** dans la liste de gauche.

2 Cliquez **Personnaliser le ruban** dans la liste de gauche.

3 Dans la liste de droite, cochez la case **Développeur**.

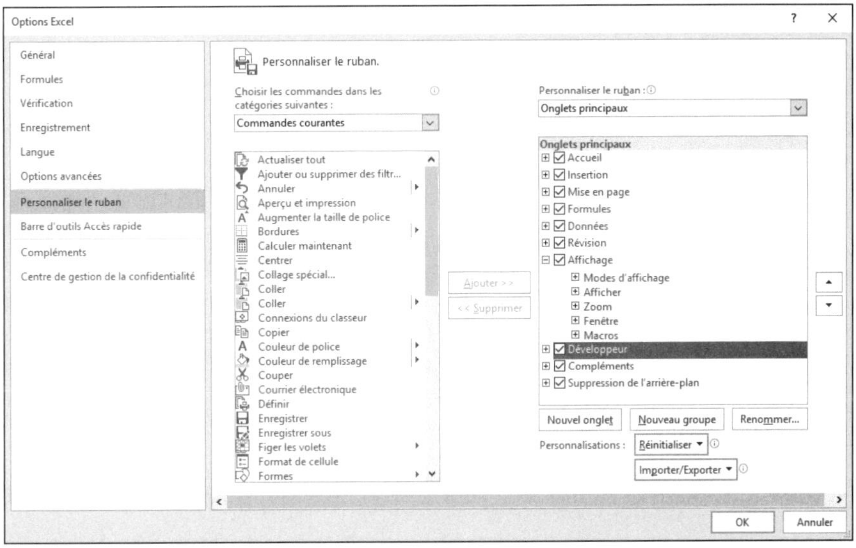

Figure 23-14 Ajout de l'onglet Développeur dans le ruban.

4 Cliquez le bouton **OK**.

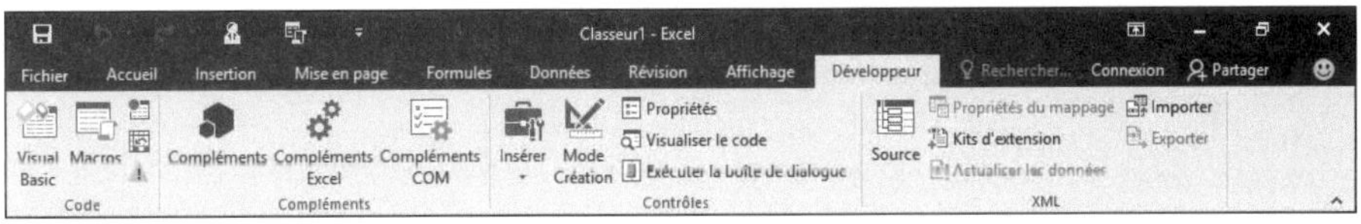

Figure 23-15 Onglet Développeur.

L'onglet Développeur s'affiche à la fin du ruban.

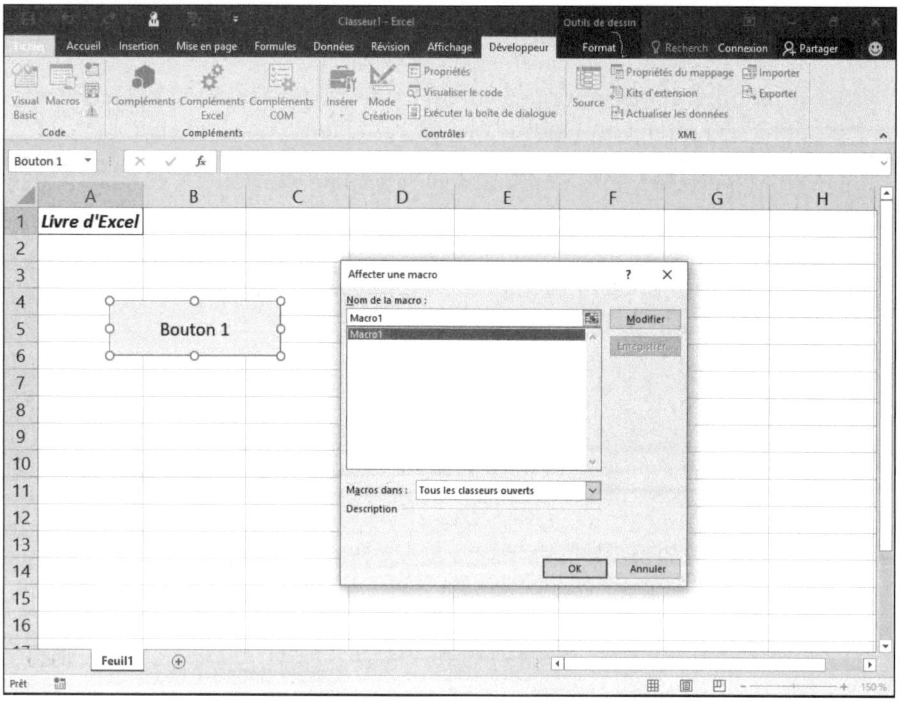

Figure 23-16 Ajout d'un bouton dans une feuille de calcul.

5 Cliquez le bouton **OK**.

6 Sélectionnez le texte par défaut du bouton (par exemple **Bouton 1**) puis tapez son nom.

Pour utiliser le bouton, cliquez une cellule de la feuille de calcul pour le désélectionner. Vous pouvez ensuite le cliquer, quand il n'est plus en mode modification, pour exécuter la macro. Quand il est opérationnel, le curseur de souris devient quand on le pointe.

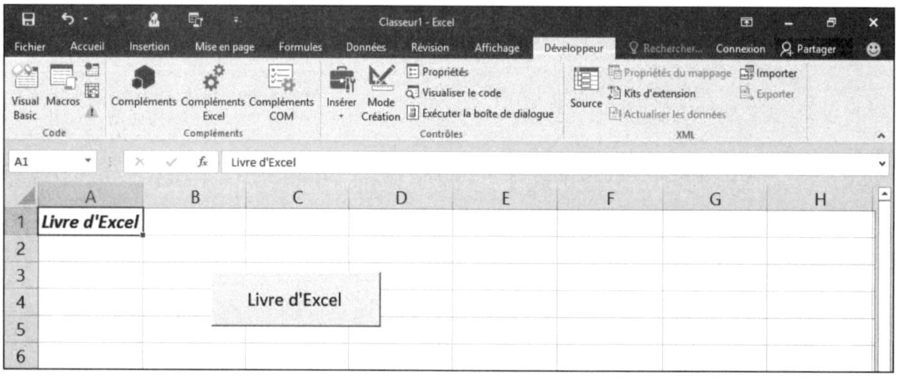

Figure 23-17 Bouton pour exécuter une macro.

Si vous avez besoin de modifier le bouton, par exemple pour le déplacer ou le redimensionner, cliquez-le avec le bouton droit de la souris. La bordure permet de le déplacer, et les huit ronds qui l'entourent de modifier sa taille.

Enregistrer un classeur avec macros

Si votre classeur contient des macros, vous devez l'enregistrer dans un format particulier. Les classeurs avec macros portent l'extension `.xlsm` à la place de `.xlsx`.

1 Cliquez le bouton dans la barre d'outils Accès rapide.

2 Sélectionnez le dossier d'enregistrement.

3 Sélectionnez **Classeur Excel (prenant en charge les macros)** dans la liste **Type**.

4 Sélectionnez le dossier d'enregistrement.

5 Tapez le nom du classeur dans la zone **Nom de fichier**.

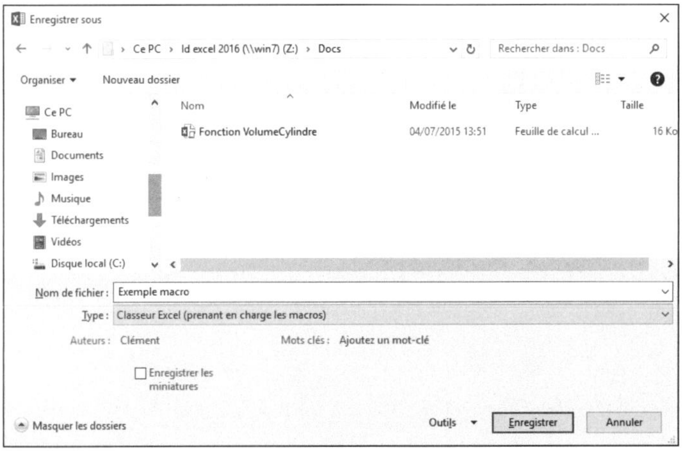

Figure 23-18 Enregistrement d'un classeur avec macros.

6 Cliquez le bouton **Enregistrer**.

Chapitre 24

Découvrir les objets, les propriétés et les méthodes

Dans ce chapitre :

- Objets et collections
- Propriétés des objets
- Méthodes des objets
- Saisie et exécution d'une procédure

Visual Basic est un langage orienté objets. Pour cet outil de développement, tous les éléments d'Excel sont des objets (classeurs, feuilles, plages de cellules, *etc.*). Ce chapitre vous présente les éléments de base à connaître pour accéder, modifier ou appliquer des actions aux objets d'Excel, ainsi que des conseils pour saisir et exécuter vos premières procédures.

Objets et collections d'objets

Il existe une hiérarchie entre les objets. Par exemple, l'objet Application contient des classeurs, qui eux-mêmes contiennent des feuilles de calcul, qui elles-mêmes contiennent des plages de cellules.

Chaque groupe d'objets de même type est appelé « collection ». Chaque objet dans une collection porte un numéro ou un nom. On accède aux objets par ce numéro ou ce nom. Par exemple, la première feuille d'un classeur est accessible par **Sheets(1)** ou **Sheets(«Feuil1»)**.

Objet et collection d'objets portent le même nom, seul le « S » final permet de les distinguer (un objet Sheet, une collection Sheets).

Pour comprendre l'organisation et la syntaxe utilisée par VB, il suffit dans un premier temps d'enregistrer une macro en accédant à un maximum d'objets.

Suivez pas à pas les étapes ci-après pour créer la même macro que dans les exemples.

1. Créez ou ouvrez deux classeurs contenant chacun au minimum deux feuilles.
2. Cliquez l'onglet **Affichage ➜ Fenêtre ➜ Changer de fenêtre ➜ 2** pour sélectionner le deuxième classeur.
3. Cliquez l'onglet **Affichage ➜ Macros ➜ Macros ➜ Enregistrer une macro**.
4. Tapez le nom de la macro, par exemple **Objets**, puis cliquez le bouton **OK**.
5. Cliquez l'onglet **Affichage ➜ Fenêtre ➜ Changer de fenêtre ➜ 1** pour sélectionner le premier classeur.
6. Cliquez l'onglet **Feuil2**.
7. Cliquez la cellule **A1** pour la sélectionner.
8. Cliquez le bouton ■ dans la barre d'état pour arrêter l'enregistrement.

Vérifions maintenant le résultat de la macro.

1. Cliquez l'onglet **Affichage ➜ Macros ➜ Macros**.
2. Cliquez le nom de la macro (**Objets** dans l'exemple) dans la liste **Nom de la macro** puis cliquez le bouton **Modifier** (figure 24-1).

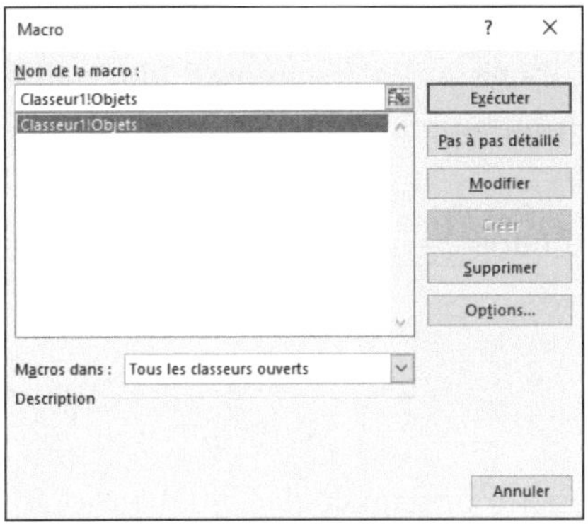

Figure 24-1 Liste des macros.

Note Étant donné que nous avons deux classeurs ouverts, le nom de la macro est précédé du nom du classeur qui la contient. Pour limiter la liste **Nom de la macro**, sélectionnez au préalable le classeur dans la liste **Macros dans**.

La fenêtre de Visual Basic s'ouvre sur le code de la macro enregistrée précédemment (figure 24-2).

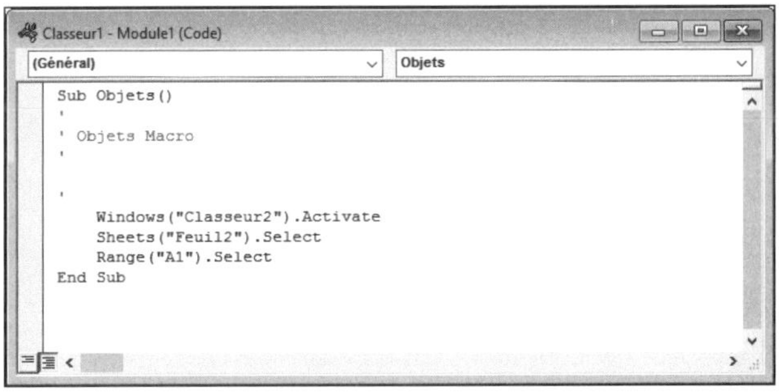

Figure 24-2 Macro enregistrée.

Chaque ligne de code correspond aux actions effectuées pendant l'enregistrement.

```
Windows("Classeur2").Activate
```

Cette ligne active la fenêtre contenant le premier classeur à l'intérieur de la collection des fenêtres. Il est fort probable que votre classeur porte un autre nom.

```
Sheets("Feuil2").Select
```

Cette seconde ligne sélectionne la feuille « Feuil2 » à l'intérieur de la collection des feuilles disponibles.

```
Range("A1").Select
```

La dernière ligne sélectionne la plage de cellules A1. Pour VB, une cellule n'est pas un objet. C'est l'objet Range qui désigne les cellules d'une feuille de calcul, même si cette plage fait référence à une cellule unique.

Comme le montre cet exemple, il est plus simple d'utiliser l'enregistreur de macros que de saisir manuellement le code correspondant. Comme il existe des centaines d'objets différents, il est parfois plus rapide d'enregistrer une macro en manipulant un objet particulier que de rechercher son mode d'utilisation dans l'aide en ligne.

Sachez cependant que l'enregistreur de macros a ses limites, et qu'il est bien souvent nécessaire de modifier le code généré automatiquement.

Organisation des modules

La fenêtre Projet, placée par défaut à gauche de la fenêtre principale de Visual Basic, affiche la liste des classeurs ouverts (figure 24-3).

Note Certains classeurs sont ouverts automatiquement par Excel. C'est le cas, par exemple, du classeur EuroTool qui gère les fonctions pour l'euro. Ces classeurs sont masqués dans Excel, et ne sont pas modifiables dans VB.

Chaque classeur (projet) propose une arborescence avec ses feuilles de calcul (objets) et ses codes en VB (modules). Pour voir le code d'un module, double-cliquez son nom dans l'arborescence du classeur (Module1 par exemple).

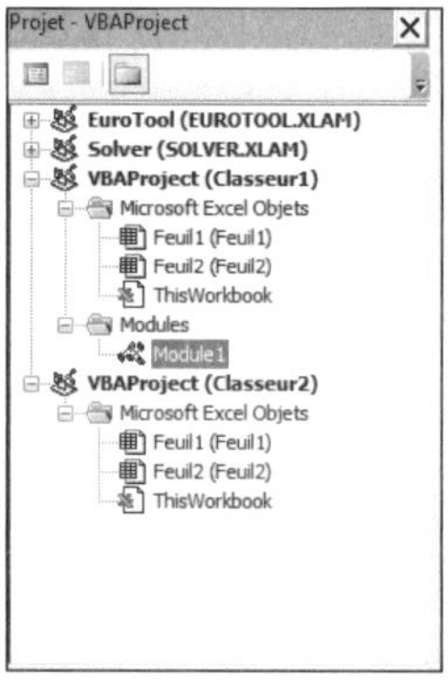

Figure 24-3 Explorateur de projet.

Les macros sont visibles une à une en cliquant le bouton en bas à gauche de la fenêtre de module (figure 24-4). La liste en haut à droite permet de choisir le nom d'une macro.

Il est aussi possible de les afficher les unes à la suite des autres en cliquant le bouton .

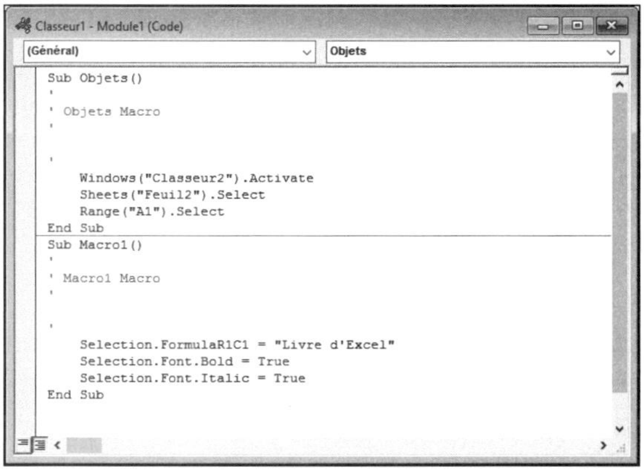

Figure 24-4 Fenêtre de module.

Types d'objets

Objet Application

L'objet Application représente l'ensemble de l'application, c'est-à-dire Excel. Cet objet permet d'accéder aux objets actifs ActiveWorkbook (classeur actif), ActiveSheet (feuille active), ActiveCell (cellule active), *etc.*

Il donne aussi accès aux fonctions Excel qui ne sont pas disponibles dans VB. Par exemple, la fonction PI n'existe pas dans VB alors qu'elle existe dans Excel. L'objet Application permet donc d'y accéder :

```
Range("A1") = Application.pi
```

Cet exemple place dans la cellule A1 la valeur de PI.

Bien souvent, l'objet Application est implicite. Il est donc inutile de le préciser. Par exemple, Application.ActiveSheet équivaut à ActiveSheet.

Objet Workbook

L'objet Workbook représente un classeur ouvert dans l'application. La collection Workbooks permet d'accéder à tous les classeurs ouverts. Comme un classeur peut être ouvert dans plusieurs fenêtres différentes, les classeurs sont aussi accessibles par la collection d'objets Windows.

Objet Sheet

La collection d'objets Sheet représente toutes les feuilles d'un classeur, quel que soit leur type. On peut aussi accéder aux feuilles graphiques avec la collection d'objets Charts et aux macros Excel 4 avec la collection Excel4MacroSheets.

Objet Range

L'objet Range désigne une cellule, une sélection de cellules, une sélection multiple, une ligne, une colonne, un groupe de lignes ou un groupe de colonnes. Cet objet permet d'accéder au contenu des cellules et à leur mise en forme.

Autres objets

Tous les autres éléments d'Excel non cités sont aussi des objets. C'est le cas des contrôles (boutons de commande, listes déroulantes, *etc.*), des objets dessinés (lignes, cercles, *etc.*) et des objets incorporés (objets OLE, graphiques, *etc.*).

Accéder aux objets

On accède aux objets Excel avec VB en donnant leur nom à l'intérieur d'une collection ou les références des cellules pour l'objet Range.

Par exemple, le code suivant permet de sélectionner la première feuille d'un classeur :

```
Sheets("Feuil1").Select
```

Note On suppose ici que la première feuille du classeur est nommée « Feuil1 ». Si elle porte le nom « Ventes », ce dernier doit remplacer feuil1 dans le code. Pour vous assurer de sélectionner la première feuille, utilisez dans ce cas son numéro dans la collection : Sheets(1).Select.

La sélection d'une feuille permet d'appliquer des modifications aux cellules de cette feuille. Sans la sélection, les modifications s'appliqueraient aux cellules de la feuille active.

Si la feuille active n'est pas une feuille de calcul (un graphique par exemple), VB génère alors une erreur d'exécution quand on tente de modifier des cellules.

L'exemple suivant permet de sélectionner une plage de cellules :

```
Range("A1:B3").Select
```

La sélection d'une plage permet de modifier en même temps toutes les cellules de cette plage.

Tous les objets se sélectionnent de la même manière.

Propriétés et méthodes

Pour comprendre les propriétés et les méthodes, comparons-les avec un objet de la vie courante : une voiture.

Cette voiture possède des propriétés précises, comme sa couleur ou la taille de son moteur. Pour modifier sa couleur en langage VB, il suffirait d'écrire :

```
Voiture.Couleur = Bleu
```

Ici l'objet est représenté par Voiture et la propriété à modifier par Couleur. Bleu est la nouvelle valeur de la propriété Couleur.

Nous pouvons aussi appliquer à notre voiture des méthodes comme « débrayer » ou « passer une vitesse ». Pour débrayer en langage VB, il suffirait d'écrire :

```
Voiture.Débrayer
```

Une méthode est donc une action que l'on applique à un objet. Dans notre exemple, on applique la méthode Débrayer à l'objet Voiture.

Certaines méthodes nécessitent des paramètres. Pour passer la deuxième vitesse en langage VB, il suffirait d'écrire :

```
Voiture.PasserVitesse(2)
```

Propriétés des objets

Les propriétés définissent les caractéristiques des objets. Chaque objet possède une ou plusieurs propriétés, parfois aucune.

Pour connaître les propriétés d'un objet, vous devez consulter l'aide en ligne.

Modifier les propriétés des objets

Le contenu d'une cellule est déterminé par la propriété Formula. Le code suivant modifie cette propriété pour une plage de cellules :

```
Range("A1:B3").formula = "Livre d'Excel"
```

Comme notre plage désigne plusieurs cellules, toutes les cellules contiendront le même texte. Notez qu'il n'est pas nécessaire de sélectionner la plage au préalable, car ses références apparaissent dans la collection Range. En revanche, comme on ne sélectionne pas la feuille, c'est la plage A1:B3 de la feuille active qui est modifiée.

Si on sélectionne une plage de cellules, il n'est pas nécessaire de la repréciser à chaque nouvelle ligne de code VB. On peut alors utiliser la propriété Selection de l'objet Application. Cette propriété retourne les références de l'objet sélectionné, comme la plage A1:B3 dans l'exemple qui suit :

```
Range("A1:B3").Select

Selection.RowHeight = 40

Selection.ColumnWidth = 15
```

La propriété RowHeight définit en points la hauteur des lignes. La propriété ColumnWidth définit en nombre de caractères du style Normal la largeur des colonnes.

Méthodes des objets

Les méthodes appliquent des actions aux objets. Chaque objet possède une ou plusieurs méthodes, ou parfois aucune. Comme pour les propriétés, utilisez l'aide en ligne pour connaître les méthodes applicables à un objet.

Appliquer des méthodes aux objets

Pour appliquer une méthode sans argument, il suffit d'ajouter le nom de la méthode au nom de l'objet, en séparant les deux par un point. L'exemple suivant demande un aperçu avant impression de la plage de cellules actuellement sélectionnée :

```
Selection.PrintPreview
```

Arguments et arguments nommés

Pour définir les arguments des méthodes, il existe deux solutions. Prenons comme exemple la méthode PrintOut qui imprime une plage de cellules.

Première solution

La méthode PrintOut de l'objet Range possède huit arguments. Ces arguments définissent le numéro de la première page, le numéro de la dernière page, le nombre de copies, l'aperçu avant impression, *etc.* Si on désire préciser seulement le quatrième argument, il faut encadrer de virgules tous les arguments non définis jusqu'à l'argument final. La syntaxe serait alors :

```
Range("A1:B3").PrintOut 1,,,True
```

Seconde solution

Chaque argument possède un nom. On les appelle des arguments nommés. L'ordre dans lequel ils apparaissent n'a plus d'importance. On les sépare de la valeur de l'argument par les signes deux-points et égal. Les arguments sont séparés par des virgules.

```
Range("A1:B3").PrintOut from:=1, preview:=True
```

Saisir une nouvelle procédure

Si nous avons utilisé jusqu'à présent l'enregistreur de macros, vous pouvez dans VB créer de toutes pièces votre propre procédure. Suivez ces quelques étapes (elles seront développées dans le prochain chapitre) :

1. Dans la fenêtre **Projet**, double-cliquez dans l'arborescence le nom du module qui correspond au classeur qui doit contenir la procédure.
2. Si le classeur ne propose pas de module, cliquez le nom du classeur dans l'arborescence de la fenêtre **Projet**, par exemple **VBAProject (Classeur1)**, puis cliquez le menu **Insertion → Module**.

3 Dans la fenêtre de module (figure 24-5), tapez **sub** puis le nom de la procédure, MacroTest dans l'exemple. Ce nom apparaîtra dans la boîte de dialogue Macro d'Excel (onglet **Affichage → Macros → Macros**). Validez la ligne avec la touche **Entrée**.

Note Il n'est pas nécessaire de saisir les parenthèses après le nom de la procédure. VB se charge de les ajouter. Tapez les mots-clés en minuscules. Dès validation avec **Entrée**, VB ajoute des majuscules aux mots-clés reconnus. Cela permet de vérifier immédiatement la syntaxe. Dans notre exemple, le mot-clé **sub** devient automatiquement **Sub**. VB ajoute aussi automatiquement l'instruction **End Sub** à la fin de la procédure.

4 Saisissez le code de la procédure comme dans un traitement de texte.

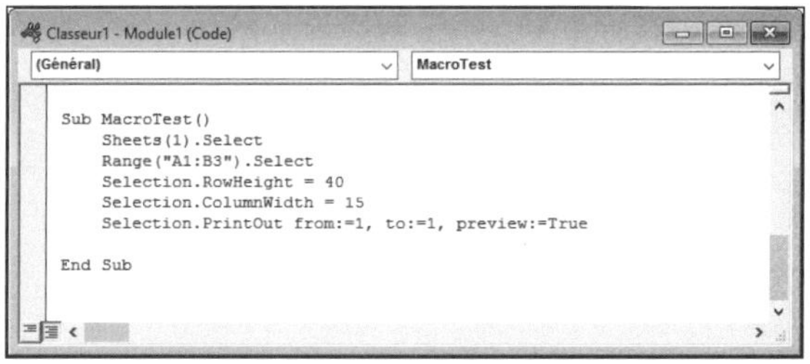

Figure 24-5 Saisie d'une nouvelle procédure dans la fenêtre de module.

Les modules sont enregistrés en même temps que les classeurs. Vous pouvez à tout moment sauvegarder vos procédures en cliquant le bouton dans la barre d'outils de VB ou la barre Accès rapide d'Excel.

Exécuter une procédure à partir d'un module

Sans revenir à Excel, vous pouvez exécuter directement une procédure pour la tester. Voici trois solutions possibles :

1 Cliquez dans n'importe quelle ligne de la procédure pour y placer le curseur.

2 Cliquez le menu **Exécution → Exécuter Sub/UserForm**.

ou

Appuyez sur la touche **F5**.

ou

Cliquez le bouton dans la barre d'outils.

La procédure est exécutée. Si vous désirez voir le résultat dans la feuille de calcul, appuyez sur **Alt** + **F11** pour afficher Excel.

Chapitre 25

Utiliser le langage Visual Basic

Dans ce chapitre :

- Modules et procédures
- Variables et tableaux
- Instructions de décision
- Instructions de boucle
- Gestion des erreurs

Pour accéder à la programmation, Excel utilise Visual Basic. Ce langage est commun à tous les produits de Microsoft Office (Word, Access, PowerPoint, *etc.*). Ce chapitre vous fait découvrir les bases essentielles de ce langage : variables, tableaux, instructions de décision et de boucle. Il se termine par la gestion des erreurs qui peuvent apparaître dans les procédures.

Feuilles de module

Les feuilles de module contiennent uniquement du code. Elles servent à écrire des programmes réutilisables dans plusieurs classeurs. En exportant ces programmes, vous pourrez aussi les utiliser dans les applications qui exploitent le langage VB (Visual Basic, Access, Word, *etc.*).

Pour gérer Excel et Visual Basic, vous pouvez utiliser l'onglet **Développeur** prévu à cet effet.

Note Pour afficher l'onglet **Développeur**, consultez l'encadré à la fin du chapitre 23.

1 Dans Excel, cliquez l'onglet **Développeur**.

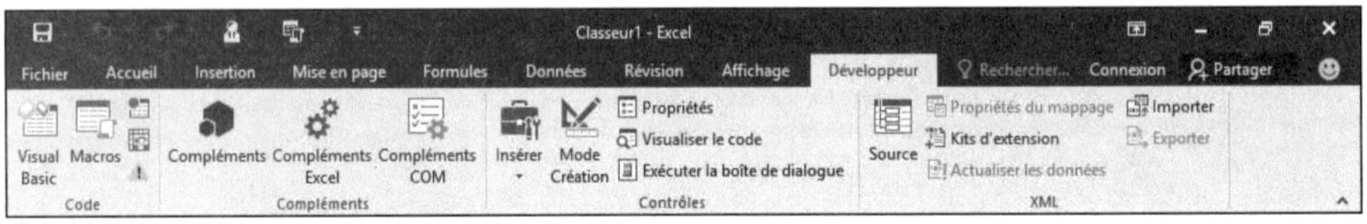

Figure 25-1 Onglet Développeur.

Cette barre permet d'exécuter une macro, d'enregistrer une macro, de définir les options de sécurité, *etc.*

2 Cliquez l'onglet **Développeur → Code → Visual Basic** pour ouvrir l'éditeur de VB.

3 Cliquez le menu **Insertion → Module** pour ajouter un nouveau module à votre classeur.

Une nouvelle feuille de module est prête à recevoir le code VB.

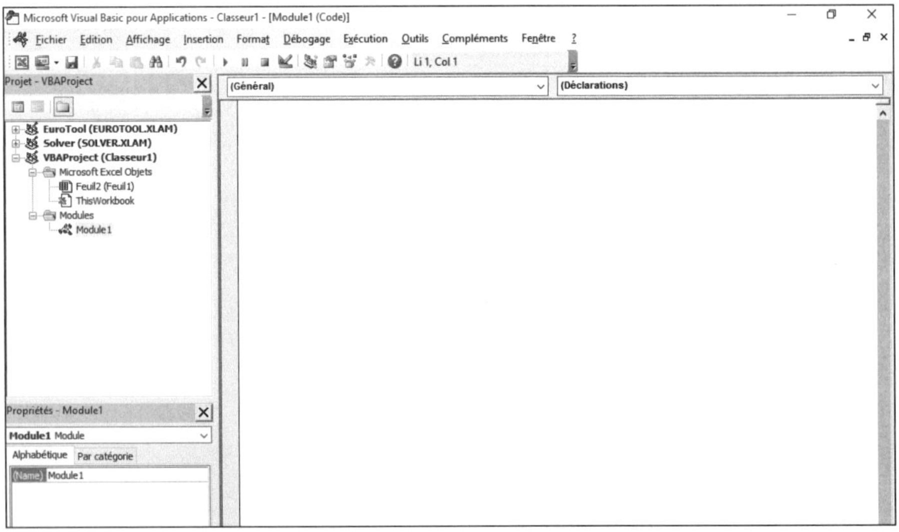

Figure 25-2 Éditeur Visual Basic.

Procédures

Le code VB est regroupé dans des blocs appelés « procédures ». Chaque procédure porte un nom qui la distingue. Ce nom est constitué de caractères alphanumériques et du signe souligné (les espaces sont interdites). Ce nom doit commencer par une lettre et ne doit pas dépasser 255 caractères.

Déclaration

Comme une procédure peut en appeler une autre, leur déclaration peut être précédée des mots-clés suivants :

- **Public** : la procédure est accessible par toutes les procédures du projet. Pris par défaut, ce mot-clé peut être omis.
- **Private** : la procédure est accessible uniquement par les procédures du même module (une procédure peut en appeler une autre). Des procédures portant le même nom peuvent se trouver dans des modules différents.

Ajouter une procédure

Dès que vous avez besoin d'écrire du code, vous devez créer une nouvelle procédure dans la feuille de module.

1 Cliquez dans la fenêtre du module (figure 25-3).

2 Tapez **sub SaisieMessage** puis la touche **Entrée** pour valider.

VB ajoute l'instruction de fin de procédure End Sub et met en bleu les mots-clés qu'il a reconnus.

Nous utiliserons cette procédure comme exemple dans les pages qui suivent.

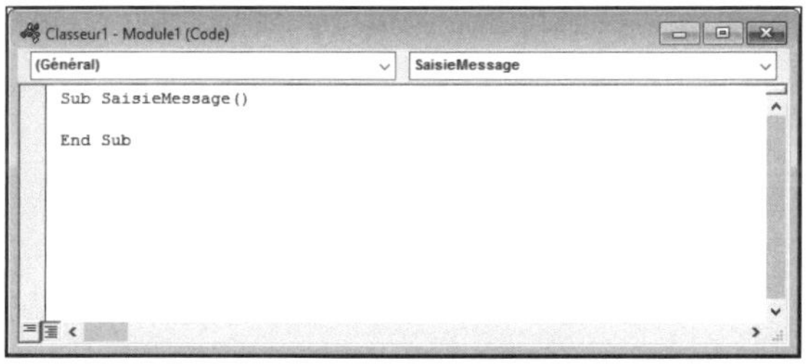

Figure 25-3 Nouvelle procédure dans une feuille de module.

Vous pouvez accéder directement à une procédure en la sélectionnant dans la liste en haut à droite de la feuille du module.

Remarques

L'apostrophe permet d'ajouter des remarques dans le code. Les lignes de remarques sont ignorées à l'exécution. Pour qu'une procédure soit compréhensible plusieurs mois après sa conception, il est indispensable d'ajouter des commentaires. Ne négligez pas les remarques.

Dans notre exemple, nous ajoutons la remarque suivante :

```
'Saisie du nom de l'utilisateur
```

Les lignes de commentaires sont affichées en vert, ce qui permet de les distinguer rapidement du reste du code.

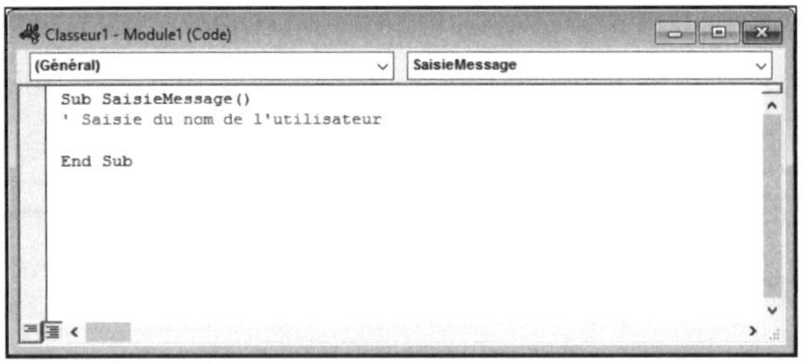

Figure 25-4 Ajout d'une remarque dans une procédure.

Variables

Les variables permettent de stocker des valeurs intermédiaires. Ce sont des zones dans la mémoire de l'ordinateur qui peuvent contenir des valeurs (nombres, textes, dates, *etc.*) et que l'on appelle à partir d'un nom. C'est vous qui définissez leurs noms et leurs contenus.

Les variables contiennent les types de données du tableau 25-1 :

Type	Type de valeur
Byte	Entier de 0 à 255.
Boolean	True ou False (vrai ou faux).
Integer	Entier de -32 768 à 32 767.
Long	Entier de -2 147 483 648 à 2 147 483 647.
Single	Valeur à virgule flottante en simple précision.
Double	Valeur à virgule flottante en double précision.
Currency	Monétaire de -922 337 203 685 477,580 8 à 922 337 203 685 477,580 7.
Date	Du 1er janvier 100 au 31 décembre 9999.
Object	Référence à des objets.
String	Chaînes de 0 à 2 milliards de caractères.
Variant	Tous types de valeurs numériques ou chaînes de caractères.

Tableau 25-1 Types de données des variables.

Si l'on utilise une variable sans la déclarer, elle prend le type Variant. Dans ce type particulier, c'est VB qui détermine le type en fonction du contenu.

Les noms des variables suivent les mêmes règles que les noms des procédures.

Déclaration des variables

Les variables se déclarent avec la syntaxe suivante :

```
Dim nom_de_la_variable As type
```

Voici quelques syntaxes de déclaration :

```
Dim variable1 As Integer
Dim variable2 As String
```

Voici quelques syntaxes d'affectation de valeurs à des variables :

```
variable1 = 54321
variable2 = "Une chaîne de caractères"
variable3 = #14/11/2016#
```

Pour ce dernier exemple, la variable n'a pas été déclarée. Elle est de type Variant. Les dièses indiquent une valeur de type date ou heure.

Pour notre exemple, nous ajoutons la déclaration suivante :

```
dim Réponse as string
```

Note Notez que nous n'ajoutons pas de majuscules dans les mots-clés pour vérifier que VB les reconnaît. Toutes les lignes doivent être validées avec la touche **Entrée**.

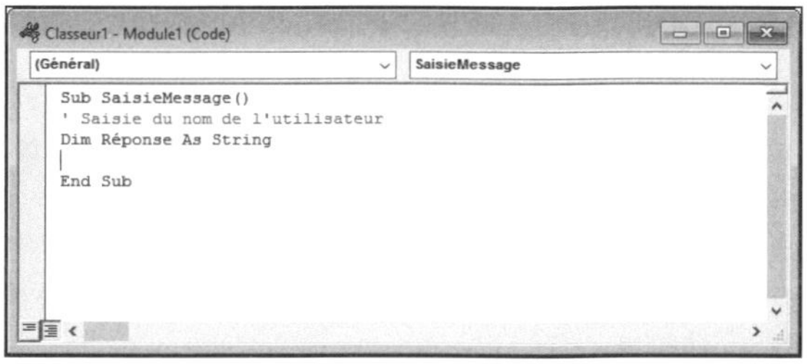

Figure 25-5 Déclaration d'une variable dans une procédure.

Tableaux

Les tableaux sont des variables contenant plusieurs valeurs. On accède à chaque élément d'un tableau en précisant son numéro d'index. Les tableaux peuvent contenir plusieurs dimensions. Il faut préciser autant de numéros d'index qu'il y a de dimensions. Les tableaux doivent être déclarés.

Voici quelques syntaxes de déclaration de tableaux :

```
Dim tableau1(9) As Date
Dim tableau2(99,49) As String
```

Voici quelques syntaxes d'affectation de valeurs à des tableaux :

```
tableau1(1) = #15/02/17#
tableau1(2) = #16/02/17#
tableau2(1;1) = "Laurel"
tableau2(1;2) = "Hardy"
```

Le « tableau1 » comporte une dimension de dix éléments (de 0 à 9). La première valeur du tableau contient la date du 15/2/2017 et la seconde le 16/2/2017.

Le « tableau2 » comporte deux dimensions, la première de cent et la seconde de cinquante, soit 5 000 éléments au total. VB réserve de la place pour les tableaux. Déclarez uniquement la taille nécessaire pour ne pas encombrer la mémoire.

Fonction ou instruction ?

Les fonctions et les instructions VB exécutent des actions. Les fonctions retournent des valeurs alors que les instructions exécutent simplement des actions. On peut les comparer aux déclarations Function et Sub des procédures.

On comprend facilement la différence entre une fonction et une instruction en analysant la fonction **InputBox** et l'instruction **MsgBox**.

InputBox et MsgBox

La fonction **InputBox** demande une valeur à l'utilisateur par une boîte de dialogue. Comme il s'agit d'une fonction, il faut préciser le nom de la variable qui doit recevoir la donnée saisie.

Quand on utilise une fonction dans une cellule d'une feuille de calcul, la cellule affiche le résultat de cette fonction. Dans VB, le résultat est conservé par une variable.

Pour notre exemple, demandons le nom de l'utilisateur :

```
Réponse = inputbox("Tapez votre nom","Votre nom")
```

Le signe égal indique une affectation. On affecte au contenu de la variable **Réponse** le résultat saisi par l'utilisateur avec la fonction **InputBox**.

Les deux arguments de la fonction sont des textes affichés dans la boîte et dans la barre de titre comme l'indique la syntaxe dans l'info-bulle dès que vous tapez la première parenthèse (figure 25-6).

Les arguments en gras sont obligatoires. Ceux entre crochets sont facultatifs. Les mots-clés **As String** indiquent que la fonction retourne une chaîne de caractères.

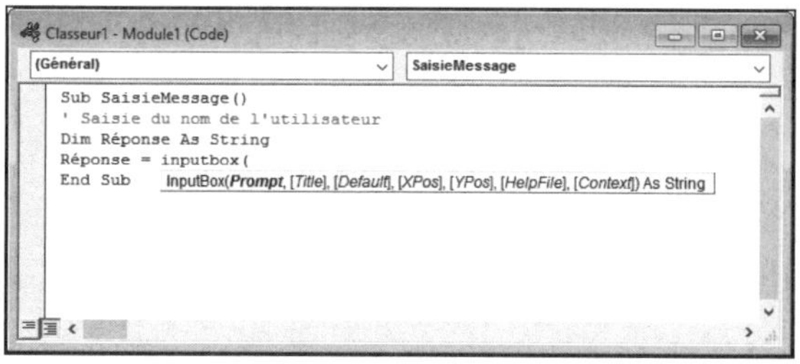

Figure 25-6 Saisie d'une valeur avec la fonction InputBox.

L'instruction **MsgBox** fait apparaître un message dans une boîte de dialogue. Comme c'est une instruction, **MsgBox** se contente d'afficher un message et ne demande pas de valeur en retour.

Dans notre exemple, nous allons afficher le nom de l'utilisateur, contenu dans la variable Réponse, ainsi que la date actuelle.

```
msgbox Réponse & ", nous sommes le " & date
```

Comme dans les formules d'Excel, le symbole **&** permet d'additionner des chaînes de caractères. La fonction **Date** retourne la date actuelle fournie par l'ordinateur.

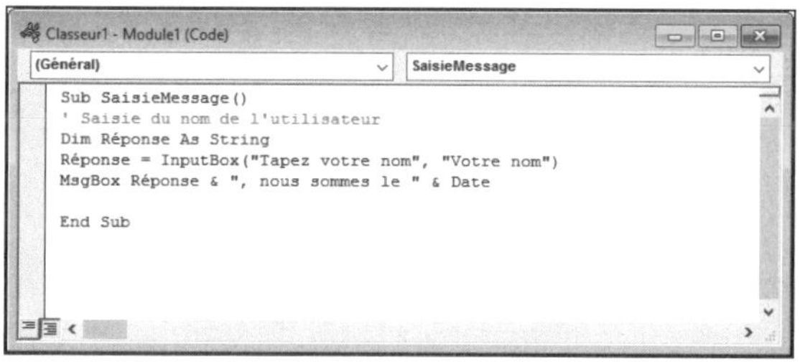

Figure 25-7 Affichage d'un message avec l'instruction MsgBox.

Pour tester la procédure, il suffit d'y placer le curseur puis d'appuyer sur la touche **F5**.

La fonction **InputBox** ouvre une boîte de dialogue pour demander une valeur et l'affecter à la variable Réponse (figure 25-8).

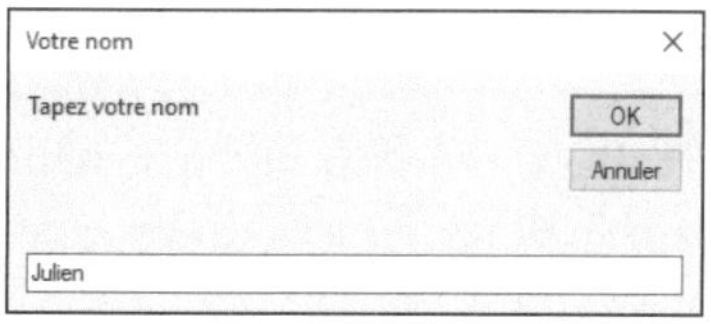

Figure 25-8 Boîte affichée par la fonction InputBox.

Quand la boîte est validée avec **Entrée** ou le bouton **OK**, l'instruction **MsgBox** affiche une autre boîte avec le contenu de la variable Réponse et la date du jour (figure 25-9).

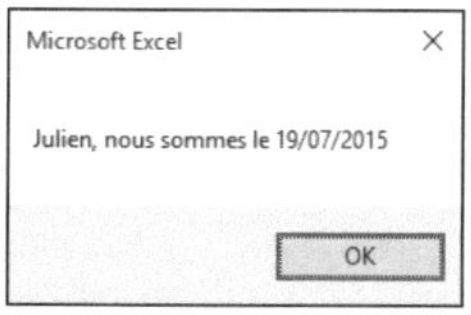

Figure 25-9 Message affiché par l'instruction MsgBox.

La fonction **InputBox** et l'instruction **MsgBox** sont très utiles dans les procédures, car elles permettent de faire intervenir l'utilisateur et de retourner des messages.

Instructions de décision

Avec les instructions de décision, vous pouvez choisir l'orientation et le résultat de vos procédures en fonction de tests, ce qui est impossible avec une macro enregistrée si elle n'est pas modifiée.

If Then Else

L'instruction de décision **If** permet de faire des choix à l'intérieur d'une procédure. Elle utilise la syntaxe suivante :

```
If condition Then instructions Else instructions
```

Elle peut aussi s'écrire sur plusieurs lignes :

```
If condition Then
         instructions
  ElseIf condition Then
         instructions
  Else
         instructions
End If
```

Les instructions **Else** et **ElseIf** sont facultatives. On peut ajouter autant d'instructions **ElseIf** que nécessaire. La syntaxe sur plusieurs lignes est toujours plus claire, il est donc préférable de l'utiliser.

Note L'instruction **If** est comparable à la fonction **SI** utilisée dans les formules des feuilles de calcul Excel.

L'exemple qui suit recherche l'emplacement d'un dossier en fonction d'une date saisie par l'utilisateur (figure 25-10).

Pour plus de clarté, les lignes sont décalées avec la touche **Tab** à l'intérieur de l'instruction **If... End If**. Ces touches de tabulation n'ont aucune incidence sur le déroulement du programme.

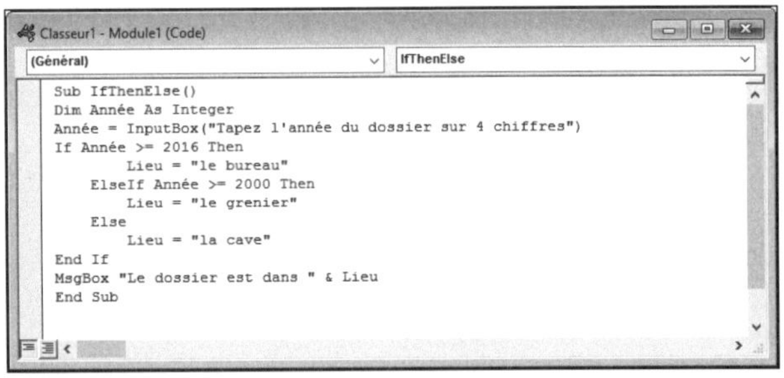

Figure 25-10 Exemple d'instruction If.

Après la saisie avec la fonction **InputBox**, le premier test **If** vérifie si la réponse est supérieure ou égale à 2016. Si c'est le cas, la procédure place le texte « le bureau » dans la variable Lieu.

Si ce n'est pas le cas, l'instruction **ElseIf** qui suit teste si la réponse est supérieure ou égale à 2000. Si c'est le cas, la procédure place le texte « le grenier » dans la variable Lieu.

Si les deux cas précédents n'ont pas été validés, l'instruction **Else** qui suit place le texte « la cave » dans la variable Lieu.

L'instruction **MsgBox** affiche le contenu de la variable Lieu.

Select Case

L'instruction de décision **Select** permet de faire des choix à l'intérieur d'une procédure. Elle simplifie l'instruction **If** quand on utilise plusieurs **ElseIf**. La syntaxe est la suivante :

```
Select Case expression numérique ou chaîne
  Case liste d'expressions
         instructions
  Case Else
         instructions
End Select
```

On peut ajouter autant d'instructions **Case** que nécessaire. Les arguments **Liste d'expressions** sont des valeurs à comparer avec l'expression du **Select Case**. Plusieurs expressions sont séparées par une virgule et les plages d'expressions par le mot-clé **To**. L'instruction **Case Else** est facultative.

L'exemple qui suit affiche un message en fonction de l'heure actuelle.

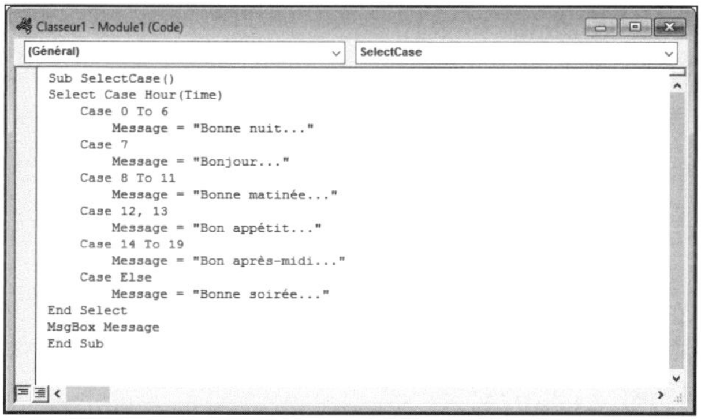
Classeur1 - Module1 (Code)
(Général) | SelectCase

```
Sub SelectCase()
Select Case Hour(Time)
    Case 0 To 6
        Message = "Bonne nuit..."
    Case 7
        Message = "Bonjour..."
    Case 8 To 11
        Message = "Bonne matinée..."
    Case 12, 13
        Message = "Bon appétit..."
    Case 14 To 19
        Message = "Bon après-midi..."
    Case Else
        Message = "Bonne soirée..."
End Select
MsgBox Message
End Sub
```

Figure 25-11 Exemple d'instruction Select Case.

La fonction **Time** retourne l'heure actuelle (heures, minutes et secondes), et la fonction **Hour** retourne uniquement les heures. Ces deux fonctions assemblées retournent donc une valeur entre 0 et 23. C'est cette valeur qui est testée par l'instruction **Select Case** de l'exemple. Les instructions **Case** testent les valeurs suivantes :

- **Case** 0 **To** 6 : on teste la plage de 0 à 6 heures.
- **Case** 7 : on teste uniquement s'il est 7 heures.

- **Case** 12, 13 : on teste s'il est 12 heures ou 13 heures.
- **Case** 14 **To** 19 : on teste la plage de 14 à 19 heures.
- **Case Else** : pour tous les autres cas (de 20 heures à 23 heures).

Dès qu'une condition est remplie, on affecte un texte particulier à la variable Message. Cette dernière est affichée avec l'instruction **MsgBox**.

Instructions de boucle

Les instructions de boucle répètent plusieurs fois un même groupe d'instructions.

For Next

L'instruction **For...Next** exécute une ou plusieurs instructions un nombre de fois précis. Elle s'utilise avec la syntaxe suivante :

```
For Compteur = Début To Fin Step Incrément

    instructions

Next Compteur
```

La variable Compteur va passer de la valeur de début à la valeur de fin en augmentant à chaque boucle de la valeur de l'incrément. Début, Fin et Incrément sont des variables ou des valeurs numériques. Si **Step** n'est pas précisé, Incrément prend par défaut la valeur 1.

On peut imbriquer plusieurs boucles, comme l'illustre l'exemple des tables de multiplication (figure 25-12).

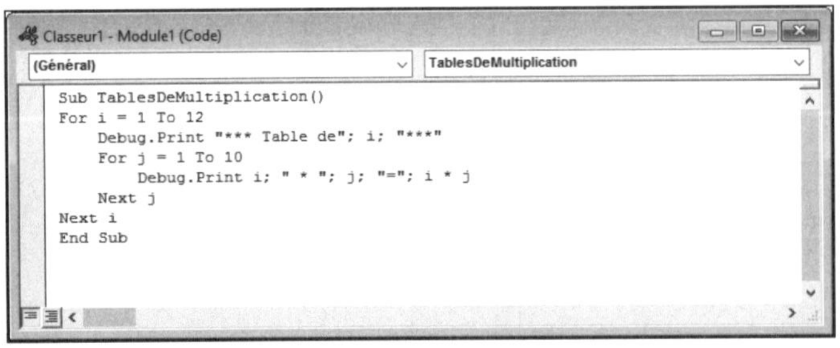

Figure 25-12 Exemple d'instruction For Next.

La première boucle avec la variable i correspond aux dix tables de multiplication. La seconde boucle avec la variable j correspond aux dix valeurs de chaque table.

La méthode Print appliquée à l'objet Debug, affiche des données dans une fenêtre particulière de VB (voir paragraphe Fenêtre Exécution). Pour afficher cette dernière, tapez **Ctrl** + **G**.

La fenêtre apparaît soit ancrée en bas de l'écran, soit comme fenêtre indépendante (figure 25-13).

Note Pour déplacer cette fenêtre, faites glisser sa barre de titre.

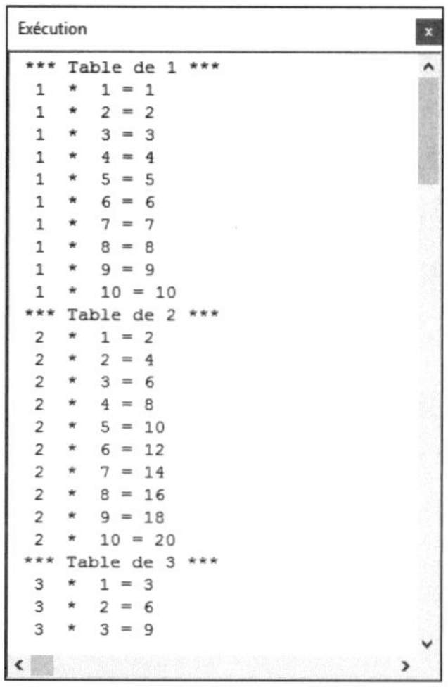

Figure 25-13 Fenêtre d'exécution de Visual Basic.

Do Loop

L'instruction **Do...Loop** est un mélange d'instructions de décision et d'instructions de boucle. La boucle est exécutée indéfiniment jusqu'au moment où la condition devient vraie (mot-clé **Until**) ou tant que la condition reste vraie (mot-clé **While**). Voici sa syntaxe :

```
Do Until ¦ While condition
   instructions
Loop
```

Si vous avez choisi **Until** et que la condition est déjà vraie, la boucle n'est jamais exécutée.

De même, si la condition est fausse au départ, la boucle n'est jamais exécutée avec **While**.

Pour que la boucle soit exécutée au moins une fois, il faut placer **Until** ou **While** après l'instruction **Loop**.

La procédure qui suit demande une date quelconque. Tant que cette date ne correspond pas à un dimanche, on demande une nouvelle date (figure 25-14).

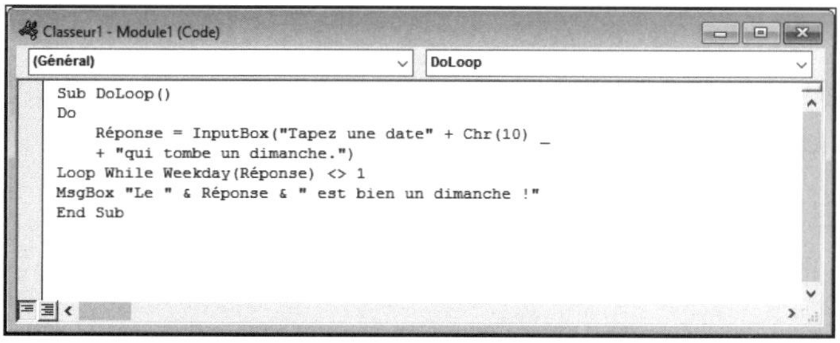

Figure 25-14 Exemple d'instruction Do Loop.

On demande à l'utilisateur une date avec la fonction **InputBox**. Comme cette ligne de code est très longue, elle n'est pas entièrement visible à l'écran. Le caractère de continuité permet de séparer une ligne logique en deux ou plusieurs lignes physiques. Pour ajouter un caractère de continuité, appuyez sur la barre d'espace, sur la touche de soulignement (_) puis sur la touche **Entrée**.

Attention Il n'est pas possible d'ajouter un caractère de continuité à l'intérieur d'une chaîne de caractères. Par exemple, pour le message de la fonction **InputBox**, le caractère de continuité ne peut pas être inséré entre les mots « qui » et « tombe ».

Pour changer de ligne dans le message de la fonction **InputBox**, il suffit d'ajouter le caractère ANSI 10 avec la fonction **Chr**.

Note La fonction **Chr** correspond à la fonction Excel **CAR**.

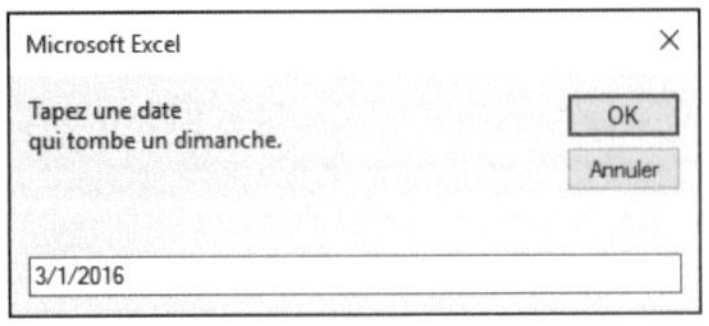

Figure 25-15 Message sur deux lignes dans une fonction InputBox.

La fonction **WeekDay** retourne le numéro de la semaine d'une date (1 pour dimanche, 2 pour lundi, *etc.*). L'instruction **Loop While** teste si la fonction **WeekDay** ne retourne pas la valeur 1. Si c'est le cas, le programme retourne à l'instruction **Do**. Si ce n'est pas le cas (**WeekDay** retourne 1, donc un dimanche), le programme se poursuit sur la ligne suivante et affiche un message avec l'instruction **MsgBox**.

Note La fonction **WeekDay** correspond à la fonction Excel **JOURSEM**.

Comme le montre le programme, on peut indifféremment utiliser le symbole & ou le signe + pour concaténer des chaînes de caractères.

Portée des variables

Dès qu'une procédure se termine avec l'instruction **End Sub** ou **End Function**, le contenu des variables est supprimé. Ce sont des variables locales.

Pour que le contenu des variables soit conservé, il faut les déclarer au niveau du module et non dans une procédure. De plus, leur contenu sera accessible par toutes les procédures. Ce sont des variables de type Public.

Conseil Pour mieux comprendre et tester le fonctionnement des variables et l'appel à d'autres procédures, saisissez les exemples qui suivent.

Pour ajouter une variable Public, donc en dehors d'une procédure :

1 Sélectionnez (**Déclarations**) dans la liste en haut à droite de la fenêtre du module.

2 Tapez, au début du module, **Public nom_variable As type** (Public variable1 As Integer dans l'exemple de la figure 25-16).

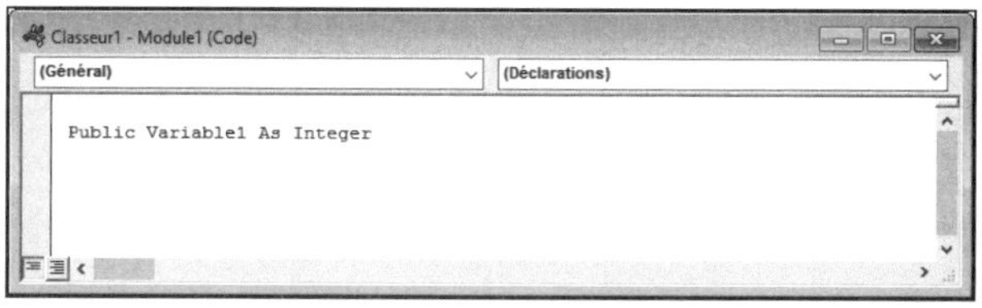

Figure 25-16 Déclaration d'une variable Public.

Appel d'une autre procédure

Une procédure peut en appeler une autre. Cela évite de retaper du code existant.

Note Le but dans les exemples est de changer de procédure pour observer le contenu des variables et vérifier leur portée.

Dans la procédure de la figure 25-17, on déclare deux variables appelées variable1 et variable2. Notez que variable1 est une variable Public déclarée précédemment (figure 25-16).

On appelle ensuite la procédure TablesDeMultiplication de la figure 25-12. Il suffit pour cela de donner son nom dans le code.

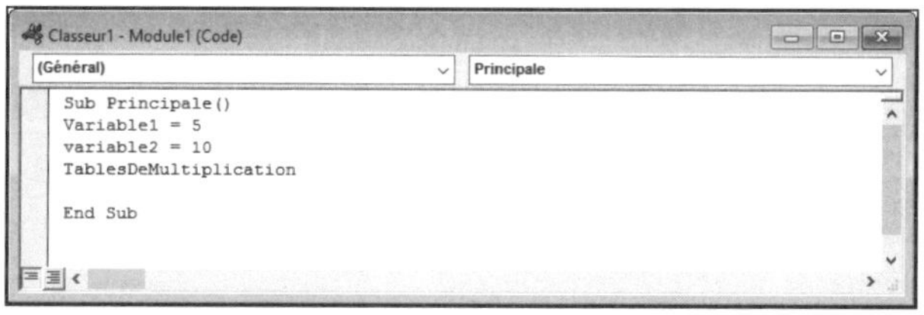

Figure 25-17 Appel d'une autre procédure.

Mode pas à pas

Quand on lance un projet, toutes les instructions sont exécutées les unes après les autres. Si le code contient une erreur de logique, il est difficile de déterminer à quelle ligne elle se produit.

La méthode « pas à pas » permet de suspendre l'exécution à chaque ligne pour vous laisser le temps d'examiner le résultat.

Exécuter un projet en pas à pas

Pour gérer l'exécution des procédures, VB propose une barre d'outils (figure 25-18).

1 Cliquez avec le bouton droit sur la barre d'outils principale de VB.

2 Cochez l'option **Débogage,** sa barre d'outils s'affiche.

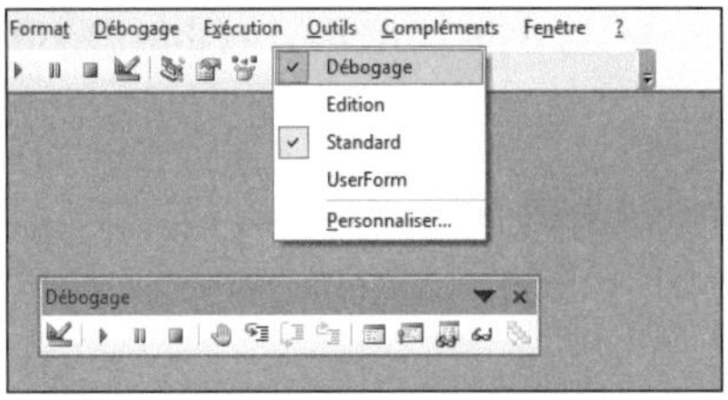

Figure 25-18 Barre d'outils Débogage.

3 Cliquez dans la procédure à tester (**Principale** dans notre exemple).

4 Cliquez le bouton **Pas à pas détaillé** dans la barre d'outils **Débogage**.

La première instruction de la procédure Principale est sélectionnée dans la fenêtre du module. Elle est surlignée en jaune et précédée d'une flèche. Ce sera la prochaine instruction exécutée.

5 Cliquez plusieurs fois le bouton pour sélectionner l'instruction qui appelle une autre procédure (TablesDeMultiplication dans notre exemple de la figure 25-19).

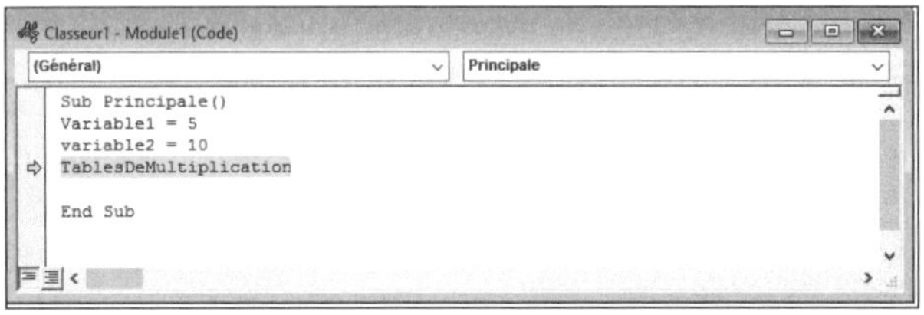

Figure 25-19 Mode pas à pas.

6 Cliquez de nouveau le bouton .

Maintenant, c'est la première instruction de la procédure TablesDeMultiplication qui est sélectionnée.

7 Cliquez une vingtaine de fois le bouton pour initialiser les variables i et j des boucles.

Fenêtre Exécution

La fenêtre Exécution permet d'afficher des résultats pour la mise au point des programmes, de consulter le contenu des variables ou d'effectuer des calculs.

Exécuter des instructions VB directement

1 Éventuellement, tapez **Ctrl** + **G** pour afficher la fenêtre **Exécution**.

L'instruction **Print** permet d'afficher des messages dans la fenêtre Exécution.

2 Tapez **print i,j** puis **Entrée** pour connaître le contenu de ces variables.

La fenêtre d'Exécution permet aussi d'effectuer directement des calculs. Le point d'interrogation peut remplacer la méthode **Print**.

3 Tapez **? 2*3.14159*10** puis **Entrée** pour effectuer ce calcul.

Vous pouvez aussi tester des instructions dans cette fenêtre.

4 Tapez **msgbox «la variable i contient « & i** puis **Entrée** pour exécuter cette instruction.

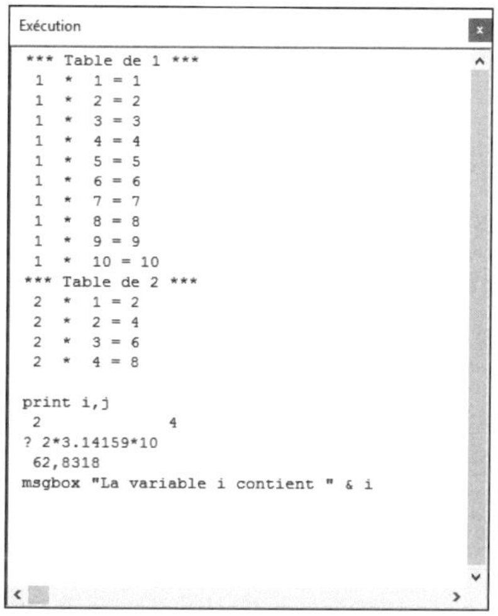

Figure 25-20 Fenêtre Exécution.

VB affiche la boîte correspondant à l'instruction **MsgBox**.

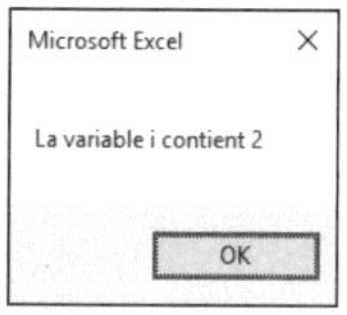

Figure 25-21 Instruction MsgBox réalisée à partir de la fenêtre Exécution.

5 Cliquez le bouton **OK** pour fermer la boîte Microsoft Excel.

Contenu des variables

À tout moment, vous pouvez connaître le contenu des variables dans le code en cours d'exécution.

1 Pointez dans le code la variable dont vous désirez connaître le contenu (variable **j** de **Next j** dans notre exemple).

Une info-bulle affiche le contenu actuel de la variable j (figure 25-22).

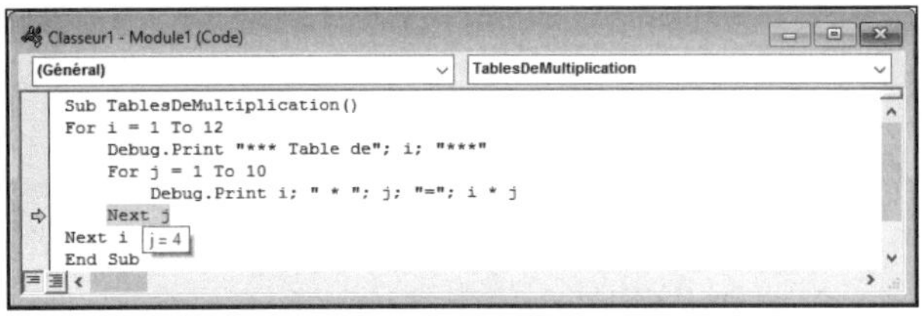

Figure 25-22 Contenu des variables dans le code.

Variables locales

VB dispose d'une fenêtre particulière pour connaître le contenu des variables.

1 Cliquez le bouton **Fenêtre Variables locales** dans la barre d'outils **Débogage**.

La fenêtre qui s'affiche liste le contenu des variables de la procédure en cours.

2 Cliquez le signe + pour développer l'arborescence du module.

La fenêtre affiche le contenu des variables i et j, mais aussi celui de variable1, car elle est Public (niveau module). Notez que l'autre variable, variable2, n'est pas affichée, car c'est une variable locale d'une autre procédure (figure 25-23).

Note Variable1 est de type Integer puisque nous l'avons déclarée comme telle. Les variables i et j sont de type Variant/Integer puisqu'elles ne sont pas déclarées.

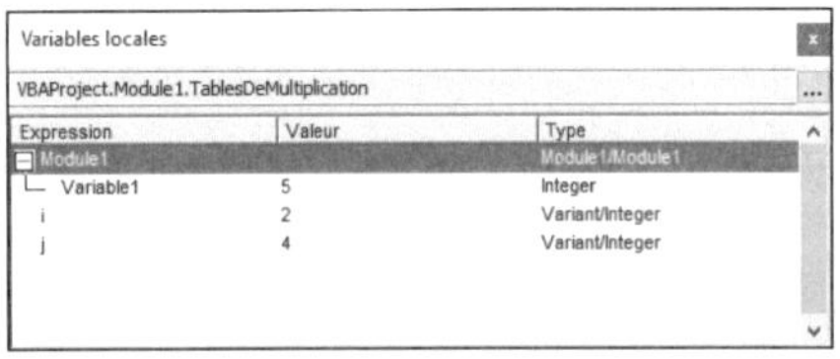

Figure 25-23 Contenu des variables de la procédure en cours.

3 Cliquez le bouton ... en haut à droite de la fenêtre **Variables locales**.

4 Double-cliquez le nom de la procédure qui a réalisé l'appel dans la liste **Pile des appels** (procédure **Principale** dans l'exemple de la figure 25-24).

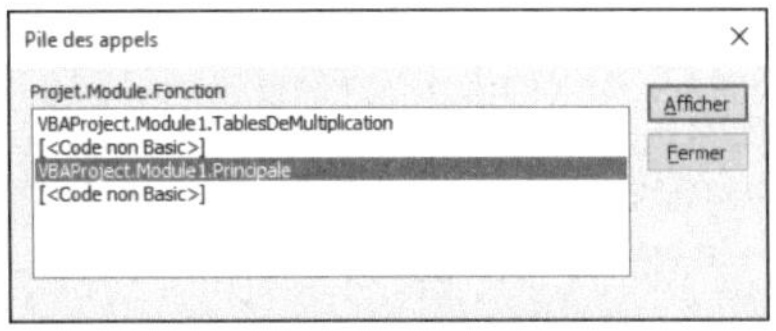

Figure 25-24 Choix de la procédure à consulter.

5 Cliquez le signe + pour développer l'arborescence du module.

La fenêtre affiche le contenu de la variable variable2 (figure 25-25), mais aussi celui de variable1, car elle est Public (niveau module).

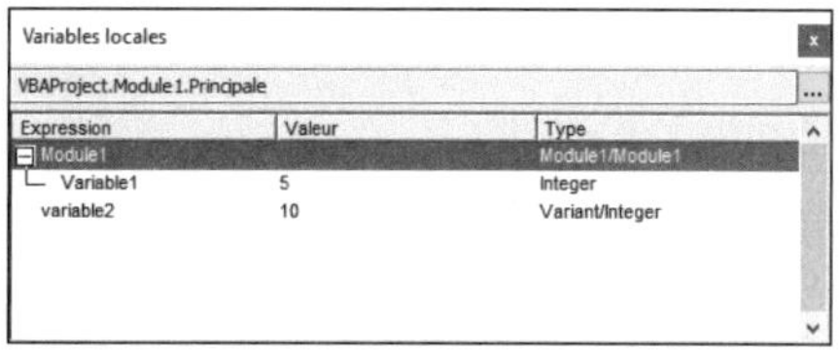

Figure 25-25 Contenu des variables d'une autre procédure.

La dernière ligne exécutée dans la procédure Principale est précédée de la flèche ▶ dans la fenêtre de module.

Poursuivre l'exécution

Même si vous êtes actuellement en mode pas à pas, vous pouvez poursuivre l'exécution complète des procédures.

1 Cliquez le bouton ▶ dans la barre d'outils **Débogage**.

Le programme se déroule normalement et affiche le reste des tables.

Point d'arrêt

Pour ne pas vous arrêter sur toutes les lignes avant d'arriver à celles qui vous intéressent, vous devez poser un point d'arrêt.

1 Cliquez dans la marge en face de la ligne sur laquelle le programme doit s'arrêter.

Un point rouge en regard de la ligne indique la présence d'un point d'arrêt (figure 25-26).

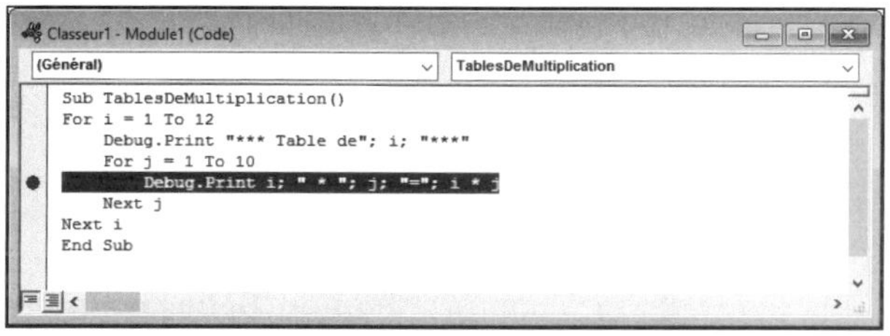

Figure 25-26 Point d'arrêt dans une procédure.

2 Exécutez la procédure.

Le projet s'exécute normalement puis il est stoppé au point d'arrêt.

3 Cliquez le bouton dans la barre d'outils **Débogage** pour exécuter les instructions une à une. Utilisez la fenêtre **Exécution** ou la fenêtre **Variables locales**.

4 Pour reprendre l'exécution, cliquez le bouton ▶.

Si le programme passe de nouveau sur la ligne avec le point d'arrêt, la procédure est de nouveau stoppée.

Pour supprimer un point d'arrêt :

1 Cliquez dans la marge en face de la ligne avec le point d'arrêt.

2 Cliquez le bouton ▶ pour reprendre l'exécution.

Gestion des erreurs

Il existe trois types d'erreurs dans une procédure.

- Erreurs de syntaxe : elles sont détectées par VB quand vous appuyez sur la touche **Entrée** à la fin d'une ligne de code ou quand vous cliquez à un autre endroit. Vous pouvez donc les corriger immédiatement. La ligne qui contient une erreur est affichée en rouge.
- Erreurs de logique : elles sont plus difficiles à repérer. Pour les détecter, utilisez le mode pas à pas et les fenêtres Exécution et Variables locales.
- Erreurs extérieures : elles résultent d'éléments extérieurs. Par exemple, si vous demandez à lire un fichier sur CD alors que le lecteur n'en contient pas, ou bien si vous tapez un chiffre alors qu'une boîte de dialogue attend une date.

Pour illustrer la gestion d'erreur, reprenons la procédure IfThenElse de la figure 25-10.

Dans cette procédure, on demande une année sur quatre chiffres, donc un numérique. Si nous déclarons la variable Année comme nombre entier (Dim Année As Integer), le programme générera une erreur si l'utilisateur tape un texte ou une date (figure 25-27).

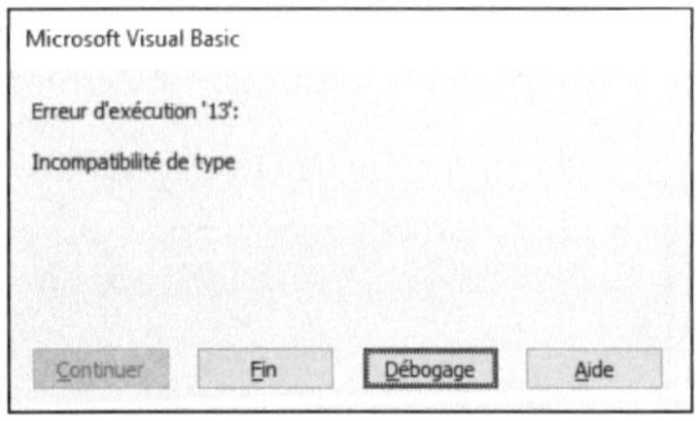

Figure 25-27 Boîte d'erreur.

Si vous avez la boîte d'erreur de la figure 25-27, cliquez le bouton **Débogage** pour afficher la procédure.

La ligne coupable est surlignée en jaune.

La variable Année doit contenir un nombre entier alors que nous avons saisi du texte. Les deux valeurs sont incompatibles.

Pour gérer les erreurs, nous avons modifié la procédure, comme le montre la figure 25-28.

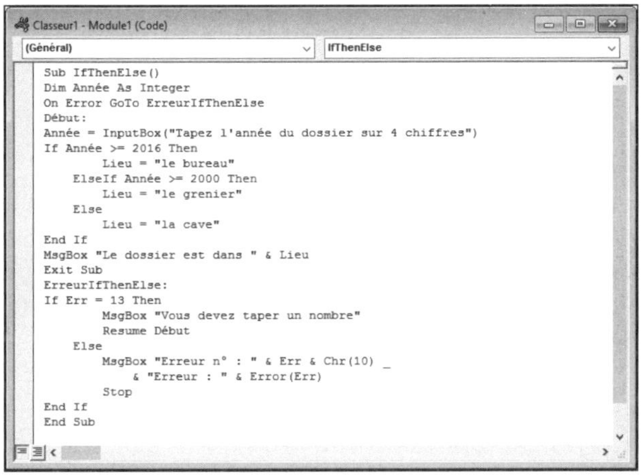

```
Sub IfThenElse()
Dim Année As Integer
On Error GoTo ErreurIfThenElse
Début:
Année = InputBox("Tapez l'année du dossier sur 4 chiffres")
If Année >= 2016 Then
        Lieu = "le bureau"
    ElseIf Année >= 2000 Then
        Lieu = "le grenier"
    Else
        Lieu = "la cave"
End If
MsgBox "Le dossier est dans " & Lieu
Exit Sub
ErreurIfThenElse:
If Err = 13 Then
        MsgBox "Vous devez taper un nombre"
        Resume Début
    Else
        MsgBox "Erreur n° : " & Err & Chr(10) _
          & "Erreur : " & Error(Err)
        Stop
End If
End Sub
```

Figure 25-28 Procédure avec une gestion d'erreur.

Voici la liste des éléments utilisés dans la procédure pour gérer les erreurs :

- **On Error GoTo** : cette instruction indique l'adresse de la procédure qui gère les erreurs. Elle est placée à l'endroit où doit commencer la gestion des erreurs, donc généralement au tout début de la procédure. Pour plus de simplicité, le code qui gère les erreurs est lui placé à la fin de la procédure.
- **Début:** et **ErreurIfThenElse:** : ce sont des étiquettes qui indiquent le début de la procédure principale et le début de la procédure qui gère les erreurs. Elles permettent d'utiliser l'instruction **GoTo**. Pour ne pas les confondre avec un mot-clé ou le nom d'une variable, les étiquettes sont immédiatement suivies de deux-points (:).
- **Exit Sub** : cette instruction évite que la procédure normale se poursuive par la procédure qui gère les erreurs puisque le code est placé à la fin de la procédure (remplace **End Sub**).
- **Err** : cette fonction retourne le numéro de l'erreur.
- **Error()** : cette fonction retourne le message d'erreur en toutes lettres.
- **Resume** : cette instruction permet de revenir au programme après une erreur.
- **Stop** : cette instruction suspend la procédure pour le débogage.

Quand la procédure rencontre une erreur, elle est détournée vers la routine qui gère les erreurs avec l'instruction **On Error Goto ErreurIfThenElse**. On teste alors **Err** avec l'instruction **If** pour déterminer le type d'erreur. Si c'est l'erreur numéro 13, type incompatible, on affiche un message pour indiquer à l'utilisateur qu'il doit saisir un nombre. On revient ensuite à l'étiquette **Début** avec l'instruction **Resume**.

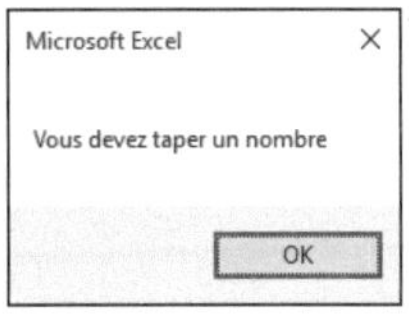

Figure 25-29 Gestion de l'erreur connue de saisie.

L'erreur numéro 13 est une erreur que nous avons prévue dans notre procédure. Mais il est possible que d'autres erreurs surviennent. C'est le rôle de **Else** dans l'instruction **If**. Toutes les autres erreurs passeront par l'instruction **MsgBox** qui affiche le numéro (**Err**) et le texte de l'erreur (**Error**), puis par l'instruction **Stop** qui suspend la procédure.

Figure 25-30 Gestion des autres erreurs.

Note Pour générer volontairement une erreur, nous avons ajouté l'instruction A=1/0 au début de la procédure (une division par 0).

Regrouper des actions

Il arrive bien souvent que l'on applique plusieurs méthodes et que l'on modifie plusieurs propriétés pour un même objet. L'instruction **With** évite de répéter les références de l'objet. Elle utilise la syntaxe suivante :

```
With objet
   méthodes et propriétés de l'objet (sans le nom de l'objet)
End With
```

L'exemple de la figure 25-31 reprend la procédure MacroTest de la figure 24-5 du chapitre précédent, en supprimant l'objet **Selection** grâce à l'instruction **With**.

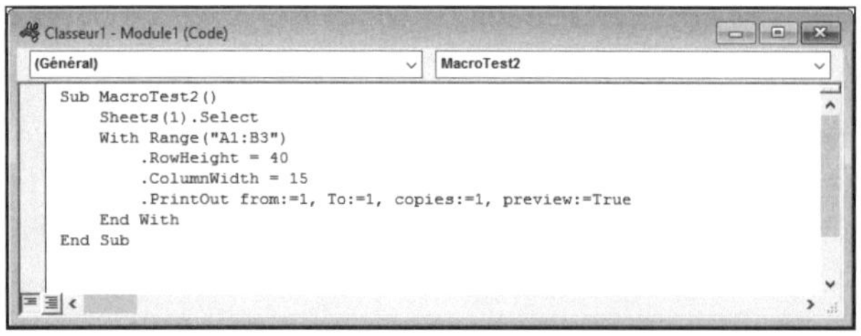

Figure 25-31 Utilisation de l'instruction With.

Avec cette nouvelle syntaxe, les propriétés et les méthodes comprises entre les instructions **With** et **End With** sont appliquées à l'objet **Plage**(«A1:B3»).

Options d'édition et d'affichage

Pour vous faciliter la saisie, VB propose quelques options.

1 Cliquez le menu **Outils → Options**.

2 Cliquez l'onglet **Format de l'éditeur**.

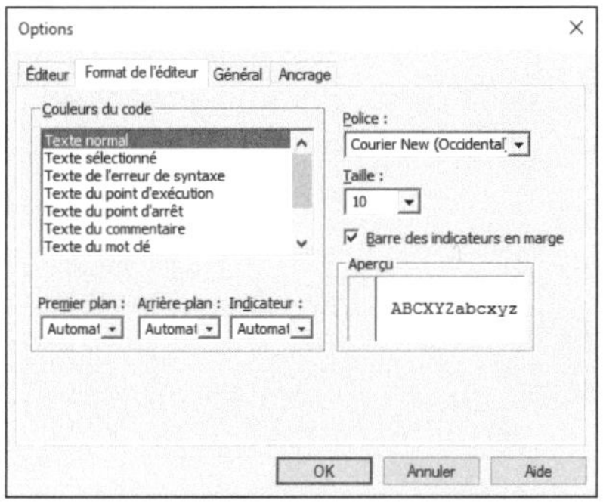

Figure 25-32 Options d'affichage.

La boîte de la figure 25-32 propose les options suivantes :

- **Police** et **Taille** : police et taille utilisées pour taper le code.
- **Couleurs du code** : sélectionnez une entrée dans la liste, puis sélectionnez la couleur **Premier plan**, la couleur **Arrière-plan** et la couleur **Indicateur de la marge** (un exemple est affiché dans la zone Aperçu).
- **Barre des indicateurs en marge** : pour afficher ou non la barre des indicateurs (point d'arrêt, ligne exécutée en pas à pas, *etc.*).

3 Cliquez l'onglet **Éditeur**.

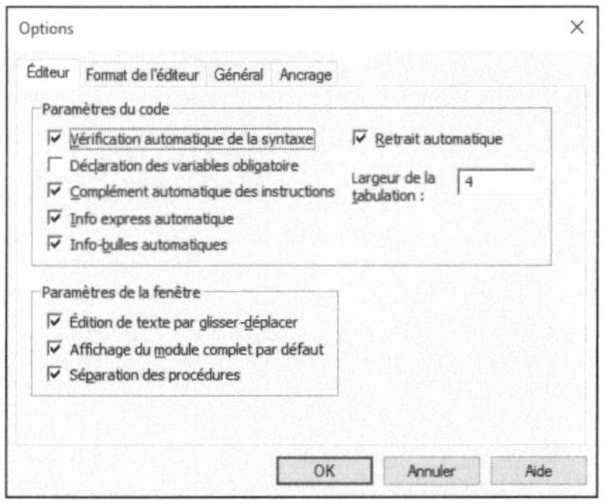

Figure 25-33 Options d'édition.

Toutes les options de la figure 25-33 définissent l'édition du code.

Si vous cochez l'option **Déclaration des variables obligatoire**, vous serez obligé de déclarer toutes les variables utilisées dans les procédures. Cette technique évite les erreurs de saisie et les confusions dans les noms. Nous vous conseillons de l'utiliser dans vos développements.

Les variables ne sont pas déclarées dans les exemples de ce livre pour éviter de surcharger le texte.

4 Cliquez le bouton **OK** pour fermer la boîte **Options**.

Chapitre 26

Créer des fonctions personnalisées

Dans ce chapitre :

- Créer des fonctions personnalisées
- Utiliser les fonctions personnalisées
- Exemples de fonctions personnalisées

Avec Visual Basic et les explications des chapitres précédents, vous pouvez réaliser vos propres fonctions. Ce chapitre vous présente les éléments essentiels pour la mise en œuvre des fonctions personnalisées : création, accès, enregistrement et utilisation. Quelques exemples complètent cette vue d'ensemble.

Utiliser des fonctions personnalisées

Les procédures de type **Function** sont utilisées dans les formules des cellules, car elles retournent des valeurs.

Si vous désirez calculer le sinus d'un angle, vous utilisez la fonction SIN d'Excel. Mais si vous désirez obtenir le volume d'un cône, il n'existe pas de fonction Excel prédéfinie.

Créer une fonction personnalisée

L'exemple qui suit crée cette nouvelle fonction.

1 Tapez **Alt** + **F11** pour afficher l'éditeur de Visual Basic.

2 Cliquez le menu **Insertion ➜ Module** pour ajouter un module au projet.

3 Dans la feuille de module, tapez **function VolumeCône(Rayon, Hauteur)**.

VolumeCône est le nom de la nouvelle fonction.

Rayon et **Hauteur** sont les paramètres de la nouvelle fonction. Ils seront remplacés dans la formule d'une cellule par les valeurs réelles.

4 Tapez **'Calculer le volume d'un cône** pour ajouter un commentaire.

Le volume d'un cône se calcule avec la formule suivante : (Pi*Rayon^2*Hauteur)/3.

Pour que la fonction retourne une valeur, il suffit d'affecter cette valeur au nom de la fonction.

5 Tapez **VolumeCône = (Application.Pi*Rayon^2*Hauteur)/3**.

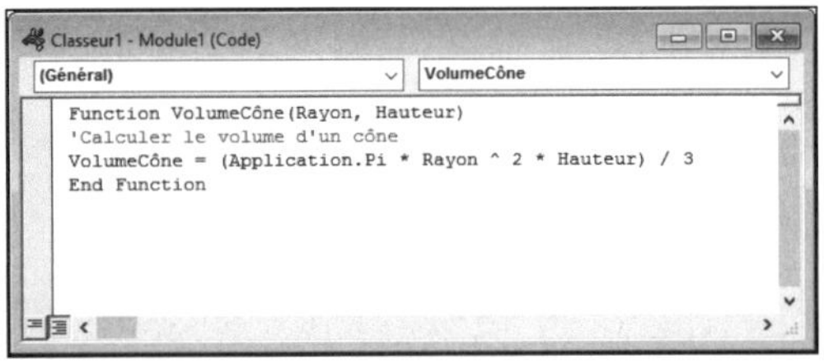

Figure 26-1 Code d'une fonction personnalisée.

Vous pouvez maintenant utiliser la fonction dans une feuille de calcul.

Utiliser une fonction personnalisée

Une fonction personnalisée s'utilise de la même manière que les fonctions intégrées.

1 Tapez **Alt** + **F11** pour afficher Excel.

2 Dans une cellule, tapez **=VolumeCône(4;6)**.

Excel utilise la fonction personnalisée VolumeCône pour calculer le volume d'un cône de 4 mètres de rayon et de 6 mètres de hauteur et renvoie la valeur 100,530965.

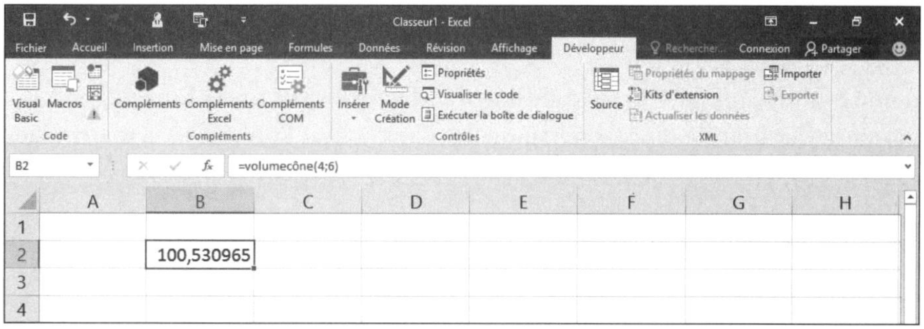

Figure 26-2 Fonction personnalisée dans une formule.

1 Cliquez l'onglet **Développeur ➜ Macros**.

Comme il s'agit d'une fonction, la procédure VolumeCône n'apparaît pas dans la liste des macros.

Utiliser une fonction d'un autre classeur

Les fonctions personnalisées ne sont disponibles que dans le classeur où elles sont créées.

Pour utiliser une fonction d'un autre classeur, vous devez l'ouvrir et préciser le nom de ce classeur dans la formule. Si ce dernier n'est pas mentionné ou s'il n'est pas ouvert, la formule retourne l'erreur #NOM?.

Dans l'exemple de la figure 26-3, le classeur « Classeur2 » utilise la fonction VolumeCône du classeur « Classeur1 ».

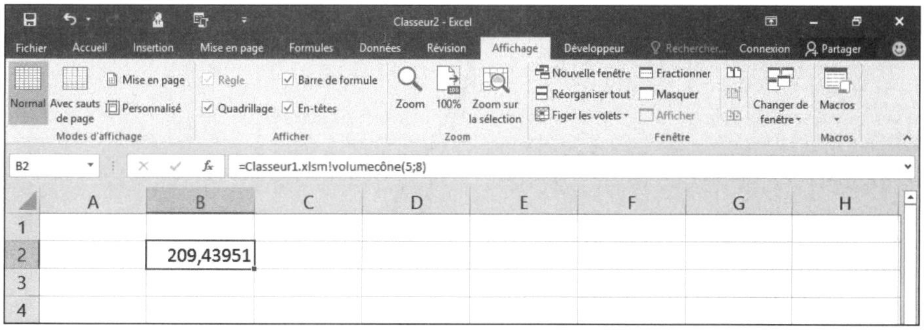

Figure 26-3 Fonction personnalisée d'un autre classeur dans une formule.

Utiliser le classeur personnel

Excel propose d'enregistrer vos macros dans un classeur personnel (option **Classeur de macros personnelles** de la liste **Enregistrer la macro dans** de la boîte **Enregistrer une macro** ; consultez la figure 23-1).

Ce classeur, nommé PERSONAL.XLSB, est un classeur masqué (le « B » de XLSB indique un fichier binaire). Il est créé la première fois que vous enregistrez une nouvelle macro avec l'option **Classeur de macros personnelles**. Pour y ajouter des fonctions personnalisées, il faut donc le créer au préalable.

1 Ouvrez un nouveau classeur.

2 Créez une nouvelle macro (onglet **Affichage ➜ Macros ➜ Macros ➜ Enregistrer une macro**) avec l'option **Classeur de macros personnelles** dans la liste **Enregistrer la macro dans**.

3 Effectuez quelques actions.

4 Fermez le classeur sans l'enregistrer.

5 Fermez Excel.

Une boîte vous demande d'enregistrer le classeur de macros personnelles (figure 26-4).

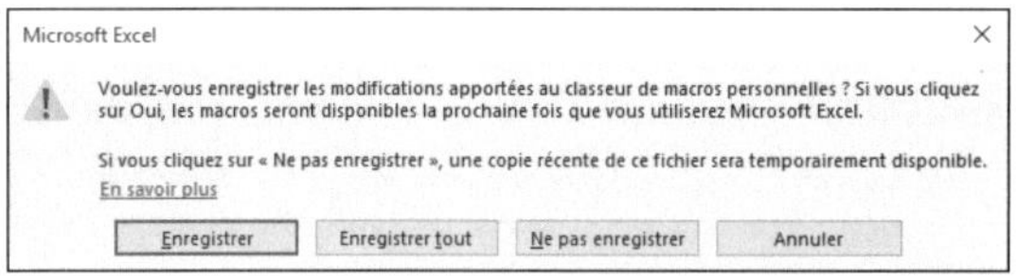

Figure 26-4 Création du classeur PERSONAL.XLSB.

6 Cliquez le bouton **Enregistrer** pour créer ce classeur.

Le classeur PERSONAL.XLSB est ouvert systématiquement en même temps qu'Excel. Vous pouvez aussi y ajouter des fonctions personnalisées.

1 Tapez **Alt** + **F11** pour afficher l'éditeur de Visual Basic.

Le classeur PERSONAL.XLSB apparaît dans la fenêtre de projet (figure 26-5). Il contient la macro enregistrée précédemment dans le module **Module1**.

Figure 26-5 Classeur PERSONAL.XLSB dans la fenêtre Projet.

2 Ajoutez vos fonctions personnalisées comme dans les autres classeurs.

Pour utiliser une fonction personnalisée de PERSONAL.XLSB dans un autre classeur, il est nécessaire d'ajouter la référence comme dans l'exemple suivant :

```
= PERSONAL.XLSB!VolumeCône(10;15)
```

Note Les macros enregistrées dans le classeur PERSONAL.XLSB sont disponibles dans tous les classeurs.

Créer une macro complémentaire

Si vous ne désirez pas ajouter le nom du classeur dans les formules, vous devez créer une macro complémentaire contenant toutes vos nouvelles fonctions personnalisées.

1 Créez un nouveau classeur.

2 Dans Visual Basic, ajoutez vos fonctions personnalisées.

3 Si vous désirez verrouiller vos fonctions, cliquez le menu **Outils → Propriétés de…**, cliquez l'onglet **Protection** puis cochez l'option **Verrouiller le projet pour affichage**. Saisissez deux fois un mot de passe puis cliquez le bouton **OK**.

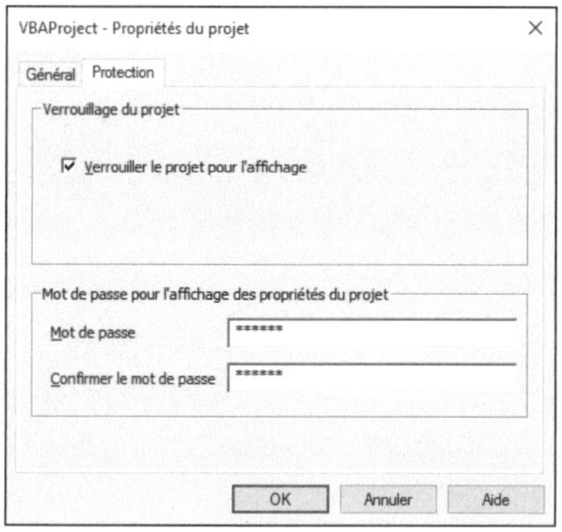

Figure 26-6 Verrouillage du projet.

4 Dans Excel, cliquez l'onglet **Fichier → Information**, cliquez le bouton **Propriétés** dans la liste de droite puis la commande **Propriétés avancées** dans la liste.

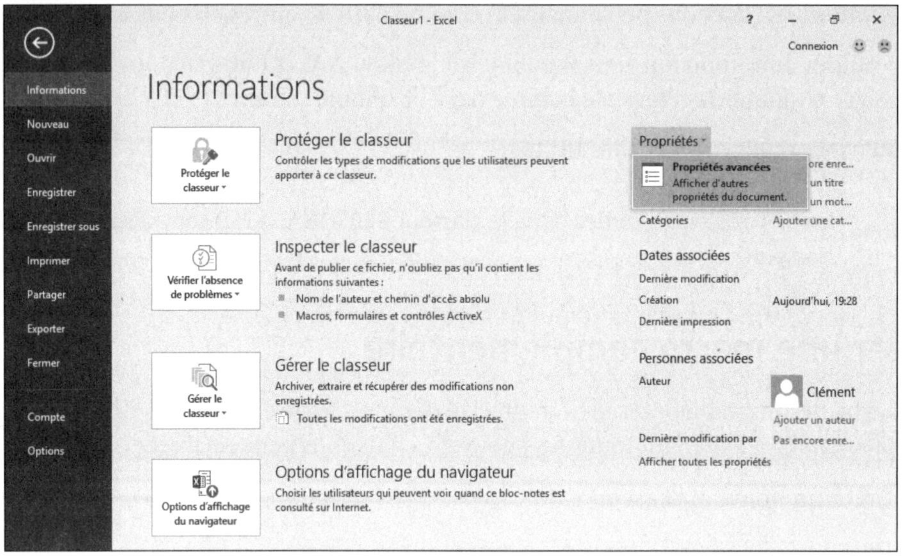

Figure 26-7 Affichage du panneau des propriétés.

5 Tapez un titre et une description dans les zones correspondantes.

Note Ces informations sont utilisées dans la boîte Macros complémentaires (figure 26-10).

Figure 26-8 Descriptions de la macro complémentaire.

6 Cliquez le bouton **OK**.

7 Cliquez l'onglet **Fichier ➜ Enregistrer sous**.

Vous devez préciser ici qu'il s'agit d'une macro complémentaire et non d'un simple classeur.

8 Dans la liste **Type**, sélectionnez **Macro complémentaire Excel**.

9 Tapez un nom pour le classeur dans la zone **Nom de fichier**.

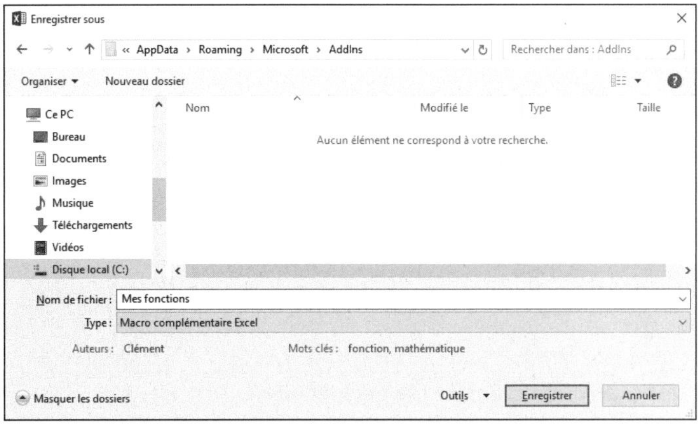

Figure 26-9 Enregistrement d'une macro complémentaire.

Note Par défaut, le fichier est enregistré dans un dossier spécial nommé AddIns. Il est conseillé d'utiliser ce dossier.

10 Cliquez le bouton **Enregistrer** pour enregistrer le classeur.

Une copie du classeur est enregistrée avec l'extension .xlam, et le classeur d'origine reste ouvert.

11 Fermer le classeur d'origine sans l'enregistrer.

Vous pouvez maintenant utiliser vos fonctions sans charger d'autres classeurs ni préciser leurs noms dans vos fonctions personnalisées.

1 Ouvrez un classeur existant ou créez un nouveau classeur.

2 Cliquez l'onglet **Fichier ➜ Options**.

3 Cliquez **Complément** dans la liste de gauche.

4 Sélectionnez **Complément Excel** dans la liste **Gérer**.

5 Cliquez le bouton **Atteindre**.

6 Cliquez le bouton **Parcourir** dans la boîte **Macro complémentaire**.

7 Sélectionnez votre classeur de macros complémentaires puis cliquez le bouton **OK**.

Votre classeur de fonctions apparaît dans la liste **Macros complémentaires disponibles**.

8 Cliquez le nom de votre classeur de fonctions. Laissez le nom coché.

La zone en bas de la boîte affiche le titre et la description saisie précédemment (figure 26-10).

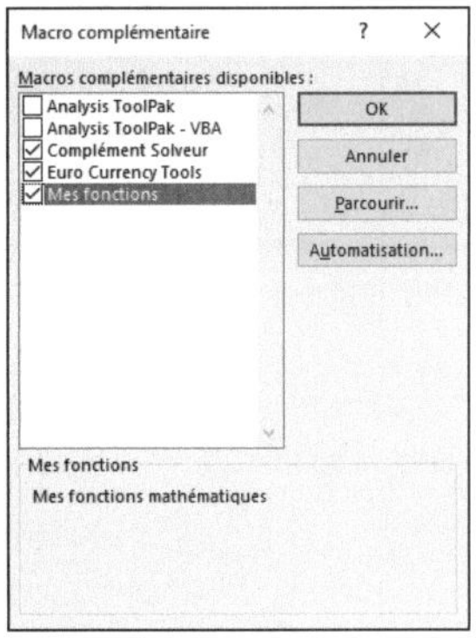

Figure 26-10 Ajout d'une macro complémentaire personnalisée.

9 Cliquez le bouton **OK**.

Vous pouvez maintenant utiliser vos fonctions personnalisées dans vos formules sans préciser le nom du classeur.

Paramètres des fonctions personnalisées

Pour une bonne utilisation des fonctions personnalisées, vous pouvez ajouter des types aux arguments et à la valeur retournée. Pour définir les types, utilisez la syntaxe suivante :

```
Function NomFonction (argument1 As type, argument2 as type, ...) As type.
```

Type correspond aux valeurs du tableau 25-1 du chapitre 25.

Cet exemple précise que les deux arguments de la fonction sont du type simple précision (Single) et que la fonction retourne une valeur de type double précision (Double) :

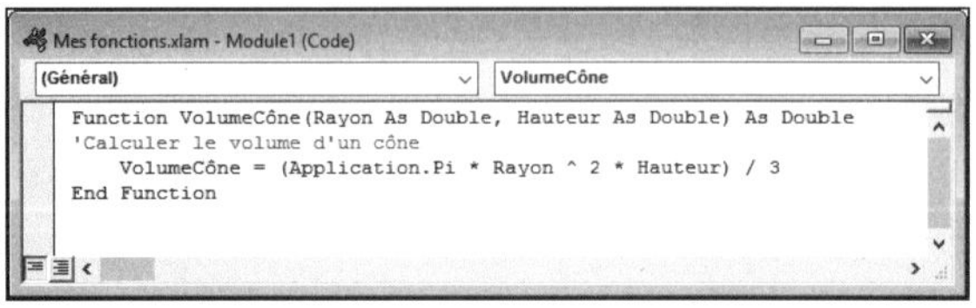

Figure 26-11 Fonction avec des types d'arguments définis.

Exemples de fonctions personnalisées

Voici quelques exemples pour vous donner des idées de création de fonctions personnalisées.

Fonctions mathématiques

Vous pouvez facilement intégrer les exemples de formules mathématiques du chapitre 18 dans des fonctions personnalisées. Voici une transcription pour calculer le volume d'une sphère.

```
Function VolumeSphère(Rayon As Double) As Double
'Calculer le volume d'une sphère
    VolumeSphère = ((Rayon ^ 3) * (4 * Application.Pi())) / 3
End Function
```

Figure 26-12 Fonction de calcul du volume d'une sphère.

Comme vous le constatez dans cet exemple, il suffit d'affecter la formule d'origine au nom de la fonction.

Fonctions de texte

Voici des exemples de fonctions qui manipulent des chaînes de caractères.

Inverser l'ordre des caractères d'une chaîne

Cette fonction inverse toutes les lettres d'une chaîne. Par exemple, le texte « Livre d'Excel » devient « lecxE'd erviL ».

```
Function InverseTexte(Texte As String) As String
    InverseTexte = StrReverse(Texte)
End Function
```

On utilise ici la fonction **StrReverse** de VB qui inverse les caractères d'une chaîne.

Initiales d'un texte

Cette fonction retourne les initiales des mots contenus dans un texte. Par exemple, le texte « Petites Moyennes Entreprises» devient « PME ».

```
Function Initiales(Texte As String) As String
    Initiales = Left(Texte, 1)
    For i = 2 To Len(Texte)
        If Mid(Texte, i, 1) = Chr(32) Then
            Initiales = Initiales & Mid(Texte, i + 1, 1)
        End If
    Next i
    Initiales = UCase(Initiales)
End Function
```

- `Initiales = Left(Texte, 1)` conserve le premier caractère.
- La boucle **For** parcourt tous les caractères sauf le premier.
- Le test **If** vérifie la présence d'une espace.
- `Initiales = Initiales & Mid(Texte, i + 1, 1)` conserve le caractère qui suit l'espace.

- La fonction **MID** correspond à la fonction Excel **STXT**, la fonction **Chr** à **CAR**, et la fonction **UCase** à **MAJUSCULE**.

Majuscules d'un texte

Cette fonction retourne les majuscules d'un texte. Par exemple, le texte « Petites et Moyennes Entreprises» devient « PME ». Contrairement à l'exemple précédent, la fonction ne tient pas compte du « et ».

Mes fonctions.xlam - Module1 (Code)

(Général) | LesMajuscules

```
Function LesMajuscules(Texte As String) As String
For i = 1 To Len(Texte)
    If Asc(Mid(Texte, i, 1)) > 64 And _
                                Asc(Mid(Texte, i, 1)) < 91 Then
        LesMajuscules = LesMajuscules & Mid(Texte, i, 1)
    End If
Next i
End Function
```

- La boucle **For** parcourt tous les caractères.
- Le test **If** vérifie la présence d'une majuscule (A= 65 et Z=90 dans le code ASCII).
- La fonction **Asc** correspond à la fonction Excel **CODE**.

Fonctions de date

Les deux exemples suivants manipulent des dates.

Trouver le prochain jour de la semaine d'une date

Cet exemple recherche le prochain jour de la semaine à partir d'une date (1er argument). Le deuxième argument est un nombre correspondant au jour de la semaine à trouver (1 pour dimanche, 2 pour lundi, *etc.*).

Mes fonctions.xlam - Module1 (Code)

(Général) | ProchainJour

```
Function ProchainJour(D As Date, JourSemaine As Integer) As Date
    ProchainJour = D + 8 - Weekday(D, JourSemaine)
End Function
```

- La fonction **Weekday** correspond à la fonction Excel **JOURSEM**.

Dans Excel, la formule suivante retourne 03/01/2016, premier dimanche qui suit le jour de l'an 2016.

```
=ProchainJour(DATEVAL("1/1/2016");1)
```

Trouver le numéro de semaine d'un mois

Cet exemple retourne le numéro de semaine dans le mois.

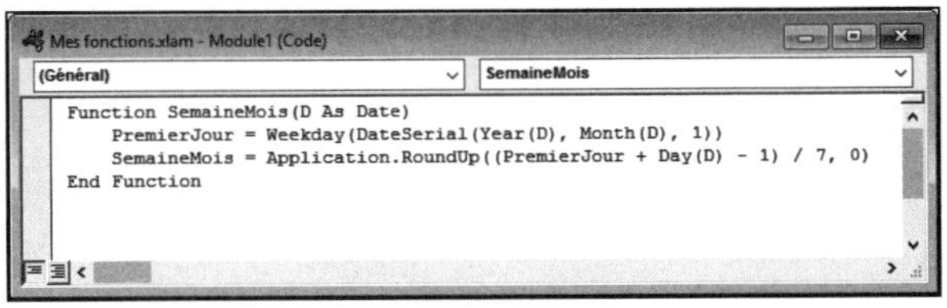

- La fonction **DateSerial** correspond à la fonction Excel **DATE**.

PARTIE VI ASTUCES ET EXEMPLES

Chapitre 27

Solutions pour résoudre des problèmes

Tout au long de ce livre, au cours des chapitres précédents, vous avez découvert ce qu'il est indispensable de connaître sur Excel. Bien que nous ayons ensemble détaillé l'essentiel de ses fonctionnalités, certains points cependant peuvent encore vous sembler complexes, voire obscurs. En effet, pour remédier aux problèmes que vous risquez de rencontrer, il est nécessaire de connaître certaines astuces.

Ce chapitre regroupe les solutions aux problèmes qui peuvent se poser dans la réalisation de vos feuilles de calcul.

Les indispensables ficelles pour mieux travailler, plus vite et plus efficacement, sont rassemblées ici. Les connaître, c'est aussi et surtout savoir gagner du temps.

Récupérer les exemples de l'aide

L'aide en ligne fournit de nombreux exemples. Vous pouvez effectuer des Copier/Coller pour les placer dans vos feuilles de calcul pour effectuer des tests.

1 Appuyez sur **F1** pour obtenir de l'aide.

2 Recherchez l'aide sur la fonction désirée.

3 Sélectionnez l'exemple qui vous intéresse dans le texte de l'aide. Il n'est pas nécessaire de sélectionner les numéros des lignes et les lettres des colonnes.

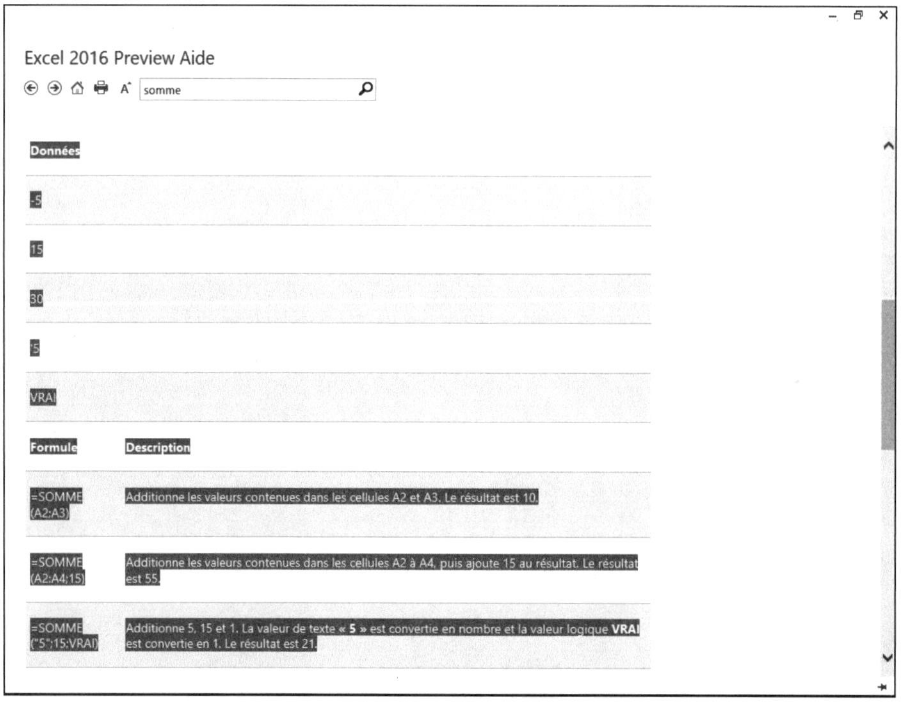

Figure 27-1 Exemple d'une fonction dans l'aide en ligne.

4 Tapez **Ctrl** + **C** pour copier le texte sélectionné dans le Presse-papiers.

5 Tapez **Alt** + **Tab** pour revenir à Excel, puis cliquez la cellule qui doit recevoir l'exemple (généralement **A1**).

6 Tapez **Ctrl** + **V** pour coller l'exemple dans la feuille de calcul.

7 Cliquez la balise **Options de collage**, puis cliquez **Respecter la mise en forme de destination** dans la liste.

8 Éventuellement, modifiez la largeur des colonnes.

Vous pouvez maintenant examiner l'exemple directement dans votre feuille de calcul. Tapez le raccourci **Ctrl** + « pour afficher alternativement les données ou les formules.

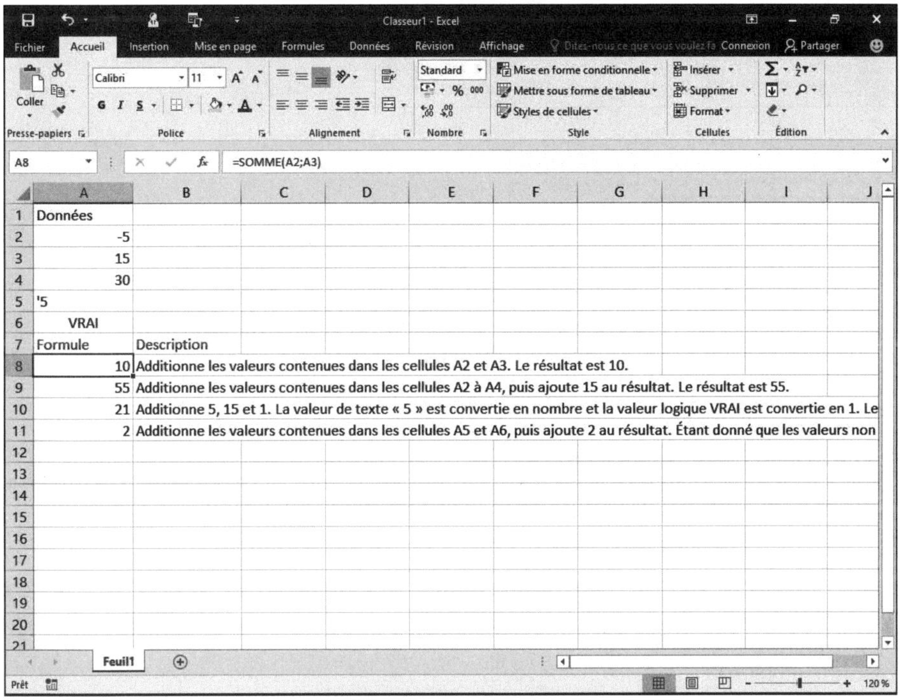

Figure 27-2 Exemple de l'aide en ligne recopié dans une feuille de calcul.

Note Pour ne pas interférer avec vos données, il est conseillé de coller l'exemple dans un nouveau classeur.

Espionner le contenu des cellules

La « Fenêtre Espion » permet de suivre l'évolution des cellules même quand ces dernières sont masquées, par exemple en mode Plan.

1 Cliquez l'onglet **Formules → Vérification des formules → Fenêtre Espion**.

2 Cliquez le bouton **Ajouter un espion** dans la boîte **Fenêtre Espion**.

3 Sélectionnez la ou les cellules à surveiller.

4 Cliquez le bouton **Ajouter** dans la boîte **Ajouter un espion**.

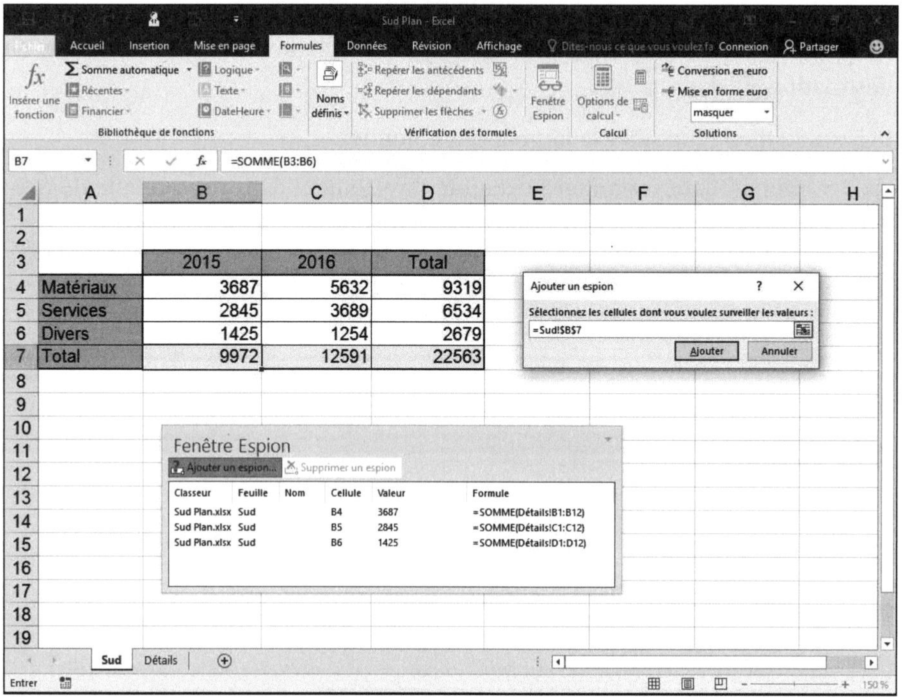

Figure 27-3 Ajout d'une cellule à espionner.

La Fenêtre Espion affiche les renseignements sur chaque cellule (référence complète, valeur, formule, *etc.*).

Dans l'exemple de la figure 27-4, les cellules sont masquées par le mode Plan, mais restent visibles dans la Fenêtre Espions.

Pour supprimer un espion :

1 Cliquez la ligne de la cellule à supprimer dans la Fenêtre Espion pour la sélectionner.

2 Cliquez le bouton **Supprimer un espion**.

Note Pour sélectionner plusieurs cellules contiguës, cliquez la première, maintenez **Maj** enfoncée puis cliquez la dernière. Pour sélectionner des cellules non contiguës, cliquez la première, maintenez **Ctrl** enfoncée puis cliquez les autres.

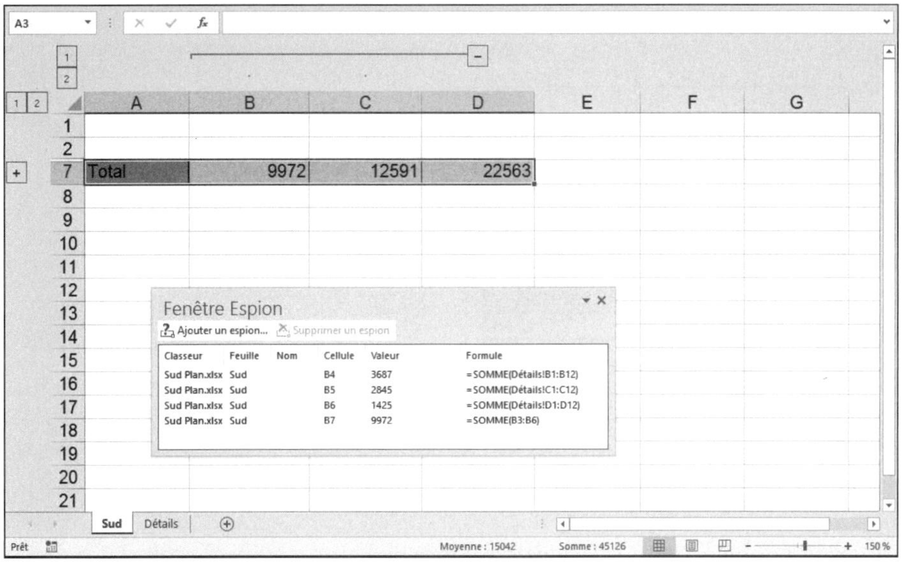

Figure 27-4 Fenêtre Espion pour surveiller le contenu de certaines cellules.

Utiliser une image pour voir les cellules d'une autre feuille

Pour examiner les plages de feuilles différentes, vous pouvez créer une image d'une plage de cellules et la coller dans une autre feuille. En définissant une liaison, l'image est automatiquement mise à jour.

1 Sélectionnez la plage de cellules à copier dans une image.

2 Tapez **Ctrl** + **C** pour copier la sélection.

3 Sélectionnez la feuille et la cellule de destination.

4 Cliquez l'onglet **Accueil** ➜ **Presse-papiers** ➜ **Coller** ➜ **Autres options de collage** ➜ **Image liée**.

Note Si vous ne désirez pas que l'image soit modifiée en même temps que les cellules correspondantes, choisissez **Image** dans l'onglet **Accueil** ➜ **Presse-papiers** ➜ **Coller** ➜ **Autres options de collage** ➜ **Image**.

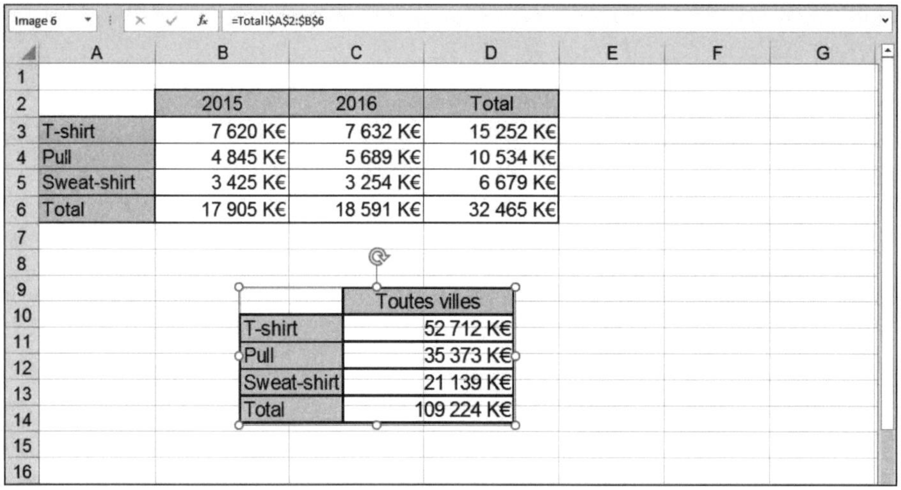

Figure 27-5 Image d'une plage de cellules d'une autre feuille.

Vous pouvez voir en même temps la plage de cellules de l'autre feuille de calcul. Comme il s'agit d'une image, vous la déplacez n'importe où sur la feuille.

Appliquer un calcul à l'intégralité d'une colonne

Si vous modifiez fréquemment le contenu d'une colonne (ajout ou suppression de données), utilisez la formule suivante pour effectuer un calcul :

```
=SOMME(A:A)
```

Au besoin, remplacez **SOMME** par une autre fonction. Cette formule ne doit pas se trouver dans la colonne contenant les données (la colonne A dans l'exemple), sous peine de référence circulaire. Le calcul est effectué, quel que soit le nombre de valeurs dans la colonne.

Répartir les données d'une colonne dans plusieurs colonnes

Si toutes vos données sont dans les cellules d'une seule colonne, vous pouvez les répartir dans les colonnes de droite. Par exemple, si la cellule A1 contient « Monsieur Dupont Jean », il est possible de mettre « Monsieur » en A1, « Dupont » en B1, et « Jean » en C1.

Conseil Si vous utilisez un tableau Excel, ou même un simple tableau, vous pouvez répartir vos données avec le Remplissage instantané (onglet **Données → Outils de données → Remplissage instantané**). Consultez la fin du chapitre 7.

Les données d'origine doivent contenir un séparateur (espace, tabulation, virgule, *etc.*). Vous pouvez utiliser plusieurs séparateurs différents (notre exemple utilise l'espace et le tiret).

1 Sélectionnez la plage de cellules qui contient les données.

2 Cliquez l'onglet **Données ➜ Outils de données ➜ Convertir**.

Excel affiche un assistant pour cette conversion (une suite de boîtes de dialogue).

3 Cochez l'option **Délimité**.

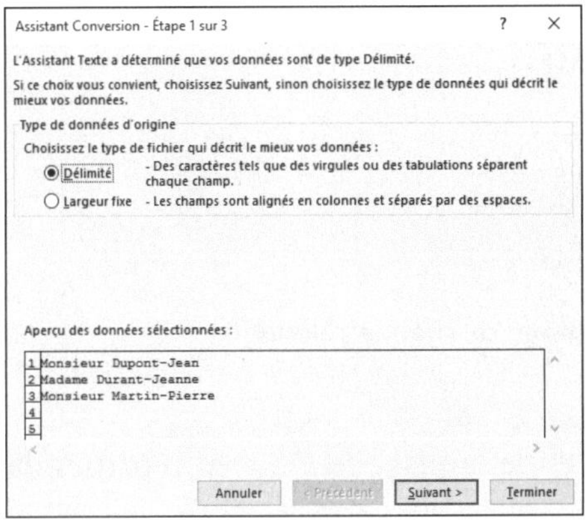

Figure 27-6 Première étape de l'Assistant conversion.

4 Cliquez le bouton **Suivant**.

5 Cochez les séparateurs présents entre les données. Si la boîte ne propose pas le vôtre, cochez l'option **Autre**, puis tapez-le dans la zone en regard.

Excel met à jour immédiatement l'aperçu de données. Vérifiez qu'il correspond à votre conversion.

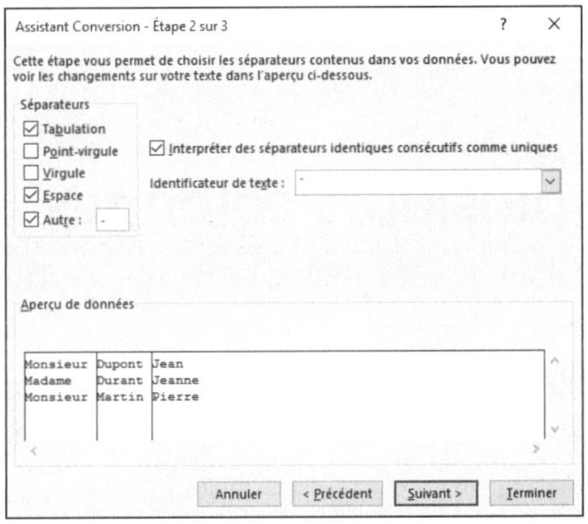

Figure 27-7 Séparateurs des données à répartir.

6 Cliquez le bouton **Suivant**.

7 Si vous désirez modifier le format d'une colonne, cliquez-la dans la zone **Aperçu de données**, puis cochez son format dans la zone **Format des données en colonne**.

8 Si vous désirez répartir les données sans modifier celles d'origine, tapez dans la zone **Destination** la cellule en haut à gauche de la plage de réception.

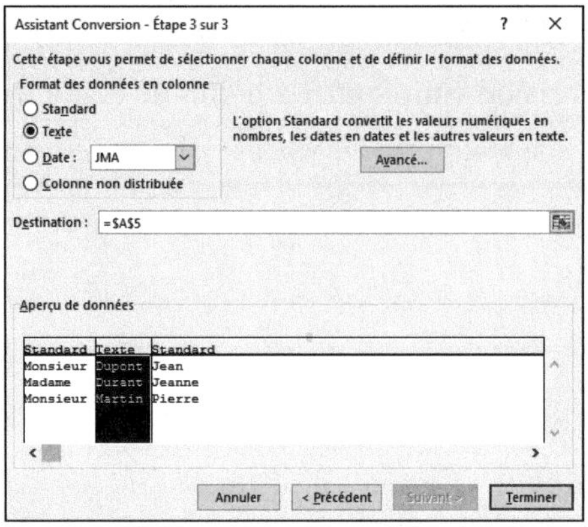

Figure 27-8 Choix de la destination et du format de chaque colonne.

9 Cliquez le bouton **Terminer**.

Dans l'exemple de la figure 27-9, les données de la plage A1:A3 sont réparties dans la plage A5:C7.

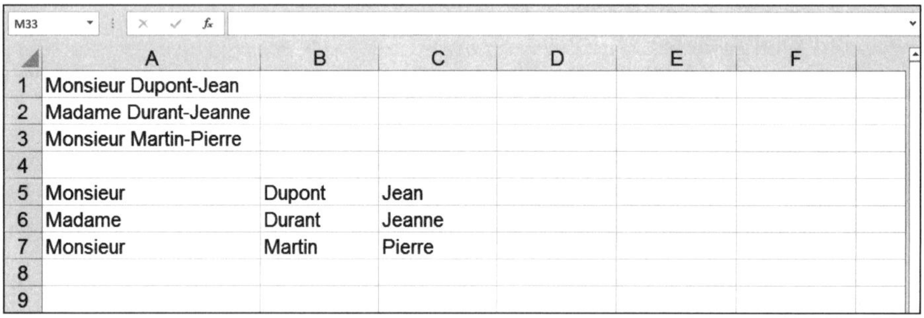

Figure 27-9 Répartition des données d'une colonne.

Regrouper les données de plusieurs colonnes

Si des données sont réparties dans plusieurs colonnes, vous pouvez les regrouper dans une seule soit avec une formule, soit définitivement.

Dans la cellule de destination, utilisez le symbole **&** pour concaténer les données. Dans la formule suivante, on regroupe les données de la cellule A1 et B1 (un nom et un prénom par exemple) en ajoutant un espace de séparation :

```
= A1 & " " & B1
```

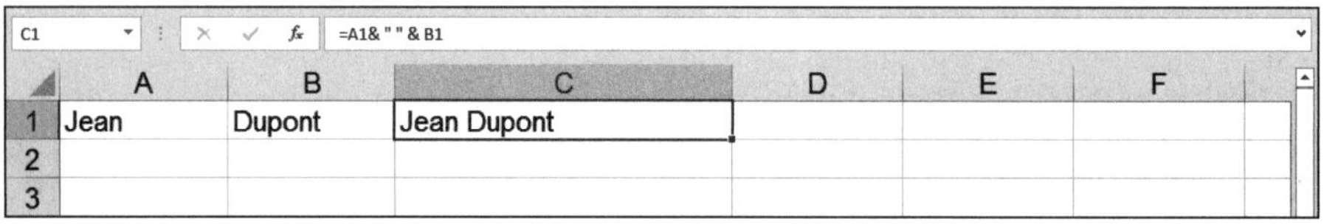

Figure 27-10 Regroupement de deux données avec une formule.

Si vous ne désirez pas conserver la formule, mais uniquement les données, réalisez les étapes suivantes :

1 Sélectionnez les cellules regroupées avec la méthode précédente (celle contenant la formule `= A1 & " " & B1`).

2 Tapez **Ctrl** + **C** pour copier les données.

3 Conservez la sélection de l'étape **1**.

4 Cliquez l'onglet **Accueil ➜ Presse-papiers ➜ Coller ➜ Collage spécial**.

5 Cochez l'option **Valeur** dans la zone **Coller**.

6 Cliquez le bouton **OK**.

Les cellules contiennent maintenant les données regroupées sans formule.

Inverser le contenu d'une colonne

Les boutons AZ↓ et ZA↓ de l'onglet **Données ➜ Trier et filtrer** permettent de trier les données par ordre de grandeur (numérique) ou par ordre alphabétique (texte). Mais pour inverser une liste dont les données ne sont ni en ordre croissant ni en ordre décroissant, il est nécessaire d'utiliser la méthode suivante :

1 Insérez une colonne à gauche de celle contenant les données.

2 Numérotez chaque donnée dans la nouvelle colonne (tapez **1** dans la première cellule, recopiez-la avec le bouton droit de la souris, puis cliquez **Incrémenter une série** dans le menu contextuel).

3 Sélectionnez les données des deux colonnes (numéros et valeurs).

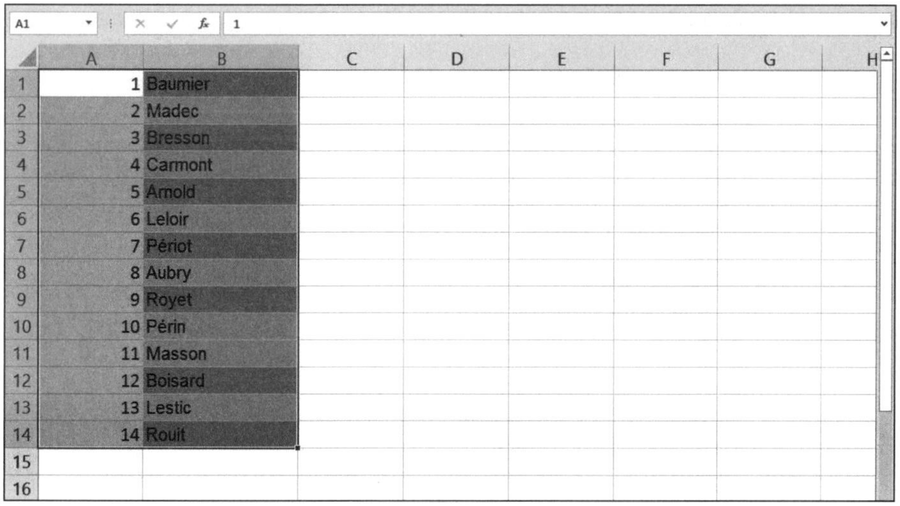

Figure 27-11 Données de la colonne B à inverser.

4 Cliquez l'onglet **Données → Trier et filtrer →** Z↓A.

Les numéros sont maintenant en ordre décroissant, et les données de la deuxième colonne sont inversées, mais pas triées.

Note Si la première ligne n'est pas triée, utilisez l'onglet **Données → Trier et filtrer → Trier** et décochez la case **Mes données ont des en-têtes** dans la boîte **Tri**.

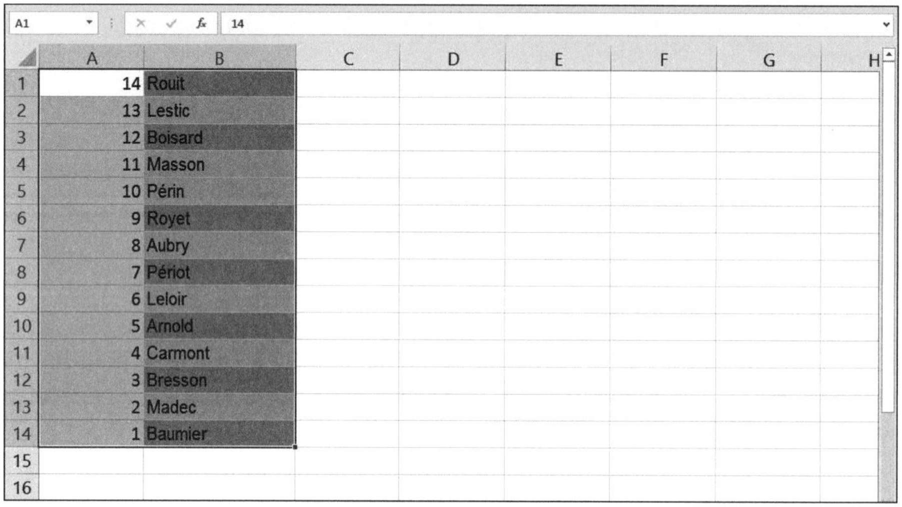

Figure 27-12 Données de la colonne B inversées.

5 Supprimez la colonne avec les numéros.

Mettre en colonne les données d'une ligne

Vous pouvez transposer les données d'une ligne dans une colonne et inversement.

1 Sélectionnez les données en colonne ou en ligne.

2 Tapez **Ctrl** + **C** pour copier les données.

3 Cliquez la première cellule de la colonne ou de la ligne de destination.

4 Cliquez l'onglet **Accueil → Presse-papiers → Coller → Collage spécial**.

5 Cochez la case **Transposer**.

6 Cliquez le bouton **OK**.

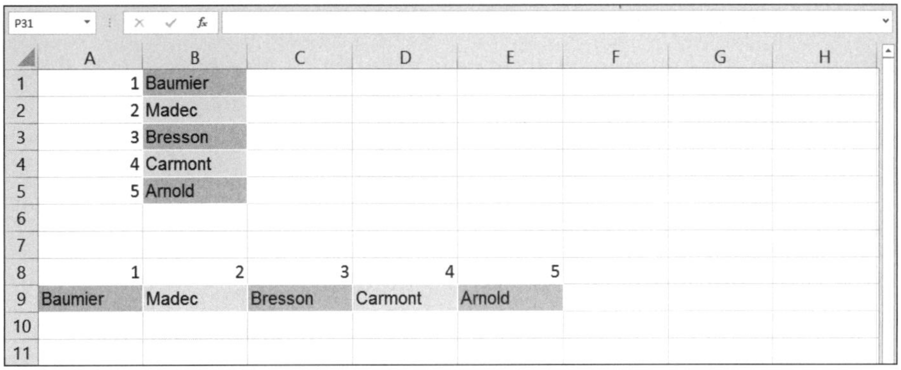

Figure 27-13 Données en ligne (A1:B5) transposées en colonne (A7:E8).

Masquer et afficher des colonnes

Pour cacher des calculs ou protéger des données, masquez des colonnes ou des lignes complètes.

1 Sélectionnez la ou les colonnes à masquer.

Note Pour masquer toutes les colonnes de droite, sélectionnez la première puis tapez **Ctrl + Maj + Droite** (flèche vers la droite). Pour les lignes, utilisez le raccourci **Ctrl + Maj + Bas** (flèche vers le bas).

2 Cliquez avec le bouton droit la sélection.

3 Cliquez la commande **Masquer** dans le menu contextuel.

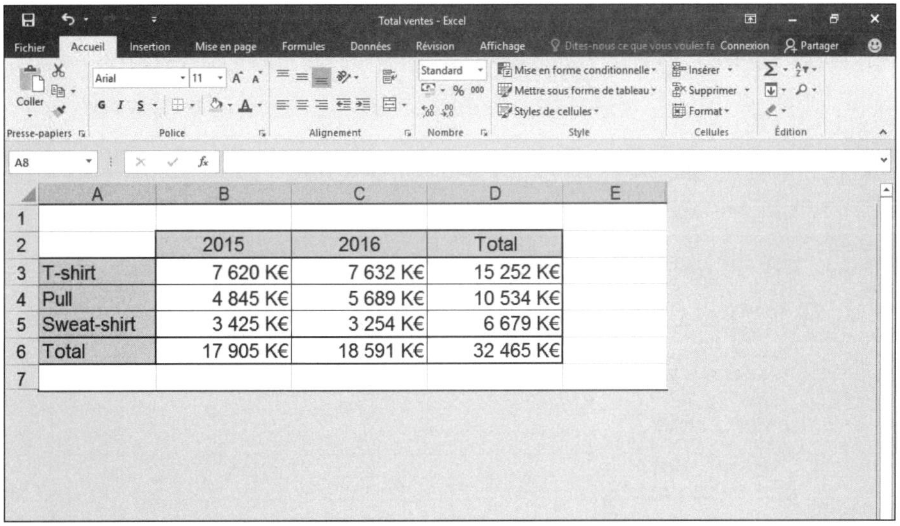

Figure 27-14 Feuille limitée à quelques colonnes et quelques lignes.

Pour afficher les colonnes masquées :

1 Sélectionnez une colonne avant et après celle masquée (par exemple E et G si la colonne F est masquée). Si vous avez masqué toutes les colonnes de droite, cliquez la lettre de la dernière colonne visible et faites glisser vers la droite comme si vous désiriez sélectionner les colonnes masquées.

2 Cliquez avec le bouton droit la sélection.

3 Cliquez la commande **Afficher** dans le menu contextuel.

Toutes ces explications fonctionnent de la même manière pour masquer des lignes.

Compter le nombre de cellules dans une plage

Voici une formule pour connaître le nombre de cellules d'une plage :

```
=LIGNES(A1:B15)*COLONNES(A1:B15)
```

Cet exemple compte le nombre de cellules de la plage A1:B15.

Compter le nombre de valeurs en fonction de plusieurs critères

Avec la fonction **SOMMEPROD**, il est possible de compter des valeurs. L'exemple de la figure 27-15 compte le nombre de montants supérieurs à 2 000 et inférieurs à 6 000 de la plage C2:C16. Elle utilise la formule suivante :

```
=SOMMEPROD((C2:C16>2000)*(C2:C16<6000))
```

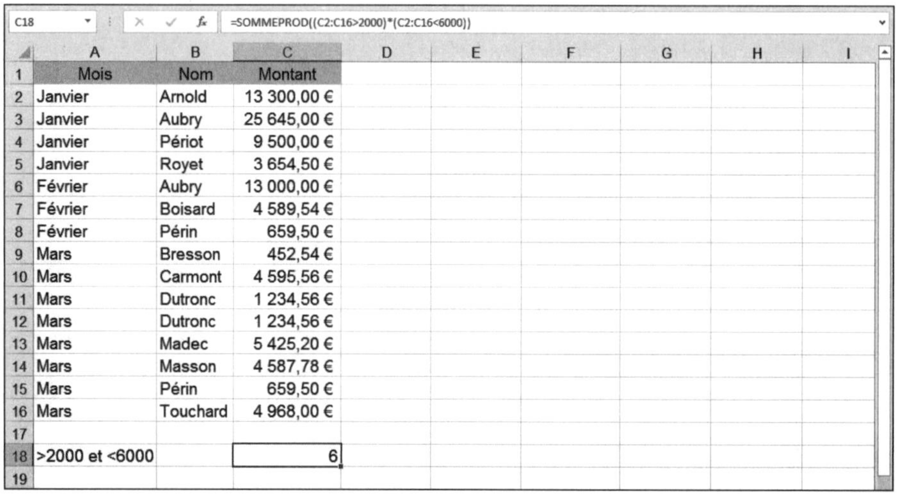
C18 =SOMMEPROD((C2:C16>2000)*(C2:C16<6000))

	A	B	C
1	Mois	Nom	Montant
2	Janvier	Arnold	13 300,00 €
3	Janvier	Aubry	25 645,00 €
4	Janvier	Périot	9 500,00 €
5	Janvier	Royet	3 654,50 €
6	Février	Aubry	13 000,00 €
7	Février	Boisard	4 589,54 €
8	Février	Périn	659,50 €
9	Mars	Bresson	452,54 €
10	Mars	Carmont	4 595,56 €
11	Mars	Dutronc	1 234,56 €
12	Mars	Dutronc	1 234,56 €
13	Mars	Madec	5 425,20 €
14	Mars	Masson	4 587,78 €
15	Mars	Périn	659,50 €
16	Mars	Touchard	4 968,00 €
17			
18	>2000 et <6000		6
19			

Figure 27-15 Comptage avec des critères.

Compter des dates

Sur le même principe que l'astuce précédente, il est possible de compter des dates. L'exemple de la figure 27-16 compte le nombre de commandes au cours du mois de février 2016. Elle utilise la formule suivante :

```
=SOMMEPROD((MOIS(A2:A16)=2)*(ANNEE(A2:A16)=2016))
```

C18 =SOMMEPROD((MOIS(A2:A16)=2)*(ANNEE(A2:A16)=2016))

	A	B	C	D	E	F	G	H
1	Date	Nom	Montant					
2	01/03/2016	Bresson	452,54 €					
3	05/01/2016	Arnold	548,00 €					
4	12/01/2016	Périot	563,25 €					
5	23/02/2016	Périn	659,50 €					
6	22/03/2016	Périn	659,50 €					
7	06/03/2016	Dutronc	1 234,56 €					
8	07/03/2016	Dutronc	1 234,56 €					
9	18/01/2016	Royet	3 654,50 €					
10	21/03/2016	Masson	4 587,78 €					
11	15/02/2016	Boisard	4 589,54 €					
12	05/03/2016	Carmont	4 595,56 €					
13	23/03/2016	Touchard	4 968,00 €					
14	16/03/2016	Madec	5 425,20 €					
15	08/01/2016	Aubry	25 645,00 €					
16	03/02/2016	Aubry	25 645,00 €					
17								
18	Commande février 2016 :		3					
19								

Figure 27-16 Comptage de dates.

Choisir une constante dans une liste

La fonction **CHOISIR** permet d'extraire une donnée d'une liste. Le premier argument doit fournir le numéro de la valeur à choisir parmi les arguments suivants (dans la limite de 29).

Dans l'exemple de la figure 27-17, on calcule une T.V.A. en fonction d'un code.

C3 =CHOISIR(A3;0,2;0,055;0,021)*B3

	A	B	C	D	E	F	G	H
1								
2	Code TVA	HT	TVA					
3	1	120	24					
4	2	145	7,975					
5	3	125	2,625					
6								
7								

Figure 27-17 Choix d'une constante dans une liste en fonction d'un code.

Choisir une constante dans un tableau

La solution du paragraphe précédent est limitée à 29 constantes. En utilisant la fonction **INDEX** vous n'aurez plus cette limitation. Elle utilise la syntaxe suivante :

`INDEX(plage des constantes;n°constante).`

Vous pouvez placer la liste des constantes dans une autre feuille, voire dans un classeur masqué.

L'exemple de la figure 27-18 retrouve des noms de couleur à partir de numéros.

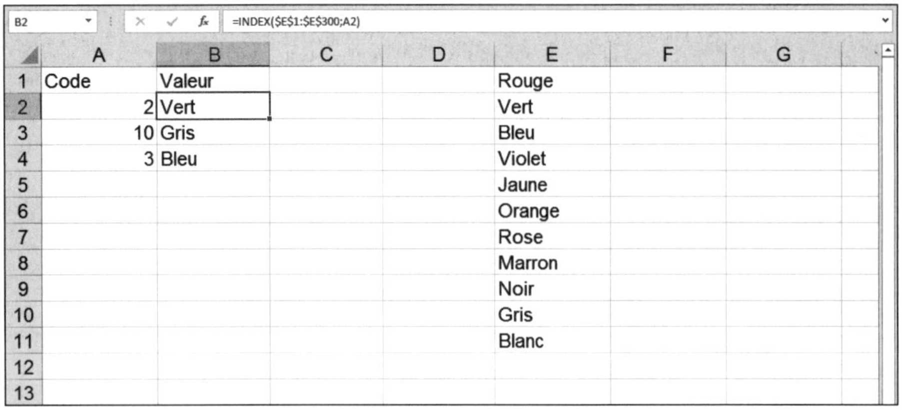

	A	B	C	D	E	F	G
1	Code	Valeur			Rouge		
2	2	Vert			Vert		
3	10	Gris			Bleu		
4	3	Bleu			Violet		
5					Jaune		
6					Orange		
7					Rose		
8					Marron		
9					Noir		
10					Gris		
11					Blanc		
12							
13							

Figure 27-18 Choix d'une constante dans un tableau en fonction d'un numéro.

Convertir un classeur d'une version précédente

Si vous utilisiez Excel avant la version 2007, vous pouvez convertir vos anciens classeurs pour bénéficier de toutes les nouveautés.

1 Ouvrez le classeur avec l'extension .XLS.

2 Cliquez l'onglet **Fichier → Informations → Convertir**.

3 Sélectionnez le dossier de destination, tapez le nom du fichier puis cliquez **Enregistrer**.

Excel ouvre une boîte pour vous avertir de la conversion.

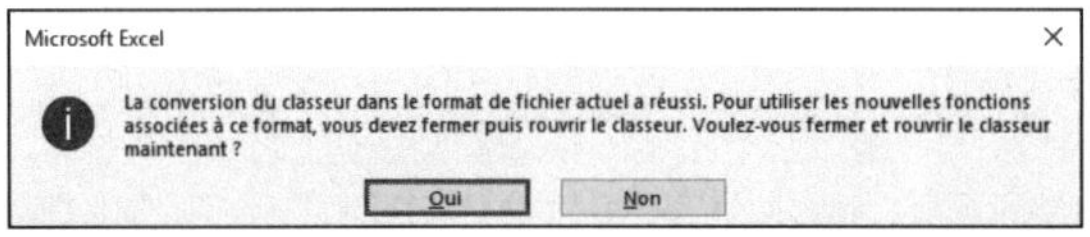

Figure 27-19 Conversion d'un classeur d'une ancienne version.

4 Cliquez le bouton **OK** pour effectuer la conversion.

Excel ferme puis ouvre le classeur dans le nouveau format. Il porte maintenant l'extension .XLSX des formats 2007 à 2016.

Note Pour ouvrir un classeur au format 2007 à 2016 avec une version antérieure d'Excel, il est nécessaire de télécharger un convertisseur. Consultez l'aide en ligne et le site de Microsoft.

Savoir si une année est bissextile

La formule suivante permet de savoir si une année est bissextile :

```
=SI(MOIS(DATE(ANNEE(A1);2;29)) =2;"Bissextile";"Non bissextile")
```

Dans cet exemple, la cellule A1 doit contenir une date.

Saisir rapidement des dates

Si vous avez une grande série de dates à saisir, vous pouvez vous éviter la peine de taper le mois et l'année avec la formule ci-après :

```
=DATE(ANNEE(AUJOURDHUI());MOIS(AUJOURDHUI());A1)
```

La formule suivante permet de convertir la saisie d'une date sans séparateur, par exemple 100216 à la place de 10/02/2016 :

```
=DATEVAL(GAUCHE(A1;2)&"/"&STXT(A1;3;2)&"/" &DROITE(A1;2))
```

Vérifier les erreurs dans les formules

Excel propose de rechercher les erreurs dans les formules en remontant de la cellule qui contient l'erreur à celle qui la provoque.

1 Cliquez l'onglet **Formules → Vérification des formules → Vérification des erreurs**.

La première cellule contenant une erreur est sélectionnée.

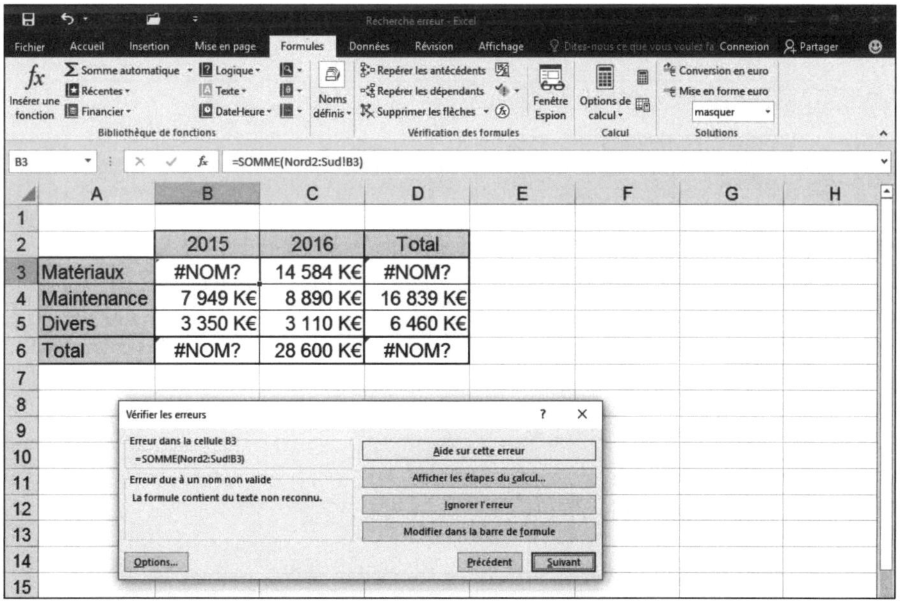

Figure 27-20 Boîte de vérification des erreurs.

La boîte **Vérifier les erreurs** affiche le type d'erreur. En fonction de ce dernier, les boutons de droite sont différents.

Note Pour passer à la cellule suivante ou précédente qui contient une erreur, cliquez les boutons **Suivant** ou **Précédent**.

Voir les étapes du calcul :

1 Dans la boîte **Vérifier les erreurs**, cliquez le bouton **Afficher les étapes du calcul**.

La boîte **Évaluer la formule** s'affiche. Pour l'utiliser, consultez le paragraphe « Évaluer les formules complexes » dans ce chapitre.

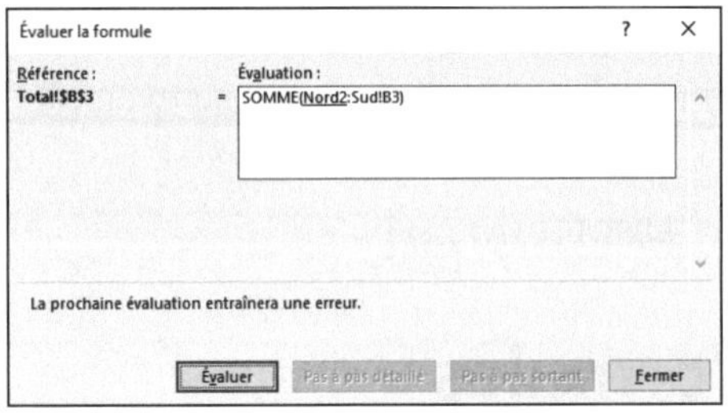

Figure 27-21 Boîte d'évaluation de formule.

Repérer une erreur :

1 Dans la boîte **Vérifier les erreurs**, cliquez le bouton **Repérer une erreur**.

Des flèches indiquent le chemin des antécédents. Dans l'exemple de la figure 27-22, la cellule D3 dépend de la cellule B3, alors que cette dernière dépend d'une cellule d'une autre feuille ou d'un autre classeur (symbole ▦).

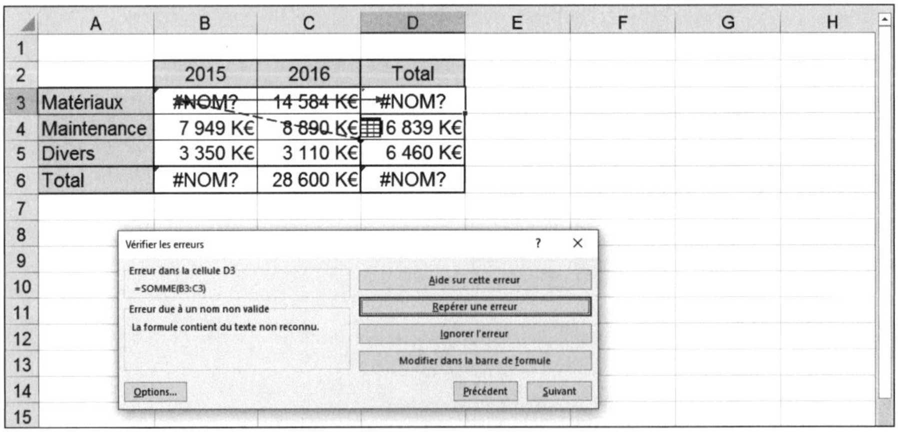

Figure 27-22 Repérage d'erreurs.

2 Cliquez l'onglet **Formules ➜ Vérification des formules ➜ Supprimer les flèches**.

Utiliser les balises d'erreurs

Les balises d'erreurs permettent d'accéder directement à des actions pour corriger les erreurs ou obtenir de l'aide.

La présence d'une balise d'erreur est signalée par un triangle vert en haut à gauche de la cellule.

1 Cliquez la cellule qui contient l'erreur.

2 Pointez la balise .

Une info-bulle affiche le motif de l'erreur.

3 Cliquez la balise .

Le menu qui s'affiche propose des actions à effectuer pour corriger l'erreur ou obtenir de l'aide.

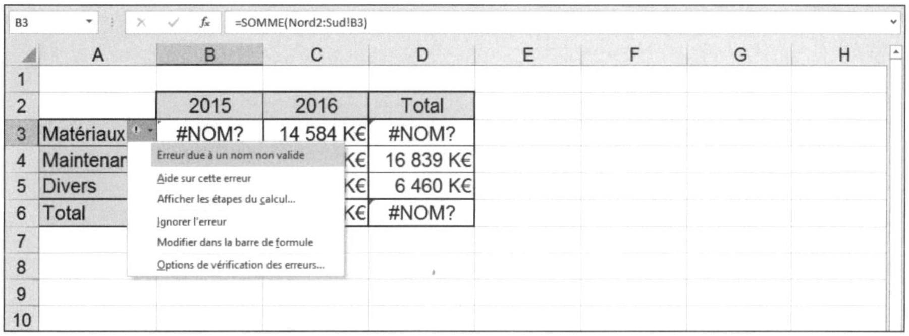

Figure 27-23 Menu d'une balise d'erreur.

Éviter l'exécution d'une macro à l'ouverture

Pour éviter qu'une macro s'exécute automatiquement, maintenez la touche **Maj** enfoncée lors de l'ouverture d'Excel ou du classeur contenant la macro.

Modifier les options de récupération automatique

Excel sauvegarde régulièrement les classeurs en cours. Si l'ordinateur est arrêté brutalement, par exemple suite à une coupure de courant, les dernières informations enregistrées sont récupérées lors de l'ouverture d'Excel.

1 Cliquez l'onglet **Fichier → Options**.

2 Dans la liste de gauche, cliquez **Enregistrement**.

3 Cochez la case **Enregistrer les informations…** pour utiliser la récupération automatique.

4 Tapez le laps de temps entre deux sauvegardes dans la zone **Minutes**.

5 Dans la zone **Emplacement du fichier…** tapez le chemin du dossier de sauvegarde des fichiers de récupération. Vous pouvez utiliser une adresse réseau.

6 Cochez la case **Désactiver la récupération automatique…** pour ne plus utiliser la récupération automatique pour le classeur en cours.

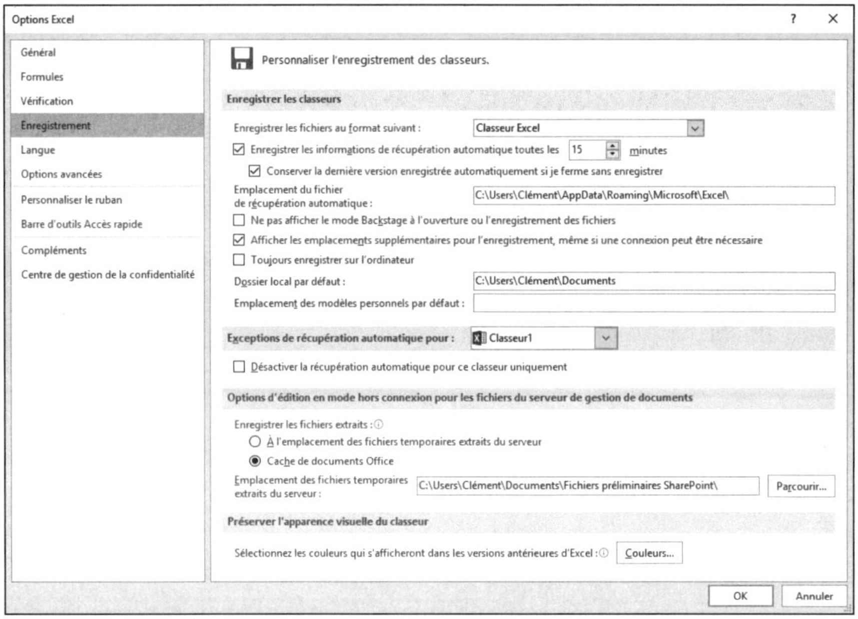

Figure 27-24 Options de récupération automatique.

7 Cliquez le bouton **OK**.

Attention La récupération automatique ne remplace pas l'enregistrement. Vous devez toujours effectuer des sauvegardes dès que vous avez terminé de travailler sur vos classeurs.

Masquer ou afficher une feuille de calcul

Si vous ne désirez pas qu'une feuille soit visible ou modifiée, masquez-la.

1 Sélectionnez la feuille à masquer.

2 Cliquez l'onglet **Accueil ➜ Cellules ➜ Format ➜ Masquer & afficher ➜ Masquer la feuille**.

Note Vous pouvez toujours faire appel aux données d'une feuille masquée. Vous ne pouvez pas masquer la dernière feuille restante.

Pour afficher une feuille masquée :

1 Cliquez l'onglet **Accueil ➜ Cellules ➜ Format ➜ Masquer & afficher ➜ Afficher la feuille**.

2 Cliquez le nom de la feuille dans la boîte **Afficher**.

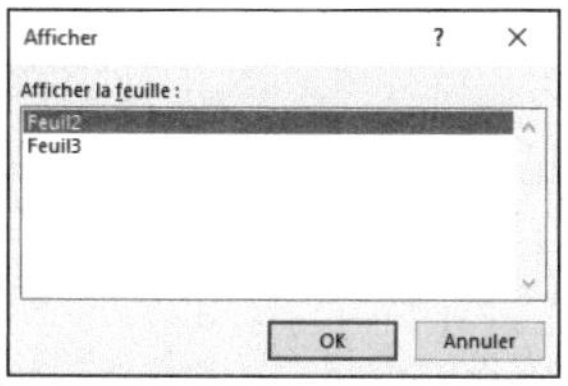

Figure 27-25 Affichage d'une feuille masquée.

3 Cliquez le bouton **OK**.

Masquer des données

Si vous désirez masquer des données, il suffit d'appliquer un format d'affichage particulier.

1 Sélectionnez la ou les cellules à modifier.

2 Cliquez l'onglet **Accueil**, puis le bouton du groupe **Nombre**. Vous pouvez aussi utiliser le raccourci **Ctrl** + **Maj** + **1**.

3 Cliquez l'onglet **Nombre**.

4 Cliquez **Personnalisée** dans la liste **Catégorie**.

5 Double-cliquez la zone **Type** et tapez le format **;;;** (trois points-virgules).

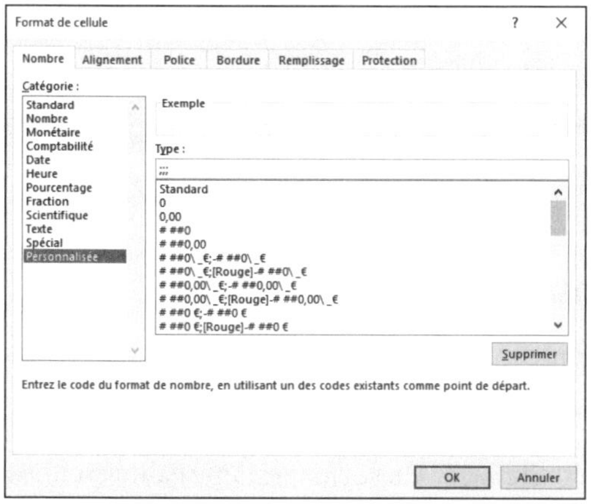

Figure 27-26 Format qui masque l'affichage.

6 Cliquez le bouton **OK**.

Attention Seul l'affichage de la cellule est masqué. La barre de formule affiche toujours le contenu de la cellule.

Les données n'apparaissent plus dans les cellules.

Note Pour afficher de nouveau les données, appliquez un autre format d'affichage (l'affichage Standard par exemple).

Forcer l'affichage du signe +

Par défaut, Excel affiche le signe moins mais pas le signe plus. Pour forcer l'affichage du signe plus, appliquez le format suivant :

```
+# ##0,00;-# ##0,00
```

Note Utilisez la boîte de la figure 27-26 pour modifier le format d'affichage.

Masquer les valeurs zéro

Si vous désirez masquer les valeurs zéro, il existe trois solutions.

La première masque le chiffre zéro de toutes les cellules :

1. Cliquez l'onglet **Fichier ➜ Options**.
2. Cliquez **Options avancées** dans la liste de gauche.
3. Sous **Options d'affichage de la feuille de calcul**, décochez la case **Afficher un zéro dans les cellules qui ont une valeur nulle**.
4. Cliquez le bouton **OK**.

La seconde solution masque uniquement les valeurs zéro de certaines cellules :

1. Sélectionnez les cellules dont vous désirez masquer les zéros.
2. Cliquez l'onglet **Accueil ➜ Style ➜ Mise en forme conditionnelle ➜ Règles de mise en surbrillance des cellules ➜ Égal à**.
3. Tapez **0** dans la première zone.
4. Sélectionnez **Format personnalisé** dans la liste **avec**.
5. Sélectionnez le blanc dans la liste **Couleur**.
6. Cliquez les boutons **OK** pour fermer les boîtes.

La troisième solution joue sur le format d'affichage. Un format est en réalité composé de quatre parties séparées par des points-virgules : les valeurs positives, les valeurs négatives, les valeurs zéro et les textes. En ajoutant simplement un point-virgule après les formats des valeurs positives et négatives, les valeurs zéro se trouvent masquées :

```
# ##0,00;-# ##0,00;
```

Masquer les formules

Si vous ne désirez pas que vos formules apparaissent dans vos feuilles de calcul, vous pouvez les masquer. Pour éviter des déconvenues, il est préférable de verrouiller les cellules dans la même opération. En effet, une cellule contenant une formule masquée, mais non verrouillée, apparaît comme vide et peut être modifiée, voire supprimée. Dans l'exemple de la figure 27-27, la cellule C4 semble ne pas contenir de formule puisque la barre de formule n'affiche aucun calcul. Or cette cellule contient une formule masquée, mais non verrouillée, qu'il est donc possible d'effacer.

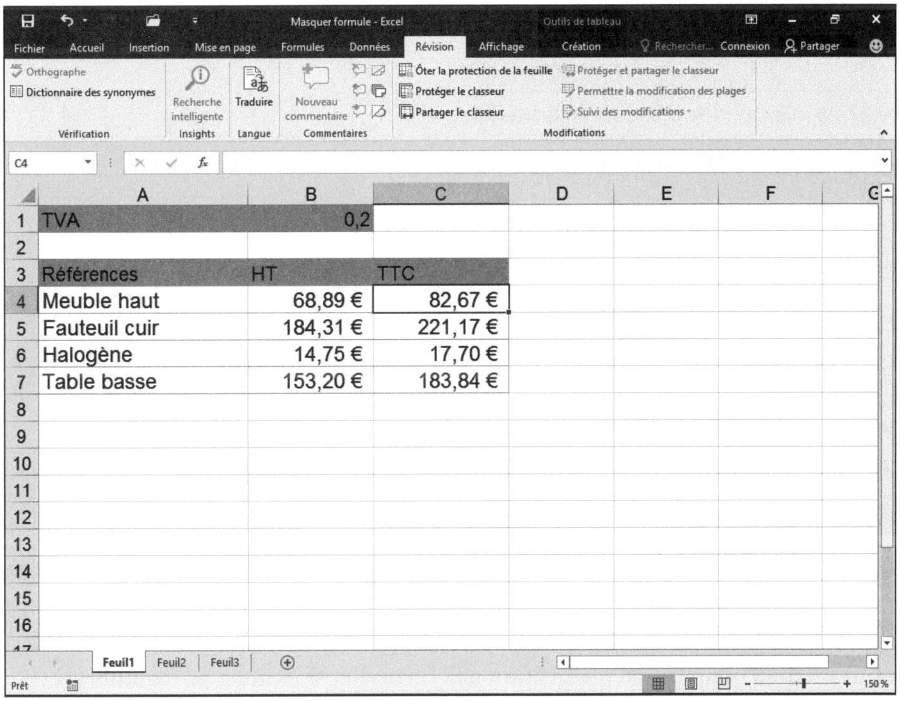

Figure 27-27 Formule masquée dans une cellule : la barre de formule est vide.

Par défaut, toutes les cellules sont verrouillées dès que l'on applique la protection de la feuille. Vous devez donc déverrouiller les cellules de saisie de données, et masquer les cellules qui contiennent des formules à cacher.

1 Sélectionnez la ou les cellules contenant les formules à masquer.

2 Cliquez l'onglet **Accueil**, puis le bouton du groupe **Nombre** ou utilisez le raccourci **Ctrl** + **Maj** + **1**.

3 Cliquez l'onglet **Protection**.

4 Cochez l'option **Masquée**, et laissez l'option **Verrouillée** cochée (figure 27-28).

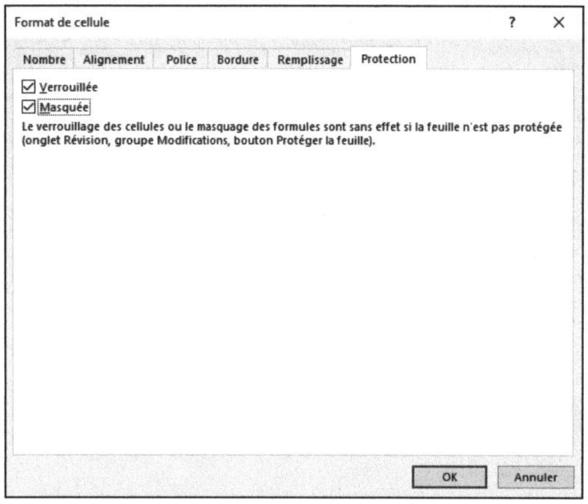

Figure 27-28 Options de protection des cellules.

5 Cliquez le bouton **OK** pour valider vos choix.

6 Sélectionnez la ou les cellules de saisie de données.

7 Répétez les étapes **2** à **3** et décochez l'option **Verrouillée**.

Pour que la protection soit effective, il faut protéger la feuille.

1 Cliquez l'onglet **Révision ➜ Modifications ➜ Protéger la feuille**.

2 Cliquez le bouton **OK** pour protéger la feuille.

Évaluer les formules complexes

Si votre formule ne fonctionne pas comme vous le désirez, demandez à Excel de l'évaluer.

1 Cliquez la cellule contenant la formule.

2 Cliquez l'onglet **Formules ➜ Vérification des formules ➜ Évaluer la formule** .

La boîte affiche la formule avant évaluation.

3 Cliquez le bouton **Pas à pas détaillé** si la référence de la cellule soulignée dépend du contenu d'autres cellules (si ce n'est pas le cas, le bouton n'est pas disponible).

La boîte affiche les cellules dont dépend la formule.

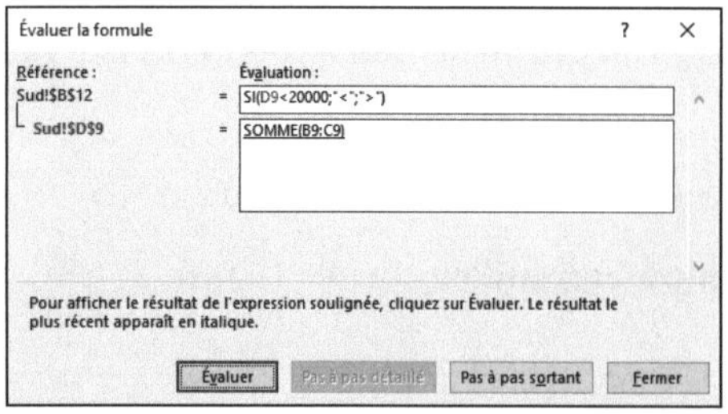

Figure 27-29 Liste des cellules dont dépend la formule.

4 Cliquez le bouton **Évaluer** pour remplacer les références de cellules dont dépend la formule par leur vraie valeur.

La boîte affiche le contenu des cellules dont dépend la fonction.

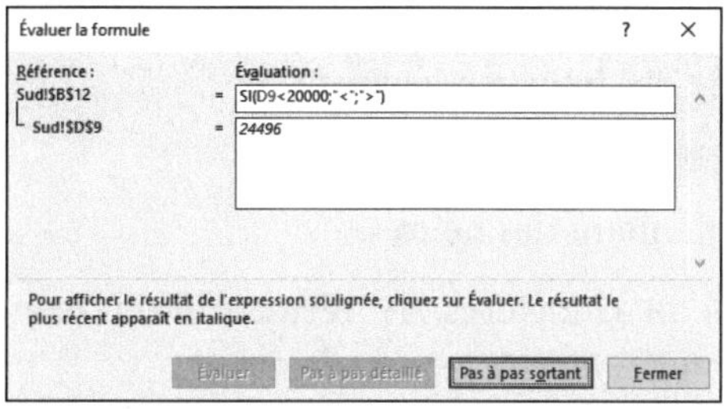

Figure 27-30 Liste des valeurs des cellules dont dépend la formule.

5 Cliquez le bouton **Pas à pas sortant** pour revenir à l'évaluation de la formule.

La première référence de cellule est remplacée par sa valeur.

6 Cliquez le bouton **Évaluer** pour évaluer l'élément suivant de la formule.

7 Cliquez autant de fois que nécessaire le bouton **Évaluer** pour obtenir la valeur finale de la formule.

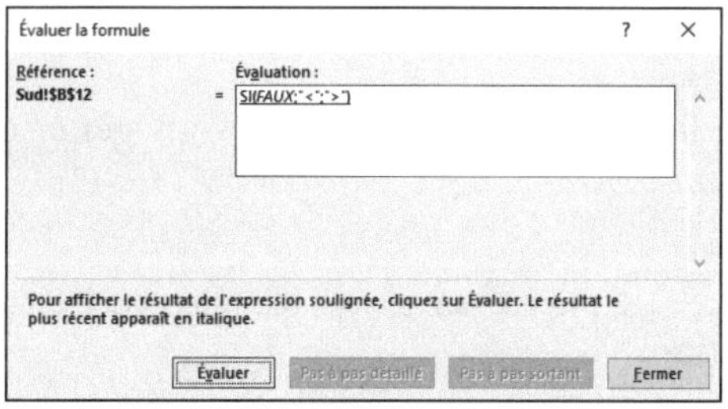

Figure 27-31 Évaluation complète de la formule.

8 Cliquez le bouton **Fermer**.

Note L'utilisation réelle de l'évaluation dépend de la complexité de la formule.

Calculer le nombre d'heures entre deux dates

Voici une formule simple pour calculer le nombre d'heures entre deux dates :

```
=AUJOURDHUI()-"13/3/1991"
```

Appliquez ensuite à la cellule qui contient la formule le format personnalisé [h].

Si vous désirez être plus précis, utilisez la formule suivante :

```
=MAINTENANT()-"13/3/1991 10:20"
```

Afficher des heures sous forme négative

Si un calcul d'heures retourne une valeur négative, Excel affiche les symboles « ###### » dans la cellule, et une info-bulle indique le message suivant : « Les dates ou heures négatives sont affichées sous forme de #### ».

Voici une formule pour afficher quand même des heures négatives :

```
=(SI(A1>A2;A1-A2;"-"&TEXTE(A2-A1;"hh:mm")))
```

On suppose ici que les cellules A1 et A2 contiennent des heures.

Comme la formule retourne une chaîne de caractères, le résultat n'est pas exploitable directement. Cliquez le bouton pour aligner ce dernier sur la droite.

Calculer des kilomètres/heure

Les valeurs horaires se prêtent aussi aux calculs. Cet exemple calcule une vitesse moyenne en fonction de la distance (B1) et de la durée du parcours (B2) :

```
=B1/(B2*24)
```

Supprimer la conversion des adresses en liens hypertextes

Par défaut, Excel convertit les adresses en liens hypertextes. Si cela vous gêne, modifiez ce comportement.

1 Cliquez l'onglet **Fichier ➜ Options**.

2 Dans la liste de gauche, cliquez **Vérification**.

3 Cliquez le bouton **Options de correction automatique**.

4 Cliquez l'onglet **Mise en forme automatique…**

5 Décochez la case **Adresses Internet et réseau avec des liens hypertextes**.

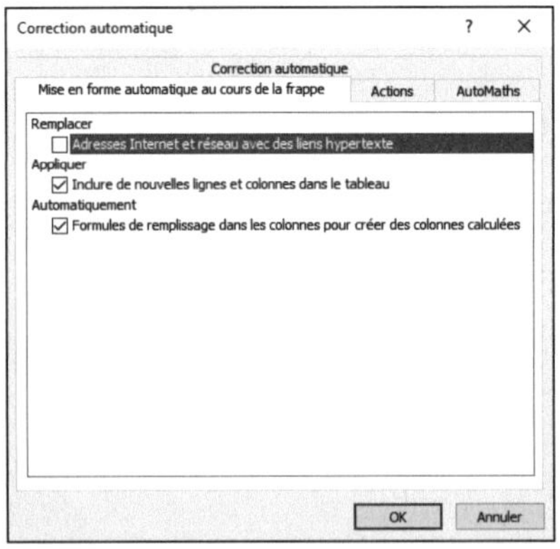

Figure 27-32 Suppression de la conversion des adresses en liens hypertextes.

6 Cliquez les boutons **OK**.

Convertir des feuilles de calcul en pages HTML

Dans le but de publier ultérieurement vos classeurs ou vos feuilles de calcul sur le Web, Excel propose de les enregistrer au format HTML (*HyperText Markup*), MHTML (HTML dans un fichier unique) ou XML (*Extensible Markup Language*).

Définition **HTML** : langage utilisé pour créer des pages Web. Le HTML est un texte composé de balises qui définissent la mise en forme du contenu des pages. **MHTML** : format HTML regroupant tous les éléments (textes, images, *etc.*) dans un seul fichier. **XML** : langage de création de pages Web composé de balises définies par l'utilisateur, par opposition au HTML où les balises sont prédéfinies.

1 Cliquez l'onglet **Fichier → Enregistrer sous**.

2 Sélectionnez le dossier qui doit recevoir la page HTML.

3 Tapez le nom de la page dans la zone **Nom de fichier**.

4 Sélectionnez dans la liste **Type** le format voulu (HTML, MHTML ou XML).

5 Cliquez le bouton **Modifier le titre**.

6 Tapez le titre des pages.

7 Cliquez le bouton **OK**.

8 Dans la zone **Enregistrer**, cochez ce que vous désirez sauvegarder.

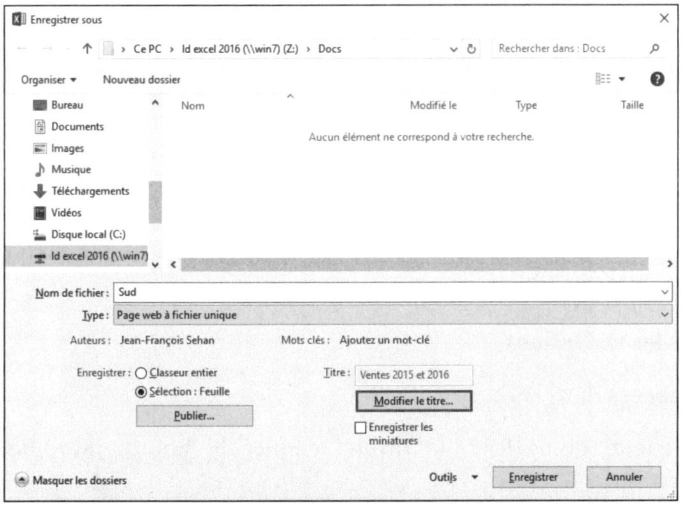

Figure 27-33 Enregistrement d'un classeur au format HTML.

9 Cliquez le bouton **Enregistrer**.

10 Cliquez le bouton **Oui** ou **Publier** pour confirmer l'enregistrement.

Attention Si vous devez publier ultérieurement un classeur, n'oubliez pas de joindre en plus du fichier HTML le dossier qui contient les fichiers. Cela n'est pas nécessaire pour les fichiers MHTML qui englobent tous les éléments dans un seul fichier.

Réduire la taille d'un classeur

Excel conserve plus d'informations que nécessaire dans les classeurs. C'est le cas quand on supprime le contenu des cellules sans supprimer les lignes ou colonnes entières correspondantes. En supprimant ces données inutiles, vous pouvez réduire la taille du classeur.

1. Tapez **Ctrl** + **Fin**.

   La dernière cellule utilisée dans la feuille est sélectionnée. Si ce n'est pas la cellule qui correspond à la dernière ligne et la dernière colonne utilisées par vos données, vous devez supprimer les lignes et les colonnes inutiles.
2. Sélectionnez la première ligne vide en dessous de vos données.
3. Tapez **Ctrl** + **Maj** + **Bas** (flèche vers le bas) pour sélectionner toutes les lignes en dessous.
4. Tapez **Ctrl** + **-** pour supprimer toutes les lignes sélectionnées.
5. Sélectionnez la première colonne vide à droite de vos données.
6. Tapez **Ctrl** + **Maj** + **Droit** (flèche vers la droite) pour sélectionner toutes les colonnes à droite.
7. Tapez **Ctrl** + **-** pour supprimer toutes les colonnes sélectionnées.
8. Répétez les étapes **1** à **7** pour les autres feuilles.
9. Tapez **Ctrl** + **S** pour enregistrer le classeur.

Créer une liste personnalisée

Si vous utilisez toujours la même liste de données, il est préférable de la définir une fois pour toutes.

1. Cliquez l'onglet **Fichier ➜ Options**.
2. Cliquez **Options avancées** dans la liste de gauche.
3. Dans le groupe **Général** de la liste de droite, cliquez le bouton **Modifier les listes personnalisées**.
4. Cliquez **Nouvelle liste** dans **Listes personnalisées**.

5 Saisissez les données de votre liste dans la zone **Entrées de la liste**. Validez chaque donnée avec la touche **Entrée**.

Note Si les données existent déjà, cliquez la zone **Importer la liste des cellules**, sélectionnez ces données dans la feuille de calcul en dessous, puis cliquez le bouton **Importer**.

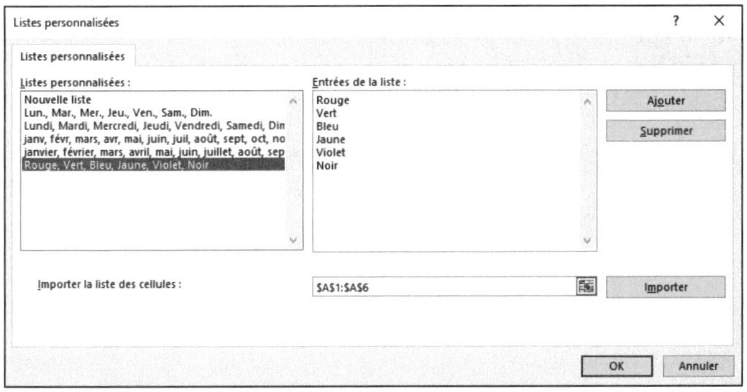

Figure 27-34 Création d'une liste personnalisée.

6 Cliquez le bouton **OK**. Si vous désirez créer immédiatement une autre liste, cliquez le bouton **Ajouter** pour ne pas fermer la boîte de dialogue.

Vous pouvez maintenant utiliser votre liste comme celles prédéfinies (Janvier, Février, *etc.*, Lundi, Mardi, *etc.*). Tapez une de ses valeurs, puis utilisez la poignée de recopie.

Colorier la première nouvelle valeur d'une liste

Cet exemple de mise en forme conditionnelle avec formule change la couleur de la première nouvelle valeur d'une liste. Cette dernière doit donc être triée et contenir des valeurs qui se répètent.

1 Sélectionnez les valeurs à mettre en forme.

Attention La liste doit commencer au moins à la ligne 2.

2 Cliquez l'onglet **Accueil → Style → Mise en forme conditionnelle → Nouvelle règle**.

3 Sélectionnez **Utiliser une formule...** dans la liste **Sélectionnez un type de règle**.

4 Tapez **=A2<>DECALER(A2;-1;0)** dans la zone **Appliquer une mise en forme...**.

Cette formule compare le contenu de la cellule en cours avec le contenu de celle au-dessus.

5 Cliquez le bouton **Format** puis modifiez la mise en forme.

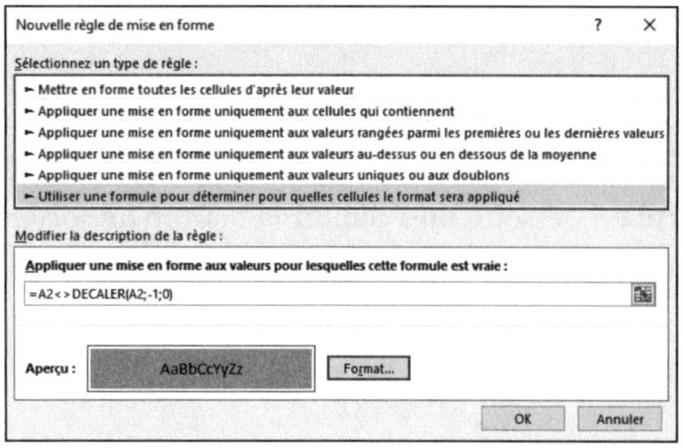

Figure 27-35 Mise en forme conditionnelle avec une formule.

6 Cliquez le bouton **OK** pour valider.

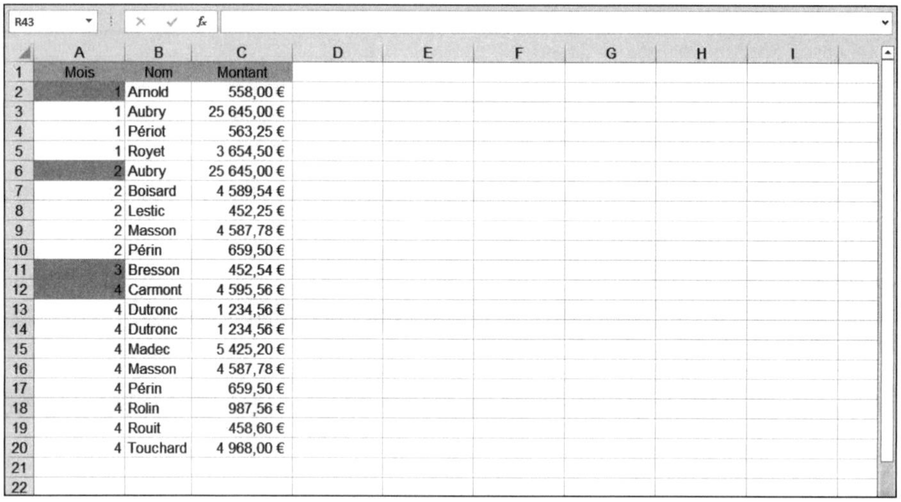

	A	B	C
1	Mois	Nom	Montant
2	1	Arnold	558,00 €
3	1	Aubry	25 645,00 €
4	1	Périot	563,25 €
5	1	Royet	3 654,50 €
6	2	Aubry	25 645,00 €
7	2	Boisard	4 589,54 €
8	2	Lestic	452,25 €
9	2	Masson	4 587,78 €
10	2	Périn	659,50 €
11	3	Bresson	452,54 €
12	4	Carmont	4 595,56 €
13	4	Dutronc	1 234,56 €
14	4	Dutronc	1 234,56 €
15	4	Madec	5 425,20 €
16	4	Masson	4 587,78 €
17	4	Périn	659,50 €
18	4	Rolin	987,56 €
19	4	Rouit	458,60 €
20	4	Touchard	4 968,00 €
21			
22			

Figure 27-36 Liste avec une mise en forme conditionnelle à chaque nouvelle valeur.

Note Pour modifier ou supprimer une règle, cliquez l'onglet **Accueil ➜ Style ➜ Mise en forme conditionnelle ➜ Gérer les règles**.

Ajouter un nouveau style

Comme pour un traitement de texte, Excel peut utiliser des styles prédéfinis pour mettre en forme rapidement des cellules. Vous pouvez aussi créer vos propres styles de mise en forme.

1 Sélectionnez une cellule.

2 Mettez en forme la cellule sélectionnée avec les attributs à utiliser dans le style (format du contenu, police, bordure, alignement, couleurs, *etc.*).

3 Cliquez l'onglet **Accueil ➜ Style ➜ Styles de cellules ➜ Nouveau style de cellule**.

4 Tapez le nom du nouveau style.

5 Décochez les cases des mises en forme à ne pas appliquer.

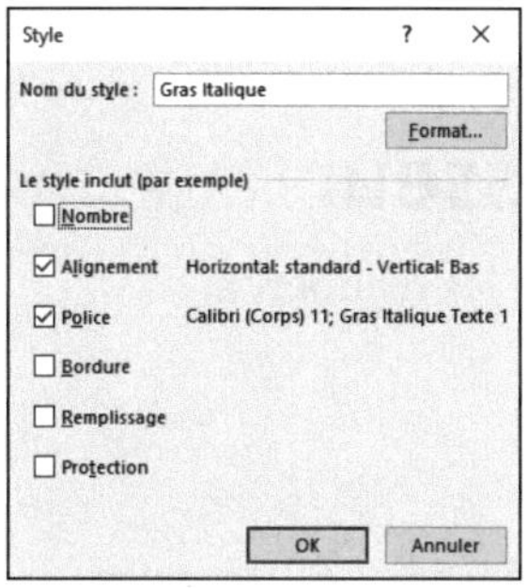

Figure 27-37 Création d'un style personnalisé.

6 Cliquez le bouton **OK**.

Vous pouvez maintenant utiliser le nouveau style.

1 Sélectionnez la ou les cellules à mettre en forme.

2 Cliquez l'onglet **Accueil ➜ Style ➜ Styles de cellules**.

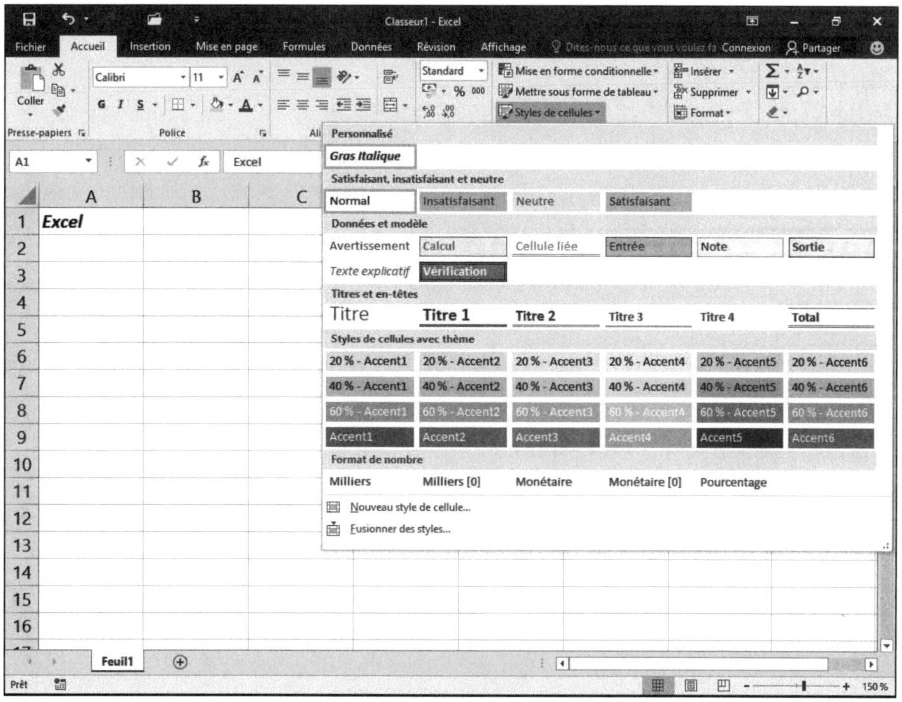

Figure 27-38 Liste des styles disponibles.

Le nouveau style apparaît dans la rubrique **Personnalisé**.

3 Cliquez le nouveau style pour l'appliquer aux cellules sélectionnées.

Note Pour supprimer un style, cliquez-le avec le bouton droit à l'étape **3**, puis cliquez la commande **Supprimer** dans le menu contextuel.

Récupérer les styles d'un autre classeur

Si vos styles existent déjà dans un autre classeur, vous pouvez les récupérer.

1 Ouvrez le classeur qui contient vos styles.

2 Sélectionnez le classeur qui doit recevoir les styles.

3 Cliquez l'onglet **Accueil ➜ Style ➜ Styles de cellules ➜ Fusionner des styles**.

4 Sélectionnez dans la liste **Fusionner à partir du** classeur qui contient vos styles.

Figure 27-39 Récupération de styles d'un autre classeur.

5 Cliquez le bouton **OK** dans la boîte **Fusionner des styles**.

Effectuer la somme d'une plage contenant des erreurs

Avec la fonction **SOMME.SI**, il est possible d'effectuer la somme des valeurs d'une plage de cellules contenant des erreurs.

Tapez la formule suivante pour la somme :

```
=SOMME.SI(A1:A12;"<>#VALEUR!")
```

Remplacez #VALEUR! si vous désirez gérer d'autres erreurs (#N/A par exemple).

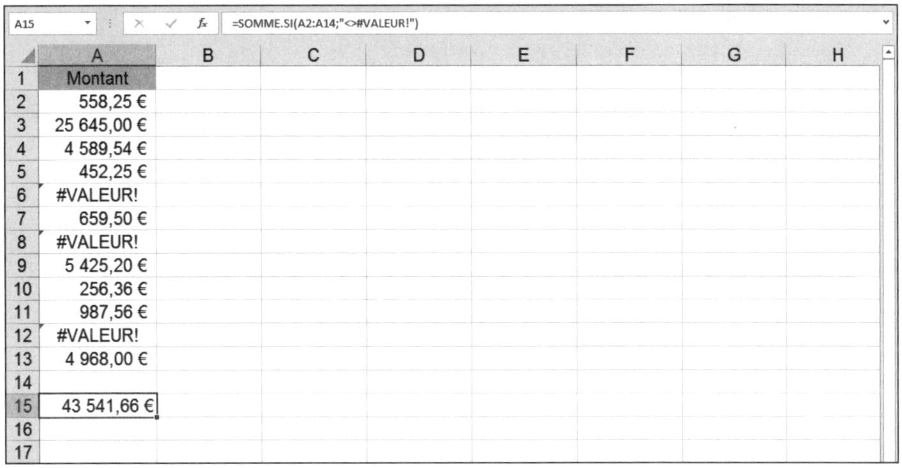

Figure 27-40 Somme de valeurs contenant des erreurs.

Effectuer la somme des plus grandes valeurs

Cette astuce permet de calculer la somme des plus grandes valeurs d'un tableau. La formule suivante retourne la somme des deux plus grandes valeurs de la plage A1:A20 :

```
=SOMME(GRANDE.VALEUR(A1:A20;1);GRANDE.VALEUR(A1:A20;2))
```

Cela fonctionne aussi pour les plus petites valeurs :

```
=SOMME(PETITE.VALEUR(A1:A20;1);PETITE.VALEUR(A1:A20;2))
```

Calculer la somme à une intersection de plages

Cette formule permet de calculer la somme des valeurs qui se trouve à l'intersection de lignes et de colonnes :

```
=SOMME(E:F 5:6)
```

Cet exemple calcule la somme des valeurs à l'intersection des colonnes E et F, et des lignes 5 et 6.

Effectuer une somme avec plusieurs critères

Le plus simple pour calculer une somme avec plusieurs critères est d'utiliser la fonction **SOMMEPROD**.

Dans l'exemple de la figure 27-41, on désire connaître la somme des montants des mois de Janvier **OU** Mars. On utilise pour cela la fonction suivante :

```
=SOMMEPROD((A2:A16="Janvier")+(A2:A16="Mars");C2:C16)
```

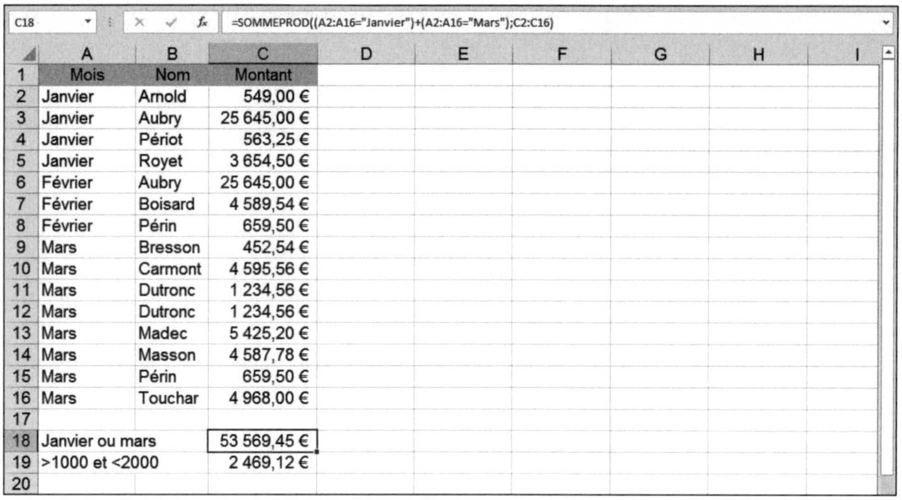

C18 =SOMMEPROD((A2:A16="Janvier")+(A2:A16="Mars");C2:C16)

	A	B	C
1	Mois	Nom	Montant
2	Janvier	Arnold	549,00 €
3	Janvier	Aubry	25 645,00 €
4	Janvier	Périot	563,25 €
5	Janvier	Royet	3 654,50 €
6	Février	Aubry	25 645,00 €
7	Février	Boisard	4 589,54 €
8	Février	Périn	659,50 €
9	Mars	Bresson	452,54 €
10	Mars	Carmont	4 595,56 €
11	Mars	Dutronc	1 234,56 €
12	Mars	Dutronc	1 234,56 €
13	Mars	Madec	5 425,20 €
14	Mars	Masson	4 587,78 €
15	Mars	Périn	659,50 €
16	Mars	Touchar	4 968,00 €
17			
18	Janvier ou mars		53 569,45 €
19	>1000 et <2000		2 469,12 €
20			

Figure 27-41 Somme avec plusieurs critères.

Si on désire maintenant calculer la somme des montants supérieurs à 1 000 **ET** inférieurs à 2 000, il faut utiliser la formule suivante :

```
=SOMMEPROD((C2:C16>1000)*(C2:C16<2000);C2:C16)
```

C'est la formule appliquée dans la cellule C19 de la figure 27-41.

Effectuer une somme en choisissant un critère dans une liste

Avec la fonction **SOMME.SI**, le critère peut se trouver dans une cellule. Il suffit de donner la référence de cette dernière comme argument du critère.

À partir du tableau de la figure 27-42, on désire calculer le total des montants pour chaque mois. Le critère est ici placé dans la cellule A19. Pour simplifier sa saisie, il est proposé par une liste déroulante (consultez le paragraphe « Choisir une valeur dans une liste » dans le chapitre 28). La cellule B19 contient la formule suivante :

```
=SOMME.SI(A2:A16;A19;C2:C16)
```

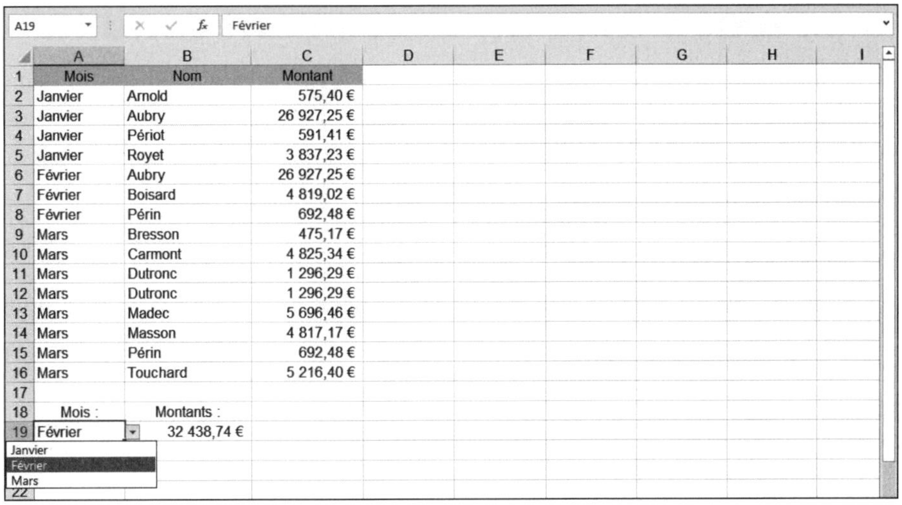

Figure 27-42 Somme conditionnelle avec un critère dans une liste.

Convertir les données d'un tableau

Sans effectuer de corrections manuelles, vous pouvez convertir toutes les données d'un tableau. Cela permet, par exemple, d'augmenter une liste de prix d'un même pourcentage, de convertir en euros un tableau dans une autre monnaie, *etc.*

1 Tapez dans une cellule la valeur de conversion (par exemple 1,05 pour augmenter des prix de 5 %).

2 Sélectionnez la valeur de conversion et tapez **Ctrl** + **C** pour la copier.

3 Sélectionnez le tableau contenant les données à convertir.

4 Cliquez l'onglet **Accueil ➜ Presse-papiers ➜ Coller ➜ Collage spécial**.

5 Dans la zone **Opération**, cochez celle à utiliser pour la conversion (la **Multiplication** dans notre exemple d'augmentation de prix).

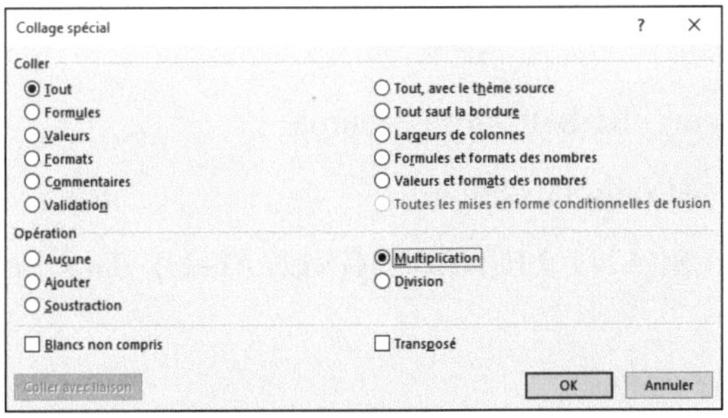

Figure 27-43 Opération dans un collage spécial.

6 Cliquez le bouton **OK**.

Gérer des *ex æquo* avec un classement continu

La formule suivante permet d'attribuer des places à une liste de valeurs en ordre décroissant (des notes d'élèves par exemple). L'attribution des places s'effectue ici de manière continue, même en cas d'*ex æquo*.

1. Triez en ordre décroissant les valeurs (**B1:B10** dans l'exemple).
2. Tapez **1** dans la première cellule (**A1** dans l'exemple).
3. Tapez la formule **=SI(B1<>B2;A1+1;A1)** dans la deuxième cellule (**A2** dans l'exemple).
4. Recopiez la formule pour les autres valeurs.

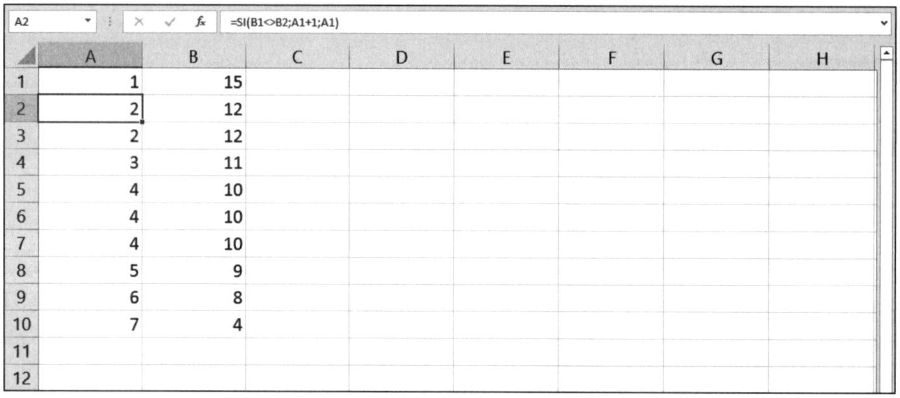

	A	B	C	D	E	F	G	H
1	1	15						
2	2	12						
3	2	12						
4	3	11						
5	4	10						
6	4	10						
7	4	10						
8	5	9						
9	6	8						
10	7	4						
11								
12								

Figure 27-44 Classement continu.

Astuce Les tableaux croisés dynamiques permettent de gérer les *ex æquo*. Dans le chapitre 10, consultez le paragraphe « Comparer des valeurs avec le total » ainsi que le tableau 10-2.

Gérer des *ex æquo* avec un classement discontinu

La formule suivante permet d'attribuer des places à une liste de valeurs en ordre décroissant (des notes d'élèves par exemple). L'attribution des places s'effectue ici de manière discontinue en cas d'*ex æquo*.

1. Triez en ordre décroissant les valeurs (**B1:B10** dans l'exemple).
2. Tapez **1** dans la première cellule (**A1** dans l'exemple).
3. Tapez la formule **=SI(B1=B2;A1;SI(A1+1<LIGNE();LIGNE();A1+1))** dans la deuxième cellule (**A2** dans l'exemple).
4. Recopiez la formule pour les autres valeurs.

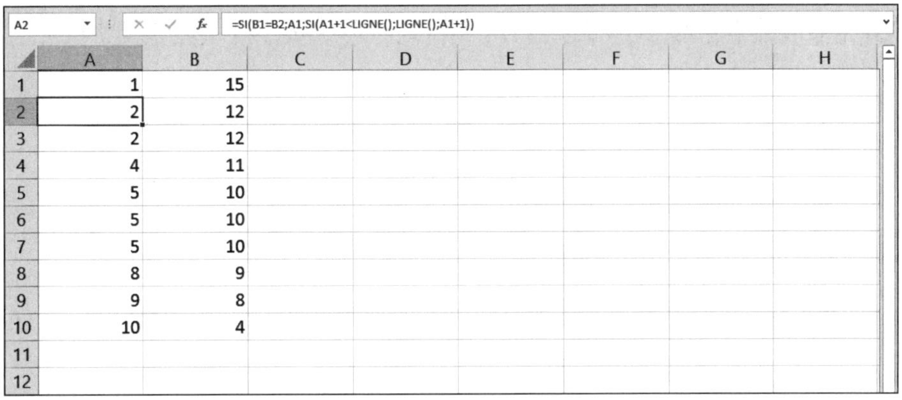

Figure 27-45 Classement discontinu.

Cette formule utilise la fonction **LIGNE** pour connaître le numéro de la ligne en cours. Si votre tableau ne débute pas dans la ligne 1, vous devez utiliser la formule suivante :

```
=SI(B5=B6;A5;SI(A5+1<(LIGNE()-Offset);LIGNE()-Offset;A5+1))
```

Remplacer le mot « Offset » par le nombre de lignes avant le début du tableau, par exemple 4 si la première valeur se trouve dans la 5e ligne, ou donnez les références de la cellule qui contient cette valeur comme dans la figure 27-46 (dans cet exemple, la cellule B1 est nommée « Offset »).

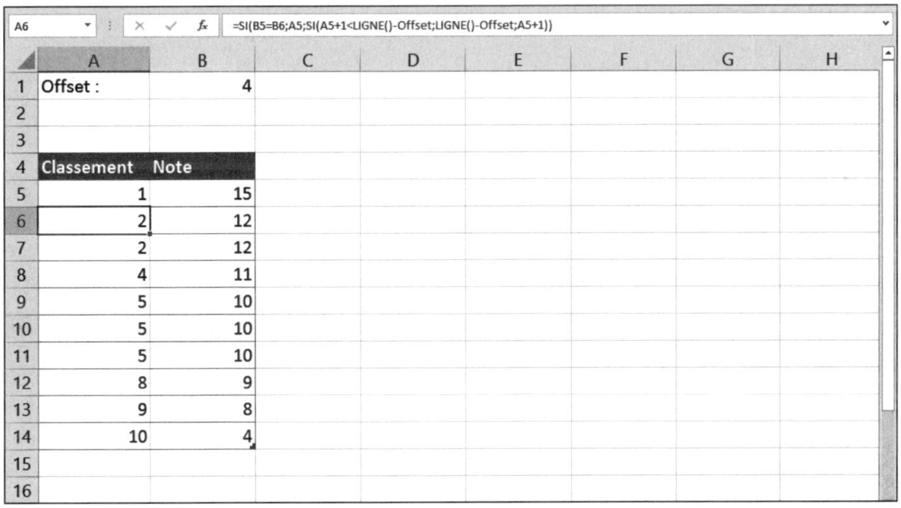

Figure 27-46 Classement discontinu pour un tableau ne débutant pas à la première ligne.

Chapitre 28

Trucs et astuces pour aller plus loin

Excel fourmille de fonctionnalités et de possibilités que seuls les utilisateurs très avertis connaissent. Certaines ne sont même pas documentées dans l'aide en ligne. Pour les connaître, il n'y a que deux moyens : passer de longues heures durant des années en les découvrant vous-même petit à petit, ou bien lire les pages qui suivent. L'auteur, à travers ce chapitre, vous livre tous les trucs et astuces qu'il a découverts au fil des mois, des années de pratique et de connaissance de ce tableur.

Commenter une cellule avec une annotation sonore

Comme Excel accepte les objets des autres applications, il est possible d'insérer un fichier son dans une feuille de calcul.

1 Cliquez l'onglet **Insertion ➜ Texte ➜ Objet**.

2 Cliquez l'onglet **Créer à partir du fichier**.

3 Cliquez le bouton **Parcourir**.

4 Recherchez et sélectionnez le fichier son puis cliquez le bouton **Insérer**.

5 Cochez la case **Lier au fichier** pour que les modifications du fichier d'origine soient prises en compte.

6 Cochez la case **Afficher sous forme d'icône** pour mieux repérer l'annotation sonore.

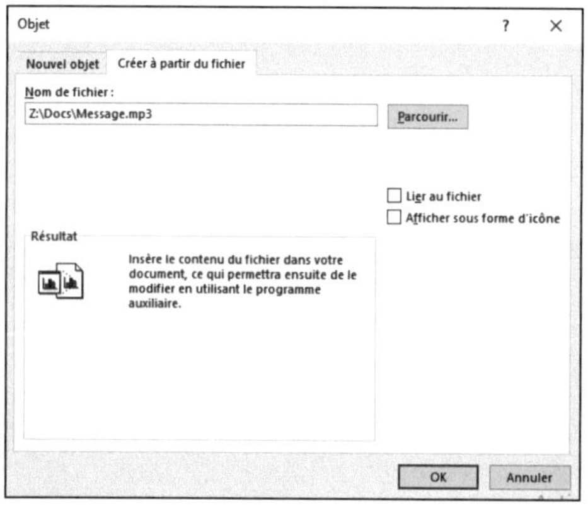

Figure 28-1 Ajout d'un commentaire sonore à partir d'un fichier sur le disque dur.

7 Cliquez le bouton **OK** dans la boîte **Objet**.

Pour écouter le fichier son :

1 Cliquez avec le bouton droit l'annotation sonore.

2 Cliquez **Objet... ➜ Activer le contenu** dans le menu contextuel.

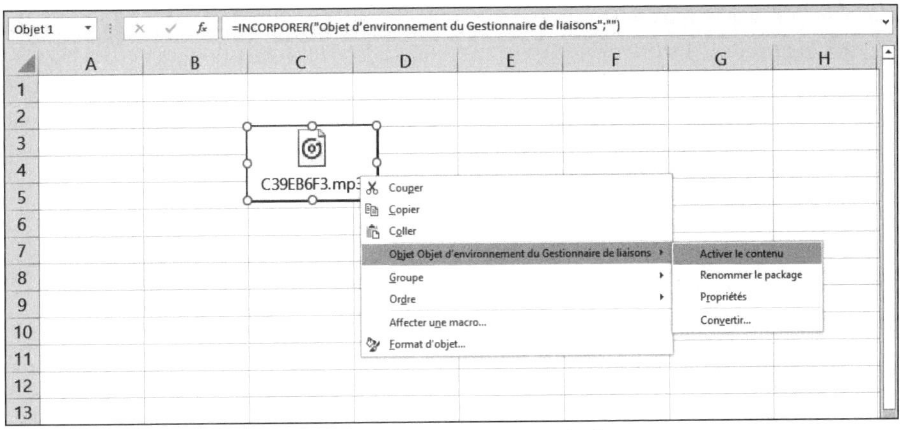

Figure 28-2 Commentaire sonore sur une feuille de calcul.

Le fichier son est lu avec le lecteur par défaut.

Éviter l'affichage des pages de l'onglet Fichier

Si vous utilisez les boutons **Ouvrir** ou **Enregistrer** de la barre d'Accès rapide, ou plus simplement les raccourcis **Ctrl** + **O** ou **Ctrl** + **S**, vous affichez automatiquement la page correspondante de l'onglet **Fichier**.

Vous pouvez contourner cet onglet et ouvrir directement les boîtes de dialogue correspondantes.

1 Cliquez l'onglet **Fichier → Options**.

2 Cliquez **Enregistrement** dans la liste de gauche.

3 Cochez la case **Ne pas afficher le mode Backstage**.

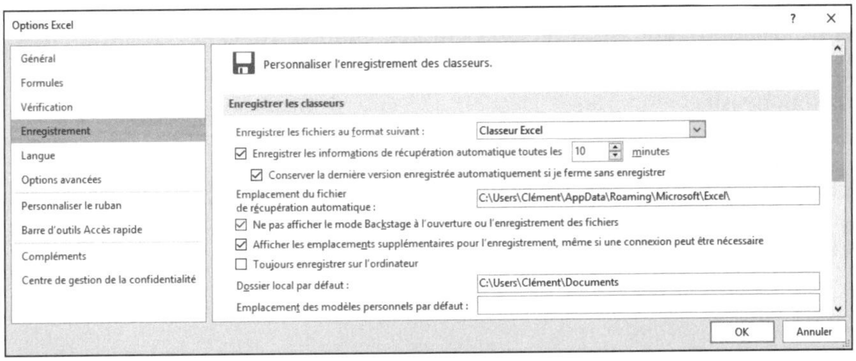

Figure 28-3 Contournement de l'onglet Fichier.

4 Cliquez le bouton **OK**.

Afficher rapidement certaines boîtes de dialogue

Pour accéder rapidement à certaines boîtes de dialogue, il est préférable d'utiliser des raccourcis clavier à la place du ruban ou des boutons des groupes.

- Onglet **Fichier ➜ Imprimer** : **Ctrl+P**.
- Boîte **Format de cellule** : **Ctrl** + **Maj** + **1**.
- Boîte **Rechercher** : **Ctrl** + **F**.
- Boîte **Remplacer** : **Ctrl** + **H**.
- Boîte **Ouvrir** : **Ctrl** + **O**.
- Boîte **Enregistrer sous** (nouveau classeur) : **Crtl** + **S**.
- Boîte **Atteindre** : **Ctrl** + **T** ou **F5**.
- Boîte **Insérer une fonction** (cellule vide) : **Maj** + **F3**.
- Boîte **Arguments de la fonction** (cellule avec fonction) : **Maj** + **F3**.
- Boîte **Gestionnaire de noms** : **Ctrl** + **F3**.
- Boîte **Créer des noms à partir de la sélection** : **Ctrl** + **Maj** + **F3**.
- Boîte **Style** : **Alt** + **'** (apostrophe).

Saisir des caractères spéciaux au clavier

Sans passer par la boîte Caractères spéciaux (voir encadré « Retrouver les codes ASCII » dans le chapitre 20), il est possible de saisir des caractères non disponibles au clavier. Pour cela, maintenez la touche **Alt** puis tapez le code ASCII sur quatre chiffres avec le pavé numérique. Si le code ne comporte que deux ou trois chiffres, faites-le précéder de un ou deux zéros. Par exemple, pour saisir le symbole du yen, tapez **Alt** + **0165**. Le symbole apparaît dès que vous relâchez la touche **Alt**.

Insérer ou supprimer rapidement une colonne ou une ligne

Ce simple raccourci clavier vous rendra bien des services.

1. Cliquez la lettre de la colonne ou le chiffre de la ligne (vous pouvez aussi sélectionner plusieurs colonnes ou plusieurs lignes).
2. Tapez **Ctrl** + **+** pour insérer une colonne ou une ligne. Tapez **Ctrl** + **-** pour supprimer une colonne ou une ligne.

Note Si vous avez inséré une colonne ou une ligne, utilisez la balise active pour choisir son format.

Sélectionner rapidement des colonnes ou des lignes

Pour vous éviter d'utiliser la souris, il existe des raccourcis clavier pour sélectionner des lignes et des colonnes entières. Vous pouvez utiliser cette astuce conjointement avec l'astuce précédente.

Pour sélectionner des colonnes :

1 Sélectionnez une ou plusieurs cellules correspondant aux colonnes concernées.

2 Tapez **Ctrl** + **Barre d'espace**.

Pour sélectionner des lignes :

1 Sélectionnez une ou plusieurs cellules correspondant aux lignes concernées.

2 Tapez **Maj** + **Barre d'espace**.

Modifier l'apparence d'un commentaire

Vous pouvez modifier l'apparence des commentaires comme pour une cellule (police, couleurs, taille, motif, *etc.*).

1 Cliquez avec le bouton droit la cellule à commenter ou possédant déjà un commentaire.

2 Cliquez dans le menu contextuel la commande **Insérer un commentaire** ou **Modifier le commentaire** selon le cas.

3 Cliquez avec le bouton droit la bordure du commentaire.

4 Cliquez la commande **Format de commentaire** dans le menu contextuel.

5 Modifiez dans chaque onglet l'apparence du commentaire.

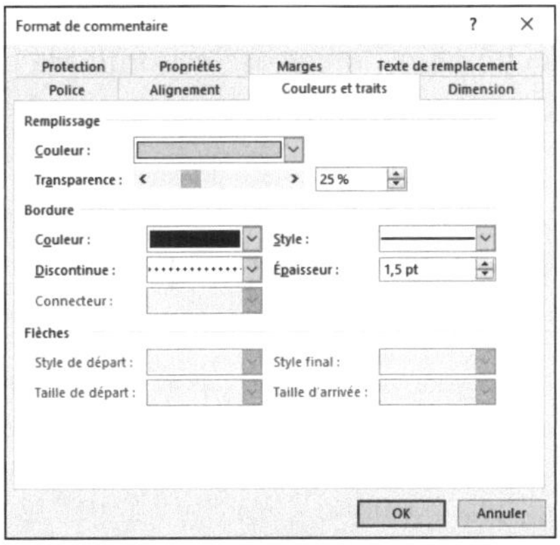

Figure 28-4 Boîte de modification du format d'un commentaire.

6 Cliquez le bouton **OK** pour valider les modifications.

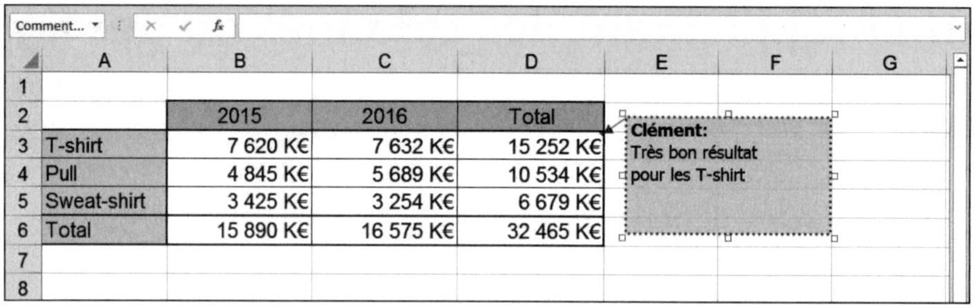

Figure 28-5 Commentaire modifié.

Ajouter une image à un commentaire

En plus de la modification de son format (voir astuce précédente), il est possible d'ajouter une image dans un commentaire (graphique, dessin, photo, *etc.*).

1. Cliquez avec le bouton droit la cellule à commenter ou possédant déjà un commentaire.
2. Cliquez dans le menu contextuel la commande **Insérer un commentaire** ou **Modifier le commentaire** selon le cas.
3. Cliquez avec le bouton droit la bordure.
4. Cliquez la commande **Format de commentaire** dans le menu contextuel.
5. Cliquez l'onglet **Couleurs et traits**.
6. Dans la zone **Remplissage**, cliquez la liste **Couleur**.
7. Cliquez **Motifs et textures** dans la liste **Couleur**.
8. Cliquez l'onglet **Image**.
9. Cliquez le bouton **Sélectionner une image**, recherchez l'image, sélectionnez-la puis cliquez le bouton **Insérer**.

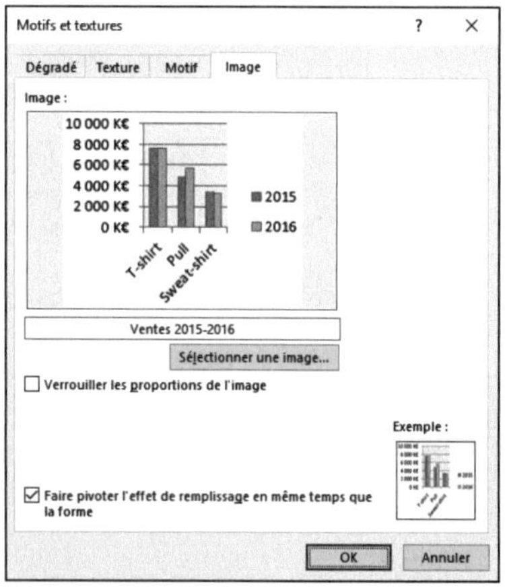

Figure 28-6 Sélection d'une image pour un commentaire.

10 Cliquez le bouton **OK** dans la boîte **Motifs et textures**.

11 Cliquez le bouton **OK** dans la boîte **Format de commentaire**.

12 Cliquez la cellule avec le commentaire pour afficher l'image.

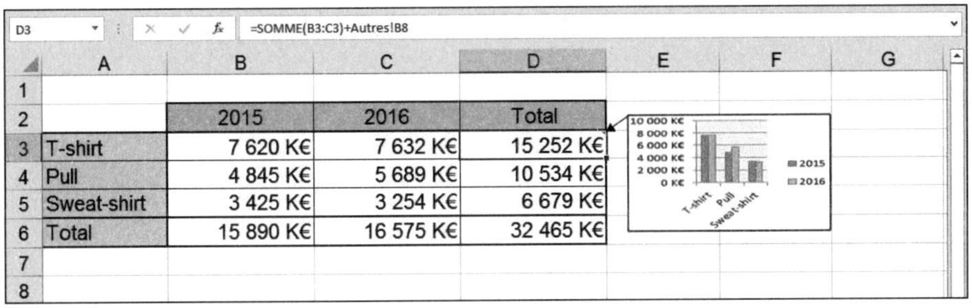

	A	B	C	D
1				
2		2015	2016	Total
3	T-shirt	7 620 K€	7 632 K€	15 252 K€
4	Pull	4 845 K€	5 689 K€	10 534 K€
5	Sweat-shirt	3 425 K€	3 254 K€	6 679 K€
6	Total	15 890 K€	16 575 K€	32 465 K€
7				
8				

Figure 28-7 Commentaire avec une image.

Modifier le nom par défaut dans les commentaires

Dans chaque nouveau commentaire, Excel affiche le nom de l'utilisateur. Pour modifier ce dernier :

1 Cliquez l'onglet **Fichier → Options**.

2 Cliquez **Général** dans la liste de gauche.

3 Saisissez le nouveau nom, ou tout autre texte, dans la zone **Nom d'utilisateur**.

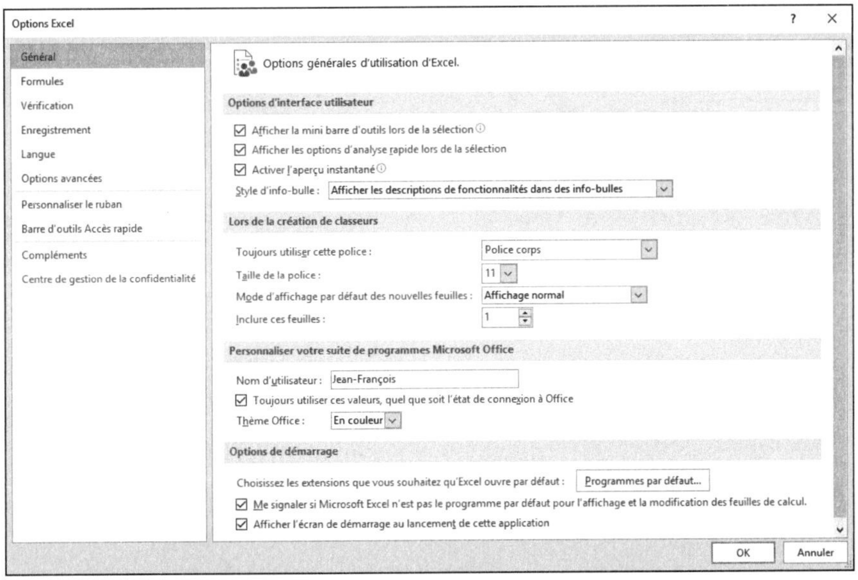

Figure 28-8 Modification du nom de l'utilisateur.

4 Cliquez le bouton **OK**.

Supprimer rapidement tous les commentaires d'une feuille

Voici une astuce pour supprimer d'un seul coup tous les commentaires d'une feuille de calcul.

1 Tapez **Ctrl** + **Maj** + **O** (lettre O) pour sélectionner tous les commentaires.

2 Cliquez avec le bouton droit une des cellules sélectionnées.

3 Cliquez **Effacer le commentaire** dans le menu contextuel.

Ouvrir Excel sur le même classeur

Si vous travaillez systématiquement sur le même classeur au démarrage, vous pouvez demander à Excel de l'ouvrir pour vous.

Ajoutez pour cela le classeur dans le dossier suivant :

```
C:\Utilisateurs\nom d'utilisateur\AppData\Roaming\Microsoft\Excel\XLSTART
```

Ce dossier contient peut-être déjà le classeur PERSONAL.XLSB.

Conseil Vous pouvez aussi ajouter un raccourci de votre classeur sur le Bureau.

Ouvrir Excel avec tous les classeurs d'un dossier

Si les classeurs à ouvrir au démarrage sont nombreux, placez-les dans un dossier, puis effectuez les étapes suivantes :

1 Cliquez l'onglet **Fichier → Options**.

2 Cliquez **Options avancées** dans la liste de gauche.

3 Dans la liste de droite, sous **Général**, tapez dans la zone **Au démarrage, ouvrir tous les fichiers du dossier** le chemin complet du dossier contenant vos classeurs.

Attention Ne placez dans ce dossier que des fichiers Excel pour éviter les erreurs d'ouverture.

4 Cliquez le bouton **OK**.

Tous les fichiers du dossier seront chargés à la prochaine ouverture d'Excel.

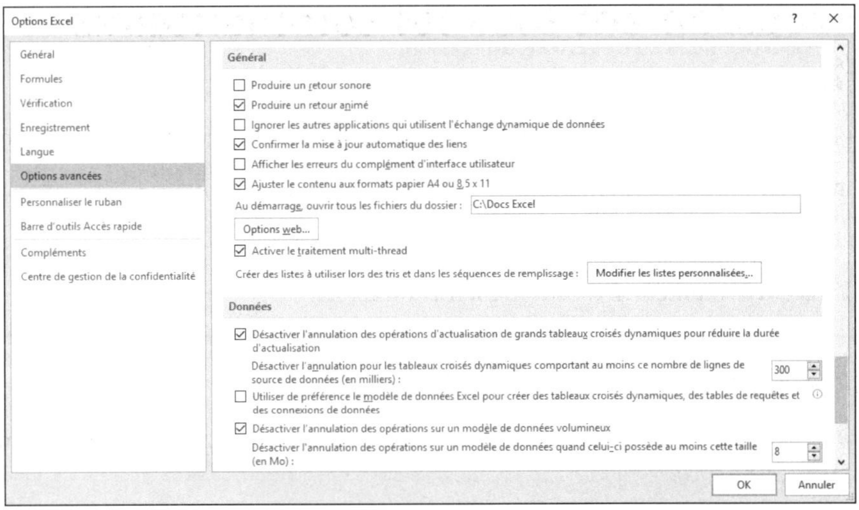

Figure 28-9 Dossier des classeurs à ouvrir au démarrage d'Excel.

Ouvrir des classeurs à partir d'une liste de liens

Si vos classeurs sont nombreux et répartis dans plusieurs dossiers, ouvrez-les plus facilement en créant un classeur contenant des liens.

1. Cliquez la cellule qui doit contenir le lien.
2. Cliquez l'onglet **Insertion ➜ Liens ➜ Lien hypertexte**.
3. Dans la liste de gauche, cliquez **Fichier ou page Web existant(e)**.
4. Cliquez le bouton **Dossier actif**.
5. Dans la zone **Regarder dans**, sélectionnez le dossier qui contient le classeur.
6. Cliquez le nom du classeur pour le sélectionner.
7. Dans la zone **Texte à afficher**, tapez le texte qui doit apparaître dans la cellule qui contient le lien.

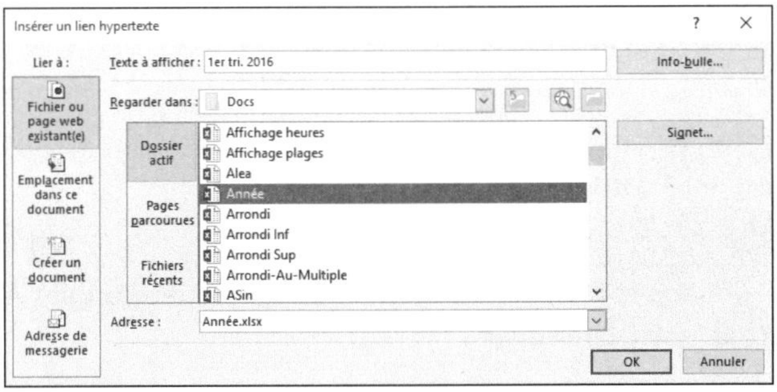

Figure 28-10 Ajout d'un lien hypertexte vers un classeur.

Note Les étapes **8** à **11** sont facultatives. Réalisez-les uniquement pour choisir la feuille et la cellule sélectionnées à l'ouverture du classeur.

8 Cliquez le bouton **Signet**.

9 Dans la liste **Ou sélectionnez...**, cliquez le nom de la feuille de destination.

10 Dans la zone **Entrez la référence...**, saisissez la cellule de destination.

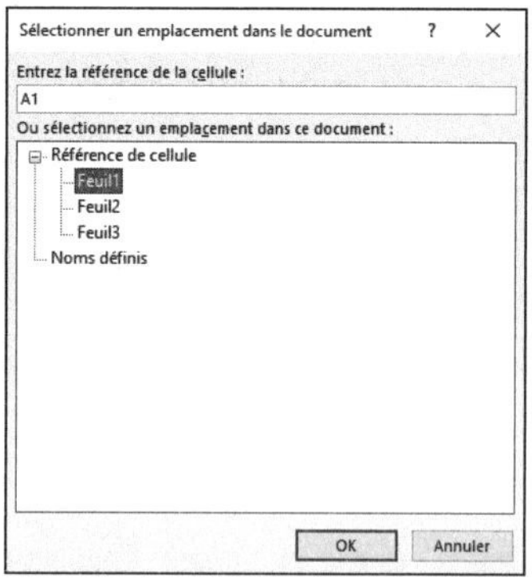

Figure 28-11 Feuille et cellule à sélectionner à l'ouverture du classeur.

11 Cliquez le bouton **OK**.

12 Cliquez le bouton **OK** dans la boîte **Insérer un lien hypertexte**.

13 Répétez les étapes **1** à **12** pour ajouter d'autres liens.

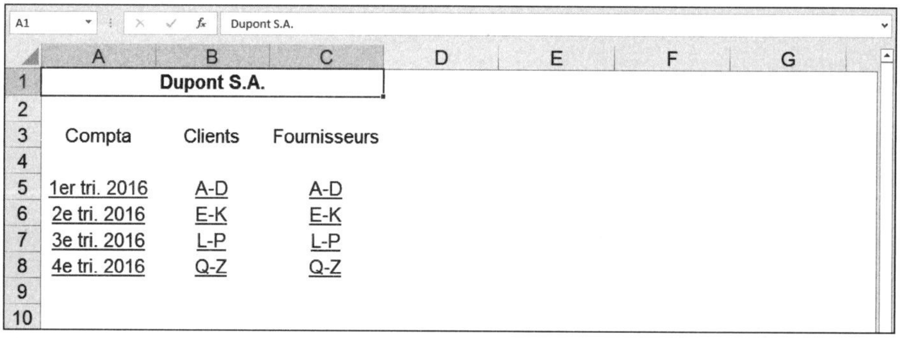

Figure 28-12 Classeur avec des liens pour ouvrir d'autres classeurs.

Conseil Pour ouvrir ce classeur au démarrage d'Excel, consultez le paragraphe « Ouvrir Excel sur le même classeur » plus haut dans ce chapitre.

Note Pour supprimer le quadrillage comme dans la figure 28-12, cliquez l'onglet **Affichage → Afficher** puis décochez la case **Quadrillage**.

Modifier la couleur du quadrillage

D'une manière générale, vous pouvez modifier la couleur du quadrillage d'une feuille. Cela ne modifie pas les couleurs choisies pour chaque cellule.

1 Cliquez l'onglet **Fichier → Options**.

2 Dans la liste de gauche, cliquez **Options avancées**.

3 Sélectionnez une couleur dans la liste **Couleur du quadrillage**.

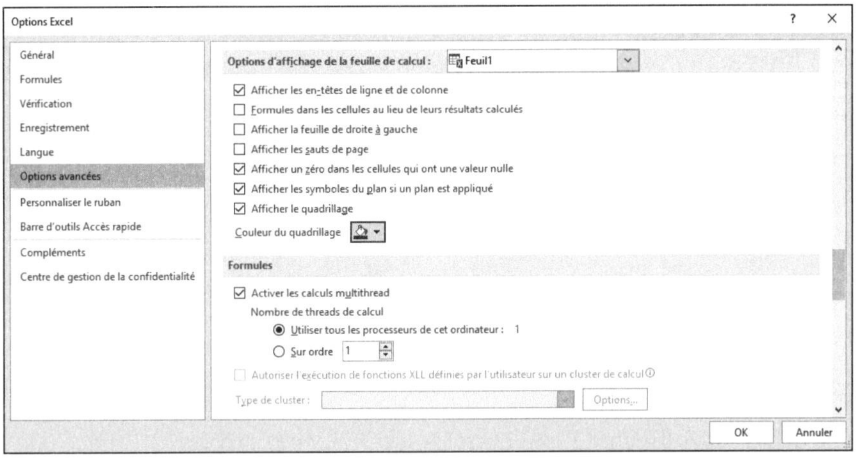

Figure 28-13 Modification de la couleur du quadrillage des feuilles de calcul.

4 Cliquez le bouton **OK**.

Changer rapidement de feuille ou de classeur

Voici quelques raccourcis clavier pour vous simplifier la vie.

Feuille suivante : **Ctrl** + **PgSv**.

Feuille précédente : **Ctrl** + **PgPr**.

Classeur suivant : **Ctrl** + **Tab**.

Classeur précédent : **Ctrl** + **Maj** + **Tab**.

Ajouter une feuille à partir d'un modèle

Cette astuce permet d'insérer une seule feuille à partir d'un modèle dans un classeur existant.

1 Ouvrez ou créez un classeur avec la feuille qui doit servir de modèle.

2 Supprimez toutes les autres feuilles.

3 Cliquez l'onglet **Fichier → Enregistrer sous**.

4 Sélectionnez le dossier `C:\Utilisateurs\nom d'utilisateur\AppData\Roaming\Microsoft\Templates`

5 Sélectionnez **Modèle Excel (.xltx)** dans la liste **Type**.

6 Donnez un nom et enregistrez le classeur modèle contenant une seule feuille.

7 Fermez le classeur modèle.

8 Ouvrez le classeur qui doit contenir la nouvelle feuille modèle.

9 Cliquez avec le bouton droit un onglet de feuille.

10 Cliquez **Insérer** dans le menu contextuel.

11 Cliquez le modèle qui ne contient qu'une seule feuille.

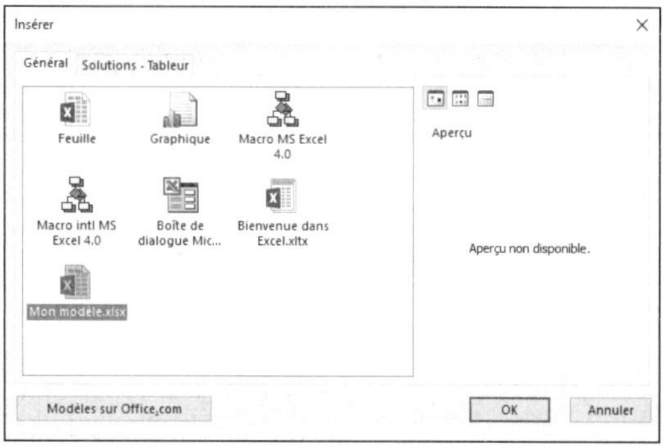

Figure 28-14 Insertion d'une feuille à partir d'un modèle.

12 Cliquez le bouton **OK**.

Une nouvelle feuille avec le modèle prédéfini est insérée dans le classeur.

Afficher en même temps les formules et les valeurs

Cette astuce permet de voir en même temps les formules et les valeurs dans deux fenêtres côte à côte.

1 Cliquez l'onglet **Affichage → Fenêtre → Nouvelle fenêtre**.

2 Cliquez l'onglet **Affichage → Fenêtre → Réorganiser tout**.

Note Vous pouvez aussi utiliser la commande **Afficher côte à côte** du groupe **Fenêtre**.

3 Cochez l'option **Vertical**.

4 Cochez la case **Fenêtres du classeur actif**.

5 Cliquez le bouton **OK**.

6 Cliquez la fenêtre dont vous désirez afficher les formules à la place des valeurs.

7 Tapez **Ctrl** + " (guillemets).

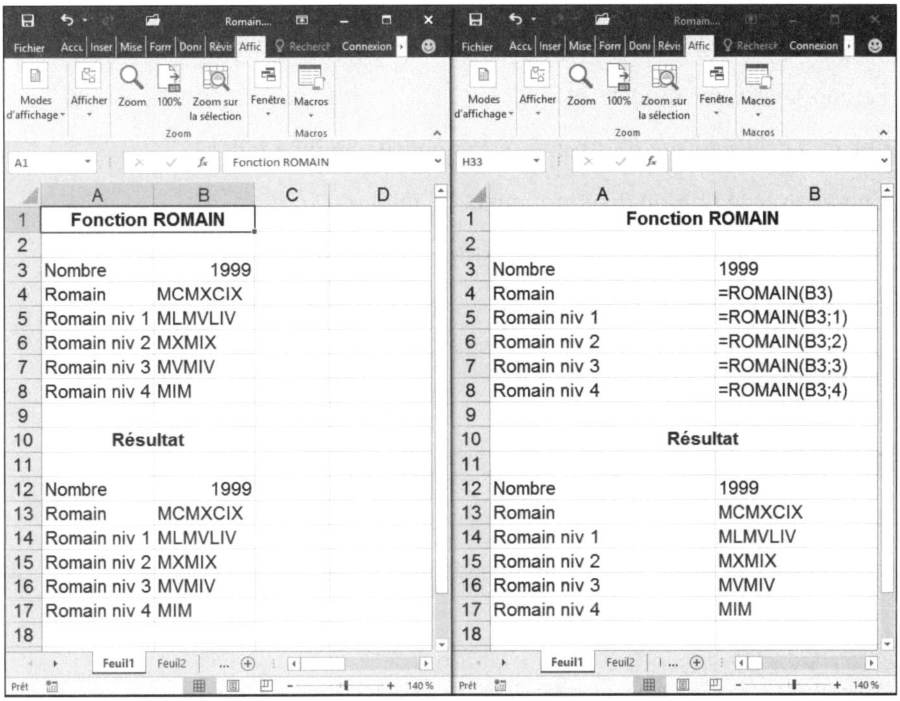

Figure 28-15 Fenêtres affichant les formules et les valeurs.

Conseil Tapez **Ctrl** + **Tab** pour passer d'une fenêtre à l'autre.

Recopier une formule d'un clic

Pour recopier une formule, il suffit de sélectionner la cellule qui la contient, puis de tirer la poignée de recopie (croix en bas à droit de la cellule) vers le bas quand le pointeur de souris a la forme **+**. Si la formule doit être recopiée une centaine voire un millier de fois, ce système n'est pas très pratique.

Dans la majorité des cas, il existe dans la colonne de gauche des données, généralement celles utilisées par la formule. Dans ce cas de figure, il suffit de double-cliquer la poignée pour recopier la formule vers le bas. Dans l'exemple de la figure 28-16, le tableau contient plus d'un millier de lignes. Un simple double-clic sur la poignée de la cellule D4 et la formule est recopiée immédiatement.

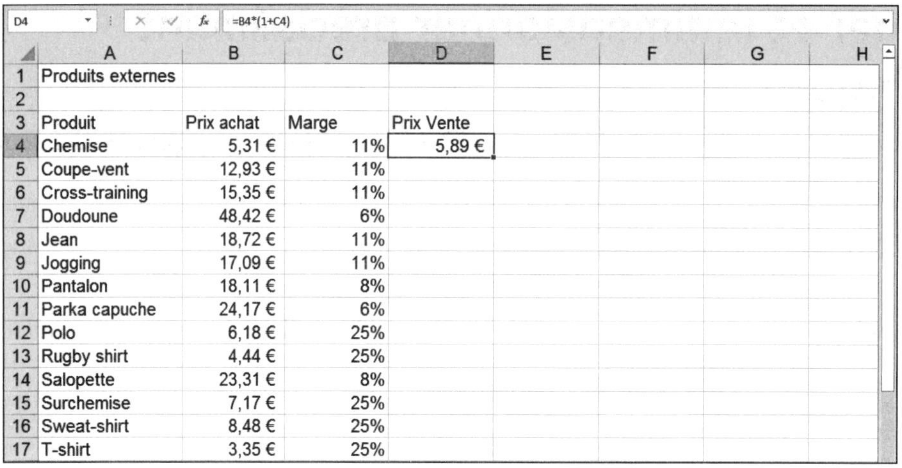

D4 =B4*(1+C4)

	A	B	C	D	E	F	G	H
1	Produits externes							
2								
3	Produit	Prix achat	Marge	Prix Vente				
4	Chemise	5,31 €	11%	5,89 €				
5	Coupe-vent	12,93 €	11%					
6	Cross-training	15,35 €	11%					
7	Doudoune	48,42 €	6%					
8	Jean	18,72 €	11%					
9	Jogging	17,09 €	11%					
10	Pantalon	18,11 €	8%					
11	Parka capuche	24,17 €	6%					
12	Polo	6,18 €	25%					
13	Rugby shirt	4,44 €	25%					
14	Salopette	23,31 €	8%					
15	Surchemise	7,17 €	25%					
16	Sweat-shirt	8,48 €	25%					
17	T-shirt	3,35 €	25%					

Figure 28-16 Recopie d'une formule en un clic.

Calculer une somme en deux touches

Voici une astuce pour effectuer une somme sans utiliser le bouton Σ.

1 Sélectionnez la cellule qui doit contenir la somme. Elle doit se trouver en dessous ou à droite des données à additionner.

2 Tapez **Alt** + =.

La fonction **SOMME** est insérée dans la cellule. Les cellules à additionner sont sélectionnées.

3 Tapez de nouveau **Alt** + =.

La formule avec la fonction **SOMME** est validée.

Commenter une formule

Si vous pensez ne plus vous souvenir du fonctionnement d'une formule, commentez-la directement dans la formule. Ajoutez pour cela en fin de formule un signe + (plus), la lettre **N**, et entre parenthèses et entre guillemets le texte de votre commentaire.

```
=VPM(5,5%/12;36;50000)+N("calcul des mensualités d'un prêt à taux constant")
```

Positionner et redimensionner précisément un graphique

Voici une astuce pour aligner et ajuster aux cellules en dessous un graphique posé sur une feuille.

Pour aligner le graphique :

1 Appuyez sur **Ctrl** et cliquez le graphique.

2 Utilisez les flèches de direction pour déplacer précisément le graphique sur la feuille.

Pour redimensionner le graphique :

1 Cliquez le graphique.

2 Maintenez la touche **Alt** et faites glisser les poignées de redimensionnement.

La taille du graphique est ajustée aux cellules en dessous.

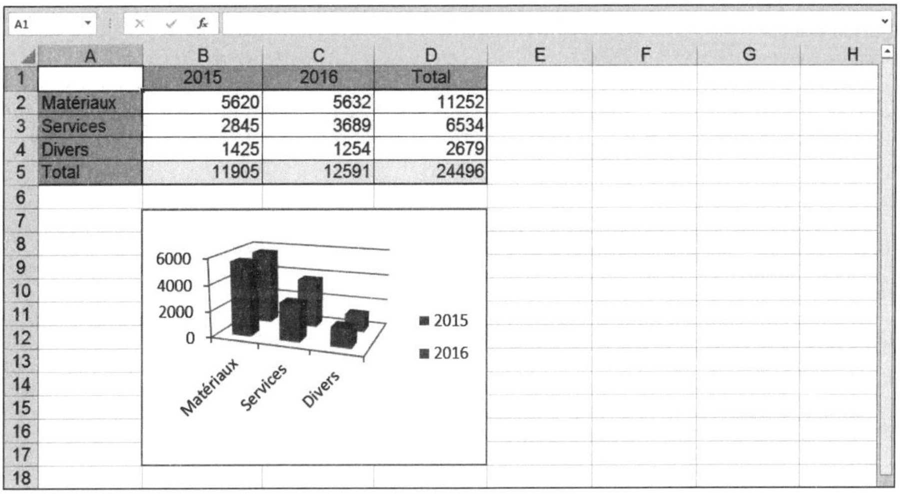

Figure 28-17 Ajustement d'un graphique à la taille des cellules en dessous.

Pour que le graphique reste ajusté aux cellules en dessous, vérifiez ses propriétés :

1 Cliquez le graphique pour le sélectionner.

2 Cliquez l'onglet **Format → Taille**, puis cliquez le bouton du groupe **Taille**.

3 Cliquez **Propriétés** dans le volet de droite (figure 28-18).

4 Cochez l'option **Déplacer et dimensionner avec les cellules**.

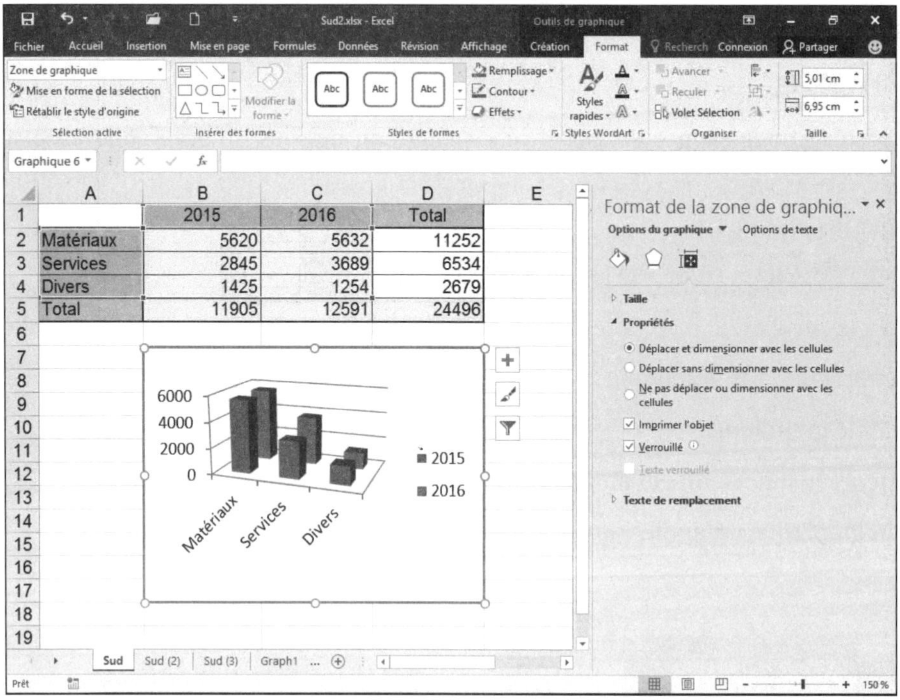

Figure 28-18 Propriétés d'un graphique.

5 Cliquez le bouton **OK**.

Imprimer le quadrillage et les en-têtes de feuille

Si vous ne désirez pas définir un quadrillage pour vos tableaux, vous pouvez l'imprimer par défaut. Excel propose aussi l'impression des en-têtes de lignes et de colonnes.

1 Cliquez l'onglet **Mise en page**, puis le bouton du groupe **Mise en page**.

2 Cliquez l'onglet **Feuille**.

3 Cochez la case **Quadrillage**.

4 Éventuellement, cochez la case **En-têtes de ligne et de colonne**.

5 Cliquez le bouton **OK**.

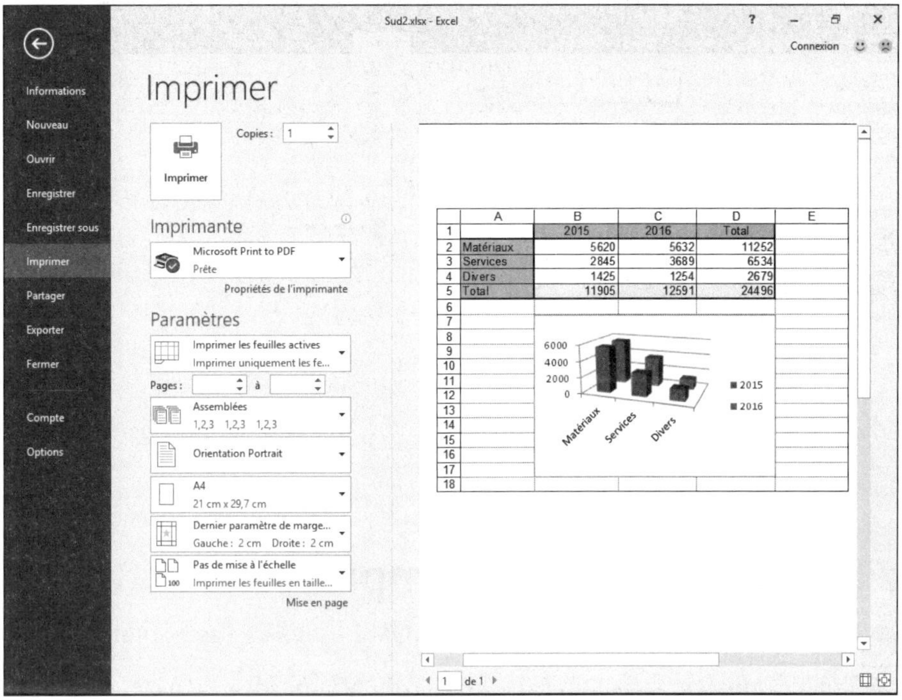

Figure 28-19 Impression du quadrillage et des en-têtes de lignes et de colonnes (aperçu avant impression).

Imprimer un filigrane dans les feuilles de calcul

Voici une astuce pour imprimer un filigrane en dessous de vos tableaux.

1 Cliquez l'onglet **Insertion ➜ Texte ➜ WordArt**, puis sélectionnez un modèle.

2 Tapez le texte du filigrane, puis modifier la police et la taille.

3 Cliquez l'onglet **Format ➜ Styles WordArt ➜** bouton ▾ **➜ Effacer les styles WordArt**.

4 Cliquez l'onglet **Format ➜ Styles WordArt ➜ Remplissage du texte ➜ Aucun remplissage**.

5 Cliquez l'onglet **Format ➜ Styles WordArt ➜ Contour du texte**, puis sélectionnez une couleur claire.

6 Modifiez la taille et la position du texte comme pour tous les autres objets dessinés (formes).

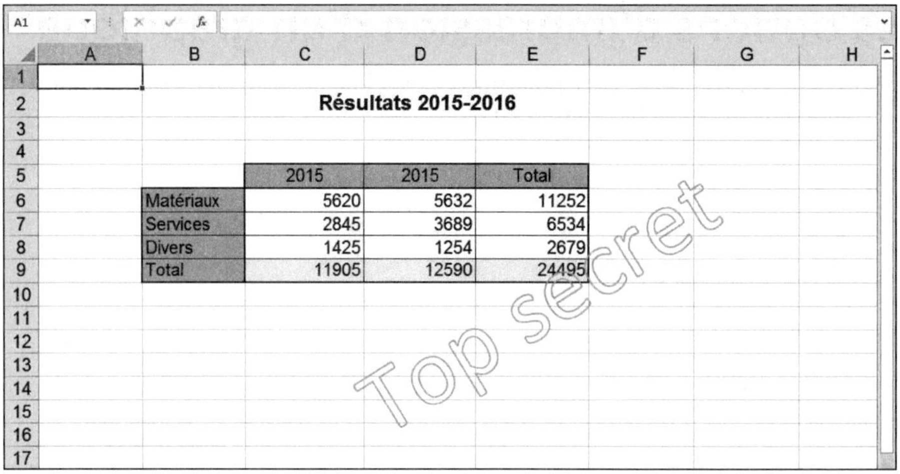

Figure 28-20 Texte en filigrane dans une feuille de calcul.

Masquer les erreurs lors de l'impression

Pour éviter d'imprimer des « #N/A ! » et autres « #NOM ? », utilisez l'astuce suivante.

1 Cliquez l'onglet **Mise en page**, puis le bouton du groupe **Mise en page**.

2 Cliquez l'onglet **Feuille**.

3 Dans la liste **Erreurs de cellule comme**, sélectionnez **<vide>**.

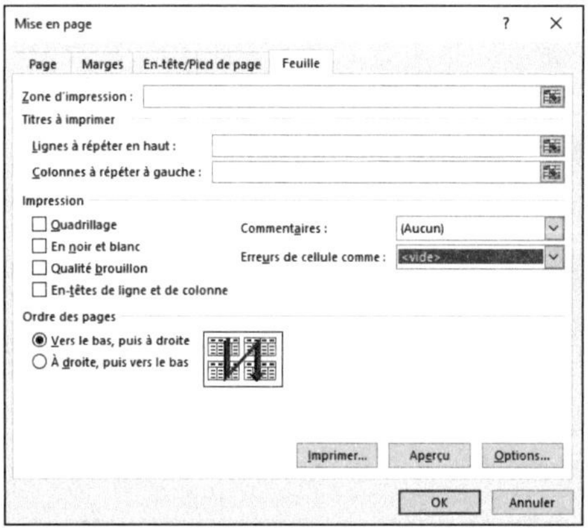

Figure 28-21 Suppression des erreurs lors de l'impression.

4 Cliquez le bouton **OK**.

Choisir les options d'impression d'un graphique

Lors de l'impression d'un classeur avec graphiques, Excel ne propose pas d'options particulières pour ces derniers. Voici la manière de procéder.

1 Cliquez l'onglet de la feuille du graphique.

2 Cliquez l'onglet **Mise en page**, puis le bouton du groupe **Mise en page**.

3 Cliquez l'onglet **Graphique**.

4 Modifiez les options proposées.

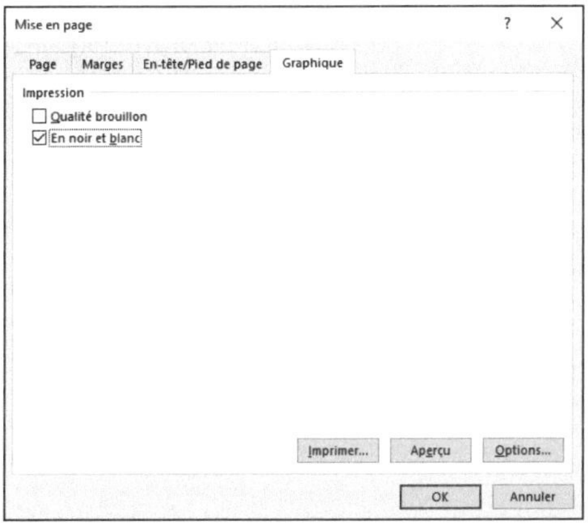

Figure 28-22 Options d'impression des graphiques.

5 Cliquez le bouton **OK**.

Supprimer l'impression des graphiques intégrés aux feuilles

1 Cliquez le graphique pour le sélectionner.

2 Cliquez l'onglet **Format → Taille**, puis le bouton du groupe **Taille**.

3 Cliquez **Propriétés** dans le volet de droite (figure 28-23).

4 Décochez l'option **Imprimer l'objet**.

5 Cliquez le bouton **OK**.

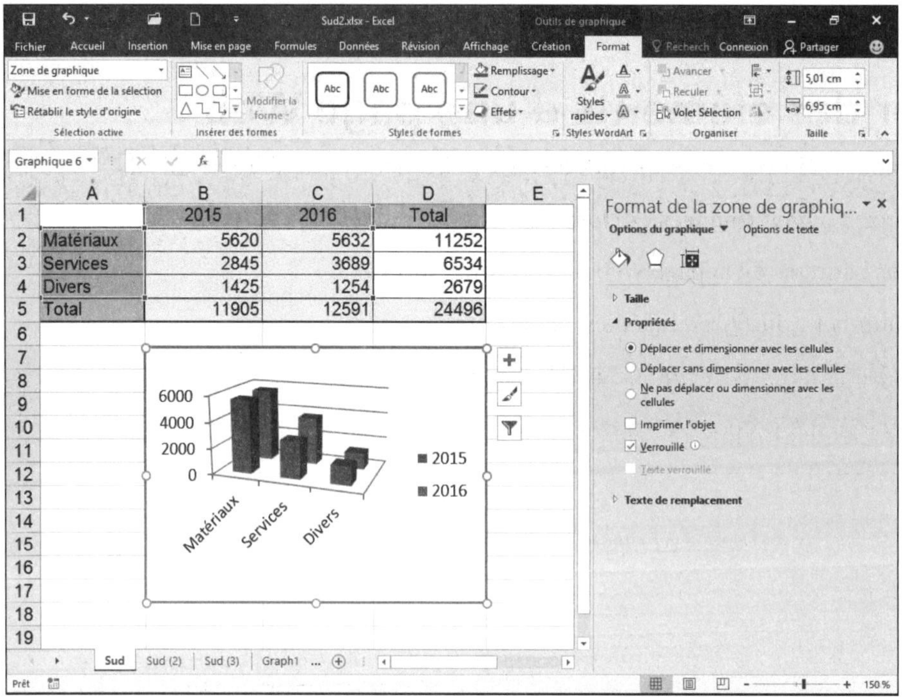

Figure 28-23 Propriétés des graphiques.

Imprimer des formules

1 Tapez **Ctrl** + " (guillemets) pour afficher les formules à la place des valeurs.

2 Sélectionnez les cellules contenant les formules à imprimer.

3 Cliquez l'onglet **Fichier → Imprimer**.

4 Dans la zone Paramètres, sélectionnez **Imprimer la sélection**.

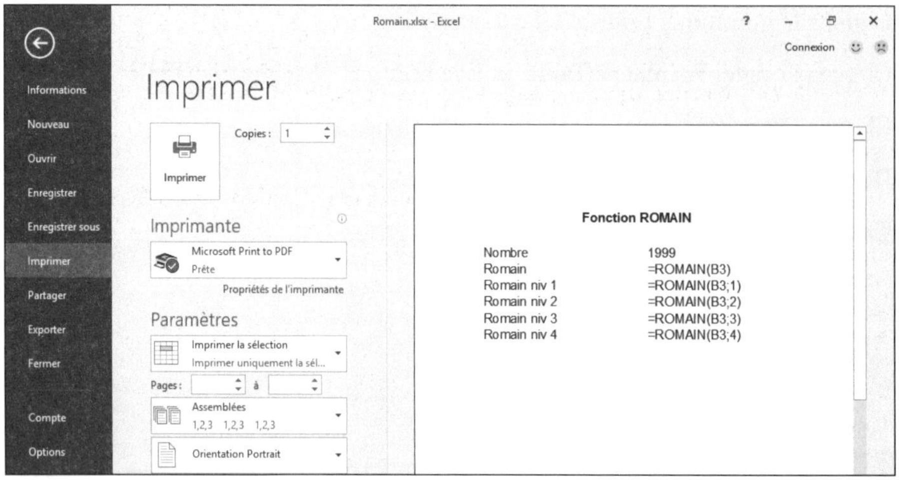

Figure 28-24 Impression de formule.

5 Cliquez le bouton **Imprimer** pour débuter l'impression.

Importer des éléments d'une page Web

Excel propose d'importer des parties de pages Web pour vos feuilles de calcul.

1 Cliquez l'onglet **Données → Données externes → Web**.

2 Tapez l'adresse de la page Web dans la zone **Adresse**.

3 Cliquez la flèche ➡ de l'élément à importer.

Excel ajoute un cadre autour de l'élément.

4 Répétez l'étape **3** pour les autres éléments.

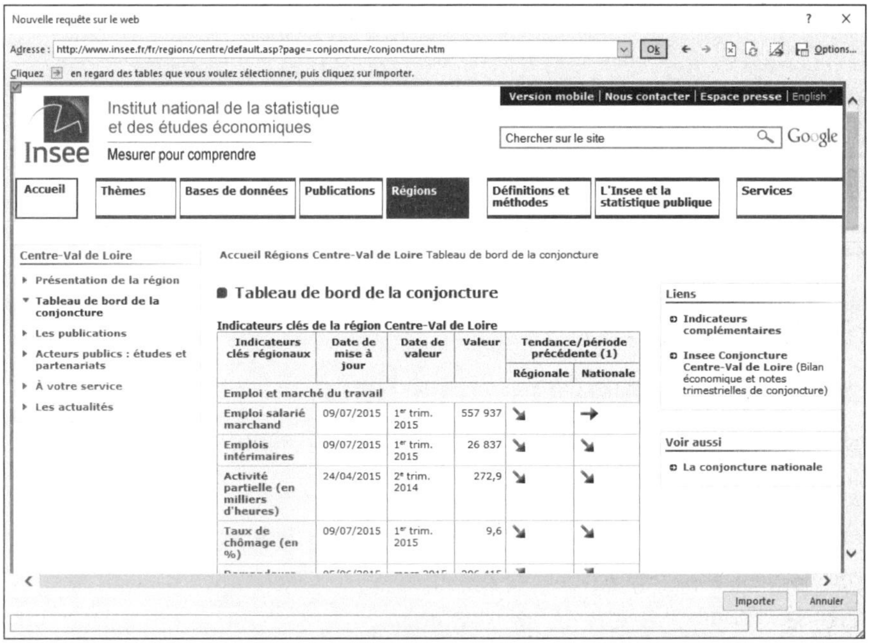

Figure 28-25 Sélection dans une page Web des éléments à importer.

5 Cliquez le bouton **Importer**.

6 Sélectionnez la destination des données ou cochez l'option **Nouvelle feuille de calcul**.

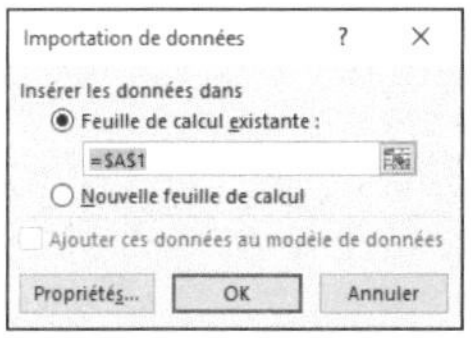

Figure 28-26 Destination des données.

7 Cliquez le bouton **OK**.

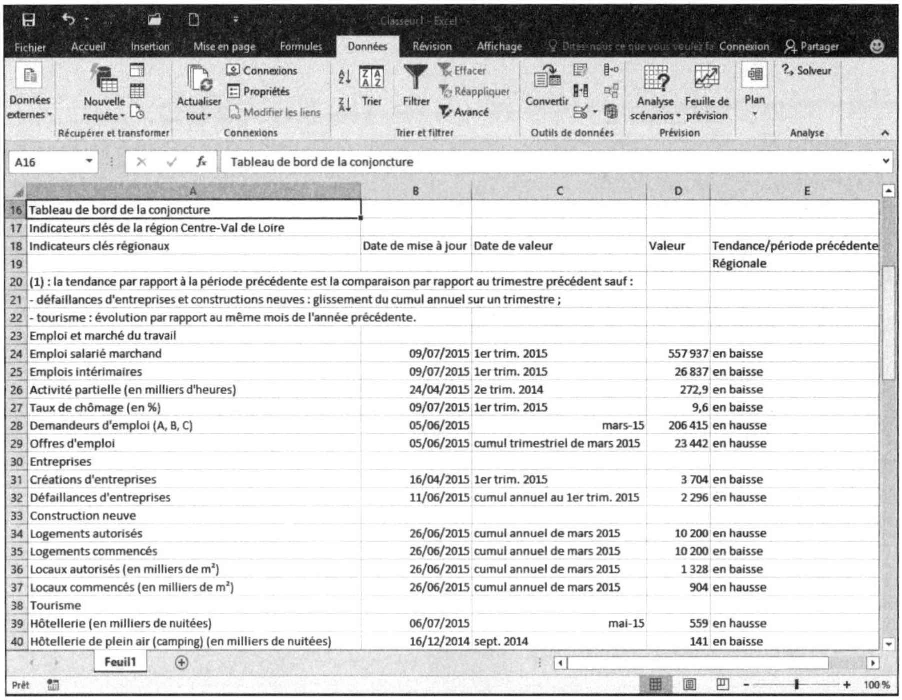

	A	B	C	D	E
16	Tableau de bord de la conjoncture				
17	Indicateurs clés de la région Centre-Val de Loire				
18	Indicateurs clés régionaux	Date de mise à jour	Date de valeur	Valeur	Tendance/période précédente
19					Régionale
20	(1) : la tendance par rapport à la période précédente est la comparaison par rapport au trimestre précédent sauf :				
21	- défaillances d'entreprises et constructions neuves : glissement du cumul annuel sur un trimestre ;				
22	- tourisme : évolution par rapport au même mois de l'année précédente.				
23	Emploi et marché du travail				
24	Emploi salarié marchand	09/07/2015	1er trim. 2015	557 937	en baisse
25	Emplois intérimaires	09/07/2015	1er trim. 2015	26 837	en baisse
26	Activité partielle (en milliers d'heures)	24/04/2015	2e trim. 2014	272,9	en baisse
27	Taux de chômage (en %)	09/07/2015	1er trim. 2015	9,6	en baisse
28	Demandeurs d'emploi (A, B, C)	05/06/2015	mars-15	206 415	en hausse
29	Offres d'emploi	05/06/2015	cumul trimestriel de mars 2015	23 442	en hausse
30	Entreprises				
31	Créations d'entreprises	16/04/2015	1er trim. 2015	3 704	en baisse
32	Défaillances d'entreprises	11/06/2015	cumul annuel au 1er trim. 2015	2 296	en hausse
33	Construction neuve				
34	Logements autorisés	26/06/2015	cumul annuel de mars 2015	10 200	en hausse
35	Logements commencés	26/06/2015	cumul annuel de mars 2015	10 200	en baisse
36	Locaux autorisés (en milliers de m²)	26/06/2015	cumul annuel de mars 2015	1 328	en baisse
37	Locaux commencés (en milliers de m²)	26/06/2015	cumul annuel de mars 2015	904	en hausse
38	Tourisme				
39	Hôtellerie (en milliers de nuitées)	06/07/2015	mai-15	559	en hausse
40	Hôtellerie de plein air (camping) (en milliers de nuitées)	16/12/2014	sept. 2014	141	en baisse

Figure 28-27 Données importées d'une page Web.

8 Pour mettre à jour les données, cliquez l'onglet **Données → Connexions → Actualiser tout**.

Choisir une valeur dans une liste

Si vous devez toujours saisir les mêmes valeurs dans une cellule, vous pouvez lui attacher une liste déroulante.

1 Saisissez dans un tableau la liste des valeurs. Cette liste peut se trouver dans une autre feuille de calcul, voire dans un classeur masqué.

2 Cliquez la cellule qui doit contenir les données.

3 Cliquez l'onglet **Données → Outils de données → Validation des données** .

4 Sélectionnez **Liste** dans la zone **Autoriser**.

5 Dans la zone **Source**, tapez ou sélectionnez la plage de cellules qui contient les données saisies à l'étape 1.

Figure 28-28 Paramètres de la liste de saisie des données.

6 Cliquez le bouton **OK**.

Quand vous cliquez la cellule, une flèche permet d'ouvrir la liste pour choisir une donnée (figure 28-29).

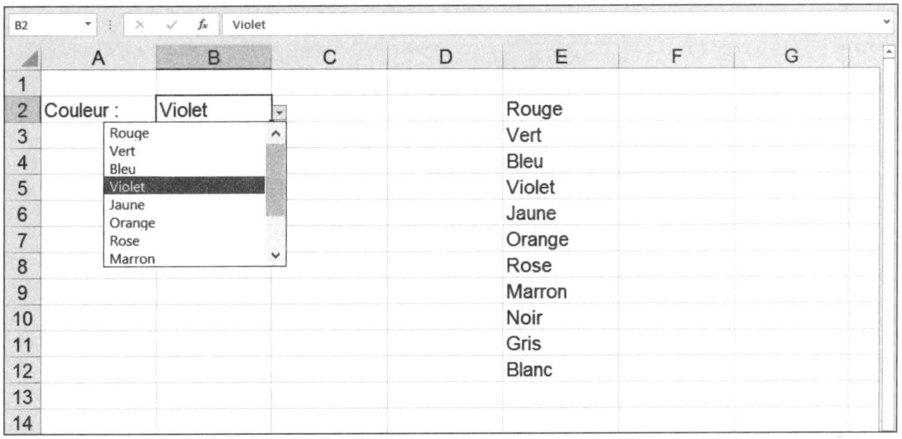

Figure 28-29 Saisie à partir d'une liste de données dans une cellule.

Répartir un texte dans les cellules en dessous

Si un texte déborde sur les colonnes de droite, vous pouvez le répartir dans les cellules en dessous.

1 Sélectionnez la cellule contenant le texte à répartir, et, éventuellement, les cellules qui doivent recevoir la répartition.

Attention Assurez-vous que les cellules en dessous sont vides.

2 Cliquez l'onglet **Accueil → Édition → Remplissage** → **Justifier**.

3 Cliquez le bouton **OK** dans la boîte qui s'affiche. Cette boîte n'apparaît que si vous n'avez pas sélectionné les cellules en dessous.

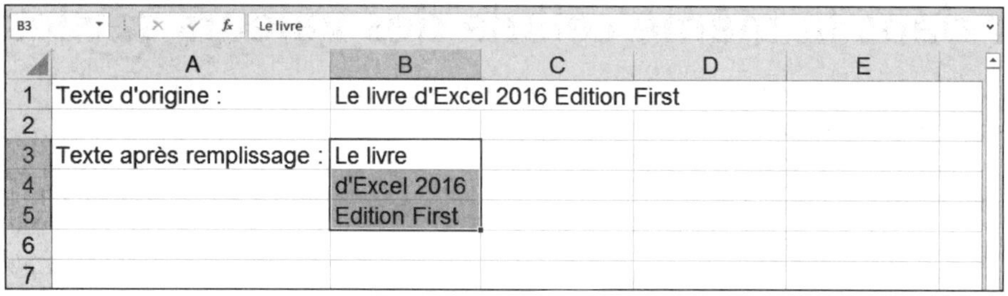

Figure 28-30 Répartition du contenu d'une cellule dans les cellules en dessous.

Remplacer un calcul par son résultat lors de la saisie

Si vous désirez effectuer des calculs, mais ne conserver que les résultats, voici une méthode :

1. Tapez votre formule, par exemple **=12,75*1,2**.
2. Sélectionnez cette formule dans la barre de formule. Si vous désirez conserver le signe =, ne le sélectionnez pas.
3. Appuyez sur la touche **F9**.

Le calcul est alors remplacé par son résultat. Vous pouvez toujours appuyer sur **Ctrl** + **Z** pour annuler la conversion tant que la saisie n'est pas validée avec la touche **Entrée**.

Éviter la modification par Excel de votre saisie

Si certaines saisies sont interprétées par Excel sous une forme qui ne vous convient pas, il est nécessaire de faire précéder votre texte d'une apostrophe. C'est le cas d'en-têtes de tableau comme 1/5, 2/5, *etc.*, qui sont interprétés par Excel comme les dates 01-mai, 02-mai, *etc.*

Utiliser des fractions

Pour utiliser des fractions, vous devez les faire précéder d'un 0. Par exemple, la fraction 4/9 doit s'écrire 0 4/9 (laissez une espace entre le 0 et la fraction). Excel applique automatiquement dans ce cas le format des fractions. Vous pouvez utiliser la cellule qui contient la fraction dans vos calculs.

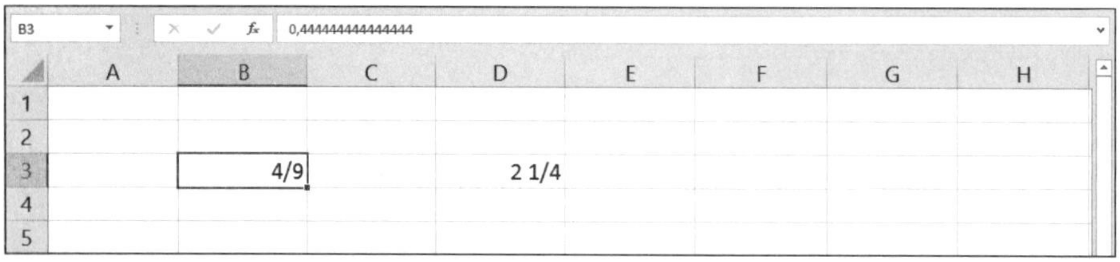

Figure 28-31 Saisie d'une fraction.

Vous pouvez aussi utiliser un chiffre devant la fraction, par exemple 2 1/4 pour 2,25.

Cumuler dans la même cellule des valeurs saisies

En utilisant les références circulaires, il est possible de cumuler dans une cellule des valeurs saisies dans une autre cellule.

1 Cliquez l'onglet **Fichier → Options**.

2 Cliquez **Formules** dans la liste de gauche.

3 Cochez l'option **Manuel** pour supprimer les calculs automatiques.

4 Cochez la case **Activer le calcul itératif**.

5 Tapez **1** dans la zone **Nb maximal d'itérations**.

6 Tapez **1** dans la zone **Écart maximal**.

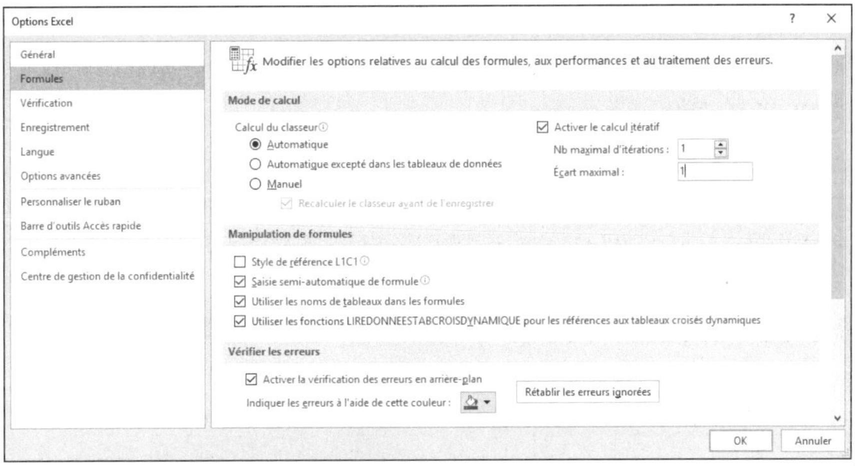

Figure 28-32 Activation du calcul itératif.

7 Cliquez le bouton **OK**.

Vous pouvez maintenant effectuer des cumuls dans une cellule. Par exemple, pour cumuler en A2 les valeurs saisies en A1, tapez dans la cellule A2 la formule =A1+A2. Après chaque saisie en A1, appuyez sur la touche **F9** pour recalculer la feuille.

Vous pouvez aussi ajouter d'autres formules identiques dans d'autres cellules, mais l'appui sur la touche **F9** effectue le cumul pour toutes les formules. Pour n'effectuer le cumul que pour une seule cellule, les autres doivent contenir la valeur 0.

Si vous n'avez pas coché l'option **Manuel** à l'étape **3**, le cumul s'effectue à chaque modification de n'importe quelle cellule. Cela permet, par exemple, de connaître le nombre de valeurs saisies. Pour remettre le compteur à zéro, revalidez la formule (cellule A2 dans l'exemple).

Recopier la valeur de la cellule au-dessus

1 Sélectionnez la cellule en dessous de celle qui contient une valeur ou une formule.

2 Tapez **Ctrl** + $.

La cellule sélectionnée contient maintenant la valeur de la cellule au-dessus, même si cette dernière contenait une formule.

Copier des cellules sans écraser les données existantes

Si vous copiez des données dans une plage de cellules contenant déjà des valeurs ou des formules, ces dernières sont remplacées et donc perdues (il vous reste cependant le **Ctrl** + **Z** pour annuler l'opération). Cette astuce permet de copier facilement des cellules sans écraser les valeurs existantes.

1 Sélectionnez les cellules à copier.

2 Tapez **Ctrl** + **C** pour les copier.

3 Cliquez la première cellule qui doit recevoir les données.

4 Tapez **Ctrl** + +.

5 Cochez **Décaler les cellules vers la droite** ou **Décaler les cellules vers le bas** selon le cas.

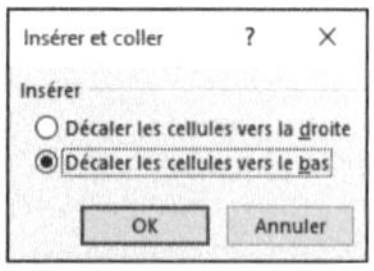

Figure 28-33 Choix du décalage des cellules.

6 Cliquez le bouton **OK**.

Mettre en forme la cellule en haut à gauche d'un tableau

Si vous désirez nommer des en-têtes de lignes et de colonnes, vous pouvez séparer en deux la cellule en haut à gauche d'un tableau (figure 28-34).

1 Dans la cellule en haut à gauche du tableau, tapez le nom qui correspond aux colonnes, tapez **Alt** + **Entrée**, puis tapez le nom qui correspond aux lignes. Tapez **Ctrl** + **Entrée** pour valider la saisie sans changer de cellule.

2 Tapez **Ctrl** + **Maj** + **1** pour afficher la boîte **Format de cellule**.

3 Cliquez l'onglet **Bordure**.

4 Cliquez le bouton .

Note Vous pouvez aussi tracer la diagonale à main levée. Consultez le chapitre 5.

5 Cliquez l'onglet **Alignement**.

6 Dans la liste **Horizontal**, sélectionnez **Justifié**.

7 Dans la liste **Vertical**, sélectionnez **Justifié**.

8 Cliquez le bouton **OK**.

9 Cliquez dans la barre de formule avant le premier mot et ajoutez le nombre d'espaces nécessaires pour le placer à droite dans la cellule.

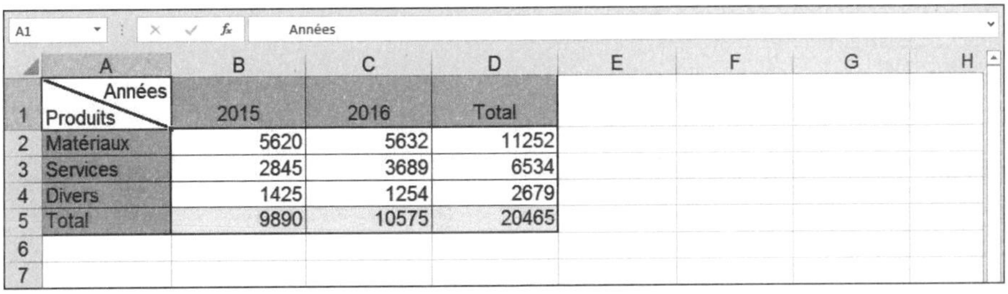

A1 | Années

	A	B	C	D	E	F	G	H
1	Années / Produits	2015	2016	Total				
2	Matériaux	5620	5632	11252				
3	Services	2845	3689	6534				
4	Divers	1425	1254	2679				
5	Total	9890	10575	20465				
6								
7								

Figure 28-34 Noms des en-têtes dans un tableau.

Obtenir immédiatement une conversion en euros

Sans faire la conversion dans les cellules, vous pouvez obtenir immédiatement une conversion d'une monnaie en euros et inversement.

1 Cliquez l'onglet **Formules**.

Le groupe **Solutions** de l'onglet **Formules** propose une liste de conversion de monnaies en dessous du bouton **Mise en forme euro**.

Note Si vous n'avez pas le groupe **Solutions** : cliquez l'onglet **Fichier** ➔ **Options**. Cliquez **Compléments** dans la liste de gauche puis le bouton **Atteindre**. Cochez la case **Euro currency tools**. Validez avec le bouton **OK**.

2 Cliquez la liste et sélectionnez la monnaie à convertir (consultez le tableau 28-1).

3 Cliquez la cellule ou la plage de cellules contenant une valeur monétaire ou numérique.

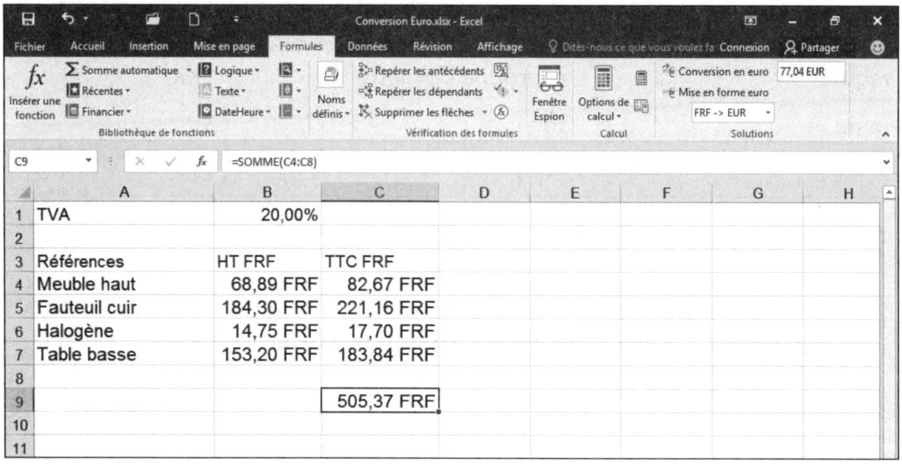

Figure 28-35 Conversion de monnaies.

La zone à droite du bouton **Conversion en euro** affiche immédiatement la conversion. Dans l'exemple de la figure 28-35, 505,37 francs français de la cellule C9 correspondent à 77,04 € dans le ruban.

Pays	Monnaie	Code
Allemagne	deutsche Mark	DEM
Autriche	schilling	ATS
Belgique	franc	BEF
Chypre	livre cypriote	CYP
Espagne	peseta	ESP
Estonie	couronne estonienne	EEK
Finlande	mark finlandais	FIM
France	franc	FRF
Grèce	drachme	GRD
Irlande	livre	IEP
Italie	lire	ITL
Lettonie	Lats	LVL
Lituanie	litas	LTL
Luxembourg	franc	LUF
Malte	livre maltaise	MTL
Pays-Bas	florin	NLG
Portugal	escudo	PTE

Tableau 28-1 Liste des codes de conversion des monnaies.

Pays	Monnaie	Code
Slovaquie	couronne slovaque	SKK
Slovénie	tolar	SIT
Zone euro	euro	EUR

Tableau 28-1 Liste des codes de conversion des monnaies *(suite)*.

Note Pour appliquer un format en euros : sélectionnez la ou les cellules contenant des euros puis cliquez l'onglet **Formules → Solutions → Mise en forme euro**. Pour insérer le symbole de l'euro dans un texte, tapez **Alt Gr** + **E**.

Convertir vos données monétaires en euros

Excel vous propose un outil pour convertir rapidement vos tableaux de données monétaires en euros.

1 Cliquez l'onglet **Formules → Solutions → Conversion en euro**.

Excel ouvre la boîte de dialogue Conversion en euro.

2 Cliquez la zone **Plage source** puis sélectionnez directement dans la feuille de calcul la plage de données qui contient les valeurs monétaires.

3 Cliquez la zone **Plage destination** puis sélectionnez la plage de données qui doit recevoir les valeurs converties.

4 Cliquez la liste **De** puis sélectionnez la monnaie d'origine.

5 Cliquez la liste **En** puis sélectionnez la monnaie de conversion.

6 Cliquez la liste **Format de résultat** puis sélectionnez le format d'affichage.

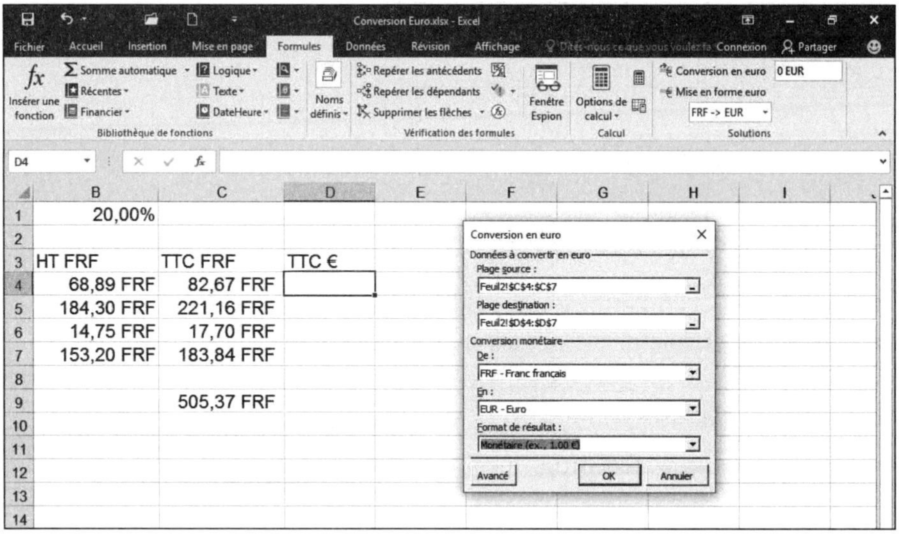

Figure 28-36 Boîte de conversion de monnaies.

7 Cliquez le bouton **OK**.

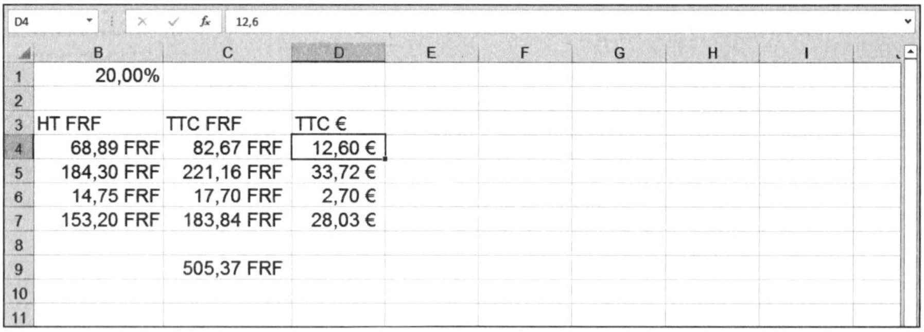

Figure 28-37 Résultat de la conversion.

La plage de destination affiche les données converties.

Saisir des équations manuscrites

Excel vous permet de saisir des équations directement avec la souris.

1 Cliquez l'onglet **Insertion → Symboles → Équation → Équation manuscrite**.

2 Tracez l'équation avec la souris.

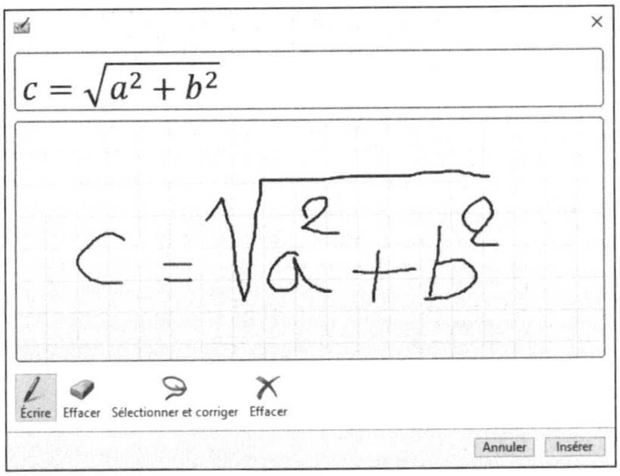

Figure 28-38 Boîte de saisie manuscrite d'une équation.

Excel interprète les symboles dessinés et affiche un aperçu.

3 Utilisez les boutons en bas de la fenêtre pour corriger ou effacer la saisie.

4 Cliquez le bouton **Insérer**.

L'équation est placée dans une zone de texte sur la feuille de calcul.

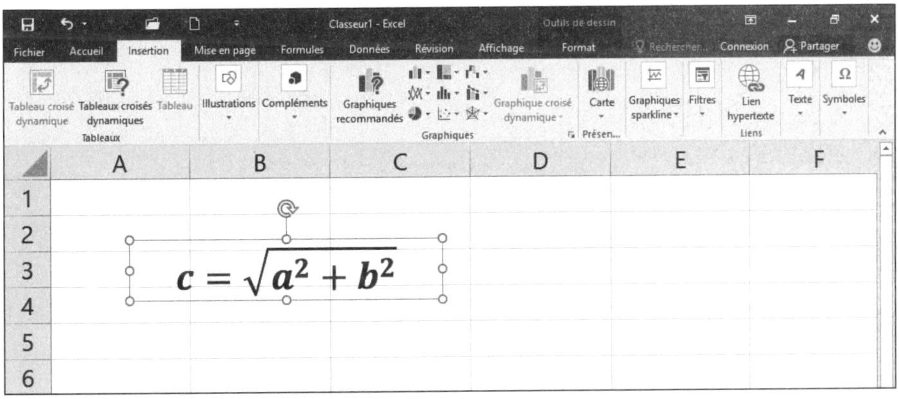

Figure 28-39 Équation sur une feuille de calculs.

ANNEXES

Annexe A

Liste des principales fonctions

Fonctions mathématiques et trigonométriques

Fonction	Description
ABS	Retourne la valeur absolue d'un nombre.
ACOS	Retourne, en radians, l'arc cosinus d'un nombre.
ACOSH	Renvoie le cosinus hyperbolique inverse d'un nombre.
ACOT	Renvoie l'arccotangente d'un nombre.
ACOTH	Renvoie l'arccotangente hyperbolique d'un nombre.
ALEA	Retourne un nombre aléatoire entre 0 et 1.
ALEA.ENTRE.BORNES	Renvoie un nombre aléatoire entre les nombres spécifiés.
ARRONDI	Arrondit un nombre au nombre de chiffres spécifié.
ARRONDI.AU.MULTIPLE	Arrondit un nombre au multiple le plus proche.
ARRONDI.INF	Arrondit un nombre en tendant vers 0 avec le nombre de décimales spécifié.
ARRONDI.SUP	Arrondit un nombre en s'éloignant de 0 avec le nombre de décimales spécifié.
ASIN	Retourne, en radians, l'arc sinus d'un nombre.
ASINH	Renvoie le sinus hyperbolique inverse d'un nombre.
ATAN	Retourne l'arc tangente d'un nombre.
ATAN2	Renvoie l'arc tangente des coordonnées X et Y.
ATANH	Renvoie la tangente hyperbolique inverse d'un nombre.
Base	Convertit dans une autre base un nombre en base 10.
CHIFFRE.ARABE	Convertit un chiffre romain en chiffre arabe.
COMBIN	Renvoie le nombre de combinaisons que l'on peut former avec un nombre donné d'éléments.
COS	Retourne le cosinus d'un angle en radians.
COSH	Renvoie le cosinus hyperbolique d'un nombre.
COT	Renvoie la cotangente d'un angle en radians.
COTH	Renvoie la cotangente hyperbolique d'un angle en radians.
CSC	Renvoie la cosécante d'un angle en radians.
CSCH	Renvoie la cosécante hyperbolique d'un angle en radians.
DECIMAL	Convertit en base 10 un nombre d'une autre base.
DEGRES	Convertit en degrés un nombre en radians.

Fonction	Description
DETERMAT	Donne le déterminant d'une matrice.
ENT	Arrondit un nombre à l'entier inférieur le plus proche.
EXP	Renvoie la constante e (2,718) élevée à la puissance indiquée.
FACT	Retourne la factorielle d'un nombre.
IMPAIR	Arrondit un nombre à l'entier impair le plus proche en s'éloignant de 0.
INVERSEMAT	Donne l'inverse d'une matrice.
LN	Retourne le logarithme népérien d'un nombre.
LOG	Retourne le logarithme d'un nombre dans la base spécifiée.
LOG10	Retourne le logarithme en base 10 d'un nombre.
MOD	Retourne le reste d'une division.
MULTINOMIALE	Renvoie la probabilité d'une distribution multinomiale.
PAIR	Arrondit un nombre à l'entier pair le plus proche en s'éloignant de 0.
PGCD	Retourne le plus grand commun diviseur.
PI	Retourne la valeur du nombre PI (3,1415926…) avec une précision de 15 décimales.
PLAFOND	Arrondit un nombre au multiple le plus proche en s'éloignant de 0.
PLAFOND.MATH	Arrondit un nombre au nombre entier supérieur le plus proche ou au multiple le plus proche en s'éloignant de 0.
PLANCHER	Arrondit un nombre au multiple le plus proche en se rapprochant de 0.
PLANCHER.MATH	Arrondit un nombre au nombre entier inférieur le plus proche ou au multiple le plus proche en se rapprochant de 0.
PPCM	Retourne le plus petit commun multiple.
PRODUIT	Retourne le produit de la multiplication entre tous les arguments spécifiés.
PRODUITMAT	Calcule le produit de deux matrices.
PUISSANCE	Retourne un nombre élevé à une puissance.
QUOTIENT	Renvoie la partie entière du résultat d'une division.
RACINE	Retourne la racine carrée d'un nombre.
RACINE.PI	Donne la racine carrée du produit (PI * nombre).
RADIANS	Convertit en radians un nombre en degrés.

Fonction	Description
ROMAIN	Convertit un chiffre arabe en chiffre romain sous forme de texte.
SEC	Renvoie la sécante d'un angle en radians.
SECH	Renvoie la sécante hyperbolique d'un angle en radians.
SIGNE	Retourne le signe d'un nombre.
SIN	Retourne le sinus d'un angle en radians.
SINH	Renvoie le sinus hyperbolique d'un nombre.
SOMME	Retourne la somme des arguments spécifiés.
SOMME.CARRES	Retourne la somme des carrés des valeurs en arguments.
SOMME.SERIES	Renvoie la somme d'une série géométrique.
SOMME.SI	Retourne la somme des cellules à l'intérieur d'une plage en fonction d'un critère.
SOMME.SI.ENS	Retourne la somme des cellules à l'intérieur d'une plage en fonction de plusieurs critères.
SOMME.X2MY2	Renvoie la somme de la différence des carrés des valeurs correspondantes de deux matrices.
SOMME.X2PY2	Renvoie la somme de la somme des carrés des valeurs correspondantes de deux matrices.
SOMME.XMY2	Renvoie la somme des carrés des différences entre les valeurs correspondantes de deux matrices.
SOMMEPROD	Retourne la multiplication des valeurs de plusieurs matrices et additionne la somme de ces produits.
SOUS.TOTAL	Renvoie un sous-total dans une liste ou une base de données.
TAN	Retourne la tangente d'un angle en radians.
TANH	Donne la tangente hyperbolique d'un nombre.
TRONQUE	Supprime la partie décimale d'un nombre.

Fonctions de texte et de Web

Fonction	Description
CAR	Retourne le caractère correspondant au numéro spécifié.
CHERCHE	Cherche une chaîne à l'intérieur d'une autre chaîne (pas de distinction entre majuscules et minuscules).
CNUM	Convertit un texte en nombre.

Fonction	Description
CODE	Retourne le numéro du premier caractère d'une chaîne.
CONCATENER	Assemble plusieurs chaînes de caractères de façon à n'en former qu'une.
CTXT	Convertit un nombre au format texte avec un nombre de décimales précis.
DEVISE	Convertit un nombre au format texte et ajoute le symbole monétaire par défaut.
DROITE	Retourne les x caractères de droite d'une chaîne.
EPURAGE	Supprime tous les caractères non imprimables d'une chaîne.
EXACT	Retourne VRAI si une chaîne est identique à une autre chaîne.
FILTERXML	Renvoie des données spécifiques d'un contenu XML.
GAUCHE	Retourne les x caractères de gauche d'une chaîne.
MAJUSCULE	Convertit un texte en majuscules.
MINUSCULE	Convertit un texte en minuscules.
NBCAR	Retourne le nombre de caractères d'une chaîne.
NOMPROPRE	Convertit en majuscule la première lettre de chaque mot d'une chaîne.
VALEURNOMBRE	Convertit un texte en nombre en tenant compte des paramètres régionaux.
REMPLACER	Remplace une partie d'une chaîne par une autre chaîne.
REPT	Répète x fois une chaîne.
STXT	Retourne les x caractères d'une chaîne à partir de la position spécifiée.
SUBSTITUE	Remplace une portion de texte d'une chaîne par une autre chaîne.
SUPPRESPACE	Supprime les espaces d'une chaîne en ne gardant que celles entre les mots.
T	Renvoie le texte auquel la valeur réfère.
TEXT	Convertit un nombre en texte dans le format spécifié.
TROUVE	Cherche une chaîne à l'intérieur d'une autre chaîne à partir du xe caractère (tient compte des majuscules et des minuscules).
URLENCODAGE	Renvoie une chaîne encodée au format URL.
WEBSERVICE	Retourne des données à partir d'un service Web sur Internet ou un intranet.

Fonctions de date et d'heure

Fonction	Description
ANNEE	Retourne l'année contenue dans une date.
AUJOURDHUI	Retourne la date actuelle de l'ordinateur.
DATE	Retourne le numéro de série d'une date, à partir de l'année, du mois et du jour.
DATEDIF	Retourne la différence entre deux dates.
DATEVAL	Retourne le numéro de série d'une date contenue dans une chaîne.
FIN.MOIS	Renvoie le numéro de série du dernier jour d'un mois par rapport à une date.
FRACTION.ANNEE	Renvoie une fraction correspondant au nombre de jours séparant une date de début et une date de fin par rapport à une année complète.
HEURE	Retourne un nombre correspondant aux heures contenues dans une date.
JOUR	Retourne le jour contenu dans une date.
JOURS	Retourne le nombre de jours entre deux dates.
JOURS360	Retourne le nombre de jours compris entre deux dates sur la base d'une année de 360 jours.
JOURSEM	Retourne le jour de la semaine sous la forme d'un nombre.
MAINTENANT	Retourne la date et l'heure de l'ordinateur.
MINUTE	Retourne un nombre correspondant aux minutes contenues dans une heure.
MOIS	Retourne le mois contenu dans une date.
MOIS.DECALER	Renvoie le numéro de série d'une date, corrigée d'un nombre de mois.
NB.JOURS.OUVRES	Retourne le nombre de jours ouvrés compris entre deux dates.
NO.SEMAINE	Renvoie le numéro de la semaine dans l'année.
NO.SEMAINE.ISO	Renvoie le numéro ISO de la semaine dans l'année.
SECONDE	Retourne un nombre correspondant aux secondes contenues dans une heure.
SERIE.JOUR.OUVRE	Renvoie le numéro de série d'une date, corrigée d'un nombre de jours ouvrés.
TEMPS	Retourne le numéro de série d'une heure, à partir des heures, des minutes et des secondes.
TEMPSVAL	Retourne le numéro de série d'une heure contenue dans une chaîne.

Fonctions d'information

Fonction	Description
CELLULE	Retourne des informations sur la mise en forme, la position ou le contenu d'une cellule.
EST.IMPAIR	Renvoie VRAI si le nombre est impair.
EST.PAIR	Renvoie VRAI si le nombre est pair.
ESTERR	Renvoie VRAI si l'argument valeur fait référence à une valeur d'erreur, sauf #N/A.
ESTERREUR	Renvoie VRAI si l'argument valeur fait référence à une valeur d'erreur.
ESTFORMULE	Renvoie VRAI si la cellule en référence contient une formule.
ESTLOGIQUE	Renvoie VRAI si l'argument valeur fait référence à une valeur logique.
ESTNA	Renvoie VRAI si l'argument valeur fait référence à la valeur d'erreur #N/A.
ESTNONTEXTE	Renvoie VRAI si l'argument valeur fait référence à autre chose que du texte.
ESTNUM	Renvoie VRAI si l'argument valeur fait référence à un nombre.
ESTREF	Renvoie VRAI si l'argument valeur est une référence.
ESTTEXTE	Renvoie VRAI si l'argument valeur fait référence à du texte.
ESTVIDE	Renvoie VRAI si l'argument valeur fait référence à une cellule vide.
FEUILLE	Renvoie le numéro de la feuille en référence.
FEUILLES	Renvoie le nombre de feuilles d'une référence ou le nombre de feuilles du classeur si la référence est omise.
INFO	Donne des informations sur l'environnement d'exploitation en cours.
N	Renvoie la valeur convertie en nombre.
NA	Renvoie la valeur d'erreur #N/A.
TYPE	Renvoie un nombre indiquant le type de données d'une valeur.
TYPE.ERREUR	Donne un numéro qui correspond à un type d'erreur.

Fonctions logiques

Fonction	Description
ET	Renvoie VRAI si tous les arguments sont VRAI.
FAUX	Renvoie la valeur logique FAUX.
NON	Inverse la valeur logique de l'argument.
OU	Renvoie VRAI si au moins un argument est VRAI.
OUX	OU exclusif. Renvoie VRAI si au moins un argument est VRAI. Renvoie FAUX si tous les arguments sont VRAI.
SI	Spécifie un test logique à effectuer.
SI.NON.DISP	Retourne la valeur de votre choix si la cellule en référence contient l'erreur #N/A.
VRAI	Renvoie la valeur logique VRAI.

Fonctions de recherche

Fonction	Description
ADDRESSE	Crée une adresse de cellule sous forme de texte.
CHOISIR	Retourne une des valeurs en arguments à partir d'un numéro d'index.
COLONNE	Donne le numéro de colonne d'une référence.
COLONNES	Donne le nombre de colonnes d'une référence.
DECALER	Donne une référence décalée par rapport à une référence donnée.
EQUIV	Retourne la position d'une valeur à l'intérieur d'un tableau.
FORMULETEXTE	Retourne sous forme de texte la formule contenue dans la cellule en référence.
INDEX	Retourne, d'une plage, la référence de la cellule située à l'intersection d'une ligne et d'une colonne.
INDIRECT	Donne une référence indiquée par une valeur de texte.
LIEN_HYPERTEXTE	Crée un raccourci pour ouvrir un document stocké sur un serveur intranet ou Internet.
LIGNE	Donne le numéro de ligne d'une référence.
LIGNES	Donne le nombre de lignes d'une référence ou d'une matrice.
LIREDONNEESTAB-CROISDYNAMIQUE	Renvoie les données stockées dans un rapport de tableau croisé dynamique.

Fonction	Description
RECHERCHE	Recherche des valeurs dans un vecteur ou un tableau.
RECHERCHEH	Recherche une valeur se trouvant dans la première ligne d'un tableau.
RECHERCHEV	Recherche une valeur se trouvant dans la première colonne d'un tableau.
TRANSPOSE	Renvoie une plage verticale de cellules sous forme de plage horizontale, ou inversement.
ZONES	Donne le nombre de zones dans une référence.

Fonctions financières

Fonction	Description
AMORDEGRC	Renvoie l'amortissement correspondant à chaque période comptable.
AMORLIN	Calcule l'amortissement linéaire d'un bien pour une période donnée.
AMORLINC	Renvoie l'amortissement linéaire complet d'un bien à la fin d'une période fiscale donnée.
CUMUL.INTER	Donne le cumulé des intérêts payés entre deux périodes données.
CUMUL.PRINCPER	Donne le cumulé du remboursement du principal entre deux périodes données.
DATE.COUPON.PREC	Calcule le nombre de jours entre la date du coupon précédant la date de liquidation et la date de liquidation.
DATE.COUPON.SUIV	Détermine la date du coupon suivant la date de liquidation.
DB	Renvoie l'amortissement d'un bien pour une période spécifique en utilisant la méthode de l'amortissement décroissant à taux fixe.
DDB	Renvoie l'amortissement d'un bien durant une période spécifiée suivant la méthode de l'amortissement dégressif à taux double ou selon un coefficient à spécifier.
DUREE	Calcule la durée d'un titre avec des paiements d'intérêts périodiques.
DUREE.MODIFIEE	Renvoie la durée de Macauley modifiée d'un titre, pour une valeur nominale considérée égale à 100 €.
EUROCONVERT *	Convertit une valeur monétaire de la zone Euro vers une autre monnaie de cette zone.

Fonction	Description
INTERET.ACC	Renvoie l'intérêt couru non échu d'un titre dont l'intérêt est perçu périodiquement.
INTERET.ACC.MAT	Renvoie l'intérêt couru non échu d'un titre dont l'intérêt est perçu à l'échéance.
INTPER	Renvoie, pour une période donnée, le montant des intérêts dus pour un emprunt remboursé par des versements périodiques constants, avec un taux d'intérêt constant.
ISPMT	Calcule le montant des intérêts d'un investissement pour une période donnée.
NB.COUPONS	Calcule le nombre de coupons entre la date de liquidation et la date d'échéance.
NB.JOURS.COUPON	Affiche le nombre de jours pour la période du coupon contenant la date de liquidation.
NB.JOURS.COUPON. PREC	Calcule le nombre de jours entre le début de la période de coupon et la date de liquidation.
NB.JOURS.COUPON. SUIV	Calcule le nombre de jours entre la date de liquidation et la date du coupon suivant la date de liquidation.
NPM	Calcule le nombre de paiements pour un investissement donné.
PDUREE	Retourne le nombre de périodes nécessaires pour qu'un investissement atteigne la valeur spécifiée.
PRINCPER	Calcule la part de remboursement du principal d'un emprunt pour une période donnée.
PRIX.BON.TRESOR	Renvoie le prix d'un bon du Trésor d'une valeur nominale de 15 €.
PRIX.DCOUPON.IRREG	Renvoie le prix d'un titre d'une valeur nominale de 15 € dont la dernière période est irrégulière.
PRIX.DEC	Convertit la valeur des cotations boursières de la forme fractionnaire à la forme décimale.
PRIX.FRAC	Convertit la valeur des cotations boursières de la forme décimale à la forme fractionnaire.
PRIX.PCOUPON.IRREG	Renvoie le prix pour une valeur nominale de 15 € d'un titre dont la première période est irrégulière.
PRIX.TITRE	Renvoie le prix d'un titre rapportant des intérêts périodiques, pour une valeur nominale de 15 €.
PRIX.TITRE.ECHEANCE	Renvoie le prix d'un titre dont la valeur nominale est 15 € et qui rapporte des intérêts à l'échéance.
REND.DCOUPON.IRREG	Calcule le rendement d'un titre dont la dernière période est irrégulière.

Fonction	Description
REND.PCOUPON.IRREG	Calcule le rendement d'un titre dont la première période est irrégulière.
RENDEMENT.BON.TRESOR	Calcule le taux de rendement d'un bon du Trésor d'une valeur nominale de 15 €.
RENDEMENT.SIMPLE	Calcule le taux de rendement d'un emprunt à intérêt simple.
RENDEMENT.TITRE	Calcule le rendement d'un titre rapportant des intérêts périodiquement.
RENDEMENT.TITRE.ECHEANCE	Renvoie le rendement annuel d'un titre qui rapporte des intérêts à l'échéance.
SYD	Calcule l'amortissement d'un bien pour une période donnée sur la base de la méthode américaine *Sum-of-Years Digits*.
TAUX	Calcule le taux d'intérêt par période d'un investissement donné.
TAUX.EFFECTIF	Calcule le taux effectif à partir du taux nominal et du nombre de périodes.
TAUX.ESCOMPTE	Calcule le taux d'escompte d'une transaction.
TAUX.EXCOMPTE.R	Renvoie le taux d'escompte rationnel d'un bon du Trésor.
TAUX.INT.EQUIV	Renvoie le taux d'intérêt équivalent pour la croissance d'un investissement.
TAUX.INTERET	Affiche le taux d'intérêt d'un titre totalement investi.
TAUX.NOMINAL	Calcule le taux d'intérêt nominal à partir du taux effectif.
TRI	Calcule le taux de rentabilité interne d'un investissement, sans tenir compte des coûts de financement et des plus-values de réinvestissement.
TRI.PAIEMENTS	Calcule le taux de rentabilité interne d'un ensemble de paiements.
TRIM	Calcule le taux de rentabilité interne pour les flux financiers positifs et négatifs financés à des taux différents.
VA	Calcule la valeur actuelle d'un investissement.
VALEUR.ENCAISSEMENT	Renvoie la valeur d'encaissement d'un escompte commercial, pour une valeur nominale de 15 €.
VALEUR.NOMINALE	Renvoie la valeur nominale d'un effet de commerce.
VAN	Calcule la valeur actuelle nette d'un investissement fondée sur des flux financiers non constants.
VAN.PAIEMENTS	Donne la valeur actuelle nette d'un ensemble de paiements.
VC	Calcule la valeur future d'un investissement.

Fonction	Description
VC.PAIEMENTS	Calcule la valeur future d'un investissement en appliquant une série de taux d'intérêt composites.
VDB	Calcule l'amortissement d'un bien pour une période partielle ou spécifiée en utilisant la méthode américaine *Declining Balance*.
VPM	Calcule le montant total de chaque remboursement périodique d'un investissement à remboursements et taux d'intérêt constants.

Fonctions statistiques

Fonction	Description
AGREGAT	Retourne un agrégat dans une liste ou une base de données (somme, produit, *etc.*). La fonction AGREGAT permet de ne pas tenir compte de certaines données (lignes masquées, valeurs d'erreur, *etc.*), ce qui n'est pas possible avec les fonctions habituelles (SOMME, PRODUIT, MOYENNE, NB, *etc.*).
AVERAGEA	Calcule la moyenne (arithmétique) des valeurs contenues dans la liste des arguments. Outre des nombres, le calcul peut comprendre du texte ou des valeurs logiques telles que VRAI et FAUX.
BETA.INVERSE	Renvoie, pour une probabilité donnée, la valeur d'une variable aléatoire suivant une loi Bêta.
CENTILE	Renvoie le k-ième centile des valeurs d'une plage.
CENTREE.REDUITE	Renvoie une valeur centrée réduite.
COEFFICIENT. ASSYMETRIE	Renvoie l'asymétrie d'une distribution.
COEFFICIENT. CORRELATION	Renvoie le coefficient de corrélation entre deux séries de données.
COEFFICIENT. DETERMINATION	Renvoie la valeur du coefficient de détermination R^2 d'une régression linéaire.
COVARIANCE	Renvoie la covariance, moyenne des produits de deux variables centrées sur leurs espérances mathématiques.
CRITERE.LOI.BINOMIALE	Renvoie la plus petite valeur pour laquelle la distribution binomiale cumulée est supérieure ou égale à une valeur critère.
CROISSANCE	Renvoie les valeurs de *y* en fonction d'une courbe exponentielle.
DROITEREG	Renvoie les paramètres d'une tendance linéaire.
ECART.MOYEN	Renvoie la moyenne des écarts absolus des observations par rapport à leur moyenne arithmétique.

Fonction	Description
ECARTYPE	Évalue l'écart type d'une population en se fondant sur un échantillon de cette population.
ECARTYPEP	Calcule l'écart type d'une population à partir de la population entière.
ERREUR.TYPE.XY	Renvoie l'erreur type de la valeur *y* prévue pour chaque *x* de la régression.
FISHER	Renvoie la transformation de Fisher.
FISHER.INVERSE	Renvoie la transformation de Fisher inverse.
FREQUENCE	Renvoie une distribution fréquentielle sous forme de matrice verticale.
GRANDE.VALEUR	Renvoie la k-ième plus grande valeur d'une série de données.
INTERVALLE.CONFIANCE	Renvoie l'intervalle de confiance pour la moyenne d'une population.
INVERSE.LOI.F	Renvoie, pour une probabilité donnée, la valeur d'une variable aléatoire suivant une loi F.
KHIDEUX.INVERSE	Renvoie, pour une probabilité unilatérale donnée, la valeur d'une variable aléatoire suivant une loi du Khi-deux.
KURTOSIS	Renvoie le kurtosis d'une série de données.
LNGAMMA	Renvoie le logarithme népérien de la fonction Gamma, G(x).
LOGREG	Renvoie les paramètres d'une tendance exponentielle.
LOI.BETA	Renvoie la probabilité d'une variable aléatoire continue suivant une loi de probabilité Bêta.
LOI.BINOMIALE	Renvoie la probabilité d'une variable aléatoire discrète suivant la loi binomiale.
LOI.BINOMIALE.NEG	Renvoie la probabilité d'une variable aléatoire discrète suivant une loi binomiale négative.
LOI.EXPONENTIELLE	Renvoie la probabilité d'une variable aléatoire continue suivant une loi exponentielle.
LOI.F	Renvoie la probabilité d'une variable aléatoire suivant une loi F.
LOI.GAMMA	Renvoie la probabilité d'une variable aléatoire suivant une loi Gamma.
LOI.GAMMA.INVERSE	Renvoie, pour une probabilité donnée, la valeur d'une variable aléatoire suivant une loi Gamma.
LOI.HYPERGEOMETRIQUE	Renvoie la probabilité d'une variable aléatoire discrète suivant une loi hypergéométrique.

Fonction	Description
LOI.KHIDEUX	Renvoie la probabilité d'une variable aléatoire continue suivant une loi unilatérale du Khideux.
LOI.LOGNORMALE	Renvoie la probabilité d'une variable aléatoire continue suivant une loi lognormale.
LOI.LOGNORMALE. INVERSE	Renvoie l'inverse de la probabilité pour une variable aléatoire suivant la loi lognormale.
LOI.NORMALE	Renvoie la probabilité d'une variable aléatoire continue suivant une loi normale.
LOI.NORMALE.INVERSE	Renvoie, pour une probabilité donnée, la valeur d'une variable aléatoire suivant une loi normale.
LOI.NORMALE. STANDARD	Renvoie la probabilité d'une variable aléatoire continue suivant une loi normale standard (ou centrée réduite).
LOI.NORMALE. STANDARD. INVERSE	Renvoie, pour une probabilité donnée, la valeur d'une variable aléatoire suivant une loi normale standard (ou centrée réduite).
LOI.POISSON	Renvoie la probabilité d'une variable aléatoire suivant une loi de Poisson.
LOI.STUDENT	Renvoie la probabilité d'une variable aléatoire suivant une loi T de Student.
LOI.STUDENT.INVERSE	Renvoie, pour une probabilité donnée, la valeur d'une variable aléatoire suivant une loi T de Student.
LOI.WEIBULL	Renvoie la probabilité d'une variable aléatoire suivant une loi de Weibull.
MAX	Donne le plus grand nombre de la liste d'arguments.
MAXA	Renvoie la plus grande valeur contenue dans une liste d'arguments. Outre des nombres, la comparaison peut comprendre du texte ou des valeurs logiques telles que VRAI et FAUX.
MEDIANE	Renvoie la valeur médiane des nombres.
MIN	Renvoie la valeur minimale des nombres.
MINA	Renvoie la plus petite valeur contenue dans une liste d'arguments. Outre des nombres, la comparaison peut comprendre du texte ou des valeurs logiques telles que VRAI et FAUX.
MODE	Renvoie la valeur la plus fréquente d'une série de données.
MOYENNE	Renvoie la moyenne des nombres.
MOYENNE. GEOMETRIQUE	Renvoie la moyenne géométrique.
MOYENNE. HARMONIQUE	Renvoie la moyenne harmonique.

Fonction	Description
MOYENNE.REDUITE	Renvoie la moyenne de l'intérieur d'une série de données.
NB	Détermine combien de nombres sont compris dans la liste des arguments.
NB.SI	Compte le nombre de cellules à l'intérieur d'une plage qui répondent à un critère donné.
NB.VIDE	Compte le nombre de cellules vides à l'intérieur d'une plage de cellules spécifiée.
NBVAL	Détermine combien de valeurs sont comprises dans la liste des arguments.
ORDONNEE.ORIGINE	Renvoie l'ordonnée à l'origine de la droite de régression linéaire.
PEARSON	Renvoie le coefficient de corrélation d'échantillonnage de Pearson.
PENTE	Renvoie la pente d'une droite de régression linéaire.
PERMUTATION	Renvoie le nombre de permutations pour un nombre donné d'objets.
PETITE.VALEUR	Renvoie la k-ième plus petite valeur d'une série de données.
PREVISION	Renvoie une valeur suivant une tendance linéaire.
PROBABILITE	Renvoie la probabilité que des valeurs d'une plage soient comprises entre deux limites.
QUARTILE	Renvoie le quartile d'une série de données.
RANG	Renvoie le rang d'un nombre dans une liste d'arguments.
RANG.POURCENTAGE	Renvoie le rang en pourcentage d'une valeur d'une série de données.
SOMME.CARRES.ECARTS	Renvoie la somme des carrés des écarts.
STDEVA	Calcule l'écart type sur la base d'un échantillon. Outre des nombres, le calcul peut comprendre du texte ou des valeurs logiques telles que VRAI et FAUX.
STDEVPA	Calcule l'écart type d'une population en prenant en compte toute la population et en utilisant les arguments spécifiés, y compris le texte et les valeurs logiques.
TENDANCE	Calcule les valeurs par rapport à une tendance linéaire.
TEST.F	Renvoie le résultat d'un test F.
TEST.KHIDEUX	Renvoie le test d'indépendance.
TEST.STUDENT	Renvoie la probabilité associée à un test T de Student.
TEST.Z	Renvoie la valeur bilatérale P du test Z.

Fonction	Description
VAR	Estime la variance d'une population en se fondant sur un échantillon de cette population.
VAR.P	Calcule la variance d'une population en se fondant sur la population entière.
VARA	Calcule la variance sur la base d'un échantillon. Outre des nombres, le calcul peut comprendre du texte ou des valeurs logiques telles que VRAI et FAUX.
VARPA	Calcule la variance sur la base de l'ensemble de la population. Outre des nombres, le calcul peut comprendre du texte ou des valeurs logiques telles que VRAI et FAUX.

Fonctions de base de données

Fonction	Description
BDECARTYPE	Évalue l'écart type à partir d'un échantillon de population représenté par les entrées de base de données sélectionnées.
BDECARTYPEP	Calcule l'écart type à partir de la population entière représentée par les entrées de base de données sélectionnées.
BDLIRE	Extrait d'une base de données la fiche qui correspond aux critères spécifiés.
BDMAX	Donne la valeur la plus élevée des entrées sélectionnées dans la base de données.
BDMIN	Donne la valeur la moins élevée des entrées sélectionnées dans la base de données.
BDMOYENNE	Donne la moyenne des entrées sélectionnées dans la base de données.
BDNB	Compte le nombre de cellules d'une base de données qui contiennent des nombres.
BDNBVAL	Détermine le nombre de cellules non vides satisfaisant les critères spécifiés pour la base de données précisée.
BDPRODUIT	Multiplie les valeurs satisfaisant les critères dans un champ particulier d'une base de données.
BDSOMME	Additionne les nombres se trouvant dans un champ d'enregistrements de la base de données s'ils répondent au critère voulu.
BDVAR	Évalue la variance à partir d'un échantillon de population représenté par des entrées de base de données sélectionnées.
BDVARP	Calcule la variance à partir de la population entière représentée par les entrées de base de données sélectionnées.

Fonctions d'ingénierie

Fonction	Description
BESSELI	Renvoie la fonction de Bessel modifiée In(x).
BESSELJ	Renvoie la fonction de Bessel Jn(x).
BESSELK	Renvoie la fonction de Bessel modifiée Kn(x).
BESSELY	Renvoie la fonction de Bessel modifiée Yn(x).
BINDEC	Convertit un nombre binaire en nombre décimal.
BINHEX	Convertit un nombre binaire en nombre hexadécimal.
BINOCT	Convertit un nombre binaire en nombre octal.
COMPLEXE	Renvoie un nombre complexe construit à partir de ses parties réelles et imaginaires.
COMPLEXE.ARGUMENT	Renvoie l'argument thêta, un angle exprimé en radians.
COMPLEXE.CONJUGUE	Renvoie le conjugué d'un nombre complexe.
COMPLEXE.COS	Renvoie le cosinus d'un nombre complexe.
COMPLEXE.DIFFERENCE	Calcule la différence de deux nombres complexes.
COMPLEXE.DIV	Renvoie le quotient de deux nombres complexes.
COMPLEXE.EXP	Donne e (2,718) élevé à la puissance complexe spécifiée.
COMPLEXE.IMAGINAIRE	Renvoie la partie imaginaire d'un nombre complexe.
COMPLEXE.LN	Donne le logarithme népérien d'un nombre complexe.
COMPLEXE.LOG10	Calcule le logarithme en base 10 d'un nombre complexe.
COMPLEXE.LOG2	Calcule le logarithme en base 2 d'un nombre complexe.
COMPLEXE.MODULE	Renvoie le module d'un nombre complexe.
COMPLEXE.PRODUIT	Calcule le produit des arguments complexes.
COMPLEXE.PUISSANCE	Renvoie la valeur du nombre complexe élevé à une puissance entière.
COMPLEXE.RACINE	Extrait la racine carrée d'un nombre complexe.
COMPLEXE.REEL	Renvoie la partie réelle d'un nombre complexe.
COMPLEXE.SIN	Renvoie le sinus d'un nombre complexe.
COMPLEXE.SOMME	Calcule la somme de plusieurs nombres complexes.
CONVERT	Convertit un nombre d'une unité à une autre unité.
DECBIN	Convertit un nombre décimal en nombre binaire.
DECHEX	Convertit un nombre décimal en nombre hexadécimal.

Fonction	Description
DECOCT	Convertit un nombre décimal en nombre octal.
DELTA	Teste l'égalité de deux nombres.
ERF	Renvoie la fonction d'erreur.
ERFC	Donne la fonction d'erreur complémentaire.
FACTDOUBLE	Renvoie la factorielle double d'un nombre.
HEXBIN	Convertit un nombre hexadécimal en nombre binaire.
HEXDEC	Convertit un nombre hexadécimal en nombre décimal.
HEXOCT	Convertit un nombre hexadécimal en nombre octal.
OCTBIN	Convertit un nombre octal en nombre binaire.
OCTDEC	Convertit un nombre octal en nombre décimal.
OCTHEX	Convertit un nombre octal en nombre hexadécimal.
SUP.SEUIL	Vérifie si un nombre est supérieur à une valeur seuil.

Annexe

B

Principaux raccourcis clavier

Gestion des cellules et des saisies

F2	Mettre la cellule active en mode Édition.
Échap	Annuler la saisie d'une cellule.
Entrée	Valider la saisie et sélectionner la cellule en dessous (ou celle définie dans les options).
Ctrl + Entrée	Valider la saisie et rester dans la même cellule.
Maj + Entrée	Valider la saisie et sélectionner la cellule au-dessus.
Tab	Valider la saisie et sélectionner la cellule de droite.
Alt + Entrée	Passer à la ligne suivante dans la même cellule.
Ctrl + $	Recopier la cellule au-dessus et passer en mode Édition.
Maj + F2	Insérer ou éditer un commentaire de cellule.
Ctrl + Z	Annuler la dernière action.
Ctrl + Y ou F4	Répéter la dernière action.
Ctrl + D	Recopier dans la cellule active le contenu de la cellule à gauche.
Ctrl + B	Recopier dans la cellule active le contenu de la cellule au-dessus.
Ctrl + K	Insérer un lien hypertexte.
Ctrl + ; (point-virgule)	Insérer la date actuelle.
Ctrl + : (deux-points)	Insérer l'heure actuelle.
Ctrl + F3	Créer un nom de cellule ou de plage.
Ctrl + Maj + F3	Créer des noms à partir des étiquettes de lignes et de colonnes.
Ctrl + X	Couper.
Ctrl + C	Copier.
Ctrl + V	Coller.
Ctrl + «	Afficher ou masquer les formules.
Ctrl + +	Insérer des lignes, des colonnes ou des cellules en fonction de la sélection.
Ctrl + -	Supprimer des lignes, des colonnes ou des cellules en fonction de la sélection.
Alt + F1	Créer un objet graphique avec la plage en cours.
Alt + code ASCII sur 4 chiffres	Saisir un caractère non disponible au clavier.
Alt Gr + E	Insérer le symbole de l'euro €.
Ctrl + L	Créer un tableau Excel.

Gestion des feuilles et des classeurs

Maj + F11	Insérer une nouvelle feuille.
Ctrl + PgSv	Sélectionner la feuille suivante.
Ctrl + PgPr	Sélectionner la feuille précédente.
Ctrl + Tab	Sélectionner le classeur suivant.
Ctrl + Maj + Tab	Sélectionner le classeur précédent.
F11	Créer un graphique dans une feuille graphique avec les données de la plage sélectionnée.

Sélection

Flèche gauche	Sélectionner la cellule de la colonne précédente.
Flèche droite	Sélectionner la cellule de la colonne suivante.
Flèche haut	Sélectionner la cellule de la ligne précédente.
Flèche bas	Sélectionner la cellule de la ligne suivante.
Début (Origine)	Sélectionner la première cellule de la ligne.
Page Haut	Sélectionner la cellule de la même colonne un écran plus haut.
Page Bas	Sélectionner la cellule de la même colonne un écran plus bas.
Ctrl + *	Sélectionner le tableau autour de la cellule active.
Ctrl + Barre d'espace	Sélectionner la colonne de la cellule active.
Maj + Barre d'espace	Sélectionner la ligne de la cellule active.
Ctrl + A	Sélectionner toute la feuille.
Ctrl + Début	Sélectionner la cellule A1.
Ctrl + Gauche	Sélectionner la première cellule à gauche contenant des données (la colonne A s'il n'y a pas de données).
Ctrl + Droite	Sélectionner la première cellule à droite contenant des données (la colonne XFD s'il n'y a pas de données).
Ctrl + Haut	Sélectionner la première cellule au-dessus contenant des données (la ligne 1 s'il n'y a pas de données).
Ctrl + Bas	Sélectionner la première cellule en dessous contenant des données (la ligne 1 048 576 s'il n'y a pas de données).
Ctrl + Maj + Gauche	Étendre la sélection jusqu'à la première cellule à gauche contenant des données (la colonne A s'il n'y a pas de données).

Ctrl + Maj + Droite	Étendre la sélection jusqu'à la première cellule à droite contenant des données (la colonne XFD s'il n'y a pas de données).
Ctrl + Maj + Haut	Étendre la sélection jusqu'à la première cellule au-dessus contenant des données (la ligne 1 s'il n'y a pas de données).
Ctrl + Maj + Bas	Étendre la sélection jusqu'à la première cellule en dessous contenant des données (la ligne 1 048 576 s'il n'y a pas de données).
Ctrl + Maj + O (lettre O)	Sélectionner toutes les cellules contenant un commentaire.

Édition d'une cellule

F2	Mettre la cellule active en mode édition.
Flèche Gauche ou Droite	Déplacer le curseur vers la gauche ou vers la droite.
Retour arrière	Supprimer le caractère à gauche.
Suppr	Supprimer le caractère à droite.
Début	Placer le curseur au début du texte.
Fin	Placer le curseur à la fin du texte.
Entrée	Valider la saisie.

Format

Ctrl + Maj + 1	Afficher la boîte Format de cellule.
Ctrl + M	Appliquer le format monétaire.
Ctrl + Maj + %	Appliquer le format pourcentage.
Ctrl + J	Appliquer le format date.
Ctrl + Q	Appliquer le format horaire.
Ctrl + E	Appliquer le format scientifique.
Ctrl + R	Appliquer le format standard.

Mise en forme

Ctrl + G	Appliquer ou ôter l'attribut Gras.
Ctrl + I	Appliquer ou ôter l'attribut Italique.

Ctrl + U	Appliquer ou ôter l'attribut Souligné.
Ctrl + Maj + 5	Appliquer ou ôter l'attribut Barré.

Commandes globales

F1	Afficher l'aide.
Ctrl + O	Ouvrir un classeur.
Ctrl + S	Enregistrer le classeur actif.
Ctrl + N	Créer un nouveau classeur.
Ctrl + W	Fermer le classeur actif.
F7	Vérifier l'orthographe.
Alt + F11	Afficher l'éditeur de Visual Basic.
Maj	Éviter l'exécution d'une macro à l'ouverture d'Excel ou d'un classeur.
Alt ou F10	Afficher les raccourcis clavier du ruban.
Ctrl + F1	Afficher ou réduire le ruban.
Ctrl + Maj + U	Agrandir ou réduire la hauteur de la barre de formule.

Boîtes de dialogue

Ctrl + P	Ouvrir la boîte Imprimer.
Ctrl + F	Ouvrir la boîte Rechercher et remplacer pour une recherche.
Ctrl + H	Ouvrir la boîte Rechercher et remplacer pour un remplacement.
Ctrl + T ou F5	Ouvrir la boîte Atteindre.
Ctrl + Maj + 1	Ouvrir la boîte Format de cellule.
Ctrl + O	Ouvrir la boîte Ouvrir.
Maj + F3	Ouvrir la boîte Insérer une fonction (cellule vide) ou Arguments de la fonction (cellule avec fonction).
Ctrl + F3	Ouvrir la boîte Gestionnaire de noms.
Ctrl + Maj + F3	Ouvrir la boîte Créer des noms à partir de la sélection.
Alt + ' (apostrophe)	Ouvrir la boîte Style.

Calculs

F9	Calculer tous les classeurs ouverts.
Ctrl + Alt + F9	Calculer toutes les feuilles du classeur actif, y compris les fonctions personnalisées en Visual Basic.
Maj + F9	Calculer la feuille active.
Alt + =	Calculer une somme.
Alt + = puis Alt + =	Insérer la fonction SOMME puis accepter la plage par défaut.

Visual Basic

Alt + F11	Passer d'Excel à Visual Basic et *vice versa*.
Alt + Q	Fermer Visual Basic et revenir à Excel.
Ctrl + M	Importer un fichier.
Ctrl + E	Exporter un fichier.
Ctrl + G	Afficher la fenêtre Exécution.
Ctrl + R	Afficher la fenêtre de Projets.
F2	Afficher l'explorateur d'objets.
F4	Afficher les propriétés.
F7	Afficher la fenêtre de code (feuille de module).
F8	Pas à pas détaillé.
Maj + F8	Pas à pas principal.
Ctrl + Maj + F8	Pas à pas sortant.
F9	Ajouter un point d'arrêt à la position du curseur.
Ctrl + Maj + F9	Effacer tous les points d'arrêt.
F5	Exécuter la procédure.
Ctrl + Arrêt	Arrêter la procédure.

Annexe C

Glossaire

A

Argument
Valeur ou référence de cellule utilisée par une fonction.

Arrière-plan
Image de fond qui se répète sur toute la surface de la feuille de calcul.

Audit
Aide visuelle qui permet de repérer les dépendances des cellules les unes par rapport aux autres.

B

Balises actives
Boutons qui permettent d'accéder à des actions. Ils apparaissent après certaines commandes comme une insertion de ligne ou de colonne, ou la copie de données.

Barre d'état
Barre en bas de la fenêtre donnant des informations sur les traitements en cours, et qui affiche des calculs sur les cellules sélectionnées.

Barre de formule
Zone qui permet de voir la formule contenue dans une cellule alors que celle-ci n'affiche normalement que le résultat du calcul.

Barres d'erreur
Lignes qui délimitent le taux d'erreur pour chaque valeur des barres d'un histogramme.

Barre d'outils
Ensemble de boutons donnant accès plus rapidement à des commandes. Depuis la version 2007, Excel ne propose plus que la barre d'outils Accès rapide. Les anciennes barres d'outils et les menus sont remplacés par le ruban.

C

Cellules
Cases d'une feuille de calcul identifiables par leur numéro de ligne et leur lettre de colonne (A1 par exemple). Les cellules contiennent des textes, des nombres et des formules.

Chaîne de caractères
Ensemble de caractères alphanumériques formant des mots et des phrases.

Champ de filtre
Champ dynamique placé en dehors d'un tableau croisé dynamique et qui permet de choisir une catégorie précise de données.

Champ de valeurs
Données placées dans le tableau croisé dynamique. Les données correspondent à une colonne du tableau d'origine. Pour regrouper les données, on applique un calcul de synthèse. Un tableau croisé contient obligatoirement au moins un champ de valeurs.

Champ dynamique
Données placées dans l'en-tête de ligne ou de colonne d'un tableau croisé dynamique. Les données correspondent à une colonne du tableau d'origine.

Classeur
Fichier Excel qui contient les feuilles de calcul.

Commentaire
Cadre qui affiche des renseignements sur le contenu d'une cellule.

Copier/Coller
Copier une partie d'un document dans le Presse-papiers, puis coller le contenu du Presse-papiers à un autre endroit. Le Presse-papiers étant commun à toutes les applications, vous pouvez échanger des portions de document dans des logiciels différents.

Courbe de tendance
Courbe calculée qui permet d'apprécier si des valeurs ont une orientation à la hausse ou à la baisse.

Critères de validation
Critères qui définissent les limites des valeurs que l'on peut saisir dans une cellule.

D

Dossier
Emplacement sur le disque dur qui permet de stocker les classeurs.

E

En-tête et pied de page
Zones réservées aux titres et aux numéros de pages en haut et en bas de la feuille imprimée.

Étiquette
Repère visuel de chaque point d'une série (valeur ou nom) dans un graphique.

F

Fenêtre
Cadre qui contient un classeur. Il est possible d'ouvrir plusieurs fenêtres pour le même classeur, ce qui permet de voir simultanément plusieurs feuilles de calcul.

Feuille de calcul
Feuille composée de cellules (cases) dans lesquelles on saisit des textes, des nombres ou des formules.

Filtre
Limitation d'un tableau à certaines valeurs en masquant des lignes.

Fonction
Mot-clé qui permet d'effectuer des calculs plus complexes qu'avec les quatre opérations habituelles (addition, soustraction, *etc.*).

Format
Style d'affichage du contenu d'une cellule. Le changement de format ne modifie pas le contenu de la cellule.

Forme
Dessin posé sur une feuille de calcul.

Formulaire
Grille de saisie qui se limite à une seule ligne d'un tableau.

Formule
Expression à l'intérieur d'une cellule qui permet d'effectuer des calculs à partir de nombres et du contenu des autres cellules.

Fusion
Regroupement de plusieurs cellules pour n'en former qu'une seule.

G

Graphique
Représentation d'une suite de nombres sous forme de courbes, d'histogramme, de secteurs, *etc.*

Graphique croisé dynamique
Graphique basé sur un tableau croisé dynamique. Comme le tableau d'origine, le graphique peut être modifié à volonté en déplaçant des champs directement dans la feuille.

Groupe de travail
Regroupement temporaire de plusieurs feuilles de calcul. La modification d'une cellule se répercute sur les cellules ayant la même référence dans les autres feuilles.

I

Insight
Fonction de recherche sur Internet à partir du contenu d'une cellule.

L

Légende
Repère visuel des séries d'un graphique.

Liaison
Référence à une cellule d'une autre feuille de calcul, voire d'un autre classeur.

Lien hypertexte
Raccourci vers une page Web ou un fichier.

Lignes de série
Lignes qui relient des barres d'un histogramme.

M

Marges
Zones non imprimables autour d'une feuille.

Menu contextuel
Menu donnant accès aux commandes réservées à l'élément sur lequel vous avez cliqué avec le bouton droit de la souris.

Mise en forme
Modification de la présentation d'une cellule ou d'un objet (police, couleur, *etc.*).

Mot de passe
Mot secret qui empêche les personnes non autorisées d'accéder à certaines données d'une feuille.

Moyenne mobile
Courbe calculée avec les x derniers points d'une série. Celle-ci permet de lisser les fluctuations des cours de bourse et de mieux apprécier leur tendance.

N

Nom Nom explicite attribué à une cellule à la place des références ligne/colonne. En utilisant des noms, les formules sont plus compréhensibles.

Nuage (*cloud computing*)
Système qui consiste à placer des données personnelles sur un ordinateur distant (classeurs Excel, images, *etc.*). Ces données restent disponibles et toujours à jour pour tous vos appareils compatibles (ordinateur, tablette, téléphone, *etc.*).

Numéro de série
Nombre qui renferme une date et une heure. Excel ne conserve pas les dates et les heures telles qu'elles sont affichées, mais sous forme de numéro de série.

O

OneDrive
Serveur de Microsoft qui gère l'informatique en nuage (voir Nuage).

Onglet Fichier
Onglet qui permet d'accéder aux commandes principales, aux options d'Excel, ainsi qu'aux derniers classeurs utilisés. L'onglet **Fichier** remplace le bouton **Office** de la version 2007 et le menu **Fichier** des versions antérieures.

Onglets de feuilles
Repères qui affichent le nom des feuilles et permettent de passer de l'une à l'autre.

Onglets du ruban
Repères dans le ruban qui permettent de changer de catégorie et d'accéder à de nouvelles commandes.

Orientation
Sens d'impression d'une page à la verticale ou à l'horizontale. L'impression verticale est aussi appelée « portrait » et « à la française ». L'impression horizontale est aussi appelée « paysage » et « à l'italienne ».

P

Plan (mode)
Présentation qui permet de masquer des lignes ou des colonnes de détails pour afficher uniquement les lignes ou les colonnes contenant des résultats importants.

Plein écran
Consiste à agrandir la feuille de calcul à son maximum en masquant certains éléments comme le ruban.

Plage
Ensemble de plusieurs cellules (par exemple, la plage A1:B5, où A1 est la cellule en haut à gauche de la plage et B5 la cellule en bas à droite).

Point
Nombre à l'intérieur d'une série d'un graphique.

Police
Jeu de caractères utilisés dans les textes.

Presse-papiers
Emplacement de stockage de données en attente de réutilisation.

Protection
Évite de modifier par inadvertance les cellules contenant des formules ou des textes non modifiables.

Q

Quadrillage
Lignes qui délimitent les cellules pour mieux présenter un tableau.

R

Raccourci clavier
Combinaison de touches pour exécuter plus rapidement une commande.

Référence
Adresse d'une cellule composée de la lettre de sa colonne et de son numéro de ligne.

Ruban
Barre qui regroupe presque toutes les commandes d'Excel. Il remplace les menus et les barres d'outils des anciennes versions.

Rupture de page
Saut forcé au milieu d'une feuille de calcul pour qu'elle soit imprimée sur plusieurs pages.

S

Scénario
Enregistrement du contenu de certaines cellules. Vous pouvez ainsi passer d'un scénario à un autre et consultez les solutions possibles pour résoudre un problème.

Segment
Méthode de filtrage rapide et visuelle dans un tableau Excel, un tableau croisé dynamique ou un graphique croisé dynamique.

Série
Suite de nombres utilisée pour créer des graphiques. Un graphique peut comporter plusieurs séries.

SmartArt
Graphiques avec des formes prédéfinies qui permettent de présenter des informations ou des idées sous forme professionnelle.

Solveur
Outil qui permet de rechercher une valeur précise à atteindre dans une cellule, en modifiant le contenu de plusieurs cellules dont elle dépend, et en respectant certaines contraintes.

Sparkline
Petit graphique inséré dans une cellule.

Sous-totaux
Calculs intermédiaires sur des lignes contenant une valeur identique (valeur de regroupement).

Style
Modèles tout prêts qui évitent de mettre en forme manuellement un tableau.

Superposition
Chevauchement des barres d'un histogramme.

T

Tableau
Ensemble de cellules contenant des données.

Tableau croisé dynamique
Analyse et synthèse des données d'un autre tableau. Vous pouvez modifier dynamiquement la présentation de ces données en déplaçant de simples boutons.

Tableau Excel
Tableau de données dont la taille est gérée par Excel (appelé Liste dans les versions précédentes).

Tri
Réorganisation d'un tableau par ordre alphabétique ou par ordre de valeur.

V

Valeur cible
Valeur précise à atteindre dans une cellule en modifiant le contenu d'une cellule dont elle dépend.

Verrouillage
Choix des cellules qui ne seront pas modifiables après l'application de la protection.

Visual Basic
Langage de programmation intégré dans Excel et les autres produits Office.

W

WordArt
Zone de texte qui permet des mises en forme sophistiquées.

Z

Zone de critères
Plage de cellules reprenant les noms des champs d'une base de données et permettant de sélectionner des enregistrements de cette dernière.

Zone de texte
Texte dans un cadre qui se superpose à la feuille de calcul.

Zoom
Consiste à agrandir ou à réduire la taille des cellules à l'écran. Si cette dernière est agrandie, le contenu des cellules est plus lisible. Si elle est réduite, l'écran en affiche un plus grand nombre.

Index

Symboles

A

B

C

D

E

F

G

H

I

J

K

L

M

N

O

P

Q

R

S

T

U

V

W

X

Z